建德年鉴

JIANDE YEARBOOK | 2023

建德市史志编纂委员会 编

方志出版社
Publishing House of Local Records

图书在版编目（CIP）数据

建德年鉴. 2023 / 建德市史志编纂委员会编. —北京 : 方志出版社, 2023.11
ISBN 978-7-5144-5854-1

Ⅰ. ①建… Ⅱ. ①建… Ⅲ. ①建德－2023－年鉴 Ⅳ. ①Z525.54

中国国家版本馆CIP数据核字(2023)第208576号

责任编辑：张　健
责任校对：张玉霞
责任印制：梅中英
出 版 者：方志出版社
地　　址：北京市朝阳区潘家园东里9号（国家方志馆4层）
邮　　编：100021
网　　址：http://www.zgfzcb.cn
发　　行：方志出版社图书营销中心（010-67110500）
印　　刷：杭州华界印务有限公司
开　　本：889毫米×1194毫米　1/16
印　　张：28.25
字　　数：893千字
版　　次：2023年11月第1版
印　　次：2023年11月第1次印刷
定　　价：248.00元

建德名片

中国优秀旅游城市

全国文明城市

中国气候宜居城市

国家卫生城市

全国首批绿化模范城市

国家级生态示范区

国家园林城市

全国生态文明先进市

全国科普示范市

全国县域旅游综合实力百强县

全国县域旅游发展潜力百佳县

全国最具影响力旅游名城

中国十佳休闲宜居生态城市

中国最佳旅游休闲胜地

中外优秀旅游胜地

中国优质碳酸钙产业基地

全国首个国家级出口低压
电器质量安全示范区

中国草莓之乡

中国有机茶之乡

中国优质柑橘之乡

中国藏红花之乡

国家有机食品
生产基地建设示范县

全国新时代美丽乡村示范县

◎建德东城区（建德市住建局提供）

◎“荷美”小镇里叶村（赵建民/摄）

◎下涯有机茶基地（王建录/摄）

◎黄饶半岛“十里花海”（李萍/摄）

目 录

特 载

全面学习贯彻党的二十大精神 实干实效 奋楫争先在高质量发展中奋力谱写“宜居建德”新篇章
——在市委十五届三次全体（扩大）会议上的报告……1
政府工作报告
——在建德市第十七届人民代表大会第二次会议上……11
2022年建德市国民经济和社会发展统计公报……20

专 记

浙江建德抽水蓄能电站筹建始末……27
第二十届中国·17℃建德新安江文化旅游节……33

大事记

1月……39
2月……40
3月……41
4月……42
5月……43
6月……44
7月……46
8月……47
9月……48
10月……49
11月……50
12月……51

市情概览

基本地情……52
地理位置……52
建置沿革……52
市名由来……53
自然环境……53
资源状况……54
气候……55
历史人文……55
浙江人类源头——建德人……55
与伍子胥有关的乡土文化……56
入选小学教材的《宿建德江》……56
唐末诗人李频……56
范仲淹与《严先生祠堂记》……56

陆游与严州刻书业……56
章燮与《唐诗三百首》……57
蒲松龄《聊斋志异》首个刻本……57
浙江名酒严东关五加皮酒……57
人　口……57
总人口……57
人口结构……57
年龄分布……57
人口迁移……58
人口分布……58
国民经济和社会发展……59
地区生产总值……59
财政收入……59
人民生活水准……59
规模以上工业……59
农林牧渔业……59
对外贸易……60
教育事业……60
卫生事业……60
科技事业……62
文化旅游体育事业……62
社会保障……62
气　象……62
概况……62
气温……62
降水和雨日……63
日照……63
低温雨雪冰冻天气……63
强对流天气……63
梅雨天气……63
晴热高温干旱天气……64
寒潮……64

中共建德市委员会

市委重要会议……65
市委十五届二次全体（扩大）会议……65
市委常委会会议……65
全市经济稳进提质暨深化综合考评、“六大比拼”“六个领衔”工作推进会……67
全市高质量发展推动共同富裕暨工业经济大会……67
市文明委全体（扩大）会议暨巩固深化文明城市建设工作推进会……68
全市“护航党的二十大”除险保安推进会……68
综合协调……68
综合文稿……68
督查工作……68
文件法规……69
信息工作……69
保密工作……69
对台工作……69
考评工作……69
绩效工作……70
调查研究和改革……70
概况……70
重点调研成果……70
重要政策意见推动制定……70
4 项数字化改革成果获推广……70
新安系列数字化应用成效好……70
数字化改革场景体验和竞演……71
四级政务服务体系建设……71
“一网通办”改革……71
营商环境持续优化……71

重大改革推进……71
改革试点……71
组织工作……71
概况……71
中共二十大精神学习培训……72
“无疫单元”创建……72
“链组党建”助力共同富裕……72
“百名干部助百企”活动……72
“破难攻坚、扛旗竞跑”专项行动……73
干部培训……73
干部监督管理……73
公务员工作……73
干部队伍梯队建设……73
推行“劳动一小时”做法……74
“三雁兴村”做法登上《全国乡村治理动态》……74
现代社区建设……74
党群服务中心功能优化……74
激发党员先锋模范作用……74
基层组织建设……75
人才发展环境优化……75
高层次人才引育……75
大学生引进工作……76
农创客引育数据全省前列……76
引才平台建设……76
宣传思想工作……76
概况……76
理论学习……76
“宜居建德”客户端上线……76
“新安堂前燕”理论宣讲团获评全国先进……76
农村文化礼堂工作……77
媒体宣传……77
网络宣传……77
“浙江有礼·德润建德”市域文明新实践启动……77
道德模范评选……77
巩固文明城市建设……77
首个共同富裕最基层单元试点——互助长宁……78
推行“文艺村长”制……78
文艺精品创作……78
影院纾困和新闻出版……78
“扫黄打非”工作……78
影视产业发展……78
意识形态工作……79
建德“宣青军”做法在杭州市推广……79
宣传思想文化工作“创新项目”评选……79
《浙江文史记忆丛书·建德分卷》出版……79
统一战线工作……79
概况……79
建言献策获上级肯定……80
民族宗教工作……80
“两个健康”建设……80
侨务工作……80
新乡贤回归工程……80
基层统战工作……81
机构编制工作……81
概况……81
“大综合一体化”行政执法改革……81
议事机构精简……81
开发区（园区）整合提升……81
基层治理管理体制改革……81
国有资产管理体系改革……82

事业单位政事权限清单试点……82
深化权责清单制度……82
教育卫生编制保障……82
党政机构运转保障……82
人才引育保障……82
事业单位机构编制管理……83
事业单位登记管理……83
规范机构编制事项办理流程……83
机构编制精细化管理……83
党史和地方志工作……83
概况……83
撤县设市 30 周年征文活动……83
《建德一村一故事》出版……84
《建德年鉴（2022）》出版……84
建德党史云展馆上线……84
党校教育……84
概况……84
中共二十大精神学习贯彻……85
“标杆引领类”党校创建……85
地方特色课程打造……85
教育培训……85
教学资源开发……85
咨政科研与调研……85
红色学府建设……86
专题宣讲……86
老干部工作……86
概况……86
新思想学习宣传……86
“银耀新安·助力共富”专项行动……86
党组织规范化建设全覆盖……87
老干部活动阵地建设……87
“5G 敬老智慧关爱系统”试点……87
信访工作……87
概况……87
平安护航中共二十大……87
信访积案实现“清零”……88
“12345”工作提升质效……88
信访工作督查和培训……88
档案工作……88
概况……88
基层档案管理……88
红色档案资源库建设……89
档案数字化改革……89
档案文化宣传……89
社科联工作……89
概况……89
社科普及活动……89
社科基地建设……89

建德市人民代表大会

综　述……90
市人大重要会议……90
概况……90
市第十七届人民代表大会第一次会议……90
“一府两院”工作报告会……91
市人大常委会会议……91
主任会议听取专项工作汇报……92
重要活动……93
概况……93
政府重大投资项目全过程监督……93
促进发展成果共建共享……94
“产业优势重塑工程”工作评议……94
人大基层单元建设……94

货运安全工作专题询问……94
执法检查……94
视察检查……95
人事任免……96
概况……96
市十六届人大常委会第五十次会议人事任免事项……96
市十七届人大常委会第一次会议人事任免事项……97
市十七届人大常委会第三次会议人事任免事项……97
市十七届人大常委会第五次会议人事任免事项……97
市十七届人大常委会第六次会议人事任免事项……97
市十七届人大常委会第七次会议人事任免事项……97

建德市人民政府

市政府重要会议……98
市政府常务会议……98
市长办公会议……100
综合协调……100
综合文稿……100
数字政府建设服务……101
重大项目协调……101
共同富裕考核服务……101
民生实事项目服务……101
办文办会管理……103
政务督办……103
政务公开……103
外事工作……103
数据资源开发利用……104
概况……104
平台向“大脑”迭代升级……104
全市数字化项目建好一本账……104
数字化改革安全防线建设……104
行政审批服务管理……109
概况……109
“智慧政务”建设……109
项目验收“一件事”改革……109
政务服务 2.0 系统应用……109
“兜底”服务……109
民生事项基层办理……109
投资项目审批代办……110
涉审中介机构管理……110
机关事务工作……110
概况……110
智慧后勤建设……110
公务用车管理……110
房产基建管理……110
公务接待……111
机关食堂改造……111
共富助农……111
疫情防控保障……111

政协建德市委员会

综 述……112
概况……112
市政协重要会议……112
市政协第十五届委员会第一次会议……112
市政协常委会会议……113

协商议政……114
市委全会报告专题建言……114
“非粮化”整治专题议政……115
养老服务体系建设协商议政……115
招商引资工作视察议政……115
重大交通项目建设专题议政……115
退役军人保障专题议政……115
“请你来协商”工作……116
概况……116
“三位一体”平台建设实现乡镇全覆盖……116
豆腐包品牌建设协商……116
科技人才队伍建设协商……117
矿产资源利用和保护协商……117
社区建设和物业管理协商……117
城市环境品质提升协商……117
素质教育提升协商……118
“扩中提低”促共富协商……118
草莓产业发展协商……118
文史工作……118
概况……118
民国《建德县志》点校出版……118
《抗战中的建德》编印完成……118

中共建德市纪委·市监委

纪检监察……119
概况……119
市第十五届纪律检查委员会第二次全体会议……119
数字化改革全省领跑……119
“四种形态”运用……119
浙江省失实检举控告澄清正名发布会在建德举行……119
信访举报分析……120
政治生态净化优化……120
专项治理……120
警示教育……120
党风廉政宣传……121
清廉村居示范县评分位列全省第二……121
纪检监察干部队伍建设……121
市委巡察……121
概况……121
重大巡视问题清单工作居全省前列……121
“巡财审”联动监督……122
镇村联巡……122
“四零四单”巡察整改机制建立……122

民主党派·工商联（总商会）

中国国民党革命委员会建德市委会……123
概况……123
主题教育系列活动……123
参政议政……123
政治协商……124
民主监督……124
打造社会服务“一支部一特色”……124
祖国统一联谊活动……124
中国民主同盟建德市委会……124
概况……124
思想政治建设……124
参政议政……125
民主监督与政治协商……125

建德民盟艺术团成立······125
成立内部监督委员会······125
“烛光行动”辐射效应扩大······125
“盟员之家”建设······126
中国民主建国会建德市委会······126
概况······126
学习贯彻中共二十大精神······126
主题教育活动······126
议政建言工作······126
民主协商工作······127
民主监督工作······127
助力乡村振兴和共同富裕······127
社会服务工作······127
中国民主促进会建德市委会······127
概况······127
主题教育活动······128
宣传阵地和载体拓展······128
参政议政······128
政治协商······128
多形式开展社会服务······129
“爱满民进”系列活动······129
组织建设······129
对口联系工作······130
建德市工商业联合会（总商会）······130
概况······130
主题教育······130
教育培训品牌建设······130
“建商”精神宣传······130
数字化改革······130
参政议政······131
营商环境优化······131
设立共富基金······131

群众团体

建德市总工会······132
概况······132
共同富裕创新成果······132
浙江省总工会干部学校建德教学基地挂牌······132
“八大行动”促劳动关系和谐······132
建德市劳动模范和模范集体表彰······133
工会阵地建设······134
职工帮扶服务······134
共青团建德市委员会······134
概况······134
“青雁归巢”学子品牌建设······134
“农创客引育工作”入选全省共富最佳案例······135
实施少年宫提档升级工程······135
探索产业团工委共富路径······135
弱势青少年帮扶工作······135
青年人才资源导入工作······135
青少年权益维护······136
组建青年志愿服务先锋队······136
建德市妇女联合会······136
概况······136
“三馆共建”签约······136
乡镇（街道）妇联换届······137
启动“红船女儿心向党”宣讲活动······137
“最美家庭”评选······137
“美丽庭院”创建评比······137
“爱在一起，缘定建德”青年人才集体婚礼······137
“平安家庭”常态化建设······138

家庭教育系列活动…………………………… 138
启动建德市儿童友好城市建设工作………… 138
妇女儿童综合服务驿站建设全域推进……… 138
建德市科学技术协会………………………… 138
概况…………………………………………138
创新驱动主责服务…………………………… 138
科技工作者主职服务………………………… 138
对接各类专家为建德各产业智力支撑
服务…………………………………………139
公民科学素质提升…………………………… 139
开展各类科普活动…………………………… 139
建德市文学艺术界联合会…………………… 140
概况…………………………………………140
迎二十大主题系列活动……………………… 140
迎亚运专题活动……………………………… 140
宋韵文化传承………………………………… 140
开创“文艺村长”艺术乡建工作制度……… 140
乡镇（街道）文联组织全覆盖……………… 141
文艺人才培育………………………………… 141
精品创作保障机制…………………………… 141
建德市残疾人联合会………………………… 141
概况…………………………………………141
省市领导调研建德残联工作………………… 142
落实残疾人救助保障政策…………………… 142
无障碍设施建设高标准完成………………… 143
召开建德市残疾人联合会第七次代表
大会…………………………………………143
残疾人专门协会换届与新建………………… 143
建德市红十字会……………………………… 143
概况…………………………………………143
急救站点建设………………………………… 143
“救在身边”专项行动实施………………… 143
发挥人道优势参与民生兜底………………… 144
“生命接力”工程高质量实施……………… 144
打造“建德红·亿种红”品牌……………… 144

法　治

政法委与综治…………………………………… 145
概况…………………………………………145
维护社会稳定………………………………… 145
除险保安工作………………………………… 145
平安创建工作………………………………… 145
创新社会治理………………………………… 146
统筹数字法治………………………………… 146
法学会建设…………………………………… 146
执法监督……………………………………146
政法队伍建设………………………………… 146
法治政府建设………………………………… 147
概况…………………………………………147
政府事务合法性审查………………………… 147
行政复议工作………………………………… 147
行政争议调解中心…………………………… 147
任命首批行政复议员………………………… 147
行政规范性文件清理………………………… 147
行政执法人员能力提升……………………… 147
国家工作人员首次集中宪法法律宣誓……… 148
行政执法“公述民评”……………………… 148
领导干部学法用法…………………………… 148
公　安………………………………………148
概况…………………………………………148
维稳安保工作………………………………… 149
打击刑事犯罪………………………………… 149
社会治安防控基层治理体系建设…………… 150

道路交通安全监管……150
涉疫防控和支援周边……150
基层公安派出机构建设……150
数字公安建设……150
服务重点企业工作……151
公安队伍建设……151
检 察……151
概况……151
服务保障共同富裕示范区建设……152
参与社会综合治理……152
推进“除险保安”工作……152
优化营商环境……152
履行法律监督职能……153
关爱保护未成年人……153
全力以赴推进数字检察……153
法 院……154
概况……154
刑事审判工作……154
民事审判工作……154
行政审判工作……154
涉诉协调工作……154
浙江省首个共富联合体“共享法庭”成立……155
发挥法院“破产重整拯救”功能……155
举行助企纾困执行款集中发放仪式……156
司法行政……156
概况……156
打造全省首个线上普法脱口秀平台……156
全省首个公职律师中心成立……156
创新基层矛盾纠纷化解机制……157
创建省级民主法治村10家……157
创建省级智慧矫正中心……157
建立建德市级宪法主题公园……158
梅城司法所成功创建省级“枫桥式”司法所……158
公证便民服务……158

军 事

国防教育与人民武装……159
概况……159
实战化军事训练……159
年度征兵工作……159
营房营区安全隐患排查……159
民兵训练基地改造工程完工……159
举行“征兵形象大使”聘任仪式……160
开展“三个经常性工作”专题推进活动……160
开展专职人武部部长强化训练……160
组织市四套班子领导“军事日”活动……160
建德武警中队……160
概况……160
军地合作……160
模范人物……160
人民防空……161
概况……161
人民防空实战化演练……161
防空警报建设与管理……161
人口疏散体系建设……161
结建工程维护检查……161
人民防空宣传……161
退役军人事务……161
概况……161
退役军人保障体系建设……163
落实拥军优待政策……163

革命烈士纪念工作……164
退役军人宣传褒扬……164

农业·农村

综　述……165
新时代美丽乡村建设……165
概况……165
农村人居环境长效管理……165
新能源建设……166
农作物秸秆利用……166
农村经营管理……166
概况……166
土地承包管理……166
农村产权交易……166
农村集体经济巩固提升……167
农村集体资产管理……167
新型农业经营主体培育……167
全国乡村治理试点示范……167
数字治理平台“建村钉”……167
农村综合配套改革……168
清廉村居建设……168
高标准农田建设……168
落实 2022 年农田建设任务……168
完成 2020 年高标准农田建设项目验收……168
区域协作……169
产业协作……169
项目协作……169
交流互动……169
农业项目及政策性保险……169
农业产业项目……169
农业龙头企业……169
政策性农业保险……169
粮油生产……170
概况……170
粮食生产功能区“非粮化”整治优化……170
规范落实国家粮油惠农政策……170
土肥工作……170
实施水稻绿色高质高效创建……170
社会化服务体系建设……170
经济作物……170
概况……170
建德草莓品牌建设……171
茶叶标准地建设……171
茶叶生产机械化发展……171
建德苞茶品牌建设……172
中药材生产……172
水产品生产……172
概况……172
第一次水产养殖种质资源普查……172
外来入侵水生动物普查……173
增殖放流……173
畜牧生产……173
概况……173
畜牧业“两化”创建……173
高质量发展畜牧业……173
农业科技及农业机械……173
农业科技……173
农业机械……174
农业行政执法……174
概况……174
植物检疫和有害生物防除工作……174
畜产品安全监管……174
无规定马属动物疫病区建设……174

农业机械执法检查……175
钱塘江禁渔工作……175

林业生态建设

综　述……176
绿化造林……176
造林和义务植树……176
全域绿化彩化……176
森林和湿地管理……176
概况……176
公益林调整……177
森林抚育经营……177
森林督查工作……177
林业产业……177
概况……177
森林古道保护……177
集体林权制度改革……177
食用林产品安全……177
实施林业产业共富项目……178
林产品企业推介……178
林政资源管理……178
涉林行政审批改革……178
林木采伐管理……179
占用林地审批……179
自然保护地管理……179
野生动物保护与管理……179
松材线虫病防控……179
林业有害生物监测防治……179
行政执法……179
建德林业总场……179
概况……179
建德林场……180
新安江林场……180
寿昌林场……181

水资源管理与水利建设

水资源管理……182
概况……182
实施“最严格水资源管理”……182
推进节水工作……182
水利建设……182
概况……182
重点项目实施……183
水利数字化改革……183
水旱灾害防御……183

工　业

综　述……184
概况……184
产业结构不断优化……184
重大工业项目全力推进……184
中策橡胶老厂区正式启动搬迁……184
朝美医疗产业园项目竣工投产……185
助企纾困要素保障……185
工业行业……185
概况……185
纺织服务行业……185
电子电器行业……185
生物科技行业……185
建材水泥行业……186
金属加工行业……186

日用轻工行业……186
机械制造行业……186
食品饮料行业……186
新材料行业……186
其他行业……186
数字经济（信息和智慧经济）……186
概况……186
数字产业化……186
产业数字化……186
数字化改革……187
企业培育和管理……187
概况……187
企业管理人才培训……187
“亩均论英雄”改革……187
“专精特新”培育……187
工业品牌建设……187
概况……187
经济发展特别贡献奖……188
经济发展突出贡献企业……188
“亩均绩效”优质制造业企业……188
工信部第四批“专精特新小巨人”企业……188
市级重点制造业企业……188
市级培育制造业企业……189
重点工业企业简介……189
新安集团……189
农夫山泉建德基地……190
中策橡胶（建德）有限公司……190
建德海螺公司……190
建业化工公司……191
东方雨虹公司……191
杭州玺匠文化创意股份有限公司……192
朝美日化公司……192
奥立达电梯公司……192
远力健药业公司……193
节能降耗……193
概况……193
光伏试点建设整市推进……194
浙西储能中心打造……194
投资项目节能审查……194
全社会节能宣传……194
公共机构节能机关创建……194
能源数字化管理……194
建德经济开发区……194
概况……194
开发区产业项目建设……195
建德航空小镇获评省级特色小镇考核优秀……195
企业发展难题破解……195
省级合规化工园区通过复评……195
人才工作取得历史性突破……195
新安江水力发电厂……195
概况……195
列入首批浙江省科学家精神教育基地……196
《新安江水电站建设档案》入选中国档案文献遗产名录……196
获全国大型水电厂青年工作先进集体称号……196

商贸与招商引资

商　贸……197
概况……197
县域商业体系建设……197

落实消费鼓励措施……197
商贸安全生产管理……197
汽车销售……198
石油成品油销售……198
再生资源回收……198
供销合作……198
烟草专卖……199
电子商务……199
概况……199
国内电商……200
跨境电商……200
招商引资……201
概况……201
内资招引项目……201
外资招引项目……201
对外经贸及对港投资……204
概况……204
出口市场情况……204
自主品牌建设……204
国际市场开拓……204
“订单+清单”工作……204
样本企业监测……205
公平贸易工作……205
出口信保工作……205
商事认证服务……205
海关事务……205
粮食购销及储备……206
概况……206
粮食收购……206
“放心粮油示范县”创建……206
粮食轮换……206
物资储备……207
集市贸易……207
概况……207
农贸市场国有化……207
省放心农贸市场纵深推进……207

交通运输

综　述……208
基础设施建设……208
概况……208
国道 320 线建德市杨村桥镇至龙游县会泽里段改建工程……209
临安至建德段高速公路工程……209
紫金大桥重建工程……209
建德市桐溪大桥工程……209
“四好农村路”建设工程……210
行业管理……210
概况……210
城乡公交一体化……211
维修行业整治……211
道路运输民生实事……211
春运工作……211
邮政管理……211
概况……211
客货邮试点……211
举办首届快递员职业技能竞赛……212
邮政安全工作……212
公路养护……212
建德市公路养护生产基地迁建项目……212
农村公路灾毁保险工作……212
国道、省道大中修工程……212
县道大中修工程……212

国道、省道危桥加固工程…………………… 212
高品质“四好农村路”示范线建设工程…… 212
公路日常养护………………………………… 213
公路应急抢险演练…………………………… 213
交通执法…………………………………… 213
概况…………………………………………… 213
交通行政执法改革…………………………… 213
执法成效提升………………………………… 213
基层站所执法规范化建设…………………… 214
公路交通信息化建设……………………… 214
创建交通强国数字化试点县………………… 214
“新安护航”迭代升级 3.0 版………………… 214
“掌上交通”持续完善……………………… 214
水上交通运输……………………………… 214
概况…………………………………………… 214
港航安全监管………………………………… 214
船舶污染防治………………………………… 215
行政执法精准度提升………………………… 215
铁路交通运输……………………………… 215
金千铁路建德段……………………………… 215
杭黄高铁建德站……………………………… 215
杭衢铁路建德境内段建设…………………… 215
金建铁路建德境内段建设…………………… 216
航空交通运输……………………………… 216
首架“建德制造”飞机成功试飞交付……… 216
“建德—芜湖”短途运输航班开通…………… 216

城乡建设与管理

综　述……………………………………… 217
城乡建设…………………………………… 217
城乡风貌建设………………………………… 217
“三改一拆”整治…………………………… 217
村镇管理服务………………………………… 217
设计（消防）管理…………………………… 218
招投标管理…………………………………… 218
审批事项服务………………………………… 218
美丽城镇建设………………………………… 218
市政设施管理………………………………… 219
供水和排水………………………………… 219
概况…………………………………………… 219
供水及重点工程……………………………… 219
污水处理及重点工程………………………… 220
农村饮用水安全建设………………………… 220
供　电……………………………………… 221
概况…………………………………………… 221
落实特殊时期企业服务措施………………… 221
用电安全建设………………………………… 221
电网建设……………………………………… 221
民用充电桩扩面……………………………… 221
供　气……………………………………… 221
概况…………………………………………… 221
建德市天然气有限公司成立………………… 222
建德市建燃液化气有限公司成立…………… 222
高中压管道建设……………………………… 222
天然气价格…………………………………… 222
安装费用标准………………………………… 222
建筑业和房地产管理……………………… 223
建筑业管理…………………………………… 223
房地产业管理………………………………… 223
住房制度改革和住房保障………………… 223
住房制度改革………………………………… 223
房产和住房保障管理………………………… 224
住房公积金管理…………………………… 224

概况……224
落实公积金贷款新政策……224
开展助企纾困行动……224
住房公积金缴存覆盖扩面……224
推进公积金事项“一网通办”……225
协助维护房地产市场稳定……225
市容管理……225
概况……225
市容环境治理整治……225
生活垃圾分类工作……225
打造亚运观赛空间……226
生活垃圾末端处置设施建设……226
开展“道路见底色”专项行动……226
“大综合一体化”行政执法改革……226
第五届“城管开放日”活动……226

生态环保和自然资源

环境保护……227
概况……227
执法机构更名……227
环境质量……227
固体废物排放……227
环境法治建设……228
环评审批服务……228
环境信访和执法监管……228
环境监测……228
环境管理体系认证……228
生态建设……228
概况……228
生态文明目标责任制……229
生态文明示范市创建……229
共同富裕生态文明专班……229
污染防治攻坚战……229
环保督察整改……230
生态文明宣传……230
生物多样性调查和保护……231
生态领域数字化建设……231
国土规划和自然资源管理……231
概况……231
国土空间规划……231
规划管理……231
农转用报批……232
土地出让……232
地质灾害防治……232
矿政管理……232
生态修复……232
自然资源确权……233
“绿矿智用”等场景在全省试点上线……233
推出不动产登记告知承诺制……233

安全生产与应急管理

综　述……234
安全生产……234
概况……234
责任体系建设全覆盖……234
十大安全风险隐患整治……234
安全生产行政执法规范化建设……235
危化领域安全监管……235
矿山领域安全监管……235
工贸领域安全监管……235
安全生产社会化服务……235
百万员工大培训基本完成……236

安全生产“五进”宣传……236
行政许可事项办理……236
应急管理……236
概况……236
基层应急管理体系建设……236
启用分流域应急响应机制……236
基层防汛体系标准化建设……236
野外火源专项整治……237
森林防火“小铜锣”典型案例……237
建立航空应急物资投放机制……237
建立“移动充水宝”应急救困制度……237
应急预案编制及演练……238
公共消防……238
概况……238
险情处置……238
消防队伍建设……238
消防安全综合治理……239
消防宣传……239
森林消防……239
概况……239
“引水上山”工程与防火巡护道建设……239
森林消防宣传……240
森林护林、消防队伍知识技能培训……240
数字林业“森灵护卫”系统……240
首次全市范围内森林防火普查……240

金　融

人民银行建德支行……241
概况……241
信贷政策落实……241
信用体系建设……241
金融风险防控……241
金融治理和服务……241
外汇管理和服务……242
银行保险业监管……242
概况……242
服务实体经济……242
法人银行机构监管……242
消费者权益保护……242
保险监管……243
银　行……243
工行建德支行……243
农行建德市支行……243
中行建德支行……243
建设银行建德支行……244
交行建德支行……245
建德农商银行……245
浙商银行建德支行……246
建德湖商村镇银行……246
杭州银行建德支行……246
农发行建德市支行……247
浦发银行建德支行……247
中信银行建德支行……247
宁波银行杭州建德支行……247
台州银行建德支行……248
民泰银行建德支行……248
民生建德支行……248
泰隆建德支行……248
邮储银行建德市支行……249
保　险……249
人保财险建德支公司……249
人寿建德支公司……249
平安财险建德支公司……250

太平洋财险建德支公司……250
中华财险建德支公司……250
国寿财险建德支公司……250
证 券……251
银河证券建德新安路营业部……251
财通建德营业部……251
小额贷款企业……251
新安小额贷款公司……251
白沙小额贷款公司……252
建业小额贷款公司……252
大同桑盈互助社……252

财政·税务

财 政……253
概况……253
国有资产管理服务中心揭牌成立……253
落实支持经济发展新政……253
民生保障加强……253
“1+X+Y”财政改革……254
财政监管新举措……254
“2+4”共富小切口改革探索……254
全省首批幸福河湖试点县建设……254
国有资产经营……255
建德市城投公司……255
建德交投公司……255
建德资投公司……256
建德旅投公司……256
建德经开集团……257
杭州“两山”建设开发有限公司……257
税 务……258
概况……258
落实新的组合式税费支持政策……258
推进开源增收项目……258
征管质效提升工作……258
税推进费改革……258
优化提升税收营商环境……259
法治税务建设……259
税费种管理工作……259
重点税收项目管控……259

经济管理

综 述……260
发展规划……260
概况……260
重点项目建设……261
全域光伏建设……261
能源要素保障……261
经济体制改革……261
概况……261
推进经济体制改革……261
探索共同富裕模式……261
丰富完善转型金融工具……261
优化营商环境……262
省级城镇化试点……262
企业债发行和日常监管……262
区域合作……262
概况……262
开创多个“首次”项目……262
西红花落地乡城试种成功……262
两地民族交往交流交融……263
公共资源交易……263
概况……263

优化全流程电子化交易系统…………………263
公共资源交易规范化运行…………………263
审　计………………………………………263
概况…………………………………………263
深化管理条线………………………………264
推进审计变革重塑…………………………264
财政审计……………………………………264
经济责任审计………………………………264
自然资源资产审计…………………………265
政府投资审计………………………………265
政策跟踪审计………………………………265
国有公司专项审计…………………………265
统　计………………………………………265
概况…………………………………………265
常规统计和民意调查………………………265
编制经济运行“晴雨表”……………………266
城乡住户和粮食监测大样本轮换…………266
构建三级基层统计网格……………………266
统计调研与分析……………………………266
统计执法检查………………………………267
市场监督与管理……………………………267
概况…………………………………………267
深化商事制度改革…………………………267
商业秘密保护………………………………267
净化市场环境………………………………267
公平竞争审查………………………………268
深化“放心消费”创建……………………268
持续提升“建德质量”……………………268
坚持标准强市………………………………268
推进诚信计量建设…………………………268
筑牢疫情防控防线…………………………268
全省首个远程智控方舱计量实验室在建德成立…………………………………………268
信用监管基础建设…………………………269
食品安全监管………………………………269
特种设备安全监管…………………………269
药品药械安全监管…………………………270
重点民生领域价格监管……………………270
知识产权保护………………………………270
概况…………………………………………270
地域商标品牌培训…………………………270
知识产权服务………………………………270
知识产权保护行动…………………………270

人力资源管理和社会保障

人力资源管理………………………………271
概况…………………………………………271
人社数字化改革……………………………271
青年人才驿站建设…………………………271
人才培养……………………………………271
技能培训……………………………………271
事业人员公开招聘…………………………272
“建德师傅带农富”工作…………………272
党政储备人才招引…………………………272
就业创业服务………………………………272
劳动保障……………………………………273
概况…………………………………………273
“社保易窗”就近办服务站建设…………273
“固本强基”专项追缴行动………………273
劳动关系源头治理…………………………273
欠薪案件处置………………………………273
养老保险审核………………………………273
建德市工业技术学校………………………273

医疗保障……274
概况……274
杭州市级医保统筹顺利实施……274
医疗惠民事项落实……274
医保公共服务一体化建设……274
推进商业补充医疗保险……275
提升医保管理服务能力……275
探索医保医疗联合查房机制……275
药品招标采购改革提速增效……275
支付方式改革……275
打击欺诈骗保专项治理……275
保障医保基金安全……275
提升线上政务服务效率……275

教 育

综 述……276
办学与管理……277
概况……277
教育项目建设……277
名校合作办学……277
推进省市县三级民生实事……277
推进“新安护学”建设……277
持续巩固“双减”成果……277
完善校园安防机制……277
“无疫学校”建设……278
助力全国文明城市建设……278
帮扶支教行动……278
体育教育获佳绩……278
学前教育……278
概况……278
幼儿园“转撤增”工作……279
幼儿园优质资源扩容……279
学前赛事活动组织与展示……279
义务教育……279
概况……279
举办中小学生文化艺术节……279
近视防控工作……279
劳动教育……279
研学旅行项目申报……280
组织传统文化和德育实践活动……280
义务教育均衡化发展行动……280
初中提质强校行动……280
高中段教育……280
概况……280
2022 年高考成绩……280
开展邀请院士、专家进校园活动……281
高职高考与师生职业技能大赛……281
探索校企共同育人新模式……281
成人（社区）教育和民办教育……282
概况……282
“培你共富”成教品牌建设……282
完善终身学习体系……282
师资队伍……282
概况……282
教师专业技术职务评审和资格认定注册……284
人才认定与骨干教师培养……284
“杭派新安名师”培育……284
选树优秀教师典型……284
名师工作室建设……285
高等教育……285
概况……285
浙江开放大学建德学院……285

杭州科技职业技术学院严州校区……………285
国网浙江省电力有限公司培训中心
浙西分中心……………………………………285

文化·旅游·体育

文化事业…………………………………………287
概况………………………………………………287
实施文化惠民工程………………………………287
艺术工作…………………………………………287
非物质文化遗产保护……………………………287
文物保护与修缮…………………………………288
文化市场行业管理………………………………289
严州文化研究……………………………………289
建德市文化馆……………………………………290
建德市博物馆……………………………………290
建德市图书馆……………………………………290
建德新华书店……………………………………290
文化创意产业……………………………………291
概况………………………………………………291
文化产业发展体系建设…………………………291
产业平台建设……………………………………291
培育做强影视文化产业…………………………291
提升宋韵文化品牌影响力………………………291
旅　游……………………………………………292
概况………………………………………………292
文旅项目招引建设………………………………293
马岭天观运动度假体验区完成建设……………293
宋韵文化助力精神共富…………………………293
优化全域旅游线路………………………………293
打响“17℃建德新安江”旅游品牌……………293
旅游美食品牌打造………………………………294
假日旅游产品供给………………………………294
推动民宿经济高质量发展………………………294
建德市旅游协会成立……………………………294
体　育……………………………………………294
概况………………………………………………294
全民健身活动……………………………………295
建德市第十七届体育运动会……………………295
公共体育设施建设………………………………295
青少年竞技体育…………………………………295

科学技术与气象服务

科学技术…………………………………………296
概况………………………………………………296
技术难题“揭榜挂帅”…………………………296
举行浙江科技成果竞价（拍卖）会建德
专场………………………………………………296
全国首个“双碳工业科技基地”
落户建德…………………………………………297
3 家企业获中央引导资金支持…………………297
重大关键技术攻关………………………………297
奥立达电梯列入省级“领雁”研发项目……298
科技创新主体培育………………………………298
科技创新平台建设………………………………298
推进研发机构“全覆盖”………………………298
科技服务…………………………………………299
气象服务…………………………………………299
概况………………………………………………299
气象现代化建设…………………………………299
“乡村振兴”气象服务…………………………299
气象防灾减灾工作………………………………300
人工影响天气工作………………………………300

通信与新兴媒体

综　述……301
通　信……301
电信建德分公司……301
建德移动公司……302
联通建德分公司……302
铁塔建德办事处……303
邮　政……303
概况……303
金融业务……303
农村电商平台推动“乡村振兴”……303
共富驿站、邮快合作建设……303
融媒体……303
概况……303
主题宣传创新……304
中共二十大专题宣传……304
撤县设市30周年宣传策划……304
外宣工作……304
舆论监督……304
新媒体平台……305
数字电视网络……305
概况……305
政治任务保障……305
大数据惠民服务……305
基础建设……305
数字化改革……305

卫生健康

综　述……306
主要医疗机构……306
概况……306
建德市第一人民医院……307
建德市第二人民医院……307
建德市中西医结合医院……308
建德市第四人民医院……308
建德市妇幼保健院……308
国家电网公司职业病防治院……309
公共卫生……309
概况……309
健康体检与死亡原因报告……310
疾病预防控制……310
家庭医生签约……310
免疫规划……310
重大传染病防治……311
公共卫生监督……311
地方病防治……311
卫生监测……311
学生口腔窝沟封闭……311
精神卫生……311
妇幼保健……312
概况……312
孕产妇管理……312
优生优育……312
“两癌”筛查……312
“艾梅乙”母婴消除……312
新生儿先天性心脏病筛查……313
婴幼儿照护服务……313
爱国卫生……313
概况……313
病媒生物防治……313
健康细胞培育……313
中医中药……313

概况……313
中医药促进健康行动……313
开展“联盟”合作……314
职业安全……314
概况……314
职业病重点行业治理……314
职业卫生分类管理……314
职防院健康保障服务……314

社会生活

民政工作……315
概况……315
大慈岩邻里睦省级试点验收优秀……315
社会救助……315
市未成年人救助保护中心成立……315
基层社会治理……316
社会组织管理……316
婚姻登记……316
获评省 AAAAA 级婚姻登记机关……317
殡葬改革……317
慈善事业……317
移民扶持……317
连续十年蝉联全省移民工作优秀县……318
水库移民后期扶持典型案例……318
地名公共管理与服务……318
老龄工作……318
概况……318
养老机构提升改造……318
养老护理员培育……319
智慧养老……319
居家养老服务……319
人口与计划生育……319
概况……319
生育服务……320
落实法定奖励扶助政策……320
计划生育依法行政……320
省级优生优育进万家行动……320
民族 宗教……320
概况……320
“全域民族团结进步”工作……320
助推民族乡村共同富裕……320
民族团结进步阵地品牌建设……321
宗教界人士教育培训……321
宗教领域平安建设……321
民宗系统行政执法改革……321
关心下一代工作……321
概况……321
教育与宣讲……321
开展关爱与帮教活动……322
教育基地与组织建设……322

乡镇（街道）

新安江街道……323
概况……323
城市有机更新……324
明珠社区创建成为全国示范性老年友好型社区……324
老旧小区“污水零直排”改造提升……324
白沙社区“共享法庭”启用……324
新社工岗前入职集训……324
大塘坞农贸市场建设项目开工……325

更楼街道……325
概况……325
城市工程建设……325
人居环境建设……326
“合作共富学院”建成……326
国道320线建德段改建工程开工……326
“更有味”农业打造……326
“更有味”消费券发放……326
甘溪村女红馆创造致富新途径……326
基层治理……326
洋溪街道……326
概况……326
环境整治……327
屋基畈“美丽庭院标杆带”创建……328
建德八佰伴购物中心开业……328
沿街商铺“三合一”场所专项整治……328
洋安体育健身中心项目建成……328
莲花溪新建桥梁工程开工……328
洋溪街道社区卫生服务中心建成……328
洋溪街道社会治理中心建成……328
洋安社区“未来社区”建设……329
莲花镇……329
概况……329
深化“戴农富”模式……330
打造“特色农业+旅游”模式……330
“美丽风貌”乡镇建设……330
人才工作……330
基层治理实现无信访积案……331
完成镇卫生院提升改造……331
首届民宿从业人员技能竞赛……331
获列全省低（零）碳乡镇试点创建单位……331
许建茹获得2项重要荣誉……331
梅城镇……331
概况……331
新农村建设……332
环三江口片区美丽城镇集群建设……332
梅城获评国家AAAA级旅游景区……333
千鹤妇女精神助推共富……333
高标准打造城乡风貌样板区……333
清朝耳目坊修复建成……334
危旧房改造工程交付使用……334
严州古城步行街入选省级旅游休闲街区……334
吴茱萸交易市场在利群村建成……334
杨村桥镇……334
概况……334
草莓产业实现新突破……335
首家乡镇社会治理综合服务中心启用……335
朝美口罩共富工坊建成……336
绪塘村“数字乡村”“未来乡村”建设……336
“互助长宁”文化先行示范村建设……336
文旅节庆活动……336
下涯镇……336
概况……336
共富链组推进……337
美丽城镇建设获评浙江省样板……337
之江村获评省级未来乡村……337
下涯镇获评浙江省AAA级旅游景区……338
之江村卫生室获评省级四星智慧健康站……338
“一老一小”关爱服务……338
大洋镇……338
概况……338
农村道路提升改造……339
“新安·17治理”试点改革……340
浙江华电150兆瓦农光互补光伏发电

项目开工…… 340
大洋镇获评“五水共治”省级优秀乡镇…… 340
举办第二届大洋镇农旅文化节…… 340
党建品牌打造…… 340
大洋镇婴幼儿成长驿站建成…… 340
“双童”烈士纪念馆重新开放…… 341
首届大洋镇江鲜节…… 341
寿昌镇…… 341
概况…… 341
杭州市夜间经济集聚示范区打造…… 342
“十里寿昌江”农文旅融合…… 342
寿昌镇千年古城复兴试点建设…… 342
启动“走村不漏户 户户见干部”2.0 版…… 343
寿昌污水处理厂一期扩建项目完工…… 343
浙江理工大学寿昌实习基地成立…… 343
第二届寿昌百姓日系列活动…… 343
周村村乡村游联合体成立…… 343
大慈岩镇…… 343
概况…… 343
大慈岩镇获评浙江省园林城镇…… 344
大慈岩镇获评美丽城镇省级样板…… 344
持续推进三地共富工作…… 345
举办第十四届建德荷花节…… 345
檀村村樟宅坞自然村获评省级荣誉…… 345
航头镇…… 345
概况…… 345
美丽乡村建设…… 346
航头镇入选杭州市“水美乡镇”…… 346
文体惠民活动…… 346
特色农文旅品牌建设…… 346
社会基层治理…… 346
航头镇蔬果冷链分拣中心投入运行…… 347
航头复合生态湿地工程竣工…… 347
大同镇…… 347
概况…… 347
大同镇获评浙江省园林城镇…… 348
大同镇入选浙江省电商镇…… 348
“一老一小”公共服务获评全国优秀…… 349
改善提升人居环境…… 349
农业数字科技应用…… 349
草莓标准地建设…… 349
“大同阿姐”品牌建设…… 349
第三届长三角大学生“农创日”活动…… 349
长三角第四届美丽乡村稻香生活节…… 349
李家镇…… 350
概况…… 350
建德市首家新乡贤共富基金成立…… 350
林业“三林”经济发展模式…… 351
“幸福方桌”助老行动…… 351
社会治理…… 351
美丽乡村建设…… 351
李家镇“残疾人之家”新址启用…… 351
返乡青年人才交流活动…… 351
全市首个乡村化石馆开馆…… 352
乾潭镇…… 352
概况…… 352
规范工程项目管理…… 353
胥溪茶创产业联盟“共富”模式…… 353
首届胥岭花朝节…… 353
马鞍岭社区服务综合体获评省级四星…… 353
乾潭胥溪清凉季活动…… 354
安仁村老年食堂优惠叠加…… 354
安置房选房工作完成…… 354

钦堂乡……354
概况……354
“共同富裕”案例获评浙江二十强……355
基层治理新模式探索……355
文化传承及新文明建设……355
全市太极拳展演活动……356
浙江省文化礼堂运动会首场活动在葛塘村启动……356
建德“豆腐包”制作培训活动……356
第七届“稻舞田间”国际稻香节……356
“玩转‘爱情实验’暨青年人才走进钦堂”活动……356
承办建德市第八届老年人健身运动会垂钓比赛……356
三都镇……356
概况……356
主导产业提升……358
土地整治……358
实施链组党建……358
文旅市场活力提升……358
基层治理“三都模式”……358
“美好账本”案例入选省级垃圾治理优秀……359
福寿螺清除活动……359
三都镇中心幼儿园开园……359

人 物

全国最美家庭——许建茹家庭……360
许建茹……360
全国关心下一代工作先进工作者……361
汪国云……361
第八届（2022 年度）建德市道德模范人物……361
方利洪……361
孔樟良……362
翁志芳……362
黎 言……362
郑博文……362
徐冬英……362
徐 贞……363
叶海林……363
邹小霞……363
鲍有林……363
杭州好人……363
雷国香……363
邹雪明……364
严诗宇……364
2022 年建德市优秀共产党员名录……364

附 录

2022 年建德市组织机构及负责人名录……367
市委和市委工作部门、直属单位……367
市人大和人大机关……369
市政府和政府工作部门、直属单位……369
市政协和政协机关……373
检察、审判机关……373
民主党派 工商联……374
群众团体……374
企业单位……375
双重和垂直管理单位……375
乡镇（街道）……376
重要文件目录……379

中共建德市委文件……………………………… 379
市委办公室文件……………………………… 379
市政府文件…………………………………… 379
市政府办公室文件…………………………… 379
市委及市委办公室重要文件辑录………………… 380
中共建德市委 建德市人民政府
关于报送 2022 年度建德市乡村振兴战略
实绩工作实施情况的报告 …………………380
建德市政府及市政府办公室重要文件辑录…… 382
建德市人民政府关于支持生物医药产业
高质量发展的若干意见 ……………………382
建德市人民政府关于印发建德市殡葬惠民
实施办法的通知 ……………………………383
建德市人民政府办公室关于印发建德市
老旧小区住宅加装电梯实施细则的通知…385

索 引

目名索引…………………………………………390
图表索引…………………………………………412

特　　载

Special Reports

全面学习贯彻党的二十大精神　实干实效　奋楫争先　在高质量发展中奋力谱写“宜居建德”新篇章

——在市委十五届三次全体(扩大)会议上的报告

中共建德市委书记 富永伟

(2023 年 1 月 17 日)

这次市委全会的主要任务是：高举习近平新时代中国特色社会主义思想伟大旗帜，全面学习贯彻党的二十大精神，认真落实省委十五届二次全会、杭州市委十三届三次全会部署，回顾总结过去一年工作，研究部署新一年目标任务，动员全市广大党员干部群众，坚定信心、勇担使命，实干实效抓发展、奋楫争先抓落实，在高质量发展中奋力谱写“宜居建德”新篇章。

下面，我代表市委常委会向全会作报告。

一、难中求进、砥砺前行，回顾总结过去一年工作，全市经济社会发展实现平稳开局

市十五次党代会以来，面对复杂多变的宏观环境和深度承压的经济形势，新一届市委常委会团结带领全市上下以坚定捍卫“两个确立”、坚决做到“两个维护”的高度自觉，紧紧围绕“疫情要防住、经济要稳住、发展要安全”的工作总要求，深入贯彻落实中央、省委和杭州市委各项决策部署，经济社会发展实现平稳有序开局。预计全年实现生产总值 430 亿元，其中规上工业增加值 158 亿元；财政总收入 80.5 亿元、一般公共预算收入 52 亿元；城镇和农村居民人均可支配收入分别达 62049 元和 35869 元。

总的来说，市委常委会主要抓好了以下五方面工作：

(一)突出党要管党、从严治党，党的建设全面加强。思想武装更加厚实。坚持把学习贯彻党的二十大精神作为首要政治任务，第一时间召开全市领导干部会议、市委常委会会议、理论学习中心组专题学习会等，推动市级领导干部先学一步、学深一层。深入开展“六学六进六争先·建功立德谱新篇”学习实践活动，通过领导干部专题学、党员干部示范学、线上线下全员学等方式，精心打造“五燕齐飞”宣讲大行动，开展基层宣讲活动 1400 余场，确保二十大精神传达到每个支部、每名党员，“新安堂前燕”理论宣讲团获评全国基层理论宣讲先进集体。基层基础更加扎实。深化完善“六个领衔”“六大比拼”“看现场、问担当”等机制载体，激发干事创业活力。创新“链组党建”领富模式，构建示范链组 26 个，全市 239 个村(涉农社区)实现“5030”全覆盖、157 个村(涉农社区)实现“8050”目标。扎实推进现代社区“六大改革”，网格队伍、支部阵地加快建设。深化“三雁工程”，持续开展“百万夺标”“党建领富”擂台赛、

"破难争先·扛旗竞跑"大比拼行动，激励干部担当作为。全面推行"每天劳动一小时"做法，推动村干部规范高效履职。突出实干实绩导向，在破难攻坚、信访等基层一线提拔使用干部42名，6名干部入选杭州市担当作为好干部。管党治党更加严实。以"七张问题清单"牵引党建统领整体智治，管控力指数排名不断提升，巡视、督查等清单排名省市前列。选树清廉建设标杆典型，打造廉洁品牌38个、清廉单元示范点30个，清廉村居示范县评分位列全省第二。首创清廉民企亲清联盟公约，持续构建亲清政商关系。"澄清门下道澄清"品牌进一步擦亮，累计为120名党员干部澄清正名、容错免责。狠抓中央八项规定精神落实和"三不"问题整治，始终保持反腐败高压态势，实现案件查办数量、办理质量"双提升"，有力巩固风清气正的政治生态。人大、政协围绕大局、认真履职，统一战线"同心共富"五大行动扎实有效，国防动员建设持续深化，双拥、群团等工作取得新业绩。

（二）突出产业转型、项目招引，稳进提质取得实效。产业质效有新提升。启动新一轮制造业"腾笼换鸟、凤凰涅槃"攻坚行动，深化亩均论英雄改革，整治提升低效企业104家，预计全市工业亩均税收同比增长32%，水产业、生物医药、新能源、新材料等新兴产业培育力度持续加大。现代服务业蓄势发力，八佰伴、严州时代广场、文澜酒店、双江街儿童乐园投入运营，C40+潜水俱乐部酒店开工建设，成功举办第二十届建德新安江文化旅游节系列活动，获评全国县域旅游综合实力百强县。大力推进农业标准地建设，深入实施农业"双强"行动，不断壮大草莓、茶叶、蛋鸡、水稻等优势产业，新增草莓"标准地"3760亩，获评全省强村富民乡村集成改革实践试点县、全省实施乡村振兴战略实绩考核优秀县、全省高标准农田建设先进集体，预计全年实现农林牧渔业增加值40亿元。项目引建有新成果。全年签约亿元以上项目53个，其中制造业项目31个、10亿元以上项目5个，总投资232亿元，现代数字影城、智能终端5G工厂、启源新材料、中策永固等项目顺利签约。建德人民期盼三十年、总投资140亿元的乌龙山抽水蓄能电站项目正式开工，320国道改建工程全线开工，麦子妈一期、朝美医疗产业园等26个亿元以上项目竣工投产。寿昌江综合治理工程等6个项目被列入杭州市推进长三角一体化发展重大项目。要素保障有新突破。国土空间规划"三区三线"划定成果正式启用，争取省级统筹永农指标2800亩。全年征收土地5064亩，完成工业用地出让1586亩、占比92%，成交量、占比率均居杭州前列。一体推进低效用地整治、全域土地综合整治，完成低效用地再开发1633亩、批而未供土地5019亩、供而未用土地3060亩，获得存量土地处置差额奖励指标1179亩，位列全省县（市）第二。持续开展"书记市长有约""百名干部助百企"等活动，刚性落实浙江38条、杭州52条稳经济政策，实打实帮助企业解决难题154个，完成降本减负20.6亿元。

（三）突出改革创新、数字赋能，发展动能不断积蓄。重点改革深入推进。聚焦"1612"体系全面贯通，构建新安·17治理系统平台，迭代升级新安护航、"新安·17清废"等应用场景，新增数字化改革省级试点24个。大力推进数字乡村建设，"建村钉"入选第四批全国乡村治理典型案例。全力推动信用体系建设，城市信用排名位列全国第二、全省首位。创新氛围更加浓厚。科技创新力度持续加大，全年R&D经费增长21.7%，占GDP比重达2.12%。预计数字经济核心产业增加值增长25%、高技术制造业增加值增长20%，增幅均居杭州前列。新增国家高新技术企业44家、省级企业研发中心3家、入围工信部专精特新"小巨人"企业4家，全国首个双碳工业科技基地落户。新安化工相关产品获国家级单项冠军产品，4家企业创新成果分别获全省科技进步二等奖、三等奖和全省技术发明三等奖。举办2022乡村人才振兴促进共同富裕大会、第三届长三角大学生"农创日"，农创客引育工作入选全省第二批共富最佳实践案例。落地高层次人才项目16个，入选国家级人才计划人选3人，新引进博士后16名、大学生4128名。持续弘扬劳模工匠精神，获评"浙江工匠"4名、杭州市劳模12名。体制机制加速变革。完成省级经济开发区整合提升，进一步集聚资源要素，开发区（高新园区）通过规划环评报批，航空小镇连续五年获评省级特色小镇考核优秀。挂牌成立国资管理服务中心和社会治理中心，国资国企和基层智治改革迈出实质性步伐。扎实推进“大综合一体化”行政执法改革，67%执法力量实现下沉，“一支队伍管执法”格局逐步显现。

（四）突出全域统筹、融合互促，城乡风貌提档升级。城乡建设扩面提质。加快城南新区建设，农贸城正式开工，汽车城、殡仪馆、金千铁路外迁、高铁建德南站等项目有序推进。城东新区完成洋溪小学等地块征收清零，中策橡胶老厂区启动搬迁，新华三期安置房完成建设。全力推进城乡风貌整治提升，三江汇流县域风貌样板区创成全省新时代富春山居图县域风貌样板区，洋安社区入选省级未来社区，之江村、松口村入选省级未来乡村。深入推进美丽城镇建设，三都镇、大慈岩镇、下涯镇创成省级样板，更楼街道、杨村桥镇等5个乡镇（街道）创成杭州市级样板。生态环境向好向优。高标准打好蓝天碧水净土保卫战，全年空气优良天数349天，优良率达95.6%，“五水共治”再夺“大禹银鼎”，完成全省首批幸福河湖试点县建设。以全省第六、杭州第一的综合成绩创成全省无违建创先争优示范县，严州古城老街区夺得全省十佳拆改示范典型项目。获评美丽浙江建设工作优秀县市、全省农村生活垃圾处理工作优胜县，“迎亚运城市环境大整治”比拼位居杭州B组第一。文化文明浸润人心。巩固全国文明城市创建成果，深入实施“浙江有礼·德润建德”市域文明新实践，创新推行“文艺村长”机制，培育农村文艺骨干300余名，开展文化活动280余场，获评全省宣传文化领域共富最佳案例和杭州首批共富最佳实践。挖掘传承宋韵文化，启动严州府府衙区块考古及瓦子街区建设，成功举办“严州花月夜”“宋韵奇妙夜”等主题文化活动。浙大西迁旧址列入全省首批乡村博物馆，党的二十大献礼剧《我们这十年·心之所向》、浙江卫视《奔跑吧·共富篇》在建拍摄、广受好评。

（五）突出共富先行、共享发展，民生福祉显著增进。共富成果亮点纷呈。积极探索共同富裕基本单元建设，形成一批具有建德辨识度的区域共富模式，安仁联合体、十里寿昌江等共富试点初见成效。实施“扩中提低”行动，打造共富工坊104家，创新推行“师傅带农富”做法，累计培育“建德师傅”1.3万名。优化“一老一小”整体解决方案，改造提升敬老院7家、新增老年食堂17家，新建婴幼儿成长驿站8家、托位632个，大同镇“一老一小”做法荣获全国第四批农村公共服务典型案例。民生事业稳步发展。秉持人民至上、生命至上理念，牢牢把握疫情防控政策由“防感染”向“保健康、防重症”转变，最大限度降低疫情对经济社会发展影响。优化医疗资源配置，稳步推进市一院二期、杭七院浙西院区等项目建设，市二院新院区投入运行，“健康浙江”考核连续四年蝉联全省优秀。推动优质教育均衡发展，新安江二小二期、三都中心幼儿园等项目建成投用，新增学位990个。始终保持就业形势稳定，新增就业1.15万人。全面落实医保政策杭州市级统筹、社会救助标准杭州市域统一，基本医疗保险、养老保险全民参保率分别达99.5%和99.3%。除险保安卓有成效。全力推进除险保安系统工程，全面开展风险隐患大排查大起底大整治，构建一体推进、协同作战的“大平安”机制。成功打赢防汛、抗旱、森林防火等多场安全保卫硬仗，全年安全生产事故亡人数、火灾起数、电信网络诈骗案件数同比分别下降22.2%、23.3%、27.2%，全省平安指数得分排名、“杭州平安法治实时报表”赛马榜均居杭州前列，获评“法治浙江”建设优秀单位。

同志们，刚刚过去的2022年是极不平凡的一年，各项成绩来之不易，这是上级党委坚强领导、关心支持的结果，是广大党员干部团结一心、顽强拼搏的结果，是社会各界人士同心同德、鼎力支持的结果。在此，我代表市委常委会，向全市广大党员干部群众以及所有关心支持建德发展的各界朋友，表示衷心的感谢！向长期奋战在疫情防控战线上的广大医护人员、村社工作者和社会各界致以崇高的敬意！

在充分肯定成绩的同时，我们也必须清醒认识到，工作中还存在不少薄弱环节和短板弱项：传统产业转型升级的力度还不够大，新兴产业的带动能力还不够强，“大好高”项目招引落地还需持续发力，平台支撑作用还有待进一步增强；主城区首位度还不够高，城市能级提升还不够快；教育、医疗、养老等优质公共服务供给与群众期待还有差距，“扩中提低”特别是低收入群体持续增收的路径还不够多；部分党员干部谋发展、抓落实的担当不足、能力不强，争先创优、开拓进取的精气神还需进一步提振。对于这些问题，必须高度重视，采取有力措施，切实加以解决。

二、学深悟透、凝心聚力，以党的二十大精神为指引，坚决扛起推动高质量发展的使命担当

党的二十大是在全党全国各族人民迈上全面建设社会主义现代化国家新征程、向第二个百年奋斗目标进军的关键时刻召开的一次十分重要的大会。深入学习宣传贯彻党的二十大精神，是当前和今后一个时期的首要任务和头等大事。我们必须结合建德实际，在全面学习、全面把握、全面落实上狠下功夫，努力在推动中国式现代化的伟大征程中展现建德担当、彰显建德作为、干出建德精彩。

（一）我们要带着感恩之情，学出忠诚力、坚定信仰信念。学习党的二十大精神是一个常学常新、常思常进的过程，必须真正做到入脑入心、见行见效。要增强政治自觉，深刻领悟“两个确立”的决定性意义。过去5年工作和新时代10年伟大变革充分证明，“两个确立”是应对各种风险挑战的“顶梁柱”、是带领我们从胜利走向胜利的“定盘星”，我们要以感恩之情、忠诚之心把坚定捍卫“两个确立”、坚决做到“两个维护”转化为“全力推动共同富裕、全面建设‘宜居建德’”的具体行动与实践成果。要增强理论自觉，深刻领悟习近平新时代中国特色社会主义思想的世界观和方法论。深刻认识“两个结合”和“六个必须坚持”是准确把握党的创新理论的“金钥匙”，始终把党的创新理论作为指导实践、推动发展的根本遵循，特别是习近平总书记时任浙江省委书记期间两次莅临建德考察指导，赋予建德产业发展科学定位，我们要牢记嘱托、倍加珍惜，不断在深学细悟笃行总书记重要指示精神上取得突破、拿出实效。要增强使命自觉，深刻领悟以中国式现代化全面推进中华民族伟大复兴的使命任务。深入理解中国式现代化的中国特色、本质要求、重大原则、战略部署和具体举措，深刻认识中国式现代化这条路不仅走得对、行得通，也一定能够走得稳、行得好，切实将建德的未来放在中国式现代化的宏大场景中谋划，努力在各个领域先行先试、敢闯敢干，以实干实效为中国式现代化提供更多建德实践、建德样本。要增强锻造自觉，深刻领悟以伟大自我革命引领伟大社会革命的重要要求。深刻认识自我革命是我们党跳出治乱兴衰历史周期率的第二个答案、健全全面从严治党体系是加强党的领导和党的建设的必然要求，全市广大党员干部务必谨记“打铁还需自身硬”、时刻警惕“两个长期存在”，把严的基调、严的措施、严的氛围长期坚持下去，切实以自身建设的全面过硬推动县域发展的硬核提升。要增强担当自觉，深刻领悟团结奋斗的时代要求。要深刻认识团结奋斗是中国共产党和中国人民最显著的精神标识，我们要持续激发精神力量、始终保持昂扬状态，带动全市上下在党的旗帜下团结成“一块坚硬的钢铁”，在新的赶考之路上一起干、一道闯、一同拼，在各条战线中形成以实干作答、凭实绩交卷的奋斗图景，不断开创建德高质量发展和现代化建设新篇章。

（二）我们要锚定发展之机，学出洞察力、坚定使命担当。党的二十大着重指出，高质量发展是全面建设社会主义现代化国家的首要任务，发展是党执政兴国的第一要务，要坚持贯彻新发展理念，以高质量发展为主题，推动经济实现质的有效提升和量的合理增长。从中央要求看，中央经济工作会议提出要以奋发有为的精神状态和时时放心不下的责任意识做好全年经济工作。从省市部署看，省委反复强调要找准发展之要、提振大干之志，真正让“干部敢为、地方敢闯、企业敢干、群众敢首创”在浙江成为一种自觉、一份特质、一道风景；杭州市委旗帜鲜明地号召全市上下，要以“再展雄风、再创辉煌”的责任担当和进取精神，统筹经济高质量发展与城市内涵式发展，全力打好经济翻身仗。因此，做好新的一年工作，我们必须把建德的发展放到国家、省市的大局中去思考、去谋划、去部署，进一步锚定大势趋势、扛起使命担当。一方面，我们要立足当前、干在当下。经过一年的开

局破题,我们的各项工作取得了阶段性成效,生态禀赋更为优越、交通区位更为便捷、产业基础更为扎实,又面临着杭州亚运举办、共同富裕西进等重大历史机遇。我们要用足用好中央、省市的“政策利好”,在新的一年工作中重点围绕打好“经济翻身仗”的总要求,坚决打好产业升级战、项目攻坚战、投资进位战、平台提升战、企业服务战“五大会战”,切实把工作重心聚焦到加快发展上、把经济工作谋深做实。另一方面,我们要着眼长远、放大格局。在市十五次党代会上,我们提出了“全力推动共同富裕、全面建设‘宜居建德’”的新目标、新定位、新任务,实践证明,我们确立的奋斗目标、战略导向与二十大精神、省市全会要求是上下贯通、高度契合的。我们必须紧紧围绕这一目标导向,持续抓好“四大战略”、深入实施“六大工程”,扎实推进中国式现代化的县域实践。同时,我们要把建德的发展放到全杭州、全省域的战略纵深中去把握,依托自身的资源禀赋、交通区位和产业基础去争取更高能级的战略布局,加快重塑推动建德高质量发展的整体动能。

(三)我们要扛起奋进之责,学出行动力、坚定方向路径。党的二十大深刻阐明,我们比历史上任何时期都更接近、更有信心和能力实现中华民族伟大复兴的目标,但同时必须付出更为艰巨、更为艰苦的努力,全党必须坚持走中国特色社会主义道路,坚定信心、锐意进取,不断夺取全面建设社会主义现代化国家的新胜利。对于县域一级而言,我们同样必须立足目标、明确方向、明晰路径,在正确的道路上拼搏奋进、笃定前行,从而不断取得新业绩、求得新突破。在新的一年工作中,要持之以恒把握好四条路径:要聚焦聚力抓发展。发展是解决一切问题的“总开关”“金钥匙”。新的一年,我们要坚持发展为本、产业为先、项目为王、创新为要,突出工业经济“第一经济”、第一第三产业“齐头并进”,以产业升级优化结构、以项目带动增强后劲、以创新驱动激发活力、以整合提升拓展空间,全力以赴扩总量、强增量、优存量、提质量,跑出高质量发展的“加速度”。要聚焦聚力争进位。干事创业,早干与晚干不一样、快干与慢干不一样、争着干与推着干更不一样。新的一年,我们要更加积极、更为主动、更富冲劲,全力抢抓重大机遇的“窗口”、上级政策的“风口”,紧盯不放争政策、争指标、争资金、争项目、争试点,尽最大力度争取更多的政策支持、更足的指标倾斜、更好的项目落地、更强的要素保障、更优的省市先进。要聚焦聚力夯基础。“全力推动共同富裕、全面建设‘宜居建德’”,不是一朝一夕的工作,也不是一蹴而就的任务,必须厚积成势、行稳致远,一步一个脚印将蓝图变为现实。新的一年,不论在产业发展、项目推进、平台建设还是城市拓展、民生保障等中心工作、重点任务上,我们都要保持战略定力、坚定发展自信,以“功成不必在我、但成功必定有我”的胸怀和笃定,脚踏实地、沉心静气,多做打基础、利长远之事,努力为建德未来的发展夯基垒石。要聚焦聚力促共富。共同富裕,既是中国式现代化的重要特征,也是“两个先行”的题中之义。新的一年,在推动共同富裕的大背景下,我们既要量力而行、更要尽力而为,全力加快富民增收、全力做优公共服务、全力强化社会治理,真正让民生福祉得到有效保障、让百姓生活更具品质韵味、让“全力推动共同富裕、全面建设‘宜居建德’”的底色更亮、成色更足。

三、实干实效、奋楫争先,扎实做好2023年各项工作,在高质量发展中奋力谱写“宜居建德”新篇章

2023年是全面贯彻落实党的二十大精神开局之年,是“八八战略”实施二十周年,杭州亚运会、亚残运会举办之年,也是“全力推动共同富裕、全面建设‘宜居建德’”的关键之年。根据上述形势和导向,做好新一年工作的指导思想是:高举习近平新时代中国特色社会主义思想伟大旗帜,忠实践行“八八战略”、坚定捍卫“两个确立”、坚决做到“两个维护”,全面贯彻落实党的二十大和中央经济工作会议精神,按照省委十五届二次全会、杭州市委十三届三次全会和市十五次党代会决策部署,坚持稳中求进、改革创新,围绕“全力推动共同富裕、全面建设‘宜居建德’”工作总目标,深入推进“四大战略”“六大工程”,在高质量发展中奋力谱写“宜居建德”新篇章,为全省以“两个先行”打

造“重要窗口”、谱写中国式现代化浙江篇章，杭州加快打造世界一流的社会主义现代化国际大都市扛起建德担当。

建议今年经济社会发展主要预期目标为：地区生产总值增长5.5%，一般公共预算收入与经济增长基本同步，城乡居民人均可支配收入高于地区生产总值增速，加快实现“六个新突破”：

（一）全力以赴抓发展、重实体，在加快产业优势重塑上实现新突破。坚持工业强市、产业为先不动摇，扎实做好延链补链强链文章，打好“产业升级战”，切实壮大经济总量、提升发展质量，确保规上工业增加值增长7%、农林牧渔业增加值增长2.5%、第三产业增加值增长7%。要做强先进制造业。对标全省“415X”先进制造业集群、杭州“五大产业生态圈”部署要求，进一步找准赛道、融链入圈，努力打造生物医药、新材料和绿色能源等特色产业集群。推动生物医药产业创新发展，立足省级鼓励类化工园区优势，建成投产澳赛诺中间体，开工建设华先医药、时森海、格宜医疗等重大项目。推动新材料产业特色发展，建成投产屹通二期，加快建设新化新材料产业基地，大力推进高性能负极材料、电解液、隔膜等项目建设。推动新能源产业集聚发展，加快推进乌龙山抽水蓄能电站主体工程，力争开工建设压缩空气储能电站，持续做好全域光伏和光储用一体建设，努力招引锂离子电池、绿色能源装备制造等项目，在打造“浙西储能中心”上跑出加速度。加快碳酸钙、五金工具、低压电器等传统产业结构调整、产品迭代，持续壮大实体经济基础。深入实施“凤凰行动”“专精特新”“小升规企业培育”等行动，推进“雏鹰企业”“隐形冠军”“单项冠军”梯次升级，确保全年新增规上企业30家、上市企业1家，10亿元级企业达到10家。要做实平台支撑。将省级经济开发区作为推动发展的主引擎、主战场、主阵地，全力打好“平台提升战”，加快功能规划布局和产业结构调整，提升马目、下王、航空小镇等区块基础设施水平，切实提高平台承载力、项目落地率、产业集聚度，确保开发区核心区块制造业投资增长30%、规上工业增加值增长9%，努力打造高能级战略平台。深入挖掘大同、乾潭、李家等乡镇工业功能区和小微园存量空间，进一步加快产业集聚步伐，推动园区专业化、特色化发展。要做精特色农业。做好“非粮化”整治“后半篇文章”，完成高标准农田示范区、粮食生产功能区提标改造1万亩以上，切实保障粮食安全。深入实施农业“双强”行动，加快构建全域覆盖的综合农事服务体系，启动农业标准地“131”工程，形成“地上+山上”“种植+养殖”协调发展格局，推动草莓、苞茶、畜禽等特色产业不断壮大，打造县域特色富民产业体系。抓好麦子妈二期、翠沁斋等预制菜项目建设，努力培育建德特色预制菜品牌，推动农业产业链融合延伸。要做大文旅产业。抢抓杭州旅游西进战略机遇，力争落地综合性、标杆性重大文旅项目，加快严州古城宋韵景区和钱塘江诗路文化带建德段建设，努力将三江口区块打造成为“诗路文化·三江两岸”世界级文化旅游带重要节点，持续打响“17℃新安江”旅游品牌。建成现代数字影城一期项目，培育一批以影视内容为主题的文化产业园。充分发挥“文旅+”的拉动、催化和集聚作用，大力培育新业态、新消费，加大线上线下促消费融合力度，引领消费加速复苏、焕新升级。

（二）全力以赴强招引、推项目，在加快发展质效提升上实现新突破。牢固树立“项目为王”理念，掀起“大抓项目”的浓厚氛围，全力打好“项目攻坚战”“投资进位战”，推动项目数量、建设质量、投资总量“三量齐升”，确保全年固定资产投资增长8%、制造业投资增长15%。以更大格局抓招商引资。牢固树立全员招商、链式招商理念，整合优化产业招商团队，做深行业规划、绘好产业图谱、健全论证机制，做到“一个产业、一串链条、一套流程、一名领导”。紧盯制造业、文旅康养、城市开发等重点方向，打好驻点招商、专业招商、基金招商、以商引商等“组合拳”，加速招引科技含量高、成长性高、贡献度高的“三高”项目、链主型企业，确保全年引进亿元以上项目30个以上、10亿元以上项目5个以上。积极探索“产业定制地”等新模式、新路径，推动“招商在前”向“以地招商”转变，努力完成一批当年招引、当年建设、当年投产的“三个当年”项目。以更强力度抓项目推进。优化项目全生命周期闭环管理机制，加大协调攻坚、督查推进、比拼晾晒力度，前移开工时序、抢抓建设进度，确保重点(大)项目开工率一季度达到30%、二季度达到60%、三季度达到85%。积极抢抓中央、省市政策机遇，开工建设梅城棚改安置房二期、三江综合治理提升工程等政府投资项目，积极谋划农夫六期等重大产业项目，争取一批项目列入省市盘子。发起项目建设新攻势，大力破解项目推进中的堵点难点问题，确保农夫五期、英联锂能等产业项目建成投产，力争金千铁路外迁、杭职院新安江校区、汽车城等重大项目开工建设，形成更多实物量投资。以更实举措抓要素保障。坚持“破立并举”，全力推进“腾笼换鸟、凤凰涅槃”攻坚行动，持续处置低效工业用地，出清一批“低小散”企业，为“大好高”项目落地腾出空间，确保今年出清低效用地、盘活批而未供、供而未用土地均达2000亩以上，整治高耗低效企业50家以上。深化“亩均论英雄”改革，按照“收回一批、激活一批、利用一批”原则，探索建立工业用地“供给—监管—退出”全生命周期管理机制，推动空间布局再优化、亩均效益再提高。切实加大对上争取力度，全力破解资金、能耗、环境容量等要素制约。以更高标准抓营商环境。抓实营商环境优化提升“一号改革工程”，落实《杭州市优化营商环境条例》，完善企业投资项目提速促产“一件事”改革，推动实现“拿地即开工”“预验即试产”“竣工即领证”，千方百计提振市场信心。打好“企业服务战”，继续用好“书记市长有约”“政企恳谈会”等平台载体，通过一业一策、一链一策、一企一策，精准落实各类助企惠企政策，帮助企业解决发展中“最难”“最痛”“最怕”的问题。大力推进“信用建德”建设，深化“信用+监管”“信用+便民惠企”等特色应用，努力创建成为全国信用示范区。

(三)全力以赴攻改革、育人才，在加快改革创新赋能上实现新突破。坚持向深化改革要红利、向科技创新要动力、向人才资源要活力，不断为高质量发展蓄势赋能。要放大改革攻坚的“乘数效应”。聚焦共同富裕、动能转换、分配体系重构等关键领域，深入推进财政资金、农村产权、国土空间、能源要素、国资国企等各领域改革，不断增强县域资源要素的配置效率。以系统思维推动人口长期均衡增长，持续做好“以产聚人、以人促产”文章，切实扩大总量、优化结构。突出实战实效、好用管用，迭代深化新安智矿、“新安·17清废”等特色应用，做好省级重大应用承接贯通，加速实现全域智治、高效协同。深化四级政务服务体系建设，推进政务服务“一网通办”向基层扩面提质，拓展“15分钟办事圈”覆盖范围。要发挥科技创新的“牵引效应”。健全科技型企业梯度培育机制，实施新一轮高新技术企业和科技型中小企业“双倍增”行动，全年新增国家高新技术企业30家以上、省科技型中小企业70家以上，确保R&D占GDP比重达2.2%。做好创新平台、孵化器、众创空间的管理、培育、考核工作，进一步提升平台创新能级，更好服务产业发展。实施数字经济“一号发展工程”，加快数字化车间、智能工厂建设，努力构建以“产业大脑+未来工厂”为核心的数字经济体系，确保数字经济核心产业增加值增长12%。要提升人才资源的“窗口效应”。锚定“浙西科创人才发展新高地、全省乡村人才振兴先行县、全国农创客标杆地”三大目标，加大行业领军和紧缺人才招引力度，确保落地顶尖领军人才项目10个、培养高技能人才1500名、新增农创客500名以上。全面推进浙西海归中心建设，深化大学生“星空计划”，做好“赛会引才”文章，确保新招引大学生3000名以上。深入实施“归雁行动”2.0版，扎实办好“第三届建德人大会”，努力引导建德籍优秀人才回乡创新创业。

(四)全力以赴优城乡、提品质，在加快美丽建德蝶变上实现新突破。深入践行“两山”理念，协调推进新型城镇化和乡村振兴，推动城乡面貌与生态环境互促共进，全面彰显建德城市形象和独特魅力。要在擦亮“金名片”中厚植生态底色。统筹打好治气治水治土清废“组合拳”，健全环保督察整改长效机制，努力创成国家级生态文明建设示范市。加快主城区雨污分流改造，高质量完成大洋、下涯等6个乡镇(街道)“污水零直排”提质扩面任务，补齐农村生活污水治理短板，推进全域幸福河湖建设，全力冲刺杭州地区首个“大禹金鼎”。深入实施“林长制”，积极推动林业碳汇，确保完成国土绿化2.1万亩。要在建设“大花园”中彰显城乡特色。全面落实“三区三线”，开展“规划编制攻坚年”

行动,统筹抓好市域总规、各类详规、专项规划编制任务,加快实现“空间规划一张图”。强化规划引领、做优节点设计,扎实推进城东、城南两大城市新区建设,有序开展城区老旧小区改造,不断提升主城区综合品质。统筹推进未来社区、未来乡村、城乡风貌样板区建设,高标准完成杭金衢“明清古韵·浙硒莲盟”县域风貌样板区、“共享山水城”城市风貌样板区等创建工作,努力塑造全域大美风貌。积极落实“交通强省”部署,配合建衢、建金等铁路建设,全力推动320国道、351国道改建工程,加快完成桐溪大桥、紫金大桥等在建交通项目,持续推进城乡公交一体化发展,谋划建设综合性物流快递基地,不断强化浙西综合交通枢纽地位。要在拓展“新通道”中提升转化成色。大力推进全域土地综合整治,积极盘活乡村土地、农房、山林等各类资源要素,推动民宿经济向产业集群发展,构建多层次、品牌化的特色民宿产业和乡村旅游体系,引导群众共建共享“两山”转化成果。以美丽乡村“一廊十线”为主轴,深化培育“三江诗路”“稻香农创”等乡村共富示范带,推动沿线农业精品园、农家乐、采摘游等业态蓬勃发展。

(五)全力以赴塑品牌、展韵味,在加快文化活力跃升上实现新突破。文化是建德的“根”与“魂”,要坚持以文培元、以文化人,加快推动建德优秀文化创造性转化、创新性发展,努力用文化厚度、文明温度支撑发展高度。要壮大地域文化影响力。加强“德文化”体系研究构建,深入挖掘“三自”水电精神、千鹤妇女精神、严州文化等地域文化内涵,完成“建德人”遗址改造提升,以模块化、累积型方式打造标志性成果,真正让“德文化”成为全体市民的精神引领、价值追求。充分发挥梅城、寿昌两大古城(镇)带动作用,强化文化遗产保护利用,串联一批承载“德文化”历史的名胜古迹、传统村落,全景化展示建德文脉,让优秀地域文化不断渗透生活、沁润人心。要增强公共文化服务力。着力实施“艺术乡建”行动,深化“文艺村长”机制,推进乡村艺术学校、村居文化会客厅等基层文化服务点位建设,打响乡村文化节、戏曲周等品牌活动。聚焦“办好一个会、提升一座城”,深入挖掘新安江17℃品牌赛事内涵,办好首届电竞潮游节、全国武术兵道冠军赛等运动赛事,新增嵌入式体育场地设施1.2万平方米以上,营造全民参与、全民共享、全民亚运的浓厚氛围。要塑造文明典范向心力。全面落实意识形态工作责任制,深化“新安堂前燕”理论宣讲体系建设,推动市级媒体深度融合,努力讲好“建德故事”。进一步弘扬社会主义核心价值观,深入推进“浙江有礼·德润建德”市域文明新实践,深化“光瓶行动”“文明一平米”等特色做法,全域开展文明村镇、文明单位、文明家庭等群众性精神文明创建,确保高分通过全国文明城市国测。

(六)全力以赴促共富、保平安,在加快民生福祉共享上实现新突破。坚持共建共享导向,高标准办好各项民生实事,努力打造真实可感的共同富裕成果,让全市人民的生活更有品质、更加幸福。要推动富民增收多元化。深化“扩中提低”行动,更大力度推进“共富工坊”“共富联合体”“共富协作区”“建德师傅带农富”等共富模式,努力探索乡贤回归促进就业增收等有效路径。强化就业优先政策,健全就业服务体系,实现城镇新增就业人数1.1万人以上。大力发展公益慈善事业,统筹做好低边、低保、残疾人等群体社会救助和兜底保障,推动低收入农户人均可支配收入增长15%以上,确保共富路上“一个都不能少”。深入实施以农村集体经济为核心的强村富民集成改革,用足用好村级留用地政策,增强“两进两回”实效,推动乡村组团式、片区化发展,不断拓宽强村富民路径,力争全市所有村(涉农社区)实现“8050”目标。要推动公共服务优质化。全面落实省市公共服务优质共享政策,加快承接杭州主城区优质公共资源,努力让百姓群众在家门口享受高品质生活。聚焦办好人民满意的教育,完成洋溪小学、洋安幼儿园二期等6个项目,加快推进寿昌初中、乾潭一小改造提升,进一步优化城乡教育资源配置。巩固拓展“双减”成果,深化名校集团化办学,推进“县中崛起”行动,不断提升教育质量水平。深化“健康建德”建设,提速市一院二期、大同卫生院等在建项目,力争市二院等4家医院创成二甲医院,不断优化医疗卫生服务水平,确保高水平通过国家卫生城市复评,创建成为全省健康促进区县。持续探索

"一老一小"整体解决方案，统筹推进养老、托育等优质服务供给，不断深化全龄全员美好社会建设。因时因势优化疫情防控措施，全力保障防疫、医疗等物资供应，着力"保健康、防重症"，确保平稳转段和社会稳定。要推动社会治理高效化。围绕"平安护航亚运"主线，落实重大活动维稳安保"十大机制"，深入推进信访积案、风险隐患"两个清零"。常态化开展扫黑除恶斗争，深化交通安全、消防安全、电信网络诈骗等领域专项整治，筑牢除险保安防线，确保实现省"平安县市"十连创。做强县级社会治理中心，提升"新安·17 治理"系统实效，健全"小脑+手脚"警网协同机制，不断完善基层智治体系，确保矛盾纠纷发现在早、处置在小、化解在基层。深化"法治建德"建设，高质量实施"八五"普法，持续整治行政诉讼"两高一低"问题，全力创建法治浙江示范县市。

四、党建统领、从严从实，坚持党的全面领导，为奋力谱写"宜居建德"新篇章提供坚强保障

新征程上要有新气象、新作为，我们广大党员干部必须始终牢记"三个务必"，全面落实新时代党的建设总要求，在大抓发展中提振士气、建强组织、锻造铁军、转变作风，切实以高质量党建为高质量发展提供坚强保障。

（一）筑牢"两个确立"的思想根基，永葆绝对忠诚的政治本色。我们要深刻把握"两个确立"的决定性意义，不断提高政治判断力、政治领悟力、政治执行力，坚定不移维护以习近平同志为核心的党中央权威和集中统一领导，充分展现忠诚核心、拥戴核心、维护核心、紧跟核心的鲜明政治态度，更加自觉地把"两个确立""两个维护"铭刻在内心中、落实到行动上。分层分期抓好学习贯彻党的二十大精神轮训，高标准开展主题教育，全面做好"八八战略"实施二十周年系列活动，确保学思用贯通、知信行统一。不断完善习近平总书记重要指示批示精神闭环管理机制，以最坚决的态度、最迅速的行动、最有力的举措推动中央、省市部署在建德落地见效。

（二）筑牢"全域建强"的组织体系，打造有力有为的战斗堡垒。广大基层党员干部要以党章为根本遵循，不断提升基层党组织的组织力、凝聚力和战斗力。对标争创"红色根脉强基示范县市"，深化"争星晋位·全域建强"行动，推进五星示范村社争创提升、后进薄弱村社整转建强。建好用好"比武争星"擂台，以"届中回头看"调优村社干部队伍，形成奋勇争先的良好局面。抓深抓实"链组党建"，以"十链百坊"打造党建领富标志性成果。扎实推进现代社区"六大改革"，推动党建统领网格智治落地落细。深化"走村不漏户、户户见干部"2.0 版、"每天劳动一小时"等长效机制，大力开展"双强六好、两新创优"示范创建，筑牢高质量发展的组织根基。

（三）筑牢"实干实绩"的鲜明导向，锻造堪当重任的铁军队伍。持续深化"破难突围、扛旗竞跑"干部大比拼行动，在一线考察干部、凭实绩选拔人才。突出正向激励与反向倒逼相结合，积极开展"担当作为好干部""先锋 50"等系列评优评先活动，着力畅通干部"能上能下"渠道，切实提振广大干部干事创业精气神。健全年轻干部选育管用机制，深入实施"新安新竹"工程，常态化、制度化推进跨领域、跨层级交流，全力打造高素质、专业化干部队伍。

（四）筑牢"善作善成"的答卷意识，构建高效协同的工作机制。建立健全"目标导向、专班例会、督考跟进、结果运用"的闭环管控机制，形成"用数字说话、凭实绩交卷、以成效检验"的评价体系，真正做到"以考促干""以比促拼"，确保各项工作掷地有声、扎实有效。深化完善"六大比拼""六个领衔"等机制载体，全力营造互看互学、比学赶超的浓厚氛围，不断形成以上率下、层层落实的工作格局。全面开展"大走访大调研大服务大解题"活动，聚焦解决问题、破解难题，真心实意为企业、群众、基层排忧解难。积极构建"大统战"工作格局，团结和凝聚最广泛力量，不断形成全市上下心往一处想、劲往一处使的生动局面。

（五）筑牢"从严治党"的清廉基石，涵养风清气正的干事生态。深入贯彻"健全全面从严治党体系"新要求，深化落实"四责协同"，一体推进"三不腐"，推动清廉建设走深走实。聚焦"关键少数"，拧紧责任链条，用好五张责任清单"17 履职"数智平

台，做实做细对“一把手”和领导班子的监督。始终保持“四风”问题高压态势，坚持重遏制、强高压、长震慑，坚决查处不收手不收敛、群众反响强烈的突出问题。持续擦亮“澄清门下道澄清”品牌，旗帜鲜明为担当者担当、为干事者鼓劲。有序推进巡察全覆盖，推动问题解决和成果运用，彰显巡察利剑震慑作用。深化“清廉单元”建设提质扩面，逐步向全市各领域、各行业拓展，全力开创“清廉建德”建设新局面。

同志们，路虽远，行则将至；事虽难，做则必成。让我们更加紧密地团结在以习近平同志为核心的党中央周围，以党的二十大精神为指引，弘扬伟大建党精神，勠力同心、勇毅前行，实干实效、奋楫争先，在高质量发展中奋力谱写“全力推动共同富裕、全面建设‘宜居建德’”的崭新篇章！

名　词　解　释

1.“5030”“8050”：衡量村级集体经济收入的两项重要指标。“5030”即村(涉农社区)集体经济总收入达50万元以上，经营性收入达30万元以上；“8050”即村(涉农社区)集体经济总收入达80万元以上，经营性收入达50万元以上。

2.现代社区“六大改革”：“上统下分、强街优社”攻坚行动、社区公共服务优化提升攻坚行动、强村富民集成改革推进攻坚行动、社区应急体系建设攻坚行动、“五社联动”提质增效攻坚行动、社区除险保安护航攻坚行动。

3.同心共富“五大行动”：建德统一战线五个领域助力共同富裕行动，主要为党外人士凝心聚力领航行动、助企高质量发展行动、民族团结共富行动、同根海联共建行动、新乡贤同心共富行动。

4.“三区三线”：“三区”是指城镇空间、农业空间、生态空间三种类型的国土空间；“三线”分别对应在城镇空间、农业空间、生态空间划定的城镇开发边界、永久基本农田、生态保护红线三条控制线。

5.全省“415X”先进制造业集群：“4”是指重点发展新一代信息技术、高端装备、现代消费与健康、绿色石化与新材料等4个万亿级世界级先进产业群；“15”是指重点培育15个千亿级特色产业集群，具体为数字安防与网络通信、集成电路、智能光伏、高端软件、节能与新能源汽车及零部件、机器人与数控机床、节能环保与新能源装备、智能电气、高端船舶与海工装备、生物医药与医疗器械、现代纺织与服装、现代家具与智能家电、炼油化工、精细化工、高端新材料；“X”是指重点聚焦“互联网+”、生命健康、新材料三大科创高地等前沿领域，重点培育若干高成长性百亿级“新星”产业群，使之成为特色产业集群后备军。

6.杭州“五大产业生态圈”：智能物联、生物医药、高端装备、新材料和绿色能源。

7.农业标准地“131”工程：建德全域推行的粮食、草莓、茶叶、农房等标准地示范创建工程。“1”是指粮食标准地；“3”是指草莓标准地、茶叶标准地、农村标准房；“1”是指“一镇一业”特色产业标准地，如蛋鸡标准地、莲子标准地、柑橘标准地等。

8.“十链百坊”：在建德全市面上打造十条示范型共富链组、一百家示范型共富工坊。

9.“双强六好、两新创优”示范创建：聚焦“党建强、发展强”，坚持“政治引领好、队伍建设好、发展成效好、文化建设好、劳动关系好、社会评价好”创建标准，以星级评定、覆盖检修为抓手，推动“两新”党组织争星晋位。

10.“归雁行动”2.0版：迭代升级“归雁行动”，聚焦建德市高层次人才智力回归目标，通过建立新乡贤项目库、常态化走访、柔性合作等，密切联系与建德产业相关的高层次乡贤人才，强化智力合作；同时发挥青年学子工作站作用，积极引导建德籍硕博青年人才返乡就业创业，凝聚青年力量助推建德高质量发展。

责任编辑：黄建生

政府工作报告

——在建德市第十七届人民代表大会第二次会议上

建德市人民政府市长 王新锋

(2023年2月1日)

一、2022年工作回顾

2022年是党的二十大召开之年,也是新一届市政府开局之年。过去一年,我们坚持以习近平新时代中国特色社会主义思想为指导,聚焦迎接和贯彻党的二十大这条主线,认真落实上级党委、政府决策部署,在市委的坚强领导下,在市人大、市政协的监督支持下,团结依靠全市人民,尽最大努力落实“疫情要防住、经济要稳住、发展要安全”的目标要求,取得了阶段性成效。全年实现地区生产总值433.5亿元;实现财政总收入80.5亿元、一般公共预算收入52亿元;城乡居民人均可支配收入分别达62049元和35869元。

过去一年,我们抓产业育动能,推动经济稳进提质。新兴产业加速引育。锚定生物医药、新材料、智能制造和绿色能源等产业,全力建链延链、壮大规模。以抽水蓄能电站为牵引,紧盯空气压缩储能项目,相继落地英联锂能、宋都储能、盛开新能源等项目,绿色能源产业初具雏形。落地谨正电子、现代数字影视城等项目,出台影视产业发展专项扶持办法,引进影视企业13家,预计推动数字经济核心产业增加值增长25%。规上数字经济制造业、高技术制造业增加值分别增长32.2%和35.1%,增速分列杭州第二位、第三位。主导产业持续转型。大洋生物、深蓝科技、天石纳米、奥立达4家企业获专精特新“小巨人”称号,新安化工相关产品获国家级单项冠军产品,海螺水泥等38家企业列入杭州市“未来工厂”培育库。新安化工、新化化工、屹通股份等一批本地龙头企业相继签约回建德投资重大项目,推动产业链延伸。中策永固、翠沁斋等一批“腾笼换鸟”项目先后落地,碳酸钙行业整治提升持续深化。全年实现规上工业总产值687.8亿元,规上工业增加值159.1亿元,发挥了“压舱石”作用。商贸文旅稳步复苏。开展“美好生活·宜品建德”消费季系列活动,入选省级夜间经济特色城市、县域商业体系建设示范县,实现社会消费品零售总额128.9亿元。八佰伴、严州时代广场建成运营,严州古城步行街列入省级高品质步行街。加大旅游产品供给,成功举办第二十届新安江文化旅游节、马拉松等活动,获全国县域旅游综合实力百强县称号。文澜、全季、开元颐居等酒店建成开业,双江街儿童乐园、马岭天观运动度假体验区开放运营,潜水俱乐部酒店项目正式开工。助企纾困行之有效。第一时间高效落实浙江38条、杭州52条等稳经济一揽子政策,接续出台我市56条政策,以超常规举措推动经济企稳回升。全年为市场主体减负20.6亿元,兑付政府补助资金6.7亿元,减免各类租金3688万元。深化“书记市长有约”“百名干部助百企”等活动,协调解决企业各类难题154个。全年新增贷款132.7亿元。

过去一年,我们抓项目强攻坚,持续增强发展后劲。重大项目取得突破。总投资140亿元的乌龙山抽水蓄能电站启动建设;320国道外迁一期项目全线开工。农夫五期、屹通二期、立邦一期等重大产业项目进展顺利;麦子妈一期、朝美医疗产业园等26个亿元以上项目竣工投产。两年内立项项目开工率居全省前列,81个政府投资项目开工率达96%以上。双招双引质效提升。累计签约隅田川咖啡等亿元以上项目53个,总投资231.9亿元,其中启源新材料等10亿元以上项目5个。实际利用外资1.4亿美元。招引国家级人才计划人选3人,实现历史性突破。落地高层次人才项目16个,引进博士后16人、大学生4128人,新建院士工作站1家、专家工作站7家。要素保障更加有力。科学划定"三区三线",争取省级统筹永农指标2800亩。完成2009—2018年度批而未供土地处置2819亩,完成率居全省首位。获存量土地处置差额奖励计划指标1179亩,居全省第二,创近年来新高。出让工业用地1586亩、占比92%,成交量、占比率均居杭州前列。出清销号低效工业用地突破3000亩,完成建设用地复垦300亩,垦造水田4008亩,新增高标准农田2.2万亩,完成乾潭等5个乡镇全域土地综合整治。争取政策性金融工具额度10.05亿元、政府专项债券7500万元,国有企业发行企业债券15亿元、美元债券1.65亿美元。攻坚克难成效明显。高新园区防护距离、汽车东站区块、洋溪老街等一批历史遗留问题得到解决。大明化工稳妥腾退,大洋下王区块征迁"清零"。平稳有序快速完成320国道、殡仪馆、农贸城等重大项目政策处理,累计征收土地5064亩。完成经济开发区平台整合,制约高新园区多年的规划环评获得批复,平台承载力进一步提升。全面完成上级环保专项督察问题整改销号。

过去一年,我们抓改革谋创新,释放高质量发展潜能。科技创新能力持续提升。全年R&D经费增长21.7%,占GDP比重2.12%,科技创新投入指数进步排名全省第三。规上工业研发经费增长31.3%,高新技术产业投资占固定资产投资比重10.7%,实现技术交易额9亿元。新增国家高新技术企业44家,每千家企业中高新技术企业增速位居全省第三。引导企业加大研发投入,通航重点实验室通过省重点实验室创建,4家企业创新成果获全省科学技术奖。航空小镇连续五年获省级特色小镇考核优秀,草莓小镇创成省级农业科技园区。共同富裕改革亮点纷呈。大同"一老一小"整体方案入选全国农村公共服务典型案例,农创客引育获全省共富最佳案例,文艺村长获杭州市第一批共富最佳实践。率先探索共同富裕家庭型财税政策等"小切口"改革,创新"共富工坊""共富联合体"等做法,打造安仁联合体、十里寿昌江、千鹤一线红等一批具有辨识度的实践成果。数字化改革成效显著。聚焦"1612"体系架构,143个省级重大应用基本贯通。获评全国县域农业农村信息化发展先进县,"建村钉"应用列入全国乡村治理典型案例,"装修清废"一件事、新安堂前燕分别获全省数字社会、数字文化系统最佳应用,入选全省首批交通强国数字化试点县,一体化智能化公共数据平台归集率达100%。重点领域改革一体推进。扎实推进"大综合一体化"行政执法改革,67%执法力量下沉,所有乡镇(街道)实现"一支队伍管执法"。国资国企改革迈出有力步伐,挂牌成立国资管理服务中心,国控集团取得AA+预评级,预计年可节省发债及担保成本4亿元以上。深化基金招商模式,完成新安产业基金、太平数智健康基金设立,实现投资收益1.7亿元。启动全国社会信用体系建设示范区创建,城市信用排名高居全国县级市第二。优化"1+X+Y"乡镇财政管理体系,财政管理工作连续两年获省政府督查激励。

过去一年,我们抓建设优环境,加快城乡融合步伐。城市建管提档升级。府前路C区块正式动工,改造老旧小区4个,治理主城区易涝点位23处。完成城市环境品质提升项目18个,提升主干道12条,实施入城口、白沙桥头等一批交通易堵点微改造。洋安社区创成省级未来社区,中策橡胶老厂区完成搬迁。完成城南片区规划,农贸城启动建设,金千铁路外迁项目通过上海铁路局初步审查。乡村振兴多点开花。扎实推进全省强村富民乡村集成改革试点,实现村级集体经济总收入3.62亿元,其中经营性收入2.04亿元。239个村(涉农社区)经营性收入保持"5030",其中158个实现"8050"目标。成功举办全省乡村人才振兴促进共同富裕大会、杭州市美丽乡村现场会,下涯之江村、三都松口村入选省级未来乡村。新建草莓"标准地"3760亩,全域草莓基地入选国家现代农业全产业链标准化示范基地创建名单,第二个自主研发的草莓品种"建德白露"上市。完成粮食生产功能区"非粮化"整治,粮食产量、生猪出栏量保持稳定。全年实现农业总产值增长4.6%,农林牧渔业增加值增长3.7%。积极做好东西部协作、对口支援和区县协作工作。基础设施不断夯实。全力保障建金高铁、建衢高铁等重大交通项目，紫金大桥、桐溪大桥等工程顺利推进，改造提升农村公路60公里。加强水利、电力等基础设施建设，西线供水二期、500千伏建德变等项目顺利开工，实施寿昌江流域综合治理等水利项目99个，创新小型水库物业化管理模式，有效保障运行安全。美丽建德全域深化。高标准打好蓝天碧水净土保卫战，全年空气优良天数349天，$PM_{2.5}$平均浓度低于23.1微克每立方米，莲花入选全省低碳试点。“五水共治”再夺“大禹银鼎”，完成全省首批“幸福河湖”试点县建设，创成国家级节水型社会建设县。以全省第一的成绩列入全国水系连通及水美乡村建设试点县，新安江富春江风景区入选国家水利风景区高质量发展重点推介案例。全力推进城乡风貌整治提升，三江汇流县域风貌区获评全省新时代富春山居图样板区。创成全省无违建创先争优示范县，连续三年荣获全省美丽城镇考核、农村生活垃圾分类处理工作优秀县(市)，三都、下涯、大慈岩创成美丽城镇省级样板，“美丽杭州迎亚运”城市环境品质提升比拼工作连续两年杭州市领先。

过去一年，我们抓民生强保障，不断夯实共富基础。社会保障兜底托牢。城乡居民人均可支配收入差距进一步缩小。就业形势保持稳定，新增就业1.15万人，培育“建德师傅”1.3万人，发放企业职工技能提升等各类补贴1.3亿元。困难群众兜底保障进一步加强，低保等社会救助标准实现与杭州市区同标，发放各类救助金1.5亿元。全面实施杭州市级医保统筹，保障各类养老金45.7亿元。加快安置进度，新华三期等10个项目如期完工，竣工21.5万平方米，回迁1293户。公共服务不断优化。新安江二小二期、三都中心幼儿园、市二院新院区等项目建成投用，洋溪小学、市一院二期、杭七院浙西院区、大同卫生院等项目加快推进，加入跨区域新名校集团7个，3家医共体牵头医院达到县级强院建设标准。探索“一老一小”整体解决方案，全面推行养老服务电子津贴，婴幼儿照护服务实现乡镇(街道)全覆盖。推动乡镇骨灰堂扩面，实现“6+11”殡仪服务全流程免费。文化引领旗帜鲜明。对标全国文明典范城市，顺利通过全国文明城市复评。设立新时代文明实践点144个，获评省五星级文化礼堂22家。启动严州府衙区块考古发掘及宋代瓦子街区建设，钱塘江诗路文化传承生态保护区列入省级保护区名单。扎实推进文体惠民，新增公共文化设施2万平方米、体育场地26万平方米，成功举办第十七届市运会、第八届老运会。党的二十大献礼剧《我们这十年·心之所向》在建德拍摄，全网热播。平安建设稳固有效。统筹做好疫情防控工作，疫苗接种率居杭州前列，因时因势优化调整防控措施，实现平稳转段、有序渡峰。圆满完成平安护航党的二十大各项任务。开展除险保安“十大安全风险隐患整治”行动，排查治理全域安全隐患1.2万处。妥善处置恒大等房地产领域风险，动态清零信访积案286件，电信诈骗案发数下降27.2%。政府债务率回到绿色安全区。全年安全生产事故起数和死亡人数分别下降25%、22%，全省平安指数排名居杭州首位。

一年来，我们持续推进政府自身建设。始终牢记初心使命，全面学习贯彻落实党的二十大精神，以坚定捍卫“两个确立”、坚决做到“两个维护”的最鲜明态度，高质量推进上级党委、政府各项决策部署落实落细。坚持重大事项向市委报告，主动接受市人大和市政协监督，办理代表议案、建议126件、委员提案177件。加强法治政府建设，荣获法治浙江(法治政府)建设优秀单位。狠抓“七张问题清单”整改落实，管控力指数排名不断提升，居全省前列。认真落实中央八项规定及其实施细则精神，持之以恒纠治“四风”，政治生态更加风清气正。

同时，国防动员和后备力量建设、退役军人、民宗、人防、气象工作进一步加强，工会、妇女、青少年、红十字、关心下一代和老龄事业取得新进步，档案、地方志、外事、侨务等工作实现新提升。

各位代表，过去一年，我们竭尽全力、克难奋进，取得的成绩来之不易。这是市委总揽全局、坚强领导的结果，是市人大、市政协有效监督、大力支持的结果，是各民主党派同心协力、同舟共济的结果，更是全市人民锐意进取、团结奋斗的结果。在此，我代表市人民政府，向全市人民和所有关心支持建德发展的社会各界朋友，致以崇高的敬意和衷心的感谢！

当然,我们也清醒看到,对标高质量发展要求和建德人民的美好期盼,政府工作还存在不小差距,主要是:多重因素冲击之下,经济增长速度明显回落,GDP、固定资产投资、民间投资等部分主要经济指标下滑明显;传统产业占比仍然较高,转型的步子偏慢,持续发展的动力不够强劲;招商引资力度不够,项目全生命周期服务效率不高;房地产市场波动较大,未找到转型方向;发展不平衡不充分问题仍然存在,社保、医保、基础设施建设等压力依然较大,教育、医疗、养老、交通等公共服务水平与群众需求还有差距;个别干部担当意识、斗争本领、执行效力不强,"比学赶超"的干事氛围还不浓厚。对此,我们将高度重视、高度警觉,以对人民高度负责的精神,切实采取有效措施,逐步加以解决落实。

二、2023 年重点工作安排

2023 年是全面贯彻落实党的二十大精神的开局之年,是"八八战略"实施 20 周年,是杭州亚运会、亚残运会举办之年,也是"全力推动共同富裕、全面建设'宜居建德'"的关键之年,做好今年工作意义重大。我们必须立足长远、干在当前,围绕大局、统筹兼顾,全力促进经济健康发展、社会和谐稳定,在新起点上奋力开创建德经济社会高质量发展新局面。

今年政府工作的总体要求是:高举习近平新时代中国特色社会主义思想伟大旗帜,忠实践行"八八战略"、坚定捍卫"两个确立"、坚决做到"两个维护",全面贯彻落实党的二十大和中央经济工作会议精神,按照省委十五届二次全会、杭州市委十三届三次全会和市委十五届三次全会决策部署,坚持创新深化、改革攻坚、开放提升,围绕"全力推动共同富裕、全面建设'宜居建德'"工作总目标,深入推进"四大战略""六大工程",全力打赢"五大会战",在高质量发展中奋力谱写"宜居建德"新篇章。

建议今年经济社会发展主要预期目标为:地区生产总值增长 5.5%(力争 6%),一般公共预算收入与经济增长基本同步,城乡居民人均可支配收入高于 GDP 增速。重点抓好以下五个方面工作:

(一)坚持振兴实业不动摇。实体强则经济强,工业兴则百业旺。始终坚持制造为本,狠抓实体经济,着力稳企业、兴产业,全力打赢经济翻身仗。确保实现规上工业增加值增长 7%(力争 7.5%),农林牧渔业增加值增长 2.5%(力争 3%),第三产业增加值增长 7%(力争 7.5%)。

高质量推进产业发展。聚焦延链补链强链,推动产业集聚发展,全力打好"产业升级战"。全面推进乌龙山抽水蓄能电站建设,开工海螺光储用一体项目,力争开工三都压缩空气储能电站主体工程,推进整县分布式光伏试点,努力引育相关产业链,打造"浙西储能中心"。推动传统化工向生物医药、新材料转型,开工华先医药、时森海,推动澳赛诺、远力健等扩大生产规模,五星生物转型提升。开工启源新材料、新化搬迁技改、屹通三期等项目,做大新能源材料产业。争取签约新安有机硅单体及迈图有机硅下游产业、立邦二期等项目,进一步延伸有机硅产业链。全力推进农夫六期,打造世界级水产业基地。全力推动谨正电子一期、富凌科技、中航复合材料等项目,继续引育通航等高端装备制造项目。抢抓杭州文旅西进机遇,主动融入"诗路文化三江两岸"世界级旅游带,以新安江为主轴、严州古城为核心,带动大三江口和西向板块整体发展,争取重大文旅项目落地,以文旅产业深度融合推动服务业经济高质量发展。丰富文化产业层次,现代数字影视城项目一期建成开园,二期加快推进。

聚力气扩大有效投资。坚持国资、民资、外资齐上,全力打好"投资进位战",确保固定资产投资增长 8%以上(力争 10%),其中制造业投资增长 15%以上(力争 20%),高新技术产业投资增长 20%以上(力争 25%),民间投资占固定资产投资比重不低于 60%。加大基金投资力度,新设基金 3 个以上,力争实现投资收益 2 亿元以上。实施市政府投资重点项目 86 个、产业项目 85 个,年度投资 130 亿元以上。实际利用外资 1.5 亿美元。全力打好"平台提升战",推动经济开发区、工业功能区和小微园区错位发展、优势叠加。经济开发区以打造高能级战略性平台为目标,起到龙头牵引作用,全年确保落地开工投资 10 亿元以上项目 5 个,制造业投资增长30%以上，规上工业总产值占全市比重保持70%以上。推进大同、乾潭等重点乡镇工业功能区优化升级，完善李家、航头等工业功能区基础配套，加大小微园区建设与利用力度。

多举措激发消费活力。千方百计把人流量引进来，把好东西卖出去，实现社会消费品零售总额增长6%(力争8%)。赴上海、杭州等地精准投放促销营销，升级新安江音乐节、夏日冬泳、马拉松等活动，吸引更多游客来建德旅游消费。提升接待能力，推动沿江存量酒店建设和盘活，加快建设杭州芳草园、潜水俱乐部酒店，重新开放千岛湖好运岛，努力破解建德旅游“夏热冬冷”“游多住少”的困局。提升绿城美好广场、双江街、“寿昌909”商贸街品质，开办“新安夜市”。加强“宜品建德”区域公用品牌运营推广，积极参与各类农博会、农展会，推动更多建德特产“入沪进杭”。

实打实支持民营经济。鼓励企业向专精特新方向迈进，新增市场主体1万家、“个转企”80家、“小升规”30家，新增上市企业“保一争二”。及时足额落实各级降本减负惠企政策，确保为市场主体减负10亿元以上。落实“开门红”35条等政策，持续优化产业政策体系。支持企业开拓“一带一路”市场，鼓励出境商务洽谈，抱团建设省级公共海外仓。支持本地建筑企业做大做强“走出去”。服务支持中小微企业发展，积极引导广大民营企业坚守实业、做强主业，热爱建德、贡献建德。

(二)坚持改革创新不停步。坚定不移全面深化改革，始终保持定力、精准发力，切实增强改革的针对性、创新的积极性、开放的主动性，持续赋能发展后劲。

抓实营商环境“一号改革工程”。全面优化提升政务环境、法治环境、市场环境、生态环境、人文环境，聚焦重点领域和关键环节持续攻坚，全力打好“企业服务战”。力争全国社会信用体系建设示范区首创首成。深化“书记市长有约”等助企服务机制，全力解决企业反映较为强烈的采购招标、物流成本、用工留工等各类难题，进一步优化难题报送、办理、协调、督促机制，提高解难题实效。完善四级政务服务体系，拓展“15分钟办事圈”覆盖范围，持续优化“一网通办”，提升政务服务能级。深化“亩均论英雄”改革，出清低效工业用地2000亩以上，改造提升亩均税收5万元以下企业50家。

加快提升创新策源能力。用绿水青山吸引更多的创新人才与资源，主动对接城西科创大走廊，承办中国创新挑战赛等省部级活动，增强人才“飞地”离岸孵化能力，完善行业“揭榜挂帅”机制，吸引科创团队来建德转化科创成果50项以上。实现全社会研发投入强度2.2%(力争2.3%)，新增国家高新技术企业30家、省科技型中小企业70家以上。搭建科技人才交流平台，支持龙头企业和高校共育卓越工程师，全力推进浙西海归中心建设。新增海内外高层次人才100名、大学生3000名、农创客500名。招引民办专业技工学校，争取落地航空技师学校。

统筹推进各重点领域改革。全力推进共富基本单元建设，推动乾潭、大慈岩等乡镇打造跨县域共同富裕典型案例。以管用有效推动数字化改革集成突破，深化城市大脑2.0建设，持续迭代新安护航、新安智矿、“新安·17治理”等应用。纵深推进国资国企改革，释放存量国有资产价值，进一步降低融资成本，国企资产负债率争取下降10%。拓展国企经营性业务范围，加快市场化转型。实施全域水务一体化改革，完成大洋、三都等乡镇水厂提升改造，并统一管理运维。聚焦群众急难愁盼的教育、医疗、养老等领域，启动“微改革”事项3项以上。

(三)坚持城乡统筹不断档。坚持城乡一体化发展，统筹城市能级提升、城乡风貌管控、美丽乡村建设“一盘棋”，稳步增强城乡综合承载力。

建设更有品质的城市片区。坚持“东扩、南拓、西进、中优”城市发展战略不动摇，提升城区首位度。推进老旧小区改造8处，完工府前路C区块改造提升，实施田坞区块城中村有机更新项目。高水平建设城东科创片区，吸引更多科创资源落地。启动洋溪老街综合开发、国网职防院和城东派出所建设，完成致中和老厂区搬迁，争取开工“一号地块”。提升洋溪区块教育质量，加快生活设施配套。深入推进城南片区开发，实施白沙片区更新改造，加快农贸城建设，开工殡仪馆外迁、汽车城项目，争取落地新建大学项目。有序推进320国道沿线低效清理、建铜区块盘活处置。

打造更具诗意的美丽村镇。深化“国企+乡镇+村”等强村富民模式，不断拓宽强村富民路径，确保80%（力争100%）的村（涉农社区）实现“8050”目标，其中30%达到经营性收入100万元以上，推动低收入农户人均可支配收入增长15%以上。推进农业现代化高质量发展，深化“1+3+X”农业产业发展体系，整链提升草莓、鸡蛋、苞茶等产业价值。整体谋划预制菜产业，延伸农业深加工产业链。全面推进宜居宜业和美乡村建设，高标准打造杭金衢“明清古韵·浙硒莲盟”及寿昌—大慈岩“历史遗韵”县域风貌样板区，洋安数智山水城创成省级样板。杨村桥创建国家级乡村振兴示范乡镇，完成三都“三江荟”共富乡村试点项目，培育省级未来乡村2个、数字乡村10个。完善移民、涉农资金、项目村级竞争承诺制，激励村干部谋发展、招项目。

融入更高能级的交通廊道。全力推进建金高铁、建衢高铁建设，全线推进320国道外迁，开工金千铁路外迁、351国道建德段，谋划330国道大慈岩段改建、建武高速等项目。加快新安江货运码头整合提升，增加低空通航线路，统筹多式联运项目。完工桐溪大桥、紫金大桥，加快高铁南站站前广场及连接线等工程建设，开工龙门上隧道和农夫山泉五期隧道，做好城南货运通道前期。改造“四好”农村公路100公里，优化公交线路与组织方式。推进建设市级快递物流中心，降低物流成本。

构建更为科学的空间布局。全面开展“规划编制攻坚年”行动，落实市镇村三级全域全要素规划全覆盖，完成国土空间总体规划以及7个城镇单元、9个乡村单元详细规划新编。有序激活更多低效空间，盘活批而未供、供而未用土地各2000亩以上，立项实施建设用地复垦200亩，垦造水田1500亩。完成高标准农田、粮食生产功能区提标改造1.3万亩，升级农业“标准地”，稳步推进农田杆线清理序化。开展跨乡镇土地综合整治，盘活闲置宅基地和农房500宗以上，研究解决农文旅融合发展建设用地问题。

（四）坚持美丽建设不松劲。绿色生态是建德的最亮底色。坚定不移走生态优先、绿色发展之路，高质量拓展“两山”转化通道，构建全民支持、全域美丽的宜居城市。

以更大力度呵护生态环境。推进国家生态文明示范市和省级“无废城市”创建，实施迎亚运大气污染整治攻坚行动，实现$PM_{2.5}$和臭氧浓度“双控双减”。强化饮用水水源保护，确保水源地水质达标率100%，做好重要河道蓝藻水华防控。以水系连通工程为牵引，统筹推进防汛设施、绿道、亲水平台等建设，完成梅城玉带河等“城内村中”水系循环，全域推进“幸福河湖”建设，全力夺取杭州地区首个“大禹金鼎”。全面开展土壤治理修复和水土流失治理，启动梅城、寿昌垃圾填埋场及里叶、灵石矿山等生态修复。坚决落实碳达峰、碳中和战略目标，坚持项目准入环保安全能耗“一票否决”制，争创全省低碳示范县。深化林长制，探索林权、碳汇交易，造林绿化2.1万亩。

以更精细水平管理城市。完善城市基础设施，新建第三自来水厂，稳步推进高层住宅二次供水改造全覆盖及消防隐患消除，推进高地势区块供水改造，继续实施地下管网更新改造和主城区零直排小区建设，扩建城东污水处理厂。加快现代社区建设，优化调整部分社区范围，高标准创建省级未来社区。持续推进城市交通治堵，整治常发堵点“顽疾”，新增公共停车位1500个，明显改善主城区停车难问题。倡导文明出行，大力整治超限超载、交通堵塞、加塞抢行等问题。推动国有物业公司业务扩面，探索城市管理“五个一”做法。深化“美丽杭州迎亚运”城市环境品质提升行动，升级新安江两岸夜景，不断提升美丽建德成色。

以更浓韵味展现文化活力。持续擦亮“宜居建德”金名片，进一步凝聚全市人民“建功立德”的共识，让更多“新建德人”爱上建德、扎根建德。加大历史文物保护力度，推动历史活态传承，启动“建德人”遗址保护精品工程，打造寿昌古城文化客厅。推进严州府衙考古，加快严州古城宋韵景区、诗路文化带建德区域建设。大力推进“艺术乡建”，建设“文艺村长共富学堂”6个以上。深化“光瓶行动”“文明一平米”等特色做法，确保高分通过全国文明城市国测。积极参与亚运、服务亚运，开展百场健身赛事活动，承办全国武术兵道冠军赛，营造全民迎亚运的浓厚氛围。

（五）坚持民生保障不懈怠。始终牢记民生优先，践行以人民为中心的发展思想，满足群众多层次、多样化需求，让全市人民共享共同富裕成果。

全面加强社会保障。深化“建德人在建德就业”行动，健全就业促进机制，加强与上海、杭州等一线城市人力资源公司对接，新增就业1.1万人，引导建德籍优秀毕业生返乡就业500人以上。严控医保基金支出非合理增长，基本医疗保险、养老保险全民参保率不低于99%，鼓励个人养老金制度。关注“一老一小”，统筹推进老年友好型社会和普惠托育体系集成改革，鼓励幼儿园托幼一体化建设和社区整合式养老照护服务。新增家庭养老床位300张，建设普惠型托幼机构4家、社区婴幼儿成长驿站9家。加大养老产业招引力度，引进高质量月子护理中心。迭代“数智殡”，推广“新安·弘德汇”应用。健全退役军人服务体系，争创第三届省级双拥模范城。

构建公共服务共享体系。完工西线供水新安江至大慈岩段，连通大同、航头、李家供水主管网。强化学前教育普及普惠、职业教育提质培优，推进教师素质再提升。力促名校资源下沉，新增与杭州主城区结对学校10所以上。完工洋溪小学、洋安幼儿园二期，推进塘坞幼儿园建设，新建洋安初中，改（扩）建明珠小学、乾潭一小、乾潭初中、寿昌中学，新增学位1500个。深化医共体集成改革、医联体深度融合，投用杭七院浙西院区，开工市二院感染楼、三都卫生院迁建等项目，力争4家市级医院创建二级甲等，全力盘活浙西心脏中心。探索建立“健康村长”制度，提升农村健康服务水平。促进公共文化服务扩面，建设“15分钟品质文化生活圈”40个，更好利用闲置城市空间新增文体设施。激活“建七条”房产政策效益，确保房地产平稳健康发展。实施“五统一”机制，完成安置房建设1050套，清零在外过渡三年以上对象。

深化平安建德建设。疫情防控聚焦“保健康、防重症”，重点提升医疗救治能力。以平安护航亚运会为主线，常态化开展除险保安“十大安全风险隐患整治”行动，实现“遏重大、降较大、保安全”。严厉打击电信网络诈骗等突出违法犯罪，实现诈骗案件和损失金额双下降。坚决守护粮食安全、种子安全，全力保障“米袋子”“菜篮子”“肉铺子”供给，稳定粮食产量和生猪出栏水平。防范国企债务风险，稳步化解政府隐性债务。

各位代表，今年我们将继续坚持“人民至上、普惠共享”的理念，认真办好十件民生实事。根据民生实事项目人大代表票决制工作要求，形成12件候选项目建议方案，提交大会审议。一是供水改造项目；二是新安优居项目；三是交通优化项目；四是美好教育项目；五是稳定就业项目；六是文体惠民项目；七是为老助残项目；八是健康为民项目；九是除险保安项目；十是燃气提升项目；十一是幸福河湖项目；十二是司法助民项目。具体实施内容已下发，民生实事项目确定后，我们将狠抓推进落实，严格督查问效，确保把实事办好、好事办实。

发展是第一要务，要发展就必须抓项目。新的一年，我们将坚持“项目为王”，一切围着项目转，一切跟着项目干，全力打赢“项目攻坚战”。突出把握“四个重点”：

（一）全员奔跑“争”项目。始终坚持招商引资“一号工程”，聚焦先进制造业、农文旅、养老地产等赛道，整合招商团队，梳理招商清单，领导带队敲门招商。所有职能部门都要精准对接奔跑，乡镇（街道）高效政策处理、服务项目落地，进一步浓厚全员招商氛围。大力发展“建德人”经济，办好第三届建德人大会，做深做透以情招商、以商招商文章。全年招引落地亿元以上项目35个，其中10亿元以上6个。做优本地企业增资扩产服务，做实总部经济支撑，促成建德在外企业回归5家以上、上市企业回建德投资30亿元以上。

（二）全程服务“拼”效率。强化“马上办”的效率意识，部门、国企、乡镇（街道）都要“不为不办找借口，只为办好想办法”，全面提升服务项目的能力和质效。全面深化项目全生命周期服务改革，形成项目盯引、签约、落地、开工、竣工、达产服务闭环。全过程优化项目管理、安置房等领域体制机制，纵深推进招投标、工程建设等领域专项整治，优化涉矿处置办法，规范中介机构管理。加快推行产业用地“带条件”“带方案”出让，推动实现“拿地即开工”“预验即试产”“竣工即领证”。

（三）全速冲刺“抢”进度。借助一切可以借助的资源，马不停蹄往前赶、分秒必争加快干。紧盯十大标志性和五十大示范性项目，争取列入省重点项目7个，坚持市领导领衔、专班推进，全力争取无障碍推进、全周期提速。确保重大项目开工率一季度达到30%、二季度达到65%、三季度达到85%，10月底全部实质性开工。进一步健全晾晒考核、通报约谈、逐项销号等机制，确保高质量完成年度目标任务。

（四）全面攻坚“保”要素。资源要素向优质项目倾斜，对重大优质项目实行用地优先供给、资金优先统筹、能耗优先解决，做到应保尽保、提前保障。加强项目谋划统筹，积极向上争取更多支持。加强金融保障，提高贷款审批效率，推动综合融资成本稳中有降，新增贷款130亿元以上。加强电力保障，启动220千伏睦州变、110千伏五马洲变，建成投运110千伏大洋变。提高山水林田等全域资源要素配置效率，让建德每一寸土地都有更好的产出效益。

三、全面加强政府自身建设

铁石相击，必有火花；水气激荡，乃生长虹。目标已明确，号角已吹响。各位代表，我们会咬定目标不放松，一鼓作气干到底，打造敢担当、快执行、守底线的政府铁军，建设人民满意的实干型政府。

（一）务必忠诚实干。坚持把政治建设摆在首位，坚定不移朝着党中央和习近平总书记指引的方向，一以贯之忠实践行“八八战略”、坚定捍卫“两个确立”、坚决做到“两个维护”，始终做到忠诚核心、拥戴核心、维护核心、捍卫核心、紧跟核心。不折不扣贯彻落实上级党委、政府的各项决策部署，紧扣市委要求，带着初心和使命干好政府各项工作，时刻保持“想明白、干到底、干出彩”的拼劲和闯劲。

（二）务必为民真干。群众想的，就是政府要干的。坚持问计于民、问需于民，认真干好群众急难愁盼的“民生大事”和落于细微的“关键小事”，让政府做的事成为百姓满意的事。坚持取之于民、用之于民，政府过“紧日子”，强化预算刚性和资金绩效管理，集中财力办大事。继续把新增财力优先用于保障和改善民生，政策措施加大向困难群体和薄弱环节倾斜。

（三）务必担当力干。政府工作就要实打实、硬碰硬，多做打基础、管根本、利长远的工作，不搞短期行为，不做表面文章。项目攻坚、民生实事一项一项抓落地，招商引资、征地拆迁一锤一锤钉钉子，改革创新、片区开发一步一步走踏实，精准高效地把市委的决策变为行动。永远树立“没有走在前列也是一种风险”的危机意识，不断提高“事不过夜”的执行效率，坚决惩治办事拖沓、推诿扯皮行为。

（四）务必团结齐干。坚定跟着市委走，一个声音喊到底，一个目标干到底。一个人干不如一群人干，一群人干不如大家一起干。坚持政府领导班子以身作则、以上率下，进一步凝聚和提振“政府铁军”干事创业的精气神，工作一项项干到底，攻坚一仗仗打到赢。坚持依靠群众、发动群众，全市上下勠力同心，用群众的智慧办好群众的事情。

（五）务必依法促干。深入学习贯彻习近平法治思想，严格遵守宪法法律，提高政府治理规范化、法治化水平。主动接受市人大及其常委会法律监督、市政协民主监督。推进政务公开，自觉接受纪检监察、司法、社会和舆论监督，强化审计监督。压紧压实全面从严治党主体责任，持续深化纠治“四风”，营造风清气正、干事创业、担当作为的政治生态。

各位代表，唯有追梦不止才能创造历史，唯有奔跑不息才能成就未来。让我们更加紧密地团结在以习近平同志为核心的党中央周围，高举习近平新时代中国特色社会主义思想伟大旗帜，在上级党委、政府和市委的坚强领导下，紧紧依靠全市人民，踔厉奋发、勇毅前行，在高质量发展中奋力谱写“全力推动共同富裕、全面建设‘宜居建德’”的崭新篇章！

名 词 解 释

1.专精特新“小巨人”：指专注于细分市场、创新能力强、市场占有率高、掌握关键核心技术、质量效益优的排头兵企业。

2.浙江38条、杭州52条、建德市56条：分别指省、杭州市以及建德市本级出台的稳经济一揽子政策措施，主要包含财政金融支持、扩投资促消费、稳外贸稳外资、保粮食能源安全、保产业链供应链稳定、保基本民生等方面。

3."三区三线"："三区"指城镇空间、农业空间、生态空间三种类型的国土空间；"三线" 分别对应在城镇空间、农业空间、生态空间划定的城镇开发边界、永久基本农田、生态保护红线三条控制线。

4."1612"体系架构：指数字化改革工作体系。第一个"1"指一体化智能化公共数据平台；"6"指党建统领整体智治、数字政府、数字经济、数字社会、数字文化、数字法治六大系统；第二个"1"指基层治理系统；"2"指理论体系和制度规范体系。

5."5030""8050"：衡量村级集体经济收入的两项重要指标。"5030"指村(涉农社区)集体经济总收入达到50万元以上，经营性收入达到30万元以上；"8050"指村(涉农社区)集体经济总收入达到80万元以上，经营性收入达到50万元以上。

6."6+11"殡仪服务：指遗体接运、存放、火化、人文关怀等6个基本和11个延伸的殡葬惠民免费服务项目。

7."开门红"35条：指建德市出台的《关于"稳生产、拼经济、促发展"实现开门红实施意见》，涉及企业帮扶、消费提振、扩投资稳增长等方面，共35条。

8."揭榜挂帅"：指以科研成果来兑现的科研经费投入体制，一般是为了解决特定领域的技术难题，由政府组织面向全社会开放、专门征集科技创新成果的一种非周期性科研资助安排。

9."一号地块"：指洋溪街道位于青龙头社区和朱池社区的一地块，面积1050亩。

10."1+3+X"农业产业发展体系：指以粮油为基础，以草莓、茶叶、蛋鸡为重点，以莲子、柑橘、油茶等"一镇一业"特色产业为补充，打造建德市特色县域富民产业体系。

11.城市管理"五个一"做法：指"一支队伍巡到底、一把扫帚扫到底、一盏路灯亮到底、一块绿地护到底、一个泊位停到底"。

12."建七条"房产政策：指建德市2022年出台的《关于促进我市房地产市场平稳健康发展的通知实施细则》，主要包括推进安居补助、凸显人口红利、加大人才落地补助、落地企业购房补助、完善金融支持政策、推进货币化安置政策、开展城镇危房家庭"除险安居"行动等7条政策。

13."五统一"机制：指统一规划、统一设计、统一建设、统一安置和统一管理的安置房建设模式。

14.产业用地"带条件""带方案"出让：指土地出让前，政府将地块功能、建筑工程设计方案等相关条件作为前提条件纳入合同，并以此约束受让人相关行为。通过这种模式，可同步发放建筑工程规划许可证、施工许可证，做到"拿地即开工"。

责任编辑：黄建生

2022年建德市国民经济和社会发展统计公报

（建德市统计局于2023年3月公布）

2022年是党的二十大召开之年，是极为重要的一年。这一年，百年变局和世纪疫情交织叠加，面对“需求收缩、供给冲击、预期转弱”三重压力叠加两大变量，全市上下坚决贯彻“疫情要防住、经济要稳住、发展要安全”的工作总要求，全面落实国家、省和杭州市稳住经济大盘的各项决策部署，高效统筹疫情防控和经济社会发展，以超常规力度和举措推进经济稳进提质，全年经济承压运行回稳向好，持续恢复势头不断稳固，经济社会发展取得新成效。

一、综合

人口

2022年末，全市户籍人口505478人，比上年末减少2032人，下降0.4%。其中，男性人口255455人，女性人口250023人，分别占总人口的50.5%和49.5%。全年出生人口3043人，出生率为6.01‰；死亡人口4149人，死亡率为8.19‰；人口自然增长率为-2.18‰。迁入人口1452人，迁出人口2373人，人口机械增长率为-1.82‰。年末全市常住人口44.6万人，比上年增长0.5%。

2021年末户籍人口数及构成情况表

表1

指　标	年末数（人）	比重（%）
总人口	**505478**	**100.0**
其中：街道人口（3个街道）	124616	24.7
建制镇人口（12个镇）	372288	73.6
其中：城镇人口	188970	37.4
乡村人口	316508	62.6
其中：男性	255455	50.5
女性	250023	49.5
其中：0-17岁	71151	14.1
18-59岁（含不满60周岁）	294401	58.2
60周岁及以上	139926	27.7

经济总量

初步核算，2022年全市地区生产总值（GDP）433.54亿元，按可比价格计算，比上年增长1.3%。分产业看，第一产业增加值40.92亿元，比上年增长3.6%；第二产业增加值219.60亿元，增长

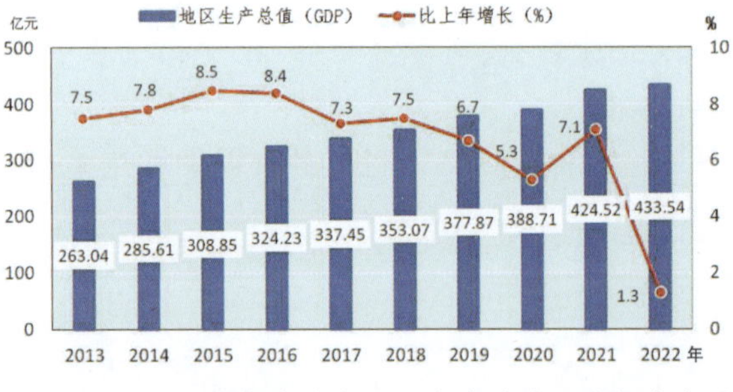

图1 2013—2022年建德市地区生产总值及增长速度图

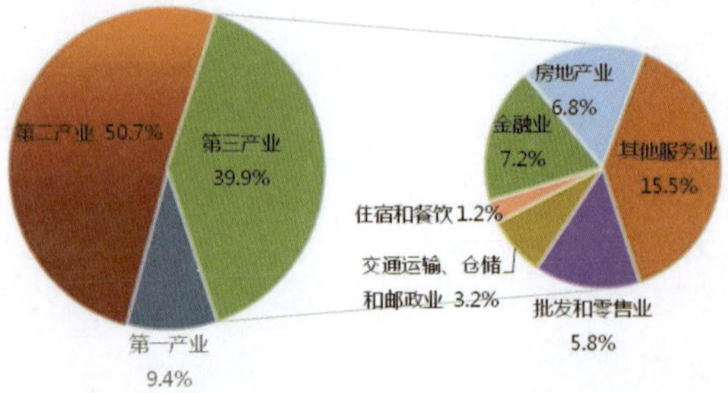

图2 2022年建德市各产业增加值占地区生产总值比重图

1.2%；第三产业增加值173.02亿元，增长0.9%。三产业占GDP比重为9.4:50.7:39.9。按两年平均常住人口计算，人均地区生产总值为97425元，比上年增长1.0%。按两年平均户籍人口计算，人均地区生产总值为85596元，增长1.7%。经最终核实，2021年，全市地区生产总值为424.52亿元，按可比价格计算，比上年增长7.1%，三次产业占GDP比重为9.1:51.5:39.4。

财政收支

全年全市财政总收入80.53亿元，比上年增长20.9%；一般公共预算收入剔除矿业权收益10.85亿元一次性因素，为41.17亿元，比上年增长6.9%，加上矿业权收益为52.02亿元，增长35.1%。一般公共预算收入中，税收收入33.34亿元，占一般公共预算收入的比重为64.1%。一般公共预算支出78.55亿元，增长23.4%，其中民生支出60.99亿元，增长26.8%，占一般公共预算支出的比重为77.6%。社会保障和就业支出、卫生健康支出、城乡社区支出分别增长70.5%、38.1%和56.6%。

图3 2013—2022年建德市地方财政收入及其增长速度图

就业

全年城镇新增就业人员11513人，比上年增加235人。安置城镇失业人员再就业人数2614人，其中安置就业困难人员再就业人数1182人，比上年增加661人。年末城镇登记失业人数3386人。

市场主体

全年新设市场主体11722户，比上年减少194户，其中，新设企业3363户，比上年减少1076户；新设个体工商户8354户，比上年增加882户。年末在册市场主体59893户，比上年增加5620户，其中企业19090户，个体工商户40353户，比上年分别增加785户和4888户。

"1+6"产业

全年数字经济核心产业增加值16.11亿元，按可比价格计算，比上年增长18.2%，数字经济核心产业增加值占GDP比重3.7%，比上年提高0.6个百分点。文化产业增加值6.66亿元，增长0.4%；金融产业增加值31.05亿元，增长8.5%；健康产业增加值17.85亿元，增长10.2%；高端装备制造业增加值11.76亿元，下降5.6%；时尚制造业增加值20.17亿元，增长2.4%。

2022年"1+6"产业增加值及增速情况表

表2

指 标	增加值（亿元）	比上年增长（%）	占GDP比重（%）
数字经济核心产业增加值	16.11	18.2	3.7
文化产业增加值	6.66	0.4	1.5
金融产业增加值	31.05	8.5	7.2
旅游休闲产业增加值	尚未核定		
健康产业增加值	17.85	10.2	4.1
高端装备制造业增加值	11.76	-5.6	2.7
时尚制造业增加值	20.17	2.4	4.7

二、农业和农村

农业生产

全年农林牧渔业增加值41.82亿元，按可比价格计算，比上年增长3.7%。农林牧渔业总产值65.04亿元，增长4.6%，其中，种植业产值40.36亿元，增长0.0%；林业产值3.89亿元，增长6.2%；牧业产值16.04亿元，增长18.3%；渔业产值2.40亿元，增长0.2%。

全年粮食播种面积12730公顷，比上年增长1.0%。其中，稻谷种植面积6363公顷，增加122公顷；小麦种植面积874公顷，增加94公顷；大豆种植面积2087公顷，减少59公顷；油菜种植面积5918公顷，增加2公顷。全年粮食总产量7.06万吨，比上年减少0.05万吨，下降0.8%。其中，稻谷产量4.27万吨，减产0.1%；小麦产量0.33万吨，增产0.1%；大豆产量0.58万吨，增产3.6%；油菜产量 1.71 万吨，增产 3.4%。

全年蔬菜种植面积 9197 公顷，下降 1.0%，蔬菜产量 26.54 万吨，下降 1.1%；水果产量 23.17 万吨，下降 0.7%；茶叶产量 3109 吨，下降 2.6%。肉类总产量 2.62 万吨，增长 21.1%。其中禽肉产量 0.52 万吨，下降 0.6%，猪肉产量 2.07 万吨，增长 30.0%；禽蛋产量 6.54 万吨，增长 16.0%。年末生猪存栏 23.14 万头，比上年末增长 15.7%；其中能繁母猪存栏 2.15 万头，下降 16.0%。禽类存栏 499.38 万羽，增长 9.7%。全年生猪出栏 27.49 万头，比上年增长 30.1%。

全年水产品总产量 9940 吨，下降 1.6%。木材产量 6.62 万立方米，增长 1.7%。

农业现代化建设

当年新增高标准农田 7266 亩，标准农田地力提升 5950 亩。农业机械总动力 15.91 万千瓦。累计注册各类农民专业合作社 450 家，其中规范化农民专业合作社 77 家。农业龙头企业 107 家，其中杭州市级以上 64 家。各类展会获奖产品 25 个，其中省级获奖产品 25 个。

乡村振兴

全年投入美丽乡村建设资金 1.52 亿元，比上年增加 0.2 亿元。累计历史文化村落 46 个，其中当年新增 1 个。累计建成风情小镇 7 个。累计杭州市特色村 8 个，其中当年新增 4 个。累计建成未来乡村 8 个，其中当年新增 4 个。农家乐（民宿）达到 389 家，比上年增加 8 家；全年接待游客数 18.3 万人次，增长 3.4%，实现经营收入 7358 万元，增长 36.2%。

三、工业和建筑业

工业

全年全部工业增加值 184.72 亿元，比上年增长 2.4%。规模以上工业增加值 159.10 亿元，比上年增长 3.3%。在规模以上工业中，制造业增加值增长 4.3%，民营经济增加值增长 3.1%，占规模以上工业的比重分别为 89.1%和 84.3%。规模以上工业总产值 687.79 亿元，比上年增长 5.1%；规模以上工业销售产值 682.75 亿元，增长 5.7%，其中，出口交货值 87.60 亿元，增长 1.3%。

图 4 2013—2022 年建德市规模以上工业增加值及其增长速度情况图

规模以上工业中，前十大行业合计增加值 139.91 亿元，占规模以上工业的比重为 87.9%，对规模以上工业增速的贡献率达到 88.7%，贡献率比上年提高 13.2 个百分点。前十大行业增加值“四正六负”，其中，非金属矿物制品业增加值比上年增长 14.1%，化学原料和化学制品制造业下降 0.4%，酒、饮料和精制茶制造业增长 0.6%，橡胶和塑料制品业下降 3.1%，电力、热力生产和供应业下降 1.1%，通用设备制造业下降 10.5%，金属制品业增长 18.3%，非金属矿采选业下降 14.3%，医药制造业增长 14.8%，纺织业下降 15.0%。

2022 年规模以上工业增加值前十大行业增长情况表

表 3

指 标	工业增加值		
	绝对值（亿元）	增速（%）	占规模以上工业比重（%）
规模以上工业合计	**159.10**	**3.3**	**100.0**
非金属矿物制品业	35.83	14.1	22.5
化学原料和化学制品制造业	34.54	-0.4	21.7
酒、饮料和精制茶制造业	19.23	0.6	12.1
橡胶和塑料制品业	14.96	-3.1	9.4
电力、热力生产和供应业	10.90	-1.1	6.8
通用设备制造业	5.68	-10.5	3.6
金属制品业	5.25	18.3	3.3
非金属矿采选业	5.17	-14.3	3.2
医药制造业	4.28	14.8	2.7
纺织业	4.07	-15.0	2.6

规模以上工业中，高技术制造业增加值12.37亿元，比上年增长35.1%，占规模以上工业增加值的比重为7.8%，比上年提高2.5个百分点；高新技术产业增加值增长1.6%，占规模以上工业增加值的比重为45.8%，比上年提高1.7个百分点；装备制造业增加值增长6.5%，占规模以上工业增加值的比重为12.6%，比上年提高0.9个百分点。

全年规模以上工业企业实现利润总额75.28亿元，比上年增长15.2%。其中，化学原料和化学制品制造业、橡胶和塑料制品业利润分别增长61.0%和5.3%，非金属矿物制品业、酒饮料和精制茶制造业利润分别下降9.3%和4.4%。全年规模以上工业企业每百元营业收入中的成本为81.74元，比上年增加1.44元；营业收入利润率10.61%，比上年提高0.81个百分点。399家规模以上工业企业中，亏损企业99家，企业亏损面24.8%，亏损面比上年扩大9.5个百分点；企业亏损率8.3%，比上年提高4.7个百分点。年末规模以上工业企业资产负债率54.85%，比上年末下降0.97个百分点。

建筑业

全年建筑业增加值34.90亿元，比上年下降4.8%，占GDP的比重为8.0%。

四、服务业

全年批发和零售业增加值25.36亿元，比上年下降1.0%；交通运输、仓储和邮政业增加值13.80亿元，下降5.4%；住宿和餐饮业增加值5.16亿元，下降5.5%；金融业增加值31.05亿元，增长8.5%；房地产业增加值29.54亿元，下降11.9%；营利性服务业增加值33.17亿元，增长7.4%；非营利性服务业增加值34.03亿元，增长5.9%。全年规模以上服务业企业营业收入21.42亿元，比上年增长2.1%，利润总额-2.03亿元。

交通运输

年末全市公路总里程2159.58公里，比上年增加66.80公里，其中高速公路里程135.39公里。全年公路货物运输总量3021.05万吨，比上年增长26.1%；公路货物周转量39.75亿吨公里，增长25.9%。公路旅客运输总量1270.0万人次，下降9.4%；公路旅客周转量4.73亿人公里，下降23.0%。市区公共交通运营线路19条，营运公交车辆143辆，公交客运总量1345.13万人次，比上年下降15.6%。年末全市机动车保有量141623辆，比上年末增加14825辆。民用汽车保有量106538辆，增加12262辆，其中私人汽车保有量95863辆，增加11908辆。民用轿车保有量(小型、微型载客汽车)94416辆，增加12101辆，其中私家车(个人小型、微型载客汽车)89734辆，增加11723辆。

邮政电信

全年完成邮政业务总量1.26亿元，比上年增长6.0%。邮政特快专递业务34.08万件。全年完成电信业务总量6.25亿元，比上年增长7.4%。年末电话用户总数60.67万户，其中移动电话用户数53.23万户，固定电话用户数7.44万户。互联网用户76.16万户，比上年末增加2.89万户，其中移动互联网用户数52.92万户，增加0.60万户。

五、固定资产投资和房地产业

全年固定资产投资比上年下降17.7%。分产业看，第一产业投资下降67.3%，第二产业投资下降19.1%，第三产业投资下降13.8%。分结构看，工业投资下降19.1%，制造业投资下降5.9%，交通投资下降59.2%，生态环保、城市更新和水利设施投资下降38.1%，高新技术产业投资增长2.6%，民间项目投资下降11.8%。

全年房地产开发投资比上年下降9.6%，其中，住宅投资下降4.6%。房屋施工面积232.85万平方米，下降16.2%；新开工面积6.48万平方米，下降89.1%；竣工面积16.64万平方米，下降

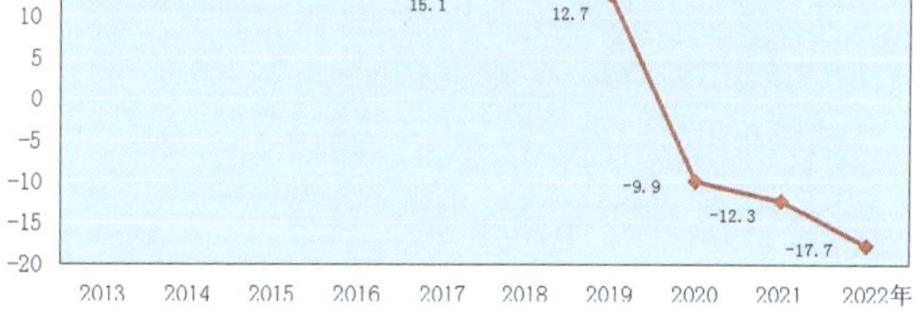

图5 2013—2022年建德市固定资产投资增长速度情况图

72.8%。商品房销售面积19.27万平方米，下降58.4%，其中住宅销售17.27万平方米，下降59.4%；商品房销售额21.37亿元，下降64.1%。年末商品房待售面积8.67万平方米，比上年末减少0.59万平方米，其中商品住宅待售面积2.92万平方米，比上年末减少0.98万平方米。

六、国内贸易

全年全市社会消费品零售总额129.00亿元，比上年增长2.3%。限额以上社会消费品零售总额23.00亿元，下降3.8%，其中通过公共网络实现的

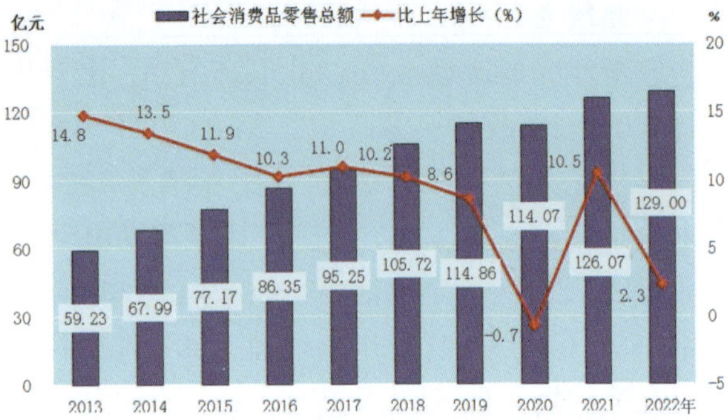

图6 2013—2022年建德市社会消费品零售总额及其增长速度图

限额以上批发零售单位商品零售额中，粮油、食品类零售额比上年增长18.0%，中西药品类增长25.1%，日用品类增长21.7%，服装、鞋帽、针纺织品类增长14.7%，石油及制品类增长9.0%，汽车类下降17.7%。

全年实现网络零售额194.88亿元，比上年下降21.2%。

七、对外经济

全年全市货物进出口总额95.91亿元，比上年下降3.4%。其中，进口6.24亿元，下降51.0%；出口89.66亿元，增长3.6%，出口份额占全国的0.37‰。服务贸易出口额1.07亿美元，下降23.6%。跨境电商进出口总额4.52亿美元，增长11.4%，其中跨境电商出口额4.28亿美元，增长14.2%；进口额0.24亿美元，下降22.1%。

全年新引进外商投资项目5个，比上年减少1个。实际利用外资1.4亿美元，比上年增长7.6%。

2022年建德市金融机构本外币存贷款余额及增速情况表

表4

指　标	年末数（亿元）	增速（%）
各项存款余额	779.39	9.2
其中：单位存款	319.93	-2.2
住户存款	459.47	18.9
各项贷款余额	816.95	19.4
其中：单位贷款	464.96	27.2
住户贷款	351.99	10.5
其中：短期贷款	229.64	22.4
中长期贷款	569.70	16.9

八、金融

年末金融机构本外币各项存款余额779.39亿元，比上年末增长9.2%，其中人民币存款余额增长9.3%。住户本外币存款余额459.47亿元，增长18.9%。金融机构本外币各项贷款余额816.95亿元，增长19.4%，其中人民币贷款余额增长19.5%。中长期本外币贷款569.70亿元，增长16.9%。金融机构本外币住户贷款余额351.99亿元，增长10.5%。其中，住户消费贷款余额179.31亿元，下降0.3%。

年末境内上市公司6家，其中上交所主板3家，港交所主板、深交所创业板、深交所中小板各1家。

全年保险业保费收入10.15亿元，比上年增长28.3%。其中，财产险保费收入9.63亿元，增长27.6%；人身险（健康险和意外险）保费收入0.52亿元，增长32.0%。各类赔款及给付5.63亿元，增长12.8%。其中，财产险赔付5.51亿元，人身险赔付0.11亿元。赔付率55.45%，赔付率比上年下降7.51个百分点。

九、人民生活和社会保障

人民生活

全年全市居民人均可支配收入48514元，比上年增长4.8%。其中城镇居民人均可支配收入62049元，增长3.1%；农村居民人均可支配收入

35869元,增长6.1%。城乡居民人均可支配收入比值为1.73,比上年缩小0.05。低收入农户人均可支配收入19573元,增长15.1%。

全市居民人均生活消费支出32401元,比上年增长5.2%。其中,城镇居民人均生活消费支出43834元,增长3.5%;农村居民人均生活消费支出21718元,增长6.2%。

社会保障

年末全市参加基本养老保险人数35.42万人,其中城镇企业职工基本养老保险人数21.77万人,城乡居民基本养老保险人数10.90万人。参加基本医疗保险人数43.35万人,其中职工基本医疗保险人数18.41万人,城乡居民基本医疗保险人数24.94万人。基本医疗保险参保率为99.63%。参加生育保险人数11.88万人,比上年末增加2.16万人。参加工伤保险人数14.52万人,其中参加工伤保险的农民工8.68万人。参加失业保险人数9.49万人,领取失业保险金人数2018人,比上年末增加732人。

年末全市养老机构17所,其中敬老院7所;养老机构床位2926张,其中敬老院床位1434张;供养老人1019人,其中敬老院在院老人535人。年末全市特困人员457人,其中集中供养262人。年末共有社区服务中心256个。

年末享受最低生活保障人数9832人,其中,城镇555人,农村9277人。城乡居民最低生活保障标准为平均每人每月1216元,比上年提高334元。全年发放困难家庭救助金1.47亿元。

全年市慈善总会共募集捐款1061万元,发放各类救助金1977万元。

十、科学技术和教育

科学技术

全年实施各类科技计划79项,其中国家级2项、省级5项。年末拥有国家高新技术企业189家,其中当年新认定41家。年末拥有雏鹰计划企业59家,其中当年新认定5家。年末拥有省科技型中小企业622家,其中当年新增82家。杭州市级以上高新技术企业开发中心134家,其中省级以上54家。科技企业孵化器12家,众创空间3家。全年专利授权量1702件,比上年下降14.3%,其中,发明专利授权量136件,与上年持平。全年共认定登记技术合同166项,技术合同金额9.24亿元。

教育

年末全市共有幼儿园40所,在园幼儿13539人,比上年下降0.9%。共有小学31所,在校学生23765人,增长2.7%,学龄儿童毛入学率100%。普通中学23所,其中初中17所、普通高中(含民办)6所;在校学生数17538人,其中初中10329人、普通高中7209人。初中升高中段比例99.77%。中等职业教育学校1所,在校学生1603人。全市专任教师4480人,其中,幼儿园专任教师1161人,小学专任教师1389人,初中专任教师983人,高中专任教师814人,职高专任教师116人,特殊教育学校专任教师17人。

十一、文化旅游、卫生健康和体育

文化

全市共有公共图书馆1个、文化站16个、农家书屋235个、博物馆1个。年末市图书馆总藏书94.86万册(件),比上年增加6.64万册(件);书刊外借60.50万册次,增加16.30万册次。全年剧团国内演出322场次,观众人数9.6万人次。年末有线电视用户15.46万户,有线电视信号100%数字化。《今日建德》全年共出版249期,日发行数1.8万份。建德新闻网日均点击量1.3万人次。

旅游

全年预计旅游接待总人次336.5万人次,比上年增长27.8%,其中,国内游客336.5万人次。全年预计旅游总收入52.0亿元,比上年增长6.9%。年末各类旅行社22家,A级及以上旅游景区5个,其中AAAA级旅游景区5个。乡村旅游收入7.23亿元,下降11.2%。

卫生

年末全市共有各级各类医疗卫生机构406个,其中医院13个,基层医疗卫生机构262个,个体卫生机构111个,其他卫生机构20个。全市各类医疗卫生机构实有床位2912张,其中医院床位2325张。年末卫生专业技术人员4193人,其中执业医师 1502 人,执业助理医师 303 人,注册护士 1974 人,药剂人员 282 人,检验人员 132 人。全年无偿献血 5541 人次,献血量 171 万毫升,其中流动献血 1197 人次。

体育

全年举办各类群众性体育比赛 279 场,参赛运动员 5 万人次。全市有健身苑点 590 个,其中当年新建 9 个。农村健身设施覆盖率达 100%。全市有体育场馆 3 个,新建篮球场 16 个,新建乒乓球室 46 个。全年获得杭州市级以上各类奖牌总数 276 枚,其中金牌 128 枚、银牌 63 枚、铜牌 85 枚。

十二、资源、环境和安全生产

资源利用

年末城区建成区面积 10.60 平方公里,城区道路长度 139.42 公里。城区供水总量 1892.72 万立方米,其中生活用水 1121.10 万立方米。建成区绿化覆盖率 47.83%,比上年提高 2.08 个百分点。城区园林绿地面积 510.85 公顷,比上年增加 24.62 公顷;公园绿地面积 267.05 公顷,增加 15.85 公顷。年末实有公园数 17 个,公园面积 230.40 公顷,增加 14.41 公顷。年末城区管道煤气用户 57570 户,比上年末增加 5445 户。城市污水集中处理率 97.54%,比上年提高 0.49 个百分点。

全年完成造林更新面积 1.48 万亩,其中,人工造林 0.58 万亩,更新造林 0.90 万亩。全市森林覆盖率为 73.47%。

全年全社会用电量 44.00 亿千瓦时,比上年增长 3.1%。其中,第一产业用电 0.59 亿千瓦时,增长 53.3%;第二产业用电 32.13 亿千瓦时,下降 2.1%;第三产业用电 5.69 亿千瓦时,增长 14.2%;城乡居民生活用电 5.59 亿千瓦时,增长 25.1%。工业用电量 31.39 亿千瓦时,下降 2.3%。

全市规模以上工业能耗总量比上年增长 4.8%,单位工业增加值能耗增长 1.5%。

全年总供水量 2.08 亿立方米。除险加固病险水库 5 座、山塘 31 座。农村饮用水工程各级投入资金 2000 万元,完成 54 个村庄饮用水工程,解决饮用水人数 0.67 万人。

环境保护

全年空气优良天数达 349 天,空气优良率 95.6%。$PM_{2.5}$ 年平均浓度 23 微克每立方米,PM10 年平均浓度 39 微克每立方米。主要水系监测断面Ⅲ类及以上占比 100%。

安全生产

全市共发生各类安全生产事故(包括工矿商贸企业、道路运输、水上交通、渔业船舶事故)9 起,比上年减少 3 起,下降 25.0%,其中工矿商贸企业事故 4 起、道路运输事故 5 起;死亡 7 人,比上年减少 2 人,下降 22.2%。

注释:

1. 本公报所列各项数据为年度初步统计数据。部分数据因四舍五入原因,存在分项与合计不等的情况。

2.地区生产总值和各产业增加值绝对数按现行价格计算,增长速度按不变价格计算;三次产业划分执行国家统计局 2018 年修订的《三次产业划分规定》。

资料来源(略)

责任编辑:黄建生

专 记

Special Notes

浙江建德抽水蓄能电站筹建始末

浙江建德抽水蓄能电站（即原乌龙山抽水蓄能电站）位于建德市梅城镇北侧乌龙山，项目占地面积约161.44公顷，总投资约140.5亿元，由浙江建德协鑫抽水蓄能有限公司投资建设，规划建设6台40万千瓦抽水蓄能机组，总装机容量240万千瓦，设计年发电量预计24亿千瓦时，装机规模为华东地区最大，同时也是建德市历史上单体投资最大的项目，被列入国家能源局《抽水蓄能中长期发展规划(2021—2035)》"十四五"重点实施项目，计划2029年投产发电。

从1992年华东勘测设计研究院经普查正式报告发现建德县乌龙山有适宜建设抽水蓄能电站的站址，至2022年9月建德乌龙山抽水蓄能电站项目筹备工程开工，历时整整30年，其过程一波三折，异常艰难。但建德市委、市政府为了本市经济发展，不畏繁琐，锲而不舍，以诚恳的合作态度赢得国家有关部委、省政府以及各级主管部门与有关投资方的肯定，最终使得该项目落地建德市，为日后较长一段时期内建德市经济的绿色发展和持续发展打下基础。

整个筹建始末，轨迹清晰，依时序专记如下：

1989年11月，华东勘测设计研究院(以下简称华东院)受国家电力部委托，对华东三省抽水蓄能电站项目进行资源普查，1990年3月完成《浙江省抽水蓄能电站普查报告》，提出建德县梅城镇乌龙山有适宜建设40万千瓦抽水蓄能电站的站址。经能源部、水利部水电规划设计总院(以下简称水规总院)同意，对乌龙山站址开展规划选点勘测设计，并于1990年8月对电站站址、坝址、地质条件进行实地复查。

1991年11月，水规总院会同浙江省电力开发公司(以下简称省电力公司)、建德县政府与华东院签订协议，启动乌龙山抽水蓄能电站可行性研究报告的编制。

1993年8月，华东院完成可行性研究报告编制；9月，完成40万千瓦乌龙山抽水蓄能电站项目选址。同年，建德市政府组建建德乌龙山抽水蓄能电站建设筹备领导小组。次年2月，市政府对小组成员进行调整，谢康春任组长、穆先堂任副组长；领导小组下设办公室，穆先堂兼任办公室主任，李建新、叶刚优任办公室副主任。

1994年6月28日，乌龙山抽水蓄能电站可行性研究报告获电力工业部审查通过。项目利用富春江电站水库为下水库，在库左岸乌龙山顶的支沟盆地上建坝形成上水库，上下库间平均落差约260米，装机容量为40万千瓦，总投资额20.31亿元。同月，浙江省计划与经济委员会(简称浙江省计经委)将该项目上报国家计划委员会(简称国家计委)审批。1998年国家计委拟批复该项目建议书时，浙江省政府及省电力公司基于秦山核电站二、三期工程配套需要，决定先行建设装机容量更大的桐柏120万千瓦抽水蓄能项目；同时，国家计委认为建德乌龙山抽水蓄能电站项目规模太小，项目应暂时搁置。建德乌龙山40万千瓦抽水蓄能电站项目遂未获批准建设。

项目筹建之初，建德市即积极寻求项目合作投资企业，配合省电力局先后与瑞士、瑞典、西班牙、法国等境外有关公司及中国香港有关公司洽谈引进资金，与香港奔龙投资有限公司、香港宏大银行达成合资意向,并于 1994 年 8 月与瑞士苏尔寿公司签订引进 6000 万美元意向书。

2001 年,华东院受华东电管局委托,再次对浙江省抽水蓄能电站资源进行普查,在与原 40 万千瓦站址距离 6 千米处发现具备建设 240 万千瓦抽水蓄能电站的新站址,并出具了选点查勘报告。

2002 年 2 月,建德市政府委托华东院进行乌龙山 240 万千瓦抽水蓄能电站项目的选点规划勘测设计工作。8 月,华东院完成并提交《乌龙山抽水蓄能电站选点规划勘察设计报告》。项目初选装机容量 240 万千瓦,单机发电容量为 40 万千瓦,装机 6 台。工程施工总工期 6.5 年,第一台机组投产发电工期 5 年。按 2002 年价格水平估算,工程总投资约 100 亿元,其中静态投资 96 亿元,单位千瓦投资为 4000 元。

为落实 240 万千瓦项目投资主体,建德市政府积极寻求合作伙伴。2003 年 7 月 7 日,宁波双林集团股份有限公司(以下简称双林集团)董事长邬永林应邀到建德洽谈合作,表达投资意向。同年 7 月 15 日,建德市政府组团赴宁海考察,洽谈合作开发乌龙山抽水蓄能电站项目。8 月 14 日,建德市政府与宁波双林集团签订《乌龙山抽水蓄能电站项目开发协议》。随后,双林集团成立浙江建德乌龙山资源开发有限公司,委托西北勘察设计研究院(以下简称西北院)对项目进行预可行性研究和可行性研究勘测设计。同年 12 月 2—5 日,水规总院在建德市主持召开会议,对西北院编制的《浙江省乌龙山抽水蓄能电站选点规划报告》进行审查,原则同意乌龙山抽水蓄能电站作为华东地区近期后备开发项目。

同年 9 月 15 日,建德市政府调整乌龙山抽水蓄能电站建设筹备领导小组成员,穆先堂任顾问,吴铁民、童文扬任副组长;领导小组下设办公室(设在市移民局),程社生任办公室主任。

2004 年 4 月 27—29 日,水规总院和浙江省发展改革委员会(简称浙江省发改委)在杭州市共同主持召开《浙江省乌龙山抽水蓄能电站预可行性研究报告》审查会议,认为"建德乌龙山抽水蓄能电站是华东电网建设条件较好的优良站点之一",并基本同意预可行性研究报告设计内容。同年 5 月,西北院编制完成《浙江省乌龙山抽水蓄能电站预可行性研究勘测设计可研大纲》。8 月 9—11 日,中国水利水电建设工程咨询公司在陕西省西安市召开咨询会议,原则通过该大纲。2005 年 6 月,国家环境保护总局环境工程评估中心签发《关于浙江省乌龙山抽水蓄能电站环境影响评价大纲的评估意见》。

其间,该项目推进遇阻。2004 年 1 月 12 日,国家发改委下发《国家发展改革委关于抽水蓄能电站建设管理有关问题的通知》,明确抽水蓄能电站要统一纳入电力中长期发展规划。2005 年 1 月 5 日,浙江省发改委印发《浙江省 2010 年抽水蓄能电站布局规划及 2020 年展望》通知,根据浙江电网和华东电网发展规划,提出浙江省抽水蓄能电站"推二备三"布局规划,乌龙山抽水蓄能电站列为备选项目。

随着国家对抽水蓄能电站项目建设政策的变化,建德市政府与双林集团协议无法继续履行。为了推进项目开展,加快列入华东片区电网发展建设规划,建德市政府积极寻求与中国华东电网合作,邀请中国华能集团公司参与项目开发。2005 年 8 月 3 日,建德市政府与中国华能集团公司在北京签订《乌龙山抽水蓄能电站合作框架协议》,商定由华能集团控股、建德市政府参股,共同开发乌龙山抽水蓄能电站。

在明确引进华能集团参与项目开发后,建德市政府与宁波双林集团多次协商协议中止事宜,因双方对中止协议的部分条款无法达成共识,谈判陷入僵局,致使与中国华能集团合作未果。

2005 年 12 月,项目完成选址初审、地质灾害评估、地下厂房位置选择、水土保持方案等专题报告,中国水利水电建设工程咨询公司陆续对可行性研究阶段的相关专题报告成果进行咨询,但限于国家政策调整等因素,项目可行性研究工作又告暂停。

2007 年 7 月 31 日,建德市政府成立浙西核电项目和乌龙山抽水蓄能电站项目前期工作领导小组,吴铁民任组长,方建铃、祝昌国任副组长;领导小组下设办公室(设在市发改局),祝昌国兼任办公室主任;原乌龙山抽水蓄能电站建设筹备领导小组及其下设办公室被撤销。为寻求项目推进,浙西核电项目和乌龙山抽水蓄能电站前期工作领导小组办公室积极与杭州市政府、省发改委沟通,争取获得帮助与支持。同时,一方面继续与双林集团协商,希望对方同意引进国家电网新源控股有限公司(以下简称国网新源公司),妥善处理前期投入;另一方面主动与国网新源公司对接,寻求支持与合作。

经不懈努力,项目得以重启。2009 年 8 月初,水规总院、浙江省发改委、国网新源公司共同委托华东院开展浙江省抽水蓄能电站新一轮选点规划工作,规划水平年为 2020 年。8 月 31 日,建德市政府与国网新源公司签订抽蓄电站合作意向书。

2012 年 5 月,华东院编制完成《浙江省抽水蓄能电站选点规划报告(2012 年版)》,并通过水规总院、浙江省发改委等部门审查。

2013 年 4 月,国家能源局下发《关于浙江省抽水蓄能电站选点规划的批复》,将建德抽水蓄能电站作为浙江省抽水蓄能电站储备站点。

2015 年 10 月 20 日,建德市成立乌龙山抽水蓄能电站项目推进工作领导小组,市长童定干兼任组长,市政协主席吴铁民兼任常务副组长,市委常委、常务副市长周友红兼任副组长。领导小组下设办公室(设在市发改局),负责日常工作,许维元兼任办公室主任,程霄任副主任。

2016 年 1 月 24 日,建德市政府与协鑫(集团)控股有限公司(以下简称协鑫集团)就乌龙山抽水蓄能电站项目正式签约,双方约定:由协鑫集团投资开发乌龙山抽水蓄能电站;为加快完成项目前期报批工作,尽快开工,早日建成投产,建德市政府在项目报批、建设、运行等方面给予全力支持。3 月,协鑫集团在建德注册成立浙江建德协鑫抽水蓄能有限公司(以下简称建德协鑫公司)。7 月,建德协鑫公司与华东院签订建德抽水蓄能电站可行性研究阶段勘察设计合同,项目可行性研究工作重新启动。8 月 4 日,华东勘察设计研究院可研勘探正式进场。

与此同时,实施并推进建德抽水蓄能电站项目配套工程——乌龙山上山道路工程建设。2016 年 3 月 10 日,建德市新安旅游投资有限公司(简称新安旅投公司)立项建设乌龙山抽水蓄能电站配套道路工程,工程采用三级道路标准设计,总里程约 16 千米,设计路面宽度 7.5 米,总投资 26977 万元。项目采取 EPC 总承包模式。8 月 10 日,发布 EPC 总承包招标公告。8 月 30 日开标,华东院中标(EPC 总承包合同于 11 月 15 日正式签订)。10 月 27 日,配套道路一期工程举行开工仪式。华东勘测设计研究院院长张春生,建德市委书记戴建平,市长童定干,市政协主席、市乌龙山抽水蓄能电站项目建设指挥部总指挥吴铁民,市委常委、常务副市长周友红,市委常委、市委办主任尤荣福,市人大常委会副主任赵志荣,浙江建德协鑫公司总经理、市乌龙山抽水蓄能电站项目建设指挥部副总指挥刘宝玉,华东勘测设计研究院交通院副院长韦华,及相关部门及乡镇(街道)领导、有关村“两委”负责人、项目业主单位代表、施工方及监理方代表参加仪式。至 2019 年 8 月 30 日,该道路工程毛路全线贯通;2020 年 10 月 16 日,完成工程验收。

鉴于项目规划位于富春江国家森林公园及建德市东线重要旅游风景区内,建德市紧锣密鼓地做好有关同步协调工作,努力争取项目选址在富春江—新安江风景名胜区范围内。2016 年 4 月 1 日,浙江省城乡规划设计研究院(简称省城乡规划设计院)受建德市委托编制《富春江—新安江风景名胜区严东关景区详细规划》(以下简称《详细规划》)。8 月,建德乌龙山抽水蓄能电站项目列入《浙江省重大建设项目“十三五”规划》(预备类);9 月,列入《浙江省能源发展“十三五”规划》(前期类)。

同年 5 月 9 日,建德市成立乌龙山抽水蓄能电站项目建设指挥部,市政协主席吴铁民任总指挥,市委常委、常务副市长周友红,协鑫集团黄岳元、刘宝玉任副总指挥,指挥部下设办公室,许维元兼任办公室主任,陈伟宏(协鑫集团)、熊兴、叶建新任办公室副主任。

2017 年 1 月 10 日,国家能源局签发《关于同意浙江抽水蓄能电站选点规划调整工作有关事项的复函》,同意开展浙江抽水蓄能电站选点规划调整工作。

同年3月20日，根据详细规划要求，建德协鑫公司委托省城乡规划设计院编制《项目选址论证报告》，详细论证建德抽水蓄能电站下库工程项目在《富春江—新安江风景名胜区严东关景区详细规划》中选址的合理性。4月26日，浙江省建设厅在建德组织召开由部、省和杭州市三级专家参加的《富春江—新安江风景名胜区建德分区严东关景区详细规划(2017—2025)》部门与专家审查会。专家认为：该《详细规划》规划范围合理，资源评价客观，规划思路清晰，功能定位、结构布局等基本符合《富春江—新安江风景名胜区建德分区严东关景区总体规划(2017—2025)》和《富春江—新安江风景名胜区建德分区规划》相关内容，在根据审查意见完成修改完善后可以依法报批。6月16日，在完成审查意见落实工作后，浙江省建设厅上报住房和城乡建设部《关于要求审批富春江—新安江风景名胜区建德分区严东关景区详细规划的请示》。11月24日，省住房和城乡建设厅(简称省住建厅)会同建德市政府在建德市组织召开浙江建德抽水蓄能电站下库工程项目选址咨询会。12月1日，浙江省向环境保护部、国家发改委提交《关于审核浙江省生态红线划定方案的函》。

因2015年编制《建德富春江国家森林公园总体规划》时，抽水蓄能电站项目未达到开工技术深度要求而无法在规划中完整体现，虽保留了上水库的点位，但部分项目用地约180公顷(含林地约160公顷)、保育区范围内用地约40公顷林地划入森林公园生态保育区，针对该遗留情况，2017年，根据《浙江省环境保护厅关于明确生态保护红线划定工作有关要求的通知》和《浙江省环境保护厅关于印发生态保护红线划定方案技术审查意见的通知》文件要求，位于国家森林公园生态保育区的乌龙山抽水蓄能电站项目，必须划入生态保护红线范围。为此，建德市政府努力争取项目用地从生态红线和国家森林公园中调出。同年11月30日，浙江省向环境保护部、国家发改委提交《关于审核浙江省生态红线划定方案的函》。在该函中，乌龙山抽水蓄能电站项目用地未划入浙江省生态红线范围之内。

2017年8月24日，住房和城乡建设部(简称住建部)城建司在《关于反馈对富春江—新安江风景名胜区千岛湖分区中心湖景区排岭半岛区块等5处详细规划审查意见函》中，提出"关于抽水蓄能电站下库，应当提供影响论证和批复文件，如尚未批复，建议不在文本中体现。"30日，省城乡规划设计院根据住建部反馈的审查意见，遵循"满足必要、符合规划、减少影响、规模适度、风貌适宜"原则，对《项目选址论证报告》修编完善，特别是针对项目永久设施和临时设施场地，进一步从风景名胜区资源保护角度作了影响分析。并提出多方案比选，推荐将项目下库工程区移出核心景区为优选方案，从而为风景名胜区主管部门的项目审批和规划设计条件提供参考。11月24日，省住建厅在建德市组织召开由部、省和杭州市三级专家参加的"浙江建德抽水蓄能电站下库工程项目选址咨询会"，确认"项目选址方案基本符合《富春江—新安江风景名胜区严东关景区详细规划》，同意上报审批。"

2018年1月2日，富春江—新安江风景名胜区管委会向杭州市建委提交《关于要求转报〈富春江—新安江风景名胜区严东关景区详细规划(修改稿)〉的请示》。4日，杭州市建委向省住建厅上报《关于要求审批"富春江—新安江风景名胜区严东关景区详细规划"的请示》。9日，建德市政府向浙江省水利厅上报《关于恳请同意建德乌龙山抽水蓄能电站利用富春江水库部分库容的请示》。18日，浙江省林业厅在杭州组织召开《建德乌龙山抽水蓄能电站项目选址对富春江国家森林公园影响评估报告》专家论证会。19日，省林业厅向国家林业局森林公园管理办公室上报《浙江省林业厅关于建德乌龙山抽水蓄能电站项目选址涉及富春江国家森林公园的函》。23日，浙江省水利厅在杭州组织召开《建德市乌龙山抽水蓄能电站对富春江水库影响分析报告》审查会。杭州市林业水利局、建德市政府代表和特邀专家参加会议。会议原则同意该报告中关于建德抽水蓄能电站运行对流域防洪、枯水期农田灌溉、通航以及江堤安全等影响分析。24日，省住建厅批复同意《富春江—新安江风景名胜区严东关景区详细规划》和《建德抽水蓄能电站下库工程区项目选址论证报告》,并向住建部城建司上报《关于报送富春江—新安江风景名胜区严东关景区详细规划修改稿的函》。25日,《浙江省水利厅关于建德市乌龙山抽水蓄能电站利用富春江水库部分库容意见的复函》,原则同意建德乌龙山抽水蓄能电站利用富春江水库作为抽水蓄能电站下水库使用的方案。25—26日,受国家能源局委托,国家水电水利规划设计总院、国家电网公司华东分部和浙江省能源局在北京召开浙江省抽水蓄能电站站点规划调整报告(2025)审查会。

同年2月14日,环保部、国家发改委发布《关于北京等15省(自治区、直辖市)生态保护红线划定方案的复函》(环生态函〔2018〕24号),明确认定乌龙山抽水蓄能电站项目符合生态红线划定要求,项目用地未划入浙江省生态红线范围之内。同月28日,浙江省环境保护厅就“建德市乌龙山抽水蓄能电站项目与生态保护红线的相关情况”出具说明,电站项目所涉区域不在方案中划定的生态保护红线范围内。

3月12日,建德市政府致函国网新源公司《关于恳请支持建德乌龙山抽水蓄能电站利用富春江水库部分库容的函》,提请该公司同意建德乌龙山抽水蓄能电站从富春江水库—建德境内富春江七里泷峡谷出口处取水。23日,国家森林和草原局下发《关于准予浙江富春江国家森林公园改变经营范围的行政许可决定》。4月10日,国网新源公司《关于建德乌龙山抽水蓄能电站利用富春江水库部分库容复函》,表示对项目规划建设积极配合与支持,提出项目对富春江水库可调库容减少、水位波动等涉及富春江电站安全效益、经济效益影响的考虑,要求组织科学论证,并向国家电网公司汇报请示后落实。

8月28日,浙江省能源局上报浙江省蓄能电站规划调整方案至国家能源局,待审批。9月28日,国家能源局《关于浙江抽水蓄能电站选点规划调整有管事项的复函》原则同意建德站点作为推荐站点,在相关环境问题协调落实后,根据华东电网电力系统发展需要适时开发建设。

2019年3月21日,项目建设指挥部总指挥吴铁民带队赴省林业厅对接自然保护地调整方案;同年12月2—6日,吴铁民再次带队与建德协鑫公司赴北京国家林业局自然保护地管理司、国网新源公司、水规总院等单位,咨询自然保护地方案整合、列入《长江三角洲区域一体化发展纲要》重大项目审批等事宜,寻求项目推进突破口。

2021年5月,建德乌龙山抽水蓄能电站项目列入《浙江省可再生能源发展“十四五”规划》(计划开工项目)和《浙江省可再生能源发展“十四五”规划》;8月,列入国家《抽水蓄能中长期发展规划(2021—2035年)(实施类)》。

8月16日,建德市林业局向杭州市林水局上报《关于上报富春江—新安江风景名胜区严东关景区详细规划的函》;23日,杭州市林水局向省林业局上报《关于转报〈富春江—新安江风景名胜区严东关景区详细规划〉的请示》;9月2日,省林业局行文将《严东关景区详细规划》修改稿上报至国家森林和草原局;9月26日,国家森林和草原局下发《关于支持浙江共建林业践行绿水青山就是金山银山理念先行省、推动共同富裕示范区建设的若干措施的函》,同意《严东关景区详细规划》继续由该局审批。11月13日,详规完成省级公示。

同年9月9日,建德市调整乌龙山抽水蓄能电站项目推进工作领导小组和指挥部成员,市委书记朱欢、市长富永伟任组长,市政协主席吴铁民任常务副组长,常务副市长俞伟任副组长;领导小组下设指挥部,由吴铁民任总指挥,俞伟、刘宝玉任副总指挥,许维元为办公室主任,施树康、姚钟书、陈益群为办公室副主任。

2022年1月17日,浙江省住建厅城乡规划设计院完成专家函询意见修改,浙江省林业局正式行文国家森林和草原局,上报《严东关景区详细规划(修改稿)》。2月24—25日,国家森林和草原局组织《严东关景区详细规划》线上专家评审会并原则通过。4月18日,《富春江—新安江风景名胜区严东关景区详细规划》获国家森林和草原局批复。4月25日,浙江建德乌龙山抽水蓄能电站下库工程区项目涉及富春江—新安江风景名胜区重大建设项目活动选址获省林业局批复。是月,建德乌龙山抽水蓄能电站项目列入国家能源局2022年内核准计划。

3月3日，建德市调整乌龙山抽水蓄能电站项目推进工作领导小组和指挥部成员，市委书记富永伟、市长王新锋任组长，市政协二级巡视员吴铁民任常务副组长，常务副市长陈文岳、市人大常委会副主任姜建生任副组长；领导小组下设指挥部，吴铁民任总指挥，陈文岳、姜建生任副总指挥，许维元为办公室主任，施树康、姚钟书、陈益群为办公室副主任。

4月11—15日，中国水利水电建设工程咨询公司和水电水利规划设计总院分别组织浙江建德抽水蓄能电站可行性研究阶段正常蓄水位选择、施工总布置规划、枢纽总布置等三大专题报告审查(咨询)会议。该三大专题报告分别于5月5日、5月26日、6月1日获批。

4月26日，完成省发改委项目赋码，项目赋码名称为“浙江建德抽水蓄能电站”。

6月20日，建德市规划和自然资源局出具电站拟选址地块压覆矿产资源证明(2022-004)。23日，完成项目重大决策社会风险评估备案。24日，浙江省水库移民安置办公室在丽水市召开会议，初步评审浙江建德抽水蓄能电站建设征地实物指标调查工作大纲。7月8日，杭州市规划与自然资源局审核批准项目用地预审与选址意见书。7月28日，浙江省政府下发《关于浙江建德抽水蓄能电站工程占地和淹没区实物指标调查有关问题的批复》，同意浙江建德抽水蓄能电站可行性研究报告阶段确定的工程占地和淹没区控制范围。该批复以文件附件形式下达封库令。全文如下：

浙江省人民政府关于禁止在浙江建德抽水蓄能电站工程占地和淹没区新增建设项目和迁入人口的通告：

为确保浙江建德抽水蓄能电站建设顺利进行，全面准确做好工程占地和淹没区实物指标调查工作，根据《大中型水利水电工程建设征地补偿和移民安置条例》有关规定，通告如下：

一、浙江建德抽水蓄能电站工程占地和淹没区控制范围：

(一)工程占地区。分为工程永久占地和临时用地。主要涉及乾潭镇大畈村、万龙村和建德林场。

(二)水库淹没区。包括水库正常蓄水位以下

◎ 9月15日，浙江建德抽水蓄能电站筹备工程开工仪式在梅城举行(乌龙山抽水蓄能电站指挥部提供)

的区域和水库正常蓄水位以上因水库洪水回水、风浪和船行波、冰塞壅水等临时受淹没的区域。上水库的正常蓄水位为高程738.00米。其中：

1.林地、草地和未利用地：高程738.00米以下；

2.耕地、园地：高程738.50米以下；

3.人口、房屋：高程739.00米以下；

4.专业项目：按照《防洪标准》(GB 50201—2014)和相关技术标准确定。

主要涉及建德林场。

工程占地和水库淹没区范围详见浙江建德抽水蓄能电站建设征地处理范围示意图。

二、自本通告发布之日起，禁止在工程占地和淹没区内新增建设项目(含扩建、改建及房屋装修等)，停止办理相关审批手续，停止各类在建项目建设。违反规定继续进行建设的，按违法建设行为处理，不予补偿。

三、自本通告发布之日起，除新生儿、婚嫁人口和户口临时转出的义务兵、在校大中专学生、服刑等人员外，禁止其他人口迁入工程占地和淹没区。违反本通告规定擅自迁入的人口，不作移民安置。

四、本通告发布后，由项目业主会同所在地政府根据《浙江建德抽水蓄能电站建设征地实物指标调查工作大纲(报批稿)》，组织开展实物指标调查工作。

五、工程占地和淹没区内的所有单位、组织和个人要严格执行本通告的规定，积极支持配合所在地政府及有关部门开展工作。对违反法律法规规定，干扰实物指标调查和工程建设、移民安置工作的，依法追究责任。

8月4—10日，完成浙江建德抽水蓄能电站建设征地影响实物指标调查成果公示。8月8日，完成项目地质灾害危险性评估。8月25—26日，浙江省水库移民安置办公室会同水规总院在建德市召开会议，对浙江建德抽水蓄能电站建设征地移民安置规划大纲进行审查并原则通过。是月，建德乌龙山抽水蓄能电站项目列入2022年浙江省重点建设项目。

9月6日，浙江省发改委签发《关于浙江建德抽水蓄能电站项目核准的批复》，同意建设浙江建德抽水蓄能电站项目(项目代码：2204-330000-04-01-493521)，项目单位为浙江建德协鑫抽水蓄能有限公司。同时对建设地点、内容及规模、投资估算、资金来源、项目管理和建设条件等予以明确。20日，完成项目工程安全预评价。

经浙江省能源局同意，2022年9月15日，项目筹备工程开工仪式在乌龙山东南侧、富春江北岸方门举行。至2022年底，完成交通洞探洞1350米。

(辛晓霜)

第二十届中国·17℃建德新安江文化旅游节

2022年是建德撤县设市30周年，建德市委、市政府以此为契机，隆重举行第二十届中国·17℃建德新安江文化旅游节。从6月开始，至11月结束，持续6个月。本届文化旅游节以“宜居建德 共同富裕”为主题，按照文化兴、旅游乐、体育火、乡野趣、消费旺五大板块，共确定建德“撤县设市”30周年主题展、2022建德宋韵国风文化节、钱江诗画游(新安江—严子陵钓台)首航仪式活动、建德17℃新安江夏日冬泳国际挑战赛、2022建德17℃新安江马拉松、第七届“稻舞田间”稻香节、第十届建德“7017”新安江青岛啤酒节、寿昌“909”好吃节等17项特色活动。

1.建德“撤县设市”30周年主题展

6月6日，在建德市博物馆举办“幸福宜居共富裕 三十而立再出发” 建德撤县设市30周年主题展开展仪式，市四套班子领导出席。主题展总面积超1000平方米，包含图片展区、时光隧道、时光照相馆、旧闻重温区、大事记、荣誉墙、百姓群众老照片等展区。入口处以全息投影方式展示建德从绿皮火车时代到高铁时代、从浙西农业大县到全国首个气候宜居城市的发展史。展馆内同时设置打卡互动模块，市民可通过现场互动体验或游戏的方式，欣赏建德山水风光和城乡新貌。其中，主体展区——图片展区以领航篇、城市篇、交通篇、工业篇、农业篇、民生篇6个篇章，记录建德撤县设市三十年间巨大变化，与全市人民解放思想、拼命实干、砥砺前行的奋斗足迹，生动展示建德市综合实力持续跃升，城乡面貌脱胎换骨，人民生活极大改善，获得感、幸福感不断增强的过程。展出活动至8月31日结束，累计参观2.8万人次。

2.第十四届建德荷花节

6月29日，在大慈岩镇里叶村举行"荷美大慈岩·莲动共富梦"第十四届建德荷花节开幕式暨"活力浙江 共同富裕"短视频大赛(建德站)启动仪式。省委宣传部新闻处、浙江广播电视集团、建德市有关领导和嘉宾出席活动。建德市大慈岩镇、兰溪市诸葛镇、龙游县横山镇发表"携手打破地域限制，充分发挥山水相连、文化相近、人缘相亲、产业相融等地缘优势，助推区域集群发展"的共同富裕宣言。大慈岩景区与诸葛八卦村景区共同签署区域联动"旅游套票"景区票务合作协议、大慈岩镇与横山镇签署莲子区域品牌共建合作协议，现场推介水果莲种、荷美小镇、苗木综合体、荷莲产品电商团购等项目，并共同签署党建引领链组共富合作协议。此外，现场还为两家企业举行党建引领"乡村振兴"银企协作授信仪式。

开幕式上同步启动"活力浙江 共同富裕"短视频大赛（建德站)。大赛以线上线下相互结合的方式，面向全社会征集作品，通过开展短视频创作、征集、评选和展示，挖掘建德"共富"产业，探寻"共富"带头人，展现建德在"共同富裕示范区"建设中的新作为、新气象。活动现场还进行共同富裕评书、荷娃舞台秀、新叶昆曲等极具当地特色的文艺表演。

3.第二届中国三江渔火节

7月3日晚，在三都镇三江口村(三都渔村)举办钱塘江诗路(富春山水)文化传承生态保护区创建暨第二届中国三江渔火节活动开幕式。杭州市文化广电旅游局和建德市有关领导出席活动。活动主题为"三江诗路梦为桨·万顷渔火向星辰"，以自然、人文、共富等三个递进层次，展现三都渔村的人文醇美、生态俊美和物产富美，活动内容包括开幕大戏、烟花秀、渔舟唱晚草坪音乐会和富美集市等，集中展示三江诗路三都段建设成果和非遗文化。活动旨在通过弘扬中华优秀传统文化，加快建德市文旅融合，助力文化共富，推进钱塘江诗路(富春山水)文化传承生态保护区的创建。活动持续时间为一周，为渔村带来游客量5万余人次，实现乡村旅游综合收入100余万元。

◎ 7月9日，第二十届中国·17℃建德新安江文化旅游节开幕(杨忠平提供)

4. 第二十届中国·17℃建德新安江文化旅游节开幕式暨2022建德原创山水音乐季活动

7月9日晚，建德市政府、杭州市文化广电旅游局在建德航空小镇举办第二十届中国·17℃建德新安江文化旅游节开幕式暨2022建德原创山水音乐季活动。将山水音乐创作与文化旅游节相结合，是音乐文化+旅游深度融合的一次尝试。内容包括文艺会演、历届中国·17℃建德新安江旅游

◎ 7 月 17 日，夏日冬泳国际挑战赛现场（市文广旅体局提供）

节精彩回顾等系列活动。现场设“千鹤一线红”链组党建联盟农副产品、《江清月近人》文创、新联航空、秋梅食品、寿昌味道·味道寿昌、醉三都麻糍、网红买手店、艺术创作、“非遗”展示、乡城对口支援展区等 20 余家的 17℃星光市集摊位，设有航空小镇热气球飞行体验、教练机真机模型、汽车公园、火车主题广场、飞机餐厅等特色打卡点。

2022 建德原创山水音乐季正式启幕后，共征集作品 325 首。来自全国各地的音乐人两次在建德梅城（严州古城）、新安江水电站、建德博物馆、灵栖洞景区、江南喀斯特景区等特色代表地标进行主题采风创作。经过两轮角逐，评审专家团筛选出代表作品 10 首。作品《梦游建德》《与此》《遇见梅城遇见你》分别获金、银、铜奖，作品《告辞》《伴山伴水伴着你》《心泉》《山水集》《318》《星空下的歌》获得最佳原创音乐奖，《近乡》在网络投票环节中获得最佳原创人气奖。音乐季现场为获奖歌曲颁奖，并集中展示了优秀原创音乐代表作品。

5.建德 17℃新安江夏日冬泳国际挑战赛

7 月 17 日，“迎亚运”2022 中国·建德 17℃新安江“夏日冬泳”国际挑战赛在建德市新安江开赛。赛事由建德市政府主办。来自 14 个省（自治区、直辖市）共 110 支代表队近 3000 名冬泳爱好者参加“耐寒勇士横渡新安江团体挑战赛”和“耐寒勇士畅游新安江”活动。

在比赛正式开始之前的 7 月 16 日下午，报名参赛人员赴夏日冬泳基地试水，首次报名者进行试游体验。17 日上午，举行耐寒勇士横渡新安江团体挑战赛；17 日下午，举行耐寒勇士畅游新安江活动。杭州开心冬泳俱乐部获得“夏日冬泳”国际挑战赛团体第一名，杭州游泳协会、浦江县游泳协会和杭州市富阳区游泳协会分别获第二至第四名，永康市游泳协会一队、建德市冬泳协会、宁波市奉化区君行健游泳协会、中国轻纺城冬泳协会一队分别获第五至第八名，绍兴好运来游泳俱乐部、东阳冬泳协会、温州市泰顺县游泳协会、温州市永嘉县游泳协会分别获第九至第十二名。优秀组织奖、最佳人气奖、友谊传播奖等奖项一同颁出。

活动在中央电视台新闻频道“朝闻天下”栏目、《人民日报》、新华社、中国蓝新闻网、《都市快报》、天目新闻、《今日建德》等 10 余家新闻客户端平台进行直播，点击量达 40 多万次。相关新闻报道在人民视觉网、新华通讯社、中青在线、浙江卫视中国蓝新闻、搜狐新闻、网易新闻、腾讯网、《杭州日报》旗下新闻客户端“杭+新闻”等20余家新闻客户端刊发，浏览量达10多万次并在《中国法制报》《中国体育报》《中卫日报》《杭州日报》等纸质媒体刊发。

6.第十届建德“7017”新安江青岛啤酒节

7月17日，第十届建德“7017”新安江青岛啤酒节在新安江广场开幕。建德市有关领导和青岛啤酒浙江省营销区有关负责人出席开幕仪式。本届啤酒节响应第二十届中国·17℃建德新安江文化旅游节号召，旨在以采用建德17℃好水酿制的特色啤酒（“7017”新安江青岛啤酒）推动夜间消费，围绕打造“夜游、夜宵、夜娱、夜购”等文旅消费新场景，培育消费新热点，进一步激活建德消费潜力，推动市场复苏，进而促进建德经济发展。

活动内容包括赏夏日新安江美景、喝新安江水酿制的啤酒、品建德特色美食。活动持续至7月23日。共消费啤酒35吨，价值100余万元。美食包括蛋仔冰激凌、凉皮、凉面、重庆酸辣粉、朝鲜打糕等外地美食摊位25个，以及炸臭豆腐、手抓饼、卤味、熏鱼等本地美食摊位10余个，促进消费80余万元，间接拉动消费400余万元。节目内容包括歌舞、服装秀、球操表演等。23日，举行本届酒王争霸赛，决出冠军。

7.钱江诗路游（新安江—严子陵钓台）首航仪式活动

为深入推进杭州市拥江发展战略，以钱塘江唐诗之路为文脉，围绕“一府、一景、一岛”的“三带环绕”拥江形态，推出钱塘江诗游（新安江—严子陵钓台）活动，建德市与杭州运河集团、桐庐文旅集团签署《钱塘江—富春江—新安江全域旅游开发战略合作框架协议》。8月6日，在建德新安江景区双江街旅游码头举办钱塘江诗游（新安江—严子陵钓台）首航仪式。活动由建德市政府主办。内容包括观看钱塘江诗游宣传片、发布产品政策、启航仪式等。100多名市民游客体验“舟行碧波上，人在画中游”意境，沿着李白、孟浩然、范仲淹等名人足迹重走钱塘江诗路，再现元代黄公望《富春山居图》实景。当天，结合视频直播，共有4万人次游客参与互动，被《人民日报》《光明日报》、中新网、浙江新闻客户端、杭州新闻等媒体报道。

11月，建德市推出与钱塘诗画游航线配套的钱塘江诗路潇洒游线路，该线路荣获由杭州市文化广电旅游局主办的杭州“三江两岸”水上黄金旅游线路（产品）设计大赛总决赛三等奖。至12月，该活动被搜索量达2亿次，进一步打响“宜居建德”城市品牌、“17℃建德新安江”文旅品牌，助力“三江两岸”打造成具有国际竞争力的世界级滨水旅游目的地。

8.“爱在‘17’”水上运动嘉年华

8月13日，在建德市杨村桥镇十里埠黄金水岸国际滨水公园举办第二十届中国·17℃建德新安江文化旅游节暨“2022·建德水上运动嘉年华”活动。活动由建德市政府主办。活动内容主要有：专业水上赛事，水上运动表演（水上飞人、滑水、摩托艇特技等）、水上运动市民体验等。

当日活动区域有乐队演出、灯光秀、DJ表演、陆地水上表演、全民戏水狂欢、潮流夜市等舞台表演及互动节目，同时在荷塘沿岸举行露天草坪电影播放、房车帐篷露营、户外烧烤等活动，发布优惠政策，杭州市全民水上运动网红打卡地授牌、签约等。游客300余人参与活动。该活动展示了建德水上运动文化、旅游新业态，进一步凸显了“宜居建德”城市品牌形象；通过发布旅游优惠政策、成立全民运动基地，倡导“建德人游建德”“杭州人游建德”，进一步增强旅游市场活力，助力旅游市场恢复发展。被《人民日报》、新华社等近30家媒体报道。

9.夜宵节

夜宵节贯穿2022年全年，举办地点包括新安江主城区八佰伴商业圈、洋溪美食街、严州古城东门街和寿昌“909”夜街等美食街区等。通过举办夜宵节，汇集各色潮流美食、网红小吃，建德豆腐包、三都麻糍、严州酥饼、寿昌炒粉干、水米糕等美食。

10.建德戏水漂流节

7月初，第二十届新安江文化旅游节组委会

组织葫芦峡漂流、卧龙胜境激情漂流、新安江龙舟漂游等漂流项目以及十里寿昌江蝴蝶坝泳池、乾潭下包村天然泳池等景区(项目),实施全市各大漂流景区联动,开启建德避暑清凉之旅。7月22日晚,结合下包村原有的骑行项目,利用该村胥源天然泳池,启动“生态共富‘溪’在‘17’”——建德戏水漂流节暨乾潭胥溪清凉季活动。

围绕“骑行+露营+泳池”,开展山地骑行、野外露营、水上拓展等活动,实现依托乾潭深厚的自然人文底蕴,以福文化、生态文化为引领,融合子胥文化、山水文化传承创新,进一步擦亮“寄情山水悦动乾潭”品牌的目的。活动被各级媒体报道10余次,浏览传播量超100万次。微信公众号“我们大杭州”刊文《热热热热热继续!大杭州最最最最最新玩水攻略》,吸引了众多省内外游客慕名而来,间接带动了镇域范围的餐饮以及住宿业,周末周边民宿出现一房难求现象。“十一”国庆节长假期间,接待露营游客680人次。

11.寿昌“909”好吃节

9月9—12日,寿昌镇举办宋韵杭州奇妙夜建德分会场暨第三届寿昌“909”好吃节活动。内容包括四大板块,其中:

第三届寿昌“909”好吃节,9月9日在寿昌镇工人文化宫三楼报告厅举办,包括2022年建德市中式烹饪职业技能竞赛颁奖、乡村特色人才协同共富中心揭牌及人才代表表彰、“寿昌富公益基金”授牌、909“智”由消费系统发布、寿昌夜游产品发布(野奢露营音乐会、萤火虫露营美食“趴”)及夜游产品市场启动和宋韵歌舞表演等。

宋韵杭州奇妙夜建德分会场,9月9—12日晚在寿昌镇南门广场、西湖水街举办,开设投壶、蹴鞠、踢毽子、捶丸等宋韵特色体育活动,开展琴艺、茶艺、书画、花艺、宋韵服装秀等特色展演活动,在中山路步行街布展宋宴美食展,在南门广场开展夜间招聘会。

宋宴美食大赛暨2022年建德市中式烹饪职业技能竞赛,9月9日下午在寿昌“909”夜街举办,角逐出一、二、三等奖和优胜奖共8名。

露营奇妙夜活动,地点在山峰村高田畈2号驿站露营草坪和卧龙胜境景区,有萤火虫露营场地、露天烧烤场地、集体篝火晚会场地等多种露营地可选,并开展草坪音乐节、乡村市集等一系列活动。

活动持续4天,共有2万余名游客参加,活动结合宋韵文化、夜游、露营、美食等一系列元素,既满足游客需求,也充分体现寿昌特色,被央视、新华通讯社、中国新闻、浙江新闻、《杭州日报》等20多家媒体报道。通过活动深入贯彻落实省委开展“宋韵文化传世工程”,让千年宋韵在寿昌古镇“流动”起来“传承”下去,进一步打响“宜居建德”城市品牌、“17℃建德新安江”和“人间烟火 自在寿昌”等文旅品牌。

12.第七届“稻舞田间”稻香节活动

9月23日,建德市政府在钦堂乡农耕文化园举行杭州·建德第七届“稻舞田间”国际稻香节暨第二十届中国·17℃建德新安江文化旅游节系列活动。正式发布钦堂乡“稻香节”主题曲《闲游钦堂》,签约“粮行天下”共富链组产业合作协议,展示具有钦堂特色的生态大米、菜籽油、米酒等农产品,发布旅游消费券政策。举行稻田趣味运动会、亲子旅游、青年人才走进钦堂以及露营音乐节等活动。本次活动有1000余人参与,带动消费5万余元。新华社、央视客户端、浙江卫视“1818”黄金眼等知名媒体均予报道,浏览量超过100万次,其中新华社客户端刊文报道《浙江建德:舒展大美丰收画卷 同心奔共富》浏览量达70.9万次,持续拓展和提升了“爱在一起、钦堂等你”品牌影响力,有力推动钦堂农文旅融合发展,促进共同富裕工作。

13.大同镇第六届开镰节

9月28—30日,建德市政府在大同镇举办“喜迎二十大 同奔共富路”2022长三角第四届美丽乡村稻香生活节暨建德市大同镇第六届开镰节活动。分为“同心庆丰收”“同心奔共富”“同心谱华章”“同心享幸福”四大板块,其中“同心庆丰收”板块包括第六届开镰节启动仪式、稻香运动会和稻香“66”毅行三项内容,“同心奔共富”板块包括建德市互联网特色乡村旅游建设项目系列培训、“宜品建德”农创客电商致富主题沙龙以及亘古大同主题画展、稻田视觉艺术展，“同心谱华章”包括稻香文化周，“同心享幸福”包括“大城小驿”古城烟火节(美食节)和茶园星空露营晚会。

9月28日，举行第六届开镰节启动仪式。9月29日，举行稻香运动会，全镇34个村370名村民组队参加了独轮车、稻谷收割、摸泥鳅、挑稻谷接力、田间拔河等乡村特色运动项目，庆祝丰收。9月30日晚，位于大同盘山中塘水库的茶园星空露营基地正式开营，包含露天烧烤、篝火晚会、无人机表演等网红体验项目。

活动结合庆丰收、夜游、露营、美食等一系列元素，既满足游客需求，也充分体现大同西乡特色，为大同镇农民搭建了展示新时代农民风采的舞台，丰富自身精神文化生活，推动农文旅体融合发展。在“十一”黄金周假期，大量周边地区及省内外游客慕名而来，游客总量达到15万人次，旅游收入1500万元，大同镇农创客中心、稻香小镇核心区块、超启研学基地、稻田小火车等网红景点游客火爆。央视、《人民日报》、新华社、《经济日报》、浙江新闻、《钱江晚报》《杭州日报》等20多家媒体予以报道。

14.2022 建德宋韵国风文化节

10月1—7日，在大慈岩景区举办2022建德宋韵国风文化节。活动以宋韵为始，以大慈岩佛教文化为线，推出前世今生快闪、遗风古韵——古典乐表演、飞天舞表演、唐诗宋词Battle擂台赛、“遍插茱萸，挂祈福牌”、Q版宋代人物打卡、重阳下午茶等集传统文化与现代美学于一体的特色活动，此外开展飞天威亚体验、旱滑道等项目活动。

15.“爱在”千人露营大会

9月29日，在建德市三都镇朔·艺术营地举行“畅游建德‘17’躺营”建德金秋露营季启动仪式。活动由建德市政府主办。旨在依托建德市绿水青山的资源优势，充分满足人们就近旅游、就地休闲的生活需求。活动当日，6名“粉丝”量超过200万人的明星在活动现场，在线上分享其在建德采风旅途中的所见所闻，并结合自身社会阅历以及对建德这座城市的理解，讲述建德故事。

16.2022 中国·17℃建德“两江一湖”全国县级网球赛

11月19日，在建德市新安江举行2022“新安集团杯”建德17℃新安江网球邀请赛。该赛事由建德市政府主办。浙江省网球协会、杭州电视台影视频道有关嘉宾与建德市有关领导出席开幕式。来自浙江省各市(区、县)的12支球队100余名网球爱好者参赛。竞赛项目为团体赛，包括青年组男子双打、公务员组男子双打、常青组男子双打、混合双打、女子双打等。建德市网球协会获得冠军，富阳区海宝网球俱乐部和萧山区网球协会获得亚军和季军。

17.2022 建德 17℃新安江马拉松

11月6日，以“17℃润肺跑、爱上宜居建德”为主题的2022建德17℃新安江马拉松在建德新安江畔鸣枪开跑。本次马拉松赛事由建德市政府主办。设置马拉松、半程马拉松和欢乐跑3个项目，来自全国32个省(自治区、直辖市)、中国港澳台地区共302个城市的专业跑者以及市民群众共计近万人参赛。赛事特设全程和半程马拉松名次奖和建德籍名次奖，名次奖为参加马拉松男、女项目第一名至第五十名的选手，建德籍名次奖为参加马拉松的建德籍男、女第一名至第八名选手。云南省腾冲市运动员杨定宏以2小时12分12秒的成绩获全程马拉松男子组冠军，创造历届建德马拉松赛事最好成绩，跑出中国选手自2007年来浙江马拉松赛事最好成绩。安徽合肥市姚玉舟则以2小时43分57秒的成绩获得全马女子组冠军。 (方 娟 冯梅玲 邵则奇)

责任编辑：黄建生

大 事 记

Chronicle of Major Events

1月

1日　全市农村客运班线票价全面下调，所有票价1元起步、6元封顶。

4日　市委常委会召开会议，传达学习习近平总书记关于“三农”工作重要指示精神和中央农村工作会议精神，以及杭州市委十二届十四次全会精神，研究部署全市贯彻落实工作。

5日　市委书记富永伟，市委副书记、代市长王新锋分别带队赴中策橡胶春秋厂区、农夫山泉（建德）公司、浙江新化化工股份有限公司、浙江大洋生物科技集团股份有限公司和浙江建业化工股份有限公司等重点企业开展“三服务”活动，为企业发展排忧解难，助力企业“开门红”。

7日　市领导在建德分会场（视频）参加浙江省民营经济发展大会。

是日　市政协主席吴铁民带领市政协办公室、提案委、委员工委负责人，赴梅城镇、大洋镇、三都镇、杨村桥镇开展“请你来协商民生议事堂”调研走访，启动省、杭州市“请你来协商民生议事堂”分平台建设。

是日　建德市召开打击治理电信网络新型违法犯罪工作推进会，贯彻落实中央、省和杭州市关于打击治理电信网络新型违法犯罪工作的决策部署。

8日　建德苞茶综合服务中心揭牌仪式暨“茶街”开街活动，在新安江街道双江街举行。

10日　市公安局隆重举行警旗升旗仪式，庆祝第二个中国人民警察节。

是日　市公安局乾潭新营房正式启用。

12日　建德市精神文明建设委员会公布建德市公安局城南派出所辅警许磊等10人为“2021年度建德市见义勇为市民”、屈凌云等12人为“见义勇为积极分子”。

是日　浙江省退役军人事务厅2021年数字化改革试点项目——建德市“健康老兵”服务平台建成上线启用。该平台共有5站联通，7个部门数据共享，“浙政钉”“浙里办”运行。

是日　建德市举行关爱退役军人协会成立大会，吕勇当选为会长。会议向2021年建德市“最美退役军人”“最美军人家庭”“最美拥军优属个人”颁奖。

13日　国家、省级“双随机”监督抽检结果公布，建德市21家中小学校直饮水和4家供水企业二次供水学校末梢水合格率为100%。

14日　建德市举行2021年度公务员集体退休仪式暨特定从业年限纪念仪式，向56名公务员颁发光荣退休纪念牌，向5名“先锋50”人员颁发表彰纪念牌。

16日　建德市第一人民医院的《信息引领，智享未来——智慧医院建设案例分享》，获2021第三届改善医疗服务全国县市医院擂台赛总决赛总冠军。

17日　建德市人民政府、杭州市文化广电旅游局在杭州联合主办云端发布会，启动“‘爱在17’2022建德原创山水音乐季”活动。

是日　建德市出台《关于实施建德市外来务工人员春节期间免门票游览景区优惠政策》，1月18日至2月28日，全市六大旅游景区对留建外来务工人员免门票开放。

18日　首批1000辆共享电动单车在新安江城区投放，正式运营。

20日　新安江大城区慢行系统二期工程——“紫薯绿道”2.0版全面竣工并正式对外开放。该绿道东起莲花溪出口、西至双江街，总长约

2.6 千米。

22 日 建德市召开党史学习教育总结会议，贯彻落实省、杭州市两级会议精神，总结全市党史学习教育情况，部署下一步工作任务。

24 日 市十六届人大常委会召开第五十一次会议，初审《关于建德市 2021 年国民经济和社会发展计划执行情况与 2022 年国民经济和社会发展计划(草案)的报告》等，并票决通过 2022 年政府重大投资项目。

是日 国道 320 线建德市杨村桥至龙游县会泽里段改建工程涉铁先行段开工仪式在更楼街道骆村村举行。项目路线全长 300 米，设 5 跨 40 米简支变连续小箱梁桥 1 座，投资概算约 5600 万元。

27 日 省妇联党组书记、主席佟桂莉到建德市，考察千鹤妇女精神教育基地，走访慰问全国劳动模范蔡小珍、离任妇女干部徐慧萍等人。

28 日 市四套班子领导赴全市各地走访慰问驻建德部队官兵和一线工作者。

是月 罗村一级电站通过水利部绿色小水电国家级验收，并被授予“2021 年度绿色小水电示范电站”称号。

是月 建德市被获评 2021 年度全省农村生活垃圾分类处理工作优胜县(市、区)之一；同时，航头镇彭家村、乾潭镇下梓村被评为省级高标准农村生活垃圾分类示范村。

是月 建德市智慧能源数据中心正式上线应用，对全市企事业单位燃煤、天然气、电力、蒸汽等能源消耗情况进行实时监测。

是月 浙江省水利厅公布 2021 年通过县域节水型社会达标建设验收县(市、区)名单，建德市成功创建国家级节水型社会达标县。

是月 杭州朗索医用消毒剂有限公司以其产品“免洗手消毒液”被纳入北京冬奥会卫生防疫物资供应商。

是月 建德新安江—富春江水利风景区获评水利部第十九批国家水利风景区(共 24 家，浙江省 3 家)。

是月 浙江省商务局公布 2021 年浙江省电商专业村和电商镇名单，大同镇入选 2021 年浙江省电商镇，大同镇胡村源村、溪口村、徐韩村入选 2021 年浙江省电商专业村名单。

是月 建德市“严州文化”被浙江省文化和旅游厅列入首批 100 项“浙江文化标识”培育项目。“严州古城泛舟钱塘之旅” 获评 2021 年浙江省诗路精品旅游线路。

是月 建德市寿昌镇被浙江省发改委列入浙江省第二批千年古城复兴试点建设单位名单。

是月 建德市大同镇、大慈岩镇获评 2021 年浙江省园林城镇。

是月 继 2020 年度首次获评浙江省 “新时代美丽城镇建设优秀县(市、区)”后，建德市再次从参评的 86 个县(市、区)中脱颖而出，成为 2021 年度全省 30 个获评优秀的县(市、区)之一。

2 月

7 日 建德市环三江口片区美丽城镇集群入选浙江省 2022 年美丽城镇集群化典型培育案例名单。

是日 市四套班子领导在建德分会场(视频)参加省委召开的高质量发展建设共同富裕示范区推进大会。

是日 市政协举行《建德市政协志(1998—2019)》和《“八三”洪水纪实》首发式。

9—13 日 政协建德市第十五届委员会第一次会议在市文化中心举行。大会应到委员 246 名，实到 243 名。在 13 日举行的十五届一次会议第三次全体会议上，选举产生新一届市政协，俞伟当选为政协建德市第十五届委员会主席，汪华瑛等 5 人当选为副主席，谢照昌当选为秘书长。

11—14 日 建德市第十七届人民代表大会第一次会议在市文化中心举行。大会应到代表 246 人，实到代表 245 人。会议审议通过代市长王新锋所作的《市政府工作报告》等报告，选举产生市十七届人大常委会主任(吕平)、副主任，市人民政府市长(王新锋)、副市长，选举产生市监察委员会主任(徐军飞)、市人民法院院长(戴朝阳)、市人民检察院检察长(邱生权；报经杭州市人民检察院检察长提请杭州市人民代表大会常务委员会批准) 以及市十七届人大常委会委员和出席杭州市第十四届人民代表大会代表。会议进行2021年市政府民生实事项目完成情况满意度测评，票决产生2022年市政府民生实事项目；通过《关于建德市人民政府工作报告的决议》等8项决议，举行宪法法律宣誓仪式。

15日 中央电视台《新闻联播》在"品民俗赏花灯 欢欢喜喜闹元宵"报道中，播出建德市寿昌镇闹元宵的传统民俗活动。央视新闻频道、中国蓝新闻、杭州电视台综合频道也先后播出寿昌古镇闹元宵的报道。新华社、人民网海外版、《浙江日报》《杭州日报》也予以报道。

17日 建德市召开高质量发展推动共同富裕暨工业经济大会，总结回顾2021年度全市高质量发展推动共同富裕、工业经济、"双招双引"工作，表彰先进，分析2022年度经济形势并部署下一阶段工作任务。

22日 在省委农村工作会议暨粮食安全工作会议上，建德市获评全省"高标准农田建设工作成绩突出集体"，成为杭州地区唯一获奖区县(市)。

是日 江西省弋阳县政协主席江俊带队到建德市考察碳酸钙产业整治提升工作。

24日 浙江通飞野马飞机制造有限公司制造的野马AG60-1016架机在建德千岛湖通用机场完成生产验收试飞和客户验收试飞，交付客户，成为该型号飞机启动批量生产后，在建德完成整机生产、生产验收试飞、客户验收试飞和国内交付的首架飞机。

28日 市四套班子领导在建德分会场（视频)参加全省数字化改革推进大会。

是日 市委常委会召开全体会议，传达学习习近平总书记关于"实现碳达峰碳中和"重要讲话精神和全国、省、杭州市相关会议精神，研究部署贯彻落实意见。

是月 大洋镇获评浙江省"五水共治"优秀乡镇。

是月 《浙江省水利现代化行动计划（一期2018—2022年)》《浙江省水安全保障"十四五"规划》重要建设项目——建德市寿昌江流域综合治理工程初步设计获得批复。该工程以防洪为主，结合水生态水环境改善、水文化水景观提升等方面进行，涉及6个乡镇(街道)。该工程治理干支河流32条长200.89千米，概算总投资53948万元，是建德市2022年度十大标志性工程之一。

是月 新安江第二小学新建项目一期工程交付使用。该项目位于健康南路与国信路交叉口，总投资12841.71万元，用地面积约1.2公顷，建筑面积18928.6平方米。

是月 杭州奥立达电梯有限公司智能制造新产品——AEF200型(载重15吨)超大载重智能安全载货电梯整机装备，获得2021年度浙江省首台(套)装备认定。

3月

1日 市四套班子领导在建德分会场参加浙江省"大综合一体化"行政执法改革推进大会。

是日 零时起至6月30日24时止，新安江白沙大桥至富春江桐庐县交界处及新安江梅城镇三江口至兰江兰溪市交界处(总长约85千米)水域实行禁渔。

2日 市长王新锋主持召开市十七届政府第一次常务会议。审议并原则通过有关乡村人才振兴、文物安全、污水处理费收费标准调整等5个文件，审议《草莓标准地建设方案》。

3日 全省首家共富联合体"共享法庭"——共同富裕先行区·安仁联合体"共享法庭"在安仁村成立。

是日 两架赛斯纳172S飞机在建德市经济开发区(航空小镇)成功试飞并正式交付。

5日 在梅城镇东门瓮城内举行"环三江口片区美丽城镇集群共富集市"启动仪式。

7日 建德市在大同镇举行"弘扬新时代千鹤妇女精神 奏响共富裕大同阿姐乐章"主题活动暨"大同阿姐"品牌发布会。

8日 建德市召开纪念第112个"三八"国际妇女节先进表彰大会，首批"新时代千鹤妇女精神传承人"、杭州市"三八红旗集体"、建德市"三八红旗集体""最美家庭（文明家庭)""巾帼文明岗"和"巾帼建功标兵"受到表彰。

10日 建德市"全力夺取开门红 携手奔向共富路""走村不漏户 户户见干部"2.0版在寿昌镇

举行启动仪式。

11日 在由中国园艺学会和iFresh亚果会联合举办的2022年中国草莓品牌大会暨首届中国草莓展闭幕式上,“建德草莓”区域品牌获“2022年度受市场欢迎区域公用品牌”，全国共10个品牌获得该称号。

13日 首届建德市“最美残疾人”“最美助残人”评选活动启动。5月13日,评选出“最美残疾人”和“最美助残人”各10名,进行表彰和宣传。

15日 杭州市首家设在价格争议调解中心的“共享法庭”在建德市成立,为实现价格争议纠纷在线快速调解指导、网上立案“一次不用跑”、在线诉讼及司法确认等功能,开辟了新模式。

是日 省住建厅党组书记、厅长项永丹到建德市乾潭镇胥江村等地,考察调研城乡风貌整治、美丽城镇建设、绿道建设等工作。

16日 市四套班子领导在建德分会场(视频)参加杭州市委召开的领导干部会议，学习全国两会精神。

18日 富永伟、俞伟等市领导在建德分会场(视频)参加全省新型冠状病毒肺炎疫情防控工作会议,听取和学习贯彻习近平总书记在中央政治局常委会会议上关于疫情防控工作的重要讲话精神。

是日 钱江海关驻建德办事处开始应用浙江省RCEP企业服务平台(区域全面经济伙伴关系协定,中国与日本、韩国、澳大利亚、新西兰和东盟10国共同签署),为进出口企业提供服务。

22日 建德市新零售行业工会联合会成立,覆盖企业32家,涵盖职工420余人。

23日 建德市数智草莓“植物工厂”科研项目签约。该项目选址在杨村桥镇草莓综合体区块,规划总面积1732平方米,其中包括约990平方米草莓种植区域、240平方米育苗区域及配套设施区域,总投资概算约为1450万元。

26日 富永伟、王新锋、吕平、吕建月等建德市代表团成员，出席杭州市第十四届人民代表大会第一次会议。

27日 建德市首届胥岭花朝节暨“迎亚运 游建德 品17℃新安江”摄影(短视频)大赛在乾潭镇邵家村胥岭自然村启动。

30日 建德市美好教育基金会成立。该基金会首期获得新安化工、新化化工、建业化工、大洋生物、屹通新材料、深蓝科技六家上市公司捐款1100万元。选举王征为美好教育基金会第一届理事会理事长。

是日 首届建德市龙井茶手工炒制比武大赛在大同镇的市峰鼎茶业有限公司开赛,评出2022年建德市“峰鼎杯”龙井茶手工炒制能手8名。

是日 浙江省社会保险和就业服务中心党委书记、主任项薇到建德调研企业职工基本养老保险全国统筹工作和社保数字化改革工作。

31日 杭州市科协主办的“2022年院士进校园”首场活动在建德市严州中学新安江校区举行。中国科学院院士、浙江大学教授徐世烺应邀授课。

是日 市委常委会召开全体会议，传达学习习近平总书记在2022年春季学期中央党校(国家行政学院)中青年干部培训班开班式上的重要讲话精神,研究部署建德市贯彻落实工作。

是月 中共浙江省委全面深化改革委员会下发《关于2021年度全面深化改革考评情况的通报》,建德市获优秀县(市、区)称号。

是月 建德市“建德豆腐包制作”“草莓种植”2个规范被列入浙江省专项职业能力考核规范,成为该市首次入选的省级专项职业能力考核规范,同时获得人力资源和社会保障部备案。

是月 杭州市公布2021年“五水共治”考核排名,建德市排名位列杭州市第一。

是月 建德市被省委全面依法治省委员会公布为浙江省30个2021年度法治浙江(法治政府)建设优秀单位之一。

是月 建德市朝美日化有限公司获评浙江省现代纺织和服装分行业亩均效益领跑者称号(全省共15家)。

4月

1日 市委全面深化改革委员会召开第六次会议暨数字化改革工作推进会。

2日 市四套班子领导在建德分会场(视频)

参加全省建设“平安浙江”工作会议。

7—8 日　浙江省政协原副主席、全国政协常委、台盟省委会主委、省台联会长张泽熙到建德市调研数智草莓产业工作。

7—8 日　市总工会、市人力社保局、市工商联等联合举办以“迎亚运 促和谐 助共富”为主题的“新安杯”首届集体协商技能竞赛。

10 日　杭衢铁路建德段新安江特大桥主塔封顶。

12 日　杭州市民政系统民生共富结对共建第二团队在建德召开第一次会议，萧山区、余杭区、临平区、建德市四地民生共富结对共建第二团队正式组建运作。

13 日　建德市获杭州市委、杭州市政府 2021 年度实施乡村振兴战略实绩考核优秀等次。

19 日　富永伟、王新锋、俞伟等建德市领导等在建德分会场（视频）参加浙江省制造业高质量发展大会，听取省委书记袁家军讲话。

20 日　杭州市政协主席马卫光到建德市调研政协工作。

21 日　建德市召开全市碳酸钙产业改造提升动员会，与会人员学习《推进碳酸钙产业高质量发展实施方案》《碳酸钙粉体企业环保标准要求》《碳酸钙粉体企业安全生产基本标准要求》等文件，24 家碳酸钙粉体企业签订承诺书。

22 日　市政协围绕“加强豆腐包品牌建设 提升建德美食美誉度”主题，在梅城镇严州三十一道美食广场举行“请你来协商”活动。

24 日　建德市高质量发展推动共同富裕领导小组召开第一次会议，贯彻落实中央、省委和杭州市委对推动共同富裕作出的重要部署，研究推进 2022 年工作主要目标、重点任务和相关机制。

25 日　市公安局大慈岩派出所揭牌启用，正式开始实体运作。

26 日　建德市举行庆祝“五一”国际劳动节暨劳动模范和模范集体表彰大会。洪明祥等 12 名 2022 年杭州市劳动模范、建德红狮水泥有限公司等 6 家杭州市模范集体、郎学渊等 20 名建德市劳动模范、农夫山泉（建德）新安江饮用水有限公司等 8 家建德市模范集体受到表彰。市委书记富永伟出席会议并讲话，市四套班子领导参加。

是日　乌龙山登顶绿道二期工程完成竣工验收投入使用，乌龙山登顶绿道全线完工。该绿道为富春江国家级森林公园提升工程组成部分，总长 13.9 千米，总投资 2326 万元。

29 日　位于洋安新城核心区的建德八佰伴购物中心正式开业，该购物中心由八佰伴商业管理公司与杭州市房地产开发集团有限公司共同打造，商业建筑面积 8.7 万平方米。

是月　工业和信息化部办公厅公布 2021 年度绿色制造名单，位于建德市乾潭镇的杭州圣玛特毛绒有限公司生产的粗梳梭织羊绒面料产品入选绿色设计产品（全国共 989 种），为该批次建德市唯一上榜企业产品。

是月　建德市入选 2022 年华东十大油菜花县（市），大慈岩镇新叶村、乾潭镇胥岭村分别被评为 2022 年华东十大油菜花胜地、华东“醉美”油菜花村（镇）。

是月　建德市三都镇“美好账本打开乡村治理新路径”治理案例入选 2021 年度浙江省生活垃圾治理十大优秀案例，是杭州市唯一入选的案例。

是月　建德市继 2019 年、2020 年第三次获评省级优秀集中式饮用水水源地。

是月　中华水韭在建德市新安江林场中华水韭迁地保护示范点繁育成功。5 月移栽回新安江南岸原生地。中华水韭是中国第一批公布的 50 多种一级重点保护野生植物中的一种，为中国特有的物种，属极度濒危的孑遗植物，被誉为“植物界大熊猫”。

是月　建德市 17℃的建德唯美自驾线路入选 2021 年浙江共享共富十佳自驾旅行精品线。

5 月

6 日　建德市与浙江省文化产业投资集团有限公司，就“打造新时代县域文化高地，推动共同富裕示范区建设，传承弘扬宋韵文化，推进千年古城复兴计划”有关事宜，签署共建合作协议。

7 日　建德市举办以“生命教育·人道伴行”为主题的第 75 个世界红十字日活动暨“建德红”品牌发布会，正式发布杭州市第一例系统性的公益文化品牌——“建德红”品牌和“云帆、云岭、云霞、云风”四大公益项目。

是日　中国水稻研究所首席专家朱德峰教授带领专家团队到建德市建坤农业开发有限公司,对建德市首台(套)水稻精量播种机进行现场指导。

12日　全市开始城乡自建房安全专项整治及危房治理攻坚行动。

16日　建德市联合中国建设银行建德支行,首次发放数字人民币消费券100万元,启动数字人民币试点工作。

18日　“5·18”国际博物馆日活动暨“建德市乡村博物馆联盟”成立仪式在建德市博物馆举行。建德市乡村博物馆联盟成员包括浙江大学西迁建德办学旧址、(李村)寿南暴动纪念馆、千鹤妇女精神教育基地、(李村)连三进民俗文化馆、童家祠堂、江家厅、大同镇潘村村民俗文化展陈馆。

19日　建德人游建德——“5·19”中国旅游日建德主题活动暨首届枇杷节在大洋镇开幕,市文广旅体局发布包括3大主题40余项旅游惠民政策和举措,并进行2022年优质枇杷评选和环三江口共富集市活动。

22日　杭衢铁路站前二标七座特大桥连续梁中最后桥梁——跨金千铁路特大桥连续梁主跨顺利合龙。

24日　2022“科创中国·智汇新安”活动在建德市举行,探讨“双碳”目标下的产业发展趋势和企业发展战略,更好地推动落实“碳达峰、碳中和”的“时间表”“路线图”。

27日　浙江省退役军人事务厅党组书记、厅长林云举一行到建德市调研退役军人服务工作。

28日　杭州市区县(市)协作第二协作组联席会议在建德市召开。萧山区、临平区、西湖风景名胜区管委会分别与建德市进行2022年度协作资金交接。

是日　千鹤妇女精神教育基地、韶山毛泽东同志纪念馆、“五四宪法”历史资料陈列馆合作共建活动在建德市梅城镇千鹤村举行。全国妇联副主席、书记处书记吴海鹰发表视频讲话,省妇联党组书记、主席佟桂莉,杭州市委常委、宣传部部长黄海峰等领导参加活动。

30日　市四套班子领导以及法检两长在建德分会场(视频)参加全省经济稳进提质攻坚行动工作推进会,听取省委书记袁家军关于深入学习贯彻习近平总书记关于当前经济工作的重要论述精神和党中央、国务院关于稳住经济大盘重大决策部署的讲话。

31日　建德市举行杭州建德现代数字影视城项目签约仪式,总投资超46亿元的项目正式落户开发区(航空小镇)。

是日　建德市召开城乡风貌整治提升工作推进会,贯彻落实省、杭州市关于城乡风貌整治提升和未来社区、未来乡村建设的工作部署。

是月　建德市首笔不动产抵押登记“跨市通办”线上业务在市不动产登记服务中心办结发证。

是月　新安江水电站入选首批23家浙江省科学家精神教育基地。新安江水电站系国家“一五”计划工程,1957年4月主体工程开工,1960年4月22日首台发电机组投产发电,是新中国成立后第一座“三自”(自己设计、自制设备、自行施工)大型水电站。

6月

1日　市委召开全市人才工作会议,贯彻中央、省委和杭州市委人才工作会议精神,向首届享受建德市政府津贴人员颁发证书。

是日　第72个“六一”国际儿童节之际,市四套班子领导分别带队,赴全市学校、幼儿园开展慰问活动。

2日　全市召开经济稳进提质暨深化综合考评、“六大比拼”“六个领衔”工作推进会,贯彻落实上级党委、政府关于推进经济稳进提质工作部署和具体要求。

6日　“幸福宜居共富裕 三十而立再出发”建德撤县设市30周年主题展在市博物馆开展。

是日　“同创共富·遇建未来”2022第三届长三角大学生“农创日”在建德市大同镇农创客中心启幕。省、杭州市、建德市有关领导及浙江大学中国农村发展研究院等高等院校、研究所和长三角青年农创客、长三角高校师生代表等出席活动。

7—9日 全市2755名考生在5大考点95个考场参加2022年度高考。

9日 建德市召开全市数字化改革工作推进会，深入学习贯彻习近平总书记关于全面深化改革特别是数字化改革的重要论述精神，全面落实省委和杭州市委对数字化改革的各项部署要求。

是日 省政协副主席郑继伟率调研组到建德市调研“民生议事堂”平台建设运行情况。

10日 建德市第十七届体育运动会在新安江体育馆开幕。全市16个乡镇(街道)、34个机关企事业单位代表队的650名运动员参加乒乓球、太极拳、拔河、篮球、广播体操、羽毛球、气排球和排舞8个大项比赛。7月2日，运动会闭幕。

11日 建德市举行中国第17个“文化和自然遗产日”活动暨第九届建德市乡村文化节系列活动开幕式。

14日 建德市第八届老年人健身运动会在新安江体育馆开幕，36个机关企事业单位代表队以及17个市老年体协分会代表队参赛。

15日 副省长徐文光到建德市调研乡村振兴、粮食生产和防汛防洪等工作，实地走访建德市建坤农业开发有限公司、新安江水电站、杨村桥草莓园、千鹤村文化礼堂、梅城严州古城。

是日 省残联党组书记、理事长蔡国春到建德市调研，考察更楼街道“残疾人之家”、市图书馆和千鹤妇女纪念馆等重要公共场所残疾人设施建设情况，走访梅城镇残疾人工匠徐惠东根雕馆、残疾人就业创业基地梅城古镇秋梅食品经营网点。

16日 浙江省人力社保厅在建德市召开人力社保工作数字化改革劳动合同“浙里签”App推广应用现场会，在全省启动“劳动合同‘浙里签’”项目。

16—17日 王新锋、程星火等建德市领导带领建德市党政代表团，赴四川省甘孜州乡城县开展对口支援工作并对接相关工作，看望慰问建德市对口支援乡城县工作队，并向乡城县捐助200万元帮扶资金和20万元教育系统定向资金。乡城县委书记杨林，县委副书记、县长尼玛西日等领导陪同考察或参加座谈。

18—19日 2022中国新安硅谷有机硅创新发展峰会暨首届长三角“未来科学家求真”大会在建德市举行，中国科学院院士、苏州大学教授迟力峰等高校专家学者、有机硅重点企业、投资机构代表等200余人参加会议。

20日 全市备案非标电动自行车置换活动启动。置换活动遵循“早置换多补贴、晚置换少补贴、逾期置换和备案满七年的不补贴”原则，市政府以发放消费券形式补贴每辆100~300元。备案非标电动自行车将于2023年1月1起禁止上路行驶。

21日 市政府在乾潭镇城东(安仁)工业园区召开全市低效工业用地处置工作推进会。

23日 建德市举办在杭企业(建德)商会企业家代表回乡考察“建德行”活动，市长王新锋和20多名在杭企业家参加。

是日 建德市政府在下涯镇之江村举办“遇建未来·海内外创新资源对接会”，9名技术专家采用线上线下方式交流了《用于泵的生物基防腐涂料》《草莓病虫害防控和种植技术标准化管理方案》等项目。

26日 新疆维吾尔自治区妇联党组书记、副主席李灵慧一行到梅城镇千鹤妇女精神教育基地调研。

29日 建德市现代社区建设领导小组召开第一次会议，深入学习贯彻习近平总书记关于加强城乡社区建设的重要论述，落实省、杭州市相关会议精神要求，部署全市现代社区建设工作。

是日 “忠诚5号”暨“夏季攻势”建德市2022“平安护航”启动仪式在新安江广场举行。

是日 全市“光荣在党50年”纪念章颁发仪式在市文化中心举行。

是日 “荷美大慈岩·莲动共富梦”第十四届建德荷花节开幕式暨“活力浙江 共同富裕”短视频大赛(建德站)启动仪式在里叶村举行。

30日 建德市农民合作经济组织联合会召开第二届会员代表大会，选举产生市农合联第二届理事会理事和监事，副市长方华当选为新任理事长。会议审议并通过市农合联第一届理事会、监事会工作报告，审议并通过《建德市农民合作经济组织联合会章程》和《建德市农民合作经济组织联合会选举办法》。

是月 建德市继2020年之后，财政管理工作再度获得省政府督查激励，并首次获得全省财政管理绩效考评优秀单位。

是月 在新安江发现中国特有的世界级珍稀蝴蝶种类被学术界誉为“国蝶”的宽尾凤蝶。2000年，宽尾凤蝶被列入《国家保护的有益的或者有重要经济、科学研究价值的陆生野生动物名录》。

是月 建德市市场监管局发布《建德豆腐包制作工艺技术规范》《“建德豆腐包”店铺建设与服务规范》2项团体标准，规范豆腐包制作要求及店铺建设内容。

是月 建德市杭州奥立达电梯有限公司获批设立博士后工作站。至此，全市建成博士后工作站14家，其中国家级2家、省级12家。

是月 市政府出台《建德市贯彻落实国家、省、市稳住经济一揽子政策措施实施方案》，共8个方面56项措施。

7月

1日 童祖恺、童润蕉烈士纪念馆经改造提升后，重新开放。该纪念馆是杭州市爱国主义教育基地、杭州市红色博物馆联盟成员单位、浙江省第二批青少年红色基因传承基地。

3日 钱塘江诗路（富春山水）文化传承生态保护区创建晚会暨第二届中国三江渔火节活动在三都渔村开幕。

5日 建德经济开发区管委会成立。同时经报杭州市委编办同意，成立中共建德经济开发区工作委员会，为市委派出机构，与建德经济开发区管理委员会实行合署办公，建德经济开发区管理委员会加挂建德市航空小镇管理委员会、建德功能性新材料高新技术产业园区管理委员会牌子，下设建德经济开发区（航空）产业促进中心。

8日 在浙江省建设新时代美丽浙江推进大会暨生物多样性保护大会主会场（杭州），建德市第二次获得“大禹鼎”银鼎。

是日 杭州市职工疗休养共富联盟在建德市成立。

9日 第二十届中国·17℃建德新安江文化旅游节在航空小镇开幕，同时举行2022建德原创山水音乐季。

12日 杭州市人大常委会主任李火林到建德市调研农村共富并宣讲省第十五次党代会精神。

是日 建德市政府就全面深化金融业务服务、加强金融合作等工作，与中国农业发展银行浙江省分行签订战略合作协议。

14日 富永伟、王新锋等建德市领导在建德分会场（视频）参加2022年全国医改工作电视电话会议。

17日 “迎亚运”2022中国·建德17℃新安江“夏日冬泳”国际挑战赛开赛，来自全国14个省（市、自治区）共110支代表队近3000名冬泳爱好者参赛。杭州开心冬泳俱乐部获得“夏日冬泳”国际挑战赛团体第一名，杭州泳协、浦江泳协和富阳冬泳协会分别获第二、第三、第四名。该赛事前身为1988年首次举办的新安江耐寒勇士挑战赛，本届为第22届。

是日 建德市第五届残疾人体育运动会在新安江体育馆开幕。本届残疾人体育运动会共设游泳、乒乓球、羽毛球、射击、田径5个大项，全市200余名残疾人参赛。11月19日运动会闭幕。

17—23日 第十届建德“7017”新安江青岛啤酒节在新安江广场举办。

19日 全市第一份通过“交房云办证”App办理的不动产权证，在建德市不动产登记服务中心办结。

20日 四川省乡城县政协主席达尔比带队乡城县创业青年、致富带头人到建德市开展交往交流交融活动。

20—21日 乡城县委副书记、县长尼玛西日率乡城县党政代表团到建德市，考察对接对口支援工作，开展两地文化交流，推介乡城文旅资源和农特产品。王新锋等建德市领导陪同。

21日 建德市残联与浙江中医药大学签订合作协议，并举行职业体验与劳动教育基地签约仪式。

22日 建德市首届保育师职业技能竞赛在新安江举行，全市幼儿园70多名保育师参赛。

25 日 市四套班子领导分组走访慰问驻建德部队官兵、消防指战员和部分退役军人、重点优抚对象。

26 日 建德市国有资产管理服务中心成立，为正科级单位。

28 日 建德市举行退役军人和其他优抚对象优待证首发仪式，为首批优待证申领人代表颁发优待证。退役军人和其他优抚对象可凭优待证，享受中国农业银行建德支行等 6 家拥军单位在信贷支持、理财融资、各类保险以及餐饮等方面提供的崇军优惠活动。

是日 浙江省政府发布《关于禁止在浙江建德抽水蓄能电站工程占地和淹没区新增建设项目和迁入人口的通告》，乌龙山抽水蓄能电站建设正式从规划进入实施阶段。

是日 “百县千碗·建德味道”美食节暨建德农特优新农产品展销活动在杭州市民中心举办。严州干菜鸭、里叶莲子鸡、国太豆腐煲等建德“十大碗”传统美食以及建德苞茶、小香薯、莲子等数十种农特产品受到杭州市民热烈欢迎。

是日 2022 年中国中学生手球锦标赛暨全国青少年手球传统学校锦标赛在建德市严州中学梅城校区体育馆开幕。

是月 梅城镇严州古城步行街入围浙江省第二批高品质步行街建设试点(共 11 条街)。

是月 杭州全球青年人才中心建德分中心在新安化工集团股份有限公司挂牌成立。

8 月

1 日 建德市举办 2022 年大学生创业无偿资助项目评审会，对 13 个项目根据评定分数确定创业无偿资助的金额，以此助力实施“人才强市”战略，鼓励和扶持大学生自主创业。

3 日 建德市 12 家企业产品参展电商中国·2022 年第九届中国(杭州)国际电子商务博览会。

5 日 浙江省农村文化礼堂运动会在建德市钦堂乡葛塘村举行首场活动启动仪式。

6 日 钱塘江诗路游（新安江—严子陵钓台）首航仪式在新安江景区举行，100 多名市民、游客参与体验。

7 日 国家广电总局“献礼二十大”时代报告剧——“我们的新时代”主题电视剧重点剧目《我们这十年·心之所向》，完成在建德市取景拍摄并举行媒体见面会。

8—9 日 国务院参事、中国城市规划设计研究院原院长王静霞到建德市调研指导美丽城镇建设工作，实地考察乾潭镇胥江村杭派民居、寿昌南门广场、新安江水力发电厂等地。

10 日 建德市举办“青雁归巢 遇建未来”2022 建德菁才学子主题活动，并成立建德高校学子联盟，发布“青雁归巢”全周期人才引育体系。

11 日 浙江欧感机械制造有限公司与浙江省计量科学研究院合作的全国首个荷载箱远程智控方舱计量实验室在乾潭镇五金园区挂牌落成。

是日 市水利局向市三江河道清淤采砂有限公司发放全市首本电子采砂许可证，实现采砂许可证办理“无纸化”和“零跑腿”。

是日 建德市新的社会阶层人士联谊会举行第二届一次会员大会，进行换届选举。

是日 省委常委、组织部部长王成到建德市调研乡村振兴和重大项目建设课题。

12 日 中共建德市委第十五届第二次全体(扩大)会议举行，市委书记富永伟做报告，总结上半年主要工作，研究部署下半年重点任务。

18 日 市委、市政府在市文化中心举办 2022 年首期“看现场·问担当”问政活动，就项目推进、清障提速和平安建设等各项工作中进度滞后、力度不大、责任落实不力等问题，对 9 名来自市级部门、乡镇(街道)“一把手”进行面对面“问政”，压实责任担当。

18—19 日 建德市举行“2022‘科创中国’院士专家建德行”活动。12 名中国科学院、中国工程院院士和 3 名浙江省特级专家以及中国科协、浙江省科协领导到建德开展实地考察，为助力建德市绿色高质量发展问诊把脉、建言献策。

19 日 建德市旅游协会成立。梅城镇、寿昌镇、乾潭镇、大同镇、大慈岩镇、三都镇和 93 家旅游企业负责人参加成立大会，市旅游协会与有关乡镇签署旅游共富战略合作协议。

是日 建德市人大常委会举行“一府两院”工

作报告会,听取市政府、市法院、市检察院2022年上半年工作报告。

23日　建德市召开林、河(湖)长制推进会暨第一次市级总林长会议。市委书记、市总林长、总河长富永伟就推动林长制落地落细、强化资源保护监管、构建多彩森林景观、拓宽绿色转化路径等方面作了强调。

是日　建德邮政管理局成立。

是日　省政协副主席陈铁雄一行到建德市钦堂乡葛塘村考察调研。市委副书记、市政协主席俞伟等陪同调研。

26日　杭州市“智汇乡村·助推共富”科技志愿服务2022年启动仪式暨建德站活动在寿昌镇工人文化宫举行。

31日　建德市获评2022年浙江数字乡村“金翼奖”十佳县(市、区)和2022年度浙江省数字乡村建设工作突出贡献集体。

是月　建德市文化综合体项目入围2022WAF(世界建筑节)入场名单。世界建筑节是国际建筑界规模最大、声望最高的颁奖盛典之一,有“建筑界的奥斯卡”之誉称。

是月　建德市获评浙江省婚俗改革实验优秀县(市、区)。

是月　建德市食品药品检验检测中心创建为全市首个杭州市级“无废实验室”。

是月　建德市民政局婚姻登记处通过浙江省婚姻登记机关标准化建设AAAAA级评估验收。

是月　浙江大洋生物科技集团股份有限公司被评为国家专精特新“小巨人”企业。

9月

2日　“诗路钱塘——喜迎二十大·同走共富路”2022年建德音乐会在市文化中心举行。

5—12日　举办建德市第十届戏曲周活动,诸暨越剧团、浙江中月婺剧团、兰溪市李渔戏剧研究院及建德市越剧艺术研究会共演出《兰花赋》《狸猫换太子》《蟾宫折桂》等11个场次。

6日　浙江建德抽水蓄能电站项目获浙江省发改委核准。

是日　江西省浮梁县政协主席陈国清到建德市考察调研通航产业发展情况。市委副书记、市政协主席俞伟等陪同调研。

8日　建德市政府发布《关于促进我市房地产市场平稳健康发展的通知》,从安居补助、企业购房补助、完善金融支持政策等7个方面,给予全市房地产市场消费者以政策扶持。扶持政策生效至2022年12月31日或3000万元扶持额度满即止。

是日　市委、市政府市举行第38个教师节庆祝大会,富永伟、王新锋、俞伟等市领导和北京大学信息技术高等研究院院长蒋云等出席会议。

是日　建德市禁毒工作会议召开,深入学习贯彻落实习近平总书记关于禁毒工作的重要指示精神,认真落实省、杭州市禁毒工作会议精神。

是日　建德市召开打击治理电信网络新型违法犯罪工作会议,深入学习贯彻习近平总书记关于打击治理电信网络诈骗犯罪工作的重要指示精神,研究部署打击治理电信网络诈骗犯罪工作。

15日　乌龙山抽水蓄能电站筹备工程开工仪式在梅城镇举行。

是日　杭州市政协主席马卫光到建德市调研政协工作。市委副书记、市政协主席俞伟等陪同调研。

是日　零时,建德市融媒体中心电视高清播出系统上线试播,实现电视节目高清播出。

16日　市四套班子领导在建德分会场(视频)参加浙江省农业高质量发展大会,听取省委书记袁家军报告,贯彻落实习近平总书记关于粮食安全和农业发展的重要论述精神。

17日　建德市首条定制班线(建德至金华)定制班车开通运行。

19—21日　建德市文旅部门赴广西桂林参加2022中国—东盟博览会旅游展,以展会展览、现场推介、商务洽谈、资料派送等形式推介建德旅游。

20日　建德市委举行以“感恩奋进、实干比拼,在‘两个先行’新征程中绘就‘宜居建德’新图景”为主题的“杭州这十年·建德”主题新闻发布会。市委书记富永伟作主题发布并回答记者提问,市委副书记、市长王新锋回答有关问题。

是日 值“公民道德宣传日”之际，建德市公布2022年建德市“新时代好少年(美德少年)”(10名)及提名奖(10名)入选名单和2022年上半年度“建德好人”(15名)入选名单。

21—22日 中国地震局副局长倪岳伟率国家减灾委第七督查检查组到建德市，督查检查水环境治理、避灾安置场所建设等工作。建德市领导富永伟、陈文岳陪同。

22日 建德市公职律师中心成立，市政府向首批入驻中心的29名公职律师颁发聘书。受聘公职律师进行集体宣誓。

23日 以“稻花香自钦堂来，共富献礼二十大”为主题的杭州·建德第七届“稻舞田间”国际稻香节在钦堂乡农耕文化园开幕。

28日 由浙江省纪委省监委主办、杭州市纪委市监委和建德市委、市政府承办的浙江省失实检举控告澄清正名发布会在梅城镇澄清门前举行。浙江省纪委常务副书记、省监委副主任陈擎苍，浙江省纪委常委、秘书长沈晓红，杭州市委常委、市纪委书记、市监委主任陈一行，富永伟、王新锋、吕平、俞伟等建德市领导出席活动。

30日 值全国第九个烈士纪念日之际，建德市在建德革命烈士纪念碑前举行烈士纪念日公祭活动。市四套班子领导和市法检两长，以及驻建德部队官兵代表、退役军人代表、转业干部和转业士官代表、市关爱退役军人协会代表、少先队员和群众代表等参加公祭活动。市委书记富永伟宣读祭文，市委副书记、市长王新锋主持公祭活动。

是月 建德中医院开通数字人民币支付业务，成为全市首家支持数字人民币支付医疗费用的医疗机构。

是月 新安江街道府前路区块旧城改造工程获评2022年度浙江省风景园林学会优秀园林工程奖(施工类)银奖。

是月 浙江新化化工股份有限公司数字化车间入选2022年浙江省第一批智能工厂(数字化车间)名单。此为该批次建德市唯一入选企业。

是月 位于三都镇前源村八亩丘的民宿“云漫松间”入选浙江省农业农村厅2022年五星级农家乐认定名单。该民宿创办于2018年，共有15间客房，是浙江省民宿等级评选首批获得“白金宿”的民宿之一。

是月 建德豆腐包制作技艺、下梓硬板龙、吴式太极拳、铜制技艺入选第七批杭州市非物质文化遗产代表性项目名录。

是月 2021年浙江省重点工程、位于乾潭镇牌楼村红山塘的500千伏变电站主体工程开工建设。项目总投资约14亿元，计划2024年1月竣工投运。

10月

1日 建德市在府前广场隆重举行国庆升旗暨成人宣誓仪式，庆祝中华人民共和国成立73周年。

是日 双江欢乐世界开园。该项目位于新安江街道双江步行街，占地面积约2公顷，一期约1.47公顷，总投资5000万元。内设摩天轮等游乐项目15个。

10日 《建德市殡葬惠民实施办法》施行，该办法扩大了殡葬惠民的范围，针对浙江省户籍人员等群体实行6项基本殡葬服务免费和11项延伸性服务免费。

是日 建德市公证处进驻市行政服务中心，完成“不动产登记+公证”一件事改革，实现涉公证不动产登记“一窗办、全网办、无纸化”。

是日 建德市妇幼保健院获批母婴保健技术产前筛查项目，并成立建德市产前筛查中心，实现全市产前筛查机构“零”突破。

10—11日 建德市举办2022危化企业应急技能竞赛，6家企业的专职救援队和11家企业的兼职救援队参赛。

12日 浙江省自然资源厅党组书记、厅长陈龙到建德市调研指导工作。

是日 杭州市委副书记、政法委书记金志到建德市调研除险保安、基层治理和社会建设工作。

是日 浙江省档案馆馆长余杰到建德市调研档案工作。

13日 浙江省副省长王文序到建德市调研推进“浙里康养”和残疾人权益保障工作。省政府副秘书长徐晓光，省残联、省民政厅、省市场监管局相关领导以及杭州市委常委、副市长陈瑾，建德市领导富永伟等陪同调研。

15—24日　第132届广交会在线上开幕。建德市组织68家外贸企业积极参加“云”上广交会，展位总数达到108个，参展外贸产品覆盖工具、电子电气、家用纺织品、旅游休闲用品等多个展区。

16日　市四套班子领导在市机关会议中心第五会议厅集体收看中国共产党第二十次全国代表大会开幕会直播。

是日　中央电视台播出《宜居建德 17℃新安江》文旅宣传片，向全国观众展示了下涯湿地、新叶古村、严州古城、新安江水电站、白沙奇雾等特色文旅资源，此为建德市首次在中央电视台推广“17℃建德新安江”文旅品牌。

21日　省委组织部副部长曹锦喜到建德市调研基层党建工作，检查指导现代社区建设、村社干部队伍建设、“共富工坊”建设、党建引领乡村振兴等重点工作。

25日　市委召开领导干部大会，传达学习中共二十大精神，安排部署全市学习宣传贯彻工作。市委书记富永伟传达并讲话。市委副书记、市长王新锋主持，市人大常委会主任吕平，市委副书记、市政协主席俞伟等出席会议。

26—27日　建德市残疾人联合会第七次代表大会在新安江街道召开。市委书记富永伟出席会议并讲话，市领导方飞燕、刘国金、李俊、郑志华、叶强等出席会议。大会选举产生新一届市残联主席团和理事会，副市长李俊当选为市残联主席团主席，傅殿红当选为建德市第七届残联理事会理事长。

27日　建德市粮油产业农民合作经济组织联合会召开成立大会。

28日　杭州市儿童青少年心理健康诊疗中心建德分中心在建德市第四人民医院挂牌成立。

是月　建德市以全省第六、杭州第一的综合成绩被评为浙江省2021年度无违建创先争优示范县(市、区)，严州古城老街区拆改项目获全省十佳拆改示范项目第一名。

是月　新安江街道明珠社区被国家卫生健康委员会和全国老龄工作委员会办公室评为2022年全国示范性老年友好型社区，成为全市获得养老服务国字号招牌的第一个社区。

是月　建德浙西跨境电商产业园入选浙江省级跨境电子商务产业园名单。

11月

1—3日　建德市第49届中小学生田径运动会在新安江中学举办。代表着全市4万多名中小学生的55支代表队、760名运动员，参加5个组别18个田径项目比赛。

1—3日　建德市组团参加在成都举办的“游诗画浙江，蜀浙里好玩”2022浙江(四川)旅游交易会，以展会展览、现场销售、商务洽谈、资料派送等多种形式推介建德文旅产品。

6日　以“17℃润肺跑、爱上宜居建德”为主题的2022建德17℃新安江马拉松在建德新安江畔举行。来自全国32个省(自治区、直辖市)、港澳台地区共302个城市的专业马拉松运动员，以及市民群众，共计近万名选手参加马拉松、半程马拉松和欢乐跑3个项目比赛。云南腾冲运动员杨定宏以2小时12分12秒的成绩获全程马拉松男子组冠军，创建德马拉松历届最好成绩，跑出中国选手36年浙马赛事最好成绩。

13日　建德市在梅城古镇澄清门前举行“爱在一起 缘定建德”大型青年人才集体婚礼，市委书记富永伟为60对新人主婚并致贺词，市委副书记、市长王新锋为其颁发纪念婚书。

16日　建德市政府与中策橡胶集团股份有限公司签署年产100万条机械橡胶履带项目投资协议。

17日　省政协副主席裘东耀到建德市调研文史工作。

18日　坐落在建德高铁新区的杭州星宇炭素环保科技有限公司星宇环保院士工作站揭牌并点火正式投产。

23日　副省长高兴夫到建德市调研共同富裕现代化基本单元建设相关工作。

24日　杭州市人大常委会主任李火林到建德市宣讲中共二十大精神并开展人大工作调研。

28日　建德市天然气有限公司成立运营，全市

“一城一网一企”天然气体制改革进入实质性阶段。

30 日 杭衢铁路新安江特大桥合龙。该大桥全长 1260.9 米，主桥长 480 米，是杭衢铁路全线控制性工程。

是月 横千线千岛湖隧道改扩建工程开工建设。隧道总长度为 845 米，原有宽度为 4 米至 4.5 米，高度为 4.5 米，单向通行。工程对原有隧道进行扩挖加固，将原隧道拓宽至 5.2 米，并增加衬砌、排水及照明系统。

是月 位于建德经济开发区的生物医药研发企业——杭州睿道医药科技有限公司（该公司成立于 2016 年，从事蛋白药物、酶制剂原料的研发和生产）院士工作站被浙江省科技协会认定为浙江省院士工作站，为 2022 年全市唯一获批者。

12 月

2 日 杭州市深化“千万工程”建设新时代美丽乡村现场会在建德市召开。

6 日 上午，中共中央、全国人大常委会、国务院、全国政协、中央军委在北京人民大会堂隆重举行江泽民同志追悼大会，习近平总书记致悼词。建德市四套班子领导及全市党员干部、群众，集中收看实况转播。全市以单位降半旗、鸣放防空警报、车辆按鸣喇叭、船舶拉响汽笛等方式志哀。

是日 建德市举行主题为“弘扬宪法精神 坚持依宪治国”的 2022 年新任命国家工作人员集中宪法法律宣誓仪式。

14 日 建德市青年联合会召开第六届第一次全体会议，选举产生市青联第六届委员会主席、副主席、常务委员，团市委书记孙陆炜当选为市青联第六届委员会主席。

15 日 由浙江省农业技术推广中心和浙江省蔬菜瓜果产业协会联合主办的 2022 浙江精品草莓评选在建德市举行，全省 70 余家草莓种植生产主体选送的 96 个样品参评。评选出金奖 20 个、优质奖 30 个。杨村桥草莓观光休闲种植园选送的“建德白露”、建德明润农业有限公司选送的“粉玉”、杭州沃农现代农业科技有限公司选送的“建德白露”获得金奖。

16 日 建德市在杨村桥镇绪塘村举行全面升级农业标准地建设大会暨第 15 届建德新安江(中国)草莓节开幕式，宣布《关于支持农业标准地建设的十条意见》。

21 日 建德市第二人民医院完成搬迁工作，新院区开始试运行。新院区位于梅城镇梅城大道 120 号，按照二级甲等综合性医院标准建设，设置床位 300 张、地上停车位 300 余个，占地面积 4.2 公顷，总建筑面积 4.56 万平方米，总投资 3.1 亿元，全院有职工 364 人，其中卫生专业技术人员 304 人。

22 日 建德经济开发集团股份有限公司举行揭牌仪式并召开全体干部职工大会。该集团在原高铁投资公司和航空小镇国资板块的基础上组建而成。

29 日 建德 C40+潜水俱乐部酒店项目举行开工奠基仪式。该项目位于洋溪大桥桥头、原天石碳酸钙厂旧址，用地 13645 平方米，建筑面积 11911 平方米，潜水池预计建设深度为 42 米，项目估算投资 1.8 亿元。拟建成高规格全功能潜池+精准专业配套的综合潜水运动基地。

是日 “建德—芜湖”短途运输航班首飞成功，该航班由河北中航通用航空有限公司的塞斯纳 208 执飞，航线单次可乘坐 6 名乘客，每周一、三、日开设 3 个班次，从建德出发到达安徽芜湖，全程耗时 90 分钟。

是月 建德市“建村钉”应用场景获评中国十大社会治理创新案例，并被农业农村部、国家乡村振兴局选为 31 个典型案例之一向全国推介。

是月 省政府表彰全省无偿献血先进集体和先进个人，建德市获“浙江省 2019—2021 年度无偿献血先进县(市、区)”称号。2019—2021 年，建德市共有 14829 人次参与无偿献血，献血量达到 5223.32 升，2021 年人口献血率达到 12.74‰。

是月 建德市浙江大洋生物科技集团股份有限公司被国家知识产权局认定为 2022 年国家知识产权优势企业。全市国家级知识产权企业累计达 5 家，其中示范企业 2 家、优势企业 3 家。

（黄建生）

责任编辑：黄建生

市情概览

Overview of the City

基本地情

【地理位置】建德市地处浙江省西部，钱塘江上游，杭州—黄山黄金旅游线的中段，位于北纬 29°12′20″~29°46′27″、东经 118°53′46″~119°45′51″。东与浦江县接壤，南与兰溪市和龙游县毗邻，西南与衢州市衢江区相交，西北与淳安县为邻，东北与桐庐县交界。东起乾潭镇梓洲村双门灶，西至李家镇石鼓村卢桐源，长 84.38 千米；南起航头镇珏塘村，北至乾潭镇罗村村石豹头扶梯岭，宽 63.04 千米。总面积 2314.42 平方千米，占全省面积的 2.19%。距杭州(高速公路里程)108 千米。市政府驻地新安江街道新安路 1 号。

【建置沿革】建德市境在 1958 年 11 月 21 日前为建德、寿昌两县地。

建德古为越地。秦王嬴政二十五年(前 222)于原吴、越地置会稽郡(郡治在今江苏吴县)，今建德地域大部分属会稽郡富春县，与兰溪市交界的大慈岩镇部分村属会稽郡太末县。西汉因之。东汉时属吴郡富春县。

三国吴黄武四年 (225)，析富春县地置建德县，县城在今建德市梅城镇，建德作为县级行政区划之名自此始；同年，又析富春县地置新昌县，县城在今建德市西南的大同镇劳村村。两县均属吴郡。晋太康元年(280)，新昌县更名寿昌县，寿昌作为县级行政区划之名自此始。自西晋至南朝的宋、齐两代，建德、寿昌仍属吴郡。

南朝时，两县县名均未有变动，但隶属关系则频繁变更。梁普通二年(521)，寿昌县改属新安郡。普通五年(524)，建德县划归东阳郡 (大致相当于今金华市)。

隋开皇九年(589)改郡为州。撤销寿昌县并入新安县(是年由始新县改设而来，属今淳安县)，撤销建德县并入长山县(后改吴宁县，开皇十八年改为金华县)，新安县、长山县属由原新安郡、东阳郡废止后合并新设的婺州。仁寿三年(603)，设睦州，但此时并无建德县和寿昌县建置。终隋一代，今建德市境域无县建置。

唐建立后第四年即唐武德四年(621)，分拆金华县，恢复设置建德县，并在桐庐设严州，建德县属严州。同年，此前隋大业三年(607)已经改为遂安郡的睦州也恢复设立。武德七年(624)严州废止，又将建德县分拆并入桐庐、雉山[隋大业三年(607) 由新安县改名] 2 县，属歙州。武德八年(625)，桐庐、雉山划属睦州。至永淳二年(683)恢复设置建德县，属睦州。六年后即永昌元年(689)恢复设置寿昌县，县治在郭邑里(根据旧志记载，结合地理方位，大致在今寿昌与更楼之间一带)，同属睦州；但于次年又裁撤并入新安县[文明元年(684)由雉山改名]。武周万岁通天二年(697)，睦州州治由新安县移建德县，建德为州治始于此。唐中宗神龙元年(705)，再置寿昌县，县治在白艾里(今寿昌桂花村)，仍属睦州。唐天宝元年(742)至乾元元年(758)，改睦州为新定郡，建德、寿昌两县均属新定郡，故在中国历史上，“新定郡”也为后世严州的别称。乾元元年(758)恢复设置睦州，两县隶属长期稳定；是年，寿昌县治迁至万松山南麓，即今寿昌集镇一带。

北宋宣和三年(1121)，方腊起义失败后，改睦州为严州，辖建德、寿昌等 6 个县。南宋咸淳元年(1265)，升严州为建德府，建德、寿昌两县属之，建德为府治。

元至元十四年(1277)改建德府为建德路,路治在今建德梅城,仍辖管建德、寿昌等6县。至正十八年(1358),朱元璋部将邓愈、李文忠攻取建德路,改为建安府。明朝建立后,洪武八年(1375)又改为严州府,建德、寿昌等六县属之,府治建德。清代仍沿明制。建德、寿昌两县一直属严州府管辖。

清宣统三年(1911)十月,废旧府制,设立严州军政分府,建德、寿昌两县属之,严州军政分府府治设在建德。

1912年10月,严州军政分府废。1914年,建德、寿昌两县属金华道。1927年,废道制,两县直属浙江省。1931年,设立第六行政督察区,两县属之。1933年10月6日,专员办事处设在建德县。1935年9月,在兰溪设立第四行政督察区,建德县属之;在衢县设立第五行政督察区,寿昌县属之。1943年9月,增设第十一行政督察区,两县属之。专员公署始设淳安,后移建德。1947年5月,撤销第十一行政督察区,两县直属浙江省。1948年4月,两县又属第四行政督察区。

1949年5月5日,建德、寿昌两县解放。同月设立第四专区,稍后改建德专区,两县属之,专署设于梅城,辖建德、寿昌、淳安、遂安、桐庐、分水(原严州府六县)。1950年3月22日,建德专区撤销,建德、寿昌、淳安、遂安4个县改属金华专区,桐庐、分水两县改属临安专区。1955年3月31日,恢复设立建德专区,专署仍在梅城,辖县除原严州府6个县外,增加富阳、新登、於潜、昌化、开化5个县(原属衢州专区,该专区及专署于同年3月被撤销,开化划属建德专区,其余辖县划属金华专区管辖),共11个县。1957年,临安、余杭两县亦划属建德专区。同年1月8日,为适应新安江水电站建设工程需要,经建德地委批准,设立"相当县一级"的新安江区(范围大致相当于今新安江街道),直属于建德专署管辖。至1958年3月31日撤销并改置为属建德县管辖的新安江镇。1958年11月,浙江省开展县级行政区划撤并,寿昌县并入建德县(11月21日),遂安县并入淳安,新登、分水两县并入桐庐县,於潜县并入昌化,余杭县并入临安县,富阳县改属杭州市。建德专区辖建德、淳安、桐庐、临安、昌化、开化6个县。1959年4月,建德专区撤销,建德、开化、淳安、桐庐改属金华专区,昌化、临安两县改属嘉兴专区。1963年5月16日,建德、淳安、桐庐划属杭州市至今。

1992年4月1日,建德撤县设市,市治新安江镇(今新安江街道)。

2021年末,建德市辖3个街道、12个镇、1个乡;229个建制村、27个社区。

【市名由来】建德之名因封建德侯而来。《三国志·吴书·孙韶传》载:"孙韶,字公礼……权为吴王,迁扬威将军,封建德侯。"据《三国志·魏书·文帝纪》载,孙权被封为吴王是在魏文帝曹丕黄初二年(221),由此知孙韶封建德侯在221年或其后不久。黄武四年(225),孙权从其故乡富春县划出属地建置多个新的县,其中之一作为孙韶的"食邑"(封地),并以孙韶的侯名为县名,称"建德县"。同年分设新昌县(晋太康元年即280年更名寿昌县)。故此,建德之名因封建德侯而来,取"建功立德"之义。

【自然环境】市境地处浙西丘陵山地和金衢盆地毗连处,地表以分割破碎的低山丘陵为特色,大部分地区地质构造属钱塘江凹槽带,山岭属天目山、千里岗和龙门山系。千米以上主峰有12座,主要分布在境域西北和东南;境西南李家镇与淳安县、衢江区交界处的千里岗山脉三井尖主峰1280.5米(三界共有),李家镇境内卢桐源尖1226.6米(注:全市长期使用山羊坞尖1157.8米,现依最新数据)为全市最高峰。山脉大致呈北东向西南走向。整个地势为西北和东南两边高、中间低,自西南向东北倾斜。水系由周边向中间汇集,主要河流由西南流向东北,与山脉走向基本一致。

境域水系属钱塘江流域,有新安江及其支流寿昌江和兰江、富春江4条较大河流及38条中小溪流。新安江在市境西部的芹坑埠入境,由西向东流经新安江城区、洋溪、下涯、杨村桥,在梅城与兰江汇合后流入富春江;境内全长41.4千米,流域面积 1291.44 平方千米(根据 2015 年地理国情普查的数据,从新安江水库大坝起,至梅城新安江、兰江、富春江汇合处,总长 41.85 千米)。兰江在大洋镇三河入境,自南而北流经大洋镇三河、麻车、大洋、梅城镇洋尾,于梅城东关汇入富春江;境内长 26.16 千米(此为 2015 年地理国情普查的新数据,之前长期使用 23.5 千米),流域面积 419.38 平方千米。富春江由西南流向东北,经乌石滩、七里泷,于冷水滩流入桐庐县;境内长 19.3 千米,流域面积 615.75 平方千米。寿昌江是新安江的一级支流,发源于李家镇石鼓存大坑源,主流长 65.8 千米,流域面积 692.3 平方千米;河道曲折,集流时间短,河床宽浅,总落差 428 米,比降大,流速快,暴涨暴落,易造成洪涝灾害。

境域山地和丘陵占全市总面积的 88.6%。北部和西部山岭由古生代到新生代的砂岩、石灰岩和页岩等组成,侵蚀明显,切割较深,山势陡峻,相对高差达 400 米~600 米,坡度常为 30°~40°。南部为 200 米以下的丘陵,地势平缓,坡形浑圆,坡度一般在 15°以下,谷地也较开阔,近年成为浙江省坡地综合开发利用试点地。海拔 50 米以下的平原 215 平方千米,占全市总面积的 9.4%。河谷平原主要分布在新安江、寿昌江及兰江两岸,土地肥沃,排灌条件良好,是建德市的主要农耕地带,也是商品畜禽的重要产区。

【资源状况】根据《建德市第三次全国国土调查公报》确认,至 2019 年 12 月 31 日调查标准时间点时,境域国土资源情况如下:

耕地,总面积 18843.65 公顷。其中,水田 14789.15 公顷,占 78.48%;旱地 4054.5 公顷,占 21.52%。位于 15°以下(含 15°)坡度的耕地 15528.7 公顷,占耕地 82.41%。

园地,总面积 12338.02 公顷。其中,果园 6739.57 公顷,占 54.63%;茶园 2617.29 公顷,占 21.21%;其他园地 2981.16 公顷,占 24.16%。

林地,总面积 173264.82 公顷。其中,乔木林地 146407.26 公顷,占 84.50%;竹林地 12952.72 公顷,占 7.48%;灌木林地 5216.06 公顷,占 3.01%;其他林地 8688.78 公顷,占 5.01%。

草地,总面积 632.32 公顷。全市无天然牧草地和人工牧草地,全部为其他草地。

湿地,总面积 17.86 公顷。全部为内陆滩涂。

城镇村及工矿用地,总面积 12343.47 公顷。其中城市用地 1452.54 公顷,占 11.77%;建制镇用地 1716.99 公顷,占 13.91%;村庄用地 8458.68 公顷,占 68.53%;采矿用地 498.87 公顷,占 4.04%;风景名胜及特殊用地 216.39 公顷,占 1.75%。

交通运输用地,总面积 3744.09 公顷。其中,铁路用地 226.24 公顷,占 6.04%;公路用地 2091.62 公顷,占 55.86%;农村道路 1330.01 公顷,占 35.52%;机场用地 62.36 公顷,占 1.67%;港口码头用地 33.86 公顷,占 0.91%。

水域及水利设施用地,总面积 8560.25 公顷。其中,河流水面 5619.82 公顷,占 65.65%;水库水面 1259.24 公顷,占 14.71%;坑塘水面 1431.49 公顷,占 16.72%;沟渠 45.26 公顷,占 0.53%;水工建筑用地 204.44 公顷,占 2.39%。

全市国土绿化面积 18.91 万公顷,绿化率 81.73%。全市森林覆盖率为 76.34%。

境内生物资源丰富。2019 年,据查明,有森林树种 700 余种、药用植物 700 多种、动物 140 多种,其中有 44 种动植物资源属国家重点保护对象。初步探明的金属、非金属矿有 27 种,矿点 63 个,主要矿藏有石灰岩、白云石、大理石、花岗岩、石煤、铜、铁、铀等,其中石灰岩储量最大,出露面积约 85 平方千米,估计储量 143 亿吨。

建德气候温暖湿润,适宜农作物生长,是联合国粮农组织协助建立的全国 10 个林业技术推广中心县之一。2019 年立木蓄积量 1017.17 万立方米。2019 年成为全国首批、全省首个国家有机食品生产基地建设示范试点县(市)和全省首批农业绿色发展先行县(市)。主要经济作物有茶叶、蚕桑、柑橘、蜜梨、里叶白莲、新安江牌草莓、板栗、西红花等。其中茶叶自 20 世纪 80 年代开始即为全国重点生产县之一,所产名茶有“新安江”牌千岛银珍茶(针式绿茶)、建德苞茶(“建德苞茶”获评全国首个茶叶类国家气候标志——气候品质农产品称号，是国家地理标志保护产品，获中国历史文化名茶、中国国际茶叶博览会品鉴用茶、中华茶艺技能大赛比赛用茶、中国国际茶叶博览会金奖和浙江省、杭州市一类名茶等荣誉)；杨村桥草莓品质优良，是“中国草莓之乡”；柑橘、板栗、蚕桑是浙江省重点产区；里叶白莲洁白如玉，质地优良，为浙江省名土特产；原产严州白梨晶莹如雪，肉质细嫩，南宋时即为皇家贡品，今经过嫁接改造为蜜梨后，产量更高，口感更好，曾多次获得省级优质水果评比金奖，成为建德市大宗水果。三都镇松口一带生产的柑橘，品质优异，近年以有机水果作为品牌，亦多次获得浙江省优质水果评比大奖。三都镇所产西红花，质量上乘，是全国重要西红花产地之一。

境内水系发达，河网密布，水资源、水力资源较丰富，水资源总量 18.58 亿立方米，水能蕴藏量 6.81 万千瓦。水质极佳的淡水资源，又为大水面网箱养鱼奠定了基础，一度成为中国南方少数几个名贵冷水鱼养殖基地。2005 年以后，为了保护新安江水源，开展网箱养鱼清退工作，新安江城区上游水域实现网箱养鱼“零养殖”。

建德山川毓秀，境贯“两江一湖”(富春江、新安江、千岛湖)，旅游资源丰富，是国家首批公布的 44 个重点风景名胜区之一。新安江水电站的建成，使新安江城形成了冬暖夏凉的独特小气候，为江南难得的旅游休养胜地，2018 年建德市获评中国首个“气候宜居城市”，也是全国首批获得“国家气候标志”的城市之一。

【气候】建德市属中亚热带北缘季风气候区，气候温暖湿润，四季分明。以气温划分，春秋短，夏冬长。年平均气温 16.7℃，年总积温平均 6115℃，有利于农作物栽培。年平均降水量 1600 毫米，年平均雨日 164 天；降水主要分布在 3—9 月，因汛期集中降水及台风影响，易造成洪涝灾害。年总日照时数 1757 小时，为杭州地区第二少区域，为浙江省偏少地区之一。年平均有霜期 104 天，无霜期 261 天；12 月至次年 1 月，一般会出现降雪。常年多东北风。

(黄建生)

历史人文

【浙江人类源头——建德人】建德有多处古人类活动遗址。20 世纪 30 年代以后，在市境大同、乾潭等地陆续发现新石器时期遗址多处，经考古鉴定判断，均为新石器时期古人聚居点，有渔猎、农业、畜牧、蚕桑等活动迹象。

现李家镇新桥村村后山坡上，有一天然岩洞，深 7 米多、高 2 米多、宽 4 米多，当地人称之为乌龟洞。1974 年冬，当地农民在开展“夺煤大会战”探查石煤的时候，在该洞中发掘出一批不知名动物化石。中国科学院古脊椎动物与古人类研究所和浙江省博物馆派出专家到该洞进行考古发掘，发现大熊猫、东方剑齿象、中国犀牛等一批哺乳动物化石，其中有 1 颗人类牙齿化石，此为浙江省内第一次发现的远古人类犬齿化石。经科研院所以碳系法测定，这枚人牙化石属于人类右上犬齿，主人年龄约为 30 岁，鉴定距今为 5 万多年。科学家们将其命名为“建德人”。1986 年，北京大学考古系年代测定实验室利用铀系法再次对该人牙进行测定，确定该人牙距今已有 10 万年左右，大体相当于更新世晚期的后一阶段，将其历史再往前远推 5 万年左右。

“建德人”之发现揭开了浙江省境内发现古人类化石之序幕，增加了智人化石在中国分布的新知识，为浙江史前文化提供有力证据，为良渚文化、河姆渡文化、跨湖桥文化乃至反山文化找到历史先导，从而使建德成为迄今为止可考的浙江省人类活动最早源头。2006 年 1 月，时任浙江省委书记的习近平，在总结阐述“与时俱进的浙江精神”时，曾指出：远在数万年前，浙江大地就已出现了“建德人”的足迹。有学者认为，“建德人”就是浙江原始民族——越族的祖先。1989 年，乌龟洞被列为浙江省文物保护单位，为研究浙江的远古文化提供了一个场地。2013 年 3 月，被国务院认定为国家级重点文物保护单位，2018 年在乌龟洞下方建设“建德人遗址”展馆，对遗址实行封闭管理。

【与伍子胥有关的乡土文化】伍子胥是春秋时期楚国人，因父兄被楚平王冤杀，避难出逃，辗转数国，最后投奔吴国。传说伍子胥在逃难经过“楚头吴尾”的建德境地时，在桐庐与建德交界的分水岭上拔剑起舞，仰天长歌，庆幸自己终于逃脱樊笼，并在一位长者的指引下，进入一个大山洞苦读天书3个月。后下山到位于一处大田畈的村中察访民情，随农夫耕作，最后离开这里投奔吴国。

虽经史学家考证，伍子胥逃难经过建德的可能性值得商榷(学者倾向于伍子胥投奔吴国后，曾从钱塘江下游上溯至今乾潭境内屯兵短时)，但如今，却在建德北部的乾潭一带，留下了大量与伍子胥相关的地方文化因子：伍子胥经过的地方，其地名都带有一个“胥”字：他进入建德之高岭称“胥岭”，拔剑歌舞之处为“歌舞岭”，读天书之石洞为“胥岭洞”，胥岭洞旁建有英烈王庙和胥乐亭，老农在尚未到午时吃饭时间就请他吃午饭，此地就称作“早午岭”；他学习农田耕作之大田畈，名“胥村”(又称“大畈村”)；从胥岭流下汇入七里泷(富春江建德段)之溪流叫“胥溪”，汇合处村落叫“胥口”，等等。旧时从胥岭到胥口，沿途有子胥庙(祠)12座，香火鼎盛，历代不衰。

伍子胥于吴国有大功，却被逼冤死。人们痛恨害人的奸贼伯嚭，就将“伯嚭”作为坏人代名词。建德方言中，把为人不厚道、言过其实之人称为“白屁”(伯嚭)，此为建德特有的语言现象，透出建德人爱憎分明与正直的民风。胥口和对岸的江南村被冠以“胥溪野渡”景名，开发成旅游景点，并在胥口山坡上重建英烈庙1座。

【入选小学教材的《宿建德江》】唐代诗人孟浩然代表作之一《宿建德江》：移舟泊烟渚，日暮客愁新。野旷天低树，江清月近人。此诗刻画秋江暮色、抒写羁旅之思，向来脍炙人口，为唐人五绝中写景名篇。所描述者正是建德境内新安江—富春江衔接处(经有关专家考证推测，大致位于旧时建德县城梅城外东面、今三都镇春江源村下二都一带，已淹没于富春江水库中)两岸的风景。此诗被编入人民教育出版社小学语文教材，“建德”之名，因而被广泛流传。

【唐末诗人李频】李频，字德新，今建德市李家镇人，约生于唐元和十三年(818)，卒于唐乾符三年(876)。他是唐末知名诗人之一，《全唐诗》载李诗208首。宋严羽《沧浪诗话》评李诗“清新警拔，清逸精深”。

李频是唯一在唐代正史《新唐书》中立传的建德人。李频有吏才，执法严，被荐举担任侍御史和都官员外郎，行监察官员之职。但面对混乱的朝政，李频觉得在朝中难有作为，即主动要求外放，以便能在地方上干些实事。唐乾符二年(875)出任建州(即后世之建州府、建宁府，其州治在今福建建瓯市)刺史。到任后，他立即颁布法律条文，整顿吏治，稳定社会秩序，减轻人员负担，深受人民爱戴，次年病逝任上。建州百姓感激其恩情，在城东梨山建庙祭祀，以表崇敬和纪念。家乡为其修建之庙亦称梨岳庙，所建之亭名梨岳亭。

【范仲淹与《严先生祠堂记》】以“先天下之忧而忧，后天下之乐而乐”治世理念名扬千古的宋代文学家、政治家、军事家范仲淹，北宋景祐元年(1034)在右司谏任上，因反对仁宗废郭皇后，被贬为睦州知州。范仲淹到睦州后，兴办学校，除了官学以外，还对原有各类民间书院进行整顿、整合，对睦州官办书院——龙山书院进行完善，为后世官办书院创造了典范；兴建纪念汉代先贤严光的祠堂，并写下《严先生祠堂记》一文。该文和《岳阳楼记》被收进《古文观止》中，流传极广，文末的“云山苍苍，江水泱泱；先生之风，山高水长”成为千百年来脍炙人口的名句。

范仲淹守睦州不过半年(朝廷任命权限100天，实际滞留约半年)，却留下了深远的影响，他的执政理念、崇高品行，都为后人树立了典范。其事迹被后人一再提起，为了纪念他，官方与民间在州城陆续建造过思范亭、思范堂、后乐堂、潇洒亭、潇洒楼、范公祠、思范坊等建筑。2021年，在严州古城东门内侧，依照宋代风格，恢复重建龙山书院等建筑。

【陆游与严州刻书业】严州是宋代图书刊刻重要基地，严州刻本以“墨黑如漆，字大如钱，校雠精良”闻名于世，国家图书馆至今存留的28种严州刻本，均为国家级宝物。南宋伟大的爱国主义诗人陆游，一生留下9000多首诗，是中国古代传诗最多的诗人。南宋淳熙十三年(1186)，陆游出任严州守臣。因严州刻书条件良好，陆游在勤勉公务之余，对其作品进行严格筛选审定后首次刊刻成书，名《新刊剑南诗稿》；40年后，其幼子陆子遹来任严州知州，将所余部分诗作加上新收集的诗作，合辑刊刻成书，名《剑南诗稿续编》。两书统称《剑南诗稿》(共2524首)。

【章燮与《唐诗三百首》】《唐诗三百首》于清乾隆二十八年(1763)开始编纂，次年成书，编纂者孙洙。该书体例完备，繁简得当，为同类选本中较好者。因缺乏必要的文字介绍，读者尤其是初学者颇感不便，影响了流传。道光十四年(1834)，经章燮(今建德大洋镇建南村人)对之详加注释、编撰后，首次刊印了《唐诗三百首注疏》，并在日后多次被翻印，深受读者欢迎，使《唐诗三百首》进一步得到流传，成为家喻户晓的普及读本，以致有“熟读唐诗三百首，不会吟诗也会吟”的民谚出现。

【蒲松龄《聊斋志异》首个刻本】清康熙十八年(1679)蒲松龄《聊斋志异》初步完成创作后，由于文笔美、构思妙，深受时人欢迎，文坛领袖王士禛也为其写诗赞誉，但因蒲松龄经济穷困无力将其付梓，直至康熙五十四年(1715)去世，仍未能将手稿刊刻成书发行于世，因此手抄本在民间大行其道。乾隆三十年(1765)，蒲松龄老乡、严州知府赵起杲，在广泛收集、核校各类手抄本的基础上，捐出俸禄并发动亲友筹资，刊刻《聊斋志异》。前12卷刻成后，赵起杲突然病故；其亲友继承其遗志，通力协作，于次年(1766)将其余4卷刻成，形成16卷之完整刻本。此为《聊斋志异》第一个刻本，此后该书广为流传。因严州府衙后官员休憩的小院中有一亭子，名“青柯亭”，故该版本称为“青柯亭本”，日本学术界称《聊斋志异》学术研究为“青学”，与研究《红楼梦》的“红学”比肩。

【浙江名酒严东关五加皮酒】严州名山乌龙山多泉水，甘甜清冽，适宜酿酒。故严州自唐宋以来一直是著名酒乡。清同治年间(1862—1874)徽商朱仰懋在严州城外严东关，开设以五加皮等十余种药材及优质大米为原料的严州传统酒作坊。经博采众家之长，对酿酒工艺进行提升改造，所产五加皮酒酒色橙红亮透，酒味甘醇，落杯有“酒脂”粘碗(也称“挂杯”)，有活血、祛风湿、强筋壮骨功效。“致中和”招牌源自《中庸》“致中和，天地位焉，万物育焉”，文化内涵丰富。此酒一经推出，即大受欢迎，并迅速远销至广东和东南亚各国。光绪二年(1876)在新加坡南洋商品赛会获金质奖章，1915年在旧金山巴拿马太平洋万国博览会获银质奖章。从此，严东关“致中和五加皮酒”从严州走向世界，成为与绍兴老酒(黄酒)齐名的两大浙江名酒之一。

(黄建生)

人　口

【总人口】2022年，建德市辖3个街道、12个镇、1个乡，共有229个建制村、27个社区，另保留设置实施户籍管理功能的居民区15个。年末全市总户数178431户，比上年增加690户；总人口505478人，减少2032人，下降0.4%；平均每户3人。全年出生人口3043人，减少450人，出生率6.01‰，下降0.87个千分点。全市死亡人口4149人，增加118人，死亡率8.19‰，上升0.25个千分点。自然减少1106人，人口自然增长率-1.82‰，下降0.76个千分点。

【人口结构】总人口中，男性255455人，占总人口的50.5%；女性250023人，占49.5%。男、女性别比为102.17:100(女=100)，比上年下降0.14。

【年龄分布】全市15岁以下(含未满15周岁)64020人，比上年末减少1067人，下降1.6%；16~59岁(含未满60周岁)301532人，减少8065人，下降2.6%；60周岁及以上139926人，增加7100人，增长5.3%；65周岁及以上102218人，增加5472人，增长5.7%。

【人口迁移】2022年，全市迁移人口3825人。其中，迁入人口1452人(其中省外迁入994人)，比上年减少405人，下降21.8%；迁出人口2373人(其中迁往省外374人)，减少1325人，下降35.8%。

【人口分布】新安江、洋溪、更楼3个街道总人口124616人，占总人口的24.65%，比上年提高0.28个百分点。西部地区(指寿昌镇及以西乡镇，包括寿昌镇、大慈岩镇、航头镇、大同镇、李家镇)总人口173127人，占总人口的34.25%，比上年下降

2022年建德市建制村、社区一览表

表5

乡镇（街道）名	建制村	社区
新安江街道	新蓬、黄泥墩、梅坪、丰产	罗桐、沧滩、府西、新安、府东、健安、明珠、叶家、白沙、溪头、岭后
更楼街道	洪宅、邓家、桥岭、石岭、于合、许乐、岩源、后塘、湖岑畈、骆村、新市、黄岙、甘溪、张家	更楼、更化
洋溪街道	友谊、团结	洋溪、洋安、青龙头、朱池
梅城镇	龙泉、千鹤、龙溪、滨江、利群、洋程、望山、姜山、南峰、伊村、西湖、葛家、顾家	东湖、宝华洲、总府、严陵、梅花
寿昌镇	十八桥、卜家蓬、红路、余洪、周村、西华、童家、绿荷塘、桂花、山峰、陈家、金桥、大塘边、永嘉桥、南浦、西门、乌石、东门、城北、城中、河南里、石泉、三岩	横山、西湖、东昌、望江
大同镇	高桥、胡村源、淞溪、富塘、清潭、城山、儒博、小溪源、禹甸、葛岭、寻芳、潘村、黄垒、黄山头、黄家、田畈、管村桥、永平、永盛、徐韩、大同、溪口、盘山、镇源、朝阳、万兴、上马、郎家、三村、劳村、枫树岭、丰畈、江头、竹源	—
乾潭镇	姚村、沛市、安仁、下梓、前陵、王岩、梓洲、牌楼、下包、邵家、罗村、胥江、骑龙、方家、后山、施家、仇村、新程、万龙、大畈、乾潭、乾一、陵上、幸福	马鞍岭
三都镇	寿峰、洋峨、绿源、前源、圣江、樟村畈、新和、和村、镇头、梓里、乌祥、凤凰、大唐、东方、马宅、三江口、松口、春江源、三都	—
杨村桥镇	梓源、杨村桥、龙溪桥、上山、岭源、长宁、龙源、绪塘、官路、十里埠、徐坑、路边、黄盛	—
下涯镇	大洲、金洲、春秋、下涯、乌driving市、之江、江湾、联和、马目、丰和、施家埠	—
大慈岩镇	新叶、李村、汪山、三元、檀村、大慈岩、上吴方、双泉、狮山、陈店、里叶、吴山	—
航头镇	东村、航景、黄木岗、溪沿、航川、航头、乌龙、千源、田畈村、彭家、罗源、曹源、南屏、灵栖、石屏、珏塘、石木岭、大店口	—
大洋镇	河源、三河、倪家、江东、建南、麻车、柳村、青源、上源、新源、大洋、高垣、里黄、徐店、胡店、庆丰、鲁塘、贺宅、杨桥	—
莲花镇	莲花、戴家、昴畈、林茶、齐平、徐家	—
李家镇	李家、龙桥、沙墩头、新桥、诸家、三溪、白马、石鼓、长林、新联	—
钦堂乡	大溪边、蒲田、钦堂、谢田、庄丰、庙前、葛塘	—
合计	229个	27个

0.14 个百分点。东部地区(指莲花镇、下涯镇、杨村桥镇、梅城镇、大洋镇、三都镇、乾潭镇、钦堂乡)总人口 207735 人,占总人口的 41.10%,比上年下降 0.14 个百分点。 (李 剑)

国民经济和社会发展

【地区生产总值】根据国家统一初步核算,2022 年,全市实现生产总值(GDP)433.54 亿元,按可比价格计算,比上年增长 1.3%。其中,第一产业增加值 40.92 亿元,增长 3.6%;第二产业增加值 219.60 亿元,增长 1.2%;第三产业增加值 173.02 亿元,增长 0.9%。三次产业结构为 9.4:50.7:39.9。按两年平均常住人口计算,人均地区生产总值为 97425 元,比上年增长 1.0%。经最终核实确定,2021 年,全市生产总值为 424.52 亿元,按可比价格计算,比上年增长 7.1%,三次产业增加值结构为 9.1:51.53:9.4。

【财政收入】全市财政总收入 80.53 亿元,比上年增长 20.9%;一般公共预算收入剔除矿业权收益 10.85 亿元一次性因素,为 41.17 亿元,比上年增长 6.9%,加上矿业权收益为 52.02 亿元,增长 35.1%。税收收入 33.34 亿元,下降 3.1%,占地方财政一般预算收入的 64.1%。税收收入中,国内增值税 10.65 亿元,下降 19.4%;企业所得税 9.73 亿元,增长 16.3%;个人所得税 1.95 亿元,增长 33.9%;土地增值税 1.95 亿元,下降 25.8%。全年一般公共预算支出 78.55 亿元,增长 23.4%,其中用于民生的支出 60.99 亿元,增长 26.8%,占一般公共预算支出的比例为 77.6%。 (陈丽云)

【人民生活水准】2022 年城镇居民人均可支配收入 62049 元,比上年增长 3.1%。(以下数据均为人均数)其中工资性收入 25492 元,增长 5.2%,占城镇居民人均可支配收入的 41.1%;经营净收入 4175 元,增长 8.8%;财产净收入 6454 元,下降 22.8%;转移净收入 25928 元,增长 9.1%。城镇居民人均消费支出为 43834 元,增长 3.5%。其中,食品消费支出 11120 元,恩格尔系数为 25.4%;衣着支出 2303 元,下降 10.8%;居住支出 12848 元,增长 82.8%;生活用品及服务支出 2849 元,与上年基本持平;交通通信支出 6241 元,增长 60.3%;教育文化娱乐服务支出 2940 元,下降 37.7%;医疗保健支出 4907 元,下降 44.9%;其他用品和服务支出 627 元,下降 58.2%。

农村居民年人均可支配收入 35869 元,比上年增长 6.1%。其中从各类企业、集体组织和其他单位得到的劳动报酬收入为 22517 元,增长 8.2%,占农村居民人均可支配收入的 62.8%;家庭经营净收入为 8888 元,增长 3.2%;人均财产净收入为 445 元,增长 2.9%;转移净收入为 4019 元,增长 1.5%。农村居民人均生活消费支出为 21718 元,增长 6.2%。其中:食品消费支出 6583 元,增长 8.7%,恩格尔系数为 30.3%;衣着消费支出 1132 元,与上年基本持平;居住支出 6792 元,增长 69.5%;生活用品及服务支出 1048 元,下降 21.3%;交通通信支出 2500 元,下降 9.2%;教育文化娱乐服务消费支出 2677 元,增长 99.9%;医疗保健支出 830 元,下降 76.3%;其他用品和服务消费支出 155 元,下降 32.6%。 (项 熔)

【规模以上工业】全市规模以上工业企业 399 家,规模以上工业总产值 687.79 亿元,比上年增长 5.1%。实现工业销售产值 682.75 亿元,增长 5.7%;实现工业增加值 159.1 亿元,增长 3.3%。实现新产品产值 264.55 亿元,增长 0.2%,新产品产值率 38.5%。规模以上高新技术产业增加值 72.93 亿元,增长 1.6%;战略性新兴产业增加值 25.78 亿元,下降 5.3%;装备制造业增加值 20.01 亿元,增长 6.5%。

【农林牧渔业】农林牧渔业总产值 65.04 亿元,增长 4.6%。其中:种植业产值 40.36 亿元,增长 1.4%;林业产值 3.89 亿元,增长 6.2%;牧业产值 16.04 亿元,增长 18.3%;渔业产值 2.40 亿元,增长 0.2%。全市农林牧渔业增加值 41.82 亿元,按可比价格计算,比上年增长 3.7%。

【对外贸易】全市货物进出口总额 95.91 亿元，比上年下降 3.4%。其中：进口额 6.24 亿元，下降 51.0%；出口额 89.66 亿元，增长 3.6%。出口份额占全国的 0.37‰。服务贸易出口额 1.07 亿美元，下降 23.6%。跨境电商进出口总额 4.52 亿美元，增长 11.4%，其中跨境电商出口额 4.28 亿美元，增长 14.2%；进口额 0.24 亿美元，下降 22.1%。

【教育事业】全市共有幼儿园 40 所，在园幼儿 13539 人，比上年下降 0.9%。共有小学 31 所，在校学生 23765 人，增长 2.7%，学龄儿童毛入学率 100%。中学 23 所，其中：初中 17 所、普通高中（含民办）6 所；在校学生数 17538 人，其中初中 10329 人、普通高中 7209 人。初中升高中段比例 99.8%。中等职业教育学校 1 所，在校学生 1603 人。全市有专任教师 4480 人，其中幼儿园专任教师 1161 人、小学专任教师 1389 人、初中专任教师 983 人、普通高中专任教师 814 人、职高专任教师 116 人、特殊教育学校专任教师 17 人。

【卫生事业】年末全市共有各级各类医疗卫生机构 406 个，其中医院 13 个，基层医疗卫生机构 262 个，个体卫生机构 111 个，其他卫生机构 20 个。全市各类医疗卫生机构实有床位 2912 张，其

2022 年建德市国民经济主要指标情况表

表 6

指标		单位	2022 年	
			总量	增长±%
人口	年末户籍人口数	万人	50.55	-0.4
	年均户籍人口数	万人	50.65	-0.4
	年末常住人口数	万人	44.60	0.5
综合	地区生产总值（GDP）	亿元	433.54	1.3
	其中：第一产业	亿元	40.92	3.6
	第二产业	亿元	219.60	1.2
	第三产业	亿元	173.02	0.9
	人均生产总值（GDP/年均户籍人口）	元	85596	1.7
“1+6”产业	数字经济核心产业增加值	亿元	16.11	18.2
	文化产业增加值	亿元	6.66	0.4
	金融产业增加值	亿元	31.05	8.5
	旅游休闲产业增加值	亿元	尚未核定	
	健康产业增加值	亿元	17.85	10.2
	时尚（制造业）产业增加值	亿元	20.17	2.4
	高端装备（制造业）产业增加值	亿元	11.76	-5.6
农业	农业总产值	亿元	65.04	4.6
	农业增加值	亿元	41.82	3.7
工业	规模以上工业总产值	亿元	687.79	5.1
	其中：新产品产值	亿元	264.55	0.0
	规模以上工业销售产值	亿元	682.75	5.7
	规模以上工业企业数(±%为绝对额）	家	399	20
	规模以上工业增加值	亿元	159.10	3.3

续表 6

指标		单位	2022年	
			总量	增长±%
工业	其中：战略性新兴产业增加值	亿元	25.78	-5.3
	高新技术产业增加值	亿元	72.93	1.6
	装备制造业增加值	亿元	20.01	6.5
	规模以上工业利税	亿元	95.26	14.9
	其中：利润总额	亿元	75.28	15.2
财政	财政总收入	亿元	80.53	20.9
	其中：地方财政收入	亿元	52.02	35.1
	一般公共预算支出	亿元	78.55	23.4
金融	金融机构存款余额	亿元	779.39	9.2
	其中：个人存款	亿元	459.47	18.9
	金融机构贷款余额	亿元	816.95	19.4
固定资产投资、房地产	固定资产投资	亿元	—	-17.7
	其中：工业投资	亿元	—	-19.1
	交通运输业投资	亿元	—	-59.2
	生态环保、城市更新和水利设施投资	亿元	—	-38.1
	高新技术产业投资	亿元	—	2.6
	民间项目投资	亿元	—	-11.8
	其中：第一产业	亿元	—	-67.3
	第二产业	亿元	—	-19.1
	第三产业	亿元	—	-13.8
	房地产投资	亿元	—	-9.6
	房地产开发住宅施工面积	万平方米	232.85	-16.2
	房地产开发住宅竣工面积	万平方米	16.64	-72.8
	商品房销售面积	万平方米	19.27	-58.4
	商品房销售额	亿元	21.37	-64.1
贸易	社会消费品零售总额	亿元	129.00	2.3
	网络零售额	亿元	194.88	-21.2
	货物进出口总额	亿元	95.91	-3.4
	货物出口总额	亿元	89.66	3.6
	服务贸易出口额	亿美元	1.07	-23.6
居民收入	城镇居民人均可支配收入	元	62049	3.1
	农村居民人均可支配收入	元	35869	6.1
	低收入农户人均纯收入	元	19573	15.1
社会用电	全社会用电量	亿千瓦时	44.00	3.1
	其中：第一产业	亿千瓦时	0.59	53.3
	第二产业	亿千瓦时	32.13	-2.1
	其中：工业	亿千瓦时	31.39	-2.3
	第三产业	亿千瓦时	5.69	14.2
	城乡居民用电	亿千瓦时	5.59	25.1

中医院床位 2325 张。年末卫生专业技术人员 4193 人，其中执业医师 1502 人，执业助理医师 303 人，注册护士 1974 人，药剂人员 282 人，检验人员 132 人。全年无偿献血 5541 人次，献血量 171 万毫升，其中流动献血 1197 人次。

【科技事业】科技创新力度持续加大，全年 R&D（科学研究和试验发展）经费 9.11 亿元，比上年增长 21.7%，占地区生产总值（GDP）比重为 2.12%。全年新认定高新技术企业 41 家，年末累计高新技术企业达到 189 家。新增省科技型中小企业 82 家，累计 622 家。杭州市级以上高新技术企业研发中心 134 家，其中省级以上 54 家。科技企业孵化器 12 家；众创空间 3 家。全年专利授权量 1702 件，比上年下降 14.3%，其中，发明专利授权量 136 件，与上年持平。

【文化旅游体育事业】全市公共图书馆（室）总藏书 94.86 万册（件），比上年增加 6.64 万册（件）；书刊外借 60.50 万册次，增加 16.30 万册次。有县级以上文物保护单位 91 处（群），其中国家级 4 处（群）、省级 5 处（群）。年末全市共有图书馆 1 个、农家书屋 235 个、文化站 16 个、博物馆 1 个。有线电视用户 15.46 万户，有线电视信号 100%数字化。建德新闻网日均点击量 1.3 万人次。全年旅游接待总人次 336.5 万人次，比上年增长 27.8%，其中国内游客 336.5 万人次。全年旅游总收入 52.0 亿元，比上年增长 6.9%。年末有各类旅行社 22 家，A 级及以上景区 5 个，均为国家 AAAA 级旅游景区。有健身苑点 590 个，当年新建 9 个。全市有体育场馆 3 个，新建篮球场 16 个、乒乓球室 46 个。全年举办各类群众性体育比赛 279 场，参赛运动员 5 万人次。全年获得杭州市级以上各类奖牌总数 276 枚，其中金牌 128 枚、银牌 63 枚、铜牌 85 枚。

【社会保障】2022 年末，全市参加养老保险人数 35.42 万人，其中城镇企业职工基本养老保险人数 21.77 万人，城乡居民基本养老保险人数 10.90 万人。参加基本医疗保险人数 43.35 万人，其中职工基本医疗保险人数 18.41 万人，城乡居民基本养老保险人数 24.94 万人。城镇登记失业人数 3386 人。养老机构 17 所，其中敬老院 7 所；养老机构床位 2926 张，其中敬老院床位 1434 张；供养老人 1019 人，其中敬老院在院老人 535 人。全市最低生活保障 9832 人，其中城镇 555 人、农村 9277 人，最低生活保障线标准为 1216 元/人·月，比上年提高 334 元/人·月。公积金缴存职工 4.84 万人，公积金归集额 104.05 亿元，增长 12.6%。（陈丽云）

气象

【概况】2022 年，市境灾害性天气时有发生，对各行各业造成一定影响。全年平均气温 18.2℃，年降水量 1278.7 毫米，年雨日 152 天，年日照时数 1559.6 小时，属气温偏高、降水偏少、雨日偏少、日照偏少年份。主要气象表现有：春季强对流天气多发、梅汛期降水量偏少、夏季连续晴热高温、秋季晴好天气时间长、冬季低温雨雪冰冻天气多发。

【气温】2022 年平均气温 18.2℃，比常年偏高 1.0℃，比上年偏低 0.4℃，仅次于 2021 年的 18.6℃，为历史同期第二高值。

冬季（1—2 月）平均气温 6.0℃，比常年偏低 0.3℃（常年 6.3℃），比上年同期偏低 2.7℃。春季（3—5 月）平均气温 17.3℃，比常年偏高 0.8℃（常年 16.5℃），比上年偏低 0.7℃；夏季（6—8 月）平均气温 29.2℃，比常年同期偏高 2.2℃（常年 27.0℃），比上年同期偏高 1.9℃，仅次于 1971 年的 29.3℃，为历史同期第二高值；秋季（9—11 月）平均气温 20.3℃，比常年偏高 1.6℃（常年 18.7℃），比上年偏低 0.1℃，仅次于 2021 年的 20.4℃，为历史同期第二高值；初冬（12 月）平均气温 5.9℃，比常年同期偏低 1.5℃（常年 7.4℃），比上年偏低 2.8℃。

全年日最低气温≤0℃的冰冻天数为 12 天，比常年少 8.5 天（常年 20.5 天）；全年日最高气温≥35℃的高温天数为 69 天，比常年偏多 29.3

天(常年 39.7 天),为历史同期第三高值(1971 年 75 天、1964 年 70 天)。年极端最高气温 42.4℃,出现在 8 月 23 日,与 2003 年 7 月 31 日并列为历史第三高值(1971 年 7 月 31 日 42.9℃、1966 年 8 月 10 日 42.5℃);极端最低气温-3.5℃,出现在 12 月 19 日。

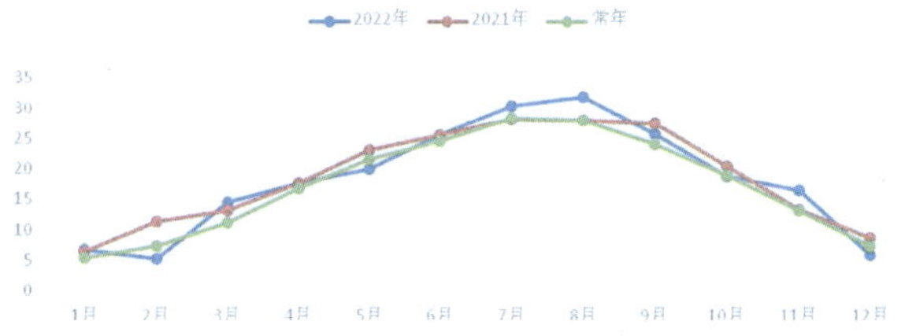

图 7 2022 年建德市各月平均气温与 2021 年及常年的比较图(单位:℃)

【降水和雨日】2022 年年降水量为 1278.7 毫米,比常年偏少 23.1%(常年为 1663.1 毫米),比上年偏少 312.3 毫米,偏少 19.6%。1 月、2 月、3 月 10 月比常年偏多,其余月份均比常年偏少。全年降水日数 152 天, 比常年偏少 5.9 天, 比上年偏少 20 天。暴雨(日降雨量≥50 毫米)日数 2 天,最大日降雨量 70.8 毫米,出现在 6 月 5 日。

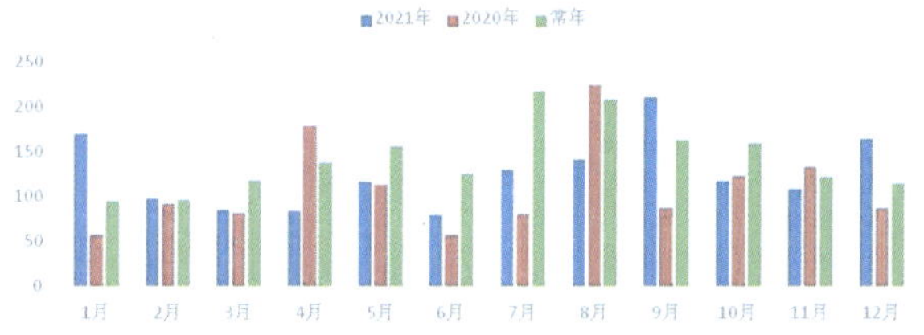

图 8 2022 年建德市各月雨量与 2021 年和常年的比较图(单位:毫米)

【日照】2022 年日照时数 1559.6 小时, 比常年偏少 157.4 小时,偏少 9.2%,比上年偏多 52.9 小时。

日照时数除 7、8、9、10 月外,其余各月份日照时数均比常年偏少。

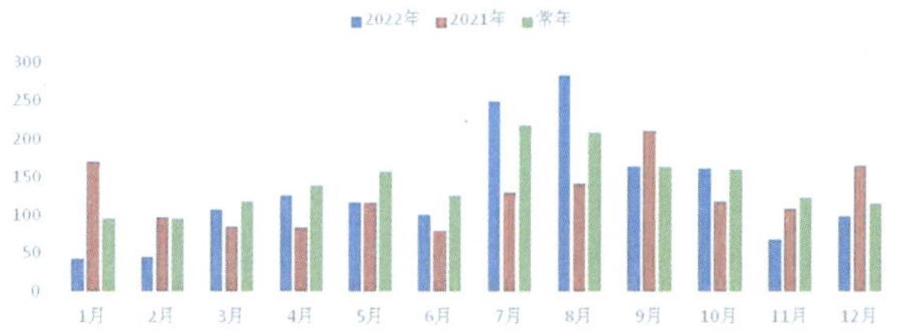

图 9 2022 年各月日照与常年及上年的比较图(单位:小时)

【低温雨雪冰冻天气】全年市境共出现 5 次雨雪天气过程,分别是 2 月 2—3 日、2 月 6—7 日、2 月 17—18 日、2 月 22—23 日、12 月 16 日。其中较为明显的雨雪过程:2 月 6 日 16 时至 7 日 20 时全市出现中到大雨 (雨夹雪) 和雪混合相态天气过程,全市平均面雨(雪)量 27 毫米,共有 44 个站点降水大于等于 30 毫米,占 37.3%,最大雨(雪)量站点三都镇东方村 40.0 毫米。钦堂、乾潭、三都等乡镇山区有少量积雪。2 月 17 日 8 时至 18 日 8 时,全市普降雨夹雪或雪,雨(雪)量中等,全市平均面雨(雪)量 13.8 毫米,500 米以上高山区有积雪,积雪深度 3~5 厘米,集镇地带和国省道无明显积雪。2 月 22 日 20 时至 23 日 8 时,全市普降中到大雨夹雪或雪,新安江主城区积雪深度 2 厘米,乡镇积雪深度 3~6 厘米,500 米以上的山地积雪深度 8~10 厘米。

【强对流天气】受冷暖气流交汇影响,3 月 14 日下午到傍晚市境出现较大范围雷雨大风冰雹天气,16—20 时全市面雨量 12.4 毫米, 有 1 个站点在 70 毫米以上(莲花镇莲花村 78.7 毫米),3 个站点在 50 毫米以上,新安江城区 13.2 毫米,最大 1 小时雨强为莲花镇莲花村的 57.5 毫米 (14 日 17—18 时);全市共有 16 个站点(占 13%)出现 8 级以上大风,最大 10 级(26.5 米/秒),出现在梅城镇洋程村;新安江城区出现 7 级(14.6 米/秒)大风;莲花镇林茶村和洋溪街道青龙头出现小冰雹天气。

4 月 25 日下午至 26 日晨, 市境自西向东出现明显雷阵雨天气,全市面雨量 19.7 毫米,有 17 个站点(占比 14%)在 30 毫米以上,最大三都镇东方村 38.3 毫米,新安江城区 29.5 毫米,最大 1 小时雨强为梅城镇葛家村的 25.8 毫米 (25 日 16—17 时);全市共有 35 个站点(占比 29%)出现 8 级以上大风,最大 12 级(35.5 米/秒)出现在乾潭镇邵家村,新安江城区出现 9 级大风。

【梅雨天气】2022 年市境梅雨期不典型,6 月 10 日入梅,6 月 26 日出梅,梅雨期 16 天。梅雨期全市面雨量 159.8 毫米, 有 1 个站点在 300 毫米以上 (大同镇江头村 331.6 毫米),32 个站点 (占比

26%)在200毫米以上,其中李家镇石鼓村295.1毫米。新安江城区雨量154.3毫米，比常年偏少222.7毫米(常年377.0毫米),偏少59.1%。

梅雨期市境强降雨过程主要出现在6月19—20日,6月18日20时至20日14时,全市面雨量99.9毫米,雨量分布南多北少,有2个站点在200毫米以上(李家镇石鼓村206.5毫米、大同镇江头村202毫米),有25个站点(占比20%)在150毫米以上,城区100.5毫米。最大1小时雨强为寿昌镇山峰村的32.2毫米(6月20日4—5时)。

【晴热高温干旱天气】 5—10月建德市国家气象观测站平均气温25.3℃，较常年同期偏高1.1℃,为历史同期第三高值。最高气温35℃以上日数69天,较常年同期偏多29天,为历史同期第二多;最高气温40℃以上日数17天,为历史同期第二多。其中,9月17日至10月5日连续19天无降水。

受长时间晴热高温少雨天气影响，市境出现旱情。至8月底,全市农业受灾面积3466.7公顷,成灾410.3公顷,绝收59.9公顷。其中,无法栽插晚稻面积96.7公顷,已栽插晚稻受灾面积1299.3公顷,旱粮受灾668.6公顷,焦枯、灼伤蔬菜277.8公顷,茶园灼伤616.6公顷,果园受灾538.8公顷。

【寒潮】 受寒潮天气影响,11月28日中午起市境出现阵雨或雷雨天气,局地伴有短时强降水和雷雨大风。29日起受寒潮过境,出现剧烈降温、偏北大风和雨雪天气，日平均气温过程降温幅度达12~14℃。11月28日10时至29日15时,全市面雨量达61.1毫米,建德国家气象观测站测得降水量77.7毫米,最大杨村桥镇杨村桥村94.6毫米;全市共有5个站点（占比4%）出现8级以上大风,最大9级(20.7米/秒)出现在新安江街道岭后社区。

(赵建光)

责任编辑:黄建生

中共建德市委员会

Jiande Municipal Committee of the Communist Party of China

市委重要会议

【市委十五届二次全体(扩大)会议】8月12日召开。建德市委书记富永伟代表市委常委会向全会作工作报告。全会高举习近平新时代中国特色社会主义思想伟大旗帜，深入学习贯彻省第十五次党代会、杭州市第十三次党代会和杭州市委十三届二次全会精神，回顾总结上半年主要工作，研究部署下半年重点任务，动员全市广大党员干部群众坚定信心、勇担使命、加压奋进，坚持一张蓝图绘到底、一以贯之促发展、一门心思抓落实，在“两个先行”新征程中绘就“宜居建德”新图景，努力以优异成绩迎接中共二十大胜利召开。

【市委常委会会议】2022年，十五届建德市委常委会召开会议25次。

1月4日，十五届建德市委常委会召开第1次会议(注：为避免行文累赘，下文简述为“第N次会议”)。传达学习习近平总书记关于“三农”工作的重要指示精神、中央农村工作会议精神和杭州市委十二届十四次全体(扩大)会议精神；听取市委常委分工方案的汇报；研究干部人事相关事宜。

1月13日，第2次会议。传达学习中央政治局专题民主生活会精神、全国全省宗教工作会议精神及建德市贯彻落实意见；听取建德市推进“大综合一体化”行政执法改革方案的汇报；听取市十七届人大一次会议、市政协十五届一次会议筹备工作及十四届市委巡察综合情况、整改情况及2022年度巡察工作计划的汇报；研究干部人事相关事宜。

1月26日，第3次会议。传达学习习近平总书记在中国文联第十一次全国代表大会、中国作协第十次全国代表大会开幕式上的重要讲话精神；传达学习习近平总书记在十九届中央纪委六次全会上的重要讲话精神及省纪委全会精神；传达学习省十三届人大六次会议、省政协十二届五次会议、全国宣传部长会议、全省宣传思想工作会议、全省文明办主任会议、杭州市宣传思想工作会议精神；审议《关于建德市2021年国民经济和社会发展计划执行情况与2022年国民经济和社会发展计划草案的报告》《2022年度建德市政府及国有企业投资项目建设计划》《2022年建德政府工作报告》和2022年市政府民生实事候选项目；听取“两会”选举办法、临时党委组成和市人大各专委组成人员相关事宜的汇报；听取市人大、市政府、市政协、市法院、市检察院五大党组履行全面从严治党主体责任以及市委常委、市政府副市长2021年度履行“一岗双责”情况汇报。

2月9日，第4次会议。传达学习杭州市委书记刘捷《关于从周江勇案件中汲取教训做好以案促治工作的意见》批示指示精神；审议2022年全市工业经济暨“双招双引”大会方案和中国共产党建德市第十五届纪律检查委员会第二次全体（扩大)会议暨2022年度市委巡察工作动员部署会方案；研究干部人事相关事宜。

2月21日，第5次会议。听取信访积案化解攻坚清零行动月实施方案和市纪委相关案件的汇报；传达学习杭州市领导干部报告个人有关事项工作部署培训会精神；研究干部人事相关事宜。

2月28日，第6次会议。传达学习习近平总书记在中央政治局第36次集体学习时的讲话精神、习近平总书记对政法工作的指示精神和中央、省委、杭州市委政法工作会议精神；传达学习杭州亚运会安全稳定工作动员部署会精神及建德市贯彻落实意见；传达学习杭州市第十三次党代会精神、全国全省统战部长工作会议精神及建德市贯彻落实意见；传达学习省委农村工作会议暨粮食安全工作会议精神；听取建德市粮食安全工作的汇报；审议《关于印发加强对“一把手”和领导班子监督“五张责任清单”的通知》。

3月22日，第7次会议。传达学习习近平总书记在中央政治局第37次集体学习时的讲话精神和全国、全省、杭州市组织部长会议精神；传达学习全省文物局长会议精神并听取建德市文物安全大排查大整治大提升攻坚行动实施方案的汇报；听取建德市事业单位建立管理岗位职员等级晋升制度工作、开发区（园区）整合提升方案的汇报；研究干部人事相关事宜。

3月31日，第8次会议。传达学习习近平总书记在2022年春季学期中央党校（国家行政学院）中青年干部培训班开班仪式上的讲话精神和杭州市“两会”精神；审议建德市2021年度法治政府建设工作报告；听取“七张问题清单”工作的情况汇报。

4月24日，第9次会议。传达学习习近平总书记在北京冬奥会、冬残奥会总结表彰大会上的讲话精神；传达学习全省建设平安浙江工作会议、杭州平安创建暨亚运安保风险隐患和信访积案化解清零攻坚大会精神并听取建德市贯彻落实意见和市领导包案风险隐患清零行动相关工作方案；传达学习杭州市委办公厅《关于高质量全面落实意识形态工作责任制牢牢掌握意识形态工作领导权的实施办法》主要精神并听取建德市意识形态“三张清单”的汇报；听取加强全市基层文联组织建设方案、全面落实“红色根脉强基工程”实施意见、规范津补贴方案和市纪委相关案件的汇报。

5月7日，第10次会议。听取2022年度“克难攻坚、奋力争先”六大比拼活动实施方案和经济开发区管委会机构整合设置、国有资产管理服务中心机构设置调整方案的汇报；传达学习杭州市委人才工作会议精神；听取2021年度综合考评和单项考核情况、2021年度市管领导干部考核等次的汇报。

5月23日，第11次会议。传达学习习近平总书记在庆祝中国共产主义青年团成立100周年大会上的讲话精神、全国巡视工作会议精神暨十九届中央第九轮巡视动员部署会精神；听取建德市对照《2021年度杭州市委意识形态工作责任制落实重点检查反馈意见整改分工方案》自查自纠情况、建德市反邪教斗争形势与依法打击非法宗教活动情况的汇报并审议2022年建德市反邪教工作要点；听取全市高质量推进乡村人才振兴实施意见、2022年全市督查检查考核计划申报情况及市纪委关于相关案件的汇报。

5月30日，第12次会议。传达学习全国稳住经济大盘电视电话会议精神；研究干部人事相关事宜。

6月23日，第13次会议。传达学习省第十五次党代会精神、近期杭州市组织系统会议精神；审议《建德市社会治理中心（“新安17治理”系统）建设实施方案》《建德市规范民办义务教育发展专项工作实施方案》和《建德市新世纪实验学校规范治理“公参民”实施方案》；听取推进市委党校（行政学院）分类建设、2022年度综合考评实施方案、杭州市委组织部对建德市选人用人专项检查“回头看”反馈意见的汇报；传达学习《关于推进“浙江有礼”省域文明新实践的实施意见》的主要精神并听取建德市贯彻意见及建德市未成年人思想道德建设2021年工作总结和2022年工作思路的汇报。

6月30日，第14次会议。研究干部人事相关事宜。

7月25日，第15次会议。传达学习习近平总书记在中央政治局第40次集体学习时的重要讲话精神、《中国共产党政治协商工作条例》精神并审议《关于完善民主党派直接向中共建德市委提出建议制度的意见》；传达学习统计法治相关事宜和近期上级安全生产相关会议精神并听取建德市安全生产工作情况汇报；专题听取康庆农庄案件相关情况汇报；研究干部人事相关事宜。

8月10日，第16次会议。传达学习中央统战工作会议精神、省委、杭州市委“除险保安”百日攻坚行动推进会精神，听取建德市“除险保安”上半年工作情况汇报并部署下步工作；审议市委十五届二次全体(扩大)会议方案及全会报告。

8月26日，第17次会议。传达学习经济大省政府主要负责人座谈会、杭州市政府经济运行调度专题会议、《中共浙江省委办公厅关于印发〈深化拓展新时代文明实践中心建设实施方案〉的通知》精神并听取建德市贯彻落实意见精神的汇报；审议金千铁路外迁项目；听取建德市启动创建全国社会信用体系建设示范区、组建市社会治理中心、设立市委教育工作委员会、核增市政协和市综合执法局领导职数等事项的汇报。

9月27日，第18次会议。传达学习中共中央办公厅相关通报精神、中央审计委员会第5次会议精神及上级相关文件精神；传达学习浙江省、杭州市意识形态领域情况通报主要精神及建德市贯彻落实意见的汇报；听取关于近期建德市疫情防控工作情况、市纪委关于相关案件的汇报；传达学习全省巡察办主任培训班精神以及关于《中共建德市委巡察工作规划(2022—2026年)(试行)》的汇报。

10月14日，第19次会议。传达学习习近平总书记给“中国好人”李培生、胡晓春重要回信精神并汇报建德市第八届道德模范选树情况；传达学习省委、杭州市委关于中共二十大维稳安保工作会议精神并汇报建德市下一阶段维稳安保重点工作；研究干部人事相关事宜；听取市纪委相关案件的汇报。

10月25日，第20次会议。传达学习中国共产党第二十届一中全会精神；专题听取“七张问题清单”工作情况汇报；听取建德市全面深化国资国企改革实施方案、2022年度市管干部个人有关事项报告抽查核实事宜的汇报；研究干部人事相关事宜。

11月8日，第21次会议。听取省级建德经济开发区范围调整、市公安局内设机构整改、市委宣传部领导职数调整、市国有资产投资控股集团有限公司和建德经开集团控股有限公司领导职数核定、杭州建德高铁新区投资发展有限公司领导职数核销等事项的汇报。

11月21日，第22次会议。传达学习习近平总书记在二十届中央政治局第一次集体学习时的重要讲话精神；听取市纪委相关案件的汇报；研究干部人事相关事宜。

12月6日，第23次会议。传达学习省委常委、杭州市委书记刘捷到建德调研主要精神、《浙江省突发事件新闻发布应急预案》主要精神；听取建德市2022年度“扫黄打非”工作总结及2023年度工作思路汇报。

12月14日，第24次会议。听取设立有关机构事项方案的汇报；研究干部人事相关事宜。

12月30日，第25次会议。传达学习中央经济工作会议、省委十五届二次全会暨省委经济工作会议和杭州市委十三届三次全会暨杭州市委经济工作会议精神并专题研究部署近期疫情防控工作；传达学习中央农村工作会议精神、全省党委系统办公室工作会议主要精神；听取相关改革实施方案、市十七届人大二次会议、市政协十五届二次会议筹备工作的汇报；听取2022年巡察综合情况、整改落实情况及2023年巡察工作计划的汇报；听取追授李玲为建德市优秀共产党员的汇报；研究干部人事相关事宜。

【全市经济稳进提质暨深化综合考评、“六大比拼”“六个领衔”工作推进会】6月2日召开。会议贯彻落实上级党委、政府关于推进经济稳进提质的工作部署和具体要求，进一步总结工作、分析问题、理清思路、明确目标，确保完成全市综合考评各项目标任务，以优异成绩迎接中共二十大和省第十五次党代会胜利召开。会议以视频形式开至各乡镇(街道)、部门单位。

【全市高质量发展推动共同富裕暨工业经济大会】2月17日召开。会议总结回顾2021年度全市高质量发展推动共同富裕、工业经济、“双招双引”工作，表彰先进，分析当前经济形势并部署2022年度工作任务。市委书记富永伟在会上强调，奋进新征程、重塑新优势，全市上下要锚定全力推动共同富裕这个“第一目标”，聚焦工业经济这个“第一经

◎ 2月7日，市委书记富永伟(右一)赴重点企业开展“三服务”活动(市融媒体中心提供)

济”，凝聚“政企同心”这个“第一力量”，奋力开创建德工业新辉煌、跑出共同富裕加速度。

【市文明委全体(扩大)会议暨巩固深化文明城市建设工作推进会】7月7日召开。会议深入学习贯彻习近平总书记关于精神文明建设的重要论述，全面贯彻落实省文明委、杭州市文明委会议精神，总结经验、分析形势，研究部署2022年全市精神文明建设和巩固深化文明城市建设各项工作。

【全市“护航党的二十大”除险保安推进会】9月23日召开。市委书记富永伟强调，全市上下要认真贯彻落实上级相关部署要求，进一步统一思想、明确目标、落实举措，以“零死角”的要求、“零疏漏”的力度、“零缺位”的姿态，坚决落实落细“除险保安”各项工作任务，全力以赴为中共二十大胜利召开营造安全稳定的政治社会环境。 (胡　倩)

综合协调

【综合文稿】2022年，中共建德市委办公室(以下简称市委办）起草和审核各类文稿180余篇，总字数超150万字，包括全年市委常委会会议参考材料、市委主要领导讲话稿、调研材料等，高质量完成市委十五届二次全会报告、全市工业经济大会、全市农业农村大会、历次经济形势分析会等讲话稿，做好“杭州这十年·建德”主题新闻发布会等重大活动文稿服务，提出《建德市推动共同富裕现代化基本单元的探索与实践》等参谋辅政“金点子”。

【督查工作】2022年，市委办按照“精准分类、规范反馈、重点督办、闭环落实”原则，健全“学习贯彻习近平总书记重要指示批示”闭环工作机制，高标准推进中央巡视、省委巡视。坚持“日研判、周例会、月通报”制度狠抓“七张问题清单”工作，全年管控力指数连续3个月跻身全省前20，全年排名居全省第11位、杭州第7位。聚焦“六个领衔”“六大比拼”等重点攻坚，开展“七张问题清单”、空间拓展、项目推进、生态环保、疫情防控等督查100余次，编发《督查通报》28期，下发督查交办单20件、催办单1件，办理领导批示945件，激励全市形成比学赶超、狠抓落实的良好氛围。持续推进基层减负，对机关单位、乡镇(街道)开展全覆盖督查，对发现的问题指导督促相关部门整改到位。科学规范督查检查考核事项，规范开展创建评比。严格发文计划管理、规范文件分类处置，统筹压缩各类会议，全年一类、二类会议均有大幅度下降，全市各级各部门三类会议召开情况均在规定范围内。

【文件法规】2022年，市委办严格按照《中国共产党党内法规制定条例》《中国共产党党内法规和规范性文件备案审查规定》和《中国共产党党内法规执行责任制规定(试行)》等党内法规的要求，切实提高文件质量。在对拟出台的党的规范性文件开展审核工作时，严格执行常委会前置审查制度、联席会议机制、联动审查机制等，确保规范性文件制定的科学性严肃性。全年共制发市委文件133件，向杭州市委报备党的规范性文件7件，审查乡镇(街道)党(工)委、市级机关各部门党组织党的规范性文件22件，流转、办理各类上级党委文件1174件，努力为高质量发展建设“宜居建德”提供更加有力的文件法规保障。

【信息工作】2022年，全市党委信息工作围绕奋力谱写“宜居建德”新篇章总目标，全面贯彻落实上级决策部署，及时传递建德发展新业绩，全力当好党委决策参谋助手。全年编发《建德信息》164期，获市委主要领导肯定性批示69条。上报各类信息939篇，其中被中共中央办公厅录用2篇、省级录用54篇、杭州市录用143篇，获省委、杭州市委主要领导肯定性批示3条。同时，守好紧急信息安全底线，主动走访市公安局、市卫健局、市应急管理局、市消防救援大队，畅通与“两办”值班室的信息沟通，运用突发快响应用场景等，突出扁平化运作，提高信息报送时效。全年收到基层紧急预警信息178条，梳理上报8条，获省市领导批示5人次，建德市相关做法在杭州市委办公厅2022年度信息工作会议上作专题交流发言。

【保密工作】2022年，建德市国家保密局坚决贯彻落实省市委有关决策部署，坚持总体国家安全观，切实担负起新时代维护国家安全的职责使命。夯实机关单位保密日常管理，严格落实保密“三大管理”；强化保密监督检查，全年检查市直机关单位、乡镇13个，开展档案数字化专项检查、中考高考保密检查、保密自查自评督查等；多维度开展保密宣传教育，落实全员教育培训，不断提高全市保密干部业务水平；面向全市组织开展保密资料集中销毁工作。

【对台工作】2022年，建德市对台工作以服务台资企业为重点，助企纾困，为酒店承办各类会务、接待牵线搭桥，提升酒店入住率，增加酒店营业额；多次召集规划资源局、住建局等相关部门单位召开协调会，帮助企业解决用地办证未到位的历史遗留问题。以服务台胞台属为主线，进一步完善台胞台属信息库，与建德市台胞台属联谊会互通信息，为台胞台属寻亲和台胞访问提供更有针对性的服务；定期走访，加强和第二、第三代台属、涉台婚姻人员的联络，全年走访台资企业、重点台胞台属40余次，了解其在建德的动态，适时协助解决相关难题。做好宣传，邀请台胞家属、市政协台侨组委员等参加“堂前燕”飞进港澳台侨界暨宣传贯彻中共二十大精神活动。

【考评工作】2022年，市委办牢牢把握考核指挥棒、评判器、识别仪作用，科学设置考评体系，高度对标杭州，体现地方特色，从分组、权重、指标任务等三方面体现考评差异化。提高结果含金量，缩减优秀名额，市级单位优秀名额控制在40%以内，提高“一票晋优”和“党建强·发展强”标准。新建智慧考评系统，将考评工作数字化，提高绩效管理的科学化、标准化、专业化、社会化水平。首次采用“集中培训、集中办公、集中审核、集中盖章”模式，规范完成2021年度全市奖励性绩效工资发放工作。

【绩效工作】2022年，市委办紧扣目标任务，认真做好杭州市满意度评价工作，引导各部门单位围绕“保良争优”总目标，做好向上沟通对接，对照各个层面要求，群策群力细化方案、强化举措，提高“参与率”，提升“满意度”。全市社会评价首次采用电子化方式，极大地节省了人力物力财力。对年度160条社会评价意见进行分解落实，明确整改时限。围绕群众反映集中、事关发展大局、重大民生及社会热点难点等方面的意见，确定14项年度重点整改目标，由分管市领导领衔，建立责任清单，实行对账销号，确保“件件有落实、事事有回音”，切实提高群众满意度。高度重视“公述民评”反映的问题情况，针对问政反映的问题，即整即改，举一反三。完善“电视问政”“书记市长有约”闭环管理机制，推动市委、市政府中心工作落实落细。

（胡　倩）

调查研究和改革

【概况】2022年，全市调查研究和改革工作围绕“调查研究谋思路、改革创新促发展”的准则开展，确定年度重点调研课题，形成市领导领衔调研报告30篇，部门（单位）调研报告54篇，刊发《决策参考》4期。以数字化改革为牵引，以试点示范、改革任务为主线，持续推进各领域改革。建德市作为家庭型共富财税集成改革协同单位获省改革突破奖银奖，作为优化国际供应链布局关键节点改革协同单位获省改革突破奖铜奖，作为浙运安应用协同单位获省最佳应用，新安护航、装修清废、理论制度、助力企业纾困等4项改革案例分别在省委改革办《数字化改革（工作动态）》和《竞跑者》刊发，“数智建德”改革创新实验室经验做法在省委办公厅专报刊发，家庭型财税政策、数字治气等各类经验做法获上级领导批示16次，其中获国家部委、省委主要领导批示肯定3次。全年新增数字化改革省级试点24个，承接贯通141个省重大应用。

【重点调研成果】中共建德市委全面深化改革委员会办公室（中共建德市委政策研究室）简称市委改革办或市委政研室。2022年，市委政研室出台《关于建立建德市“大政研”工作管理机制的通知》，全市调研工作聚焦重点、要点、热点问题开展。形成《建德市打造山区县共同富裕示范的思路及建议》《规划引领、资源统筹，以全域土地综合整治迭代升级助推共同富裕》《关于进一步做好政府重大投资项目人大监督工作的思考》《关于“双碳”背景下巩固提升我市化工产业优势的建议》等调研报告。其中《建德市打造山区县共同富裕示范的思路及建议》获杭州市委市政府两位主要领导批示，并在省委《政策瞭望》刊登。

【重要政策意见推动制定】2022年，市委政研室推动数字化改革实践固化为制度成果。推动出台《智能绿色矿山建设标准体系》《涉矿企业数据管理标准》《涉矿企业前端感知设备建设标准指南》等制度，对矿山分级分类，提出不同建设标准，助推涉矿产业转型升级。推动出台《建德市“企服通”数据互认机制》，建立各审批部门、中介机构、金融机构间的数据共认机制。助推出台《建德市死亡人口专题库数据规范》，激发殡葬“一件事”改革效能。

【4项数字化改革成果获推广】2022年，“建德市乡镇领导班子换届及日常管理智慧系统”被列入全省“一地创新、全省共享”“一本账”So。网签电子劳动合同场景被“‘浙里签’重大应用”吸纳，在全省推广，入选《数字社会案例集（第五批）》。涉税房地产价格认定数字化改革项目在全国涉税价格认定数字化转型试点工作总结会上作交流发言。“新安·17清废”作为亮点案例在舟山进行部署推广。

【新安系列数字化应用成效好】2022年，全市打造“新安公权智护”“新安护学”“新安·17治理”“新安·17 清废”“新安堂前燕”“新安护航”6 个场景建设。“新安公权智护”推动归集(IRS)数据 91 类,形成超过 780 万条信息的监督“数据池”,医用耗材领域实现 59 种耗材在建德市域统一议价,节省采购金额 100 余万元。“新安护学”开展校车安全闭环管理,整治学生上下学时段校园周边交通拥堵和安全隐患,保障 27 所学校(含分校)3451 名学生的乘车安全。“新安·17 治理”打通市、镇、村、网格四级组织,充分对接省矛调系统、浙里访、浙江解纷码、警综平台、应急管理平台等平台,强化县乡一体指挥体系,推进基层治理“一件事”集成联办。“新安·17 清废”实现对装修(大件)垃圾的全生命周期闭环监管,应用上线到年末,建德城区垃圾违规偷倒事件比上年同期下降 47.2%,收运保障提效 53.3%,减轻政府兜底负担 1000 多万元。

【数字化改革场景体验和竞演】11 月 26 日,建德市举办数字化改革成果体验日活动,集中展示新安就业、新安护学、查档快车等与群众生活密切相关的 10 余个场景,吸引千余名群众参与。该活动被浙江新闻、《杭州日报》等报道。12 月 16 日,全市数字化改革场景应用竞演举办,12 个场景应用围绕需求重要性、场景集成性、改革突破性、建设规范性和绩效显著性进行演示汇报,评选出医用耗材智慧监管等优秀场景应用若干。

【四级政务服务体系建设】2022 年,建德市加强“1+4+12+N”四级政务服务体系建设(1 个市级审批服务中心+4 个中心镇审批服务分中心+12 个镇街便民服务中心+N 个村社便民服务站点),推进办事窗口、业务系统、审批标准、服务规范的市镇一体化,至年末,4 个分中心下放事项 589 项,12 个便民服务中心下放民生事项 320 项,进一步打通群众企业办事“最后一公里”。

【“一网通办”改革】2022 年,建德市推进“一网通办”系统全面应用,窗口认领政务服务 2.0 事项 1425 项,认领率 100%。大厅窗口“一网通办”收件量占收件总量的 94.2%,综合自助机“一网通办”对接比例达 94.7%。

【营商环境持续优化】2022 年,市委改革办出台《建德市重大产业项目“八证联发”代办服务改革工作方案》,组织各审批职能部门提前介入、部门协作、全程代办,实现拿地即开工目标,推动审批提速、改革提效。建设“智能审批”应用,以“机器换人”推动审批资源整合,实现服务事项即办即审、电子照章即时送达,企业开办审批时间从 30 分钟压缩至秒办。《建德市提升政务服务助力企业纾困解难》在省委改革办《竞跑者》刊发。《建德市上线“重载普货车辆监管”应用,提升货运车辆综合治理能力》《建德市上线“‘装修清废’一件事”应用,实现装修垃圾全闭环监管》在省委改革办《数字化改革(工作动态)》刊登。

【重大改革推进】2022 年,市委改革办梳理省、杭州及建德市 38 项全局性改革任务,推进“大综合一体化”行政执法改革,执法力量下沉比例超过 66%,实现各乡镇(街道)“一支队伍管执法”全覆盖。实施“双碳”集成改革,编制完成《建德市碳达峰行动计划及实施方案》。建立健全公权力大数据监督机制,开展智慧监督和嵌入式监督,实现医用耗材领域全程监管。《建德市抓重点 明路径 强举措,以制度重塑推动改革向纵深发展》在省委改革办《竞跑者》刊登。

【改革试点】2022 年,建德市新增省级部门试点 13 个,承担 36 项(其中省部级 6 项)。围绕各项试点任务,做深做实、打造亮点、高效推进。《千年古城复兴试点:以文旅融合为突破探索就地就近就业的共富新路径》获副省长成岳冲批示;建德全面实施传统制造业改造提升 2.0 版,获评全省首批企业数据管理国家标准贯标工作试点县(市)。(**姚红燕**)

组织工作

【概况】2022 年,全市组织工作围绕学习贯彻习近平新时代中国特色社会主义思想和中共二十大精神,全面落实新时代党的建设总要求和党的组织路线,为全力推动共同富裕、建设宜居建德,提供坚强组织保证和人才支撑。至年末，全市党组织数2181个，党员37535名。

【中共二十大精神学习培训】市委组织部组织全市3.7万余名党员干部群众收看盛会、热议报告，第一时间通过理论中心组学习、"书记上党课"、支部集中学习、主题党日等形式传达学习中共二十大精神。配合上级完成建德市级领导中共二十大精神集中轮训。

【"无疫单元"创建】2022年，市委组织部全面落实疫情防控"四级包干""五级联动"制度，调度2659名机关干部下沉社区，配强3460名楼道长、754名楼栋长，形成平急结合的转换机制，创建"无疫单元"2700余个。进入"迎峰转段"后，成立村社暖心服务小分队894支，配备医疗服务专员900余名，配送"防疫包"16万余份，相关做法在《浙江日报》头版刊发。

【"链组党建"助力共同富裕】2022年，市委组织部立足建德实际，更加聚焦产业，发挥组织优势，围绕乡村全产业链开展党建联建，因地制宜推出乡村产业链、村企服务链、美丽价值链、区域品牌链、基层创新链等"五链"模式，链接多元主体，激活链上各种生产要素，做大产业增值，助推组团发展、共同富裕。

全市链上布局星级"共富工坊"65个，其中杭州市三星级工坊18个。新增强村公司22个，新增农村就业岗位3332个，带动中低农户增收2050万元，推动村集体经营性收入同比增长19%，相关做法在《人民日报》《浙江信息》等刊发，"朝美口罩"共富工坊入选省案例集。会同中共浙江省委党校马克思主义研究院，深挖毛主席"合作化模范邓家乡"批示理论价值，打造"合作共富学院"，全方位开展校地合作。

【"百名干部助百企"活动】2022年，市委组织部选派288名担当意识强、经济工作能力强的干部担任助企服务员，为372家规模以上企业纾困解难。组建助企"帮帮团"，为小微企业提供金融、法律等"一对多"服务825次，实打实解决问题1214个，办结率99.6%。

◎ 5月23日，市委书记富永伟(右二)赴乾潭镇开展"共同富裕"专题调研(市融媒体中心提供)

【"破难攻坚、扛旗竞跑"专项行动】2022 年,市委组织部围绕空间拓展、招大引强、全域美丽、乡村善治、数字化改革、项目推进"六大比拼"等工作,以市管领导干部为重点,覆盖市、镇(街道)两级全体干部,每月梳理专项工作比拼榜、干事状态专项评议单、重点工作实绩月报单、工作实绩之星推荐单、改革创新优秀成果申报单"一榜四单",考评到点亮旗到人,评定实绩之星 36 人,约谈提醒 9 人,有力提振干部干事精气神。

【干部培训】2022 年, 市委组织部举办习近平新时代中国特色社会主义思想培训主体班 7 期,理论教育占总课时量的 77.1%,市委书记讲"开班第一课"。首次推行多班同时举办,探索交叉联动教学,提升培训效果。启动干部新能力建设,举办"85 后"市管干部进修班,通过系统培训,帮助年轻干部加快适应岗位。突出实战实训实效,提升研讨式、案例式、情景模拟等课程比例,开办共同富裕、应急处突、疫情防控等专题班 23 期,培训 2191 人次。升级打造主体突出、特色鲜明的建德市教学点 25 个, 新安化工集团股份有限公司入选杭州市第二批追随总书记脚步现场教学点。

【干部监督管理】2022 年,市委组织部开展个人事项报告核查、违规兼挂职整治、因私出国(境)管理,坚持抓早抓小,诫勉干部 6 名。严格干部选任程序,落实"凡提四必"(对拟提拔或进一步使用人选,做到干部档案"凡提必审";个人有关事项报告"凡提必核";纪检监察机关意见"凡提必听";反映违规违纪问题线索具体、有可查性的信访举报"凡提必查"),因个人事项报告瞒报暂缓提拔 1 人。开展中层干部选任、职级晋升规范性检查,举一反三整改问题 32 个。突出政治标准,坚持纪律在前,配合省"两代表一委员"和全国人大代表考察,保障市"两会"顺利召开。

【公务员工作】2022 年, 建德首次在当地组织考试录用公务员笔试工作,招录公务员、选调生 102 名。落实省组"青蓝"工程,常态化开展导师带徒、基层"三访"等工作,开发新任成长营特色应用,在"浙里干部之家"杭州频道上线运行。承接档案智慧管理系统落地, 规范补充公务员档案 2700 余册,实现省市县一体贯通,提升档案管理数字化水平。

【干部队伍梯队建设】2022 年,市委组织部加强年轻干部选育, 开展中层干部竞岗交流,20 名年轻干部补充到乡镇中层岗位。做好 "担当作为好干部"推荐表彰。针对 50~60 岁年龄段干部,根据参与市委选派的重点项目和急难险重工作中的表现,评选出"先锋 50"优秀干部 10 名。开展特定从业年限纪念活动, 开展干部 "同职级轮岗交流"7 人,奖优罚劣,以榜样力量激励干部干事创业。按照"6+X"模式(开展一次谈心谈话、上好一堂专题党课、举办一次荣退仪式、呈上一份工作瞬间影集、赠予一份退休暖心礼物、献上一组温馨服务,各单位自选动作)常态化开展光荣退休仪式。

2022 年度"杭州市担当作为好支书"干部一览表

表 7

序号	姓名	所在单位
1	李华	建德市新安江街道叶家社区党委书记、居委会主任
2	王丽娜	建德市梅城镇千鹤村党委书记、村委会主任
3	刘国民	建德市寿昌镇三峰村党总支书记、村委会主任
4	叶俊	建德市大同镇劳村村党总支书记、村委会主任
5	胡建宏	建德市大慈岩镇檀村村党委书记、村委会主任
6	宁德良	建德市航头镇航川村党总支书记、村委会主任
7	黄胜明	建德市李家镇李家村党委书记、村委会主任
8	傅志洲	建德市交通运输行政执法队第一党支部书记、公共交通中队中队长
9	过承元	建德市新安江第三初级中学党支部书记、校长
10	程建霞	建德市中西医结合医院党总支书记、主任医师
11	黎绵和	建德市老干部特爱工作室党支部书记、癌症康复协会会长
12	林焰峰	建德市朝美日化有限公司党支部书记、总经理

◎ 6月，党员参加“劳动一小时”助农采收玉米活动（市委组织部提供）

攻坚行动等“六大行动”，指导洋安社区创成全省第二批未来社区，下涯镇之江村创成全省首批未来乡村。优化调整基层治理单元，出台网格标准化规范化建设“1+4”系列文件，新建网格支部阵地480个。落地“标准地改革+农业双强”“数字化改革+强村富民集成”省级双试点，带动村集体增收2000余万元，农户增收1.5亿元。持续加强“一老一小”服务配套，新建老年食堂121个，组建党员爱心车队103支。《“一老一小”方案托起“善育颐养”美好乡村生活》入选全国第四批农村公共服务典型案例。

【推行“劳动一小时”做法】2022年，市委组织部推动村“两委”干部每天坚持“劳动一小时”，党员群众积极参与，从村容整治向网格走访、代跑代办等乡村治理各方面纵深推进。1665名村（社区）干部、1.7万名党员群众，全年服务时长超48.5万小时，节省务工开支840余万元。这一做法获浙江省委组织部分管副部长批示肯定。

【“三雁兴村”做法登上《全国乡村治理动态》】2022年，市委组织部发挥“头雁群”内驱互促效应，举办村社书记擂台赛6场，组建兴村治社名师团48人，桂花村书记蒋益民获评全国优秀城乡社区工作者。招引“归雁”服务乡邻，成立乡贤共富基金，前期募集3680万元。“镇考村聘”引育“雏雁”，充实村级储备人才168人。6月22日，“三雁兴村”做法登上农业农村部第14期《全国乡村治理动态》。

【现代社区建设】2022年，市委组织部系统推进现代社区“上统下分、强街优社”攻坚行动、社区公共服务优化提升攻坚行动、强村富民集成改革推进攻坚行动、社区应急体系建设攻坚行动、“五社联动”提质增效攻坚行动、社区除险保安护航

【党群服务中心功能优化】2022年，市委组织部推动党员服务中心融入基层治理体系，明确“一定位五规范”（中心功能定位、组织活动规范、物件展陈规范、内部管理规范、后勤保障规范以及驻点服务规范），整合集约资源，带动343个村社党群服务中心（驿站）提档升级。定制主题党日活动套餐，市级党群中心全年开展活动290场、11700余人次参与。寿昌镇横山社区作为唯一基层代表在杭州党群服务联盟会议上作交流发言。

【激发党员先锋模范作用】2022年，建德市在国道320线建德段改扩建等重大项目中实施“亮榜考赛”，助力征迁快速稳定推进。深化“标杆50进位百佳”创建（力争三年时间打造50个标杆村和社区、100个进位村和社区），推动35家村（社区）提前晋级，58家“标杆”村（社区）争创五星强基示范，78家“进位”村（社区）整体跃升。做好发展党员工作，实行一月“一调度一通报”，一季“一排查

一培训”，在全省农村发展党员违规违纪问题排查整顿工作部署会上做经验交流。《寻红色旧物·讲党史故事》获中组部全国党员教育电视片评选二等奖，《包打天下》《停车，走吧》获三等奖。颁发“光荣在党50年”纪念章531枚，走访慰问生活困难党员、新中国成立前老党员1503人。

【基层组织建设】2022年，市委组织部依托建德特色产业，探索开展通航、碳酸钙、新材料、医药化工等产业企业党建联建，24家企业创成“双强六好、两新创优”（双强：党建强、发展强；六好：政治引领好、品牌效应好、发展成效好、文化建设好、劳动关系好、社会评价好）六星级单位，评选表彰“党建强、发展强”企业10家。全面实施“三强四化、双建争先”工程（聚焦党建强、业务强、服务强的目标，以党建标准化、载体品牌化、党务专业化、手段信息化为抓手，纵深推进清廉机关、模范机关建设），成立青年理论学习小组9个，举办锋匠成长训练营4期，培育共富项目28个，发动1万余名干部助力一线抗疫。深化“双建联创”（以“建设清廉机关、创建模范机关”为目标，建立机关党组织互帮互学、共创共赢的新机制）党建联盟和党建项目化管理等机制，征集并立项机关党建示范点、党建创新创优项目、党建引领助推共同富裕培育项目等书记项目90个。开展“双建争先 共富有我”主题活动、机关党组织书记领办项目擂台赛等，营造争先创优氛围。统筹抓好国企、教育、医疗卫生系统等党建工作，成立教育党工委、国企党工委，优化卫健系统党建管理体制，市教育局、市司法局等8家单位党建工作获评省市系统优秀案例。

◎ 6月23日，“遇建未来·海内外创新资源对接会”在下涯镇之江村召开（陈鑫/摄）

【人才发展环境优化】2022年，建德市出台新一轮大学生引进新政、“候鸟行动”、博士创新站建设、海创贷等一揽子补充政策。落实“最优人才栖息地16条”，全年兑付人才资金5000余万元。出台《深化“杭帮彩”人才服务工作方案》，设立服务窗口270个，推出青年人才驿站、人才会客厅等服务实体，搭建“科创菁英TALK”“建商学堂”等人才交流平台。开展金秋人才服务季活动，推广应用人才码，构建线上线下相结合的服务体系，全年服务人才1万余人次。举办“新安之约”建德人才主题活动，帮助解决人才普遍关注的医疗保障、子女入学等“关键小事”，让人才安心安身安家。

【高层次人才引育】2022年，建德市建立人才工作矩阵工作推进机制、“双招双引”联动机制、激励考核机制、联系服务机制、重大事项报告机制、力量配备机制等“六项工作机制”，实施招才引智大比拼，落地高层次人才项目16个，申报入选杭州市级以上人才计划人选12人，其中国家级计划建议人选3人，比上年增长200%，位列杭州市第四。

【大学生引进工作】2022年，市委组织部制定《建德市大学生招引专项行动实施方案》，持续推进百校专列引才活动，全市开展大学生潮创季等活动50余场，创新"人才夜市""直播探厂带岗"等引才模式，新引进博士后16人、大学生4128人，新引进大学生增长幅度位列杭州第二。

【农创客引育数居全省前列】市委组织部出台农创客扶持新政，连续3年举办长三角"农创日"活动，连续2年举办全国乡村人才振兴促进共同富裕大会，成立九省（市）农创客发展联盟、开办长三角农创客成长营，2020—2022年引育农创客1875人，人数居全省前列，相关做法入选全省第二批共富最佳实践案例，农创客代表王运在全省乡村人才振兴大会上作典型发言。打造"建德师傅"带农富品牌，"豆腐包制作""草莓种植" 等技能人才考核被纳入人社部专项职业能力考核目录。

【引才平台建设】2022年，建德市新建院士专家工作站8家、博士创新站14家、科技小院2家、博士后工作站3家。立项产学研合作项目17个，实施外专智力项目37个，其中高端年薪项目6个，实现历史性"零"的突破。成功举办2022科创中国·智汇新安、有机硅创新发展峰会等高能级赛会活动，100余名院士专家以线上线下相结合的方式走进建德开展活动。 （张雪军）

宣传思想工作

【概况】2022年，全市宣传思想工作以习近平新时代中国特色社会主义思想为指导，围绕学习宣传贯彻中共二十大精神和浙江省第十五次党代会、杭州市第十三次党代会精神，坚持稳中求进、守正创新、变革重塑，全力抓好重大宣传战役、重大项目工程、重大改革突破，为推动共同富裕，建设"宜居建德"提供强大思想保证、舆论支持、精神动力。全年在杭州市级以上媒体刊发报道3300余篇，其中中央级媒体357篇、省级媒体1220篇、央视《新闻联播》8篇，首次登上元宵节央视《新闻联播》，乾潭镇胥江村、下涯镇之江村相关报道登上全国两会特别报道。

【理论学习】2022年，建德市委理论学习中心组学习会召开14次，围绕《习近平谈治国理政》等必学书籍和中共二十大等重大主题开展交流研讨会5次。落实党委（党组）理论学习中心组巡听旁听制度，对6个乡镇和8个部门的理论学习开展巡查，全市各级党委（党组）理论学习中心组累计开展学习活动2000余场次。下发《建德市深入实施"理响建德"理论提升工程 高水平推进新时代县域思想政治工作意见》，组织青年参与理论学习，打造"学习青力量"。

【"宜居建德"客户端上线】10月25日，"宜居建德"客户端上线，完善政务服务构架和生活服务架构，完成云上系统平台大版本升级、文稿推送内部流程调通，《小编快跑》完成版本升级、操作界面优化升级及16个乡镇（街道）融媒号入驻等30余项优化。完善下发《新闻、报刊、专题类（节目）、新媒体发布审核制度》《影视、公益类节目审核制度》《广告类节目审核制度》《节目重播重审制度》等一系列审核制度。微融媒体中心实现乡镇（街道）全覆盖，"慈岩印客""更楼更有味""莓好印象" 等微融媒体中心品牌逐步建立，"更楼更有味"微融媒品牌获杭州市微融媒体中心优秀案例评选活动第一名，更楼街道、大慈岩镇微融媒体中心分别获"共富美好"杭州市微融媒体中心演练一、二等奖。

【"新安堂前燕" 理论宣讲团获评全国先进】2022年，市委宣传部打造"领头燕、乡音燕、青春燕、小雏燕、文艺燕"五燕齐飞的"堂前燕"基层理论宣讲品牌。推出"堂前燕"宣讲大行动，培育金牌讲师、名嘴宣讲员1930人，打造"'文军西迁'的建德情缘"等宣讲产品87个、"百姓茶馆"等新宣讲阵地87个，开展"堂前燕脱口秀""乡音宣讲达人秀"等基层宣讲活动1400余场，7名选手分获杭州市微型党课大赛暨"共同富裕 青年说"宣讲大赛决赛一、二、三等奖。

创新打造“新安堂前燕”数智应用场景，建立“一舱两端多场景”框架体系，聚焦讲有内容、讲有队伍、讲有方法、讲有成效，形成理论宣讲“一屏展示、全景分析、集成调度、联动评价”数智闭环，用数字化手段推动中共创新理论“飞入寻常百姓家”。8月24日，“新安堂前燕”场景上线，至年底共发布宣讲视频113个，参与听讲4.3万人次，列入全省数字文化系统优秀应用和全省数字文化系统“理论在线”宣讲场景子应用试点。10月，“新安堂前燕”理论宣讲团获评2022年全国基层理论宣讲先进集体。《求是》杂志2022年第22期“开辟马克思主义中国化时代化”一文以“新安堂前燕”为案例，介绍“深入学习宣传贯彻中共二十大精神，以数字赋能提升基层理论宣讲成效”经验。

【农村文化礼堂工作】2022年，市委宣传部围绕文化礼堂“建管用育融”一体化，验收2021年度17个改建提升项目，把2022年作为“肌理化更新”三年行动的收官之年，持续推动文化礼堂提升，全年获评省级五星级文化礼堂4个。出台《关于深化农村文化礼堂“文化管家”社会化服务工作的意见》，以文化馆为总管家，常态化配置“文化管家”，提升文化礼堂利用率。

【媒体宣传】2022年，市委宣传部开展“学习宣传贯彻党的二十大精神”“共同富裕”“迎亚运”等重大主题宣传，开设“奋进新征程 建功新时代”“走向共同富裕”“与亚运同行”“一起走过30年 喜看建德焕新颜”等栏目，举办“幸福宜居共富裕 三十而立再出发”建德撤县设市30周年主题展、“杭州这十年·建德”新闻发布会。开展“看现场 问担当”电视问政活动1期，推动问题整改3个。制定下发《建德市关于进一步营造浓厚亚运氛围宣传工作方案》，开设“拥抱亚运‘建’行动”专栏，各平台刊发相关动态报道1200余篇。

【网络宣传】2022年，市委宣传部打造“云端见德”网络文明工作品牌，开展“发现建德 古韵新风”网络国际传播活动，覆盖500万+海外社媒网民，获人民日报客户端、三星堆文化等转发点赞，短视频《古村觅趣在建德》获2022年“第三只眼看中国”国际短视频大赛优秀作品奖。开展“普法之风show在建德”网络普法脱口秀活动，登上微博全国热搜榜等7大榜单，阅读量超1.5亿人次。创作网络情景剧《网络盲盒“网”住了谁》，获“钱塘网事E法同行”杭州市网络法治情景剧大赛十佳作品奖。“学习强国”学习平台供稿量保持领先，形成“全民供稿”建德经验，平台采用作品285篇，其中全国平台82篇。

【“浙江有礼·德润建德”市域文明新实践启动】2022年，建德市设立17℃生态联盟新时代文明实践点144个，注册志愿者7.6万人，开展志愿服务1.5万余场。“复兴少年宫”实现村(社区)全覆盖。开展文明行动，“光瓶行动”“文明一平米”做法入选《“浙江有礼”省域文明新实践案例汇编》。学习宣传贯彻习近平总书记给“中国好人”李培生、胡晓春重要回信精神，开展“万朵鲜花献雷锋”等主题实践活动280余场，制作发布“浙风十礼道德模范代言”和“三分钟有礼讲堂”视频12个。完善“最美”选树机制，获评杭州好人5人、杭州美德少年1人。许建茹家庭获评2022年度全国“最美家庭”，吴雪娟家庭获评2022年度浙江“最美家庭”。

【道德模范评选】2022年，为贯彻落实《新时代公民道德建设实施纲要》，建德市文明委在全市范围内开展第八届建德市道德模范评选活动，经组织、群众推荐、领导小组审核评选、媒体公示、公众代表投票、市文明委领导审议等程序，共评选出10名道德模范和9名道德模范提名人物。方利洪、孔樟良、郑博文、徐冬英、徐贞、邹小霞、翁志芳、鲍有林、叶海林、黎言被评为第八届建德市道德模范。

【巩固文明城市建设】2022年，建德市常态化开展文明城市督查，整改问题6254个，“全域文明数智通平台”活跃度位列杭州市第二。开展“主城区道路序化、洁化专项整治”“居民小区及背街小巷突出问题专项整治”“喜迎二十大 环境大整治”等专项行动12次。加强文明村镇督查指导,每月开展一次爱家日活动。增设公益广告5000余处、公益景观小品20余处。注册"文明建德"视频号,发布动态信息370余篇。

【首个共同富裕最基层单元试点——互助长宁】2022年,市委宣传部探索打造建德市首个共同富裕最基层单元试点"互助长宁"项目,完成首批实施的互助故事馆、实事求是工作站、互助洗衣坊、互助菜园、解忧课堂等场景建设并投入使用,组建老年模特队、网红主播队等特色文艺团队,创作《互助长宁——新村规民约》《学好二十大 建设新长宁》等文艺作品,开展"你侬真好"道德评议活动,举办"浙江有礼 幸福同行"走进基层建德站活动。"互助长宁——让夕阳洒满金色"项目获建德市新时代文明实践大赛金奖。"互助长宁——新时代乡村共富志愿服务"项目获杭州市志愿服务大赛银奖。宣讲作品《小小共富果 浓浓互助情》获评杭州市"共同富裕·青年说"理论宣讲大赛二等奖。

【推行"文艺村长"制】针对基层公共文化服务中普遍存在的"不精准""缺组织""少渠道"等方面的问题,创新推行"文艺村长"机制,缩小城乡高水平文化供给差距,受到农村群众欢迎。2022年选派"文艺村长"48名,培育农村文艺骨干300余名,开展文化活动700余场次,带动农村群众参加文化活动3万余人次,三都镇和航头镇分别创办镇头村乡村音乐学校和航川村摄影艺术学校。10月,《让艺术推动乡村发展》获评杭州市争当浙江高质量发展建设共同富裕示范区城市范例最佳实践;11月,获评浙江省宣传文化领域共同富裕最佳案例。

【文艺精品创作】2022年,刘巧云农民画《腾龙舞狮》获第八届浙江省民间文艺映山红奖,《虎娃》入选中国农民书画研究会"虎虎生威庆冬奥"专题云展;陈德鸿、杨欢、黄志勤、李雯作品入展"喜迎党代会 奋进共富路"浙江民间工艺主题创作精品展;王生良书法作品《严州八景诗》入选2022年"浙江省草书百家"作品展;庄尚俊书法作品《私淑艾舍》入展纪念浙江省民盟成立75周年书画展;婺剧《草莓谣》获杭州市文艺精品工程项目扶持。

【影院纾困和新闻出版】2022年,建德市出台《关于促进服务业领域困难行业恢复发展的政策意见》,给予影院座位补助,每个座位补助25元,补助6个月。完成2022年度出版物零售企业年报工作,85家出版物零售企业完成申报并通过杭州审核。完成2022年度印刷企业年检工作,110家印刷企业完成申报并通过杭州审核。开展2022年度印刷企业法规培训,15家企业参与法规培训,并发放印刷法规证书。

【"扫黄打非"工作】2022年,市委宣传部联合有关部门和镇街开展进机关、进企业、进学校、进村社、进景区、进礼堂等"六进"宣传,累计开展宣传活动120余场,发放宣传资料6000余份。联合文化执法队、公安、市场监管等部门按照两大集中行动和五大专项行动有关部署,对市域范围校园周边出版物市场开展多轮集中检查,全年出动检查3200余人次,检查经营单位1400余家次,"扫黄打非"案件立案9件,其中办结7件。开展出版物市场、歌舞娱乐场所及网络文化市场有害信息、出版物清查行动,整改问题隐患11处,办理全国挂牌督办案件1件。

【影视产业发展】2022年,建德市出台《关于加快促进建德市影视产业发展的扶持实施办法》,修订完善文化产业发展扶持政策,引进投资46亿元建设建德现代数字影视城项目,与浙江文投集团达成共建新时代县域文化高地合作,出台影视产业发展扶持办法,新增规模以上文化企业9家,引进影视企业15家。与华策影视合作拍摄中共二十大献礼剧《我们这十年》之《心之所向》热播,电视收视率登顶全国卫视排行榜,平均收视率达1.23%,全网热搜话题200余个,总阅读量超过3.5亿人次,讨论量超300万人次。浙江卫视热门综艺节目《奔跑吧(特别季)》在建德多地取景录制。与浙文影业对接筹备拍摄电视剧《看得见风景的窗》,推进《爱在17度》《浙大西迁》《千鹤女人》等影视项目落地。

【意识形态工作】2022年,建德市制定《建德市党委(党组)意识形态三张清单》,推进意识形态工作清单化管理。完成十五届第一、二轮市委巡察意识形态专项检查,共检查16家单位,下发整改意见16份,整改问题125个。制定《关于进一步加强"新安瞭望哨"规范化建设的实施意见》等,上线网络舆情管理系统,深化网络安全应急指挥中心建设。

【建德"宣青军"做法在杭州市推广】2022年,市委宣传部整合宣传文化系统青年人才资源,在全省市、县(区、市)级宣传文化系统最早建立"宣青军"新型宣传工作队伍和机制,按照新型传播体系和话语方式,聚焦社会关注点和建德主题,开展宣传传播。稿件《小小豆腐包里有"乾坤"》被"浙江宣传"录用,阅读量突破10万人次;以乌龙山抽水蓄能电站筹备工程开工为主题宣传建德干事创业热情和韧劲的稿件《绿水青山定不负建德》阅读量达到7.8万人次,并被《上海财经》等媒体转载;结合电视剧《我们这十年》之《心之所向》播出,以乡村振兴、青年人才回归为主题的稿件《青春奔跑在田野上》阅读量达到3.1万人次;以"文艺村长"等基层宣传文化服务机制为主题的稿件《下回见》阅读量达到5.2万人次;以大慈岩古银杏为主题的稿件《有"杏"遇见那抹黄》阅读量达3.5万人次;以建德苞茶为主题的稿件《让苞茶芬芳,温暖你的整个冬季》阅读量达1.1万人次。建德"宣青军"做法被杭州市委宣传部在全域推广。

【宣传思想文化工作"创新项目"评选】12月,市委宣传部开展宣传思想文化工作"创新项目"评选,评选出创新项目10个:创新共富模式 凝聚精神力量 打造"互助长宁"共同富裕最基本单元(杨村桥镇)、打造"更楼更有味,更上一层楼"微融媒体品牌,展现共同富裕微融媒力量(更楼街道)、打造"三江微语"基层宣讲品牌助力精神共富(三都镇)、深化"艺术乡建"赋能乡村振兴(寿昌镇)、新安·弘德汇(市民政局)、航头百姓奖 奖给航头老百姓(航头镇)、"风雅宋韵 古今对话" 建德宋韵系列活动(市文广旅体局)、建德人身边的媒体监督眼(市融媒体中心)、绿水青山奏响"影视文化"振兴曲 两进两回引领"稻香大同"共富路(大同镇)、以摄影产业全方面推进艺术乡建落地"未来乡村"筑起新时代精神文化高地(下涯镇)。评出鼓励创新项目10个:打造"七大工程" 打响建德市堂前燕"七彩"宣讲品牌(市经济开发区)、选派文艺村长助推共同富裕(市文联)、"幸福方桌"礼遇"浙李"(李家镇)、"论"理行动 理"响"建德(市委党校)、传承千鹤妇女精神,贡献共富"她"力量(市妇联)、打造社区文化IP,共创美好未来家园(洋溪街道)、志愿服务的乾潭多跨场景样本(乾潭镇)、数智管家 打造新时代宣传主引擎(市数据资源服务中心)、打造"智在严州·数字文化"品牌 赋能千年宋韵古城(梅城镇)、技能大师志愿团(市人力社保局)。 (孙 航)

【《浙江文史记忆丛书·建德分卷》出版】2022年,省委宣传部组织编纂"浙江文史记忆丛书",其中"建德分卷"由建德市委宣传部委托市政协文史委组稿。"建德分卷"以通史的形式,叙述从旧石器时代浙江人类的始祖"建德人"开始,直至21世纪初叶建德之域的发展历程,内容涉及政治、社会、文化、经济、军事、宗教等方面。特别是浓墨重彩地记录新中国成立以来,建德在中国共产党和人民政府领导下所取得的发展成就。该书点面结合、详略有当,语言平白、图文并茂。全书32万字,2022年12月由浙江人民出版社出版发行。 (方 韦)

统一战线工作

【概况】2022年,全市统一战线工作坚持以习近平新时代中国特色社会主义思想为指导,深入学习宣传贯彻中共二十大精神和各级统战工作会议精神,围绕建德市委第十五次代表大会要求和部署,强化思想引领、凝聚同心合力、夯实统战基础,全力推动共同富裕,全面建设“宜居建德”,完成4个乡镇、12个部门单位的《中国共产党统一战线工作条例》贯彻落实巡察工作。全年开展主题教育活动26场,参加3000余人次。“七一”前夕举办“永远跟党走·奋进新征程 喜迎二十大·同心奔共富”文艺会演。全年举办培训班5期,培训学员300余名。开设“建德乡音”手机报,为2000余名在外乡贤每周推送家乡经济社会发展动态,全年推送5.4万余人次。

【建言献策获上级肯定】2022年,市委统战部制定《中共建德市委2022年政党协商计划》,出台《关于进一步完善政府部门与民主党派、工商联和无党派人士对口联系相关制度》,建立建言“直通车”制度。民革建德市委会《关于加强优质医疗资源西进提高县域就诊率的建议》获省委常委、杭州市委书记刘捷批示。引导和支持统战成员围绕市委、市政府部署的高质量发展推动共同富裕专项行动建言献策。民盟建德市委会关于教育共富《点燃“烛光”照亮梦想》获副省长成岳冲批示肯定。构建党外知识分子和新的社会阶层人士“同富建设联盟”机制,汇聚网络人士创建“助农富直播·同心荟”平台,全年助农200余人,年均增收12万元。

【民族宗教工作】2022年,建德市争取省市民族专项发展资金54万元,助推民族村振兴发展。高桥村“共富乡村畲美高桥”获评省级民族乡村共同富裕点。大同一小(民族小学)获评省级民族团结进步创建重点培育单位;大同镇“之江同心·稻香石榴红家园”获评杭州市“之江同心石榴红”引领单位。指导宗教场所开展各类平安法治创建,大同镇西竺山万福寺获评省级平安宗教活动场所;寿昌教堂获评省级宗教法治宣传教育基地。推进宗教中国化场所创建工作,梅城镇乌龙山玉泉寺获评省、杭州市宗教中国化场所,梅城镇永固堂获评杭州市宗教中国化场所。增强宗教界人士和信教群众的家国意识,国庆期间全市共有36个宗教场所1500余名宗教人士和信教群众参加升国旗活动。开展整治非法宗教活动,遏制非法宗教渗透蔓延工作;开展全市宗教活动场所危旧房安全整治和消防安全大排查等专项行动,全力维护宗教领域和谐稳定。

【“两个健康”建设】促进非公有制经济健康发展和非公有制经济人士健康成长。2022年,市委统战部开展“亲清直通车”恳谈会3次,为企业送服务解难题。举办银企恳谈会,以商会为单位银行信用贷款授信24亿元,服务全市近2000家民企。联合市人民法院开展“为企纾困解难、助力企业发展”专项行动,全年执行案件789件,为369家企业追回执行款1.5亿元,集中发放执行款2999万元。召开建德市深化政商“亲清联盟”暨2022年清廉建德建设工作部署会,营造风清气正的营商环境。浙江新化化工股份有限公司、杭州福斯特药业有限公司被评为杭州市清廉民企创建培育试点单位。

【侨务工作】2022年,市委统战部推出“侨心安”关爱归侨侨眷志愿服务活动,定点结对侨眷属12户,开展帮扶活动80余次。组织侨界志愿服务队走进侨企送法律、送科技。举办反诈骗和环保科技宣讲讲座。梅城“千鹤妇女精神教育基地”获评杭州市华侨文化交流基地,梅城镇侨胞之家获评杭州市“侨胞之家”。持续推动“村企结对”“村企联盟”共建共享新模式,5家新侨企业与3个村结对建设,并投入341万元用于各村扶持青年创新创业等。

【新乡贤回归工程】2022年,市委统战部推动新乡贤项目回归,全年由乡贤投资或引荐1000万元以上项目46个,总投资额达48亿元。指导14个乡镇(街道)成立“新乡贤共富基金”,主要用于产业扶持、尊老护幼、济困扶贫等方面,至年末基金总量达3332万元。杭州富航农业产业有限公司获评首批“杭贤+产业”带富案例。引导新乡贤参与矛盾调解,16个乡镇(街道)全部设立“新乡贤矛盾调解站”,全年调处化解矛盾纠纷156件,调解成功率98.2%。承办杭州市新乡贤工作推进会,并组织考察梅城镇乡贤馆等点位。同时,梅城镇作为唯一乡镇级代表在杭州市委统战工作会议上作典型发言。相关做法得到浙江省委统战部副部长谢辉,杭州市委常委、统战部部长朱建明和建德市委书记富永伟批示肯定。

【基层统战工作】2022年,市委统战部推动5个乡镇(街道)基层侨联完成换届。指导创建洋溪街道"融创·同心荟"实践创新基地、首批10家"同心共富"实践基地。制定《建德市乡镇(街道)统战工作"争先进位、晾晒比拼"活动实施方案》,下发《关于加强乡镇(街道)统战委员、统战干事队伍管理的通知》全年向7个乡镇晾出黑榜,推动5项重难点工作落实完成。 (姚 媛)

机构编制工作

【概况】2022年,全市机构编制工作围绕市委、市政府中心工作,推进重点领域体制机制改革,优化机构职能体系,创新人员编制管理,提高机构编制管理质效,为"全力推动共同富裕 全面建设宜居建德"提供机构编制保障。

年末,全市共有行政单位68个,其中党委部门11个、人大1个、政府工作部门26个、杭州市级部门派出机构1个、政府派出机构2个、政协1个、法院1个、检察院1个、民主党派4个、群众团体4个、街道3个、乡镇13个;事业单位252个(含参照公务员法管理的事业单位和群团组织39个),其中正科级20个(含5大领域综合行政执法队)、副科级15个、正股级217个。行政编制(含专项编制)2335名,实有2241人,另有工勤人员34人;事业编制(含参公事业编制)7932名,实有7729人;另有事业报备员额1216名,实有550人。

2022年,市委编办开展省委巡视问题"回头看"实地督查反馈问题整改落实,完成7个问题整改。

【"大综合一体化"行政执法改革】4月28日,建德市人民政府印发《建德市推进"大综合一体化"行政执法改革方案》的通知。调整设置建德市综合行政执法局,挂建德市城市管理局、建德市综合行政执法指导办公室牌子,撤销能源、民政、劳动监察、水利、林业等5支专业行政执法队伍,保留交通运输、市场监管、农业、生态环境、文化市场、自然资源、应急管理、卫生健康等8支专业行政执法队伍,构建"1+8"行政执法队伍体系。组建乡镇(街道)综合行政执法委员会和综合行政执法队,建立"市属镇用共管"机制,推动67%执法力量下沉,"一支队伍管执法"格局逐步显现。

【议事机构精简】中共建德市委机构编制委员会办公室(以下简称市委编办)明确议事协调机构的职责体系和工作专班的功能定位,2022年协助市委办和市府办梳理整合全市议事协调机构,数量从240家精简至191家,精简比例达20%;落实议事协调机构审核规定,办理临时机构3起。

【开发区(园区)整合提升】3月31日,建德市人民政府《关于建德市开发区(园区)整合提升方案的通知》印发。将建德经济开发区管委会、建德市高铁新区经济发展中心2个园区整合提升为建德经济开发区管委会1个园区,增挂建德市航空小镇管委会、建德功能性新材料高新技术产业园区管委会牌子。完善开发区(园区)和属地乡镇(街道)、职能部门职责边界职能清单体系,统一行使开发区行政管理职责,剥离开发区管委会社会事务管理职能,聚焦产业培育、人才引进、招商引资等经济发展主责主业,为打造高能级战略发展平台提供有力保障。

【基层治理管理体制改革】10月10日,《建德市深化基层管理体制改革实施方案》出台。搭建镇街标准化运行架构:乡镇(街道)内设机构按照"1+4+X"模式设置,"1"为综合信息指挥室;"4"即对应"党建统领、经济生态、平安法治、公共服务"四条跑道设置的党建综合办公室、经济生态办公室、平安法治办公室、公共服务办公室,"X"为根据工作需要和特色自行设置的内设机构。推进大洋镇试点建设。组建市社会治理中心,加挂市综合信息指挥中心牌子,撤销市社会矛盾纠纷调处化解中心和市基层治理综合指挥保障中心,实施乡镇(街道)行政编制周转使用管理,统一编制岗位目录清单实行岗位管理,确保"1612"体系与"141"体系上下衔接贯通。"1612"体系架构为:第一个"1"即一体化智能化公共数据平台(平台+大脑),"6"即党建统领整体智治、数字政府、数字经济、数字社会、数字文化、数字法治六大系统，第二个“1”即基层治理系统，“2”即理论体系和制度规范体系。“141”体系架构为：第一个“1”指县级社会治理中心；“4”指乡镇(街道)基层治理“四个平台”，通过大口子综合管理，形成以监管执法、应急管理、综治工作、公共服务为主要内容的乡镇治理主体框架；第二个“1”是村社网格。

【国有资产管理体系改革】市委编办完成财政局“三定”调整。8月19日，《建德市国有资产管理服务中心主要职责、内设机构和人员编制规定》印发。将国有资产管理服务中心调整为市政府直属正科级事业单位，承担建德市国有资产管理委员会日常工作。国有资产管理服务中心隶属市国资委管理实行独立运作，进一步理顺国资委、国资办、国有资产管理服务中心三者关系，完善国资委、国资办、国资管理中心议事规则。国资办和国有资产管理服务中心，在国资委的统一领导下，各负其责，共同推进全市国有资产监督管理，做优做强国有企业，确保国有资产保值增值。国资办落实国资委决策部署，提出国有资产管理相关制度、相关规划计划编制草案，加强负责行政事业性资产管理。具体负责机关事业单位国有资产管理。国有资产管理服务中心按照国资委决策部署，承担国有企业的监督管理，指导国有企业强化资产运营、加强风险管控，推进国有企业管理体系和管理能力现代化建设。整合撤销原市国有投资发展有限公司、市金融控股有限公司、市高铁新区投资发展有限公司、市千岛湖通用机场有限公司等国有公司，设立市国有资产投资控股集团有限公司、建德经开集团控股有限公司、市新安物业管理服务有限公司，优化国有企业人力资源要素配置。

【事业单位政事权限清单试点】2022年，市委编办坚持“政事分开、管办分离”要求，选定市教育局、市人力社保局、市民政局等3家单位作为试点，牵头指导事业单位政事权限清单梳理工作，明确主管部门与所属事业单位间的权责边界，赋予事业单位自主权。

【深化权责清单制度】2022年，市委编办建立属地管理事项责任清单、协同机制、工作流程、会议纪要、示范案例“五个一”体系，清单事项从83项动态调整到99项。推进基层治理“一件事”改革，对准党建统领、经济生态、平安法治、公共服务四条跑道，制定“新安·17治理”数字化应用清单12658个，初步形成新安智矿等“一件事”4项。推进监管事项集中梳理认领工作，认领“互联网+”监管事项9824项，实现事项认领率100%，行政检查事项覆盖率100%。

【教育卫生编制保障】2022年，市委编办推动教育编制资源均衡化优质化，推动建立美好教育共同体，公开招录教师75名，市委党校、工业技校、严州中学引进5名高层次人才。优化全市幼儿园教学资源布局，设立建德市彩虹幼儿园，指导2家幼儿园转为公办幼儿园，科学调整公办幼儿园教职工编制、领导职数，破解全市幼儿园教职工编制不足难题。深化公立医院报备员额管理使用，核增全市公立医院报备员额73名，公开招聘医护人员164名，引进高层次人才13名，推动洋溪街道社区卫生服务中心实体化运转，为医院引进培养人才提供制度性保障。

【党政机构运转保障】2022年，市委编办完成各单位内部审计职责和机构调整。市交通运输信息服务中心加挂市邮政业安全服务中心牌子；市数据资源局数据资源科加挂基础设施与安全科牌子。市信访局内设机构办信科（复查复核科）增挂人民建议征集办公室牌子。增加市政协委员工作委员会、网信办、人力社保局、法学学会等领导职数。

【人才引育保障】2022年，建德市健全党管人才工作领导体制，畅通优化人才工作机制，设立建德市高层次人才发展服务中心、重点职能单位人才工作科室、建德经济开发区管委会人才服务管理办公室、开发区(航空)产业促进中心人才合作部、乡镇(街道)层面人才管理岗，科学合理制定全市公务员和事业人员招录计划，用活“行政事业编制周转池”，持续为基层一线和重点领域部门积蓄人才资源。全年引进党政储备人才 23 名，招录公务员 108 名，事业人员 267 名，有效缓解部分单位人员年龄、学历结构不合理以及专业技术人员紧缺等问题。

【事业单位机构编制管理】2022 年，市人大代表服务中心、市政协事业发展中心、市干部人事档案管理中心等事业单位设立；市社会福利院加挂市未成年人救助保护中心牌子。明确劳动保障管理服务中心等 5 家事业单位机构编制规定。增加卫生健康事业服务中心、志愿者工作指导中心等事业编制事项，采取“退一收一”方式逐步收回市容环卫保障中心编制 16 名。

【事业单位登记管理】2022 年，市委编办建立“一事项一指南” 完整业务指导、“单位证书到期预警”、容缺受理特事特办、“黑名单”等机制，全年办理各类审批事项 100 余件。完成科教文卫四大领域之外提供公益服务的 134 家事业单位章程制定，实现事业单位章程全覆盖。开展为期 2 个月的事业单位法人公示信息抽查“双随机、一公开”，全市 270 家事业单位完成年度报告公示工作。清理规范中文域名赋码，实施中文域名注册动态管理，全年办理各类事项 24 个。

【规范机构编制事项办理流程】根据《关于规范机关事业单位机构编制事项动议与论证程序的意见(试行)》和《关于进一步规范机构编制请示事项报送工作的意见(试行)》，2022 年，市委机构编制委员会召开 5 次会议讨论议题 19 项，办理机构编制请示事项 48 件，办理用编预报 160 余件，办理中层职数使用预报 60 余件。

【机构编制精细化管理】2022 年，市委编办及时完善更新机构编制实名制管理系统，整改编外人员重复数据 30 余条、学历信息错误数据 61 条、单位及人员经费形式不一致数据 110 条。完成省数字化监管平台反馈问题核实，整改填报信息错误 20 余条、行政职务清单错误 280 余条，系统原因列入白名单的问题 202 条。建立“周统计月分析季报告”机制，为组织人事、财政预算、疫情防控等各项工作提供报表服务 30 余次，提升机构编制智能化水平。　　**(洪　坤)**

党史和地方志工作

【概况】2022 年，建德市党史和地方志工作围绕中心、服务大局，扎实做好党史编研、年鉴编纂、党史宣讲、资政研究、红色场馆数字化改造提升、地方史料挖掘，助推全市重大主题活动等工作。中共建德市委党史和地方志编纂研究室（以下简称市委史志编研室）黄建生入选浙江省地方志“151”人才工程首批省级方志专家名录，杨忠平获评全省党史和文献工作先进个人。

根据上级统一部署，市委史志编研室将《中国共产党建德历史(1978—2002)》一书的下限延至 2012 年。重新调整全书纲目设计，续写新增正文内容，10 月提交省、杭州市党史专家组审稿，编纂工作进度走在杭州市前列。审核“双童”烈士纪念馆提升改造展陈史料内容、布展设计，丰富和提升展陈水平。7 月 11 日，该馆重新开放。争取省、杭州市党史胜迹保护专项经费 42 万元，助力千鹤妇女精神教育基地、中共严衢工委纪念馆建设。继续发挥堂前燕红色宣讲团作用，全年深入基层镇村(社区)、学校、企业等开展“红色文化送基层”党史宣讲活动 173 场，听众 8000 余人次。制作党史学习教育短视频“钢铁老厂区变身航空小镇”“巾帼风采 魅力千鹤”，分别获得浙江省“百年风华辉煌十年·浙 YOUNG 说” 二等奖和三等奖。助推基层修志和地情资源开发利用，指导机关部门、乡镇(街道)、村(社区)编写志书 21 部。2022 年编印内部学刊《建德史志》3 期（2021 年《建德往事》休刊，共出 13 辑。《建德史志》创刊，准印证号：浙内准字〔2021〕1024 号）。

【撤县设市 30 周年征文活动】1992 年建德撤县设市，是建德发展史上的新起点。2022 年，市委史志编研室会同市委宣传部、市文联举办“迎接二十大、纪念撤县设市 30 周年”有奖征文活动。共征集作品 133 篇，以不同视角展示 30 年来建德在经济

◎ 建德市"撤县设市"30周年征文活动颁奖(市委史志编研室提供)

发展、城乡建设、社会事业、民生福祉等方面所取得的成就。评选出优秀征文22篇,编印《建德史志》"纪念建德撤县设市30周年征文选"。

【《建德一村一故事》出版】市委史志编研室2021年着手编纂微村志《建德一村一故事》,搜集整理全市建制村历史沿革、村情概况、方言民俗、历史故事、村容村貌等各方面的图文资料,记录农村变化、保存村落记忆,助力建德实施"文化活力跃升工程",擦亮"德文化"地域品牌。2022年6月,首批70个村的《建德一村一故事(第一集)》由西泠印社出版社出版发行。全书图文并茂,资料丰富,客观真实反映各村庄历史和现状,生动反映其特色鲜明的乡土文化。

【《建德年鉴(2022)》出版】该书是《建德年鉴》2000年开始编纂后的第23卷,较翔实记录2021年建德市围绕"奋进新征程,重塑新优势,全力推动共同富裕,全面建设'宜居建德'"目标,在政治、经济、文化、社会和生态建设等方面的基本情况。是读者了解当年建德基本信息的地情工具书。全书74万字,设35个类目、182个分目、1172个条目,收录照片152幅,图表20张。2022年12月,该书由方志出版社出版。

【建德党史云展馆上线】2022年,市委史志编研室按照党史资源"线上""线下"同频共振的要求,推进"党史+党建"工作融合,开展建德党史云展馆建设。对红色场馆展陈史料讲解词进行审核完善,将红色场馆实景通过VR信息采集等手段,制作高清晰度"线上"数字实景展馆。完成新安江水电站展览馆、千鹤妇女精神教育基地、中共建德小组纪念馆、"双童"烈士纪念馆、浙大西迁纪念馆、横钢纪念馆、江西县民主政府纪念馆、中共严衢工委纪念馆、寿南暴动纪念馆、严州中学校史馆等10个场馆的数字实景制作。通过"宜居建德"App、杭州党史网站等应用场景上线,为全市党员干部提供便捷的"线上"党史学习教育资源。 (胡日星)

党校教育

【概况】2022年,全市党校教育工作把握"党校姓党"根本原则,围绕市委中心工作和党校主责主业,坚持质量立校、人才强校、从严治校,以浙江省县级党校(行政学校)分类建设评估为契机,全面提升办学治校水平。

中共建德市委党校(以下简称市委党校)、建德市行政学校和建德市社会主义学院实行"三校合一"办学模式,校长(院长)分别由市委组织部部长、市政协副主席兼任。内设办公室、教育科、社会培训科、信息调研科(市情研究室)、后勤服务科5个科室和二级事业法人单位"建德干部教育培训服务中心"。

市委党校完成新一轮中层干部竞聘上岗,配

备中层正职干部5名，副职干部2名。加强人才储备，选派2名青年教师分别赴浙江省、杭州市委党校开展秋季学期挂职锻炼。培养专业能力，完善新课试讲功能，形成“1名老师讲课，全体老师评课，相互批评指教，共同成长提高”的良性机制；建立导师带徒、乡镇蹲点调研、教学科研竞赛等机制，提升青年教师业务能力；定期邀请上级党校专家教授进行“一对一”指导，促进教师专业化成长。

【中共二十大精神学习贯彻】2022年，市委党校召开校委会会议20次，第一议题传达学习习近平总书记讲话和中共二十大精神。组织全体教职工集中收看中共二十大开幕式，组织党小组讨论，开展教研组研讨，认真研读报告原文；快速启动相关课程研发，及时调整在校班次教学安排和待开班次教学计划，把中共二十大精神作为各班次重点教学内容；各教研组结合学科研究方向和师资情况，组织专题研讨4次、专题磨课2次，推出专题课9堂；7名教师入选中共二十大精神宣讲团，多名青年教师在浙江省严州中学课余党校开展中共二十大精神主题宣讲。

【“标杆引领类”党校创建】根据1月省委办公厅下发的《关于推进全省县级党校（行政学校）分类建设的意见（试行）》，建德市委党校看开展争创“标杆引领类”县级党校工作。完善《教职工绩效考核办法》，建立“破难突围·扛旗竞跑”教学科研竞赛榜，制定暑期调研月教师任务卡、冬季教师“教研咨”工作清单，压实工作责任；推进环保节能工作，绿化美化校园；加强生态文明教学工作，定期举行内部培训，将生态文明渗透进党校教育体系。

【地方特色课程打造】2022年，市委党校立足学科特色，讲好“建德故事”。建立精品课程建设组，团队成员老中青相结合，邀请党校系统专家教授进行课程论证和打磨，深挖建德特色资源，重点围绕宋韵文化、“三自”精神、千鹤妇女精神等，努力打造具有理论品质和地方特色的系列精品课程。在第九届杭州市委党校系统精品课评选活动中，《千鹤妇女精神及其时代价值》获精品奖。

【教育培训】5月20日，全市推进领导干部新能力建设暨市委党校2022年主体班开班。市四套班子领导和法检两长到党校主会场、各乡镇（街道）以视频形式设分会场，结合建德发展实际，市委书记富永伟作专题授课。2022年市委党校举办各类班次35期，培训学员3000余人次，市委常委到党校讲课21人次，主体班课程覆盖率达100%，主体班次的理论教育和党性教育课程占总课时77.1%，党性教育课程总量达到总课时的28.4%，习近平新时代中国特色社会主义思想课程占理论教育总课时比例58.1%。培训期1个月以上班次均安排党性分析，以市管干部进修班、中青年干部培训班为重点班次，打造以“实战实用实效”为核心的干部教育培训品牌。完成社会办班22期，参训学员1400余人。发挥社会主义学院培养统一战线人才的作用，全年举办基层统战干部培训班、民主党派骨干培训班、宗教界人士培训班以及侨界人士培训班等各类统战培训班7期，参训学员340人次。

【教学资源开发】2022年，市委党校根据“大学科”建设要求，成立4个学科团队，全力建设“教研创新团队”、新聘任领导干部、村书记、优秀农创客等优秀专业人士为主体的兼职教师20名。申报新安化工集团股份有限公司为第二批“追随总书记的脚步”杭州精品现场教学基地，挖掘潜在内涵，深化基地建设，按照“一个基地、一个主题、一堂理论阐述课”思路，突出实用实效导向，提档升级，围绕沿着总书记的足迹、文化高地、链组党建、乡村振兴等主题分组分类开展教学基地集中回访，根据基地实际现状，做好现场教学基地提档升级工作，新认定8家并保留原有17家现场教学基地。

【咨政科研与调研】2022年，市委党校10名教师加入杭州市委党校大学科团队、2名教师成为杭州市委党校共富研究中心兼职研究员。有7名教师在年度省委党校理论研讨会、省科学社会主义学会研讨会上获三等奖及优秀征文奖5篇，杭州市党校系统案例主题征文二、三等奖4篇、咨政三等奖1篇。1篇合作咨政报告获得省委常委、杭州市委书记刘捷批示，5篇咨政文章获建德市委常委以上领导7个肯定批示；获省级立项课题5项（其中浙江省哲学社会科学重点研究基地专项课题1项、省委党校基地课题1项、省委党校社科联课题2项、省文旅厅1项）、杭州市级课题立项13项（其中杭州市社科联1项、杭州市委党校社科联12项），完成省级期刊发表6篇，发表《今日建德》“八八战略、喜迎二十大”理论专刊文章6篇。

加强调研，协助乡镇（街道）、机关部门梳理总结工作经验，为市领导提供决策参考。强化专家带学，邀请省、杭州市委党校专家做好咨政选题和辅导，邀请杭州市委党校教授带领教师到乡镇实地调研，传授调研技巧。强化教师笃学，深化周研日、月科研日、教师能力素质提升周等活动，开展科研咨政“扛旗竞跑”亮晒活动，一是提升教师科研咨政能力。联系省社科院、杭州师范大学等专家赴建德召开宋韵文化座谈会；邀请省委党校专家赴更楼调研合作化模范邓家乡，促成“马克思主义研究院教研基地”落户更楼“合作共富学堂”；邀请省委党校教师完成改革办“新产业新动能”课题和组织部“链组党建”课题。二是为基层引进高层级智力支持。

【红色学府建设】2022年，市委党校推进“红色蜂巢行动2.0”行动，倡导“忠诚、团结、勤奋、担当、奉献、自律”的蜜蜂精神，全力建设“党建强、队伍优、业务精、风气正”的红色学府，“午间一刻”党建品牌宣传上学习“学习强国”省级学习平台。在建校70周年之际，组织编撰校史，召开建校70周年历任校领导、老教师座谈会，传承党校优良传统，凝聚党校发展的精气神，提升党校“红色自信”。作为新冠疫情防控临时隔离点，做好防控工作，为留观人员提供精细化后勤保障，获得群众肯定。

【专题宣讲】2022年，市委党校开展浙江省第十五次党代会精神、中共二十大精神等各类专题宣讲200余期，受众1.2万人次。4人入选为中共二十大精神建德市委宣讲团成员，3人入选“堂前燕”中共二十大精神建德市级宣讲团；2名青年教师微宣讲视频被“学习强国”全国平台转载；成立“红色使者宣讲员”志愿者服务团队，为村镇干部、返乡大学生、一线工人、农民等进行宣讲。（赵 倩）

老干部工作

【概况】2022年末，建德市共有离休干部72人，包括安置托代管18人（其中，易地安置在建德2人、受托管理杭州市属在建德企业10人、代管浙江省杭州市属在建德单位6人）。按时期分：抗日战争时期7人、解放战争时期65人；按单位性质分类：党政机关22人、事业单位20人、企业单位30人；按享受待遇分：处（县）级政治、生活待遇31人（含地专级医疗、乘车待遇1人），科局级政治、生活待遇41人。有市级离退休干部32人（含离休1人）。

离休干部蒋辉庭获评国家级“保密故事优秀讲述人”。离休干部王少辰、退休干部黎绵和获评2022年度省级“银尚达人”，退休干部翁化彦家庭获评2022年度省级“银尚之家”。王江平、黎绵和获评“杭州市银色人才领军人物”。

中共建德市委老干部局获2022年度全省老干部工作部门十佳信息工作先进单位。“做一日孝子”活动入选浙江省委老干部局服务管理百件大事。

【新思想学习宣传】2022年，市委老干部局组织离休干部集中学习2次。组织老干部系统中共二十大精神学习会、支部书记“共同富裕”主题培训班、学习贯彻省第十五次党代会精神专题班，邀请市委书记富永伟、省委党校教授、杭州市委老干部局专家等开展二十大精神学习辅导和对《关于加强新时代离退休干部党的建设工作的意见》解读宣传。

【“银耀新安·助力共富”专项行动】2022年，市委老干部局组织市级老领导开展“跨越赶超·银龄助力”走基层、看变化、促发展活动11次，参加200余人次，为建设共同富裕示范区建言献策。举办“我看‘撤县设市’30年新成就”专题调研、主题征文展、老同志访谈等活动。举办杭州市“喜迎二十大，银领先锋奔跑共富路”出征仪式暨庆祝全国第十个老年节大型广场志愿服务活动，倡议离退休干部党支部与农村基层党组织开展支部、党员“双结对”,助力共同富裕。全年开展“流动老年大学”进基层志愿服务36场次,服务群众近3000人次。老年大学夕阳红艺术团送文化下乡、送戏曲进校园、慰问敬老院演出21场次。多名教师学员以“文艺村长”“文化管家”身份返乡“种文化”带动村民走上精神共富路。

【党组织规范化建设全覆盖】2022年,全市有86个离退休干部党支部和2800余名退休干部党员。市委老干部局制定《建德市离退休干部党支部规范化建设实施细则(试行)》,规范离退休干部党支部组织生活、理论学习、收缴党费和流动党员教育管理等制度。推进全市78家(不含临时党支部)离退休干部党支部规范化建设全覆盖。中共建德市委办离退休干部党支部等21家支部获评浙江省第三批规范化离退休干部党支部。为1名百岁和9名90周岁的离休干部举办集体生日会。为26名解放战争时期离休干部拍摄、制作和发放《红色足迹(5)》老干部光辉岁月相册。围绕“组织设置好、班子建设好、党员队伍好、学习活动好、作用发挥好、制度坚持好”六个方面,在全市86个离退休干部党支部和2800余名党员中开展争创“六好”银领党支部、争当“银领先锋”活动。市老干部特爱工作室等16个支部获评第一批“六好”银领党支部,曹贵等30名离退休干部被评为第一批“银领先锋”。5家支部申报创建省级“三强六好”示范党支部。

【老干部活动阵地建设】2022年,市委老干部局推进老年教育联盟建设,培育优质老年大学分校(教学点),新建梅城镇老年学校、新安江街道老年学校、乾潭镇老年学校、寿昌镇横山社区老年学堂、汇泉馨安家园老年学堂5所“家门口”老年大学。不断优化老年大学课程体系、建强教师队伍、创新教学方式,开设6大类26门专业50个班级,招收学员1249人1901人次。建成16家“金秋驿站”,经单位申报、验收评定,评定五星级金秋驿站1家、四星级金秋驿站8家、三星级金秋驿站3家。其中新安江街道健安社区“金秋驿站”被浙江省委老干部局评为2022年度“乐活驿站”。

【“5G敬老智慧关爱系统”试点】2022年,市委老干部局与涉老部门合作,发掘智慧养老产品和应用,运用“5G敬老智慧关爱系统”多跨场景、多维度对离退休干部进行数字化管理,提供精准化智能化服务。列为杭州市智慧养老试点。2022年完成离退休干部住房适老化改造31户,为期3年共完成65户。依托“家门口”老年大学、金秋驿站、老党员驿站等资源,为离退休干部提供“四就近”(就近学习、就近活动、就近得到关心照顾、就近发挥作用)服务。依托新安夕阳志愿服务大队和银龄反诈代言人,持续在涉老阵地平台、乡镇(街道)和村(社区),开展防范电信网络诈骗、银龄互助跨越数字鸿沟等科普行动35场次,受益群众1000余人次。发布线上“空中课堂·一周一公益微课”80期,点击率2.3万人次。开设手机应用、电脑基础、手机摄影等“实操课”220节,参与老年学员9000余人次,让离退休老干部走进数字时代享受智慧生活。智“绘”“心”服务的5G数字赋能居家养老工作被纳入2022年杭州老干部工作“影响力最佳”案例。

(高卫华)

信访工作

【概况】2022年,全市信访工作以“护航二十大”为主线,以“积案清零、清单销号和源头治理攻坚年”活动为抓手,扎实推动信访工作优化,全市信访形势稳中有进,信访生态持续向好。中共建德市委、建德市人民政府信访局(以下简称市信访局)共受理群众信访3140件,其中来信180件、网上信访2340件、受理群众来访620人次。“12345”受理总量9.14万件。国家、省、杭州市交办的4批286件积案完成动态“清零”。

【平安护航中共二十大】2022年,市信访局印发《建德市信访工作联席会议工作规则》,明确联席会议性质和人员组成、职责任务、会议制度、日常工作制度等规定,全市16个乡镇(街道)均建立信访工作联席会议制度,明确方案,开展实体化运作。严格落实市领导包案、坐班接访等工作。集中开展矛盾纠纷大走访大排查大化解活动，从各层级发力，在各网格着力，织密排查网，从源头上减少和预防社会矛盾。市信访局被评为全省“平安护航党的二十大”成绩突出集体。

【信访积案实现“清零”】2022 年，市信访局收到上级交办积案 4 批 286 件，通过包案领衔、研判晾晒、张榜通报、难点研究、联席推动等举措，克难攻坚，全面实现动态“清零”。全年召开重要协调会 70 余次，形成会议纪要 20 余份，化解俞某声等信访积案 138 件，其中 15 年以上 33 件次，10—15 年 45 件次，5—10 年 60 件次。市信访联席会议领导小组专题研究制定涉农项目立项前先行信访联审等有效举措，相应做法在杭州市积案化解清零行动周晾晒中列为最佳实践。《情理法齐上阵 从憋气、硬气到通气——建德市下涯镇宋某信访积案成功化解》案例被《杭州信访》第 70 期刊发。全年共终结信访积案 11 件，其中听证终结 4 件、复查复核终结 2 件、涉法涉诉终结 5 件。

【“12345”工作提升质效】2022 年，市信访局持续完善“12345”信访工作闭环，发现、梳理、总结平台交办转送过程中的问题，不断细化受理、交办、反馈、回访全过程办理流程。严格执行“日日清、周周结、月月审”工作机制，加大对重复件、疑难件等信访事项的跟踪、协调督办力度，强化跟踪回访，全年共牵头召开协调会 60 余次，赴现场踏勘协调 40 余次，确保办理到位、解决到位。做好重点领域工作梳理，及时更新知识库，完善配套工作机制，如建立涉疫咨询响应机制，与市疫情防控指挥部实时对接，梳理制定统一答复口径，做到“涉疫特急件”2 小时响应，12 小时办结；“涉疫紧急件”4 小时响应，24 小时办结。全年累计受理疫情相关来电 26470 件，其中解释答复 18786 件、交办 7684 件，均妥善解决。强化考核“指挥棒”作用，坚持问题导向，优化考核细则，按承办总量分类考核，每月定期通报各网络单位“效能指数”测评结果，并将全年“效能指数”考核结果以一定权重纳入年度信访工作考核，层层压实事权单位工作责任，提升“12345”办理规范化程度。

【信访工作督查和培训】3 月 17 日，市委信访联合督导组成立。至年末开展四轮联合督查，通过听取汇报、座谈讨论、查阅案卷、明察暗访、约见信访人等方式进一步压实乡镇(街道)及事权单位信访工作责任。5 月，举办全市信访干部能力提升培训班，由市委副书记作开班动员，学习信访工作条例及业务实操，全市信访干部化解信访问题能力得到提高。向上对接杭州市第二批“双查三建议”(查源头、查过程，提出改进工作、完善政策、追究责任的建议）试点地区并在全市第四次信访联席会议上作专题部署。市委副书记赴有关乡镇(街道)听取“双查三建议”工作进度。市纪委对全年信访督查发现(移交)的干部失职渎职类信访问题依纪依法进行追责问责并通报，全年共追责问责 7 人次。

（徐　康）

档案工作

【概况】2022 年，建德市档案馆接收党史学习教育专题档案 454 件、2021 年度疫情防控档案 1084 件、撤县设市三十周年电子档案 189 件、2020—2021 年度出生医学证明档案 125 卷、人物档案 15 件，接收全市 16 个乡镇（街道)2006—2015 年实体档案及数字化成果 1.72 万卷、5.48 万件。年末市档案馆共有馆藏实体档案 35.15 万卷、29.62 万件，全宗 339 个。其中民国时期档案全宗 20 个全部数字化。馆藏档案数字化率 98%。全年窗口接待档案查阅 5290 卷、396 件，接待 5144 人次。掌上查档访问量 5304 人次、异地查档服务 270 人次、电话查档 250 人次。依法对全市 83 家立档单位、10 家档案服务公司开展监督指导，全年开展“双随机”检查、重点专项检查 3 次，检查 22 家单位。

【基层档案管理】2022 年，市档案局推进镇(村)级规范化档案室建设，做到村级档案室规范化全覆盖。将村级档案规范化建设、镇级规范化数字档案室建设及重大活动档案收集归档等工作列入大党建考核。全年共建成规范化数字档案室 15 家、示范数字档案室 2 家，市司法局被浙江省档案局认定为业务评价良好单位，为建德市首家。完成 16 个建制村档案备份工作。

【红色档案资源库建设】2022 年，市档案馆建设红色档案资源数据库，接收 1200 件具有建德特色的红色档案进馆。其中“新安江水电站建设档案”由浙江省档案馆牵头，与新安江水力发电厂、杭州市档案馆、淳安县档案馆联合申报国家级第五批《中国档案文化遗产名录》。新安江水电站“三自精神”红色档案获批浙江省档案科技项目。

【档案数字化改革】2022 年，市档案馆结合国家级数字档案馆评价工作，深化档案数字化改革，实现全市立档单位档案指数实时监管，完善民生档案“掌上查”、机关档案网上办。在全市面上重点推广“建德掌上查档”应用成果。全年先后开展拍摄数字化改革宣传片、参加全市数字化改革成果展等工作。印发宣传册 2000 余册，各类媒体宣传报道 10 余次。上门指导各乡镇、部门 50 余次。

【档案文化宣传】2022 年，市档案馆完成《跟着档案去旅行——新叶村露天博物馆和新叶昆曲》档案宣传片拍摄，并在浙江电视台新闻频道播放。协办“建德撤县设市三十周年主题展”，提供《关于浙江省撤销建德县设立建德市的批复》等 10 余份重要文档史料，上千幅对比照片，以及各类重要实体、实物展品，共计 3 万余人次观展。（程思思）

社科联工作

【概况】2022 年，全市社会科学工作贯彻习近平新时代中国特色社会主义思想和中共二十大精神，围绕中心、服务大局，激发基层社科队伍的积极性和创造性，基层社会科学工作取得新成果。《数字技术赋能乡村智治的实现路径研究——以建德市“建村钉”治理实践为例》课题被纳入 2022 年度杭州市社会科学界联合会课题并结项；千鹤妇女精神教育基地的“传承‘严州宋韵’、讲好‘亚运故事’”被评为 2022 年度杭州市社科普及基地重点项目，并获得资助。

建德市社会科学联合会（以下简称市社科联）参加杨村桥镇长宁村“互助长宁”项目扶持培育，完成项目一期建设工作。

打造群众爱用管用的服务平台，在群团集市平台推出博物馆“品宋”系列专栏和“宋韵严州”系列专栏。2022 年完成“数智群团”注册数 313 人次，风采展示 25 条，活动集市 14 条。开展建德市“超集星期五”第 15 期——“我在建德迎亚运”亚运知识有奖竞赛活动。

【社科普及活动】2022 年，市社科联指导社科讲师团成员结合习近平总书记考察浙江重要讲话精神和美丽建德建设实践等内容，备课形成“2022 年度社科讲师团课程菜单”，并以“西乡讲堂”“莓好播报”“百场社科讲座进基层”等宣讲活动为载体，将精选课程推送至新时代文明实践站所、村文化礼堂等基层阵地，打通理论宣传宣讲的“最后一公里”。指导社科宣讲点做好特色传承及互动宣讲。其中“堂燕前·永成茶馆”、杨村桥“莓好播报”总站、新安江街道党群服务中心等杭州市级社科普及宣讲点多次邀请杭州社科讲师开展专题授课。

【社科基地建设】2022 年，市社科联重视基地的自身建设、内生机制，引导各基地策划中长期科普计划、品牌活动。市博物馆围绕“严州宋韵”、严州中学围绕“模拟导游培训与实践”、大同书院围绕“学习亚运知识”等开展活动。推荐建德航空小镇作为浙江省社会科学普及重点基地的遴选基地。建德市博物馆获批杭州市级社科普及基地。至年末，全市有社科普及基地 35 家，其中有省级 3 家、杭州市级 6 家、建德市级 26 家。（孙凌燕）

责任编辑：徐　健

建德市人民代表大会

The People's Congress of Jiande

综 述

2022年是建德市第十七届人大常委会履职的开局之年。市人大常委会以习近平新时代中国特色社会主义思想为指导，在市委的领导下，深入学习贯彻中共二十大精神，紧跟市委决策部署，紧扣建德市第十七届人民代表大会第一次会议确定的目标要求，紧贴全市人民美好生活需要，积极践行全过程人民民主，依法履行宪法法律赋予的职责，为全力推进共同富裕、全面建设"宜居建德"贡献力量。

市人大常委会提升履职能力，围绕优化项目生成机制、优化征地拆迁安置方式、"平安建德"建设、防范化解因病致贫返贫等8个课题开展专题调研，为市委、市政府决策提供参考；举办学习贯彻中共二十大精神、规划审查等主题培训班，组织常委会组成人员履职专题培训，开展"委办主任每月讲"活动；增设人大代表服务中心，增强工作力量；信息宣传工作量质并进，90余篇信息宣传文章被省级以上媒体刊物录用。

市人大常委会强化代表履职保障。举办财经监督、代表联络站迭代升级等专题培训，首次将乡镇人大代表小组组长和居民议事会小组组长提级培训。落实常委会组成人员联系人大代表制度，常委会主任、副主任带队全覆盖走访省、杭州市、建德市三级人大代表。开展代表小组定向视察，全部18个市人大代表小组对26个政府工作部门开展定向视察，提出意见建议219条。坚持人大常委会领导领衔督办、政府领导领衔办理重点建议制度，推动重点督办件高质量办理；一般建议工委分线督办，做到代表建议督办"一件也不少"。拓宽建议办理满意度测评渠道，在政府部门"面对面"意见征集的基础上，常委会开展"背靠背"电话问询，掌握代表意见，对代表不满意的建议实行二次办理。市十七届人大一次会议上代表共提出建议135件，其中解决或基本解决102件，解决率为75.6%，满意率为100%。

市人大常委会坚持班子成员分片联系乡镇（街道）制度，贯彻落实乡镇（街道）人民代表大会工作"两个条例"，专题召开全市乡镇（街道）人民代表大会工作会议；新设经济开发区人大代表联络处，指导召开开发区工作议事会，实现人大工作向开发区延伸；开展全过程人民民主试点村社创建工作，助推人大工作融入全市基层治理体系。

市人大常委会完成12个应用场景建设，基层单元场景应用与"17治理"平台深度融合，意见建议一键直达，实现分类办理、反馈评价、评估监督全流程闭环；财经综合监督应用场景与发改、财政、审计等部门实现数据共享、多跨协同，使监督更精准实时高效。

市人大重要会议

【概况】市人大常委会全年召开常委会会议9次，听取和审议"一府一委两院"专项工作报告24个，作出决议、决定15项，发出各类监督意见书16件，组织视察检查9次，主任会议听取专项工作汇报12次，依法任免国家机关工作人员76人次，审查市政府报备的规范性文件15件。

【市第十七届人民代表大会第一次会议】2月11—14日在新安江召开。大会应到代表246人，实到245人,列席人员147人。

2月10日下午召开预备会议,选举产生由46名成员组成的会议主席团,选举会议秘书长,表决会议议程。会议期间,举行4次全体会议、5次主席团会议和2次财政预算审查委员会会议。会议听取和审查代市长王新锋所作的市人民政府工作报告、市发改局所作的建德市2021年国民经济和社会发展计划执行情况与2022年国民经济和社会发展计划草案的报告(书面)、市财政局所作的建德市2021年财政预算执行情况及2022年财政预算草案的报告(书面)、市人大常委会主任叶万生所作的市人大常委会工作报告、市人民法院代院长戴朝阳所作的市人民法院工作报告、市人民检察院代检察长邱生权所作的市人民检察院工作报告,并通过相应决议。审议建德市2021年环境状况和环境保护目标完成情况和2021年政府民生实事项目完成情况的报告(书面)。

大会选举吕平为市第十七届人大常委会主任,王新锋为市人民政府市长,徐军飞为市监察委员会主任,戴朝阳为市人民法院院长,邱生权为市人民检察院检察长,夏喜生、吕建月(女)、吴岳炎、徐拥军、姜建生、刘国金为市第十七届人大常委会副主任,陈文岳、王伟、何瑞洪、袁思明、李俊(女)、方华为市人民政府副市长。大会对2021年市政府10件民生实事项目完成情况进行满意度测评,测评结果均为满意;票决产生2022年市政府10件民生实事项目。

会议期间收到代表议案建议135件。收到10人以上代表联名提出议案31件,其中工业交通方面9件、农业农村方面9件、城建环保方面2件、商贸文旅方面4件、民生保障方面3件、科技教育卫生方面1件、其他3件。收到代表提出的建议意见104件。对这些议案和建议,交由市政府及有关部门研究办理,并负责答复。

【“一府两院”工作报告会】8月19日,建德市人大常委会召开“一府两院”工作报告会,市长王新锋代表市政府报告全市上半年经济社会发展情况和下半年工作计划。市法院、市检察院书面报告上半年工作和下半年工作计划。

【市人大常委会会议】2022年,建德市人大常委会会议召开9次(十六届第50次、第51次,十七届第一次至第七次)。

1月7日,市十六届人大常委会召开第50次会议。审议通过《关于建德市第十七届人民代表大会代表资格审查的报告》和《建德市人大常委会各街道工作委员会委员名单》(草案);作出召开建德市第十七届人民代表大会第一次会议的决定;听取建德市人民代表大会监察和法制司法委员会工作报告、建德市人民代表大会财政经济委员会工作报告和建德市人民代表大会社会建设委员会工作报告;表决通过关于接受周萍英请求辞去建德市监察委员会主任职务的决定,决定徐军飞代理建德市监察委员会主任职务,表决通过其他人事任免事项。

1月24日,市十六届人大常委会召开第51次会议。听取《市政府关于2022年市政府民生实事候选项目情况的说明》,审议并通过《关于提请审议2022年新增市政府重大投资项目建设计划的议案》,初审《关于建德市2021年国民经济和社会发展执行情况与2022年国民经济和社会发展计划(草案)的报告》《关于建德市2021年财政预算执行情况和2022年财政预算(草案)的报告》《关于2021年建德市生态环境状况和环境保护目标责任制完成情况的报告》和《2021年市政府民生实事项目完成情况满意度测评和2022年市政府民生实事项目投票表决办法(草案)》,听取《代表资格审查委员会关于个别代表的代表资格的报告》,听取和审议建德市十七届人大一次会议筹备情况报告,讨论提出建德市十七届人大一次会议议程(草案)、日程(草案)和建德市十七届人大一次会议各项建议名单(草案),讨论决定建德市十七届人大一次会议列席人员名单(草案),讨论并原则通过市人大常委会工作报告。

3月22日,市十七届人大常委会召开第一次会议(以下简述为第N次会议)。听取和审议法治政府建设工作情况的报告、人大街道工委2021年工作情况和2022年工作计划的报告;审议并表决通过《市十七届人民代表大会常务委员会代表资格审查委员会组成人员名单》《市十七届人大常委会各工作委员会名单》和《市人大常委会2022年工作要点》。

5月26日,第二次会议。对开展“产业优势重塑工程”工作评议进行动员部署;听取和审议国有资产管理情况综合报告、企业国有资产管理情况专项报告。

7月29日,第三次会议。听取和审议2021年市本级财政决算报告和2022年上半年财政预算执行情况报告、2021年度市本级财政预算执行和其他财政收支情况的审计工作报告、建德市2022年上半年国民经济和社会发展计划执行情况报告;审议市人大常委会《浙江省综合行政执法条例》执法检查情况的报告和市政府《浙江省综合行政执法条例》执行情况的报告;听取建德市探索推进开发区人大工作实施方案报告;表决通过有关人事任免事项。

8月31日,第四次会议,对货运安全规范化管理工作进行专题询问。

10月21日,第五次会议。围绕“产业优势重塑工程”主题对市发改局、市经信局、市科技局、市财政局、市商务局开展工作评议;听取和审议市政府关于《中华人民共和国乡村振兴促进法》《浙江省乡村振兴促进条例》贯彻实施情况的报告、市人大常委会执法检查组关于《中华人民共和国乡村振兴促进法》《浙江省乡村振兴促进条例》执法检查情况的报告;听取和审议2022年政府重大投资项目实施情况报告、市政府关于2022年新增及调整政府重大投资项目建设计划方案(草案)的报告;表决通过有关人事任免事项。会议期间,与会人员实地视察“十里寿昌江”农村综合改革集成建设工程、千岛湖及新安江流域水资源与生态保护项目(寿昌污水处理厂一期扩建工程)、通达机动车综合检测站迁建工程。

11月29日,第六次会议。听取和审议市十七届人大一次会议代表议案建议办理情况报告、《关于全力推进共同富裕建设的决议》落实情况报告、建德市打击治理电信网络诈骗违法犯罪工作情况报告、备案审查工作情况报告(书面)、2022年财政预算调整方案报告(草案)、个别代表辞职的报告、《关于补选建德市第十七届人民代表大会代表的决定》、关于审计查出问题整改情况的报告;会议讨论通过《市人大常委会关于审计查出突出问题整改工作监督办法》,表决通过《关于接受盛夏辞去建德市第十七届人民代表大会代表职务的决定》《关于补选建德市第十七届人民代表大会代表的决定》《关于批准建德市2022年财政预算调整方案的决议》;会议决定接受袁思明辞去建德市人民政府副市长职务,决定任命张扬军为建德市人民政府副市长,表决通过其他人事任免事项。

12月22日,第七次会议。听取和审议2022年市政府民生实事项目实施情况的报告;作出召开建德市第十七届人民代表大会第二次会议的决定;听取和审议个别代表辞职的报告,表决通过《关于接受程新炉辞去建德市第十七届人民代表大会代表职务的决定》;听取和审议关于补选建德市第十七届人民代表大会代表的决定,表决通过《关于补选建德市第十七届人民代表大会代表的决定》;表决通过有关人事任免事项。

【主任会议听取专项工作汇报】2022年,市人大常委会主任会议听取专项工作汇报12次。

4月27日,主任会议听取国有资产(含自然资源)管理情况汇报。提出:要聚焦主业,发挥优势,增强国有资产的盈利能力;加强国有资产全过程监管;加强低效用地的盘活和利用力度;加大对管理、经营、技术人员的考核激励力度;注重发挥国有股份作用;进一步提升国有资产管理绩效等意见建议。

是日,主任会议听取《浙江省生活垃圾管理条例》执行情况汇报。提出:要提高政治站位,充分认识贯彻条例的重要性;坚持问题导向,落实落细条例要求;加强团结协作,形成垃圾分类工作合力;加强宣传工作,营造全社会参与的良好氛围等意见建议。

6月28日,主任会议听取《浙江省综合行政执法条例》实施及改革工作情况汇报。提出:要做到综合更有效,切实统筹好综合行政执法力量;要做到职权更明确,依法理顺执法事项,明确执法责任;要做到闭环更完善,细化工作措施、优化执法流程;要做到执法更全面,严格依法行政;要做到进度再加快，及时解决并加快推动改革落地见效等意见建议。

是日，主任会议听取市政府全口径债务管理情况汇报。提出:要进一步增强防风险意识,严格执行债务限额要求,科学合理举借政府债务,促进全市经济社会高质量发展等意见建议。

7月27日,主任会议听取全市“双减”政策贯彻落实情况汇报。提出:“双减”工作要减到位,切实把学生负担减下来，把校外学科类培训压减下来;“双减”工作要双促进,不断提高校内学科教育质量和整体素质教育水平;“双减”工作要共推进,持续巩固校外学科类培训机构专项整治行动成果，强化教师合理待遇保障，加强监管和执法力度,营造良好“双减”工作环境等意见建议。

8月25日,主任会议听取全市工业经济情况汇报。提出:要坚定稳工业、强工业的信心和决心,突出产业优势重塑,强化稳进提质;要精准施策保指标,强化要素保障,服务好外贸实体,加强政企联动,全力冲刺全年目标任务;要加大工业招商力度;要抓实安全生产等意见建议。

9月23日,主任会议听取市十七届人大一次会议重点议案建议办理情况的汇报。提出:思想认识要更重视,把议案建议办好办到位;领办督办要再加强,确保办理措施落实到位;统筹协调要再强化,切实增强办理工作的实效等意见建议。

10月28日，主任会议听取草莓全产业链发展情况汇报。提出:要进一步做全产业链,稳定提升效益;要进一步加强草莓标准地创新打造,降低投资成本,增加集体收入,吸收百姓就业;要进一步重视其他农业产业的培育,推动农业持续发展,促进农民持续增收等意见建议。

11月23日，主任会议听取全市打击治理电信网络诈骗违法犯罪工作情况汇报,提出:要加大宣传教育的力度,提高群众防诈意识;要严厉打击电信网络诈骗违法犯罪行为；市反诈联席成员单位要各司其职,加强协作;要积极探索更加有效的防范、打击犯罪方法举措等意见建议。

是日，主任会议听取市监委开展群众反映强烈问题整治工作情况汇报。提出:要持续开展相关问题的整治工作,推动问题得到有效解决;要举一反三,保障人民群众合法权益等意见建议。

是日，主任会议听取养老服务体系建设及《杭州市居家养老服务条例》贯彻实施情况的汇报。提出:要统一思想,增强做好养老事业的责任感紧迫感;要突出重点,按照政府保障基本、市场满足多元的思路,完善相关政策和保障,全力推动养老“物质+精神”服务双提高;要形成合力,提高管理水平,不断推进养老服务事业健康发展等意见建议。

12月21日，主任会议听取全市乡村振兴促进工作情况汇报。提出:要全面贯彻新发展理念,认真贯彻实施乡村振兴“一法一条例”,进一步发挥法律对乡村振兴的引领、规范、保障作用,加强乡村产业振兴,增强村集体经济实力,带动农民增收致富等意见建议。

重要活动

【概况】市人大常委会聚焦重大项目,实施全过程监督。通过监督和推动,优化政府重大投资项目方案11个,助力协调解决难题17个,促进优化节约政府投资、优化项目建设时序、提升项目建设绩效。聚焦产业提升,开展主题式评议。围绕市委提出的“产业优势重塑工程”,对市发改局、经信局、科技局、财政局、商务局开展工作评议,将评议情况向市委作专题报告，得到市委主要领导批示肯定。聚焦财政绩效,深化全口径监督。实施预算草案“三审”制,对6个部门单位预算草案开展审查,提出完善预算刚性约束机制、加大绩效监督协同等50条意见建议。听取和审议国有资产管理(含自然资源)情况报告,听取政府全口径债务管理情况汇报。强化审计整改监督,出台《关于审计查出突出问题整改工作监督办法》。

【政府重大投资项目全过程监督】2022年,市人大常委会融合行使重大事项决定权和监督权，形成“三优三全”工作法。突出优决定,事前审查全覆盖。介入项目前期,对项目的科学性、可行性、必要性进行审查,通过主任会议、项目审查论证会等,与政府及有关部门充分交换意见后再进行常委会票决，促进项目决策更民主更科学。全年常委会共票决通过政府重大投资项目45个，总投资84.66亿元。突出优作风，实地调研全方位。常委会主任会议成员带队开展调研，走访项目工地150余处，提出针对性意见建议57条，得到市委的肯定和政府的落实。突出优绩效，全过程跟踪监督。紧扣设计方案优化、困难问题协调等关键环节，实施“即时跟踪、季度督查、年度审议、反馈落实”，形成全链条闭环。

【促进发展成果共建共享】市人大常委会力促共同富裕决议实施。专题调研共富工作机制和共富试点工作，听取和审议专项工作报告。听取草莓全产业链发展情况汇报，建议进一步优化莓农技术服务，延长开发产业深加工，致力做优共富产业。与省、杭州市人大常委会同步开展乡村振兴“一法一条例”执法检查，视察村级集体经济巩固提升工作，调研农创客群体发展、全市民族共富和侨务工作，夯实共富基础。关注国土空间规划编制工作，专题听取情况汇报，就科学划定“三区三线”、广开言路开门编制规划等方面提出意见建议。开展美丽城镇建设监督，调研视察“五水共治”工作，全面落实生态环境报告制度。主动参与城南新区规划建设和项目招引，推动城市南拓。开展货运安全规范化管理专题询问，推动货运智慧监管，强化配套设施建设，加强路域环境整治，保障货运安全畅通。助推民生福祉明显改善。组织民生实事项目视察检查42次，550余人次代表参与，完善“领办督、身边督、专题督”工作机制，力推项目保质保量完成。开展就业促进法执法检查，助推稳就业保就业。调研文旅产业发展情况，推动文旅品牌建设。听取“双减”政策贯彻落实情况汇报，组织代表视察城乡居民“三免三惠”健康行动实施情况，听取养老服务体系建设情况汇报，组织代表参与残疾人体验日活动，推动公共服务保障水平提升。

【“产业优势重塑工程”工作评议】2022年，市人大常委会围绕市委提出的“产业优势重塑工程”，对市发改局、经信局、科技局、财政局、商务局开展工作评议。常委会领导带队组成5个评议组，通过座谈走访、个别谈话等方式开展调研，向部门反馈相关问题和意见建议179条，大部分意见建议得到及时落实。评议会后，常委会提出深化路径研究夯基础、强化项目带动强动能、加大招商力度增后劲、坚持创新引领激活力、协同集成服务提质效等五方面评议意见，交由市政府研究办理。

【人大基层单元建设】2022年，市人大常委会按照“建在基层、覆盖选区、方便群众”的原则，打造线下“1个总站+16个中心站+35个分站+N个微接待点”多元阵地模式。开展“代表亮身份，接待进家门”“线上+线下”微接待活动，打通代表联系服务群众的“最后一米”。推动“书记市长进基层单元”“局长代表面对面”等活动常态化开展，全部32名市领导、26名政府工作部门负责人和32名法官、32名检察官走进基层联络站，与代表群众开展“零距离”沟通，充分听取代表群众意见，及时传达相关政策，协调解决实际问题。

【货运安全工作专题询问】2022年，市人大常委会通过组织召开不同层面的座谈会、个别走访等形式开展调研，共收集社会层面反馈意见建议46条。同时，对多个货运安全生产涉及的重点行业领域进行专题并举行询问会。在专题询问会上，围绕货车超限超载管理、停车场配套设施建设、危化品运输管控、交通事故防范、货运车辆出场规范、数字化监管等方面，对交通、经信、规划与自然资源、住建、应急、综合执法、交警等7个部门提出14个有针对性的问题。为增强监督实效，邀请市融媒体中心对专题询问现场进行全程摄像网络直播，并通过建德电视台、《今日建德》、建德人大微信公众号等多渠道宣传报道，制作《重点关注》专题片，向社会公开专题询问全过程，有力督促专题询问有关事项落实。

【执法检查】2022年，市人大常委会开展执法检查5次。

4月14日，市人大常委会开展《浙江省生活垃圾管理条例》贯彻实施情况专题督查活动。督查组赴杭州利杭市政工程有限公司、寿昌环境能源项目、洋溪街道美食街、半岛山庄小区等地，详细了解装修(大件)垃圾末端处置、生活垃圾末端处置、商业街生活垃圾分类“定时定点”投放、“17清废”装修大件垃圾不落地智治系统应用情况及物业小区生活垃圾“定时定点”投放情况，听取全市垃圾分类工作和《浙江省生活垃圾管理条例》落实情况。提出要进一步提高站位，有效落实总量控制、“限塑”工作、文明用餐、光盘行动等生活垃圾治理目标任务；要坚持问题导向，完善机制；要加大依法行政力度，定期开展垃圾分类联合执法行动等意见建议。

4—5月，市人大常委会开展《中华人民共和国就业促进法》执法检查。执法检查组赴市教育局、人力社保局等相关职能部门开展调研，听取全市贯彻实施《中华人民共和国就业促进法》情况。提出以经济高质量发展为主线，推动实现更高质量就业；以统筹规划体系为引领，推动树立促进就业“一盘棋”格局；以就业服务平台为载体，推动就业服务提质增效；以实现共同富裕为目标，推动职业技能培训扩面升级等意见建议。

4—5月，市人大常委会开展节约能源“一法一办法”执法检查。执法检查组赴水泥行业、碳酸钙行业、化工行业等重点用能企业开展实地检查，了解掌握企业节约能源法执行情况和节能降耗技术进步情况，听取市政府及相关部门关于全市2019—2021年贯彻实施“一法一办法”工作情况汇报，围绕节能考核、节能投资、节能技术创新、节能领域人才培养以及政策创新等方面提出意见建议。

6月29日，市人大常委会开展乡村振兴“一法一条例”执法检查。检查组实地查看梅城镇顾家村草莓“标准地”建设情况、三都镇“非粮化”整治工作和袁隆平新品种水稻试验种植基地、圣火农业开发有限公司西红花—水稻轮作项目，调研西红花产业发展情况，听取全市“一法一条例”贯彻实施情况，围绕深化思想认识、增强法治意识、突出重点工作要求、抓好乡村人才振兴、重视乡村产业振兴、强化政府服务保障等方面提出意见建议。

【视察检查】2022年，市人大常委会组织视察检查9次。

3月29日，市人大常委会专题调研全市文化产业发展情况。实地调研玺匠文创、雨歌动漫、德艺影视等文化企业，了解全市文化产业的发展现状。提出：要制定相关扶持政策；要充分挖掘“建德人牙”“严州”等建德特有的文化和元素，并转化为文化产业优势资源；要开展文化跨界创新，从各行各业汲取创作题材源泉等建议。

4月21日，市人大常委会组织部分市人大代表视察全市传染病防治及疫情防控长效管理工作。实地视察市疾病预防控制中心、半岛凯豪酒店集中医学隔离观察点、开发区(航空小镇)置信小微园隔离点改造工程施工现场，听取全市传染病监测、疫情防控工作落实情况。提出：优化隔离点选址方案、加强隔离点后续运营谋划、发挥志愿服务作用、关心关爱一线防疫人员等建议。

5月6日，市人大常委会组织部分市人大代

◎ 5月18日，市人大常委会主任吕平(左三)调研乌龙山抽水蓄能电站建设项目(市融媒体中心提供)

表视察国有林场提升工作。

5月12日，市人大常委会组织部分市人大代表专题督查疫情防控大物防联控工作情况。实地督查国际香精香料有限公司、浙江严州府食品有限公司、新安江街道溪头顺丰快递疫情防控工作，听取物流运输中大件物品（商品）疫情防控工作专班工作情况汇报。

5月18日，市人大常委会专题调研建德抽水蓄能电站项目。实地考察项目选址点位，了解项目基本概况及前期工作进展，从加快推进项目建设、梳理解决项目推进中的具体问题、做好宣传工作等方面提出建议。

6月10日，市人大常委会组织部分市人大代表视察全市文旅融合工作。实地视察下涯镇摄影小镇、朴宿·所在民宿、之江村鱼鳞坝项目，以及杨村桥镇杭州乐活岛项目、十里埠黄金水岸帐篷露营基地，听取全市文化旅游融合工作情况汇报。从拓展旅游产业链、讲好文化故事、狠抓产业转型发展和重大项目建设等方面提出建议。

10月11日，市人大常委会调研全市草莓全产业链发展情况。调研组实地查看建德市草莓种苗组培中心、杨村桥镇上山村草莓标准地等，了解草莓种苗培育、种植技术突破、农资供应、标准地建设等草莓全产业链发展相关情况。从推广草莓标准地的建设成果、结合数字化发展成果、深化销售市场建设、开发产业深加工等方面提出建议。

11月10日，市人大常委会组织部分市人大代表视察城乡居民“三免三惠”健康行动工作。实地视察三都卫生院、大洋卫生院，了解其医疗卫生服务能力和质量、医护人员队伍建设、基本公共卫生服务项目以及疫情防控工作开展等情况。从加快基础设施建设、加强人才队伍建设、提高管理服务水平等方面提出建议。

11月27日，市人大常委会组织部分市人大代表视察建德市“全域幸福河湖”建设工作。现场视察寿昌江流域综合治理、石鼓水库除险加固、下塘山塘综合整治等项目实施情况，听取市水利局关于“全域幸福河湖”建设工作的汇报。从科学系统谋划项目、积极向上争取资金、高质量抓好项目实施等方面提出建议。

市人大常委会推动依法依规行政。专题听取“一府一委两院”关于2021年度宪法法律宣誓制度落实情况报告。举行国家工作人员集中宪法法律宣誓仪式，2名副市长、120余名国家工作人员在宪法广场宣誓。

多次听取和审议法治政府建设情况报告，围绕行政案件“两高一低”、法治文化阵地建设、社会矛盾纠纷化解等方面提出意见建议。听取和审议市监委开展群众反映强烈问题整治工作情况报告。

推动立法司法为民。发挥基层立法联系点作用，参与《浙江省固体废物污染环境防治条例（草案）》《杭州市优化营商环境条例（草案）》等10件地方性法规的立法调研，提出的8条意见建议被省、杭州市采纳。听取和审议公检法司关于打击治理电信网络诈骗违法犯罪工作情况报告，助力守护人民群众“钱袋子”。听取《浙江省综合行政执法条例》贯彻实施和执法改革推进情况汇报，促进行政执法改革落地见效。开展法官履职评议，2名法官向常委会述职。重视人大信访工作，全年受理群众来信30件和来访13批19人次，转办和督办信访件38件。

人事任免

【概况】2022年，市人大常委会规范做好人事任免和选举工作，严格落实法律知识考试、颁发任命书、任后表态发言、宪法法律宣誓等制度，全年依法任免国家机关工作人员76人次，组织30名新任命的国家工作人员进行宪法法律宣誓。

【市十六届人大常委会第五十次会议人事任免事项】1月7日，市十六届人大常委会第五十次会议决定接受周萍英辞去建德市监察委员会主任职务，任命徐军飞为建德市监察委员会副主任。决定徐军飞代理建德市监察委员会主任职务。决定任命黄炜为建德市规划和自然资源局局长，决定免去姜建生的建德市规划和自然资源局局长职务。任命叶姣、吴建军为建德市监察委员会副主任，李建军、陈美华、项栋为建德市监察委员会委员。免去刘国金、徐建新的建德市监察委员会副主任职务。

【市十七届人大常委会第一次会议人事任免事项】

3月22日，市十七届人大常委会召开第一次会议决定任命洛桑多吉为建德市人民政府副市长，龚鑫为建德市人民政府办公室主任，蒋建成为建德市发展和改革局局长，林益平为建德市经济和信息化局局长，胡国正为建德市教育局局长，吴雯为建德市科技局局长，王伟为建德市公安局局长，蔡爱珍为建德市民政局局长，周伟清为建德市司法局局长，陈刚为建德市财政局局长，章明为建德市人力资源和社会保障局局长，黄炜为建德市规划和自然资源局局长，倪国芳为建德市住房和城乡建设局局长，赵斌为建德市交通运输局局长，金斌为建德市水利局局长，邱剑娟为建德市农业农村局局长，傅定辉为建德市林业局局长，叶鹃为建德市商务局局长，谢黎琴为建德市文化和广电旅游体育局局长，王田为建德市卫生健康局局长，饶建平为建德市退役军人事务局局长，郑子清为建德市应急管理局局长，孟洁为建德市审计局局长，叶胜平为建德市市场监督管理局局长，郑建霞为建德市统计局局长，黄卫平为建德市医疗保障局局长，沈小来为建德市综合行政执法局局长。

【市十七届人大常委会第三次会议人事任免事项】

7月29日，市十七届人大常委会第三次会议任命章旦为建德市人大常委会办公室副主任，张少锋为建德市人民法院审判委员会委员、大同人民法庭庭长，黄晨为建德市人民法院审判委员会委员、刑事审判庭庭长，邓丽君为建德市人民法院审判委员会委员、民事审判三庭庭长，翁婷为建德市人民法院审判委员会委员、行政审判庭庭长，赖剑韵为建德市人民法院审判委员会委员，李志华为建德市人民法院寿昌人民法庭副庭长，胡翀鸥为建德市人民法院梅城人民法庭副庭长，陈霞为建德市人民法院梅城人民法庭副庭长，张文祥为建德市人民法院大同人民法庭副庭长，徐永宝为建德市人民法院民事审判二庭副庭长；免去章荣生的建德市人民法院审判委员会委员职务，刘展宏的建德市人民法院审判委员会委员、寿昌人民法庭庭长职务，方璇的建德市人民法院审判员、审判委员会委员、刑事审判庭庭长职务，李志华的建德市人民法院行政审判庭庭长职务，翁婷的建德市人民法院行政审判庭副庭长职务，邓丽君的建德市人民法院民事审判三庭副庭长职务，胡翀鸥的建德市人民法院民事审判三庭副庭长职务，张少锋的建德市人民法院梅城人民法庭副庭长职务，黄晨的建德市人民法院大同人民法庭副庭长职务；任命黄曙光为建德市人民检察院副检察长、检察委员会委员、检察员，方艳为建德市人民检察院副检察长，免去张碧林的建德市人民检察院副检察长、检察委员会委员职务，曹秀婷的建德市人民检察院检察员职务。

【市十七届人大常委会第五次会议人事任免事项】

10月21日，市十七届人大常委会第五次会议任命张亮为建德市人民法院审判员，蓝徐玲为建德市人民法院审判员；免去吴宽宏的建德市人民法院人民陪审员职务。

【市十七届人大常委会第六次会议人事任免事项】

11月29日，市十七届人大常委会第六次会议决定接受袁思明辞去建德市人民政府副市长职务；决定任命张扬军为建德市人民政府副市长、章超为建德市人民检察院检察员。

【市十七届人大常委会第七次会议人事任免事项】

12月22日，市十七届人大常委会第七次会议任命周明为建德市人大常委会更楼街道工作委员会主任；免去程新炉的建德市人大常委会更楼街道工作委员会主任职务、张建平的建德市人大常委会农业和农村工作委员会副主任职务；决定任命徐净为建德市水利局局长；决定免去金斌的建德市水利局局长职务，任命张仲建为建德市监察委员会委员，免去王光辉的建德市监察委员会委员职务。

（赵亚光）

责任编辑：徐 健

建德市人民政府

Jiande Municipal People's Government

市政府重要会议

【市政府常务会议】2022年,建德市政府常务会议召开21次(十六届第88次常务会议,十七届第一次至第20次常务会议)。

1月18日,十六届政府召开第88次常务会议。传达学习全国、省安全生产电视电话会议精神,审议《2022年度市政府民生实事候选项目》、《2022年建德市政府工作报告(送审稿)》《2022年度建德市政府及国有企业投资项目建设计划》《建德市人才创新创业服务综合体建设方案》《建德市新一轮制造业"腾笼换鸟、凤凰涅槃"攻坚行动方案》《2022年工业经济大会方案》《关于稳岗留工促生产的若干政策意见》《关于选拔推荐享受建德市政府特殊津贴人员的方案》《关于2021年建德市生态环境状况和环境保护目标责任制完成情况的报告》《微创高值医疗器械工业制造项目投资协议》,听取关于2021年主要目标完成情况和2022年目标安排建议的情况汇报。

3月2日,十七届政府召开第一次常务会议(以下简述为第N次常务会议)。审议《关于高质量推进乡村人才振兴的实施意见》《建德市事业单位管理岗位职员等级晋升制度实施方案》《建德市文物安全大排查大整治大提升攻坚行动实施方案》《关于调整市污水处理费收费标准的方案》《草莓标准地建设方案》《农夫山泉补充协议(二)》,听取关于市属国企参与水利项目建设方案的情况汇报。

3月23日,第二次常务会议。学习《关于更加有效发挥统计监督职能作用的意见》,审议《建德市国有土地使用权出让收支管理办法》《推进碳酸钙产业高质量发展实施方案》《草莓标准地建设方案》《建德市政府质量奖评审管理办法》《建德市工程建设相关项目评标与定标分离实施细则(试行)》《建德市享受政府特殊津贴人员选拔推荐管理办法》及2022年度享受市政府特殊津贴人员名单、《建德市人民政府行政复议员任命办法(试行)》《建德市政府2022年度重大行政决策目录》。

4月11日,第三次常务会议。审议《建德市关于鼓励备案非标电动自行车提前淘汰置换的实施方案》《建德市城乡整治提升样板区建设方案》,研究2022年建德市高质量发展推动共同富裕的相关工作。

5月7日,第四次常务会议。审议《关于进一步促进3岁以下婴幼儿照护服务健康发展的通知》《关于西湖大学合作的相关协议》《顺发助剂国有土地使用权收回补偿协议》《建德压缩空气储能调峰调频电站项目合作协议》,听取关于建德市中央环保督察涉肥问题整改工作的情况汇报、关于全市未成年人思想道德建设2021年工作总结和2022年工作思路的情况汇报。

5月17日,第五次常务会议。审议《建德市招商引资实施意见》《2022年汽车消费嘉年华活动方案》《关于加快推动制造业高质量发展的若干政策意见》,研究关于建德市水利工程维修养护实施县级统管和2022年新安江街道老旧小区综合改造项目采用EPC总承包模式的相关事宜。

5月25日,第六次常务会议。审议《关于加快促进建德市影视产业发展的扶持实施办法》,研究《新能源项目协议》《杭州·建德现代数字影视拍摄基地项目协议》。

6月10日,第七次常务会议。审议《建德市进一步规范供而未用和用而未尽土地处置办法》《建德市低效工业用地处置提升行动方案》《建德市低效工业用地收购实施办法（试行）》《建德市2022年第一批政府投资信息化(数字化改革)项目建设计划方案》《莲花镇330国道斜坡崩塌地质灾害点位搬迁治理方案》《殡仪馆迁建工程项目实施方案》《建德市规范民办义务教育发展专项工作实施方案》《建德市新世纪实验学校规范治理“公参民”实施方案》,研究搭建建德市涉矿工程项目资源处置平台、关于参与设立新安产业基金、关于终止与新安化工集团公司合作事项、关于下涯镇和美家园三期安置房土地相关历史问题、关于明确桥东至洋安及桥南区块雨污管网提升工程施工主体的相关事宜。

6月22日,第八次常务会议。审议《关于进一步加强审计整改工作的意见》《关于进一步加强全市内部审计工作的意见》《建德市化工产业发展规划》《第二十届中国·17℃建德新安江文化旅游节方案》《建德市稳进提质八大攻坚行动实施方案》,研究关于加强中心城区建设用地管控的相关事宜。

7月8日,第九次常务会议。传达学习浙江省第十五次党代会精神,审议《杭州羽嬉贸易有限公司咖啡总部及仓储建设项目投资协议》《建德市促进商贸服务业发展实施意见》《建德市深化外经贸高质量发展扶持政策》《关于建德市促进新电商高质量发展的实施意见》,研究关于市政府行政规范性文件清理情况、废止《关于进一步规范设施农业用地管理的通知》、关于调整建设用地复垦项目补助标准、关于新能源材料一体化项目投资协议书、易连国有土地使用权回收补偿的相关事宜。

7月22日,第十次常务会议。审议《建德市高层住宅二次供水设施改造和管理实施意见》《建德市2022年规划编制计划》《建德市全域旅游发展扶持政策》《建德市殡葬惠民实施办法》《关于进一步促进大学生来建德就业创业的若干意见》,研究关于启动创建全国社会信用体系建设示范区的相关事宜。

8月5日,第11次常务会议。传达学习省政府第十一次全体(扩大)会议、“大综合一体化”行政执法改革重要会议精神,审议《半导体光学设备研发生产基地项目投资协议》《关于推进梅城镇综合行政执法工作实施方案》,研究关于设立太平(杭州)数智健康产业基金、“年产1.5亿组智能终端中段模组5G智能工厂项目”的相关事宜。

8月23日,第12次常务会议。传达学习市委十五届二次全体(扩大)会议精神,专题学习研究生活垃圾分类工作,审议《关于加大“亩均论英雄”评价结果应用力度的意见》《建德市工业用地合并登记管理实施方案》、金千铁路外迁项目,研究关于与杭州资本联合投资富凌科技、关于远金高国有土地使用权收回补偿、关于中航工业制动复合材料事业部混改项目投资的相关事宜。

9月7日,第13次常务会议。审议《关于加快推进养老服务高质量发展的实施意见》《关于调整特困人员照料护理费用标准的通知》《关于向困难群众发放一次性生活补贴的通知》《关于加快推进我市建筑行业高质量发展的建议意见》《建德市城市道路挖掘管理规定》《建德市拆迁安置房全生命周期管理实施意见》《关于促进我市房地产市场平稳健康发展的通知》《建德市2022年第二批政府投资信息化(数字化改革)项目建设计划》,以及2021年度建德市工业企业“亩产效益”综合评价结果,听取关于三都镇共同富裕下山集聚新型城镇化建设试点工作。

9月16日,第14次常务会议。审议乌龙山抽水蓄能项目投资股份相关事宜,研究关于房地产纾困专项借款申报工作相关事宜。

9月29日,第15次常务会议。审议《关于推进新安江街道等六个中心乡镇(街道)综合行政执法工作的实施方案》、杭州华昇食品有限公司“翠沁斋”预制菜生产建设项目,研究全市投资项目审批工作情况、存在问题及意见建议,听取关于入伙国悦君安六号股权投资合伙企业参与投资江苏中润光能科技发展有限公司、关于举办建德青年人才集体婚礼活动的情况汇报。

10月20日,第16次常务会议。研究2022年建德市政府及国有企业投资项目建设计划调整、《建德市人民政府关于深入支持企业利用资本市场加快发展的若干意见》政策修订相关事宜。

10月27日,第17次常务会议。审议《建德市投资项目“一站式”服务中心建设实施方案》《建德院士专家交流服务中心(院士之家)建设方案》《建德市行政事业单位通用办公设备和家具配置标准》《关于明确脱离公务员(事业)身份国企负责人退休待遇的通知》《年产100万条机械橡胶履带项目投资协议》,研究杭州羽嬉贸易有限公司(隅田川)项目跟投事宜,听取关于2021年度市本级预算执行和其他财政收支审计工作报告反映问题整改情况的说明,传达学习关于进一步加强统计工作的通知。

11月7日,第18次常务会议。传达学习《杭州市消防安全责任制规定》和《杭州市落实消防安全责任制实施办法》,审议《质子重离子医院投资协议》、关于省级建德经济开发区范围调整的相关事宜,听取关于建德市水系连通及水美乡村建设县工作的汇报。

11月24日,第19次常务会议。学习《浙江省水土保持条例》,审议《建德市人民政府与太平资本保险资产管理有限公司战略合作协议》《建德交投与杭交投物资公司股权合作框架协议》《宋都建德高端新型储能系统项目合作协议》《关于给予7·1境外隔离专班集体嘉奖实施意见》《建德市行政许可事项清单(2022)》《建德市老旧小区住宅加装电梯实施细则》、远金高资产租赁相关事宜、关于建德市协缴人员社保缴费的相关事宜、关于保障和促进建德抽水蓄能电站工程建设的事项,研究关于建德市人民政府与中国石化销售股份有限公司深化全面合作的相关事宜。

12月15日,第20次常务会议。审议《建德市2022年第三批政府投资信息化(数字化改革)项目建设计划》《关于加快推进建德市文化产业发展的扶持实施办法》《2023年建德市残疾人社会保障城乡一体化政策实施方案》《建德市市场主体住所(经营场所)登记申报承诺制实施办法》《建德C40+潜水俱乐部酒店项目投资合作协议》《关于进一步加强村级集体经济组织留用地管理的补充意见》《建德市教育领域市与乡镇街道财政事权和支出责任划分改革实施方案》《建德市涉矿工程项目资源处置所得资金管理办法》《浙江新农都建德农产品批发市场项目投资协议和投资补充协议》。

【市长办公会议】2022年,建德市政府市长办公会议召开8次。

2月14日,十七届政府召开第一次市长办公会议(以下简称为第N次市长办公会议)。审议《建德市十七届政府领导工作分工》,听取关于建德市2022年度《政府工作报告》任务分解的情况汇报。

4月11日,第二次市长办公会议。听取一季度除险保安“十大安全风险隐患整治”行动情况汇报及相关未完成单位代表表态、一季度开门红和二季度经济运行情况分析、一季度工作进展情况汇报及相关滞后单位代表表态。

5月5日,第三次市长办公会议。听取2021年度建德市重点单项工作考核的情况汇报。研究《杭州市建德市人民政府与浙江省文化产业投资集团有限公司战略合作协议》。

5月17日,第四次市长办公会议。传达学习国务院、省、杭州市政府廉政工作会议精神和全国、省防汛抗旱工作会议精神并通报全市防汛工作,审议《建德市重大项目全生命周期服务管理工作机制》《关于加强和规范统计基层基础建设的若干意见》,听取近三年建德市行政复议应诉工作的相关事宜。

5月25日,第5次市长办公会议。审议《关于加强全市应急消防管理体系和能力建设的实施意见》《关于开展区域性微型消防站的建设意见》,听取乌龙山抽水蓄能电站建设进度汇报。

6月10日,第6次市长办公会议。听取上半年度经济形势分析。

7月8日,第7次市长办公会议。研究关于处置寿昌乱倒垃圾被“曝光”的相关事宜。

8月31日,第8次市长办公会议。审议《320国道改建工程招投标办法》。 (江 洪)

综合协调

【综合文稿】2022年,建德市政府办公室(以下简称市府办)完成各类综合材料190余篇,总字数约158万字。编发《建德信息·工作要情》43期、《建德政务·情况专报》47期,其中市领导批示32条;上报省、杭州市稿件 300 余篇，录用 72 篇(其中省录用 17 篇、杭州录用 55 篇)，做成参阅 3 篇，获得上级领导批示 36 条(其中省领导批示 9 篇、杭州市领导批示 27 篇)；完成上级约稿 228 篇。上级专报批示率达 80%。

【数字政府建设服务】2022 年，市府办以浙江省数字化改革“1612”体系为总牵引，立足建德实际，持续推动改革工作向纵深发展，打造更多标志性成果。推动重大应用承接贯通，迭代升级新安护航、新安·17 清废等场景，谋划建设新安·17 智水、全域数智监测等场景。共争取省级试点 11 个，出台 6 项制度规范，刊登发布 5 项省级理论成果。

【重大项目协调】2022 年，市府办聚焦标志性项目，逐一破解各类“卡脖子”难题。乌龙山抽水蓄能电站项目顺利开工，农夫山泉股份有限公司五期、杭州屹通新材料股份有限公司二期等 9 个重大产业项目开工建设，进展顺利。寿昌江流域综合治理工程等 6 个项目被列入杭州市推进长三角一体化发展重大项目清单。全力解决项目推进中的困难，确保市政府各项决策落到实处，先后协调各类事项 300 多次，下发专题会议纪要 44 份。主动加强与上级部门的联系，强化与各镇(街)、各部门的合作，保证各项工作高效有序推进。

【共同富裕考核服务】2022 年，围绕市委、市政府推动共同富裕的重点工作，市府办牵头开展对共同富裕各项指标的分析、监测以及支撑指标提升的工作调研；通过建立周任务清单工作制度和工作交办机制，完善日常工作督办机制。按照市委“六大比拼”的工作要求，建立对乡镇(街道)和市级机关的月度评价机制和考核机制。2022 年民间投资占固定资产投资比重、每万家企业法人中高新技术企业数、清理“三块地”等指标排名靠前，单位 GDP 能耗、每千人口拥有 3 岁以下婴幼儿托位数、人均体育场地面积等指标有较大提升。

【民生实事项目服务】2022 年，市府办统筹协调各职能部门，牢固树立“一盘棋”思想，强化各个环节的衔接和沟通交流，形成加快落实的强大合力。在民生实事项目推进过程中，定期开展督查检查，对

◎ 8 月 4 日，市长王新锋(右四)现场督察重点项目(市融媒体中心提供)

2022年建德10件民生实事完成情况表

表8

序号	实事名称	具体内容
1	老幼妇孺关爱服务	完成120张认知症患者照护床位建设并配备智能化设备，完成率120%； 完成150户困难老年人家庭适老化改造； 规范有序完成1.5万剂（次）免费流感疫苗接种工作； 建设示范型婴幼儿成长驿站8家，婴幼儿照护服务实训基地1家，新增托位636个（普惠型500个），新增覆盖婴幼儿照护服务乡镇5个，实现婴幼儿照护服务乡镇全覆盖； 完成宫颈癌筛查3.04万例，宫颈癌筛查完成率121.6%； 完成乳腺癌筛查3.05万例，乳腺癌筛查完成率122.0%
2	文体惠民	开展“两馆公益行”文化活动109场，完成率109%； 开展各类文化下乡活动282场，完成率100.7%； 建成乡镇体育公园（广场）7个、百姓健身房12个
3	医疗惠民	少儿医保政策和全科医生签约医保优惠政策于2022年初发文并推行，市民完成全科医生签约12.97万人，签约覆盖率29.3%； 统一全市5家市级医院和15家乡镇卫生院涉及高血压、糖尿病的全部药品目录，并完成搭建基于解决慢性病配药问题的智能“云药房”平台，实现“两慢病”药品“能配尽配”
4	美好教育提升工程	完成1000个普通教室灯光智能控制改造； 建成25个新型教学空间建设； 为全市中小学校配备放松椅、除颤仪、心理减压宣泄沙袋等心理健康设备57套； 开展3期心理健康培训，中小学心理健康C证教师持证率达98%，培养急救持证人员57名（发放CPR+AED证书）； 所有中小学均开设心理健康课和急救技能课程； 完成34家学校食堂“阳光厨房”智能化改造提升
5	全域幸福河湖建设	推进“三江”治理提升工程，完成洋溪大桥至严州大桥段河道护岸修葺、新建1.24千米，新建、管护道路14.27千米，整治滩地2处，新建兰江大洋镇三河段堤防1.25千米，加固堤防1.56千米； 完成寿昌江、清渚港等中小河流治理和农村河道综合整治80千米，完成率160%； 完成5座水库除险加固和15座山塘综合整治
6	城乡交通优化提升	莲花镇林茶村（红日畈）—下涯镇金洲村（潘村）路线贯通； 更楼街道岩源村（过浴山）—寿昌镇童家村（童家）乡道大中修完成； 寿昌镇南浦村（桐源口）—寿昌镇南浦村（井下垄）乡道完成； 新建城乡道路客运港湾式停靠站19个，改建15个； 新增停车位1863个，完成率186.3%，新增新能源电动汽车充电桩211个
7	老旧小区综合改造	完成宏都、水碓巷、浙西商城、麻园等4个区块老旧小区综合改造； 58台电梯已加装到位，完成率128.9%； 恒水大楼、金谷小区、清江星辰、月亮湾小区、拱新公寓等5个高层住宅小区完成二次供水改造； 完成8个“零直排”小区创建
8	避灾防灾整治行动	完成34个村级避灾安置点规范化建设，完成率212.5%； 完成高层建筑消防隐患整治12处； 10座区域性微型消防站投入使用
9	助残环境提升工程	完成10家“残疾人之家”星级提升，完成率200%； 完成乡镇（街道）党群服务中心和农贸市场无障碍环境改造32处； 完成残疾人家庭无障碍改造111户
10	燃气提升整治工程	新增高压管网10.8千米、中低压管网12千米； 新增开通主城区管道燃气用户1100户、乡镇用户1260户； 完成美亚、鹏兴、建达、众源四家液化气企业的整合，关停建达、众源储配站，完成瓶库专项规划编制及选址踏勘

◎ 10月26日，市长王新锋(右)专题调研农业工作(市融媒体中心提供)

进展偏慢项目重点督办，实时掌握各项目、各环节进展情况，对于督查中发现的问题，责令相关单位立整立改，确保民生实事各项任务按时推进、保质完成。全年完成规范化“残疾人之家”、新增体育健身设施、规范化改造避灾安置场所建设等省、杭州市、建德市三级民生实事73项，不断提升群众获得感和幸福感。

【办文办会管理】2022年，市府办落实精文减会，贯彻上级关于基层减负各项精神，严格发文计划管理，加强会议统筹协调，2022年印发三类文件124件；召开二类会议56次、三类会议61次，严格控制在规定范围内。提高办文办会办事效率和质量，全年承办请示97件，接收办理各类公文4700余件。持续推进无纸化办会，实现市政府党组会议、常务会议、市长办公会议议题申报、审核、办结全流程线上流转，全年8次市政府党组会议、21次市政府常务会议、8次市长办公会议研究重大事项150余件，有效减少纸质材料打印，做到机关内部“最多跑一次”。

【政务督办】2022年，市府办坚持“聚焦重点”督要事、“关注民生”督实事、“紧扣问题”督难事的工作方向，高效落实市政府主要领导批示交办件142项，协调办理省、杭州市领导批示件198件，办结率100%。做好人民代表政协委员建议提案办理，完成126件建议议案、177件提案意见答复落实工作。聚焦228项市政府工作报告任务分解、重点项目、招商引资、营商环境、十大安全风险隐患整治5个专项，项目化、清单化、责任化抓落实，统筹乡镇(街道)、机关部门力量，全力完成既定目标。

【政务公开】2022年，建德市人民政府门户网站发布行政规范性文件16件、政府公报4期、政府信息1.4万余条。市政府及办公室新收政府信息公开申请18件，上年结转2件，受理申请件按规定在法定期限内予以答复。新上线共同富裕、助企纾困优化营商环境、优化生育政策、建德市公共企事业单位信息公开、政策进万家进万企、稳经济一揽子政策和接续政策6个专题；创新动漫解读形式，重点加强和提升政策发布、解读回应水平和质量；发布2022年建德市政府工作报告、民生实事项目及工作推进信息；完善政务公开事项标准目录，优化政务公开工作流程，规范建设政务公开平台，提升基层政府治理能力。

【外事工作】2022年，受疫情影响，建德市暂停办理因公出国(境)报批。协助杭州润心纺织品有限公司、浙江虹湾通用航空工程技术有限公司等5家企业办理外国人来华邀请函5批次7人次，并向杭州市报备。针对乌克兰等地区的安全形势，及时提醒在境外企业及个人保护自身安全，并提供各地使领馆联系方式；通过在外侨团等组织，帮助在乌克兰2名建德人顺利回国。指导市文广旅体局做好法国Puy du Fou项目考察团队的外宾接待工作，同时向杭州市报备。

防范境外疫情输入。配合做好杭州口岸入境到建德人员集中隔离的承接工作，做好全市入境返建德人员的管控工作。2022年建德市共管控入境人员4867人，包括杭州口岸入境集中隔离41个班次4387人，入境返建德480人(其中省外口岸入境返建德350人、省内口岸入境返建德130人)。检出核酸阳性送医119人，因其他疾病送医2人。做好境外项目(企业)疫情风险管控，建德在境外项目(企业)共16个(家)，及时解答有关疫情、疫苗等相关问题咨询，提醒在境外人员做好防疫工作。　(江　洪)

数据资源开发利用

【概况】2022年，全市数据资源服务工作以习近平总书记关于数字化重要论述、上级数字化改革的工作部署和市委、市政府工作要求，扎实推进“平台、项目、场景、安全”等重点工作。其中，依托一体化智能化公共数据平台建立共同富裕专题库赋能“扩中提低”家庭画像的阶段性研究成果得到时任省委书记袁家军的批示肯定，扩中家庭圈定数据产品被评为省数据产品优秀案例；杭州市政协副主席许明、杭州市委改革办常务副主任赵宇等领导专题调研改革创新实验室，实验室相关做法被《浙江信息》《杭州改革(专报)》录用，浙江省委常委、杭州市委书记刘捷作了圈阅，建德依托改革创新实验室统筹全市项目建设的创新做法获评杭州市优秀案例。

【平台向“大脑”迭代升级】2022年，市数据资源服务中心建立常态化归集机制，将数据归集纳入项目验收必要环节，数据平台IRS上架113套自建系统，完成数据归集约4亿条，归集率达100%，支撑21家单位35个重点应用场景；上架9个智能组件，建成汛情、死亡人口和共同富裕等9大专题库。瞄准基层单位重复性高、机械性强的业务，定制算法模型，在浙政钉上搭建“微应用集市”数据产品，通过大数据计算大幅缩减时间和人力成本，平均为每项业务节省1~2天时间，上架15个微应用，入选省优秀数据产品案例，并被常山县复用。形成《建德市公共数据归集交换技术规范》《建德市公共数据存储管理规范》等10项制度成果。

【全市数字化项目建好一本账】2022年，市数据资源服务中心统筹主体，将项目范围从市级部门扩大至乡镇(街道)、国有公司，转变原有数字化项目各部门多头建设的模式，由建德市数字信息有限责任公司统筹全市项目，实现资源的最大化整合利用。全年发文立项项目26个，比上年下降70%，立项金额统一下降62%。统筹内容，依托IRS查询省市重点应用建设情况，统一建设标准，明确建设边界，避免本地重复建设。针对相似需求，打造通用驾驶舱模板复制推广。通过项目查重、通用模板推广及功能整合等方式，共统筹项目23个，节约财政资金约6000万元。统筹流程，依托改革创新实验室平台，打造“部门提需求—企业拿方案—专家评优劣—试点来检验—成果全面推—利益共分享”的创新项目孵化模式。实验室获得“村级工程一件事”等9个计算机软件著作权，乡镇领导班子换届“智选”平台被省委组织部提级并在全省81个区县推广，获得收益近120万元。统筹绩效，采用客观可量化、可追溯评价指标，形成“目标实现、安全规范、数据支撑、实战实效、改革突破”的“五维度”绩效评价指标体系。完成72个项目的绩效自评，12个重点项目的专家现场复评、整改、复核，实现绩效评价对项目闭环管理。

【数字化改革安全防线建设】2022年，市数据资源服务中心以《建德市大数据安全能力中心三年行动规划》为行动指南，践行“内生安全”理念，基础网络安全与信息化同步规划、同步建设、同步运营的三同步思维，推进建设“4+2+1”(4大安全支撑体系、2大安全运营中心、1套安全制度)安全保障体系。升级市级机房、防毒墙、堡垒机、漏洞扫描、日志审计和备灾中心等基础设施，提升安全监测和防护能力。在重点护航时期前，对全市各单位PC终端、云资源、物理服务器、监控设施等网络资源的IP地址进行摸排。 **(翁美倩)**

2022年建德数字化改革重点场景(项目)任务清单

表9

场景名称	所属系统	建设目标	建设内容	类型	上线/迭代时间
新安·17清废	数字政府	按照数字赋能、数字产业化、制度重塑要求，将五大类固废监管业务与建德市特色应用场景相结合，实现各部门间的多跨协同和风险事件的闭环管理，推动固体废物减量化、资源化、无害化，为全省共建“无废城市”提供建德做法	以危险废物、一般工业固废、生活垃圾、建筑垃圾、农业废弃物、废水以及废气的监管作为基础框架，建立跨场景数据采集与融合工作体系，全面完成涉废主体（产废企业、运输企业、处置企业等）的智能物联数据接入，实现系统功能与日常涉废管理、服务工作的融合	上级任务实用管用争取突破	2022年6月迭代
新安护航	数字政府	按照数字赋能、数字产业化、制度重塑要求，完成“一分一码三场景”建设及“服务端”剩余子场景建设，上线浙里办；争创普货监管“一地创新、全省共享”试点，打造具有建德标识度的应用场景	增加两客、公交、校车主动防御系统设备覆盖率，更新危货车辆前端设备，实现100%全覆盖；新增“治理端”普货运输“一地创新、全省共享”安全分、安全码模块，迭代升级全流程监管、闭环管理等模块；服务端上线浙里办，并迭代升级相关模块；向外推广复制新安护航做法，做好相关宣传	上级任务实用管用争取突破	2022年10月迭代
新安智矿	数字经济	按照数字赋能、数字产业化、制度重塑要求，以减污降碳安全增效为目标，梳理矿业数据资产、业务流程，建立对矿产资源从原料开采、道路运输、企业生产的“实时检测—融合预警—协同处置—绩效评估”全流程管理体系，实现矿业可视、可管、可控，推进服务便捷化、管理统一化、绩效可视化、决策智能化	建立1个综合管理平台+1个数据底座+4个功能模块+N个企业模型的架构体系；将业务数据、检测预警数据、视频数据、涉矿事件直观展现，为管理者提供可视化决策支撑；建设数据仓、GIS空间数据资产库、涉矿事件库、IRS公共组件，为业务协同提供数据支撑；根据各部门职责、事件主题建设安全、环保、节能、绩效子模块；根据涉矿企业类型、规模划分矿山企业、涉矿企业、园区（聚集区），统一出台建设标准和管控要求，实现全流程闭环监管	上级任务实用管用争取突破	2022年8月上线
新安·17智水	数字政府	按照数字赋能、数字产业化、制度重塑要求，按照“一平台、一大脑、八大领域、N个场景”系统性赋能提升全市“水治理”“水服务”“水经济”“水文化”能力，全面建设水利智慧感知体系，打响建德市17℃优质水名片	打造污水智治、洪水智防、涝水智排、供水智保、节水智抓、水资源智用、水环境智护、水文化智享等8项专题应用场景，以智水大脑为支撑，统一汇聚、管理全市海量治水数据，实现“一数一源一责”；以预警协同处置中心为串联，打通水利、环保、应急、住建、城管、规资等多部门治水子平台，实现多部门协同联动治水	上级任务实用管用争取突破	2022年10月迭代
未来社区	数字社会	按照数字赋能、数字产业化、制度重塑要求，以建设人民幸福美好家园为目标，坚持民生导向，聚焦民生需求。打造社区智慧管理系统，落实“三化九场景”，解	以人工智能、物联网、大数据为依托，对接城市大脑，建设未来社区智慧服务平台，构建未来社区居民端、治理端、运营端，建	上级任务	2022年5月迭代

续表 9

场景名称	所属系统	建设目标	建设内容	类型	上线/迭代时间
未来社区	数字社会	决社区居民的高频需求，加强社区治理，打造有归属感、舒适感、未来感的新型城市功能单元	成集九大场景创新应用的“应用市场”，打造现代化风貌，健康、宜居为特色的未来社区	上级任务	2022 年 5 月迭代
建村钉	数字法治	按照数字赋能、数字产业化、制度重塑要求，以列入全省第二批新时代乡村集成改革试点为契机，以乡村“智治”为切入口，通过持续推进、多跨协同、迭代升级，统一标准、互通数据、不断规范,探索打造数字乡村——“建村钉”“1+10+N”集成平台，构建现代化基层治理体系	建成“1+10+N”集成平台：“1”：建村钉数智门户，设立数智门户、数字大屏、活跃数据、建德市号、直通发布、码上体验和数据应用等场景；“10”：就是至少 10 个子模块，村管钉、党务钉、关好钉、村务钉、平安钉、建检钉、莓好钉、气象钉、防疫钉、智工钉；“N”：就是门户及模块都设有 N 个应用场景。打通基层治理四平台和建村钉，建村钉收集信息通过四平台处理，畅通群众反映渠道，真正打通服务基层的“最后一公里”	实用管用争取突破	2022 年 10 月迭代
新安·17 治理	数字法治	聚焦中共二十大和杭州亚运会胜利召开，按照数字赋能、数字产业化、制度重塑要求，探索各类风险隐患和事件发现解决的治理路径，推动制度重构、流程再造，实现基层治理体系的多跨协同、顺畅高效，努力营造平安、和谐、稳定的基层社会环境	迭代升级市级社会矛盾纠纷调处化解中心,整合市场监管、综合执法、110 指挥平台社会应急联动等社会治理信息系统数据资源，打造集信访和矛盾纠纷调处化解、社会治理事件处置、社会风险分析研判、重大应急管理、监管执法协调指挥、基层社会治理业务指导等多功能为一体的市级社会治理中心；迭代完善“基层治理四平台”，构建“4+X”平台体系架构，涵盖乡镇（街道）党建统领、经济生态、平安法治、公共服务“四大模块”以及“X 个特色模块”；建立网格事项清单和准入机制，持续优化网格事件“报办分离”机制，优化网格队伍建设，全面提升网格治理能力	上级任务实用管用争取突破	2022 年 10 月上线
新安企服通	数字政府	按照数字赋能、数字产业化、制度重塑要求，通过建立部门数据认同机制，实现入项目库和入规上库所需资料的一键调取，提升统计工作质量。实现企业金融贷款一键授信，实现中介闭环管理	中介服务全过程管理，针对目前中介服务板块未涉及中介机构的管理，实现中介机构从入驻审核到项目服务评价、中介主管部门评价全方位管理。金融贷款一键授信，实现企业金融贷款一键授信，将原来的线下提交资料等环节过程，实现全程在线完成。统计资料一键入库，依托一期已归集的部分企业数据和项目数据及相关功能，通过对统计所需数据库进行补充完善，实现入项目库和入规上库所需资料的一键调取	上级任务实用管用	2022 年 10 月迭代
新安就业	数字社会	按照数字赋能、数字产业化、制度重塑要求，依托人社码实现涉及劳动就业的民生事项一键办理，以惠企利民为立足点，促进	建设电子劳动合同人社码，创新“合同签订—业务办理—分析预警”闭环管理体系。完成 9 万份电子合同网签量，实现应签尽签全覆盖。创新“3321”机制纵向贯通市、镇、企单位三级，全面集成技能培训、求职招聘、就业服务、社保参保与转移、退休体检等，	上级任务实用管用争取突破	2022 年 7 月迭代

续表 9

场景名称	所属系统	建设目标	建设内容	类型	上线/迭代时间
新安就业	数字社会	共同富裕，撬动经济高质量发展。通过合同数据分析就业情况，为党委政府决策提供依据及预警，促进高效能治理	多跨协同联动公积金中心、农商行、司法等34个部门业务。打造数字大屏，对全市就业情况进行指数化动态分析展示，掌握当地用工现状、为劳动纠纷提供预警，出台《建德市网签电子劳动合同管理办法》等管理制度	上级任务实用管用争取突破	2022年7月迭代
新安·干部建功立德365	党建统领整体智治	按照数字赋能、数字产业化、制度重塑要求，进一步优化班子、岗位、干部评价分析模型和画像功能，完善干部全周期量化闭环管理，推动形成干部成长选育、全面立体识人、精密指控监督的体制机制	迭代乡镇领导班子换届及日常管理智慧系统，以干部调配模块的优化升级为核心，聚焦选人用人的核心任务，细化干部画像的颗粒度，从干部正反面画像和干部指数两方面着手，定性与定量双结合，突出岗位核心指标抓取，做全应用功能，从打造干部全周期管理考虑，增加干部培育、绩效评价、岗位调整等模块，实现干部闭环管理	上级任务实用管用争取突破	2022年8月迭代
新安·公权智护	党建统领整体智治	紧紧围绕“清廉建德”“数智建德”建设总目标，以“三张清单”梳理为基础，以最佳应用要求为标尺，按照数字赋能、数字产业化、制度重塑要求，纵向打造市、镇、村三级监督架构，横向从村级小微权力监督拓展到部门公权力监督，构建起监督立体网络，推动基层公权力智慧监督改革走深走细走实，推进市域治理体系和治理能力现代化，为打造共同富裕示范“区县域样板”保驾护航	持续拓展数字赋能基层公权力监督改革，按照“部门核心业务数字化推进到哪里，公权力智慧监督就跟进到哪里”的要求，以“医耗智管”“数智蓝检”等应用场景为建设重点，切实推进省公权力大数据监督“一本账”试点工作，及时形成经验复制推广；有序推进其他公权力大数据监督场景的建设工作，构建数据高度归集、监督高度协同、运行高度智能的新型监督机制；探索建设“数据智治中心”，发挥大数据反腐的倍增、放大、乘数效应，提高审查调查工作的现代化、精准化、智慧化水平	上级任务实用管用争取突破	2022年6月迭代
新安·化工大脑	数字经济	按照数字赋能、数字产业化、制度重塑要求，构建园区“1+5+X”数字生态，实现画面实时可视、数据实时可读，设备实时可控，信息实时归档，问题清单闭环处置，有效提升政府侧治理能力和企业侧服务能力，输出数字化硬核成果	对“1+5+X”进行迭代升级，完成融合预警模块与应急管理闭环操作，完成驾驶舱改版，完成环保模块水、气、固废全方位环境管理创新；进一步梳理、整合、汇聚企业侧、园区侧和政府侧数据，打通现有多个系统数据壁垒，建好园区统一数据仓，为全省智慧园区建设提供精品样板	上级任务实用管用争取突破	2022年7月迭代
新安·数智殡	数字社会	按照数字赋能、数字产业化、制度重塑要求，立足死亡人口专题数据库重点突破涉财查询闭环梗阻，实现涉财查询闭环，为共同富裕示范区建设提供支撑。管理端，扩展死亡人口专题数据库数字化应用，为及时终止社会救助、社会福利、社会优待提供数据支撑。为清理银行、保险、证券不动户提供数据支撑，为清理	完成公证介入。依托IRS完成车辆、房产、公积金等资产自动查询并反馈。在现有公证介入的基础上，完成驻建德17家银行、9家保险、2家证券机构逝者身后事资产登录查询及反馈。争取对接省银保监、人民银行杭州市中心支行，实现总对总系统对接。从	上级任务实用管用争取突破	2022年7月迭代

续表 9

场景名称	所属系统	建设目标	建设内容	类型	上线/迭代时间
新安·数智殡	数字社会	社保、医保沉淀账户提供数据支撑。实现骨灰数字跟踪，为生态殡葬设施科学供给和殡仪服务优化提供借鉴和参考	而实现涉财查询数字化。拓展死亡人口专题数据库应用。上线骨灰数字跟踪模块	上级任务 实用管用 争取突破	2022 年 7 月迭代
新安堂前燕	数字文化	按照数字赋能、数字产业化、制度重塑要求，整合“新安夜学”和“堂前燕”两项有建德辨识度的理论宣讲品牌，“分众宣讲、精准供给”的机制，增强用地方语言宣传阐释新思想的能力，推动党的创新理论“飞入寻常百姓家”	贯通宣讲人、宣讲堂、听讲人、宣讲资源的工作闭环，优化理论学习、基层宣讲、管理服务、成果运用等流程，量化宣讲覆盖率和活跃度，建立评价体系，形成理论宣讲一屏展示、全景分析	实用管用 争取突破	2022 年 7 月上线
新安·智在严州	数字政府	按照数字赋能、数字产业化、制度重塑要求，聚焦古城开发、保护和发展，以数字赋能助力千年古城复兴，加快数据开放共享，着重从办事简化、生活便捷、生产便利、管理高效等方面进行深层次的制度探索和流程再造，为城镇发展和治理创新应用提供支撑，推动形成数字产业化、产业数字化的新时代千年古城	打造数字孪生城镇，通过标准规范和操作规程体系保障，重点打造支撑城市精细化管理等各业务系统，并打通其业务数据流转的协作平台，打造三维地图底板，发展对城市级三维场景展示分析的支撑能力；探索创新性流程再造，引入视频 AI 算法和人工智能学习，通过执行快速的预判分析和虚拟规划，实现全要素数字化和虚拟化、全状态实时化和可视化、城镇管理决策协同化和智能化；着重推进“发展严州”和“守护严州”场景，古镇核心 3 平方千米区域实现场景浏览、图层管理、动态生成白膜及渲染；完善“智慧消防”模块，实现对文保单位及历史建筑进行实时监测和管理	实用管用 争取突破	2022 年 10 月迭代
建德草莓	数字经济	按照数字赋能、数字产业化、制度重塑要求，通过丰富场景应用、升级场景展示、树立行业权威三个方面，提升草莓产业数字化管控水平，力争成为草莓行业市场风向标、产业发展力，助推建德草莓产业高质量发展，形成“先富帮后富，实现共同富”局面	继续优化原有功能模块基础上，结合草莓未来农场建设，打造可视化、智能化、标准化的集生产、安全、销售等环节为一体的应用场景；按照产业大脑有关要求，把数智草莓驾驶舱升格为草莓产业大脑；完善草莓综合指数，助推草莓产业高质量发展	实用管用 争取突破	2022 年 10 月迭代
新安护学	数字政府	按照数字赋能、数字产业化、制度重塑要求，围绕学生上下学服务，深化优化校园安全管理应用，复制推广“智校车”，实现“智校车”“智护学”“智防疫”“智通知”应用全贯通，推进教育、交通、公安、卫健、综合执法等部门协同智治，护航学生生命安全	完善校车综合考评机制，完成校车数据标准制作、“智校车”IRS 组件化开发、“智防疫”“智护学”数据归集和数据看板开发、学生错下错上校车预警功能开发，实时预警并推送健康码和体温异常情况，实现动态疫情防控和传染病防控；完成校园周边拥堵指数和车位信息推送功能、多部门联合检查模块开发，实现校园安全隐患问题收集、处置、反馈和数据归集；完成“浙里办”数字社会专区上线，完成集体外出活动报批模块、校园安全指数（四色码）、校园安全驾驶舱功能开发	上级任务 实用管用	2022 年 8 月迭代

行政审批服务管理

【概况】2022 年,全市行政审批服务工作以政务服务标准化规范化便利化为落脚点,深化“一件事”改革,强化数字赋能,提升服务效能,以“数据多跑路”换取“群众少跑腿”,全面增强群众企业办事幸福感。全年窗口受理办件 108 万余件。

【“智慧政务”建设】2022 年,建德市行政审批服务管理办公室(以下简称市审管办)配强政务大厅自助区、掌办区、网办区导办人员,实现政务服务“新大厅、新服务、新体验”,服务模式由“事项供给”向“场景服务”转变,现场办事人数下降 50%。强化“好差评”考核,在杭州地区率先完成线下办事大厅评价器与全省政务服务一体化 2.0 平台对接,实现现场办件一人一叫号、一事一评价。将办件“主动评价率”纳入窗口日常考核,倒逼服务质量提升。

【项目验收“一件事”改革】2022 年,市审管办会同市委改革办、市住建局开展社会投资项目联合验收“一件事”改革,针对建德市行政区域内新建、改建、扩建工程项目竣工验收,由原各相关部门独立组织实施的专项建设工程竣工验收,转变为统一组织、集中验收并限时做出验收结论,实现减环节、减时间、减材料,增强企业获得感和满意度。全年组织 5 批次 6 个项目的联合验收。

◎ “兜底办”现场调研(市行政审批服务中心提供)

【政务服务 2.0 系统应用】2022 年,市审管办深化“一网通办”改革,推进“一网通办”系统全面应用,窗口认领政务服务 2.0 事项 1425 项,认领率达 100%。至年底,大厅窗口“一网通办”收件量占收件总量的 95.9%,综合自助机“一网通办”对接比例达 100% 。推进政务服务 2.0 事项向乡镇(街道)便民服务中心延伸,完成各乡镇(街道)政务服务 2.0 平台账号申请、事项认领等工作。会同建德农商行开启政务服务“四个办”政银合作模式,完成建德农商行 19 个分行 60 余名工作人员“政银通办”高频事项及 2.0 智慧大厅等内容业务培训。

【“兜底”服务】2022 年,市审管办进一步明确“兜底”服务范围,厘清疑难清单;规范办理流程,倒逼服务效率;分类疑难问题,做到举一反三,更好提高工作绩效。广泛收集群众和企业“兜底”协调需求,加大兜底服务效果宣传力度,擦亮“兜底办”的金字招牌。全年受理各类“疑难杂症”29 件,现场踏勘 6 次,下发会议纪要 7 份,成功解决“疑难杂症”事项 24 件,受益 200 余人。

【民生事项基层办理】2022 年,市审管办开展政务服务工作考核，推进办事窗口、业务系统、审批标准、服务规范的市镇一体化，下放民生事项320项，实现94.4%。开展村级便民服务中心补助经费“回头看”工作，修改完善补助经费使用管理办法，以乡镇政务服务考核成绩为依据分三档发放补助经费并直接拨付至各村，提高资金拨付效率和资金使用绩效。

【投资项目审批代办】3月16日，市审管办建立“领导领衔领办、全程全科代办”服务机制，对2022年度建德市重点实施类投资项目进行梳理和分解，每个项目明确一名审管办班子成员领衔领办、相应科室全程全科代办，真正当好企业的“店小二”。强化代办工作定期通报、联审联办综合会商机制，建立代办项目问题销号制度，全年走访企业30余次，参与及协调解决各类企业及项目审批“疑难杂症”55件，其中协调成功解决问题48件。

【涉审中介机构管理】2022年，市审管办优化“杭州网上中介超市”平台的应用，引导建德市中介机构进驻“网上中介超市”，形成以“网上中介超市”为主平台的业主自主选择、中介有序竞争、信息公开透明、服务规范高效、政府高效监管的中介服务市场。加强涉审中介诚信体系建设，健全各中介行业主管部门监督管理机制，强化“红黑榜”评价成果应用。2022年上半年全市791家涉审中介中的259家开展综合评价，被评定为五星级49家、四星级156家、三星级(黑榜)54家。 **(伍 楠)**

机关事务工作

【概况】2022年，建德市机关事务服务工作围绕高质量发展建设共同富裕示范区“县域样板”目标，围绕打造“规章制度完善年”的目标，创新实干，高质量推动机关事务工作质效稳步提升。市机关事务服务中心先后获评杭州市首批“无废机关”、杭州市“无烟党政机关”、浙江省园林式单位，至年底连续10年获得建德市综合考评先进单位。

【智慧后勤建设】2022年，市机关事务服务中心制定《公物仓进出库管理细则》，完善《建德市政府机关大院事务管理办法》，细化工作流程，梳理高频事项，深化“最多跑一次”工作。紧跟党政机关数字化转型，以无感科技打造有感服务。改造停车位20个，将市党群服务中心200个车位，统一接入大院智慧停车统筹管理，以“数字+后勤”模式，打造融合停车、会务、用餐于一体的“大后勤”服务体系。通过浙政钉平台，实现停车指数实时查看，数字驾驶舱实现安保监控预警。全年保障会议1000余场次，会议组织效率提高近4倍。在“智慧停车”试点项目基础上，接轨“浙里好管家”，深挖“智慧后勤”内容和项目优化迭代。与绍兴市机关事务服务中心沟通对接，完成跨部门流程再造、业务协同、数据共享。《机关“智慧后勤”建设的思考和探索》获评杭州市局调研文章二等奖。

【公务用车管理】2022年，市机关事务服务中心接入“全省一张网”，升级公车监管系统，对该中心75辆公车运行轨迹可视化监控，统一管理，实时掌握公务用车申请调度审批、行驶轨迹、调度历史、油耗、维修保养等数据，系统推进机关运行保障流程优化，有效杜绝公车私用现象发生，运维费用较上年下降约15%。通过“驾”“校”合作，组织机关车队赴杭州技师学院开展驾驶员业务培训和实操考核500余人次。

【房产基建管理】2022年，市机关事务服务中心开展全市办公用房基础数据测绘，严把办公用房标准，对市级办公用房进行统一调配管理，整理编制人员资料64家，及时掌握办公场所腾空进度以及各单位办公用房使用需求，做好市综合执法局、应急管理局、司法局等单位办公用房调配保障工作。全年对机关大院进行零星维修195次、基建维护106次，维修金额62万元。推进公物仓建设，推进跨部门、跨层级资产共享共用，盘活闲置资产，全年办理闲置资产入仓360件、出仓337件，节约财政资金120余万元。开展楼堂馆所整治，将市卫健局和市委巡察办两处房产划归市机关事务服务中心。

【公务接待】2022年,市机关事务服务中心全年共接待宾客287批次,其中省厅级以上142批次,党政代表团12批次,保障建德市"两会"等各类重要会议及活动27次。在公务接待和机关食堂中推行"小份菜""半份菜",菜品就地取材,持续开展"周三光盘有礼"活动,加强"光瓶""光盘"宣传,其做法被《中国纪检监察》杂志2022年第19期刊登。

【机关食堂改造】机关食堂产权于2021年12月收回。2022年3月机关食堂进行改造,7月正式投入使用。改造后,机关食堂面积1767平方米,新增295平方米。总投资700万元,其中建筑工程概算325万元。赴浙江大学和余杭、桐庐、淳安等地学习,协同推进智慧食堂数字化建设。

【共富助农】依托机关食堂搭建助农销售平台,定期开展"后勤服务日"和"共富集市"活动。常态化开展优质农产品进机关活动,将建德特色农产品摆上杭州"乡村振兴共富体验中心"货架,累计销售50余万元。推进"建德豆腐包"进驻浙江省党代会、省两会等重要会议餐桌。通过"省市+部门+乡镇+农户"联动模式,开展"百县千碗·建德味道""迎亚运特色农产品和农家菜"进浙江省、杭州市机关食堂等活动。

【疫情防控保障】做好疫情指挥部值班值守和后勤保障工作,大院引进健康码、核酸报告自动核验机器2台,开展疫情防控检查10万余次,设点开展常态化核酸检测5万余人次,大院邮件快递消杀2万余次,环境消杀5000余次。围绕"有序转段、平稳渡峰"总目标,为全市各单位筹备并发放口罩、抗原、消毒水、消毒湿巾等物资。加强会议中心、公务用车、机关食堂等重点场所区域消杀,严控食品采购。 (胡 娟)

责任编辑:徐 健

政协建德市委员会

Jiande Municipal Committee of the Chinese People's Political Consultative Conference

综 述

【概况】2022年,政协建德市委员会坚持以习近平新时代中国特色社会主义思想为指引，围绕市第十五次党代会确定的目标任务，团结和带领全体政协委员,发挥政协“重要阵地”“重要平台”“重要渠道”三大优势,探索全过程人民民主,坚持发扬民主和增进团结相互贯通、建言资政和凝聚共识双向发力,主动作为、高效履职。

深化市委、市政府领导领衔办理重点提案机制,提升提案办理实效。围绕“双碳”背景下巩固提升建德化工产业优势、在城市能级提升过程中做好“中优”文章等内容形成6篇高质量的调研报告。围绕“非粮化”整治工作推进、招商引资、推进高耗低效企业整治等内容召开17次议政性主席会议和专题会议,全年编发《参政议政》6期。

持续30年助推的浙江建德抽水蓄能电站筹备工程于2022年9月开工,市政协委员长期关注的重大建设项目得到最终落实。围绕消防设施增配、加快绿道建设、农村生活污水处理设施提标改造等5件2020年市政府民生实事开展“回头看”。专题调研市纪委监委、市公安局、市法院、市检察院工作,市委交办的28件信访积案全部如期化解办结。开展“助推高质量发展,助力共同富裕”服务企业主题活动,其中解决企业“多证合一”问题的建议,经市政府常务会议研究后在全市推广。

加强党的建设、强化思想理论武装,严格落实“第一议题”制度,严格执行重大问题请示报告制度,重要工作经市委研究后再行实施,压实党建工作责任和党风廉政建设责任,打造“同心共富”党建品牌,全体政协委员进一步提高政治判断力、政治领悟力、政治执行力,争做“两个确立”的忠实拥护者、“两个维护”的示范引领者。

健全完善委员考评细则和委组考核办法,建立全体委员履职档案。推进“书香政协”委员读书活动。首次举办委员全员培训,举办第一期委员轮训,提升新一届委员履职综合素质。规范组建新一届政协委组，将之友社成员充实到各委组参加活动。各乡镇(街道)工委均成立一个委员工作室并开展履职活动。对专委会领导干部和工作人员统筹配置,强化专委会在政协履职中的基础性作用,形成专委会与委组工作良性互动。主动和《人民政协报》等上级媒体对接,开启与省级以上媒体网站的合作,共推出宣传文稿29篇,其中委组宣传文稿5篇。

将统一战线与多党合作要求贯穿于政协工作各方面全过程。切实办好中秋茶话会,完成政协联谊会和政协之友社换届。成立事业发展服务中心,调入工作人员2人。用心做好老干部服务工作,市政协联谊会、政协之友社、书画院工作影响力不断扩大。

市政协重要会议

【市政协第十五届委员会第一次会议】2月9–13日在新安江召开。应到委员246名,实到243名。主席吴铁民代表政协建德市第十四届委员会常务委员会作工作报告，副主席叶强受政协建德市第十四届委员会常务委员会委托作提案工作情况报告。会议听取并讨论代市长王新锋所作的《政府工作报告》及其他报告,组织大会发言和分组讨论。

◎ 6 月 1 日，市政协主席俞伟（前中）赴幼儿园开展节日慰问（市融媒体中心提供）

共收到大会发言材料 34 篇，12 位委员作大会口头发言，其他大会发言以书面形式进行交流。大会通过现场和网络渠道，共收到意见建议 246 件，其中集体和联名提出 62 件，委员个人提出 184 件。会议选举俞伟为政协建德市第十五届委员会主席，汪华瑛、钱晓华、郑志华、叶强、章学东为政协建德市第十五届委员会副主席，选举秘书长 1 人和常务委员 37 人。会议认为，十四届市政协围绕助推建德经济社会高质量发展主题，以“请你来协商”平台建设为重要抓手，不断丰富协商形式、拓宽协商渠道、完善协商机制，深入一线主动作为，紧扣中心尽心履职，充分发挥协调关系、汇聚力量、建言献策、服务大局的作用，为建德高水平建设“重要窗口”作出了积极贡献。

【市政协常委会会议】2022 年，建德市政协常委会会议召开 6 次（十四届第 35 次常委会会议，十五届第一次至第五次常委会会议）。

1 月 14 日，十四届市政协召开 35 次常委会会议。会议听取 2021 年度政府工作情况通报，听取市政府关于政协建议案、提案办理情况的通报，协商讨论 2022 年《政府工作报告（征求意见稿）》。审议通过市政协十五届委员人选安排；审议通过关于召开市政协十五届一次会议的决定、日程（草案）和议程（草案）、秘书长、副秘书长名单、邀请人员、主席台就座人员名单和列席人员名单、常委会工作报告和提案工作情况报告报告人名单、提案审查委员会名单（草案）；审议并原则通过市政协十四届常委会工作报告（审议稿）和提案工作情况报告（审议稿）；审议通过关于授权主席会议审议未尽事宜的决定。市政协主席吴铁民主持会议并讲话。市政协副主席汪华瑛、程旭、严凌云、王百金、叶强和市政协领导章学东出席，市委常委、统战部部长郑泽挥和副市长袁思明应邀参加。

2 月 13 日，十五届市政协召开第一次常委会会议（以下简称为第 N 次常委会会议）。会议审议通过市政协机构设置、有关人事任免及十五届委员会副秘书长名单。市政协主席俞伟强调，要加强理论学习，不断提高政治站位，进一步加强政协系统党的建设，强化党的创新理论武装，做“两个确立”的忠诚拥护者、“两个维护”的示范引领者；要加强调查研究，不断提高协商议政水平，创新调研方式，促进协商成果的转化，抓住重点献良策，进一步提高履职针对性和建言质量；要加强思想引领，不断汇聚推动发展的合力，充分发挥好人民政协的统一战线组织功能，增进最大共识度、寻求最大公约数、汇聚最大正能量、“画出最大同心圆”；要加强作风建设，展示良好履职形象，以更高的政治站位、更强的使命担当、更大的工作力度、更好的精神风貌，努力推动建德政协事业再上新台阶。市政协副主席汪华瑛、钱晓华、郑志华、叶强、章学东等出席。

4 月 13 日，第二次常委会（扩大）会议。会议宣读致全市政协委员的倡议书《协力同心迎亚运、聚力同行向未来》，部署 2022 年度市政协常委会民主评议监督和“助推高质量发展，助力共同富裕”主题活动工作。市政协主席俞伟主持会议并讲话，市政协副主席汪华瑛、郑志华、叶强、章学东等参加。副市长洛桑多吉应邀到会并讲话。

8 月 26 日，第三次常委会会议。会议交流市政协 2022 年重点调研课题成果，审议通过市政协十五届三次常委会会议建议案。2022 年市政协组成 6 个课题调研组，围绕 6 个课题开展调研。市委书记富永伟应邀出席会议，指出市政协坚持把课题调研放在政协全局工作的重要位置，作为履行职能的重点工作来抓，相关专题调研紧扣中心选题准、发挥优势调研深、成果丰硕建言实，为市委、市政府科学决策提供重要参考依据，工作成绩值得充分肯定。希望各级政协组织和广大政协委员按照“疫情要防住、经济要稳住、发展要安全”的工作总要求，以高度的政治责任感，更好地履行职能、发挥作用。要勤调研、多建言，全力在服务中心上展现作为；要勤监督、多鞭策，全力在推动工作落实上发挥作用；要勤创新、重务实，全力在加强自身建设上取得突破。同时，全市各级机关部门和各乡镇（街道）要从战略和全局的高度，支持政协开展协商议政，主动接受政协民主监督，认真办理政协意见建议，各方合力，在“全力推动共同富裕、全面建设‘宜居建德’”的新征程中展现更大政协担当、贡献更多政协力量。市委副书记、市政协主席俞伟主持会议，市委常委、常务副市长陈文岳应邀出席，市政协副主席汪华瑛、郑志华、叶强、章学东等参加。

10 月 28 日，第四次常委会会议。会议听取市应急管理局、市交通运输局、市民政局、市住建局、杭州生态环境局建德分局等 5 个被评议部门关于 2020 年政府民生实事项目情况的汇报，听取监督评议小组和部分委员发言，审议通过《市政协常委会民主评议政府民生实事项目现场测评办法（草案）》，并对 2020 年政府民生实事项目实施工作进行现场测评。市政协主席俞伟主持会议，市委常委、常务副市长陈文岳应邀参加，市政协副主席汪华瑛、钱晓华、郑志华、叶强等参加。

12 月 15 日，第五次常委会会议。会议听取市政协“一办六委”负责人汇报的 2022 年工作完成情况以及 2023 年工作思路，审议讨论《2023 年市政协常委会工作要点》，并提出意见建议。会议要求，要认真谋划好 2023 年各项工作，强化政治意识，做政治过硬的表率；提高履职本领，做尽职尽责的表率；加强沟通联络，做团结合作的表率；树立优良作风，做遵规守纪的表率。市政协主席俞伟就做好市政协十五届二次全会准备工作提要求：加强学习调研，为建言献策打好基础；强化统筹协调，精心做好筹备工作；严肃会风会纪，确保会议气正风清；认真抓好会议筹备，精心组织好大会发言和提案征集。市政协副主席汪华瑛、钱晓华、郑志华、叶强等参加。

协商议政

【市委全会报告专题建言】 8 月 10 日，市政协召开十五届八次主席会议，专题协商讨论市委十五届二次全会工作报告（征求意见稿）。指出：要突出转型升级，不断提升产业实力，坚定不移实施工业强市战略，以工业的强势发展带动产业的全面发展；

要坚定抓优势产业力度不降、帮扶政策不减，不断提高企业核心竞争力；要持续抓开发区平台建设，以平台整合为契机，全力打造工业发展平台，不断增强开发区集聚效应和承载能力；要围绕项目提速，不断厚植发展潜力，持续聚焦招大引强、全力推进项目建设、积极向上争取支持，始终坚持招商引资“一号工程”不松劲，全力攻坚项目建设，为高质量发展不断注入新活力；要致力民生提档，不断凝聚向心合力，坚持以人为本、实干为民的理念，把人民群众的期待转化为一项项举措、落实到一件件实事，努力让人民群众过上更加幸福美好的生活。

【“非粮化”整治专题议政】4月28日，市政协召开十五届五次主席会议暨粮食生产功能区“非粮化”整治专题议政会。与会人员视察寿昌镇山峰村和航头镇彭家村粮食功能区“非粮化”整治情况，听取相关汇报。会议提出：要居安思危，提高对粮食安全重要性的认识，任何时候都要将饭碗牢牢端在自己手中；确保“粮地姓粮”，推进全市粮食生产功能区“非粮化”整治优化工作，保障全市粮食总量和质量上的安全；加快“非粮化”整治优化进度，明确整治优化标准，保质保量完成任务。要紧盯目标，因地制宜，分类施策，确保工作有序稳妥推进；加大宣传引导，强化数字赋能，创新工作举措，做实做细群众工作，及时回应群众诉求，推动全市“非粮化”整治优化工作再上新台阶。

【养老服务体系建设协商议政】6月14日，市政协召开十五届六次主席会议暨养老服务体系建设协商议政会。与会人员视察寿昌镇桂花村老年食堂、更楼街道居家养老服务中心、新安江街道汇泉馨安家园等，听取相关情况汇报。指出：养老服务体系建设工作是积极应对人口老龄化的迫切需要，是落实以人民为中心发展理念的必然要求，是破解养老服务难题的有效之举，切实把养老这个关系人民群众最直接、最现实的大事难事办好。发展居家养老服务，强化社区养老服务，提升现有养老机构服务水平，加快推动“医养结合”新模式，主动适应新形势，推动养老服务体系建设加快发展。保障养老服务体系建设工作实效，创新思维理念，转变发展方式，突破发展瓶颈，加强部门协同和督查指导，强化资金、土地、人才等要素保障，充分满足老年人多样化、差异化、优质化的养老服务需求。营造尊老敬老氛围，挖掘典型案例，让养老服务成为人人参与的社会时尚，不断提升老年人的获得感和幸福感。

【招商引资工作视察议政】9月9日，市政协召开十五届九次主席会议暨招商引资工作视察议政会。与会人员视察浙江麦子妈食品科技有限公司速冻预制菜肴生产及研发建设、南开日新生物制剂检测、现代数字影视城等招商引资项目进展情况，听取相关汇报。提出：要重视平台建设，以开发区整合为契机，全力打造工业发展平台，不断增强开发区集聚效应和承载能力，使开发区成为改革创新的先行区、招商引资的主阵地、产业项目的集聚区；推动产业转型升级，提高产业附加值；创新招商引资方式方法，转变招商引资的理念和模式，提升服务水平；持之以恒抓招商引资，在变局中利用各种积极因素，以招商引资工作新突破激活发展新动能、跑出发展加速度，推动建德经济社会高质量发展。

【重大交通项目建设专题议政】9月28日，市政协召开十五届十次主席会议专题议政重大交通项目建设。与会人员赴梅城镇视察新国道320线建德段中蓬互通和桐溪大桥项目，听取相关汇报。指出：作为杭州西部门户城市，发展交通对于促进建德高质量发展尤为迫切。交通项目是加快发展的重要手段，是拉动经济增长的重要引擎，是增进民生福祉的重要保障，要聚力克难攻坚，以更大力度推进交通项目，加大前期工作力度，加强项目质量监管。发挥交通运输的基础性、先导性、战略性、服务性作用，做到领导责任、部门联动、督查考核、宣传引导落实到位，以更高水平服务交通项目。以只争朝夕的拼劲、锲而不舍的韧劲、永不停歇的干劲，奋力谱写建德交通发展新篇章。

【退役军人保障专题议政】11月2日，市政协召开十五届十二次主席会议，专题议政全市退役军人服务保障体系建设。与会人员视察市退役军人健康驿站、航头镇航川村退役军人服务站、大同镇退役军人服务站的建设运行情况，听取相关汇报。强调：要突出政治建设、深化改革创新、践行法治思维、做实日常工作，努力在服务退役军人过程中发挥凝聚人心、增进认同、化解矛盾、促进和谐的重要作用，不断增强退役军人的获得感、幸福感、荣誉感。加强组织领导、强化要素保障、加大氛围营造、狠抓督查指导，以“时时放心不下”的责任感，狠抓工作落实，奋力争先创优，确保退役军人服务保障体系建设工作取得实效。

“请你来协商”工作

【概况】打造建德“17·协商”品牌。推进市级“请你来协商”平台建设，提升乡镇(街道)民生议事堂建设，完成“三位一体”建设乡镇(街道)全覆盖工作任务，实现全市256个村(社区)“协商驿站”建设全覆盖。开展8场“请你来协商”活动，邀请市委书记、市长或分管市领导参加。研究“请我协商”向“我要协商”转变，《主动式基层协商民主的价值和实践》在《江南论坛》期刊发表。

【“三位一体”平台建设实现乡镇全覆盖】6月30日，《建德市推进“民生议事堂”(协商驿站)、委员工作室、社情民意信息联系点“三位一体”建设的实施意见》印发。7月1日，市政协召开“三位一体”建设工作推进会，发布“17·协商”品牌Logo。是日，建德“民生议事堂”平台建设工作得到省政协副主席郑继伟批示肯定。7月10日，市政协实现民生议事堂(协商驿站)、委员工作室、社情民意信息联系点“三位一体”建设乡镇全覆盖。编印《建德市“三位一体”典型案例汇编》。梅城镇“再现千年古府新面貌”等6件“民生议事堂”活动入选杭州市2021年度民生议事堂100个优秀协商案例，杨村桥镇“补齐莓链短板 打造共富标杆”案例入选浙江省民生议事堂典型案例汇编，梅城镇“美丽城镇”转化“美丽经济”推动共同富裕活动案例入选浙江省民生议事堂“助力共同富裕示范区建设专题协商议事月”活动。

【豆腐包品牌建设协商】4月22日，市政协在梅城镇严州三十一道美食广场举行“请你来协商”活动，聚焦“加强豆腐包品牌建设 提升建德美食美誉度”主题召开座谈会，并进行线上同步直播。政协委员和企业代表围绕“建好孵化器”“闯出一片天”“延伸产业链”3个专题提出相关问题和建议，在线网友提出许多问题。市文广旅体局、市商务局、市市场监管局等部门一一解答。会议认为，传承和发展建德美食，是助力共同富裕的现实选择。要

◎ 4月22日，市政协举行豆腐包品牌建设协商(市政协办公室提供)

凝聚共识，增强做优建德美食美誉度的责任感；推动建德美食标准化、品牌化、产业化发展，提升建德美食美誉度；加强组织领导、加大资金支持、强化宣传推广、加强人才培养，为做优建德美食美誉度提供有力支撑。

【科技人才队伍建设协商】6月15日，市政协举行“请你来协商”活动，聚焦加强全市科技人才队伍建设工作，并进行线上同步直播。市科技局以“加快科技人才队伍建设 厚植浙西科创人才高地新优势”为主题，从产才融合、“筑巢引凤”、人才生态三个方面介绍情况。市政协委员围绕群众和企业关心的问题，从引才聚才、育才用才、爱才留才3方面进行提问。在线网友也提出许多问题。市委组织部、市科技局、市人力社保局等部门逐一予以解答。会议认为，全力推进共同富裕、全面建设“宜居建德”新征程和日趋激烈的区域竞争对科技人才队伍建设工作提出新要求，要准确把握形势，切实增强人才发展自觉；聚焦关键环节，在引才、培才、用才以及平台创新、开放合作上下功夫，加快推进人才发展行动；完善服务保障，不断压实工作责任、强化政策支撑、加大投入力度、严格督查考核、营造浓厚氛围，优化人才发展环境。要解放思想，凝心聚力，开拓进取，积极作为，为全力推动共同富裕、全面建设“宜居建德”提供人才保障。

【矿产资源利用和保护协商】7月6日，市政协举办“请你来协商”活动，聚焦矿产资源开发利用和保护。与会人员观看建德矿产资源开发利用和保护工作视频短片，听取相关汇报。围绕“矿山开发”“资源利用”“治理安全”3个专题进行提问。市规划资源局、市林业局、市经信局、杭州市生态环境局建德分局、市交通运输局、市应急管理局、大同镇、更楼街道、钦堂乡等部门单位逐一予以解答。市委副书记、市长王新锋指出，市政协不断创新协商形式，为市委、市政府中心工作提出许多具有前瞻性、科学性、开创性的意见和建议，有助于找准方向、集思广益、强化监督，推进工作落实。这样的协商活动要长期开展下去。他强调，要在强化统筹中找出路，清醒认识面临的问题和困难，持续巩固拓展矿产资源开发利用和保护成果；持续推进产业集聚化、矿山绿色化、管控数字化、生产链条化，以转型谋发展，提高矿产资源利用效率，加强低效用地处置，走绿色发展之路，从源头提升行业整体质效，实现集聚发展、主体升级、绿色生产、产业延伸、智慧监管；推动政企联动，以企业的自主创新和转型重组，带动整个产业链发展；探索国资参与，让国资掌握主动权，把矿产资源掌握在手中，促进矿山行业健康有序发展。会议认为，通过“请你来协商”平台进行面对面交流，进一步谋划思路，明确工作重点，增进思想共识，很好地发挥了协商民主作用。有关部门单位要认清形势，提高工作标准，加强规划引导，加大工作力度，推进矿业转型升级，为全市经济社会高质量发展作出更大贡献。

【社区建设和物业管理协商】7月18日，市政协举行“请你来协商”活动，关注社区建设和物业管理，并进行线上同步直播。与会人员观看全市社区建设和物业管理工作视频短片，听取相关汇报。市政协委员、市民代表和线上网民围绕“共建的生活家”“共治的和谐弄”“共享的幸福里”三个专题进行提问，相关部门分别予以解答。会议认为，要提高对社区建设和物业管理工作重要性的认识，针对存在的问题和困难，增强责任感、紧迫感，想方设法加以解决；加强组织建设和基础设施建设，强化数字赋能，依法加强条例贯彻落实，加强行业指导监管和宣传引导，推动小区物业共治共管、共建共享；加强组织领导，强化部门协同，严格考核奖惩，推进社工队伍和物业队伍建设，为居民创造更加舒适、整洁、文明、安全的居住环境。

【城市环境品质提升协商】9月6日，市政协举行“请你来协商”活动，聚焦城市环境品质提升工作，并进行线上同步直播。与会人员观看建德城市环境品质提升工作视频短片，听取相关汇报。市政协委员、市政协之友社会员和线上网民围绕环境整治、设施建设、精细管理3个专题抛出问题，相关部门分别予以解答。会议认为，城市环境品质提升是提升城市形象、改善投资环境的现实需要，是坚持以人为本、回应群众期盼的具体行动，是强化社会治理、改进公共服务的有效途径,要增强抓好这项工作的责任感;统筹谋划,突出重点,聚焦问题、找准差距,转变思路、统筹发力,文明执法、精细服务,着力抓好城市环境品质提升各项工作;强化组织领导、协调配合、队伍建设、督促检查和宣传教育,动员全社会力量,齐抓共管,协同发力,确保整治工作取得实效,不断擦亮"全国文明城市"金字招牌,为市民创造更好的生活环境。

【素质教育提升协商】10月11日,市政协举办"请你来协商"活动,聚焦"双减"背景下的学生素质教育提升,并进行线上同步直播。市政协委员、市政协之友社会员听取相关汇报,围绕师生、家长关心的问题进行提问。在线网友也提出许多问题。市教育局、市民政局、市市场监管局等部门逐一予以解答。会议认为,"双减"工作是落实立德树人根本任务的重大举措,要切实做好"双减"工作,促进学生全面发展和健康成长;直面难点,抓住关键,统筹好"减"与"加"、"内"与"外"、"标"与"本"的关系,统筹推进"双减"工作各项任务落地见效;加强组织领导、强化协作配合、加强宣传引导、强化督导检查,汇聚"双减"工作强大合力。

【"扩中提低"促共富协商】11月2日,市政协举行"请你来协商"活动,围绕"聚力'扩中提低'促进共同富裕"主题开展专题协商,并进行线上图文直播。与会人员观看全市"聚力'扩中提低' 促进共同富裕"工作视频短片,听取相关汇报,围绕就业创新提能力、帮扶减负助增收、创新探索促共富等具体问题发言,相关部门逐一作答。市委书记富永伟表示,此次市政协"请你来协商"活动抓住重点和关键,体现市政协围绕中心、服务大局的站位和担当,活动选题准、切口准、提问准,参政建言水平高,为下一步有针对性地推动工作拓宽视野、提供参考。

【草莓产业发展协商】12月9日,市政协举行"请你来协商"暨重点提案办理协商活动,围绕"高质量发展草莓产业 助力推动共同富裕"主题开展专题协商。与会人员"观看高质量发展草莓产业助推共同富裕"视频短片,听取相关汇报。领、抓科技创新、抓标准化生产、抓发展壮大,久久为功高质量发展草莓产业;要强化保障措施,全力助推草莓产业高质量发展,各有关部门要加强组织领导、加大人才培育、加大政策扶持、强化督查考核,各负其职、各尽其责,持续聚焦聚力,推动草莓产业持续健康发展,把建德打造成为名副其实的"中国草莓之乡"。

(徐燕飞)

文史工作

【概况】2022年,市政协继续发挥文史工作人才优势, 深入发掘和利用历代地方志文献资料, 启动《民国建德史料辑成》丛书编纂工作,丰富地方历史文化,为全市各项事业发展提供文化支撑;开展"三亲"史料采写、编撰工作,内部出版《建德文史资料》第二十四辑(建德抗战专辑),为全体市民尤其是中小学生提供爱国主义教育教材。

【民国《建德县志》点校出版】为挖掘民国期间有关建德的文史资料,2022年启动《民国建德史料辑成》丛书编纂工作。作为该丛书的启动项目,市政协文史委以民国八年《建德县志》为底本,组织开展点校整理工作。12月,民国《建德县志》点校本由方志出版社出版发行,全书共计53万字。

【《抗战中的建德》编印完成】2022年是日本侵略军入侵建德(包括原寿昌县)八十周年,为记录这段历史,真实反映日本侵略军在建德、寿昌两地所犯下的罪行,讴歌两县军民宁死不屈的抗争精神,市政协组织开展"三亲"史料《抗战中的建德》的征集编纂,印制成书。全书共10章,近20万字。 **(方 韦)**

责任编辑:徐 健

中共建德市纪委·市监委

Jiande Municipal Commission for Discipline Inspection of CPC and Commission of Supervision

纪检监察

【概况】2022年,建德市纪检监察工作围绕贯彻落实习近平总书记重要指示批示精神和上级党委及建德市委决策部署,聚焦疫情防控、稳进提质、除险保安、共同富裕、数字化改革等中心工作,跟进监督、全程监督、精准监督,推动解决问题3586个,问责履职不力人员53人,完善各类制度98项,报送市委、市政府问题建议类专报11篇。市纪委监委全年处置问题线索426件,立案222件,给予党纪政务处分223人,其中处分同级管理干部9人,发现问题线索精准性和成案率不断提高。采取留置措施7人,移送司法机关12人;通过执纪审查和监察调查,挽回经济损失3100余万元;严肃查处吴××、蒋××等严重违纪违法案件。

2022年,市纪委监委机关设办公室、干部室、宣教室、党风室、信访室、案件监督管理室、第一至第四监督检查室、案件审理室等11个内设机构,设派驻(出)机构11个,其中综合派驻出8个、单独派驻(出)3个。

【市第十五届纪律检查委员会第二次全体会议】2月18日召开。市纪委市监委机关、市委巡察机构、派驻(出)机构、乡镇(街道)纪(工)委干部参加会议。市委常委、纪委书记、监委主任徐军飞作题为《忠诚履职尽责 护航发展大局 为全力推动共同富裕全面建设"宜居建德"提供坚强保障》的工作报告。会议主要内容是:以习近平新时代中国特色社会主义思想为指导,深入贯彻落实中共十九大和十九届历次全会精神,按照十九届中央纪委六次全会、省纪委十四届七次全会、杭州市纪委十二届七次全会和市第十五次党代会的部署,回顾2021年纪检监察工作,部署2022年任务。

【数字化改革全省领跑】2022年,清廉建德智慧监督平台优化升级,开展数据关联分析、人物画像等应用,着力提升审查调查数智化水平。高质量推进省市试点建设工作,建德市"医用耗材智慧监督"和"基层公权力智慧监督"入选省纪委2022年度最佳应用场景,入选数量排名杭州第一;医用耗材智慧监督、小微权力非高频事项、公安(交警)执法等场景均在全省推广,获评最佳模型8个。医用耗材智慧监督上线后推动医用耗材类投诉率比上年下降45%,减轻群众负担1300余万元,获建德市数字化改革场景应用竞演第一名。

【"四种形态"运用】2022年,全市纪检监察机关实践运用"四种形态"401人次,其中"第一种形态"("红脸出汗""咬耳扯袖")175人次,占比43.7%;"第二种形态"(党纪轻处分、组织处理)177人次,占比44.1%;"第三种形态"(党纪重处分、重大职务调整)24人次,占比6.0%;"第四种形态"(严重违纪涉嫌违法)25人次,占比6.2%。

【浙江省失实检举控告澄清正名发布会在建德举行】2022年,市纪委监委聚焦特色亮点工作,进一步擦亮"澄清门下道澄清"金名片。9月28日,浙江省失实检举控告澄清正名发布会在建德市梅城镇澄清门举行。会上,公开澄清案例20起21人,公布查处诬告陷害典型案例10起,全省11个设区市纪委监委发表澄清正名宣言。超过32.6万人

◎ 9月28日，发布会上被澄清干部从与会领导手中接过“澄清证书”(市纪委监委提供)

次通过网络收看直播并参与互动，图片新闻点击量超过132万人次。《人民日报》、中新社、中纪委网站等10余家省级以上主流媒体对活动进行宣传报道，建德市失实检举控告澄清工作的影响力进一步扩大。

【信访举报分析】2022年，市纪委监委推进重复检举控告“清零”专项行动，调动整合属地、大信访、政法等工作力量，省、杭州交办的4件重复检举控告件全部按期动态“清零”。对建德市一级信访积案进行再排摸梳理，由领导牵头进行包案化解，召开联席会议5次，13件包案件全部得到有效化解。制定《乡镇(街道)部门主要领导重要疑难信访包案化解工作实施方案》，并通过片区协作、室组地联动等方式，集中攻坚化解一批乡镇疑难信访积案。强化省纪委“清零件”经验、成果有效运用，6月，下发《建德市纪检监察信访举报百日攻坚专项行动方案》，按照“属地管理、分级负责，谁主管、谁负责”原则，落实首办责任、“三必须一穷尽”(纪检监察组织负责人必须亲自参与核查、亲自撰写核查报告、亲自答复反馈，调查取证必须做到穷尽，保证速度与质量双优)要求，通过百日攻坚，实现信访办结16件，初信初访办理提速、重信重访双下降的目标。

【政治生态净化优化】2022年，市纪委监委协助市委制定《加强对“一把手”和领导班子监督“五张责任清单”》(指查摆问题清单、原因剖析清单、整改措施清单、责任落实清单、完成任务清单)，同步上线五张责任清单“17”履职系统，组织实施政治生态评估和领导干部“政治画像”，开展新提拔任用及进一步使用领导干部集体廉政谈话。以政治监督为抓手，指导督促全市纪检监察组织围绕重点工作建立“四张清单”(政治监督任务清单、责任清单、问题清单、落实清单)404份，全年2次全覆盖对全市各党组织实施政治生态评估和领导干部“政治画像”，不断夯实全市“山清水秀”政治生态基础。紧盯重要时间节点、重点领域、重点人群，聚焦中央八项规定精神落实、“四风”隐形变异问题、干部履职尽责等问题开展明察暗访、交叉互查，全年查处违反中央八项规定精神问题8起10人，其中党纪政务处分10人，查出“三不”问题40起45人。

【专项治理】2022年，市纪委监委持续深化漠视侵害群众利益、交通、民政救助、工程建设、粮食等领域专项治理21项，把群众的“需求清单”转化为“满意清单”。全年对涉案人员粮食领域留置2人、交通领域处理5人、民政救助领域处理6人。巩固漠视侵害群众利益专项治理成果，坚持“当下改”与“长久立”相结合，推动市场监管局健全完善网络直播营销行为规范等制度机制10余个。

【警示教育】2022年，市纪委监委将案例资源转化为警示教育资源，用身边事教育身边人，不断将制度优势转化为治理效能，警示警醒各级党员干部和公职人员。完成对蒋××、吴××等审查调查对象的采访和拍摄，为下一步的警示教育片制作提供素材。组织全市党员干部观看《把“严”的主基调长期坚持下去》《远离家庭腐败》等多部警示教育片，做到警钟长鸣。完成对2名审查调查对象的采访和拍摄。

◎“建德廉线”上线应用(市纪委监委提供)

【党风廉政宣传】2022年，市纪委监委在中央、省级主要媒体刊播党风廉政新闻、信息稿件(素材)318条，其中《中国纪检监察报》《中国纪检监察》杂志、中央纪委国家监委网站198条，省纪委网站、微信公众号等120条，发稿数量比上年增长18.8%。若干亮点做法得到肯定与推广。

【清廉村居示范县评分位列全省第二】11月9日，举办全市清廉村居建设大比武暨“清廉村居看我村”展演活动，杭州市纪委领导金伟、朱春根等到会指导，该活动提升了群众知晓度、参与度、满意度、获得感。至2022年全市94个村居创建成为第一批建德市级清廉村居，大洋镇大洋村、航头镇彭家村、洋溪街道团结村入选杭州市清廉村居特色样板。持续开展“建德廉线”示范点评选，打造新安江街道明珠社区“清廉家庭”、更楼安置房工程“阳光工地”、新安江街道叶家社区“清廉驿站”3个示范点。洋溪街道团结村、大慈岩镇中心幼儿园、建德市中西结合医院等6个点位被评为清廉杭州建设优秀实践案例。澄清光庐文化体验馆、千鹤妇女精神教育基地被选为杭州市廉洁文化教育基地。建德市“清廉村居示范县”评分位列全省第二。

【纪检监察干部队伍建设】2022年，市纪委监委完善常委会议事规则，落实“第一议题”制度，开好“党史学习教育”“以案促改以案促治”专题民主生活会。加强干部队伍建设，开设“铁军尖兵训练营”，开展清廉单元示范创建、信访积案化解清零、审查调查规范建设、执纪执法质效提升、公权力大数据监督、“建”言“纪”语内宣信息、“清风廉韵”外宣信息、铁军尖兵素质能力、巡察利剑护航发展等“九大比武”活动，通过“赛马竞技”打造“实战尖兵”。开展“以案为鉴严约束、护航‘窗口’铸铁军”警示教育系列活动，出台关心关爱纪检监察干部十项举措，实现干部政治家访全覆盖，用严管厚爱激励纪检监察干部担当作为；同时，召开李玲先进事迹报告会，以其事迹激励全市党员、干部。（许崔喆仁）

市委巡察

【概况】2022年，建德市委巡察工作创新实施“主巡人”制度、“镇村联巡、一体推进”的村级巡察模式，持续深化“巡财审”联动监督，完成2轮常规巡察，对12个机关单位、4个乡镇及下属93个村级党组织开展巡察，发现问题1517个、问题线索30个，推动移送司法机关2人、党纪政务处分26人，挽回直接经济损失1900余万元，发挥巡察推动全面从严治党向基层延伸的利剑作用。

【重大巡视问题清单工作居全省前列】2022年，建德市委巡察办公室(以下简称市委巡察办)推动省纪委《巡视反馈共性问题整改标准——安置房建设销号标准》出台，明确"5年建设周期内项目不再列入问题清单"，将"安置房建设问题"报结销号。推动"主动发现问题入库""示范案例"录用和巡视整改对外宣传，全年被录用示范案例1篇，在央媒发表巡视整改成效宣传5篇，在省级媒体发表4篇，重大巡视问题清单排名全省第十、杭州市第一。

【"巡财审"联动监督】2022年，建德市推进巡察、财政和审计监督贯通融合，"政治体检"与"业务体检"优势互补、协同共进，逐步实现工作安排统筹推进、人员力量整合提升、发现问题精准高效、成果运用联动充分。巡前统筹安排监督对象，在制定巡察五年规划和年度计划时，市委巡察办与市财政局、市审计局协调对接，实现"巡财审"监督对象较高程度同步；巡察期间通过巡审同步、前后接续、"巡财审"联合编组三种方式，靶向聚焦监督重点，围绕权、钱、人3个维度，聚焦涉及资金管理、资产处置、资源配置、资本运作的重点岗位，强化"巡财审"联动监督力度；巡察后强化成果运用，"巡财审"三方定期开展联合整改评估，推动整改落实，对"巡财审"联动中发现的系统性、典型性、倾向性问题，提出专项治理建议，为市委、市政府重大决策提供参考。2022年，通过"巡财审"联动，推动留置建德市国有粮食收储有限公司党总支委员、副总经理蒋××，公司原出纳王×。向市委、市政府提出公务用车油卡管理、村级工程、财务规范化管理等方面建议3条。

【镇村联巡】2022年，市委巡察办将乡镇及其所辖所有村（社区）作为一个整体同步开展巡察，集中动员、集中办公、集中反馈、集中整改。通过"镇村联巡、一体推进"，完成4个乡镇及其所属93个村级党组织的巡察，发现问题1159个、问题线索19个，挽回直接经济损失383万余元。推动解决违法破坏耕地、农村土地承包经营权证办理、事实无人抚养儿童权益保障、农户土地征用补偿款少发错发、农村公交车通车、农村居家养老服务照料中心被挪用挤占等民生"关键小事"6件。

【"四零四单"巡察整改机制建立】"四零四单"即坚持移交移送"零时差"，形成重点问题"督办清单"；坚持销账对账"零死角"，形成问题线索"转化清单"；坚持把脉施策"零距离"，形成疑难问题"领办清单"；坚持失职失责"零容忍"，形成整改不力"问责清单"，形成巡察整改闭环管理回路。2022年，市委巡察办向8个被巡察单位发送督办函，完成督办问题35个，推动巡察整改完成率整体提升2个百分点；梳理、反馈已办结线索转化问题，实行"点对点"对账销账，挽回经济损失14万元；分管市领导牵头领办"安置房建设""非粮化"整治等重大难点问题，整改率100%；制定巡察整改"十条红线"，组织巡察（巡视）整改推进会8次，约谈有关人员19人次。

（张燕芬）

责任编辑：徐　健

民主党派·工商联(总商会)

Democratic Parties, Federation of Industry and Commerce (Chamber of Commerce)

中国国民党革命委员会建德市委会

【概况】2022 年,中国国民党革命委员会建德市委会(以下简称民革建德市委会。后文民建、民盟、民进三个民主党派依此简称)履行参政党职能,组织机关专职干部、市委委员、各支部主委、宣传委员、新党员等 30 人次参加统战部、省民革、杭州民革组织的各类培训班学习,开展"学党史·话初心"新党员座谈会、支部主委轮值制等系列活动。全年召开 7 次市委(扩大)会议,完成市委委员增补工作,曹珉当选为民革建德市第九届委员会委员。全年发展民革党员 6 人,年末下辖支部 7 个,共有党员 124 人。市委会获评全省宣传思想工作和组织工作先进集体;获杭州民革"同心　博爱"十周年社会服务先进集体、2021—2022 年度参政议政工作先进集体二等奖。新安江四支部被评为第四批省级示范支部;建德民革党员之家获评 2022 年度省示范五好党员之家,梅城支部、新安江五支部 2 个党员之家获评民革浙江省 2022 年度"五好"民革党员之家。叶秀英获省组织工作先进个人,黄晓红获省社会服务工作先进个人。

9 月,完成"党员之家"改造提升建设,更新党史陈列馆部分内容,添置会议平板、荣誉墙、"党员风采"展示板等设施及板块,强化宣传展示功能。

民革建德市委会全年向各类平台报送宣传稿件和工作信息共计 185 篇,其中中央统战部官方微信公众平台刊登 1 篇,《团结报》《联谊报》、"学习强国"学习平台各录用 1 篇,民革中央网站录用 2 篇,《浙江民革》录用 6 篇。

【主题教育系列活动】2022 年,民革建德市委会以"矢志不渝跟党走,携手奋进新时代"政治交接主题教育活动为抓手、以"喜迎二十大、同心迎亚运"为主线,组织开展"讲好我身边的党员故事"主题征文、"继承红色基因·坚定初心使命"温州、丽水考察调研等活动;各支部开展义诊送健康、豆腐包文化传承、探寻下姜村、助力乡村振兴等主题活动。在中共二十大、民革十四大召开之际,组织开展热议分享、主题征文、沙龙讲座、选文朗诵等各类活动。

【参政议政】2022 年,民革党员中各级人大代表、政协委员认真撰写建议和提案,在建德市"两会"期间报送提议案 35 件(其中 14 件被杭州民革录用),曹珉代表市委会作《关于碳达峰背景下我市工业绿色低碳转型的建议》大会口头发言。该建议被列为建德市重点提案,由市委书记富永伟领办,获市委副书记、市长王新锋批示,并入选为杭州民革集体提案。同时,《关于做实涉诉未成年人家庭教育指导,建立涉未成年人诉讼家庭教育一体化指导站的几点建议》被民革中央录用,被列为建德市重点提案。《关于加强优质医疗资源西进提高县域就诊率的建议》获省委常委、杭州市委书记刘捷批示。民革建德市委会聚焦耕地"非农化""非粮化"问题和全面促进共同富裕、工业高质量发展等课题,深入基层一线调研,提出意见和建议。围绕助推渔业产业转型升级、有害垃圾分类处置、科技人才型企业招引等重点领域深耕细作,形成高质量调研成果。通过"建言直通车"、《统战专刊》、社情民意等快捷通道,提高建言献策针对性。《关于加大我市古树名木保护力度的几点建议》《关于发挥我市 M3 用地优势,促进生物医药产业高质量发展的建议》获市委书记富永伟批示。

【政治协商】2022 年，民革建德市委会共组织 40 人次参加各类协商会、通报会、座谈会 20 余次，重点涉及市委重大决策、“两院”报告、纪监委工作等方面，与会党员坚持认真思考、坦诚建言。

加强对口部门协商工作，邀请对口联系单位领导参加民革九届二次全体党员大会。民革建德市委会参加全市财政工作暨开源增收工作大会，参与市司法局中层干部竞争演讲和市林业局、市农业农村局有关活动。组织新安江二支部、四支部和市规划与自然资源局进行座谈交流。

【民主监督】围绕市委、市政府中心工作，依托各类平台，推进民主监督。组织党员参与政协民主评议监督活动，参加环境整治(垃圾分类)专题督查；2 名党员担任杭州检察机关听证员，认真履行民主监督职能。党员中的人大代表、政协委员积极参加教育、基层治理、重大项目建设等工作的视察监督。

【打造社会服务“一支部一特色”】民革建德市委会充分发挥桥梁纽带作用，开展社会服务、交流联谊，促进党员、企业共同发展，奉献社会，持续与省民革联合开展文艺教育定点帮扶，结对严州中学新安江校区残疾人学生实现大学梦，送文化送爱心到乾潭第二小学，为教师、社区工作者开展女性健康知识讲座，开展“我为亚运种棵树”及“迎亚运品茶香助茶企”建德民革志愿服务等。寿昌支部、梅城支部在专家讲座、教育扶贫、慰问捐赠等工作上形成特色。新安江第一支部、第四支部持续资助困难学生，在群众中形成良好口碑。新安江第二支部充分发挥医疗专家为主的特色，树立“送医下乡、扶贫义诊”品牌。新安江第三支部关爱空巢老人、网络助农，活动形式丰富多彩。新安江第五支部持续开展环卫工人慰问，强化与社区的结对共建。

【祖国统一联谊活动】2022 年，民革建德市委会深入学习贯彻习近平总书记关于对台工作重要论述、重要讲话精神和中共中央对台决策部署，贯彻落实民革中央对台工作要求。组织各支部主委、骨干党员、轮值主委、新党员集中收看“同心圆梦·两岸一家亲”祖国统一视频讲座 2 期，学习了解新形势下台海关系及对策研究。密切与市台办等单位交流联系，加强合作，深入开展对台工作。发挥党员海外联系广泛的优势，积极促进交流，党员通过电话、微信与台湾亲友联络联谊，不断增进感情。蒋梓煦的作品《我家的两岸故事》被浙江民革和杭州民革微信公众号录用。民革建德市委会于中秋节组织举办祖国统一联谊茶话会，有台侨关系的党员代表、各支部主委共 20 余人参加，一起分享在台亲属近年的感触，共同抒发祖国早日统一的心愿。 **(叶秀英)**

中国民主同盟建德市委会

【概况】中国民主同盟建德市委会（以下简称民盟建德市委会)2022 年获民盟浙江省委会盟务工作先进单位，获评民盟杭州市委会优秀地方组织。新安江科技支部、新安江医卫支部分别获民盟浙江省委会十佳示范基层组织、十佳特色基层组织(社会服务类)。新安江教育支部获民盟杭州市示范性基层组织，新安江科技支部、医卫支部、教育支部获民盟杭州市五星级支部。胡晓华获评民盟省委会专职盟务工作先进个人，廖小俏获评民盟省委会思想政治建设先进个人，毛磊、潘红英获评民盟浙江省委会反映社情民意信息工作先进个人。民盟建德市委会完成届中增补。全年发展新盟员 8 名，平均年龄 34.7 岁。盟员被提拔为市管干部 1 名。至年末，建德民盟下辖支部 10 个、盟员 200 名。

【思想政治建设】2022 年，民盟建德市委会坚持政治理论学习和思想宣传工作的正确方向，凝聚全体盟员的思想共识，组织盟员学习贯彻习近平总书记重要讲话精神及中央、省市各类会议重要精神。开展“矢志不渝跟党走，携手奋进新时代”政治交接主题教育活动，召开专题部署会制定下发活动方案。利用上级宣传矩阵及建德民盟微信公众号、视频号平台做好思想宣传工作，完成宣传信息 124 篇，其中被民盟中央录用 3 篇、省民盟录用 26

篇,信息稿《以民盟“烛光”助燃教育“共富”希望》被《联谊报》《情系中华》刊录。廖小俏在民盟省委会2022年度思想政治建设工作会议上代表杭州作经验交流发言,民盟建德市委会宣传信息工作获民盟杭州市一等奖,盟员撰写的《潘天寿艺术思想及艺术教育思想研究》《练就“三力”:民盟盟员提升建言资政质量的关键》分别获民盟省委会2022年度参政党理论研究课题三等奖、优秀奖。

【参政议政】2022年,共有27名盟员参加杭州和建德“两会”,提交集体和个人提案、议案39件。民盟建德市委会向政协建德市十五届一次会议提交集体提案4件,其中《关于加快推进传统产业数字化,打造县域智造高地的建议》被市政协确定为重点提案,并获得市委书记批示。该提案与《关于进一步深化建德豆腐包品牌建设,打造共同富裕助推器的建议》,以及2名盟员个人提案获评2022年度市政协优秀提案。向民盟杭州市委会申报32项调研课题,至年末完成成果30项,创历史新高。其中《关于紧抓亚运会契机 加快推进5G发展应用的建议》获民盟杭州市2022年度优秀调研成果二等奖,《关于推进我市义务教育优质均衡发展的建议》《关于加强基层法治政府建设的建议》《关于推进中小学红色教育 发展“美好教育”的建议》3个课题获民盟杭州市2022年度优秀调研成果三等奖,1名盟员论文被评为民盟省委会第七届“盟声议政”教育论坛优秀论文。盟员全年报送社情民意信息217条,其中被民盟中央录用4篇、省民盟录用66篇。

【民主监督与政治协商】2022年,民盟建德市委会利用人大、政协等平台,围绕建德经济社会发展,实现民主监督工作制度化、规范化和常态化。政协常委徐新平、唐建锋、胡晓华、赖旭辉参与政协“民生实事回头看” 民主评议工作;10余名盟员参与市政协组织的“请你来协商”等活动。7月,配合完成民盟杭州市委会调研组来建德开展的专项民主监督。组织盟员参与中共建德市委、市政府、市政协及有关部门举行的交心谈心会、政情通报会、座谈会、征求意见会和专项视察活动40余人次,就党代会工作报告、市委十五届二次全会工作报告、政府工作报告、市法检两院等部门工作进行协商建言。邀请对口联系部门领导参加全体盟员大会,组织开展教育系统代表性盟员大走访,参加市综合执法局“城管开放日”及“统战成员助力美丽城镇建设”系列活动,借助数字统战“知情明政”平台,与市教育局、市民政局等部门联合开展课题调研。12月,组织召开对口联系部门座谈交流会,进一步增进信息交流互通。

【建德民盟艺术团成立】3月3日,建立新安江文化艺术支部并成立杭州民盟下属组织的首家艺术团——建德民盟艺术团,进一步发挥民盟在文化界的主界别优势。5月,艺术团联合市文广旅体局、建德市婺剧团走进实验幼儿园以及建德各个学校,开展“戏曲进校园”活动。艺术团顾问周霞担任建德市首个“乡村音乐学校”校长,吸引了包括新华社、中央电视台、《光明日报》等多方媒体的关注报道,扩大了建德民盟艺术团的知名度和影响力。同时,艺术团编排选送优质节目参加建德市委统战部及盟省委举办的文艺演出活动,“文化民盟”的特色优势得到发挥和彰显。

【成立内部监督委员会】2022年,民盟建德市委会积极探索盟内监督方法与途径。3月,成立民盟建德市第十届委员会内部监督委员会,市委会副主委胡晓华任监督委员会主任,张文城、马聿浩任监督委员会副主任。随后内部监督委员会制定下发《民盟建德市委会内部监督委员会工作条例》《民盟建德市委会内部监督委员会全体会议规则》《民盟建德市委会内部监督委员会分工联系各支部工作的规定》等制度。内部监督委员会成员列席民盟建德市委会召开的各类会议,确保内部监督委员会作用发挥及规范运行。同时,修订完善《民盟建德市委会经费管理细则》,强化对基层支部经费管理使用情况的专项监督。

【“烛光行动”辐射效应扩大】9月7日,民盟浙江省委会“农村教育烛光行动”第三轮帮扶行动签约仪式在建德举行,本轮行动将帮扶对象从新安江中学推广至建德全市有需求的学校，从高中教育惠及义务段基础教育，扩大了“烛光行动”的辐射效应。民盟建德市委会信息专报《点燃“烛光”照亮梦想——建德市新安江中学“农村教育烛光行动”取得良好成效》获副省长、省委会主委成岳冲批示肯定。市委会在安仁中心学校“同心·教育基地”开展教育教学帮扶活动，受益师生700余人次。

同时，各支部多形式开展社会服务活动。新安江科技支部“科技帮帮团”赴大洋、寿昌开展“科技助农”服务；新安江文化艺术支部联合新安江医卫支部走进多个镇(村)开展“关爱老年人健康”系列讲座；新安江医卫支部联合寿昌、梅城支部开展“老盟员健康结对”；新安江教育支部联合新安江第一初中支部、梅城支部助力教育共富；寿昌支部开展“义诊进社区”活动；梅城支部“法律大篷车”开进梅城宝华洲社区和寿昌镇人民政府等。

【“盟员之家”建设】2022年是民盟建德市委会“盟员之家”提升年，新安江第一初中支部、寿昌支部“盟员之家”完成改造提升并举办揭牌仪式。优化“盟员之家”学习制度，充分发挥其作为学习交流平台的作用，全年共在“盟员之家”举办专题学习、课题研讨、主题讲座、文化活动、盟务交流等各类会议活动50余次。组织开展退休盟员春节及重阳节慰问走访，集体为80岁老盟员举行生日庆祝活动；举办庆祝三八妇女节健康沙龙活动；在“5·12”护士节走访慰问盟员护士、“8·19”医师节走访慰问盟员医师，“9·10”教师节走访慰问盟员教师，将“家”的温暖传递到盟员心中。 (廖小俏)

中国民主建国会建德市委会

【概况】2022年，中国民主建国会建德市委员会(以下简称民建建德市委会)坚持以习近平新时代中国特色社会主义思想为指导，认真学习贯彻中共二十大、民建中央、省委会、杭州市委会重大决策部署和会议精神，紧紧围绕党委政府重大决策部署，团结一心、拼搏进取，推进各项工作。寿昌支部、梅城支部、新安江第二支部、新安江第三支部、新安江第四支部获得“2022年度民建杭州市先进支部”称号，新安江第一支部获得“2022年度民建杭州市鼓励支部”称号。

全年民建建德市委会发展新会员8人(其中民营经济界人士4人，机关事业单位3人、国有企业1人，平均年龄35岁)，年末有会员147人。民建建德市委会及各支部召开各类专题学习会80余人次，参与民建省委会、杭州市委会、建德市委统战部等各级组织的各类学习读书班40多人次。

【学习贯彻中共二十大精神】2022年，民建建德市委会把学习贯彻习近平新时代中国特色社会主义思想和中共二十大精神作为首要政治任务，坚持以新思想武装头脑，教育会员，指导实践，推动工作。通过邀请市委党校教师集中授课学习、分支部学习讨论畅谈学习体会、赴杭州市政协新时代民主实践中心现场专题研讨、民建建德市委会班子宣讲等多种形式，将学习体会融于工作实践中。坚持把学习贯彻中共二十大精神与贯彻落实省、杭州市、建德市三级党代会精神结合起来，紧扣实际找准工作切入点、着力点、落脚点，推动学习走深走实、入脑入心。

【主题教育活动】2022年，民建建德市委会进一步准确把握开展政治交接主题教育的重大意义，详细制定《民建建德市委会开展“矢志不渝跟党走，携手奋进新时代”政治交接主题教育实施方案》。组织各支部年轻会员开展“喜迎二十大 我爱民建”会章会史知识竞赛活动，以赛促学，凝聚合力，以实际行动迎接中共二十大和民建十二大的召开。组织各支部20余名会员代表赴大洋镇“双童烈士”教育基地开展“初心传递 使命接力”传话接力、签名接力和健步跑接力等系列活动，使全体会员在重温历史和实践体验中回顾初心，弘扬传统，坚定了矢志不渝跟党走和携手奋进新时代的信念。

【议政建言工作】2022年，民建建德市委会有29名会员参加杭州和建德两会，提交集体和个人提案、建议共30件，内容涉及经济科技发展、城建交通、文旅产业发展、民生保障等热点问题。市委会集体提案《关于系统推进我市低效工业用地处置工作的建议》被市政协列为优秀提案,得到市委、市政府高度重视,由市领导领衔组建专班进行集中办公,切实推动此项工作开展。各参政议政骨干会员上报社情民意、理论研究、宣传报道等信息共计100余篇。其中《关于构建基层中小学体制健康监测与干预体系的若干建议》被全国政协录用,《知识付费产品行业乱象丛生存法律漏洞亟需完善》被民建中央录用。

【民主协商工作】2022年,民建建德市委会积极参与协商民主,组织会员参与中共建德市委、市政府、市政协及有关部门举行的交心谈心会、政情通报会、座谈会、征求意见会和专项视察活动30余人次。就建德市党代会工作报告、市委十四届十次、十一次全会工作报告、政府工作报告及市法检两院工作进行协商建言,成效显著。各基层组织扎实开展与所在地党委的协商建言活动,有效发挥参政党的基层职能,团结协作、合作共事的氛围得到强化。

【民主监督工作】2022年,民建建德市委会积极参与杭州市政协、建德市人大、市政协等各类民主监督工作,深入一线走访部门、乡镇、企业,公正客观评议,较好地发挥了民主监督的作用。会员人大代表、政协委员积极参与"请你来协商"活动、政府民生实事项目视察监督等活动。组织会员参与中共建德市委、市政府、市政协及市法院、市检察院等有关部门举行的交心谈心会、政情通报会、座谈会、征求意见会和专项视察活动30余人次。持续深入对口联系单位,民建建德市委会主动与各对口联系单位进行交流互动,全年召开对口联系部门座谈交流会2次,与市公安局、市商务局等6家对口联系单位相互开展各类活动。

【助力乡村振兴和共同富裕】2022年,民建建德市委会联合新安江第一支部多次赴少数民族结对村大慈岩镇双泉村调研产业发展、村集体经济、村民生活等情况,并对10户困难户进行慰问。企业家联谊会积极参与同行共富路社会实践活动,在实践基地临安天目山村,第一时间认购大米5吨。寿昌支部赴寿昌镇山峰村开展"十里寿昌江共同富裕示范区"考察调研,新安江第二支部赴乾潭镇梓洲村开展"绘多彩乡村 促共同富裕"考察调研。会员企业双超钙业与建德市第四人民医院签订每年无偿捐赠1万元的捐资协议;铭园建设向建德市合作化益企富公益基金会捐赠10万元;会员周毅捐赠对口支援地乡城县定波乡中心校慈善助学金2万元。部分企业会员跟随建德市相关领导赴乡城县考察对接对口支援工作,建德市阿弟汽车销售公司出资2.6万元,捐助贫困学生及援建城关小学"教工之家";建德市莘时客餐饮有限公司捐资5000元,消费当地农产品5000元;徐小珍等8名会员与乡城县部分贫困学生开展结对帮扶,2020—2022年共认捐近5万元。

【社会服务工作】2022年,民建建德市委会联合企业家联谊会开展慰问民建对口联系单位市公安局指挥中心,以及全市5个高速公路卡口的一线工作人员。新安江第三支部向建德市疾控中心捐赠日化品一批,用于保障抗疫人员一线生活。寿昌支部、梅城支部连续十余年开展六一儿童节赴童家小学、市培智学校对学生进行慰问的活动。新安江第四支部赴建德市洋安中心学校开展"民建阅读角"启动仪式,捐赠书籍600余册,鼓励学生勤读书、爱读书。新安江第二支部联合新安江三支部连续7年在植树节赴更楼街道岩源村过浴山自然村开展义务植树活动,积极营造助力绿色亚运良好氛围。

(徐　莹)

中国民主促进会建德市委会

【概况】2022年,中国民主促进会建德市委员会(以下简称民进建德市委会)高举习近平新时代中国特色社会主义思想伟大旗帜,认真贯彻中央统战工作会议、省、杭州市和建德市党代会等各类重要会议精神、牢牢把握民进中央"信息化建设主题年"主题,紧抓杭州民进成立70周年契机和"三化建设""四力提升",深入开展"矢志不渝跟党走,携手奋进新时代"政治交接主题教育,围绕中心、服务大局,进一步提高参政议政质效，强化组织建设，服务社会，为全力推动共同富裕全面建设“宜居建德”贡献民进力量。民进省委会专职副主委薛鸿翔、民进杭州市委会主委楼秀华、杭州市政协主席马卫光及中共建德市委、市政府领导对民进建德市委会各项工作给予高度肯定。民进建德市委会及会员20余人获得省市各级先进荣誉、表彰奖励100多项。全年新发展民进会员5人，至年末，建德民进会员180人。

民进建德市委会被评为民进杭州市委会五星示范型组织，获得学习宣传工作、参政议政工作和社会服务工作先进集体，新安江支部被评为民进省委会2017—2021年度优秀基层组织，梅城支部被评为民进省委会优秀基层组织。汪志荣、洪明祥被评为杭州市劳动模范，邵笑燕被评为民进省委会2017—2021年度优秀会员。

【主题教育活动】2022年，民进建德市委会把思想政治建设放在首位，将“政治建会”贯穿各项工作始终，深刻把握“两个确立”，坚决做到“两个维护”，不断筑牢共同思想政治基础。认真开展“矢志不渝跟党走，携手奋进新时代”主题教育，多途径多载体深入学习党史会史，集中组织学习中共党史、习近平新时代中国特色社会主义思想理论、中共二十大精神、中央统战工作会议、省、杭州市及建德市党代会、全国两会和上级民进组织等各类重要会议精神，高标准推进“三化建设”“四力提升”，高质量完成年度工作任务。民进建德市委会共开民进建德市十届二次全体会员大会、5次市委（扩大）会议，组织3次专题培训班，围绕发挥党派优势、提升履职能力、提升参政议政水平和效能等内容，会员理论素养得到提升。规范开展“主题会员日”，引导各支部将每年第一季度的支部活动固定为开展“学会章 交会费 做民进人”的主题活动，规范化开展会史会章学习和不忘合作初心回顾。

【宣传阵地和载体拓展】4月，民进建德市委会启动以老带新“青蓝工程”，探索开展信息团队工作室制度，组织16名近三年入会的新会员参加杭州市委会主办的信息挑战赛，获优秀成绩。会员潘秋梅等8人的先进事迹被人民政协网、浙江统战微信公众号、省民进网等媒体报道推介；会员采写的新闻和信息被浙江民进网录用40余篇。出版《建德民进》会刊4期。以“建德民进第一人”背景素材创作拍摄的会史视频《建德民进的初创与发展》，讲述1982年7月5日，建德县教育局教研室中学语文教研员黄敬明由民进中央委员、民进浙江省委会副主委许钦文推荐并吸收为民进杭州市委会个别联系会员的初心故事。该视频入选民进省委会成立60周年“会史故事我来说”短视频作品集。王逢钏等17名会员集体创作演出婺剧快板《同心之花》，反映在中国共产党领导下建德民进不断发展的历程。

【参政议政】2022年，民进建德市委会充分发挥集体智慧和力量，组织会内各级人大代表、政协委员、机关干部，深入社会调研，紧扣乡村振兴、“十四五”规划、共同富裕等主题，充分利用两会平台履行职能，报送杭州市人大建议1篇、杭州市政协提案1篇、建德市人大议案建议8篇、建德市政协提案16篇（4篇为集体提案，其中2篇被列为建德市重点提案）。集体提案《关于加快打造高质量发展建设共同富裕示范区“县域样板”的建议》由市委常委、常务副市长陈文岳、副市长洛桑多吉领衔谋划，《关于加快统筹三江口片区旅游资源，打造国家级旅游度假区的建议》提案由市委常委周密领衔实施。全年报送社情民意信息被民进中央录用5篇，省、杭州市有关部门录用7篇，民进杭州市委会录用35篇，杭州民进立项课题4项。在民进杭州市委会信息考核中总分位居各区县（市）第一名。

【政治协商】2022年，民进建德市委会紧扣市委、市政府重大决策部署和市委统战部的统一安排，认真参与政党协商，在市委全会报告、政府工作报告的意见征求中，在法检两院报告、纪委监委的党风廉政建设和反腐败工作情况通报座谈等协商工作中建诤言、献良策；积极参加市政协专题常委会，专题调研会、“请你来协商”“民生议事堂”、委员工作室创建等，并围绕“中共二十大报告”“经济工作会议”“矿产资源提升”等主题发言,以实际行动积极参与民主协商。

◎ 8月12日,浙江钜元建设集团有限公司助学金捐赠仪式在建德民进会员之家举行(民进建德市委办公室提供)

【多形式开展社会服务】2022年,民进建德市委会积极动员、广聚善力,加强与上级民进组织、开明画院和相关部门的工作联动,围绕助力宜居建德建设、乡村振兴,深化帮扶项目,社会服务工作成效显著。“开明同心”服务品牌继续发光,发挥主界别优势,在送医送教送文化方面进一步扩大民进品牌的知名度和美誉度。6月,在市老年大学举行2022年高考志愿填报公益讲座,400余名学生和家长现场听课,社会反响热烈;开展送教下乡到三河小学、麻车小学,“心理驿站”到宝华洲社区、更楼初中开展心理讲座、团队辅导活动6次;赴乾潭、梅城等地开展下乡免费义诊活动;开展“壬寅(2022)年民进全国‘春联万家 推动共同富裕’活动”及各类“书画下乡”社会服务9次,书写春联700余对,书写“福”字400余张,创作赠送书画30余幅;民进建德市委会与民进杭师大基层委在建德市图书馆举行民进杭州师范大学基层委“同心·三服务”基地揭牌暨“送文化促共富”话剧展演活动,“话剧”艺术表演形式首次在建德亮相;会员企业浙江钜元建设集团有限公司连续13年开展“爱满民进 同心筑梦”助学捐赠活动,累计捐助200人次,资助100余万元,帮助26人顺利完成大学课程、实现就业;秋梅食品等会员企业积极参与对西部云南、四川等地的结对扶贫工作;30余名会员结对乡村学校、参与为贵州省安龙县购买助农产品活动,取得良好的社会效果。参与中共杭州市委统战部统一部署的“同心·共富”助力民族村发展工作,与大同镇小溪源村结对,捐款捐物价值达20余万元。

【“爱满民进”系列活动】2022年,民进建德市委会持续发扬“爱满民进”光荣传统,积极营造民进组织温暖有爱的良好氛围,关心关爱会员,增强会员组织归属感。持续开展岁末年初、假期和各类节日大走访大慰问,全年走访会员和会员企业200余人次,举办节日庆祝活动4次:3月5日民进建德市委会在梅城镇举办“迎亚运 品宋韵 体验非遗”为主题的妇女节庆祝活动;5月11—12日,赴建德市一院、二院、中医院开展走访慰问护士会员活动;8月19日,组织医卫界会员开展欢庆中国第五个医师节活动;9月10日,组织教育界会员在浙江省严州中学开展“践行初心跟党走 培根铸魂育新人”——喜迎“中共二十大”庆祝教师节活动。

【组织建设】2022年,民进建德市委会积极推进制度建设,进一步规范工作机制,加强市委委员对支部工作的联系、指导、督促,继续规范执行和完善各项制度,贯彻落实民进建德市委会各项工作规则、重视和加强对基层组织负责人的培养,对基层组织工作量化考核标准,明确工作任务,推进基层工作的规范化、程序化、标准化建设。全年举办支部主题轮值观摩活动3期。同时成立内部监督小组,一步加强对制度执行的监督。重视组织发展工作和代表性人士的队伍建设,全年新增民进之友12人。发展新会员5人(教育部门2人、文化部门1人、医卫部门1人、机关部门1人,平均年龄39.4岁),组织新会员举行入会承诺仪式,参加杭州民进“雏雁启航”新会员联谊培训,帮助新会员快速完成自我政治身份的认同。按照民进中央信息化建设和数字统战要求，及时完成会员会籍管理信息化工作，建立民进代表人士库，不断推进“会员之家”建设提档升级。2022年完成建德民进会员之家2.0版之开明画院自有展厅建设，完成经济科技等4个支部的阵地提档升级。“建德民进会员之家”工作案例《建会员之家 提组织活力》入选省委统战部选编的《各民主党派优秀工作制度和案例集》，并在全省推广。民进建德市委会全年接待民进全省社情民意信息工作培训班、民进浙江工业大学总支部等十余批次的考察交流。建德民进会员之家、经济科技支部成为“同心·三服务”基地。

【对口联系工作】2022年，民进建德市委会通过与各对口联系部门走访、召开工作座谈会等形式，不断凝聚思想共识，优化和完善“日常信息积极交流、重大活动邀请参加、重点工作定期通报、重要事项征求意见、特色资源联合共享”的对口联系模式。民进建德市委会邀请各对口部门参加市委会全会、大型活动等，与市发改局进行联合课题调研，参加市经济开发区中层竞聘会议、市统计局的审计反馈座谈、市数据资源服务中心的“群团集市”等。推动市经济开发区与卫生健康局向建德民进输送年轻干部2人。结合建德民进文化和第一家县级开明画院的界别特色、领域优势，与市生态环境部门联合举办“彩绘美丽建德 赓续开明同心”写生及作品展，与市水利部门联合举办“奋进新时代 同绘共富景”建德市幸福河湖主题艺术创作大赛及作品展。(王才洪)

建德市工商业联合会(总商会)

【概况】2022年，市工商联召开该系统学习贯彻中共二十大精神专题宣讲报告会，以此引导建德市民营企业家深入学习贯彻落实中共二十大精神，凝聚新征程上的奋进力量。市工商联被评为省级民营企业调查点工作先进单位，杭州市工商联服务“两个健康”思想引领贡献单位，《商会公益慈善基金的实践和探索》获杭州市工商联系统优秀调研报告二等奖。更楼街道商会获评全国“四好商会”，洋溪街道商会、三都镇商会获评杭州市级“四好商会”。年末，共有乡镇(街道)商会16家、直属商会1家、异地商会5家，会员(单位)1256个(人)。

【主题教育】2022年，市工商联开展“浙商永远跟党走·建商心向党”系列活动。组织工商联常执委参加杭州市级“同心同行·共筑亚运”主题书画摄影展，组织新生代企业家编排小组唱《@未来》参加“永远跟党走 奋进新征程”文艺会演，7月组织30余名新生代企业家赴舟山市委党校开展红色教育专题培训。至年末，全市民营经济界人士400余人参与各类主题教育活动。

【教育培训品牌建设】2022年，市工商联积极开展邀请知名专家“走进来”、组织企业家“进名校”、开展企业“进名企”等活动。举办“藕舫数智大讲堂”，以政策解读、形势分析、深入交流等多种形式，为企业高质量发展答疑解惑。8月，邀请太原理工大学党委书记、知名教授郑强作“中国梦，中华民族伟大复兴之梦”专题讲座，切实提振建德市非公有制经济人士“弘扬中国精神，凝聚中国力量”的发展信心。联合更楼街道、新安江街道组织会员企业赴浙江省中科商学研究院、哈工大培训学习；组织企业赴万事利集团、宁德时代新能源有限公司、宁德思客琦智能装备有限公司等企业参观考察。

【“建商”精神宣传】2022年，市工商联在“建商”“建德统一战线”微信公众号、建德新闻网、《今日建德》《每日商报》等平台发布“建商”工作信息50余条。新安化工发展案例入选《杭州市民营经济发展大会汇编》，吴严明参加杭州市工商联“学习贯彻落实党的二十大精神”主题《听见 杭商》录制，向社会展示建德商业界人士形象。参加杭州市群团集市“超级星期五”活动，组织浙江斐凌工具有限公司在中国品牌日期间面向省内宣传斐凌工具产品。

【数字化改革】2022年，建德市全力实施全省工商联系统数字化改革第一批“揭榜挂帅”名单项目和杭州数智群团重点建设场景——“学徒订单”场景，

◎ 11月16日,建德市工商业联合会(总商会)赴四川省甘孜州乡城县开展对口支援工作(吕晓莲/摄)

迭代升级,不断扩大“学徒订单”应用场景的使用面。市工商联以数字化手段为初中毕业升入技校的学生与本地化工企业提前建立联系,实现企业用工和学生就业精准对接,达到“招生即招工,毕业即就业”效果。6月,赴江西省武宁县、贵州省岑巩县、四川省甘孜州乡城县、云南省金平县等地招收学生43人(累计招生189人,2022年毕业59人),并通过应用场景招收豆腐包学徒和草莓学徒200余人。

【参政议政】2022年,市工商联界别非公有制经济人士“两代表一委员”中有中共党代表7人、各级人大代表40人、政协委员48人。他们紧紧围绕市委、市政府中心工作开展履职活动,做到“建言建到点子上、议政议到关键处”,提出议案30余件。市工商联《关于加快推进建德民营经济高质量发展的建议》被市政协列为重点提案。同时,组织全市民营企业调查10余次,913家(次)企业参与调研。组织全市10家产值5亿元以上企业积极参与全国500强企业评选。

【营商环境优化】2022年,市工商联举办“亲清直通车 政企恳谈会”3场,36家企业负责人参加,收集问题16个,现场解答14个,转交反馈2个。10月成立“共享法庭”工商联服务站,通过一站式诉讼服务和数字化手段,用最低成本、最快速度、最优服务提高诉讼效率、减轻企业涉诉负担。全年调解涉企案件3个,涉案金额150余万元。首次与市法院联合开展“纾困解难”专项执行行动,汇集商会力量提供被执行人可供执行的财产线索,妥善协调强制执行的刚性与司法调解的柔性,最大限度降低执行措施对企业的不利影响。全年累计执行案件817件,为406家企业追回执行款1.5亿元,集中发放执行款2999万元。

【设立共富基金】2022年,市工商联联合市委统战部出台《关于建德市乡镇(街道)设立商贤共富基金的指导意见》,通过项目造富、结对帮扶等模式,救助困难家庭、带动农民增收、增强村级集体经济造血功能,为推进乡村振兴实现共同富裕赋能助力。6月,李家镇商会共富基金会首个公益项目启动,基金会捐赠20万元用于李家镇“浙李幸福方桌计划”,实现为全镇400余名高龄、独居、行动不便的特殊人群提供送餐服务全覆盖。全市14个基层商会成立共富基金会,200余家企业共募集慈善基金约3332万元,开展“商助残 促共富”专项活动。全市16个乡镇(街道)商会与17家“残疾人之家”签订助残协议,开展各类慰问23场(次)。组织民营企业开展对口支援,点亮阿都村村民“微心愿”,“天天来”生鲜超市等3家平台与四川省乡城县签订农副产品助销框架协议,助推“乡货出山”,强化乡城县“造血”功能。引导基层商会和民营企业参与各类公益慈善事业,全年各商会和民营企业捐资捐物价值达200余万元。 (邓 甜)

责任编辑:唐国强

群众团体

Mass Organizations

建德市总工会

【概况】2022 年,市总工会在市委、市政府和上级工会的领导下,深入学习贯彻中共二十大精神,以弘扬劳模精神、劳动精神、工匠精神为主旋律,实施"红色根脉强基工程",以学时事、享工事、谋靓事、说心事、展乐事"五事荟"为载体,开展"守好红色根脉·班前十分钟活动"751 场次,《班前 "五事荟"探索共同富裕新路径》案例获全省职工思想政治工作优秀案例二等奖。大力弘扬劳模精神、劳动精神、工匠精神,创建浙江省工人先锋号 1 个、杭州市工人先锋号 4 个,认定浙江工匠 4 名、杭州工匠 1 名,推荐产生杭州市模范集体 6 个、杭州市劳动模范 12 名,评选建德市模范集体 8 个、建德市劳动模范 20 名。

3 月,举行市十六届总工会第六次全体会议,增补徐振兴、黄玉琴为建德市总工会第十六届委员会常务委员。

3 月 8 日,建德市人大常委会主任吕平到市总工会调研。9 月 19 日,建德市委书记富永伟赴市总工会调研指导工青妇工作,市委副书记、市政协主席俞伟等参加调研。市总工会坚持党政所需、职工所盼、工会所为的基本要求,致力"精神共富、发展共富、群体共富、和谐共富",高站位思想引领、高质量建功立业、高效率维权帮扶、高标准纾困解难,在全力推动共同富裕、全面建设"宜居建德"新征程中发挥工会作用,各项工作成效显著。

【共同富裕创新成果】2022 年,市总工会全力助力文旅繁荣,成功举办宁波职工疗休养推介会,创新组建杭州市职工疗休养共富联盟,全年引进各类疗休养团队 2788 批次 8.61 万人次。立足建德产业实际,主动融入和服务产业链发展,组建梅城千鹤妇创嫂、寿昌"909"夜市、杨村桥草莓产业、大洋农业产业等 9 家特色产业工会,助力共同富裕。"喜迎二十大·奋进新征程""匠心绘蓝图·书香促共富" 职工读书活动被列为杭州市示范项目,《产业链上建工会 助力发展促共富》获评杭州市工会改革创新项目十佳优秀成果。

【浙江省总工会干部学校建德教学基地挂牌】5 月 27 日,浙江省总工会干部学校建德教学基地在建德挂牌成立。该基地依托浙江省总工会干部学校全国一流的工会干部教育培训、工运理论研究资源,借用省总工会干部学校平台,举办或承办工会系统的各类理论或业务培训,吸收外地经验,展示建德特色,更好地弘扬传承劳模精神、劳动精神、工匠精神以及新安江水电站 "三自精神""千鹤妇女精神",守好红色根脉,提升工会干部能力素养,推动建德工会工作跃升新台阶。

【"八大行动"促劳动关系和谐】2022 年,市总工会出台《关于构建新时代和谐劳动关系的实施细则》,深入实施"新安·17 建和谐"八大行动(指"建芯聚共识、建会夯基础、建富重协商、建惠强维权、建功助发展、建善优帮扶、建美提服务、建智促改革"八项行动),促进职工和企业协同共治,一起创和谐、一起助发展,一起促共富。会同市人力社保局、市工商联、市企业家协会等协调劳动关系"三方四家", 部署开展 2022 年以 "产业工人能级工资"为主要内容的集体协商要约行动,探索推进能级协商。在美团、饿了么、淘鲜达等新业态企业首

2022年杭州市级以上劳模、工匠、工人先锋号一览表

表10

荣誉称号	获奖人	单位及职务
浙江省工人先锋号	—	建德南方水泥优化升级项目部
杭州市工人先锋号	—	浙江安伴汽车安全急救技术股份有限公司技术科研团队
杭州市工人先锋号	—	杭州东方雨虹建筑材料有限公司沥青卷材车间
杭州市工人先锋号	—	杭州市建德市消防救援大队新安江消防救援站
杭州市工人先锋号	—	国网浙江省电力有限公司建德市供电公司变电运检中心变电检修二班
浙江工匠	陈厚德	浙江新安化工集团股份有限公司
浙江工匠	郑联萍	浙江新化化工股份有限公司
浙江工匠	王　霞	浙江新安化工集团股份有限公司
浙江工匠	何森洪	建德南方水泥有限公司
杭州工匠	刘　华	匠铜实业（杭州）有限公司
杭州市模范集体	—	建德红狮水泥有限公司
杭州市模范集体	—	国家税务总局建德市税务局第一税务所（办税服务厅）
杭州市模范集体	—	建德南方水泥有限公司生产部
杭州市模范集体	—	杭州东方雨虹建筑材料有限公司高分子车间
杭州市模范集体	—	杭州奥立达电梯有限公司制造中心工艺组
杭州市模范集体	—	建德市乾潭镇共同富裕先行区·安仁联合体
杭州市劳动模范	陈寅屏	浙江新安化工集团股份有限公司首席技师
杭州市劳动模范	洪明祥	浙江省严州中学新安江校区教师
杭州市劳动模范	汤　倍	建德市第一人民医院重症医学科主任
杭州市劳动模范	胡建红	建德市五星车业有限公司研发副总经理
杭州市劳动模范	陈上良	浙江大洋生物科技集团股份有限公司班组长
杭州市劳动模范	林霞君	建德市村镇建设服务中心高级工程师
杭州市劳动模范	温建兵	建德市人民法院员额法官
杭州市劳动模范	蔡科军	建德市新安江街道新安社区书记、居委会主任
杭州市劳动模范	项建平	杭州稳健钙业有限公司总经理
杭州市劳动模范	汪志荣	杭州屹通新材料股份有限公司董事长、总经理
杭州市劳动模范	赵建明	建德市红姬草莓专业合作社理事长
杭州市劳动模范	王　运	建德市钦堂乡田韵家庭农场农场主

次开展工资集体协商，使职工劳动报酬、保险福利、安全生产、技能培训等权益得到保障。至年末，创建工资集体协商示范单位119家。

【建德市劳动模范和模范集体表彰】4月26日，在市文化中心举行建德市庆祝“五一”国际劳动节暨劳动模范和模范集体表彰大会。市委书记富永伟，市委副书记、市长王新锋，市人大常委会主任吕平，市委副书记、市政协主席俞伟，市人大常委会副主任、市总工会主席吕建月，市政府副市长李俊，市政协副主席郑志华参加大会。全市8个模范集体和20名劳动模范接受表彰。

8个模范集体：农夫山泉(建德)新安江饮用水有限公司、建德市美尔泰纺织有限公司、浙江

安伴汽车安全急救技术股份有限公司研发团队、中策橡胶(建德)有限公司全钢一分厂自动化胎胚物流组、浙江振元安防科技有限公司门芯板车间、建德市妇幼保健院儿科、建德市三弟兄农业开发有限公司、建德市航头镇来富家庭农场。

20名建德市劳动模范:建德市远丰工具有限公司张林、杭州龙源电力有限公司电建分公司蒋国臻、浙江耀恒光电科技有限公司胡友良、建德鑫鼎纤维材料有限公司龚明、建德市融媒体中心蒋宁宾、建德市通易实业有限公司曹海峰、浙江天石纳米科技股份有限公司罗清平、建德市公安局新安江派出所舒聿惇、建德市人力资源和社会保障局钟浩清、建德市新安旅游投资有限公司方建伟、中策橡胶(建德)有限公司翁剑飞、浙江斐凌工具有限公司唐建章、建德市梅城镇洋程村党委书记(村委会主任)卢红星、农夫山泉(建德)新安江饮料有限公司李德红、中共建德市委老干部局汪群英、建德市高铁新区经济发展中心总工会徐关昌、浙江华奕航空科技有限公司陈贤相、建德市大同镇益明家庭农场郎学渊、建德市新安江街道建伟家庭农场李建伟、建德市有萍家庭农场有限公司陈向平。

【工会阵地建设】加强"职工之家"等活动阵地建设,创建三星级以上"职工之家"12家,三都镇工业园区"职工之家"获评全国"最美职工书屋示范点"。新建"爱心驿家"2家,启用杭州市首家高铁站爱心驿家,为出租车、网约车等新就业形态群体和户外工作者提供休息方便,该驿家获评建德市"双强六好、两新创优"五星级党建示范点。新安江街道沧滩社区爱心驿家获全国"最美工会户外劳动者服务点"。

【职工帮扶服务】2022年,全市各级工会组织发挥工会互助互济优势,开展助困、助医、助学等专项救助行动,实现"零门槛""应援尽援""常态化帮扶"。全年救助困难职工144户,发放救助金额65.43万元。联合市委组织部、市人力社保局、市交通运输局等单位出台"暖蜂十条"举措,关爱新就业群体。开设"小哥专班"大专班,为50名新就业形态人员提供线上线下学历提升服务。持续开展资助优秀产业工人上大学活动,向104名2022年优秀产业工人大专班毕业生发放学费补助37.95万元。为一线职工提供免费健康体检1000人、组织职工免费疗休养550人,提升职工群众获得感、幸福感。深化职工医疗互助保障,支付职工医疗互助补助2327人次共265万元,有效化解职工因病致困风险。

(陈　超)

共青团建德市委员会

【概况】2022年,共青团建德市委员会(以下简称团市委)在共青团杭州市委和中共建德市委、市政府的领导下,以习近平新时代中国特色社会主义思想为引领,紧抓全国县域共青团基层组织改革和浙江省中长期青年发展规划两个试点的契机,抓准主责主业,主动担当作为,深化改革攻坚,为全力推动共同富裕,全面建设"宜居建德"贡献青春力量。至年末,全市有共青团员16547人,直属团(工)委62家,包括16个乡镇(街道)团(工)委、26个机关部门团(工)委、20个企业学校团(工)委。建德市被评为全国县域共青团基层组织改革试点和浙江省中长期青年发展规划试点良好单位。同时共青团建德市委获评全国暑期返家乡实践基地、建德市大同镇农创客团支部荣获全国五四红旗团支部荣誉称号。

【"青雁归巢"学子品牌建设】2022年,为号召学子学成返乡建设家乡,建德市实施"青雁归巢"工程,在浙江大学等61所重点高校成立建德籍学子工作站,举办大学生沙龙、面试大赛、走进博物馆等活动156场,选派40名优秀学子到基层挂职,紧密团结在外学子5000人,着力实现为建德学子"启航""远航""归航"全流程全周期闭环服务管理。大学生在建德开展暑期实践人数达1200余人,是上年同期的2.4倍。创建2022菁才学子主题活动、"学子看家乡""星空计划""启明星"评选等聚才品牌,开展"古城奇妙夜 青年创意集"嘉年华、"豆腐包师傅一日体验" 等品牌活动 26 场，5820 余人次参与。组织开展 "名企行""志愿行""乡村行""文旅行""乡贤行" 五大家乡行活动，全方位展现家乡发展变化。《建德市构建"青雁归巢"全周期人才引育体系变"归巢"为"归潮"》在杭州市委办公厅内部信息专刊发表。

【"农创客引育工作" 入选全省共富最佳案例】12 月，浙江省高质量发展建设共同富裕示范区领导小组办公室公布第二批全省共同富裕最佳实践案例，"杭州建德市'三式'引育农创客打造'两个先行'乡村示范"入选。建德市通过"引育留"(做精"靶向式"引才，做精"滴灌式"育才，做优"嵌入式"留才)全链条服务，吸引广大青年返乡就业创业。至年末，建德市农创客 2453 人，平均年龄 36.9 岁，本科以上学历 252 人，"海归"人士、硕士以上高层次人才 20 人。2020—2022 年，建德农创客带动就业 1.2 万人，总销售额超过 6 亿元，建德市获"全国农创客标杆地"称号。"浙江建德：乡村创客好葱茏"一文在《农民日报》头版刊登。

【实施少年宫提档升级工程】少年宫分宫建设于 2021 年纳入市政府十大民生实事，至 2022 年末完成 4 个中心镇青少年宫分宫建设，校外教育场地面积从 4700 平方米增至 9370 平方米，每年扩招学生 5000 余人。在安仁共富联合体推进村级少年宫建设，实现市镇村三级少年宫"1+5+X"(指 1 家市级青少年活动中心、5 家镇街青少年宫分宫、多个村级少年宫)的阵地布局，保障全市范围内无差别化团属校外教育。团市委多次牵头组织市委编办、市财政局、市人力社保局等部门召开协调会，为团属事业单位争取到编外教师 15 名，实现场地、学生、教师三方面共同提升。

【探索产业团工委共富路径】2022 年，围绕"产业在哪里，青年在哪里，组织就建到哪里"的理念，创新"共青团+特色产业团支部"模式，建立草莓、豆腐包、通航、古城商业等产业团(工)委 5 家，覆盖第一、二、三产青年 2358 人。打通共青团服务新兴领域青年的"神经末梢"，实现"产业、青年、组织"的融合发展。6 月 6 日，团市委组织开展第三届长三角大学生"农创日"，链接更多人才、科技、资本和平台资源助力乡村振兴。9 月 30 日，承办杭州市"青牛奖"寻访暨"青耕中国·秋收硕果"助农直播活动，深化推进"两进两回"(指科技进乡村、资金进乡村，青年回农村、乡贤回农村)，引导青年返乡回乡，发挥骨干引领作用助力乡村共同富裕。此外还举办"乡村人才振兴，促进共同富裕"大会，开展杭州市乡村旅游品牌策划设计大赛等活动。全年青年农创客队伍实现农业产值 4 亿元，带动农村村民家门口就业或再就业约 1.2 万人。大同农创客团支部获全国五四红旗团支部称号。

【弱势青少年帮扶工作】2022 年，团市委主动向社会筹资源、从青年中找帮手，逐步形成"共青团+社会组织+企业+青年"运作模式，通过"爱心助学"、大学生"星空计划""团团留建过大年"等项目，有效推进团属资源下沉基层。全年向企业、青联委员和爱心人士募集各类款(物)207 万元，资助困难学生、留守儿童等 800 余人，筹措社会资源量居杭州地区前列。组织开展建德在杭商会结对助学，举行浙江钜元建设有限公司每年一次的助学金捐赠仪式等活动，全年发放助学款项 76.55 万元，受助学生 225 人。同时积极履行与四川省乡城县的帮扶职责，举办"建德·乡城新时代青少年交流交往营"，开展"藏汉一家亲·千里传真情"浙江、甘肃两省青少年手拉手书信视频交流等活动，促进两地青少年事业发展。

【青年人才资源导入工作】2022 年，团市委紧密联系对接杭州市青年企业家协会、建德上海青年知识分子联谊会等资源，为建德生物医药、通航、新材料等产业寻找新的机遇，向驻点招商杭州组提供招商引资有效信息 8 条，向全球青年人才发出"宜居建德，等你来，建未来"的诚挚邀请。对接杭州全球青年人才中心，举办 "莲动共富梦——全球青年人才建德行"活动。该活动吸引 40 余名来自哈佛大学等顶尖高校杰出青年到建德，当天图文直播阅览量达 18 万次，并获多名院士点赞。

◎ 8 月 17 日，三都镇志愿者向缺水的高山农户送水(宁文武/摄)

【青少年权益维护】2022 年，建德市被列入全国县域共青团基层组织试点，团市委成立青少年服务中心，弥补建德市青少年服务部门不足。该中心组织青少年权益维护关爱公益创投大赛，积极发挥团组织在青少年发展、权益维护、宣传教育和社会组织培育等方面的作用。通过链接杭州社会组织资源，广泛联系培育孵化从事青年工作社会组织，吸引"校园梦想屋"等 8 个优秀项目落地建德，进一步加强青少年权益维护关爱服务的专业性。依托"后浪灯塔"品牌，服务全市重点青少年"线上+线下"双管齐下。线上通过推广"喵晓法"App，依托"12355"青少年服务台开展普法和心理咨询疏导；线下举办禁毒"流动课堂""青少年心理健康知识讲座进校园"等活动，对全市 442 名重点青少年开展走访 3 次以上，为其健康成长保驾护航。

【组建青年志愿服务先锋队】2022 年，团市委组建"青年志愿先锋队"，号召建德青年"迎杭州亚运盛会，树建德文明形象"，开展"我在窗口写青春·亚运志愿我先行""迎亚运·学雷锋"活动月等志愿活动 12 场，参与志愿者 600 余人次。主办或协办亚运志愿服务培训班、志愿服务项目大赛等活动，着力当好亚运"宣传员""引路员""服务员"，常态长效服务杭州亚运。开展"青春助减"暑期托管志愿服务、"迎亚运助双减"快乐课堂、"留建过年"专项志愿服务等活动，组织 70 余名社会志愿者、学校教师、大学生志愿者参与，为 600 余名学生提供"双减"志愿服务，助力校外"双减"落地见效。

新冠疫情防控期间，各青年志愿服务先锋队入户走访，动员居民参加核酸检测，助力"无疫单元"创建。乡镇(街道)青年志愿服务队 24 小时轮班值守，共计开展核酸采样协助 27.25 万人次，外出支援桐庐、宁波、温州等地核酸检测，累计服务 4000 余人次，协助各疫苗接种点接种 12 万人次。《人民日报》等媒体刊载建德团员青年抗疫故事《杭州：谢谢你，建德大白！这一跪，感动富阳！》。

（徐滋忆）

建德市妇女联合会

【概况】2022 年，建德市妇女联合会(以下简称市妇联)下辖乡镇妇联 13 个、街道妇联 3 个、机关单位妇委会(妇联)32 个，建制村(社区)妇联 256 个。16 个乡镇(街道)妇联完成换届，选树全国巾帼现代农业科技示范基地 1 家，相关工作获全国妇联党组书记、副主席、书记处第一书记黄晓薇和杭州市委常委、副市长陈瑾批示肯定，并在第四届全球女性发展论坛上交流发言，"千鹤妇女精神"品牌影响力不断扩大。

【"三馆共建"签约】5 月 27 日，千鹤妇女精神教育基地与韶山毛泽东同志纪念馆、"五四宪法" 历史资料陈列馆签约合作仪式在千鹤妇女精神教育基地举行。活动以“传承红色基因 同奔共富新路”为主题，旨在通过合作实现共建共享红色资源，合力打造红色品牌，进一步扩大爱国主义教育基地的辐射面和影响力。浙江省妇联党组书记、主席佟桂莉，杭州市委常委、宣传部部长黄海峰，杭州市妇联党组书记、主席阮英，建德市委书记富永伟等出席，全国妇联副主席、党组成员、书记处书记吴海鹰视频致辞。

【乡镇(街道)妇联换届】6月，建德市各乡镇(街道)妇联换届选举工作全面完成，市妇联及时组织新一届乡镇(街道)妇联班子开展履新培训。此次换届全市共选举产生妇女代表731人、妇联执委260人，其中妇联主席16人、专职副主席15人、兼(挂)职副主席39人，30岁以下且大学以上学历女性17人。各乡镇(街道)妇联执委及妇联班子大学以上学历分别占56%和80%，年龄结构比上届分别下降4.4岁和3岁。

【启动“红船女儿心向党”宣讲活动】11月3日，由浙江省妇联主办，杭州市妇联、中共建德市委承办的“红船女儿心向党”中共二十大精神学习宣讲活动在建德市梅城镇千鹤村启动。浙江省妇联党组书记、主席佟桂莉出席活动并讲话，建德市委书记富永伟致辞。杭州市妇联党组书记、主席阮英，杭州市妇联党组成员、副主席陈佳出席活动。建德市四套班子领导、杭州各区县(市)妇联主席，妇女群众代表参加了活动。姜丽娟、章春燕、周国花等中共二十大女代表及女科学家韩喜球、建德市青年农创客王运、社区书记项菲菲、钱氏后裔钱忠英、萧山区妇联主席庄月红等优秀女性代表，围绕“高质量发展”“共同富裕”“男女平等”3个主题进行宣讲，展现浙江女性岗位建功，投身乡村振兴、科技创新等领域的时代风采，以此激励全省妇女。

【“最美家庭”评选】2022年，市妇联常态化开展寻找“最美家庭(文明家庭)”系列活动。选树许建茹家庭为全国“最美家庭”，吴雪娟家庭为浙江省“最美家庭”，周玉星家庭、胡军生家庭为杭州市“最美家庭”，刘展宏等27户家庭为建德市“最美家庭(文明家庭)”。

【“美丽庭院”创建评比】3月，市妇联启动“宜居建德·善美庭院”创建评比活动，全市各级妇联组织、妇女群众参与庭院环境整治各项工作。经过与市纪委(监委)、市人社局、市农业农村局等部门联合实地督查评选，共创建美丽庭院示范户100户、示范带15条。

【“爱在一起，缘定建德”青年人才集体婚礼】11月13日，建德市妇联主办的“爱在一起，缘定建德”青年人才集体婚礼活动在梅城镇澄清门前举行，建德市四套班子领导，杭州市妇联党组成员、副主席陈佳出席活动。建德市委书记富永伟为57对新人主婚并致贺词，市委副书记、市长王新锋为其颁发纪念婚书。

◎ 11月13日，“爱在一起，缘定建德”青年人才集体婚礼在梅城澄清楼前举行(市妇联提供)

【"平安家庭"常态化建设】2022 年，市妇联深化"建设法治中国·巾帼在行动"活动，将妇女儿童权益保障普法内容纳入法治宣传教育工作计划，常态化开展"平安家庭"建设。全年排查化解家事纠纷 513 件；联动处置家暴警情 408 件，发放家暴告诫书 195 件；联合建德市心安驿站心理服务中心共同打造"云岭计划"困境儿童心理帮扶活动，对全市 52 名涉案未成年人开展心理帮扶。

【家庭教育系列活动】2022 年，市妇联组织"家庭教育指导专项职业能力"培训 18 期，发放家庭教育指导专项技能证书 709 人，常态化持续开展"让爱更有智慧"家庭教育公益活动，推动家庭教育进村社、进学校、进企业。全年累计开展家庭教育指导活动 541 场次，覆盖家长 1 万余人次。

【启动建德市儿童友好城市建设工作】9 月 1 日，建德市妇儿工委办召开儿童友好城市建设工作部署会，副市长、市政府妇儿工委主任李俊出席会议并讲话，儿童友好城市建设工作领导小组成员单位分管负责人、各镇（街道）分管负责人参加会议，会议审议并原则通过《建德市儿童友好城市建设工作实施方案》，全年创成杭州市级儿童友好实践基地 3 家、儿童友好线路 1 条、儿童友好企业 1 家。

【妇女儿童综合服务驿站建设全域推进】2022 年，市妇联按照"因地制宜、实际实效"原则，充分发挥各乡镇（街道）产业分布、人文内涵等优势因素，全域推进妇女儿童综合服务驿站建设，全年创成省级示范 1 家、杭州市级示范 4 家、建德市级示范 16 家，全年累计服务妇女儿童 1.3 万人次。

（王若涵）

建德市科学技术协会

【概况】2022 年，建德市科学技术协会（以下简称市科协）坚持以习近平新时代中国特色社会主义思想为指引，深入学习贯彻中共十九届历次全会和二十大精神，深入学习贯彻习近平总书记对科技工作、科协工作、科技工作者的重要指示批示精神，全面落实《浙江省提升全民科学文化素质行动计划（2020—2025 年）》，牢牢把握市委、市政府工作重点和工作要求，团结带领广大科技工作者，积极践行"四服务一加强"工作职责，各项工作稳步推进。全年新培育市本级科普教育基地 3 家，新联航空科普中心获评浙江省科普教育基地，同时被评为杭州市青少年科普教育基地先进集体；建德经济开发区管委会明确为杭州市"三长带三会"试点示范单位。

【创新驱动主责服务】2022 年，市科协主动对接相关部门，走访调研 16 个乡镇（街道），企业 50 余家，指导 24 家企业完成网上申报，创建 1 家院士工作站、7 家专家工作站、14 家博士创新站、5 家科技小院；启动"双千"服务机制，主动上门收集需求，对接专家促成合作，精准培育意向建站单位；全年向 13 家建站企业拨付补助资金 383 万元，其中，争取上级资金 104 万元（省级资金 20 万元、杭州市级资金 84 万元），建德本级拨付资金 279 万元；优化管理机制，修改完善《建德院士专家交流服务中心（院士之家）建设方案》，并于 10 月 27 日在市十七届政府第十七次常务会议上获得原则通过，同时制定下发《建德市博士创新站建设实施办法》，进一步引导人才智力创新要素向研发一线集聚，提升企业研发水平，做到规范建站有标准、平台作用见成效、人才效益最大化。

【科技工作者主职服务】5 月 30 日，市科协紧抓节点加强联络，以"创新争先、自立自强"为主题，举办第六个"全国科技工作者日"座谈慰问活动，向建德各学（协）会优秀科技工作者代表致以节日祝福，激发和团结全市广大科技工作者不忘初心、牢记使命。8 月 18—20 日，与组织部（人才办）共同承办 2022 年"科创中国"院士专家浙江行暨国情考察建德行活动，12 位两院院士和 3 位浙江省特级专家走进建德开展实地考察，为助力建德绿色高质量发展把脉问诊、献计献策；推荐新安江水电站获评首批浙江省科学家精神教育基地，推荐建德市农业技术推广中心研究员孔樟良荣获2022年杭州市首届“最美科技工作者”称号；推荐杭州十大英才候选人3名，着力营造尊崇科技人才氛围。开展农民技术职称评定工作，共评定农民技师10人、助理农民技师6人、农民技术员2人。实施建德市本级科普项目13个，补助金额68万元。农函大讲师团开展科普讲座28场，受众1802余人。

◎ 8月18日，2022年“科创中国”院士专家浙江行暨国情考察活动建德行在新安江水力发电厂举行(市科协提供)

【对接各类专家为建德各产业智力支撑服务】3月31日，建德市承办杭州市科协2022年第一期“院士进校园”活动，浙江大学教授、中国科学院院士徐世烺为500余名严中学子授课。5月24日，会同市委组织部(人才办)、市科技局、浙江新安化工集团等单位联合举办“2022首届科创中国·智汇新安”活动，10余名专家为建德产业低碳转型出谋划策。深化“千名专家进千企”活动，精心筛选出与建德市产业发展契合度最高的104名专家组成专家库，市科协、市人才办、市经信局、市科技局联合下文开展“百名专家助共富”专项行动，为企业提供点对点服务。组织有关单位和人员参加徐世烺合作项目对接会，并邀请其到建德实地考察调研；为浙江远力健药业有限责任公司技术需求引荐中国科学院院士郑裕国；对接联系浙江大学教授毛碧增，帮助草莓小镇培育良种，提升品质；邀请省农科院、省特专家卢立志前往建德胜腾农业开发有限公司探讨研究畜禽养殖目标方向。

【公民科学素质提升】2022年，市科协开展各类全民科学素质提升工作。科普宣传周期间，组织市发改局、市市场监管局等15家单位50余名科普志愿者在新安江广场开展活动，向市民提供“科普中国”App推广、科技成果展示、法律咨询、科普知识宣传、义诊等服务。其间全市16个乡镇(街道)和全民科学素质领导小组成员单位开展科普活动103场。持续开展“银龄跨越数字鸿沟”科普专项行动，全市开展老年人智能手机培训104场，培训4647人次；全市共推选申报科技创新项目9项、少儿科幻作品15幅、科技创新实践活动3项参加杭州市第37届青少年科技创新大赛。市科协、市卫健局联合开展主题为“提高自我健康管理能力，形成健康的行为和生活方式”的线上“健康科普短视频大赛”，评选出优秀作品给予表彰和奖励，并将20个优秀的短视频制作成电子合集，结合健康素养知识印刷成册，发放到全市每个村(社区)。

【开展各类科普活动】1月，市科协与市卫健局、市教育局联合举办“我是健康小卫士”手抄报(海报)比赛，41所学校621件作品参赛，评选出1个组织机构最佳贡献奖，5个优秀组织奖及4个组别参赛作品的一、二、三等奖。6月，在新安江第二小学等5所学校开展“科学乐翻天 快乐进校园”实践类科技课程进校园活动。8月，组织开展“建德市公民科学素质大赛”，全市16个乡镇(街道)、教育系统代表共31人参赛；在寿昌镇举办杭州市“智汇乡村·助推共富”科技志愿服务2022年启动仪式，10支科技志愿者服务队开展突发公共事件应急科普培训、义诊活动、食品安全培训、防诈骗培训、科普研学活动、老年健康培训，水稻、茶叶、林业等产业发展技术指导和寿昌江一江两岸文旅项目发展的规划指导。9月，邀请省农科院质量营养所2名专家作农药合理使用知识科普专题讲座和蓝莓种植技术专题报告，为12家基地关于蓝莓种植和农药使用解惑答疑。（陈宵鸳）

建德市文学艺术界联合会

【概况】2022年，建德市文学艺术界联合会(以下简称市文联) 深入贯彻习近平新时代中国特色社会主义思想，认真学习宣传贯彻中共二十大精神，围绕全力推动共同富裕、全面建设“宜居建德”主题，聚焦聚力“艺起亚运、共富示范”，坚持“文化活力跃升”工程与“文旅活市”有机结合，团结带领全市文艺工作者把握时代脉搏，坚持正确方向，扎根建德大地，精心创作，不断推进建德文艺事业繁荣发展。至年末，市文联所属协会共14个，有会员1352名，其中国家级会员57名、浙江省级会员170名。全年发动文艺工作者2000余人次开展各类文艺志愿活动惠民服务400余场次，为市民创作书写春联万余副、拍摄照片1000余张、送戏下乡230余场，惠及市民5万余人。

【迎二十大主题系列活动】2022年。市文联举行“喜迎二十大，讴歌新时代”系列活动。4月，举办“行走三江两岸 书画美丽城镇” 系列书画采风活动；5月，举办“迎接二十大、纪念撤县设市30周年”征文大赛，以“接续奋斗初心，讲好建德故事”为主题，以多种文艺形式全方位展示建德地方党委和市人民政府带领全市人民建设和改革开放的丰硕成果；6月，举办建德市“砥砺三十年 齐奔共富路”诗书画印联展；7月，组织策划宣文系统“喜迎党的二十大 文化先行促共富”——建德市宣文战线首届“我们的故事”主题展演；7月，举办“银耀红色旋律 唱响新安山水”《王少辰音乐作品集》发布会；8月，联合市总工会举办“喜迎二十大 奋进新征程”征文比赛；9月，联合乾潭镇开展“喜迎二十大 文艺助共富”乾潭首届书画摄影作品巡回展。

【迎亚运专题活动】2022年，市文联以“当好东道主，喜迎亚运会”为主题，发动各协会、全市文艺工作者力量，积极营造建德亚运城市浓厚氛围。3月底—5月初，在市博物馆举办“绿水青山迎亚运”杭州两湖三江书画名家作品展；4月，举办“迎亚运 游建德 品17℃新安江”摄影(短视频)大赛，制定“迎亚运、致工匠、促共富”微影计划；6月，举办迎亚运《严州纪事》徐文农中国画作品展。同时开展“我与亚运”系列文艺创作，在“建德文艺”微信公众号推出6期展播，与市教育局联合开展“我为亚运献才艺”少儿书法、美术、故事大赛评选，指导全市各中小学“亚运童谣”创作；拍摄“文艺进万家，喜迎亚运会”系列活动视频，展现建德文艺界喜迎亚运、服务亚运、奉献亚运的良好风貌。

【宋韵文化传承】2022年， 市文联响应省委关于“实施宋韵文化传世工程”号召，策划和举办多场活动。5月底，承办第六届“杭州小故事大王”展演建德赛区比赛；8月， 举办 “宋韵文化 睦州神泉监”研讨会；9月举行“古今对话 共述中秋”中秋诗会等。围绕宋韵文化传承、钱塘江诗路文化带建设、拥江发展等，深挖建德本土特有题材资源，助力打造以宋韵文化为代表的文化金名片系列活动。创作《建德三国水浒故事》《劝人读书的孙权》《徐盛怒斩孙韶》《建德侯孙韶的故事》《关羽之死》等作品。编创舞蹈《新安江上》《寿昌味道》《建德包子》《快乐旱船》， 编演戏剧《水禽庞德》《金锁恩仇》，编印诗歌集《严陵清韵》《题画诗》五十季，编撰出版故事《乾潭村坊记》《寿昌风物》《烟雨春江》《严州逸事》《山高水长严州府》等本土文艺作品。

【开创“文艺村长”艺术乡建工作制度】2月，市委宣传部启动“文艺村长”工作，市文联梳理地方文脉，解码地方文化基因，坚持群众需求导向。4月，第一位“文艺村长”——市摄影家协会主席范胜利到任航头镇航川村，并举行航川村“乡村摄影艺术学校揭牌暨开班仪式”。全市48名“文艺村长”带着文化项目进村组建48支农村文艺队伍，实现

◎ 7 月 2 日，三都镇“文艺村长”开班(吴凯/摄)

“文艺村长”服务机制全市乡镇(街道)全覆盖。同时，市文联储备“文艺村长”100 人。全年开展文化活动 280 场(次)，有 2 万余人次村民响应参与。

“文艺村长”服务活动内容涉及传统文化宣传普及、摄影、音乐、舞蹈、书法、文学、婺剧等群众需求呼声高的文化活动项目。通过实践，解决了农村群众精神需求难以精准匹配、农村宣传思想文化工作阵地难以有效利用、文艺人才展现缺失平台等问题，同时也探索出农村基层推进共同富裕的文艺路径。该做法引起《人民日报》、新华社、《中国艺术报》等媒体的关注，省委宣传部副部长来颖杰、盛世豪及杭州市委常委、宣传部部长黄海峰分别作出肯定性批示，市文联“文艺村长”工作作为杭州市代表在全省新任文联主席培训班上作典型交流发言。《“文艺村长”用艺术推动乡村发展》项目获杭州市争当浙江省高质量发展建设共同富裕示范区城市范例最佳实践案例。创建省级“摄影之乡”1 个、杭州市级乡村音乐创作基地 1 个。

【乡镇(街道)文联组织全覆盖】5 月 31 日，在航头镇召开建德市基层文联组建工作现场会，16 个乡镇(街道)宣传委员和宣传干事现场观摩。7 月底，全市所有乡镇(街道)建立本级文联，共成立文艺社团 73 个，会员 1906 名。

【文艺人才培育】2022 年，建德市新增国家级会员 6 人(摄影家协会 4 人、作家协会 1 人、民间文学协会 1 人)、省级会员 1 人、杭州市级会员 7 人、建德市级会员 44 人。叶欣被评为杭州市 D 类人才，刘巧云的农民画《腾龙舞狮》获第八届浙江民间文艺映山红奖。

【精品创作保障机制】2022 年，市文联研究修订《建德市优秀文艺作品扶持办法》，加大对优秀文艺作品的扶持力度，兑现 2021 年优秀文艺作品《有文化的羊》等 10 件扶持奖金 5.9 万元，兑现 2020 年度加入上级协会 40 位人才扶持奖金 11.4 万元，设立建德市文创专项资金扶持（文艺人才类），对加入国家、省级、杭州市级的文艺人才分别给予 10000 元、5000 元、1000 元扶持。鼓励申报省市文艺精品工程和省文艺基金，进一步激发文艺家创作热情，推动文艺精品创作。指导并推进杭州市文艺精品工程申报项目——长篇小说《铁铸师魂》创作进程，指导婺剧《草莓谣》(暂名)剧本创作，推动《王少辰音乐作品集》全三册正式出版，协助《钱塘江唐诗之路》《草莓谣》申报省文艺基金。

(潘美玲)

建德市残疾人联合会

【概况】2022 年，全市在册第三代中华人民共和国残疾人证持证残疾人有 16897 人，其中视力残疾 1777 人、听力残疾 2070 人、言语残疾 135 人、肢体残疾 8287 人、智力残疾 1868 人、精神残疾

◎市残联组织残疾人学习插花艺术(市残联办公室提供)

1988人、多重残疾772人。持证残疾人继续享受市政府关爱政策,凭证免费乘坐城乡公交和地铁。

2022年,建德市残疾人联合会(以下简称市残联)联合杭州市气象局下属科技公司继续开通气象手语节目,在建德广播电视台《建德气象》节目中播出。同时,建德广播电视台每周播出一期《一周要闻》手语新闻节目。全年,市残联联合相关部门、乡镇(街道),组织志愿服务队,各"残疾人之家"开展"迎亚残运会"盲人趣味运动会、童心创意画、"送光明"白内障复明手术、"数字助残"通信助残服务、无障碍环体验等各类助残活动40余次,1200多名残疾人参与活动。

2022年,市残联开展建德市首届"最美残疾人""最美助残人"评选活动,评选出张斌等10人为"最美残疾人"、胡四龙等8人和建德市心连心扶残助残志愿服务队等2个社会组织为"最美助残人"。"轮椅女孩"——严州中学新安江校区应届毕业生童欢考取浙江工业大学的事迹被央视新闻、人民网等国家级媒体宣传报道。建德市心连心扶残助残志愿服务队还被评为杭州市第五届"最美助残人"。

【省市领导调研建德残联工作】10月,副省长王文序,杭州市委常委、副市长陈瑾等领导到建德调研指导,调研建德市图书馆无障碍设施、更楼街道"残疾人之家"、建德康复医院儿童康复工作情况。王文序一行对建德市残疾人权益保障工作作出肯定,指示建德市图书馆无障碍建设申报省级地方标准。省残联党组书记、理事长蔡国春,杭州市人大常委会及杭州市残联等上级领导先后6次到建进行督查指导;建德市人大常委会主任吕平,市委副书记、市政协主席俞伟等先后5次带队调研残联工作。

【落实残疾人救助保障政策】2022年,市残联继续落实困难残疾人生活补贴和重度残疾人护理补贴政策,至年末,享受困难残疾人生活补贴5829人,比上年减少73人;享受重度残疾人护理补贴8607人,比上年新增138人,全年发放"两项补贴"资金4733.63万元。

全年,市残联为全市268名残疾人免费配发助听器、安装假肢、配发轮椅等辅助器具,为1335名精神残疾人落实免费服药和住院补助56.52万元。全市完成1家残疾人康复之家和11个康复服务站创建。建德康复医院推进儿童康复机构规范化提升,新增康复治疗师6人,孤独症和智力为主的在训残疾儿童从上年的7名增加到60名,发放儿童康复补贴87人共计168万元。

全年为全市所有持证残疾人办理意外伤害综合保险。落实残疾职工用工单位岗位补贴和超比例补贴政策,对258家安置残疾人的企业单位进行就业安置审核,共核定安置残疾人417人,向155家企业发放超比例安置残疾人就业补贴115.78万元;为9家单位发放创业扶持补贴和贷款贴息13.65万元。在夏季送清凉和春节送温暖活动中,共慰问困难残疾人563人,发放慰问资金和实物(折合)共计 30.09 万元。

继续推进残疾人城乡统筹工作，市残联与杭州萧山区、钱塘区残联签订对口帮扶（残疾人帮扶)项目协议书 2 个,到位帮扶资金 100 万元。规范残疾人机动轮椅车管理工作，为 141 名符合条件的残疾人发放残疾人机动轮椅车燃油补贴 13.536 万元。

【无障碍设施建设高标准完成】2022 年,市残联根据省、杭州市、建德市三级民生实事任务,采取“提前谋划、形成计划,加强指导、稳步推进,全程监管、保质保量”三步走方式高标准实施。超额完成省、杭州市民生实事提升任务。6 月初,完成省、杭州市的 10 处重点场所无障碍改造目标任务。8 月底,完成建德市级 32 处乡镇(街道)党群服务中心和农贸市场无障碍环境改造任务。全年完成困难残疾人无障碍改造 111 户。同时,开展省级无障碍社区创建，新安江街道白沙社区创建为第五批省级无障碍社区;9 月,完成省、杭州市“残疾人之家”提升建设 10 家,完成数为省、杭州市下达任务(2 家)的 5 倍。新建省级五星级残疾人之家 1 家。

【召开建德市残疾人联合会第七次代表大会】9—10 月,16 个乡镇(街道)完成新一届(第七届)残联换届选举。10 月 26—27 日,召开建德市残疾人联合会第七次代表大会，市委书记富永伟和杭州市残联理事长杨英英等领导出席开幕式。大会主席团第一次会议选举副市长李俊担任建德市残疾人联合会第七届主席团主席,选举副主席 3 名。会议决定聘请市委副书记俞伟为市残联第七届主席团名誉主席；推举傅殿红担任建德市残疾人联合会第七届执行理事会理事长。

【残疾人专门协会换届与新建】8—9 月,16 个乡镇(街道)新建立残疾人肢残、盲人、聋人、智残等专门协会。9 月 22 日,市残联牵头召开建德市残疾人专门协会第五次代表大会。大会听取和审议通过第四届专门协会委员会工作报告，审议通过新修订的《残疾人专门协会章程》,选举产生各专门协会领导。

（翁朝晖）

建德市红十字会

【概况】2022 年,市红十字会以习近平新时代中国特色社会主义思想为指导，继续把党史学习教育引向深入，以保护生命和健康为主线，全力打造“建德红”品牌,不断提升红十字会引领力、凝聚力和号召力，为助力高质量发展建设共同富裕示范区贡献红十字力量。

全年开展持证救护员培训 5162 人,达到全市人口的 1.1%;普及培训 20897 人,达到全市人口的 4.1%。发放救助款 53.34 万元,700 余户家庭受益。新增 60 人造血干细胞采样入库，405 人填写遗体(器官)捐献志愿书,2 人捐献造血干细胞,1 人捐献遗体。“三救三献”事业得到持续发展。

【急救站点建设】2022 年，市红十字会积极打造“快一点救在身边”城市文明金名片,强化博爱家园、应急救护培训站点布点,完成博爱家园建设 4 家,应急救护培训站点 3 处,在市妇幼保健院建立红十字应急救护培训基地和考点，在新时代文明实践中心和高铁新区小微园设置应急救护实操体验点和培训课堂,各急救站点配备相应的器材。参与公共场所自动体外除颤仪(AED)普及配备,配合市卫健局在全市公共场所配置 140 台 AED 设备，并对 AED 点位常驻人员进行专项技能培训。全市完成 4 个 AAAA 级景区和重要站所的投放配置。

【“救在身边”专项行动实施】办好 2022 年民生实事推进应急救护项目,持续推进应急救护培训“五进”活动,针对不同人群需求,设计菜单式服务内容,按照行业划分、区域统筹、网格部署的机制,在重点人群、重点领域先行覆盖,在全市企业安全专员、救援队、社区志愿者等群体开展持证培训。全年累计培训 20897 人次,持证培训 5162 人。争取上级资金支持积极推进阵地建设，打造科普示范阵地。拍摄“小旗手说救护”系列宣传片 7 期,做好跨前宣传。举办为期 5 天的应急救护师资培训班暨师资复训班,强化师资培育,满足“提质扩面”的发展要求。细化省、市应急救护工作指标任务,强化落实,做好与各牵头部门的对接并制定乡镇(街道)、部门应急救护分解任务清单。出台保障政策,探索教考分离改革,明确乡镇(街道)、部门对应急救护培训特别是持证培训按每人80元(每班30~50人)的标准进行配套,保证市级红十字会专项救护培训工作经费的专款专用。联合红十字水上救援队走进全市中小学校开展防溺水安全教育,培训师生1.8万人。

【发挥人道优势参与民生兜底】2022年,市红十字会联合市文明办开展"建德红·助你过好年"主题慰问活动,延伸红十字"博爱送万家"项目内涵,由市领导上门,对2021年度681户因病、因灾、因伤等原因导致生活困难的部分失独、癌症、一线环卫工人等家庭进行慰问,累计慰问物资价值43.7万元,对造血干细胞捐献志愿者和器官捐献者家属进行专门走访和慰问。对在疫情防控中朗索爱心企业捐赠的价值6.5万元消毒用品,精细化做好捐赠物资的管理和使用。对42名外来务工人员困难家庭高危孕产妇做好"母婴平安"人道救助,发放救助金13.32万元。落实帮扶行动,开展"点亮心房 照亮书房"走进甘孜州乡城助学活动,为20户困境学生家庭添置课桌椅、台灯等学习空间基本设施。在"5·8公益日"和"9·9公益日"开展网络众筹活动,分别发布"建德市救在身边""建德为生命救援赋能""建德应急救护驿站"和"云帆计划"项目,累计募集资金8.8万元。

【"生命接力"工程高质量实施】2022年,市红十字会扎实推进无偿献血、造血干细胞和遗体器官捐献工作,发放浙江省"小桔灯"项目助学款1.2万元、杭州市春风行动捐献家属慰问金10万元。联合市中心血库对10名优秀献血志愿者进行表彰,通过先进典型宣传进一步推动无偿献血工作。清明节期间,发起"铭记大爱,致敬生命"网络缅怀活动,向遗体器官捐献志愿者寄语。联合浙江日报社回访器官捐献志愿者家属,表达关注与鼓励。努力挖掘严诗宇、严跃先的捐献干细胞先进事迹,组织历年捐献者拍摄《当爱伸出手臂》歌曲MV,弘扬大爱精神、向善力量和建德榜样。全年新填写遗体(器官)捐献志愿书新增405人,实现遗体捐献1人;新增造血干细胞采样入库60人,实现捐献2人。

【打造"建德红·亿种红"品牌】2022年,市红十字会整合资源,推进项目化协作,借世界红十字日活动契机,在杭州地区首创并发布红十字系统文化品牌——"建德红·亿种红",形成VI标识系统,作为"建功立德"城市文化的内涵补充。根据特殊群体需求,分别针对全市86名孤儿、64名初中段休学学生、150户特殊计生家庭(失独老人)和近10万人的城区居民、200家企业精心设计云帆、云岭、云霞、云风4个公益项目,完善制定服务内容和服务标准,以社会志愿服务队领办的形式提供个性化服务,实现精准帮扶。在媒体开设专栏,重点报道"缤纷夏日 悦动美好——迎着太阳奔跑暑期夏令营"活动,让特殊儿童获得身心上的双重关爱;常态化开展失独家庭和老年群体的暖心行动,倡导敬老爱老新风尚;打造"身边的急救侠",积极参与护航马拉松赛事保障工作等涉及4个公益项目的系列善行报道20余篇,提升市民对该品牌的认可度和接受度。 (许 倩)

责任编辑:唐国强

法　治

Rule of Law

政法委与综治

【概况】2022 年，建德市委政法委围绕省委“稳进提质、除险保安、塑造变革”方针，以及杭州市构建“186”工作格局要求，以“除险保安”工作为牵引，深化“1153”系统建设，围绕“平安护航党的二十大”主线，以“新安·17 治理”系统建设为着力点，全面推进“除险保安、平安创建、治理创新、执法监督、队伍建设”五项重点工作，持续构建一体推进、协同作战“大平安”工作机制，确保实现“省平安县”九连创、中共二十大期间“六个零发生”、共富社会治理先行示范三大目标。2023 年 3 月 30 日，建德市被浙江省委、省政府授予“一星平安金鼎”，“平安建德”建设实现省级“平安市”九连创。

【维护社会稳定】围绕“建德本地不出事，建德人不外出惹事”目标，2022 年，建德市政法系统全面开展风险隐患大排查大起底大整治，依法加大对违法信访案件打击力度，积极做好重大决策社会稳定风险评估，一体推进无邪教“三级联创”和邪教问题重点整治巩固提升工作。顺利完成中共二十大、省第十五次党代会和杭州市第十三次党代会等重大活动期间的维稳安保工作，实现“六个零发生”（危害国家安全和社会稳定的重大政治事件零发生，重大恐怖暴力袭击事件零发生，大规模群体性事件和严重信访滋扰事件零发生，重大刑事犯罪案件和影响恶劣的个人极端暴力事件零发生，重大公共安全事件和群死群伤恶性事件零发生，重大网络安全事故和舆情炒作事件零发生），中共二十大等重大活动维稳安保专项排名杭州第二。

【除险保安工作】2022 年，市委政法委以除险保安晾晒为牵引，将“平安护航”纳入市委、市政府“克难攻坚、奋力争先”六大比拼，细化分解 97 项考核指标，实行动态预警监测，对重点指标进行周、旬、月、季“7+X”晾晒，对平安法治、信访积案、安全生产、流动人口等重点指标实行动态预警监测，通过“周、旬、月、季”晾晒，发布各类问题通报提醒 90 余期，有效强化压力传导，省平安指数、杭州市平安法治实时报表持续排名前列。综合运用挂牌督办、领导包案、销号管理、跟踪督办、复盘回溯等手段，推动形成风险管控闭环，实现风险隐患等“双清零”。全年共排查安全稳定风险 502 件，化解 502 件，销号率 100%，风险销号综合排名杭州市第二。

【平安创建工作】升级“1558”工作法 2.0 版，围绕重点人事区域，运用“平时+战时”模式，建立“市领导带班督导、专班专题督查、行业包干检查”三大机制，深入开展平安创建“百日攻坚”隐患清缴系列行动，织密市、乡镇（街道）、村（社区）三级平安网，形成“督查—整改—分析—整治—回访”工作闭环，有效形成平安创建全市“一盘棋”良好格局。全年累计发现问题 10663 个，完成整改 10577 个，整改率 99.2%。

同时，以全市 894 个网格为基础底座，深入开展“平安校园、平安村社、平安家庭”等平安单元建设。全年建成杭州市和谐(文明、平安)示范村 16 个：乾潭镇新程村、仇村村，三都镇新和村、镇头村以及杨村桥镇杨村桥村、下涯镇丰和村、新安江街道梅坪村、梅城镇顾家村、寿昌镇桂花村、大同镇永平村、大慈岩镇双泉村、航头镇曹源村、李家镇李家村、大洋镇大洋村、莲花镇戴家村、钦堂乡葛塘村。开展“忠诚铸平安·护航二十大”系列平安宣传，打造“政法书记谈平安”、“平安建德”主题摄影展、“平安有我”等4个大类38项主题活动，动员全市力量，参与平安创建，群众参与率、知晓率不断提升。“平安和谐建德”微信公众号连续两个月进入全省政法系统微信影响力榜单。

【创新社会治理】以全国乡村治理体系建设试点为契机，以县级社会治理中心系统重塑为目标，全面打造“以社会治理中心实体运转为枢纽、基层智治综合应用系统和建村钉应用为平台、专业治理队伍为基础支撑”的“新安·17治理”系统模式，积极探索基层社会治理新路径、新样本。2022年，建德市委政法委系统完成6大领域173个场景应用集成。社会治理中心接待群众1.9万人(次)，受理事项1.3万余件，结案率98.91%，群众满意率99.6%。90%矛盾纠纷在乡镇(街道)、村(社区)层面得以化解。

2022年，建德市乡村善治工作持续推进，全年获评浙江省未来乡村2个：下涯镇之江村、三都镇松口村；浙江省级引领型农村社区5个：新安江街道梅坪村、洋溪街道团结村、航头镇航川村、三都镇三都村、杨村桥镇岭源村；建成浙江省级民主法治村(社区)10个：新安江街道梅坪村、叶家社区、更楼街道后塘村、大洋镇庆丰村、航头镇溪沿村、梅城镇梅花社区、三都镇新和村、李家镇诸家村、大慈岩镇里叶村、乾潭镇安仁村。

【统筹数字法治】2022年，市委政法委紧扣“1612”体系构架和省数字法治四条跑道，争取省部级试点应用7个，其中6个应用纳入省数字法治“一本账”。积极推进省数字法治系统12个重大应用贯通、推广和使用，迭代升级“建村钉”“小脑+手脚指挥调度”“数智哨兵”等3个特色应用建设。其中“建村钉”探索与应用在全国乡村治理体系建设试点示范总结会上作交流发言，入选“第四批全国乡村治理典型案例”；“新安·17治理”系统建设入选“2022年度杭州市数字法治系统标志性应用成果”；市公安局自主开发的“实有人口管理模型”获杭州市局“公安大脑”建模大赛三等奖；“易制毒化学品运输和麻精药品监管数字化应用”揭榜省公安厅“公安大脑”改革第一批“揭榜挂帅”项目。

【法学会建设】4月，召开建德市法学会第二届二次理事会函会，选举产生二届理事会。至年末，在册理事会成员30人、会员75人、会员单位50家。组织普法讲师团开展“百名法学家百场报告会”“青年普法志愿者法治文化基层行”等活动10余场次。落实习近平法治思想“八进”等活动700余场次，受众达20余万人(次)。打造“网格法官”特色法学会品牌，吸纳法律工作者、乡贤、基层调解组织加入法学会。依托群团数字化改革成果，在“群团集市”发布普法宣传活动32场，发布“风采共展”101篇，6000余人参与活动。

【执法监督】2022年，市委政法委出台《建德市落实八个多跨制度实施方案》，建立执法司法信息共享、干警依法履职保护、滥诉联合甄别、涉案财物管理等机制，落实8个多跨问题的“后半篇文章”(即在总结问题后，如何破立结合、治建并举，为工作提供制度支撑等做进一步思考)。深化“积案清零、清单销号和源头治理攻坚年”活动，梳理排查涉法涉诉信访积案50件，并通过瑕疵弥补、司法救助、事实息访等形式实现“动态清零”。全年协调政法单位疑难分歧案件8件，完成司法救助案件37件、救助38人。

【政法队伍建设】加强《中国共产党政法工作条例》和省委5个配套规定的学习贯彻落实，组织开展建德市政法系统领导干部政治轮训暨政法干部推动共同富裕主题培训，提升政法干警的政治意识和业务水平。建立健全《建德市政法干警依法履职保护实施意见》《建德市政法系统年轻干部选育管用九项机制》，做好年轻干部培育工作，提升政法干警的职业认同感、幸福感。创新开展“党建引领激活力，17治理助共富”党建品牌工作，打造“新青年·Ta说”文化品牌，增强队伍凝聚力、战斗力、执行力。2022年，市委政法委获得“平安护航党的二十大成绩突出先进集体”称号，获省、杭州市级个人荣誉3人，其中获杭州市个人二等功1人，为杭州市辖区县(市)中唯一一人。（洪 翔）

法治政府建设

【概况】2022年,建德市认真贯彻执行习近平法治思想,围绕中心、服务大局、履职尽责、狠抓落实,为全力推动共同富裕、全面建设“宜居建德”提供坚强法治保障。不断规范行政行为,严肃清理行政规范性文件;开展行政处罚法、行政强制法、行政复议法等法律法规以及行政执法公示制度、执法全过程记录制度、重大执法决定法制审核制度等专业知识强化培训与考核,89人取得行政执法资格,行政执法人员执法能力持续提升;努力预防行政争议,加大行政争议调解力度,认真开展行政复议,有效化解行政争议;领导干部带头学法用法,切实抓紧抓好行政应诉工作,提高行政应诉水平。全年全市行政诉讼一审案件发案91件,审结117件,成功调解撤诉45件,调解撤诉率38.46%,败诉5件,行政机关败诉率4.27%,行政机关负责人出庭率100%。

【政府事务合法性审查】2022年,建德市政府继续严格落实合法性审查程序前置规定,提交市政府常务会议和市长办公会议审议的议题,未经政府法制部门合法性审查,不得上会审议。全年共审查市政府常务会议和市长办公会议议题121件,其中市政府及政府办公室制定的规范性文件16件。持续发力乡镇(街道)合法性审查工作,严格落实《杭州市乡镇(街道)合法性审查工作指引》,助推实现乡镇(街道)合法性审查从全覆盖到标准化的迭代升级。

【行政复议工作】建德市政府认真履行行政复议职责,充分发挥行政复议化解行政争议的主渠道作用,健全行政复议案件审理机制,提高行政复议办案质量,努力通过行政程序积极化解行政争议。全年全市行政复议案件发案96件(其中杭州市复议局新收6件),其中不予受理5件(其中杭州市复议局不予受理2件);结案95件(其中杭州市复议局结案8件),申请人自愿撤回复议申请39件(杭州市复议局调解成功2件,受理前调撤7件),复议调解率38.24%,纠错10件(撤销2件,确认违法2件,责令履行2件),纠错率11.11%。

【行政争议调解中心】2022年,建德市政府依托行政争议调解中心平台,通过“2(近三年建德市行政复议应诉情况分析报告、法治宣讲报告)+2(府院联席风险研判机制、领导包案化解机制)”工作法,建立健全“17°C一起调”机制,整合人民调解、行政调解、司法调解资源力量,扎实推进行政争议实质性化解。全年化解高风险案件24件(其中行政复议案件1件),妥善解决群众合理诉求,有效降低行政诉讼败诉率和行政复议纠错率。

【任命首批行政复议员】3月23日,建德市政府下发《建德市人民政府行政复议员任命办法(试行)》《关于任命建德市人民政府首批行政复议员的通知》,并同步举办首批行政复议员任命仪式。市委副书记、市长王新锋出席,市委常委、常务副市长陈文岳向7名行政复议员颁发任命书。

【行政规范性文件清理】5—7月,建德市人民政府按照“谁起草制定谁清理,谁组织实施谁清理”原则,通过收集和汇总部门单位清理意见、公开征求意见、合法性审核、集体审议决定、向社会公开发布等程序,完成2021年12月31日以前全市现行有效的市政府及其办公室制发的253件行政规范性文件清理工作,并对清理结果予以公布(清理结果公布前已经废止19件),继续有效170件、决定废止36件、宣布失效27件、拟修改1件。

【行政执法人员能力提升】8月25—26日,建德市举办全市行政执法人员培训班。各乡镇(街道)综合行政执法队队长、常务副队长、副队长以及一线行政执法人员共200余人参加培训。培训班邀请杭州市司法局、杭州市综合行政执法局、建德市人民法院、浙江智仁(建德)律师事务所的业务专家,分别就《〈行政处罚法〉解读》《执法规范和应议能力再提升的探讨》《综合行政执法改革》《行政诉讼案件的合法性审查》《政

◎ 12 月 6 日,建德市首次举行国家工作人员集中宪法法律宣誓仪式(市人大办公室提供)

府信息公开》等方面进行专题授课。

【国家工作人员首次集中宪法法律宣誓】12 月 6 日,建德市在府前广场(宪法广场)举行主题为"弘扬宪法精神 坚持依宪治国"的 2022 年新任命国家工作人员集中宪法法律宣誓仪式,激励国家公职人员忠于宪法、遵守宪法、维护宪法。市人大常委会主任吕平等领导参加仪式并监督宣誓。全市各部门单位、乡镇(街道)100 多名国家工作人员及副市长何瑞洪等领导参加宣誓。

【行政执法"公述民评"】8 月 31 日,建德市法治政府建设(依法行政)工作领导小组办公室组织对市市场监管局开展全市首次行政执法"公述民评"活动。活动分为网上征集意见建议和现场评议活动。评议活动现场,由 13 名成员组成的评议团踊跃提问,市市场监管局对评议团成员提出的 10 个问题逐一正面回答,不回避、不推诿。现场活动结束后,该办公室梳理汇总网上意见、建议,结合评议团成员现场提问,形成问题清单反馈给市市场监管局,做好跟踪督办。

【领导干部学法用法】2022 年,建德市制定《建德市宣传贯彻习近平法治思想工作方案》,部署开展多种形式的学习贯彻活动,常态化推进习近平法治思想学习宣传,并邀请浙江省社会科学院智库建设和舆情研究中心主任、研究员、法学博士唐明良为市委理论学习中心组做习近平法治思想宣讲和解读。全年组织开展市委理论中心组学法 3 次,市政府常务会议集体学法 6 次,举办各类法治专题讲座和培训班 200 余场。 (章 琦)

公 安

【概况】2022 年,建德市公安局以中共二十大维稳安保为主题主线,紧紧围绕"疫情要防住、经济要稳住、发展要安全"总体要求,以除险保安、夏季治安打击整治"双百日"行动为抓手,一体落实战疫情、防风险、护稳定、促发展各项措施,以"公安大脑"建设牵引公安工作系统性重塑、整体性变革,为全力推动共同富裕、全面建设"宜居建德"贡献公安力量。全年总警情、刑事警情、治安警情、电信诈骗发案及案损均实现比上年下降（分别下降3.1%、8.6%、5.1%、27.23%、19.45%），完成中共二十大安保任务，被杭州市委、市政府荣记集体三等功。18项特色亮点工作得到上级领导批示肯定，12项特色亮点工作被省公安厅、杭州市公安局相关专栏刊发，连续13年获得省优秀执法单位，连续9年获得建德市优胜（满意）单位。

【维稳安保工作】2022年，维稳安保工作紧紧围绕中共二十大安保主题主线，提前谋划、周密部署、压茬推进。年初，建德市成立安保工作领导小组，市公安局局长任组长，完善“指挥机构、思路方案图册、基本力量、基础设施、工作机制”等五大要素，全流程画好“作战图”。6月，开展“夏季攻势”专项工作，启动“两轮并转”（一个轮子落实、一个轮子督导）攻防式、互补式、闭环式推进机制，举行“平安夏季护航”启动仪式，梯次收紧社会面治安管控。9月，开展“奋战五十天·护航二十大”行动，发起决战决胜冲刺攻坚，全面启动一级加强勤务模式，通过时间、力量、措施三重叠加，实现对社会面的严管实控。始终把政治安全摆在首位，全力抓好涉政涉恐风险隐患排查、情报搜集预警和敏感案事件处置。坚持“抓前端治未病”，深入推进警源、访源、舆源“三源治理”，纠纷类重复报警从上年的18.9%降至12.9%；着力推进信访积案攻坚排查化解，提前实现公安部、省公安厅交办43件信访积案全部化解，行政处罚扰乱信访秩序人员9人，顺利移送起诉1人，市公安局两次在省厅信访工作会议上作交流；及时、有效处置有关社会热点抖音舆情等30余起，处置率100%。

【打击刑事犯罪】2022年，建德市公安局坚持“小案快破、大案必破、案损快追”办案目标，把群众安全感、满意度放在首位。常态化开展扫黑除恶斗争，开展多轮次“钱潮”“忠诚”系列行动，始终保持高压严打态势，成功侦办杭州市局交办的“1·24”涉黑恶专案，捣毁湖南临湘籍人员为主的开设赌场、聚众斗殴黑恶势力团伙，予以刑事强制措施24人。破获涉裸聊敲诈黑恶案件1起，予以刑事强制措施6人。加强命案侦破、积案攻坚，2起命案现发现破，侦破16年前性侵积案1起。“打早打小”民生案件，传统侵财案件破案率达到71.58%；同时，加大追赃挽损力度，减少受害者损失。对流窜多地作案的未成年人夜盗团伙，开展跨区域抓捕，实现62起发案全破，其中破获“兰溪籍”未成年人盗窃团伙案件累计抓获盗窃嫌疑人12人，串并案件5起，并通过线索深挖，抓获幕后指使未成年人盗窃的犯罪嫌疑人。本案成功对3名嫌疑人移送起诉，对8名未成年人予以行政处罚，追回全部赃款7万余元。对未成年人盗窃的打击与预防进行深入思考，形成专报在新华社刊发，为实现源头治理建言献策。

坚持“打防治并举，以防为主、以打为要、以治为基”，全力以赴开展涉网新型违法犯罪打击治理工作，打击处置利用虚拟币从事跨境洗钱团伙1个，移送起诉39人；成功破获“柬埔寨诈骗团伙”案，三次赴四川成都、广东深圳、云南昆明及陕西、湖北、甘肃等地实施抓捕犯罪嫌疑人，共计采取刑事强制措施29人、刑事拘留6人、取保候审23人。持续开展“断卡”行动，采取强制措施23人；成立预警劝阻反制专班，高效落实预警劝阻工作，累计止损500余万元；多举措全方位或定向式开展反诈宣传，推出“反诈流动公园”“巾帼反诈”“餐桌反诈”“方舱反诈”“一村一话吧”“书记讲反诈”等做法，万人发案数7起、万人案损数61.8万元，成效均位列杭州地区第二。大力推广“国家反诈中心”App安装使用，在杭州地区率先完成上级任务目标。

强力整治黄赌毒违法犯罪，排摸、清扫、打击、治理闭环推进，侦破黄赌案件236起，摧毁组织卖淫、赌博团伙11个。其中，破获以江西修水籍为主的全国性网络招嫖组织卖淫犯罪活动1起，共抓获犯罪嫌疑人62人（采取刑事强制措施17人），查扣车辆5辆、手机100余部。成功侦破“706”省目标毒品专案，打掉涉及浙江、广西、贵州三省（区）多地，毒、黄、赌等多种违法犯罪活动团伙1起，共抓获违法犯罪嫌疑人32人（其中采取刑事强制措施12人、行政处罚20人），查获冰毒420余克，纯度之高、数量之大为近年少见。全年移诉涉黄涉赌犯罪嫌疑人106人、比上年上升30.9%，予以治安处罚1135人、比上年上升9.3%;利用无人机开展禁种铲毒,铲除罂粟2700余株,禁毒铲毒成效位列杭州市第一。

【社会治安防控基层治理体系建设】2022年,建德市公安局坚持和发扬新时代“枫桥经验”,深化推进社会治安防控体系建设,在全市16个乡镇(街道)全面推动镇街版“小脑+手脚”建设,深化“村警”工作机制、做强“义警”队伍、织实织密“微网格”,凝聚共治力量,打造具有建德公安辨识度的基层社会治理场景。新安江派出所获评杭州市级“枫桥式公安派出所”,其合力抓获上网逃犯、快速破获系列夜盗案件等做法被《人民公安报》、新华社、“长安剑”微博号、《浙江日报》等主流媒体报道。坚持矛盾纠纷多元化解思路,依托市社会治理中心“大调解”机制,深化“新安婆婆”“和为贵”“六尺巷” 等特色警调衔接工作室,全年共排查、化解各类矛盾纠纷和风险隐患478起。

【道路交通安全监管】2020年,市公安局交通警察大队进一步强化公共安全监管,开展交通治理攻坚战,全年整改道路交通安全隐患2613处,重点整治行人攀爬、翻越护栏横穿道路违法行为。非标电动自行车专项整治工作考核成绩位列杭州市第三。落实资金4000余万元,解决87个交通隐患治理难点堵点;与交通运输局联合建成“新(心)安护航”浙西交运实验室,打造主动感知、协同治理、精准服务的数智交管新模式。全年客货车亡人事故2人,实现连续6年下降且2022年度实现断崖式下降。深化路地警务融合,加强“四联三防”和“1·3·5分钟”快速反应圈建设,持续推进“护校安园”专项行动,整治校园及周边治安隐患。全年未发生涉校园安全重大事件。

【涉疫防控和支援周边】2022年,作为新冠疫情防控联合办公主要成员单位,建德市公安局将疫情防控作为重大事项,牵头全市流调溯源、区域协查等工作,始终保持“热备份”状态,全年4次增援周边县市,共派出干警173人。

【基层公安派出机构建设】2022年,建德看守所、城东派出所、水上派出所等建设项目均在有序建设中,合成作战中心、警营文化展示馆改建完成并投入使用,为全市公安工作提质增效打下坚实基础。同时,在乾潭派出所、大慈岩派出所开展所队融合模式试点,组建4个片区侦查队,切实落实负面清单,推进机制、体制阶段性变革。

1月10日,市公安局乾潭新营房正式启用。该新营房总占地面积0.77公顷(11.6亩),建筑面积5970平方米,2020年6月正式开工,总投资3160余万元。乾潭派出所、市交警大队乾潭中队物理整合和东部侦查打击中队实体入驻一体办公。

4月25日,市公安局大慈岩派出所揭牌启用,正式开始实体运作。大慈岩派出所原名檀村派出所,于1994年11月批准设立,2002年9月更名为大慈岩派出所。2021年,市公安局党委提请市委、市政府正式启动大慈岩派出所实体组建工作。正式挂牌运行后,大慈岩派出所在承担辖区(大慈岩镇全行政区域12个村)治安派出所各项工作职责的同时,还承担大慈岩镇辖区道路交通安全管理、轻微交通事故处理等职能,是市公安局第一个交通治安融合的试点单位。

6月7日,市公安局举行杭州市级“枫桥式公安派出所”授牌仪式。

【数字公安建设】2022年,建德市公安系统紧扣省厅“公安大脑”建设总体部署,坚持“技术、机制、体制”三轮驱动,以“数智哨兵系统”建设为抓手,构建由一张全息感知网络、一个AI智能解析中心、一套感知资源共享应用平台和N个业务场景应用组成的“111N”智能化应用体系。“制毒犯罪排查防范”子场景成功揭榜省公安厅“公安大脑”改革第一批“揭榜挂帅”项目,“新(心)安护航”应用获评2021年度省大数据局“省优秀场景”门户、杭州数字法治“好应用”、杭州市改革创新最佳实践案例“优秀奖”。“民爆掌上管”App得到省公安厅、杭州市公安局充分肯定。深入推进法治公安建设,完成执法办案管理中心办案、监管、服务、联动一体集成的升级改造,集中办案率近90%,涉案财物出库率位居杭州地区第一;持续强化积案清理,提升办案效率,刑事案件快办比例保持30%以上,取保候审平均用时降至70天以内;加强伤害警情源头管控,实现伤害案件警情巡查全覆盖,办结率从33%跃升至92%。加快推进基础设施建设,监视居住点建成投入使用并服务全杭州。

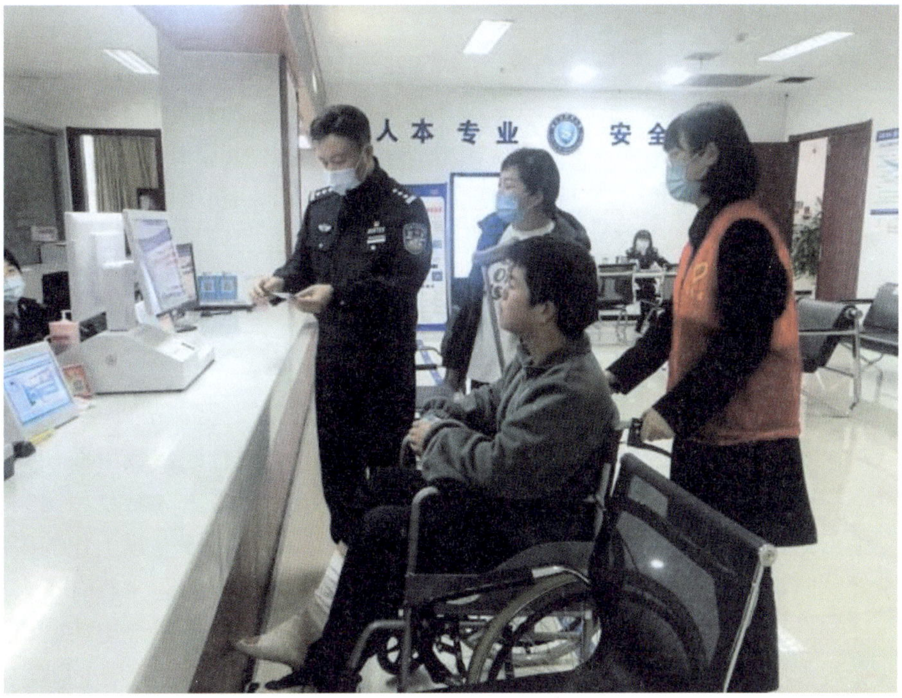

◎ 公安窗口为行动不便市民提供贴心服务(市行政服务中心提供)

【服务重点企业工作】2022年,建德市公安局在洋安未来社区、安仁共同富裕先行区、高铁新区、寿昌经济开发区推进“四区驻警”。深化服务保障“八大举措”,重点企业联络警官工作机制覆盖辖区25家规模以上企业,破获浙江新化化工被侵犯商业秘密等侵犯知识产权案件。深化“证照分离”改革,为4家不动产证办理中的“旅馆依承诺制办理特种行业许可证”,被列为建德市优化营商环境经典案例。

深化“政银联动”工作,报送18个公安高频民生事项,纳入驻银行网点首批试运行事项。迭代升级公安政务服务,持续深化推进“放管服”“最多跑一次”改革,对照全市“一窗通办”“一网通办”改革指导意见,积极承接“跨省办”“上门办”等服务创新举措,迭代升级“公民身份信息变更一件事”,创新谋划“居民身份证全程网办”应用场景,推动公安政务服务转型。

【公安队伍建设】市公安局坚持党对公安工作的绝对领导,自觉用党的创新理论武装头脑、指导事件,系统推进思想政治教育,严格落实“第一议题”制度,创新打造多领域、全方位学习宣传载体,深入学习贯彻中共二十大精神,组织开展党史学习教育、“三能”(体能、技能即法律素养和警务技战术、智能即公安信息化应用基本能力)主题教育实践活动。始终坚持“严”的总基调,持续深化党风廉政建设,严肃政治纪律、政治规矩,严明党纪国法、警纪警规,坚决彻底肃清流毒影响,严格监督执纪。2022年,查办民警违纪案件2起,给予禁闭1人,给予党纪政纪处分2人,与市纪委(监委)联合打造公安执法领域大数据监督应用场景,得到杭州市纪委(监委)领导的充分肯定。坚持“以实绩论英雄”选人用人导向,持续优化队伍机构,选任中层正职6名、副职7名,岗位调整41人。

(吴月凯)

检 察

【概况】2022年,建德市检察院坚持政治建检,把学习贯彻中共二十大精神作为首要政治任务,以习近平法治思想武装头脑。严格落实党风廉政建设“两个责任”和意识形态工作责任制,严格执行“三个规定”和重大事项报告制度,做实定期报告、全面记录,督促干警始终绷紧纪律之弦。坚持“党旗红”领航“检察蓝”,组织干警参与高速卡口值勤、平安巡防、社区核酸检测、进驻隔离点等志愿服务1000余人次。获评杭州检察系统“成绩突出基层检察院”“数字检察先行院”，2022年度检察业务绩效排名位列杭州地区第三，入选最高检典型案例1件、省级精品案例3件。1项应用理论研究课题被最高检立项，2项专题调研重点课题被省检察院立项。20余名干警在省、杭州市业务竞赛、各项评比中获得荣誉称号。

认真执行建德市十七届人大第一次会议决议，向市人大常委会专题报告打击治理电信网络诈骗犯罪工作情况，办理代表委员提出建议、提案7件，32名检察干警走进基层人大联络站，围绕助企纾困、纠纷化解等工作，认真听取人大代表和市民意见建议，协调解决实际问题。邀请代表委员、人民监督员等参加专题座谈、检察开放日、公开听证等活动90余人次，先后聘请14名民主党派、无党派人士担任检察官助理、“益心为公”检察云平台志愿者。深化新时代检察公共关系建设，用好“两微一端”等新媒体，拍摄检察脱口秀普法视频，发布重要案件信息，以公开促公信。

全年依法批捕91人，起诉376人，其中起诉故意杀人、强奸等严重暴力犯罪19人，盗窃、诈骗等多发性侵财犯罪84人，“黄赌毒”58人。办理职务犯罪案件7件7人。其中根据杭州市检察院交办，立案侦办杭州市公安局民警舒××涉嫌滥用职权案1件。全年办理生效裁判监督、审判程序监督、执行监督、支持起诉等民事案件63件，办理各类行政监督案件15件，办结食品安全、安全生产、古树文物保护等领域行政公益诉讼案件34件，办理生态环境资源、公民个人信息保护等领域民事公益诉讼案件19件，追缴损害赔偿金500余万元。

【服务保障共同富裕示范区建设】 2022年，紧扣省十五次党代会提出的“两个先行”目标任务，建德市检察院出台《服务保障“全力推动共同富裕、全面建设宜居建德”的工作意见》，推出“检护”六大行动、28项具体举措，做实做细检察服务，保障共富示范。参与建德市收入分配制度改革专班中“深化知识产权集成改革”事项，协助杭州市检察院办理全省首例涉知识产权民事支持起诉案，有效维护企业合法权益。发挥新安江生态环境资源保护检察官办公室作用，对非法破坏林地、非法处置危险废物等问题向市林业局等相关行政部门发出行政诉前检察建议23份，助推生态文明建设。办理的盛××破坏林地民事公益诉讼案获评2022年杭州市检察机关服务保障共同富裕助力“两个先行”典型案(事)例。

【参与社会综合治理】 2022年，建德市检察院继续密切关注案件背后的社会问题，向市委报送《“建德懿品”小区违建与执法难问题》工作专报，助力构建县级层面住宅小区违建治理长效机制。落实省人大常委会《关于进一步加强新时代检察机关法律监督工作的决定》，就司法办案中社会治理难点问题，联合市人大专门委员会开展专项监督活动。围绕交通肇事、危险驾驶等社会关切案件，在杭州地区首创涉道路交通类犯罪案件公益实践帮教活动，组织涉案人员52人次参与文明劝导、安全普法等公益服务。针对部分手机App违规收集个人信息、医疗机构未按规定开展残疾人驾照体检等问题，通过民事公益诉讼、检察建议等手段，推动相关部门开展专项治理。

【推进“除险保安”工作】 2022年，建德市检察院继续把防风险、保安全、护稳定纳入检察工作。推动市委出台《加强检察机关法律监督工作服务保障法治建德建设的工作意见》，明确12项重点工作，确保检察环节维稳安保任务万无一失。集中力量做好风险排查化解，依法打击违法信访行为，依法从快办理唐××寻衅滋事案。落实院领导包案制度，创新开展电话回访和满意度调查工作机制，稳妥办结胡××重复信访案等上级交办积案5件。正确评估轻微刑事犯罪攀升形势，深入落实“少捕、慎诉、慎押”刑事司法政策，报捕率下降至32.9%，批准逮捕人数下降55.1%，不起诉率、诉前羁押率均位居杭州地区前三，做到宽严相济、有理有度，有效促进社会和谐。

【优化营商环境】 全面落实习近平总书记“毫不动摇巩固和发展公有制经济，毫不动摇鼓励、支持、引导非公有制经济发展”的指示精神，完善涉企案件“一案一评估”机制，全年稳妥办理涉企案件11件48人。对企业负责人、业务骨干等审慎作出批捕起诉决定。审慎办理浙江新化化工股份有限公司被侵犯商业秘密案，协助企业挽回损失1000余万元，并由省检察院检察长主持召开公开听证会，邀请20余名省、杭州市、建德市人大代表、政协委员及民营企业家等到场旁听，依法妥善处置涉案企业及负责人。坚持治罪和治理并重，办理全省首例安全生产领域小微企业合规案件，并由个案合规延伸拓展至行业合规、预防性合规，督促企业防疏堵漏、守法经营。定期发布知识产权保护、防范经营风险等典型案(事)例，对全市化工企业环境污染、物流企业虚开增值税发票犯罪等多发问题，提出治理防范对策40余条。

【履行法律监督职能】2022年，建德市检察院在市公安局设立侦查监督与协作配合办公室，努力构建“检警协作大控方”格局，提前介入重大疑难复杂案件30余次，立案监督19人，撤案监督13人，追诉漏犯5人，纠正侦查活动违法11件，办案质效显著提升。加强刑事审判程序监督，及时采用抗诉、检察建议等手段，建议法院对一审判决未处置的存储商业秘密的涉案财物予以没收1起。针对市看守所作为杭州地区过渡性收押场所的特殊情况，建立协作互通机制，确保疫情防控期间监所执法规范和监管安全。

率先开展涉赌博民事生效裁判类案监督，全年利用数字化手段核查发现虚假诉讼、拒不执行、赌博等犯罪线索10余条，监督刑事立案1人，7件被提出检察建议的民事案件均得以纠正。推动在杭州市范围内开展涉赌博数字检察专项，成案20余件，涉案金额260余万元，相关案例获评全省民事检察精品案例。联合市公安局、市法院出台《机动车查控处置“一件事”改革应用会议纪要》，对终本执行案件中被执行人有车辆未查封或有公积金可供执行的案件及时提出检察建议，合力破解“执行难”问题。

加强行政生效裁判监督，运用监督纠正、检察建议等方式，化解李××与某街道长达八年的行政赔偿纠纷的案例1起。与市法院、市司法局会签《共同推进行政争议实质性化解的实施办法》，通过多方借力、多措并举，合力化解行政争议6件，实现“案结、事了、政和”。着力加强行政行为监督，结合办案发现的“婚姻登记过程中存在当事人隐瞒已婚事实”问题现象，建议市民政局完善婚姻登记审查和历史档案信息补录工作。落实最高检《推进行政执法与刑事司法衔接工作的规定》，对不起诉案件中需给予行政处罚者，及时移送相关部门追究行政违法责任40余人。

开展传统村落文化遗产保护专项活动，发现梓洲村全国重点文物保护单位西山桥，因年久失修存在保护风险，组织现场勘察、公开听证，推动乾潭镇、文广旅体等乡镇部门制定修复方案，建立监管机制，就全市文物保护开展巡查。创新生态修复方式，协助杭州市检察院办理全省首例以购买“碳汇”方式进行生态修复的民事公益诉讼案，同时健全民事公益诉讼赔偿资金管理，实现修复生态环境最优司法价值。

【关爱保护未成年人】2022年，建德市检察院促成杭州地区首个妇女儿童权益保护社会组织基金项目落地建德，会同市慈善总会设立“卫蓝”专项账户，为遭受侵害的留守、困境儿童提供“兜底性”社会保障，相关做法获省检察院检察长肯定。针对办案中发现的网约房监管盲区、违规留宿未成年人等问题，联合市市场监管局、市公安局等部门开展规范网约房管理数字专项，监督刑事立案2人，并制发检察建议推动多部门开展行业整治。加大与团市委、市妇联、市教育局等部门的协作，在新安江第一初中、市工业技校等学校开展“法治进校园”活动，受众5000余人。推出“用心守未”宣传片，被《今日说法》栏目转发，并入选最高人民检察院2022年度未成年人保护纪录片“守护少年的你”，微博阅读量超过1亿人次。

【全力以赴推进数字检察】2022年，建德市检察院在全省检察系统率先出台《数字检察监督办理规程》，探索建立一体化全链条管理机制，实现问题线索、工作方法和办案人员深度融合。突出实战实效，联合纪委监委、公安、法院、税务等部门，一体推进国有资产保护、财产刑执行等领域的 14 个省以及杭州市检察专项监督，排查违法线索 4500 余条，立案办理 79 件，助推市税务局成功追回 3000 余万元耕地占用税。全年主动参与全域数字法治监督体系建设，搭建刑事诉讼全流程数字监督——司法案件衔接共护应用场景，办理“刑行衔接”案件 76 件。 （余力巾）

法 院

【概况】2022 年，建德市人民法院有员额法官 54 人，全年共受理各类案件 10229 件，审执结各类案件 9265 件，诉前化解纠纷 3196 件，法官人均办案 249 件，审执质效综合评估排名位居杭州地区法院第一。4 个集体获得建德市级以上荣誉，7 人获得杭州市级以上荣誉。

【刑事审判工作】深入开展“法助共富、法护平安”专项行动，常态化开展扫黑除恶专项斗争，始终保持对黑恶势力违法犯罪的高压态势。全年共审结刑事案件 225 件，判处罪犯 359 人，分别比上年下降 40.4%、29.2%。审结抢劫、绑架等严重暴力犯罪案件 21 件，涉黄赌毒等妨害社会管理秩序犯罪案件 73 件，危险驾驶、交通肇事等危害公共安全犯罪案件 50 件，营造安全稳定的社会环境。持续推进反腐败斗争，依法惩治职务犯罪，审结贪污贿赂、渎职等案件 12 件 15 人。审结盗窃、诈骗等侵犯财产类犯罪案件 65 件，严厉打击治理电信网络、“以房养老”“投资养老”等新手段诈骗犯罪，全力守护老百姓的“钱袋子”。纵深推进打击治理养老诈骗专项行动，审结中央督办的“康庆农庄”非法吸收公众存款案，成立执行工作专班，积极开展刑事追赃挽损工作。维护区域金融秩序，严厉打击非法吸收公众存款、集资诈骗等涉众型经济犯罪，审结金融借款合同纠纷 146 件，涉案标的 5925.6 万元，防范化解潜在资金链、担保链风险。

【民事审判工作】贯彻“案结、事了、人和”工作理念，全年共审结一审民商事案件 4450 件，70%以上以调解撤诉方式结案，调解案件自动履行率 65.8%，服判息诉率 90.8%。着力维护和谐稳定的婚姻家庭关系，审结婚姻、抚养、继承等家事纠纷案件 496 件。依法保护公民人身和财产权利，审结道路交通事故、医疗事故等侵权纠纷案件 339 件。高度重视涉民生案件审理，审结劳动报酬、教育、医疗等纠纷案件 251 件。常态化开展个债清理工作，全年共审结个人债务清理案件 11 件，营造“鼓励创业、宽容失败”的社会氛围，帮助“诚实而不幸”的创业者走出债务困境，金某某个人债务集中清理案入选省高院十大典型案例。严厉打击“高利贷”“套路贷”等违法借贷行为，发布“职业放贷人名录”16 期 68 人次，对涉嫌违法犯罪的及时移送公安机关查处。继续开展打击虚假诉讼专项行动，共处置虚假诉讼案件 30 件，罚款 25.3 万元，相关经验做法获杭州市委政法委肯定。

【行政审判工作】2022 年，建德市人民法院坚持维护当事人合法权益与监督行政机关依法行政并重原则，全年共受理行政诉讼案件 120 件（含旧存 36 件），比上年下降 19.2%，审结 101 件，二审改判瑕疵率连续三年保持为零，“两高一低”（行政审判上诉率高、申诉率高、服判息诉率低）指标均位于杭州地区前列。加强合力预防和化解行政争议，将实质性化解工作贯穿案件审理始终，一体化、实质性解决群众真实利益诉求，实现行政纠纷“诉源治理”。39 件行政纠纷实现和解，调撤率达 38.6%，全市行政机关败诉率降至 4.3%，创历史新低。走稳“进”与“出”的步伐，加强出庭应诉工作，行政机关负责人出庭应诉率始终保持 100%。就全市政府部门涉民事诉讼案件撰写专项分析报告，从源头减少行政机关涉诉案件增量。围绕合法性审查为全市行政执法人员授课，积极服务保障“大综合一体化”行政执法改革。

【涉诉协调工作】2022 年，建德市人民法院全力以赴护航中共二十大，切实做好重大时间节点除险保安工作，开展集中治理重复信访、化解信访积案专项行动，组织开展法院领导“大接访大走访大调研”活动，落实领导包案和稳控化解措施，共开展

8 轮重点排查，化解上级转交办信访件 22 件次。严密防控房地产“爆雷”风险，自“恒大”债务危机出现以来，坚持按照“保交楼、保民生、保稳定”总体要求，灵活采用依职权保全、第三方债权登记等方式稳妥推进房地产领域风险处置，累计化解各类纠纷 345 件，风险防控相关经验做法被省高院肯定推广。

◎ 3 月 3 日，浙江省首个共富联合体“共享法庭”在共同富裕先行区·安仁联合体成立(王媛媛/摄)

靠前服务重点项目推进，杭衢高铁建德南站广场、金建高铁等一批重大项目、工程推进中的涉案纠纷得到妥善处理，对 7 件申请拆迁、拆违及环保处罚案件裁定准予执行。助力乡村富农产业发展，成立安仁联合体、草莓、农创客等特设共享法庭，借助共享法庭工作机制，有效化解土地承包经营权流转、非粮化整治等各类涉农纠纷，为新农产业发展保驾护航，指导化解的安仁村草莓园征地纠纷入选全省共富典型案例。深入践行“两山”理念，参与签署《新安江—千岛湖流域环境司法协作框架协议》，建立生态一体化协作机制，用法治之力共护流域一片秀水。审理的虎纹蛙养殖企业环保行政处罚案入选新安江—千岛湖流域环境资源司法保护典型案例。设立“三江两岸”巡回法庭，联合环保、住建等部门助力打赢“三江口违建别墅清查整治”攻坚行动。

【浙江省首个共富联合体“共享法庭”成立】3 月 3 日，浙江省首个共富联合体“共享法庭”在共同富裕先行区·安仁联合体揭牌成立。2021 年，建德市乾潭镇组建共同富裕先行区·安仁联合体后，村级体量增大，公共资源共享，投资经营加速，为了更好地防范化解建设过程中可能出现的各类矛盾纠纷，保障乡村居民走上高质量“共富之路”，建德市法院联合乾潭镇党委政府、建德市司法局等多部门，成立安仁共富联合体共享法庭。在明确庭务主任、联络法官的基础上，安仁联合体共享法庭借力安仁联合体以建德市委、乡镇党委、村党组织为核心，以发改、财政、农业农村、农商行等单位为成员的联合大党委系统力量，构建“17 调”(一起调)联合调处模式。遇到纠纷时，庭务主任利用“一线一屏”汇聚法官、调解员、相关职能部门、乡贤等调解资源，联合化解企业生产经营中所遇法律难题及村民日常生活摩擦纠纷。同时，市人民法院及相关部门不定期开展巡回审判、庭审直播、法律讲座、调解培训、法律咨询等活动，为共富发展过程中打造重点产业项目、建设重点民生工程、保障生活和谐有序提供法律指导，提升群众法治素养。

【发挥法院“破产重整拯救”功能】2022 年，建德市人民法院继续实施对暂时陷入财务困境但仍具有发展前景和挽救价值的企业“放水养鱼”政策，最大限度发挥“破产重整拯救”功能，促进社会稳定和谐，全年共审结破产案件 32 件，累计释放土地资源要素 4.8 万平方米，出清房产 1.97 万平方米，盘活账面资产 1.5 亿元，涉及债权总额 8.58 亿元。

新安江温泉度假村开发有限公司实现重整，航空小镇核心旅游业态得以延续；“雅居·锦绣西湖”破产案件历经8年顺利审结，100余套商品房平稳有序交付；试点启动预重整程序对浙江博安公司开展庭外挽救工作，协助国家级黄金水上旅游业态培育。借助执行专项审计帮助山煤公司一次性执行到位货款2362万元，解决企业发展中“最难”“最痛”“最怕”的问题，不断提振企业在建德创业创新的信心。

【举行助企纾困执行款集中发放仪式】2022年，建德市人民法院联合建德市委统战部、市工商联针对2017年以来申请执行人为企业的终本案件以及本年度新收涉企执行案件，开展“为企业纾困解难、助力企业发展”专项执行行动，通过组建执行专班、联合商会查控财产线索、灵活采取保全措施、及时进行信用修复、稳抓执行转破产与个人债务集中清理工作等举措，全力兑现中小微企业胜诉权益。全年共执结企业作为申请执行人案件817件，为406家企业追回执行款1.5亿元。11月26日，市人民法院举行“学习二十大 奋进新征程 ”助企纾困执行款集中发放仪式，向6名申请执行人发放执行款2999万元，并向其颁发执行款兑付凭证。建德市人大代表、政协委员、媒体记者及市工商联16家基层商会会长受邀参加该活动，向社会传递法院助企护商的信心和决心。　(王媛媛)

司法行政

【概况】2022年，建德市司法局以“法助共富、法护平安”为重点，围绕法治政府、法治社会建设两手抓，突出问题导向、目标导向，助推政府法治治理持续深化、社会法律服务提质增效、法治建德氛围提档升级，为全力推动共同富裕，全面建设宜居建德做好法治保障。

全市各类人民调解组织调解矛盾纠纷9638件，调解成功率达99%，小额矛盾纠纷涉及金额3.6亿元。

借助“新安夜学”“主题党日”“法护平安、法助共富”专项活动等平台开展“法律六进”，全年开展各类主题宣传活动1056场次，讲座289场次，参与群众10万余人次。

办理各类法律援助1587件，其中刑事法律帮助1285件、刑事法律援助194件、民事法律援助101件、行政法律援助7件，为困难群众挽回经济损失300余万元，接待群众来电来访咨询5449人次。市公证处共办理各类公证案件1643件，其中国内公证1324件(含涉港澳台公证12件、出具执行证书10件)、涉外公证319件。

2022年底在册矫正对象人数253名，全年接收社区矫正对象184名、期满解矫224名、收监执行4人、警告处罚19人次、训诫处罚43人次，实现全年无脱管、无漏管。全年接收归正人员195名，解除10名，全市刑满释放列管总数1435人。

市司法局连续2年被评为省“法治浙江(法治政府)建设优秀单位”，并获评杭州市“法治杭州建设成绩突出单位”；被省司法厅评为全省民主法治村(社区)创建工作成绩突出集体，被杭州市委、市政府评为平安创建先进集体。全系统有5人获评省级个人先进荣誉称号，7人获杭州市级先进荣誉称号。

【打造全省首个线上普法脱口秀平台】2022年，建德市司法局会同市委宣传部、市委网信办联手打造全省首个线上普法脱口秀活动平台——“普法之风show在建德”。该活动邀请法官、检察官、民警、律师等多名法律工作者，围绕防骗反诈、婚姻家庭、大学生实习等社会热点，以脱口秀形式开展普法，迅速被网民接受和传播。相关话题登上微博全国热搜总榜、微博全国要闻榜等7大榜单，话题总阅读量超1.5亿次，实现跨省市、跨领域、跨平台的“破圈”传播。该活动通过小视频更快速、更有效地获取法律知识，为宣传者和受众们的双向互动提供交流平台，推动普法工作从单向灌输转向对话交流与共享，也为公民法治素养提升工程打开新思路，案例创意获2022年度全省“十大普法影响力事件”(提名奖)。

【全省首个公职律师中心成立】9月22日，建德市挂牌成立全省首个公职律师中心，市司法局设置

◎ 9月22日，市司法局举行建德市公职律师中心揭牌仪式（郑思/摄）

专属办公场地，建立公职律师统筹使用试点改革方案、中心工作规则等制度，聘用首批29名优秀公职律师入驻，指导协调公职律师跨部门调配使用、业务培训、执业保障、监督考核等工作，实现党政机关公职律师工作全覆盖。鼓励在职人员参加国家法律职业资格考试，积极储备公职律师后备人才；全面排队摸底各党政机关已取得国家法律职业资格证书的在职人员情况，形成拟培育名单；鼓励符合条件人员报名参加公职律师申请岗前培训班，新增公职律师16名，至年末共有公职律师人数41人。鼓励公职律师积极参与政府法律事务，共开展重大决策、文件合法性审查53件，参与处理行政复议、行政诉讼等各类行政争议案件25件，化解率达35%。

【创新基层矛盾纠纷化解机制】探索建立“17℃一起调”机制，构建有人文温度的各方参与“一起调”共建共享的人民调解格局，将区域17℃自然标识打造为人文治理标识。与综治警网中心、共享法庭相互联动，形成人民调解、行政调解、行业性专业性调解协调联动体系，促进矛盾纠纷化解、诉源治理。7月5日，该做法在杭州市委政法委“共享法庭”推进会上作现场汇报交流。

【创建省级民主法治村10家】围绕共同富裕主航标，坚持把“民主法治村（社区）”建设作为法治建德建设的重要载体，推进基层普法依法治理，以“四治”促“四共”打造美丽乡村建设“升级版”，提升基层社会治理法治化水平，助推乡村振兴，实现共同富裕。各创建村（社区）因地制宜，结合自身党建品牌、地方文化，打响普法品牌，形成叶家社区“轨道人生行稳致远”法治品牌、后塘村“崇法尚德”主题公园、诸家村知青文化陈列馆、梅花社区“梅益轩”志愿者队伍等普法阵地。2022年底，更楼街道后塘村、新安江街道叶家社区及梅坪村、梅城镇梅花社区、乾潭镇安仁村、大慈岩镇里叶村、李家镇诸家村、航头镇溪沿村、三都镇新和村、大洋镇庆丰村10个村（社区）顺利通过省级民主法制村（社区）验收，并获省司法厅发文命名。

【创建省级智慧矫正中心】为加快推进“智慧矫正”建设，结合全市社区矫正工作实际情况，建德市社区矫正中心选址迁至白沙路220—226号，总面积887平方米。对照上级规范要求，社区矫正中心设置综合管理区、监督管理区及教育帮扶区等"三区十八室"，积极实践"智慧矫正"新模式，精准助力智慧矫正。通过数字化技术固定社区矫正日常管理证据，利用数据资源对社区矫正对象进行精细化评估、智慧化矫正和高效化管理。将相关数据实时同步至省社区矫正综合管理平台，不断提升社区矫正智能化、精准化、科学化水平，有效提升社区矫正执法规范化水平。2022年12月，成功创建为省级"智慧矫正中心"。

【建立建德市级宪法主题公园】11月，市司法局在府前广场建立建德市首个市级宪法主题公园。依托府前广场原有景观场地，结合周边浓厚的文化、宣传氛围，打造集艺术、文化、教育功能于一体的宪法主题公园，让社会公众、游客在休憩游玩过程中感受法治文化的熏陶，提高自身的法律素养。12月6日，在该主题公园举办建德市首次新任命国家工作人员户外集中宪法法律宣誓仪式。

【梅城司法所成功创建省级"枫桥式"司法所】2022年，市司法局围绕司法所综合改革和司法所规范化建设三年行动工作要求，扎实开展省级"枫桥式"司法所创建。采取调剂、改造和租赁等方式，解决各司法所业务用房问题。梅城司法所投入资金200余万元，建成司法业务用房400平方米，有效推进司法所建设提档升级。通过优化平台，有效整合律师、法律服务工作者、人民调解员等资源，将该司法所打造成预防化解矛盾纠纷的"防火墙"、教育改造特殊人群的"主阵地"、基层民主法治建设的"助推器"和服务基层人民群众的"法律超市"。2023年1月，梅城司法所成功获评浙江省"枫桥式"司法所，为全市第二家。

【公证便民服务】2022年，为优化窗口服务，提升服务环境，便捷市民办理公证，市公证处整体搬迁至毗邻市行政审批服务中心的洋溪街道洋安新城金塘北苑4幢5号办公，新办公场所建筑面积达572平方米；同时，在审批服务中心设置一个公证服务窗口，进一步提升便民服务质效。强化"建德云公证""12348法网"等线上办证系统平台应用，实行全流程"网办""掌办"业务，实现"零跑腿""零接触"。全年共办理线上公证业务279件。（郑　思）

责任编辑：黄建生

军　事

Military

国防教育与人民武装

【概况】2022 年,建德市国防教育与人民武装工作牢牢把握党管武装正确方向,着眼全社会覆盖,抓好国防教育,做到国防教育进学校、进社区、进企业,时刻提高全民国防观念;立足实战化要求,抓好民兵练兵备战;对标高质量要求,抓好征兵动员和新兵质量,如期完成向部队输送合格新兵的任务。积极改善人武部营房和民兵训练基地各项条件,拥军优属政策不断完善,拥军爱军社会氛围不断得以巩固。

【实战化军事训练】2022 年,市人武部根据上级军事工作要求指示和部署,开展各类实战化军事训练。1 月,开展“重要目标防卫”新年演练,按照“突出重点、贴近实战、形成能力”应急应战训练思路,采取“实编机构、实装配携、实案演练”等方式,贴合“真、难、严、实”的训练标准,从严从难设置基本指挥所应急出动、指挥所开设、指挥信息系统构建、指挥所防卫等演练课题,紧急拉动更楼街道民兵应急排同步参加上级视频演练行动,并及时与上级指挥方舱通联。通过演练,检验提升人武部战备状态和快速反应能力、组织指挥能力;8 月,开展“重要目标防卫”夏季演练,市人武部本级机关带民兵应急连部分民兵参训,部分乡镇(街道)专职人民武装干部跟训。同时,在某重要企业组织重要民生目标防卫课题演练并完成以上分队任务行动训练。10 月,市人武部组织应急连某排开展复训补训,主要训练科目为抢险救灾、民兵分队编建、水上搜救、模拟打捞、防风救灾、抗洪抢险等,效果达到预期。（徐　雁）

【年度征兵工作】2022 年,建德市分春、秋两季开展征兵工作。1 月中旬,建德市人武部启动春季征兵目测初检工作,16 个乡镇(街道)各自开设体检站,严格按照国家征兵体检各项标准,遵循“好中选好、优中选优”原则,筛选初检合格青年参加后续的上站体检和政治考核。至 25 日该项工作完成。全市 18 周岁以上公民服役登记率 100%。3 月上旬,建德市人武部根据防疫要求,按照“模拟化组织、正规化训练、全程化淘汰”原则,组织全市预定新兵开展封闭式管理役前教育训练,全面体验部队学习、训练、管理、生活“四个秩序”,用条令条例规范应征青年的言行举止,做好思想、心理、身体、生活“四个准备”。3 月中旬,2022 年度春季新兵开拔起运。

9 月上旬,市人武部组织下半年预定新兵进行役前教育训练。16 日下午,在市体育馆隆重举行建德市 2022 年秋季新兵入伍欢送仪式。市委、市人武部、市人大、市政协等领导及各乡镇街道主要领导、专武干部、全体新兵及其亲属等参加。同时举行新兵宣誓仪式。（方美君）

【营房营区安全隐患排查】5 月,建德市人武部开展营房安全隐患排查和问题整改行动,对本部所有场所进行综合性安全检查,逐项记录上报安全隐患并调整划分责任区,每一个场所均有专人负责定期巡查。对排查发现的问题隐患 4 项,立即整改 2 项,限时整改 2 项,至 5 月 30 日全部整改完毕,确保安全稳定。

【民兵训练基地改造工程完工】1—6 月,建德市人武部开展民兵训练基地提升改造工程,包括训练场地改造、天然气引接以及食堂改造。食堂天然气管道完成开户并且投入使用，更好地满足部里的伙食供应需求；民兵训练场地由原破旧水泥地改造为带遮阳棚的塑胶场地，民兵训练场地条件得以较大改观。（周 越）

【举行“征兵形象大使”聘任仪式】为推进征兵和国防教育工作，营造全市军民崇军尚武浓厚氛围、焕发社会爱军精武热情，2月21日，建德市人武部在市工业技术学校举行“建德市征兵形象大使”聘任仪式，聘任建德籍一等功臣巫文重担任“市征兵形象大使”。巫文重于2015年入伍，现任某部队副班长，在2021年1月某次重大救援行动中，巫文重最早发现、迅即处置，四入火海、不惧生死，创造了教科书式的救援奇迹，被部队授予一等功。

【开展“三个经常性工作”专题推进活动】8月4—8日，根据上级部署，建德市人武部开展“三个经常性工作”（经常性思想工作、管理工作、心理工作）专题推进活动。全体干部职工参加省军区组织的专题推进会，认真学习会议精神特别是省军区首长讲话精神，汲取其他单位经验教训，召开党小组、党支部和党委会议，围绕加强“三个经常性工作”落实和贯彻会议精神积极组织学习讨论，谈认识、谈体会、谈打算，开展谈心交心活动，全面打牢部队安全稳定基础。

【开展专职人武部部长强化训练】10月26—30日，建德市人武部组织全市16个乡镇（街道）专职人武部部长参加杭州警备区集训前本级强化训练。主要围绕征兵业务、整组业务、军事训练、基层武装部规范化建设和平时业务工作等科目，结合参观见学展开5天的封闭式管理强化训练。

【组织市四套班子领导“军事日”活动】为深入学习贯彻中共二十大精神，进一步增强领导干部国防观念和战备意识，12月14日，建德市人武部组织市四套班子领导走进军事基地开展“军事日”活动。市委书记、市人武部党委第一书记富永伟，市委副书记、市长王新锋，市人大常委会主任吕平，市委副书记、市政协主席俞伟及市四套班子其他领导参加。全体领导统一着荒漠迷彩服，实地参观军营各区域，了解军营日常生活训练，并观摩蒙眼枪支拆装演示。在轻武器射击场，市领导认真听取教官讲解枪支使用有关知识、射击基本要领和注意事项，在安全员的组织下，进行实弹射击训练。（方美君）

建德武警中队

【概况】2022年度，武警建德中队坚持以习近平新时代中国特色社会主义思想为指导，深入贯彻习近平强军思想，紧紧围绕中共二十大召开重大政治活动，在继承和发扬该中队特有精神的基础上，按照年度工作思路，完成上级赋予的各项工作任务，中队全面建设水平获得新的进步，共有10人被武警杭州支队表彰为“四有”优秀个人，11人获嘉奖，2人光荣加入中国共产党，2人加入共青团；武警建德中队安全稳定，被武警杭州支队表彰为“四铁先进单位”，从1999年至2022年连续24年被武警浙江省总队杭州支队评为“四铁先进单位”。

【军地合作】10月，围绕“护航二十大”主题，武警建德中队与建德市公安局进一步强化工作对接，细化联演联训情况处置预案，增强打击涉暴、涉恐等重大突发事件的先期处置能力；同时，全程参与公安武警联勤武装巡逻，并完成任务，受到上级党委、驻地党政领导和市民的高度肯定。

【模范人物】郑锐，在工作中始终坚持勤字当头，任劳任怨，积极探索，守正创新；协助开创“仪式文化教育”，在新兵下连、老兵复退、每季“四有”评比、中队“6·4”队史纪念日、入党宣誓等仪式上，激活战士奋进动力，为战士的工作、生活或家庭排忧解难；2022年荣立三等功1次。

刘家鼎，长期坚持理论学习，在政治上、思想上、行动上时刻与党中央保持高度一致；训练中，牢固树立练兵打仗实战思想，刻苦钻研军事技能，奋勇争当训练标兵，练就一身过硬本领，各项军事成绩在中队名列前茅;2022 年荣立三等功 1 次。

(林靖程)

人民防空

【概况】2022 年,建德市人民防空工作围绕“推进军事斗争人防准备”工作重心,按照“战时防空、平时服务、应急支援”工作思路,持续推进指挥部常态化工作,制定 2022 年全市人民防空指挥部工作要点和工作计划,完成本年度人民防空方案编制,开展人防专项规划编制;组织开展全市性人民防空实战化演练,组织指挥部成员单位观摩杭州市级检验性演习,提高临战应对水准;做好防空工程设施及警报系统日常巡检、维修和管理,确保使用安全可靠;继续开展并完善全市人口疏散体系建设,确保市民在非常时期疏散有序,保障安全。

【人民防空实战化演练】4 月 13 日,建德市人民防空办公室(以下简称市人防办)联合有关单位在重要经济目标单位××水库开展“建德市 2022 年‘迎亚运保安全’防汛防空综合演练暨××水库抢险应急演练”活动,各相关指挥部成员单位参与,人防专业队携专业车辆和装备参与演练。10 月 15 日,组织开展指挥所开设演练,并参加 10 月 31 日杭州“金盾-22”检验性演习。两次演习有效提升指挥部成员单位专业技能,增强队伍凝聚力和战斗力。

【防空警报建设与管理】2022 年,市人防办开展防控警报补点建设,全市新装防空警报器 11 台,防空警报音响覆盖盲区进一步减少,建成区警报覆盖达 95%。加强平时警报管理和巡查,基本实现“关键时间拉得响,拉得动”。5 月 12 日、9 月 18 日、12 月 6 日三次进行警报试鸣,鸣响率达 100%。

【人口疏散体系建设】市人防办结合全省推选疏散基地的通知要求,通过前期谋划和踏看,推选点位 1 处,完成其整体方案编制、点位布局图,同时完成省级人防疏散基地资料上报。对×镇 11 个村完成相应人口疏散接收基地挂牌,完善人口疏散体系建设。9 月底完成“两馆两中心”疏散体系数字化和×镇×村疏散基地数字化项目初验。

【结建工程维护检查】2022 年,建德市人防办联合建德市综合执法局开展联合执法检查,对发现的部分结建工程地下人防工程违规穿墙开孔行为,以及防护门滤毒通风等设备锈损、排水设备损坏、杂物堆放等各类安全隐患问题 23 个,现场督导完成问题整改 14 个,发放责令整改通知书 8 份,及时消除安全隐患。

完成年度“双随机”执法检查工作,联合建德市新安山地救援队开展除险保安大检查,发现各类隐患 15 处,现场完成问题整改 10 处,下发整改通知书 5 份,要求维护管理单位限期整改到位,并开展“回头看”。

做好各项目建设周期与住建局质监站的监管过渡衔接、事中事后监督管理工作,对检查人员开展新的标识标牌管理办法和全省人防工程管理办法培训。全年共完成结建工程建设审批面积约 1.3 万平方米,收取人防易地建设费 285.4 万元。全年竣工面积 2.51 万平方米。

【人民防空宣传】3 月 1 日、5 月 12 日、9 月 8 日,市人防办在部分大型商超通过大屏滚动播放人防宣传片、悬挂各类防空防灾宣传标语,在审批窗口、建设工地发放政策法规宣传材料,全市所有中小学校组织疏散演练活动,通过“建德发布”“建德住建”微信公众号开展答题赢应急包系列宣传活动。同时,确定从 2022 年开始,每月第 3 个周日为防空防灾体验馆固定开放日。

建德市人防办、新安江第三小学、建德市融媒体中心联合开展并完成人防微课《食物中毒怎么办》摄制,投放全市教育平台。

(章 欣)

退役军人事务

【概况】2022 年,建德市退役军人事务局认真贯彻落实中共二十大精神和习近平新时代中国特色社会主义思想，对照“两个先行”奋斗目标，紧盯“让军人成为全社会尊崇的职业” 这一时代任务，围绕“党建引领、打牢基础、突破创新、确保稳定”总体思路，以“服务部队战斗力”“服务经济社会发展”为根本遵循，务实推进各项工作。建好退役军人服务站，深化退役军人典型宣传，引领全市退役军人为建设家乡作出更大贡献。落实各类拥军优待政策措施，实现走访慰问全覆盖。首次按照上级要求，将获三等功以上现役军人名录编入地方志书。开展革命烈士纪念碑和烈士陵墓维护修缮工作，在抚慰烈士家属的同时，使之成为红色教育场所，传承烈士伟大业绩和高尚精神。加大退役军人合法权益维护工作力度，化解信访积案。信访率下降 90.1%。完成国家信访局交办件 8 件、办结率为 100%，化解信访积案 15 件，化解进度位列杭州地区前列。“四动同步”的做法得到

2019—2022 年度荣立三等功以上军功现役军人名单

表 11

年度	军人姓名（家庭住址）		军功等级
2019	周　奇（新安江街道健安社区）		三等功
2020	巫文重（更楼街道于合村）		一等功
	周杨林（新安江街道明珠社区）	洪　升（杨村桥镇徐坑村）	三等功
2021	赖晓波（新安江街道白沙路）	傅　倩（新安江街道白沙社区）	三等功（46 人）
	吴冠杰（新安江街道金山湾）	胡　健（新安江街道新安路）	
	蔡　衍（新安江街道新蓬村）	方恩源（更楼街道洪宅村）	
	方炎超（更楼街道洪宅村）	潘朝辉（更楼街道湖岑畈村）	
	洪　兴（梅城镇西湖公寓）	秦　浩（梅城镇顾家村）	
	金坤龙（梅城镇龙泉村）	戴　笠（梅城镇梅花南路）	
	吴其融（梅城镇南峰联红村）	方旭晖（梅城镇西山名郡）	
	刘小康（寿昌镇卜家蓬村）	曾军龙（寿昌镇童家村）	
	王　伟（大同镇城山村）	李　智（大同镇大同村）	
	邱永彬（大同镇徐韩村）	黄卫新（大同镇永盛村）	
	朱远昌（大同镇竹源村）	章　炜（大同镇清潭村）	
	吴建华（乾潭镇陵上居民区）	吴　超（乾潭镇陵上新村）	
	朱杭伟（乾潭镇下包村）	何晨飞（三都镇春江源村）	
	陈　晖（三都镇马宅村）	朱小剑（三都镇外潘溪村）	
	洪霄航（三都镇羊峨村）	王　剑（三都镇羊峨村）	
	吴世焘（三都镇梓里村）	江燕芳（杨村桥镇绪塘村）	
	孙　浩（下涯镇丰和村）	唐　超（大慈岩镇三元村）	
	方鹏程（大慈岩镇檀村村）	叶杰琛（大慈岩镇新叶村）	
	邵　俊（航头镇大店口村）	凌　浩（航头镇珏塘村）	

续表 11

年度	军人姓名（家庭住址）		军功等级
2021	黄 昕（李家镇白马村）	何 平（李家镇新联村）	三等功（46人）
	翁晓泉（李家镇长林村）	胡 涛（大洋镇贺宅村）	
	陈 坚（大洋镇江东村）	胡晶阳（莲花镇莲花村 ）	
	张新春（莲花镇莲花村）	吴旭俊（航头镇吴潭村）	
2022	黄孝刚（大同镇黄家村）		二等功
	揭鸣雷（新安江街道梅坪村）	戴晨曦（新安江街道江滨路）	三等功（28人）
	鄢 俊（新安江街道岭后社区）	孙逢啸（新安江街道城中花苑）	
	洪 辰（洋溪街道）	蔡文飞（梅城镇滨江村）	
	吴 沉（梅城镇龙溪村）	项 涛（梅城镇滨江村）	
	赖宇航（寿昌镇周村后畈）	方永江（寿昌镇大塘边村）	
	林跃光（寿昌镇良种场路）	邵力栋（寿昌镇十八桥村）	
	曾 文（寿昌镇昌和公寓）	练水忠（大同镇小溪源村）	
	周 璇（李家镇白马村）	谢 荣（李家镇李家村）	
	汪国平（李家镇万古村）	王 鹏（航头镇曹源村）	
	朱长虹（航头镇灵栖村）	叶克邪（大慈岩镇新叶村）	
	宋昶箭（莲花镇莲花村）	方申聪（下涯镇金洲村）	
	汪 鹏（杨村桥镇徐坑村）	陈 浩（杨村桥镇绪塘村）	
	张大鹏（乾潭镇江山郡）	刘俊星（三都镇马宅村）	
	黄文祥（大洋镇里黄村）	周 浩（大洋镇）	

杭州市退役军人事务工作领导小组办公室通报表扬。

【退役军人保障体系建设】2022年，退役军人事务工作围绕建好一批站点（退役军人服务站）、优化一个平台（“健康老兵”服务平台）、建强一支队伍（老兵志愿服务队）、凝聚一股力量（关爱退役军人协会）、办好一件实事（退役军人优待证）、守住一条底线（信访稳定）的“六个一”重点工作，全力提升服务保障水平。全市有6个乡镇、14个村（社区）通过浙江省“枫桥式”退役军人服务站考核验收。建德市退役军人保障服务体系建设工作受到省退役军人事务厅高度肯定。

【落实拥军优待政策】2022年，市退役军人事务局强化各类拥军优待政策落实工作，实现走访慰问全覆盖。全年发放抚恤金4000余万元；对新增认定60周岁军龄退役军人发放军龄补助共计135.65万元；通过“一站式”结算服务、手工报销重点优抚对象医药费和2020年带病回乡退役军人伤残鉴定费93.7万元；发放大学生入伍一次性奖励金331.38万元；及时调整2021年义务兵家庭优待金标准，并做好义务兵家庭优待金发放工作。认真做好优抚对象身份审核认定，评定带病回乡3人，办理伤残关系转移9人，补办残疾军人证、浙江省抚恤优待证22本。对符合政府安排工作的2022年秋季退役士兵予以事业编制安置或在企业就业安置，对计划分配军转干部全部安排行政编制。

【革命烈士纪念工作】2022年，全市完成57座零散发布的烈士纪念碑和散葬烈士墓保护修缮工作，重点推进乾潭镇罗村烈士陵园及梅城凤凰山烈士纪念碑改造工程建设，首批完成赖金生、王光银、赖仁山、罗宗敬、诸关海、胡连芳6名烈士墓迁建。将乾潭镇革命烈士陵园、罗村江西县民主政府纪念馆串点成线，打造建德东面红色旅游桥头堡，使之成为全市的爱国主义教育和社会主义精神文明建设的重要阵地。在清明节、“9·30”烈士纪念日、南京大屠杀纪念日等开展各类公祭活动27场次，设立“2022·奋进·网上祭英烈”专栏，在微信公众号平台推出“云祭扫”板块，全市累计开展代祭扫1200余人次，党政机关、学校和社会各界人士现场祭扫8000余人次。

【退役军人宣传褒扬】2022年，市退役军人事务局以“用好红色资源，赓续红色血脉”为出发点，以建设红色退役军人服务站为抓手，着力打造“育好红色站点、讲好红色故事、强化红色服务”品牌，重点打造“微信公众号”“老兵课堂”“健康老兵”等宣传教育阵地，引导广大退役军人归队归心归位。开展庆祝中国人民解放军建军95周年活动、“永远跟党走，清气满乾坤”老兵书法展活动，展示退役军人风采。持续组织开展“最美退役军人”“最美军人家庭”“最美拥军优属个人”宣传活动，在电视、报刊开展“兵支书”事迹宣传，以退役军人先进典型为引领，营造退役军人为社会经济发展做贡献的良好风尚。（邵志斌）

责任编辑：黄建生

农业·农村

Agriculture & Countryside

综 述

2022年，建德市农业农村工作围绕“全力推动共同富裕、全面建设‘宜居建德’”奋斗总目标，深入推进强村富民乡村集成改革，开拓“生态美、产业兴、百姓富”乡村振兴之路。全年实现农业总产值65.01亿元，比上年增长4.6%，全市农林牧渔业实现增加值41.82亿元，增长3.7%，增加值、增速均排名杭州市第二。农村居民可支配收入35869元，增长6.1%，增速快于本市城镇居民3个百分点，快于杭州市农民人均可支配收入0.3个百分点，城乡居民收入由上年的1.78:1缩至1.73:1。低收入农户人均可支配收入19573元，增长15.1%，增速快于农村居民9个百分点。村级集体经济总收入3.62亿元，其中经营性收入2.04亿元，首次突破2亿元，分别增长11.4%、28.3%，229个村及10个涉农社区(经济合作社)实现“5030”全覆盖。

2022年，建德市农业农村工作获评全国县域农业农村信息化发展先进县、全国水系连通及水美乡村建设县、浙江省实施乡村振兴战略实绩考核优秀单位、浙江省高标准农田建设工作成绩突出集体、浙江省“粮食五优联动示范县”、浙江省数字乡村“金翼奖”十佳县市、浙江省数字乡村建设工作突出贡献集体、浙江省清廉村居建设示范县、浙江省农村生活垃圾分类处理工作优胜县、浙江省市县水利工作综合考核优秀、浙江省幸福河湖试点县建设优秀单位，成为成为全省唯一“标准地”改革+农业“双强”、数字化改革+强村富民集成“双试点”县市。

新时代美丽乡村建设

【概况】2022年，建德市根据省、杭州市未来乡村建设目标，申报省、杭州市未来乡村试点。下涯镇之江村成为省级首批公布的未来乡村，成功申报省级新时代美丽乡村“拥江发展三江诗路”共同富裕示范带。至年底，以“一廊十线”为主轴，全市累计建成省级示范乡镇12个、特色精品村26个、历史文化村落保护利用重点村9个、新时代美丽乡村达标村实现建制村全覆盖，其中梅城镇千鹤村被评为浙江省美丽庭院特色村，大慈岩镇新叶村被评为杭州市美丽庭院示范村。建成杭州市精品村67个、精品示范线12条、风情小镇7个、杭派民居5个；建成建德市级示范村7个、特色村32个、达标村101个，实施下涯镇之江村、梅城镇千鹤村、三都镇松口村、寿昌镇山峰村等“未来乡村”建设项目，新时代美丽乡村建设实现全域覆盖、全域提升。

【农村人居环境长效管理】2022年，农村人居环境工作着力解决村庄公共空间、居民房前屋后、主干道路沿线、公厕等重点区域环境问题。检查整改相关问题点位1082处。全市共建成农村生活污水处理终端池884座、管网2000余千米，受益农户9万余户，纳管农户5万余户，实现全市所有建制村全覆盖(其中3个纳入城镇污水处理厂处理)；所有建制村全面开展垃圾分类工作，创建省级、杭州市级高标准农村生活垃圾分类示范村17个，杭州市级农村生活垃圾分类示范村59个。其中，航头镇航川村、莲花镇徐家村、三都镇镇头村、钦堂乡大溪边村

◎ “美丽乡村”钦堂乡谢田村(张军/摄)

创建成为省级高标准农村生活垃圾分类示范村。229个建制村有公厕787座,公厕覆盖率100%,22座农村公厕被评为省星级公厕,其中下涯镇之江村公厕、航头镇彭家村公厕为省级示范公厕。

【新能源建设】2022年,全市共有沼气工程36处,总池容1.78万立方米。年产沼气量127万立方米,沼气用户73户,发电机组装机容量180千瓦。全年共完成沼肥利用8.5万吨,沼液使用面积499公顷。

【农作物秸秆利用】2022年,全市农作物秸秆可收集总量7.97万吨,其中水稻秸秆2.96万吨、油菜秸秆2.38万吨、小麦秸秆0.19万吨、玉米秸秆1.23万吨、豆类秸秆0.49万吨。全年利用秸秆总量7.68万吨,秸秆综合利用率为96.44%。主要利用方式以秸秆直接还田(肥料化)和饲料化利用为主。

农村经营管理

【概况】2022年,建德市实现村级集体经济总收入3.62亿元,所有建制村及涉农社区(经济合作社)实现“5030”全覆盖。以综合比选第二名成绩入选全省首批10个浙江省清廉村居建设示范县(市、区)。2022年度获评浙江省数字乡村建设工作突出贡献集体等10余项荣誉。《建德市“建村钉”敞开乡村数字治理大门》入选农业农村部第四批全国乡村治理典型案例。

【土地承包管理】2022年,建德市对农村承包地确权登记颁证后数据库管护继续开展作业纠错,完善承包地动态管理机制。完成新安江、洋溪、更楼、莲花、梅城、三都、大洋、航头、李家、大慈岩、乾潭、杨村桥、钦堂、寿昌14个乡镇(街道)确权承包地的调查、测绘和数据库建设、质检等工作。建成较为完整的农村土地承包经营权确权数据库,基本实现土地确权纸质档案资料规范化整理和数字化处理。同时,建立以调解为主、仲裁为辅的土地承包经营纠纷仲裁体系建设,全年受理并办结仲裁申请3件,其中仲裁裁决2件、仲裁调解1件。

【农村产权交易】2022年,建德市、杭州市两级农村综合产权流转交易网联通,建德市各类农村产权和土地流转信息实现网上公开,开展线上交易和资金结算。全市农村综合产权流转交易网上交易 18 宗，其中成交 15 宗、流标 3 宗，交易额 1771.1 万元。全年土地交易面积 98.22 公顷，成交额 670.4 万元；房屋租赁面积 5942.7 平方米，成交额 1100.8 万元。

【农村集体经济巩固提升】2022 年，建德市制定出台《关于推行“链组党建”做强党建联盟全力助推共同富裕的意见》《关于深化“链组党建”大力推进“共富工坊”建设的实施方案》。系统推进“链组党建”，培育示范链组 26 条，链接市场主体 387 个、科研单位 32 家和村（社区）165 个，布局星级共富工坊 62 个，招引“两进两回”（指科技进乡村、资金进乡村，青年回农村、乡贤回农村）项目 57 个。《时代先锋》杂志、杭州市委办公厅《杭州信息》，《人民日报》（海外版）《浙江日报》《杭州日报》头版等刊登建德市“链组党建”做法。出台《建德市发展壮大新型农村集体经济三年行动计划（2022—2024年）》。全市村集体经济总收入 3.62 亿元，比上年增长 11.4%，其中经营性收入 2.04 亿元，比上年增长 28.3%。全市 229 个村、10 个涉农社区实现“5030”全覆盖，158 个村（含涉农社区）达到“8050”目标任务、占比 66.1%；其中经营性收入 100 万元以上村 59 个、占比 24.7%。（注：“5030”指村集体经济总收入达到 50 万元、经营性收入达到 30 万元；“8050”指村集体经济总收入达到 80 万元、经营性收入达到 50 万元）。《关于壮大集体经济推进强村富民的思考》被浙江省《农村改革与发展》《农村信息报》等刊登。

【农村集体资产管理】2022 年，建德市完成对 229 个村、10 个涉农社区（经济合作社、联合社）年度审计工作，对 29 个重点信访村、较高关注村开展村级财务收支专项审计工作，健全问题移交、定期通报和责任追究制度。发放耕地地力补贴资金 1663.45 万元，直补资金由市财政局直接拨到市农商银行，农商银行将补贴资金逐户打入农户一卡通，杜绝截留、挪用、克扣等违规违纪现象。强化村级工程项目监管，通过村级工程“一件事”智慧监管平台建设，实现“一工程一码”，确保系统之外无工程，全市纳管村级工程项目 3802 个。

【新型农业经营主体培育】2022 年，全市工商注册专业合作社减少 52 家。监测通过省级示范性农民专业合作社 4 家、新增杭州市级示范性农民专业合作社 2 家、取消建德市规范化农民专业合作社 6 家。至年末，全市规范化农民专业合作社 77 家，其中省级 4 家、杭州市级 34 家。全市工商登记注册新增家庭农场 275 家，年末总数 1528 家。

全市通过农安信用评定和标准绩效评价的示范性家庭农场 26 家，累计 214 家。全年新认定省级示范性家庭农场 4 家、杭州市级示范性家庭农场 15 家、本市级示范性家庭农场 24 家，累计市级及以上示范家庭农场 226 家，其中省级 67 家、杭州市级 92 家。2 月，在全省农业农村局长会议上钦堂乡田韵家庭农场作题为《开拓进取、转型升级，奋力绘就共同富裕华美篇章》的书面交流。9 月，《建德市高标准推进家庭农场整体提升助力乡村振兴》，在杭州政务信息（专报）第 343 期刊发。

【全国乡村治理试点示范】2022 年，全市建成善治（示范）村 216 个、占 94.3%，其中示范村 121 个、占 52.8%。全年申报省级善治示范村 32 个，其中示范村 22 个、善治村 10 个。至年末累计创成省级善治（示范）村 115 个，其中示范村 93 个、善治村 22 个。

6 月，《创新打造老年人助餐模式 努力破解乡村治理难点问题》入编“全国乡村治理动态”专刊。10 月，完成全国乡村治理体系建设试点示范工作总结，并在全国乡村治理体系建设试点示范总结会（浙江省农业农村厅承办）上作交流发言。11 月，省农业农村厅发布“乡村治理看浙江”典型案例 15 个，其中建德市 2 个。

【数字治理平台“建村钉”】2 月，“建村钉”平台获评杭州市数字乡村“景秀计划”优秀应用场景并入选杭州市有辨识度有影响力法治建设成果名单。7 月，“建村钉”、数字建德赋能乡村高质量发展 2 个案例入选浙江数字乡村与农业农村数字化改革成果展典型案例，并在全国数字乡村建设推进会上展示。8 月，建德市获评全省数字乡村“金翼奖”十佳县市，市农业农村局获评 2022 年度浙江省数字乡村建设工作突出贡献集体。11月,《建德市"建村钉"敞开乡村数字治理大门》入选农业农村部第四批全国乡村治理典型案例。

【农村综合配套改革】2022年,建德市列入省厅农村宅基地基础信息调查2家试点单位之一。全年全市盘活闲置农房451宗,建筑面积8.13万平方米,新增村集体和农户财产性收入573万元。上报推介杭州市48个闲置农房盘活推介项目,通过"杭州市闲置农房信息发布"平台和"建德产权交易"平台推荐成交12宗,增加集体和农民财产性收入85万元。梅城镇顾家村列入2022年杭州市指导性任务农村闲置农房盘活利用项目,为杭州市唯一一个项目。

全年共采集宅基地信息10.15万宗,总面积1210.6万平方米。审批农民建房868户,批准宅基地面积9.49万平方米,并全部纳入农民建房"一件事"联办系统,线上审批和信息化建设全面运行。落实农民建房专项农转用指标(新增建设用地)11.57公顷。

【清廉村居建设】2022年,全市有94个村居创建成为第一批建德市级清廉村居。洋溪街道团结村、航头镇彭家村、大洋镇大洋村获评第二批杭州市清廉村居特色样板村。建德市入选全省清廉村居建设示范县全省首批10个县(市、区)名单,综合成绩排名第二。制订出台《建德市清廉村居建设监督评价操作办法(试行)》,制订下发《建德市村经济合作社运行问题专项治理实施方案》,开展"董事会代替社管""一次表决多个事项""村经济合作社章程修订完善"等自查整改工作,至年末实施到位457件。

高标准农田建设

【落实2022年农田建设任务】2022年,省、杭州市下达建德市高标准农田建设任务66.67公顷。5月,获省厅批复新建高标准农田任务数78.4公顷,概算投资473万元。7月项目开工建设12月,项目完成建设。立项省级高标准农田改造提升(绿色农田)2022年度建设项目1个,面积100.2公顷,概算投资1860万元,至年末开工建设。立项高标准农田提升改造项目10个,改造面积396.67公顷,概算投资901万元,项目全部开工建设。立项杭州市级农地提标改造工程2022年度项目2个,概算投资1400万元,改造面积366.67公顷。立项高标准农田后续管护(小型农田水利)项目26个,计划补助资金667万元。

◎ 更楼街道许乐村垦造耕地及旱地改水田项目(更楼街道党政办公室提供)

【完成2020年高标准农田建设项目验收】6月,建德市2020年高标准农田建设项目全部通过杭州市级项目验收。该项目为2020年省、杭州市下达,建设任务为高标准农田建设466.67公顷(实际批复483.4公顷)、高效节水灌溉任务20公顷,项目建设期2年。验收结果显示,完成高标准农田建设484.4公顷、高效节水灌溉农田20.67公顷,分别超额3.8%、3.4%完成任务。

区域协作

【产业协作】2022年,建德市继续拓展四地("三区一市"即萧山区、临平区、西湖风景名胜区、建德市)层面协作共建。推进市级、镇街协作项目建设,做好产业转移项目跟踪服务工作,完善例会制度。

深化区县协作机制,持续推进城乡区域统筹发展,全年第二区市协作组落实资金1.02亿元。推进中策橡胶(建德)有限公司春秋厂区改扩建等产业转移项目建设,全年完成投资12.54亿元。

【项目协作】2022年全市共实施协作项目36个,其中建德市级重点项目19个、乡镇(街道)重点项目17个,包括杨村桥农业草莓标准地土地整理项目、大慈岩镇里叶水果莲分拣包装中心项目、李家镇万亩林千户富"浙李共富"林下经济标准地项目等。至年末完成项目年度投资计划1.22亿元。

【交流互动】2022年,建德市进一步密切与"三区"交流互动,全市16个乡镇(街道)与萧山区10个乡镇(街道)、临平区6个乡镇(街道)、西湖风景名胜区4家单位结对,实现结对100%全覆盖,全年交流互动30次以上。深入推进百村、百企"双结对"活动,全市15个村与协作方的15个强村、强企组成新型帮共体,开展结对共建,并取得初步成效。建德市针对"三区"市民免费开放七里扬帆、大慈岩、灵栖洞等"热点"旅游景区,推动四地群众更多交流往来。

农业项目及政策性保险

【农业产业项目】2022年,实施"建德草莓"共富示范项目,投资1.5亿元,建设草莓标准地213.33公顷;大同省级现代农业园区创建,争取省级补助资金1000万元,争取杭州市大项目配套资金350万元;三都镇、莲花镇、大洋镇、大同镇、航头镇共争取杭州市补助资金2500万元,推进实施杭州市"整乡镇推进山区农业产业发展"项目。其中,三都镇围绕柑橘、西红花、香榧三大主导产业,莲花镇围绕铁皮石斛、茶叶、粮油蔬菜三大主导产业,大洋镇围绕水果、蔬菜两大主导产业,大同镇围绕水稻、茶叶、油茶三大主导产业,航头镇围绕草莓、禽蛋、粮油三大产业。

【农业龙头企业】2022年底,全市共有本市级以上农业龙头企业107家,其中省级6家、杭州市级58家、建德市级43家。全年各企业整体平稳运行,营业额略有增加,个别企业因征迁关停,总体发展态势平稳,经营情况良好。

【政策性农业保险】2022年,建德市农业从业人口为3.86万人,保险密度为109.65元/人。第一产业增加值为40.92亿元,保险深度为1.03%。全市政策性农业保险保费总收入为4232.72万元,各级财政补贴为3535.03万元,其中中央省财政补贴1874.5万元、市县财政补贴1660.53万元,市县财政保障水平为40%,各级财政保障水平为82.87%。

全年建德市中央、省共保体承保的险种14种。其中,水稻承保面积4415.4公顷,比上年增长25%,水稻保险覆盖率占全年播种面积的70.83%;生猪承保数量为37.33万头,比上年增长65%。其他主要有杂交水稻制种10.2公顷、小麦677公顷、油菜634.87公顷、能繁母猪1.66万头、奶牛270头、鸡432.34万羽、公益林火灾9.70万公顷、林木综合4535.8公顷、葡萄1.67公顷、柑橘3公顷,水稻完全成本补充保险4067.9公顷。

全年杭州市特色新型农业综合保险险种24种,参保270户。其中主要有水稻3341.67公顷、小麦267.33公顷、油菜257.4公顷、蓝莓30.8公顷、猕猴桃12.0公顷、茶叶150.73公顷、蛋鸡368.52万羽、生猪6.02万头、能繁母猪0.24万头、雇员454人。

粮油生产

【概况】2022 年，建德市粮油作物种植面积和总产基本稳定。全市粮食作物播种面积 1.27 万公顷，比上年增长 1.1%；粮食总产量 7.05 万吨，与上年基本持平。其中水稻播种面积 6333.33 公顷，总产量 4.15 万吨，受高温干旱气候影响，总产量比上年下降 3.0%。油菜播种面积 5913.33 公顷，总产量 1.86 万吨，比上年下降 15.1%。

【粮食生产功能区“非粮化”整治优化】2022 年，全面完成粮食功能区“非粮化”整治优化工作，共整治优化面积 1511.3 公顷，占全市粮食功能区面积的 28.3%，其中清理腾退“非粮化”面积 1000 公顷，占粮食功能区面积的 18.8%，粮食功能区“非粮化”整治优化工作居全省、杭州市前列。

【规范落实国家粮油惠农政策】2022 年，建德市继续落实中央、省、杭州市及本市四级粮油规模种植补贴、粮食生产贷款贴息、实际种粮农民一次性补贴等种粮种油惠农补贴政策。全市 222 户粮油规模种植主体种植的 4082.6 公顷水稻（其中早稻 280.13 公顷）、118.5 公顷旱粮、748.29 公顷小麦、1091.18 公顷油菜（其中稻麦和稻油复种面积 1599.49 公顷）享受粮油规模种植补贴，共计发放补贴资金 2788.55 万元，发放粮食生产贷款贴息补贴资金 47.96 万元，惠及全市规模种粮主体 60 个；发放实际种粮农民一次性补贴 483.06 万元，惠及种粮主体 7604 个。

【土肥工作】2022 年，全市推广配方肥和按方施肥 1.01 万吨，不合理施用化肥减量 242 吨，主要农作物测土配方施肥技术覆盖率达 90.2%以上。推广使用商品有机肥 2.86 万吨，推广应用面积达到 7627 公顷。开展取土测土工作，全年完成取样检测 499 个，并制作样点分布图，为建德市农户科学施肥提供依据。开展耕地地力监测和数据整理工作，持续深化土肥技术研究应用和指导。

【实施水稻绿色高质高效创建】2022 年，继续开展粮食绿色高产高效创建工作。全市建立水稻千亩示范片 5 个、超级稻百亩高产攻关方 1 个、旱粮百亩高产示范方 2 个、杭州市级粮油优质高产高效示范区 2 个。通过示范方带动，着力提升粮食品质、提高产量、降低成本、增加效益。

【社会化服务体系建设】2022 年末，全市共有粮食烘干中心 35 座(粮食烘干机 131 台、粮食烘干能力 136 吨/日）。建成粮油加工中心 8 个、水稻育秧中心 6 个，稻米加工能力 300 吨/日、育秧服务能力 1600 公顷。健全的社会化服务体系，为全市粮食种植、收获、加工提供有力保障。

经济作物

【概况】2022 年，全市蔬菜、水产品等重要农产品生产稳中有升。蔬菜产量 26.54 万吨，比上年下降 1.1%，产值 6.78 亿元。水果产量 23.17 万吨，下降 0.7%，总产值 14.22 万元。水产品产量 9440 吨，下降 1.6%，产值 2.11 亿元。

草莓产业，2022 年继续保持浙江省最大草莓生产县市地位。全市草莓种植农户 5260 余户、13600 余人，草莓种植面积 5466.7 公顷(占浙江省种植总面积的 47%）、总产值 40 多亿元，草莓平均亩产值超过 3 万元，最高达 12 万元。种植面积位居全国第三(占全国 14.2 万公顷的 3.3%)，仅次于安徽长丰(1.4 万公顷)、辽宁东港(1.13 万公顷)。

茶叶产业，全市茶园面积 4533.3 公顷，总产量 2965 吨、产值 3.49 亿元，总产量和产值分别比上年下降 7.8%、5.2%。全市有茶农近 1 万人，茶业生产加工企业 77 家、初制茶场(厂)114 家，茶叶出口企业 3 家，100 万元以上产值的茶叶生产、加工、流通企业 28 家。

中药材产业，全市药材类种植面积 1786.7 公顷，总产量 3360 吨，产值 3.0 亿元，比上年分别增长 8.9%、38.8%、5.6%。其中名贵中药材西红花种植面积为 164 公顷，球茎和花丝产值 6500 万元，种植面积和总产值均比上年增长 1.05 倍，在产品质量、产量方面继续保持全国性优势。

全市桑园面积 33.33 公顷，仅为上年度的 24.3%，蚕种饲养量 950 张(其中春蚕 500 张、秋蚕 450 张)，蚕茧总产量 40 吨，饲养量、蚕茧总产量分别比上年下降 32.5%、31.0%。桑蚕饲养产业继续萎缩。

【建德草莓品牌建设】作为浙江省重要的优势特色产业基地，建德市大力培育推广“建德白露”“粉玉”“建德红”等优新品种，推广健康种苗繁育、植株调控、病虫害绿色防控、环境与肥水数字化智能化管控等先进实用技术与设施装备，推行标准化生产，有效提升草莓整体品质和质量安全水平，打造了一批精品草莓品牌，并积极发展观光休闲采摘游，促进三产融合，延长产业链，助力草莓产业绿色高质量发展，形成草莓产业发展的建德经验。为推介建德草莓产业经验，12 月 15—16 日，浙江省农业技术推广中心和省蔬菜瓜果产业协会在建德举办 2022 浙江精品草莓评选暨现场观摩培训活动。全省共有 83 家单位选送 96 个样品参评。建德市杨村桥草莓观光休闲种植园选送的“建德白露”、建德明润农业有限公司选送的“粉玉”、杭州沃农现代农业科技有限公司选送的“建德白露”获得金奖。“建德草莓”公共区域品牌被评为 2022 年度受市场欢迎区域公用品牌。

12 月 15—16 日，第 15 届建德新安江中国草莓节在杨村桥镇绪塘村举办。该活动由建德市政府、浙江电视台公共新闻频道主办，建德市农业农村局、杨村桥镇人民政府承办。在活动开幕式上发布草莓新品种——建德白露，同时对 2022 浙江精品草莓评选产生的“建德白露”草莓等 20 个金奖产品、30 个银奖(优质奖)产品颁奖。15 日，建德市草莓产业技术研究院正式成立。

【茶叶标准地建设】2022 年，建德市在大同镇富塘、盘山、淞溪等地的老茶园和低丘缓坡，启动茶叶标准化生产基地建设试点工作。通过整合政府、村集体以及社会的资金，完成土地流转，按照高标准(包括配套建设高标准路网、微喷设施、轨道车、病虫综合防控设备等现代化设施装备)统一实施建设后出租给经营户，实施“万亩茶园共富工程”。至年末，项目一期完成土地平整 53.33 公顷。

【茶叶生产机械化发展】2022 年，建德市千里岗农业发展有限公司、峰鼎茶叶有限公司、杭州茶乾坤有限公司等通过项目建设，投入设备升级改造资

◎ 大慈岩镇莲子基地——里叶村(市农业农村局提供)

金 1400 余万元，实施建德市茶叶加工行业自动化、标准化、清洁化、智能化发展战略，全年建成名优茶连续化生产线茶厂 5 个，名优品牌茶“建德苞茶”加工流水线 16 条。全市茶叶机械化生产加工能力迅速提高，达到 3800 吨/年，茶农经济效益明显提高。

【建德苞茶品牌建设】2022 年，建德市组建和运营品牌质量管理与服务中心，租用双江街 5 号楼、6 号楼共 2380 平方米场地，建成“五馆三中心”，即数字馆、直播馆、茶艺馆、产品馆、茶饮馆和培训服务中心、展示中心、包装中心。推行“一站式”服务和“捆绑式”管理，为全市“建德苞茶”成员单位开展统一评审、统一包装业务提供全程服务，全年完成包装精品茶 6400 余套总计 3160 千克，“建德苞茶”统一包装物使用 12.1 万余套，开设“建德苞茶”品牌专卖店、茶楼 23 家。在由浙江大学 CARD 中国农业品牌研究中心、中国茶叶研究所等单位联合开展的“2022 中国茶叶区域公用品牌价值评估”活动中，“建德苞茶”品牌排名全国第 106 位，品牌价值 6.77 亿元。2022 年在中国地理标志农产品品牌声誉排行榜中位居全国茶叶类品牌声誉第 86 名。

【中药材生产】2022 年，建德市除野生资源外，中药材种植面积 1786.67 公顷，总产量 3360 吨，产值 3.0 亿元。全市有星级中药材精品园 6 家，其中铁皮石斛精品园 3 家、西红花精品园 1 家、药食两用玫瑰精品园 1 家，黄精、玉竹精品园 1 家。“十三五”期间，全市从事中药材生产、加工、流通的企业、合作社及个人 2600 余家(人)，形成以三都、杨村桥、寿昌、航头、大同为主的建德西红花种植基地，以莲花、寿昌、大同、洋溪为主的铁皮石斛大棚种植基地，以李家、大同、寿昌、三都、钦堂为主的玉竹、黄精、元胡、浙贝种植基地，以梅城、三都、大洋为主的建德吴茱萸种植基地，以下涯、大慈岩、寿昌为主的三叶青避雨栽培和林下套种基地。中药材产业坚持以“区域化布局、标准化管理、规范化生产、社会化服务”的总要求，以提升科技，强化服务，总结经验。通过国家地理标志区域公共品牌申报、道地药园建设、有机农产品认证、省级标准制定和标准化技术示范推广等实施，中药材产品质量、技术水平明显提高，产业结构进一步优化，组织化、产业化程度进一步提升，知名度和品牌效应进一步显现。西红花生产在田间繁殖球茎、室内培育开花采花，以及花丝产量、花丝有效成分(西红花总苷含量)等方面，居于国内最高水平。2000 年引进铁皮石斛组培苗，成功实现铁皮石斛人工仿野生栽培，建成千亩大棚种植基地，实现有机产品认证基地 7 家，种植技术水平居全省领先地位。铁皮石斛种植呈现多样化模式，包括大棚立地栽培、架空栽培、立体栽培、盆栽、树栽等。同时，率先探索出铁皮石斛鲜草鲜食的销售模式，经济增效明显。

水产品生产

【概况】2022 年，全市渔业经济总产出(包括第一、第二、第三产业)5.24 亿元，比上年增加 1470 万元，增长 2.9%。其中，第一产业渔业产值 2.38 亿元，增长 6.2%(养殖产值 1.59 亿元，增长 4.3%；捕捞产值 0.79 亿元，增长 10.1%)；第二产业水产品加工产值 0.13 亿元，比上年下降 7.4%；第三产业涉渔流通和服务业产值 2.73 亿元，增长 0.7%。

全市养殖面积 1573 公顷（池塘 557 公顷、水库 1016 公顷；稻田面积 153 公顷不计入总面积），比上年下降 6.4%。

全年水产品总产量 9940 吨，比上年下降 1.6%。其中养殖产量 6782 吨(包括池塘养殖产量 2919 吨、水库养殖产量 3042 吨、稻田养殖产量 430 吨、其他产量 391 吨)，下降 1.9%；捕捞产量 3158 吨，下降 0.9%。

【第一次水产养殖种质资源普查】2022 年，根据《农业农村部关于开展全国农业种质资源普查的通知》部署和浙江省农业农村厅《第一次浙江省水产养殖种质资源普查实施方案(2021—2023 年)》要求，建德市农业技术推广中心(水产站)具体组织开展普查工作，对全市养殖场(户)的鱼、虾蟹、贝、藻、棘皮动物、两栖爬行等水产养殖种质资源(包括原种、地方品系、新品种和引进种)种类、群体数量、区域分布和保护利用等情况进行普查。9月底,面上普查完成,共普查主体79个、面积380.01公顷;共普查到水产养殖种质资源32种,其中分布面积最广、数量最多的为草鱼、三角鲂、银鲫、鲢、鳙、青鱼、翘嘴鲌等大宗淡水鱼;未发现历史上无记载的新种质资源,无濒危物种养殖。

【外来入侵水生动物普查】2022年,根据《浙江省农业农村厅关于印发浙江省外来入侵水生动物普查实施方案》要求,建德市农业技术推广中心(水产站)具体组织开展普查工作。共普查到外来入侵水生动物1种,即福寿螺(Pomacea canaliculata),主要分布于三都镇、梅城镇、大洋镇、航头镇、大同镇、寿昌镇、乾潭镇、更楼街道等地的溪流、水库、湿地、水田、沟渠等生息环境。福寿螺为国际公认的外来入侵物种,因其大量啃食水稻、茭白、荷花等水生农作植物幼苗,对农作物生长及产量影响极大;繁殖期分布于河道堤岸的鲜艳卵块,严重影响河道驳岸环境整洁;如食用未经高温加工的福寿螺,易感染寄生虫,危害健康。

【增殖放流】2022年,在建德市富春江库区及辖区公共水域开展渔业资源增殖放流活动。共向富春江库区及辖区水域投放鱼种8077.29万尾,其中黄尾密鲴1108.03万尾,鱼鲋834.61万尾,长春编965.85万尾,唇鲋63.59万尾、赤眼鳟868.18万尾、鳙鱼1651.27万尾、鲢鱼1436.85万尾,三角鲂1148.91万尾。投入省级资金27万元,杭州市市级资金40.5万元以及建德市级配套资金40.5万元,共计资金108万元。

畜牧生产

【概况】2022年,建德市成功入选浙江省畜牧业重点县。全市畜牧业生产总值16亿元。全市年内生猪出栏27.49万头,年末存栏23.54万头,比上年分别增长30.1%、14.49%;全年规模场出场生猪均价16.84元/千克,比上年下降2.35元/千克。家禽年内出栏380万羽,年末存栏544万羽,其中专业化蛋鸡存栏462万羽,增长4.3%;全年规模场鸡蛋均价14.62元/千克,提高5.33元/千克;禽蛋产量6.07万吨。

【畜牧业“两化”创建】2022年,建德市承担杭州市50%“两化”(兽用抗菌药减量化与饲料环保化)创建任务。至年末,完成验收66家,有效保障“肉、禽、蛋、奶”产品质量安全。

【高质量发展畜牧业】2022年,获得国家级生猪产能调控基地4家,分别是杭州明大农牧开发有限公司、杭州同壮农业发展有限公司、杭州大黎脉养殖有限公司、建德农发牧业科技有限公司。全市规模养殖场粪污处理设施配套比例达到100%,畜禽粪污资源化综合利用率99.5%。杭州大黎脉养殖有限公司、建德市宏羽家庭农场有限公司被评为2022年浙江省美丽牧场。

农业科技及农业机械

【农业科技】2022年,广泛开展农作物新品种试验、展示示范。品种试验、展示示范涵盖辣椒、茄子、甜瓜、西瓜、小西瓜、水果番茄、水果玉米、甜瓜、糯玉米等作物新品种。全年引进试验、展示品种150个,从中筛选出适宜建德当地种植或扩大示范新优品种20个。实施水稻新品种展示37个,丰产示范4个(华中优9326丰产示范、甬优6760丰产示范、甬优7872丰产示范、浙粳优1758丰产示范)。完成浙江种子管理总站和浙江省农科院油菜新品种展示示范25个,其中适宜建德市推广种植的品种5个。在建德市航头镇志军家庭农场开展农作物种质资源保护,包括建德糯米丝瓜、白玉苦瓜、建德荞麦等,其中建德糯米丝瓜被评选为“2022年浙江省十大优异农作物种质资源”。

全年拨付2022年度水稻订单良种奖励资金33354元,受理不再分装种子经营备案共计175件和委托生产备案1件。

【农业机械】2022年，建德市农业机械化总动力15.9万千瓦，共有耕作机械2729台、插秧机械203台、排溉机械2.5万台、植保机械1887台、收获机械164台(其中联合收割机66台)、粮食烘干机131台、茶叶加工机械2813台。机播面积9024公顷(比上年增长47.1%),粮食批烘干能力1336吨/日,水稻耕作收综合机械化水平87.84%。全市新增农机装备超过800台(套),新建1个农机服务中心、3个全程机械化应用基地。

全年审核农机补贴申请表数303份，受益户数179户,补贴机具346台,总补贴额327.815万元,其中中央财政补贴181.37万元、省财政补贴19.78万元。

农业行政执法

【概况】2022年,全市继续开展农资打假护农保春耕、“绿剑”春、夏、秋季执法行动及日常执法监管，全年出动执法人员2478人次，出动执法车船艇582辆(艘),检查生产经营单位467家次,检查农机设备336台次。立案查处案件55起(普通程序案件45起、简易程序案件10起),结案54起,其中宅基地1起、肥料4起、农药2起、种子1起、农产品4起、兽药2起、动物卫生监督4起、农机2起、渔业35起,罚款11.53万元,没收违法所得1.77万元。全年,市农业农村局共接信访等各类投诉举报255起，其中涉及农民建房36起、渔业190起、动物卫生监督等29起,均办理答复,未发生因处置不力造成上访事件。严格落实宅基地建房联合巡查制度,市农业农村局、市规划资源局、市住建局、各乡镇(街道)联合开展新增审批建房季度巡查，共计巡查16次，出动巡查人员30人次,发现违规建房行为8起。

针对浙江省权力事项库(监管库)中的事项，按照市委编办的事项认领覆盖要求，完成农业农村局事项认领覆盖工作。按照浙江省行政执法监管平台要求开展“双随机”(执法检查部门从市场主体名录库中随机抽取一定比例的检查对象,从执法检查人员名录库中随机抽取执法检查人员,依照法定职责进行监督检查)事项抽查、重点专项检查等掌上执法检查工作,2022年度“双随机”事项覆盖率达到100%。

【植物检疫和有害生物防除工作】2022年,全市共设有害生物监测点6个，监测面积1650公顷。开展红火蚁、加拿大一枝黄花等重大农业植物疫情普查和防控工作,联合乡镇(街道)开展春、秋两季集中普查和防控,全年加拿大一枝黄花集中防除面积约25.4万平方米，铲除面积约1.9万平方米,铲除株数约57万株。开展植物产地、调运检疫,核发产地检疫证书12份、调运检疫证书36份。

【畜产品安全监管】2022年,建德市完成产地检疫191.1万头(羽)、屠宰检疫386.8万头(羽)、动物及动物产品调运监管3623车次198.9万头(羽),共计动物产品3644吨、病死猪无害化处理监管7万头以及肉品品质检验等工作；开展肉禽蛋奶药残监测410批次、兽药饲料等投入品抽检35批次，检出不合格鸡蛋2批次，其余抽检结果均合格;调处“12345”等各类投诉举报17次,开展动物卫生监督、畜禽屠宰、兽药、饲料、种畜禽等领域执法检查,保障“肉、禽、蛋、奶”产品质量安全。开展屠宰巡查208余次,发放告知承诺书120份,处置各类问题36起。严格落实《农业农村部关于加强屠宰环节非洲猪瘟检测工作的通知》和《农业农村部关于落实屠宰环节官方兽医检疫监管制度的紧急通知》所规定的非洲猪瘟自检和官方兽医派驻等“两项制度”，指导生猪屠宰场点开展生猪屠宰环节非洲猪瘟PCR自检工作。

【无规定马属动物疫病区建设】2022年，建德市农业农村局制订并实施2022年度马属动物疫病免疫方案、监测流调方案,对辖区内马属动物日本脑炎、马流感及种猪日本脑炎、犬类狂犬病等应免尽免;完成年度无疫区监测任务,共采集马属及易感染动物血清、抗凝血、拭子、脑组织等各类样品共计2628份，免疫病种抗体阳性率保持90%以上,19种规定动物疫病均未检出病原。持续开展巡查检查,严防外来马属动物或未经非洲猪瘟、伊氏锥虫、日本脑炎监测的饲养用生猪流入市境,全年未发现新进马属动物或异常死亡马属动物;认真做好动物检疫、调运监管,未发生规定马属动物疫病。区域内马属动物疫病持续保持清净状态。

【农业机械执法检查】全年共出动执法人员 318 人次,检查种粮大户 30 家次、在役耕地拖拉机 233 台次以及收割机 88 台次、拖拉机驾培机构 1 家、农业机械销售网点 6 个。同时开展农业机械安全生产法律法规和操作规程宣传教育,严格防范农业机械车辆安全生产事故发生,不断提升机耕效率。对在田间现场检查中发现的未办理证等行为,要求操作人员即时整改。

【钱塘江禁渔工作】2022 年度禁渔期间,市农业农村局、市公安局水上派出所、建德港航行政执法大队等部门开展联合执法行动 15 次,对全市水域内“三无”船只开展整治行动 10 次,清理“三无”船只 35 艘,沿江巡查 210 千米,有效遏制和打击“三无”船只违法捕捞行为,确保全市渔船安全生产平稳有序。本着方便渔民、集中管理原则,设置 14 个渔船集中停泊点,悬挂横幅,设置标牌,落实渔民组长 14 人,做到渔船管理及信息的上传下达,未发生违反禁渔期规定现象。开展座谈以及入村、入点宣讲,让全体渔民、市民共同参与到禁渔工作中。通过“建德发布”微信、微博、“建德新闻”、《今日建德》等渠道多次宣传禁渔期规定,向全市包括渔民在内的 2.1 万名注册用户发送禁渔期通告短信及宣传标语 25 次。沿江 8 个乡镇(街道)132 个村、政府办公场所、14 个渔船集中停泊点、沿江交通路口张贴禁渔期通告、宣传单、《致全体渔民(市民)的一封信》及《致全体河长(警长)的一封信》等,共悬挂横幅 30 条、发放宣传册 5500 余份,并与每一名渔民签订《2022 年钱塘江禁渔守法承诺书》,分片组织渔民开展禁渔政策宣讲会 6 次。 (王 嫱)

责任编辑:黄建生

林业生态建设

Forestry Ecological Construction

综　述

2022 年，建德市林业生态工作以全面推行林长制为发展契机，围绕林业主责，扎实开展绿化造林、森林抚育、森林病虫害防治、野生动物资源保护等基础工作，同时继续开展湿地规划，拓展湿地保护面积，推动生态建设。突出森林资源数字化管理，提升林业资源管护水平。持续发挥产业富民作用，拓展林下经济模式，促进林业特色产业发展。全年实现林业总产值 50.98 亿元，比上年增长 3.4%(对照上年 44.7 亿元，增幅本应为 14%，因 2022 年度第三产业产值的统计口径改变，原先被剔除的林业旅游、休闲产业中直接带动的其他产业产值有小部分保留，2021 年林业总产值变更为 49.28 亿元)。高质量推动国土绿化，保障国家生态公益林面积和质量，全市森林覆盖率 73.47%(上年度是 76.36%；2022 年因国土资源第三次全国调查融合统计口径改变，未成林造林地、疏林地、部分灌木林地等面积不再纳入覆盖率统计范围，导致数值下降)，活立木蓄积量 1235.15 万立方米，比上年增加 121.98 万立方米，增长 11.0%。

建德市林业局获评浙江省湿地保护修复工作成绩突出集体，建德市林业总场获评浙江省林业科技工作成绩突出集体。市林业局国土绿化科负责人刘学松获评全国绿化先进工作者，鲍跃群、叶潮获评浙江省关注森林活动 15 周年成绩突出个人，建德市林业综合服务中心许在恩获评浙江省湿地保护修复工作成绩突出个人，建德市林业综合服务中心邵慰忠、赖江，建德市寿昌林场余裕龙获评浙江省林业科技工作成绩突出个人，建德林场吴正柱、新安江林场鲍建江、李家镇沙墩头村邱云坤获评浙江省优秀护林员。

绿化造林

【造林和义务植树】2022 年，全市完成绿化造林总面积 535.13 公顷，其中迹地更新造林 194.87 公顷。完成“新增百万亩”国土绿化造林 340.27 公顷。完成森林质量精准提升 2666.7 公顷，建成“一村万树”示范村 5 个(杨村桥镇岭源村、大同镇永平村、大洋镇江东村、莲花镇林茶村)，“山花烂漫”特色村 1 个(梅城镇顾家村)。

开展“双拥义务植树林”“成才林”“亲子林”“机关先锋林”等多种形式的义务植树活动 60 余场次。新建义务植树点 39 个，面积 40 余公顷，义务植树 21.7 万人次（包括间接植树），植树 61.5 万株。

【全域绿化彩化】2022 年，全市结合绿化造林工作，营造珍贵彩色森林 345.73 公顷。其中，矿山修复绿化 159.33 公顷，城镇、村庄周边彩化绿化 63.73 公顷，杭新景高速公路、杭黄高铁、国道 320 线及 330 线沿线绿化 91.87 公顷，河流、水库周边绿化 30.4 公顷。

森林和湿地管理

【概况】根据省委、省政府全面推行林长制的实施意见确定的“到 2021 年底，在全省范围内基本建立覆盖省市县乡村五级的林长制管理体系。到

2025年底，林长制责任体系不断深化，基本形成布局合理、结构优化、功能强大的森林和湿地生态系统，高质量建成森林浙江”近期目标，2022年，建德市就林长制落地落细、强化资源保护监管、构建多彩森林景观、拓宽绿色转化路径等方面制定行动方案，印发《关于全面推行林长制的实施细则》，出台林长制会议制度等5项制度，全面推行林长制。8月23日，建德市召开林、河(湖)长制推进会暨第一次市级总林长会议。至年末，全市共设各级林长660人、警务长37人。发布1号总林长令，召开总林长会议1次、副总林长会议3次。市委、市政府主要领导就林长制工作作出批示5次。各级林长、警长、护林员累计开展巡林1.02万人次。

2022年，林草湿生态综合监测省级年度评定结果显示：国家口径建德市森林覆盖率73.47%、活立木蓄积1235.15万立方米。编制和完善全市湿地保护规划，建立兰江湿地保护小区，至年末全市湿地面积8427公顷，比上年增加2324公顷，湿地保护率从上年的51.3%提高至60%以上。

【公益林调整】2022年，按照国家林业和草原局森林资源管理司《关于提交2021年度国家级公益林变化情况报告的通知》规定，为不影响各地国家级公益林管理和森林生态补偿资金的发放，在国家级公益林优化成果正式批准前，仍按现有标准和范围管理国家级公益林(省级公益林、市级公益林参照执行)。全市完成公益林建设面积90007.3公顷，其中国家级公益林66278公顷、省级公益林20189.6公顷、杭州市级公益林3540.13公顷。

【森林抚育经营】2022年，实施中央和省级森林抚育补贴项目266.67公顷，项目资金120万元，完成国家和省级2021年森林抚育项目检查和绩效核查。

【森林督查工作】2022年，建德市林业局联同国家林业和草原局华东林业勘察设计院成立技术专班，对全市555个涉林疑似变化图斑进行实地核查，共发现疑似违法违规图斑32个，经查均为违法采伐林木和违规使用林地，均按要求完成查处整改。

林业产业

【概况】2022年，建德市以全省“千村万元”林下经济增收帮扶工程为抓手，积极探索共富模式，建立共富单元，持续推进林业特色产业发展。加大以油茶、林下经济为主的林业特色产业扶持力度，强化可食用林产品质量监管，做好林产品推介服务，抓好林业项目管理，推动林业产业高质量发展。2022年，建德市在浙江省林业局组织的林业项目绩效评价工作中获优秀等次。

【森林古道保护】完成全市森林古道普查并启动实施森林古道保护利用规划编制，加快推动森林古道保护修复和开发利用。2021年建设项目——入选全省第二批“大花园耀眼明珠”的马岭古道于2022年初完成，被确认为浙江省一级古道。争取省级诗路文化带建设项目资金520万元，启动实施遥岭古道(也称杳岭古道，在李家镇)、乌龙岭古道修复工程，至年末完成修复任务的50%。

【集体林权制度改革】2022年，建德市林业局开展21家林业股份制经营主体年度监测工作，全面掌握主体经营状况。重点面向新型林业经营主体，认定建德市首批森林康养基地9家、第二批林业产业示范基地3家；加强林业改革激励，助力林业产业发展，办理林地经营权抵押登记2宗，贷款额500万元；审核确定符合贴息条件对象2户，发放贴息资金13.48万元；完成森林投保面积10.16万公顷，缴纳保费88.36万元。

【食用林产品安全】2022年，建德市林业局建立落实食用林产品安全省、杭州市、建德市三级协同分级抽捡制度，确保全面掌握食用林产品质量安全动态。全年完成食用林产品质量抽检122批次，其中春笋45批次、板栗30批次、中药材7批次、香榧15批次、油茶25批次，检测合格率99.2%，达到政府质量工作任务考核目标；组织开展国家级、省级林业龙头企业年度监测工作。

【实施林业产业共富项目】 2022年，完成油茶新造林66.73公顷、良种改造71.67公顷，林业产业基地抚育2733.33公顷，低产竹林改造113.33公顷，林业增加值比上年增长6.2%。油茶籽年总产量达2650吨，比上年增长10.4%。围绕产业共富，积极打造共富单元，继续实施省级“千村万元”计划，编制完成《建德市黄精产业五年发展规划》，建成李家镇长林村、大同镇葛岭村、乾潭镇梓洲村3处林下中药材项目基地60公顷。积极探索“场村合作”“林业标准地”“集体+企业股份合作”等共富模式，启动实施李家镇“油茶+中药材”林下经济标准地建设示范项目，为莲花镇戴家林业开发项目、大同镇竹产业发展项目、钦堂乡林业共富综合体项目提供服务与技术指导。围绕国家森林城市创建，创成省级林下道地中药材种植基地2个（建德市樟良林业有限责任公司、建德市寿昌林场）、省级森林康养基地1个（新安江森林公园）、省级生态文化基地1个（下涯镇之江村）、省级“森林人家”1个（钦堂乡葛塘村）、省级“森林氧吧”3个（莲花镇林茶村、乾潭镇邵家村、杨村桥镇长宁村）。

◎ 珍稀濒危植物浙江安息香（杨荣良/摄）

【林产品企业推介】 2022年，建德市组织全市13家林产品企业参展第十五届义乌国际森林博览会，浙江久晟油茶科技有限公司的油茶籽油、建德市霞雾农业开发中心的山茶油、建德市三溪食品有限公司的山茶油、杭州大库湾生态农业有限公司的大库湾香榧、杭州依云生态农业开发有限公司的香榧、杭州水碓湾农业开发有限公司的香榧、杭州七桔家庭农场有限公司的“红美人”牌柑橘及建德市李家镇幽谷蜂王家庭农场的马蜂、马蜂蛹获金奖产品奖，杭州市硕祥生态农业开发有限公司的农家笋干、建德市杨村桥镇艺澜种植场的兰花盆景、建德市里叶莲子专业合作社的里叶白莲、建德建坤农业开发有限公司的生态大米、建德市新龙食品有限公司的“千岛一珍”牌鱼干获优质产品奖。

组织建德市霞雾农业开发中心、建德市三溪食品有限公司、杭州依云生态农业有限公司和建德市航头镇南屏村有关人员参加由国家林业和草原局组织的全国林草行业直播教学培训师专题培训班，为企业和村集体拓宽林产品销售渠道，提升销售能力。杭州水碓湾农业开发有限公司成功申报省级林业龙头企业，浙江久晟油茶科技有限公司成功通过国家级林业龙头企业年度监测。新增浙江久晟油茶科技股份有限公司、杭州艾利斯玫瑰科技有限公司、格林生物科技股份有限公司3家2022年度省级林业重点龙头企业。至年末全市现有国家级林业龙头企业2家、省级重点林业龙头企业6家。

林政资源管理

【涉林行政审批改革】 2022年，建德市全面深化涉林行政审批制度改革，梳理规范办事事项清单，做到线上线下同源公布。按照省厅《全省林业系统群众和企业到政府办事事项指导目录》41 项事项进行比对，梳理出涉及县级所有最多跑一次事项清单。根据省林业厅“八统一”指导目录，25 项事项进驻中心，实现审批事项、审批职能、审批人员“三集中”，促进审批质量、服务能力的提高。

【林木采伐管理】2022 年，全市共审批发证蓄积 11.05 万立方米，其中纳入采伐限额管理 9.65 万立方米，占年限额总量的 60.5%，不纳入采伐限额管理 1.40 万立方米(采伐非林地和征占用林地上的林木)。全年核发林木采伐许可证 798 份，发证合格率 100%，均实现网上办证，审批采伐公示率 100%。同时对 2021 年林木采伐许可、使用林地许可审批事项共计 35 件许可进行“双随机”检查。全年林材产量 8.87 万立方米，比上年增长 3%，木材交易产值 3.41 亿元。

【占用林地审批】2022 年，市林业局共审核审批林地占用项目 378 宗，面积 304 公顷，涉及森林植被恢复费 5381.18 万元。其中长期征占用林地项目 180 宗、面积 207.47 公顷，临时占用林地项目 123 宗、面积 75.34 公顷，林业生产占用林地项目 75 宗、面积 21.20 公顷。

【自然保护地管理】2022 年，建德市继续开展自然保护地整合优化工作，完成自然保护地内风景名胜区整合优化方案上报，将建德市部分重要区块调出风景区范围。开展自然保护地规划编制上报工作，《富春江新安江风景名胜区严东关景区详规》通过国家林业草原局批复。完成 2022 年风景名胜区检查工作，做好“2022 绿盾行动”工作及中央环保督察工作，做好自然保护地内图斑核查及其他工作。全年共完成包括乌龙山抽水蓄能电站在内的风景区内重大建设项目建设活动审批 5 件，其他自然保护地内项目建设活动审批 23 件。

【野生动物保护与管理】2022 年，建德市林业局共开展野生动物救助和处置 53 起。开展爱鸟周、世界湿地日和世界环境日等宣传活动，组织生物多样性宣传进学校、进社区、进广场，扩大市民群众对野生动物保护管理的知晓度和参与度。经过专家评审，通过全国野猪危害防控综合试点单位的省级和国家级验收，野猪种群调控工作成为全国试点。

【松材线虫病防控】2022 年，全市累计监测松材线虫病面积 10.71 万公顷，清理枯死松木 3.14 万公顷，共计 6.45 万吨，防治率 100%，实现枯死松树除治全覆盖，清理质量全面提高。完成 6 个乡镇、2 个国有林场共 13 个监测点位的天牛诱捕器设置工作，数量 300 套。完成松材线虫病媒介昆虫松墨天牛喷药防治面积 4040 公顷。对新安江城区、梅城镇等重点区域实施松林树干注药防治天牛工作，数量 7.34 万瓶。保护松木免受松材线虫病感染 2.5 万株，松材线虫病扩散得到有效控制。

【林业有害生物监测防治】2022 年，累计发生除松材线虫病外的其他林业有害生物面积 1533.3 公顷，防治面积 1533.3 公顷，防治率 100%。市林业局累计为山核桃、油茶、香榧、苗木等林农指导防治 80 起，为市民、企事业单位义务诊治防治各类病虫害 160 余起，免费防治各类白蚁 52 家。实施古树名木救护和健康体检 48 株。应急做好马尾松毛虫等突发性害虫的防治工作，有效保障亚运顺利举办，累计出动防治人员 80 人次，防治面积 1533.3 公顷，防治率 100%。

【行政执法】2022 年，全市共处置林业行政案件 98 起。其中盗滥伐林木 3 起、非法狩猎 2 起、毁坏林地 84 起、森林火灾 8 起、非法加工疫木 1 起，办结 31 起，移交建德市综合行政执法局 67 起，查处率 100%。收缴罚没款 9 万余元。

建德林业总场

【概况】2022 年末，建德市林业总场有干部职工人数 62 人，其中在编 8 人。林业总场主要职能为监管、管理、协调下属林场等。其他职责由下属林场自行承担。完成国有林场自改革以来的首次工作人员招录工作,招录工作人员7名。经申报、初审、专家评审等程序,建德市林业总场获评2022年度“杭州市专家工作站”。

2022年,林业总场深化内部管理,严格抓好各项制度落实。按照国有林场班子成员议事制度,对涉及重大资金的使用、项目实施、物资采购等方面进行集体决策,推动管理规范化。

按期完成2022年改造低产低效林116公顷的国家森林经营试点工作,建德市林业总场作为浙江省2022年度唯一确定为落地上图的单位,在完成试点任务的同时,开展视频宣传,在全省会议上进行试点经验介绍。

【建德林场】2022年,建德林场在岗职工20人,其中高级专业技术职称人员1人、中级专业技术职称人员13人。全年总收入1421万元。

继续开展珍稀濒危物种保护工作,建成珍稀濒危植物迁地保护样地7个,种植天目朴树、小花花椒、琼花荚蒾、秃叶黄檗4个物种200株;新建细果秤锤树迁地保护地1个,种植细果秤锤树20个株系760株;江南林区苗圃地培育种植浙江野茉莉250株;新建银杏种质资源库3.33公顷,保存银杏优良家系150个。

全年建德林场实现木材销售3000余立方米,收入98.95万元。完成森林抚育面积118.28公顷,其中国家良种基地面积53公顷;完成森林经营试点针改阔项目40.33公顷;落实松毛虫病害调查及防治面积120公顷,梅城林区、乌石滩林区松木注射甲维盐3.84万瓶;清理枯死松木1306.5公顷,3252.67吨枯死松木均运往疫木处理企业进行规范处理。

富春江国家森林公园提升工程完成雷公庵至乌龙山顶2千米登顶绿道建设,投资250万元;完成建德林场场部大院古树公园(紫翠公园)建设;完成富春江绿道沿线江南林区、泷江林区3幢破旧护林房改造工作;改建雷公庵消防水池1座;积极谋划和筹备总投资约1500万元富春江森林公园森林消防应急中心建设。

【新安江林场】2022年,新安江林场在岗职工22人,其中高级专业技术职称3人、中级专业技术职称13人(工程师6人、技师7人)、初级专业技术职称1人。全年林场总收入2087万元。

新建良种基地木荷试验林4公顷,山桐子种质资源库1.33公顷和迹地更新造林面积2.8公顷;完成森林经营试点,中央财政林木良种基地培育27.2公顷;完成竹林改造1.87公顷;完成森林抚育28.3公顷、幼林抚育29.67公顷。完成濒危物种中华水韭扩繁,回迁至原生地300丛。清理防火林带和防火线14.53千米,清理分散墓141穴。沧滩林区纪念碑林区实施对马尾松注药防治,使用甲维盐剂1.55万瓶,完成全域枯死松木清理1458株。

积极培育特色产业,完成石蒜产业共富项目,

◎ 新安江林场桐花盛放(杨荣良/摄)

林下种植石蒜2.33公顷。完成良种项目青冈优树穗条的嫁接和“生态树种抗逆性品种选育(2021C02070-5)”项目,共嫁接榉树、黄檀、冬青等优树穗条1.02万株。

推进朱家埠森林公园提升项目的实施,基本完成森林绿道、沿路景观改造、七坞区块环境提升等基础设施建设。与市供电部门对接电线线路扩容增容问题,将绿道沿线电路提升纳入公变项目,改善绿道沿线景观。同时积极联系中国电信杭州分公司,配套建设信号基站。

【寿昌林场】 2022年,寿昌林场在岗职工10人。全年实现收入1293万元。

继续实施国家林木良种基地建设项目,依托中国亚热带林业研究所、浙江农林大学、浙江林科院等院所技术优势,严格按国家林木良种基地规划和实施方案收集种质资源。全年完成新建樟科类种质资源库和青冈种质资源库各3.33公顷、无患子种质资源库2.0公顷。完成杭州市科技局科技特派员项目——楠木类珍贵树种林建设与推广应用项目面积42.67公顷;完成杉木种质资源库7.87公顷无性系优良家系嫁接,从湖南省靖州县、江西省安福县及本省开化县、建德市新安江林场等地收集杉木优良家系,完成5000余株杉木种质资源库无性系优良家系嫁接。为提高良种基地的林地利用率,发展林下经济等多种经营,持续改善林场经济状况,发展林下种植黄精20公顷。完成森林抚育施肥191.8公顷。

全面完成2020年省重点林业项目——高标准国土绿化和森林质量精准提升工程。完成珍贵树种示范基地145.57公顷;建设珍贵树种精品园(树木)2公顷、林业科普展示馆360平方米、珍贵树种景观廊道8.4千米及景观节点建设、管护房83平方米和实验楼260平方米建筑工程及装修。新建林区道路0.8千米,林区道路硬化提升2.55千米,并由亚林所出具本工程和全市2009—2021年的珍贵树种发展监测与研究评估报告。

按照世界银行林相项目实施要求,对塘坞林区石郭源水库边上、长林林区葛岭等周边林区部分松木次生林进行林相改造。完成中央财政资金林业技术示范推广项目——长林林区上前坊区块“利用松材线虫病除治迹地的柏木人工林高效培育技术推广”项目,面积18.87公顷。

完成滩下林区管护房建设工程。2022年绿荷塘森林公园配套基础设施建设工程,通过市发改局立项和初步设计审批,12月完成招投标。

实施场村共富项目,寿昌林场与李家镇三溪村按照党建共建模式,打造“浙李共富”林下经济标准地(30.53公顷茶油及林下中药黄精种植),寿昌林场为三溪村提供技术指导和监督项目施工质量,建德市林业局高级工程师参与种植指导,保障基地高质量建成。至年末完成14万株黄精的种植。

(曾小翠)

责任编辑:黄建生

水资源管理与水利建设

Water Resources Management & Water Conservancy Construction

水资源管理

【概况】建德市多年平均降雨量1343.8毫米，折合降雨来水38.64亿立方米，降雨量时空分布不均，降水年内年际变化较大。春夏占据全年70%以上的降雨，暴雨常带来洪涝灾害，秋冬二季气候干燥雨量偏少，常遇伏旱、秋寒。根据新安江水电站年统计成果综合分析，新安江水电站多年平均径流量约97.30亿立方米，95%保证率年来水量为45.51亿立方米，2022年建德市用水总量2.08亿立方米。至2022年末，建德市新安江饮用水源区有取水口1个，为公共供水户取水口，全年无建设项目取水口和建设项目排污口；涉及自来水厂1座，设计年供水能力0.73亿立方米，2022年总取水量4700万立方米，供水人口约30万人。

【实施“最严格水资源管理”】2022年，建德市继续实施“最严格水资源管理”，通过开展“创建国家级节水型社会达标县验收”各项工作，建德市万元GDP用水量从2020年的47.3立方米降至2022年的46.97立方米，下降率9.5%；单位工业增加值用水量从2020年的26.4立方米降至2021年的21.9立方米，下降率17%。新安江水库下水罗桐埠断面日均达到生态流量保障目标22.7立方米每秒，保障率100%。确保顺利创建国家级节水型社会达标县。建德市创建成绩和方法经验，受到省水利厅表扬和肯定。同时，依法严格查处拖欠、迟缴水资源费等行为，严厉打击无证取水、超许可、超计划取水等违法行为，提升水资源管理水平。全年完成水资源费收缴1647.6万元。持续推动水资源价值转化，开展建德与淳安水权交易试点工作，与淳安县达成初步共识，拟定水权交易意向协议，交易指标为1000万吨/年，交易期限为长期，暂定30年。新安江街道黄泥塘泵站、前溪头泵站、滩头泵站及钦堂乡蒲田泵站、下涯镇黄饶泵站5个案例获评浙江省农业水价综合改革“五个一百”(在泵站机埠、堰坝水闸、灌区灌片、农民用水管理主体、基层水利站所等5类中各创建100处示范点位)优秀典型案例。

【推进节水工作】2022年，根据《建德市人民政府办公室关于印发建德市节水行动实施方案的通知》要求，稳步推进节水标杆创建、节水贷宣传、节水改造项目等工作。至年末，2个节水标杆企业、1个节水标杆酒店、1个节水标杆校园和2个节水标杆小区均已申报省厅复核，待验收及命名。

结合世界水日(3月22日)、“中国水周”(3月22—28日等时间节点，进行节水政策宣传，共计分发宣传手册3000余册。5—6月，市水利局、市住建局等部门联合开展节水宣传进社区、进村户，发放宣传材料，举行有奖答题等活动，营造全社会节约用水、保护水资源、改善水环境的良好意识，并通过电视、报纸、网络、电子屏、展板等平台载体，多渠道、多层次向全社会倡导节约用水的文明生活方式，增强市民水忧患意识和水资源节约保护意识。 (周晓雷)

水利建设

【概况】建德市境内有新安江、兰江、富春江及新安江支流寿昌江4条较大河流、38条中小支流

(其中流域面积在100平方千米以上的有7条)。全市河道总长1479.2千米，其中省级河道3条84.2千米、县级河道11条256.5千米、乡镇河道475千米。全市堤防总长674.07千米,其中50年一遇标准防洪大堤（包括城防工程)11.8千米、20年一遇标准三江堤防27.53千米。除大型水库新安江水库外,有中型水库1座(罗村水库)、小型水库138座,其中小(1)型25座、小(2)型113座。

2022年,全市完成各类水利建设计划项目136处,投资6.5亿元,争取到并开始实施“全国水系连通及水美乡村建设县”项目。完成水库除险加固5座、山塘综合整治31座、中小河流综合治理80千米、农村河道整治25千米,创建美丽山塘22个,实施并完成农村池塘整治工程4处、农村饮水安全工程53处。完成提升改造农业灌溉泵站9座和堰坝水闸22座,水土流失治理1处9.2平方千米。

2022年,建德市在全省率先开展水生态系统及水利工程产品价值核算体系研究,并对2021年度全市水生态系统及新建水利工程进行核算,核算价值为232.06亿元，占全市生产总值的53.89%。

【重点项目实施】幸福河湖建设列入2022年度建德市政府十件民生实事。至年末,“三江”治理提升工程完成洋溪大桥至严州大桥段、大洋镇三河段建设,完成投资2亿元。寿昌江70千米、清渚港乾潭镇段10千米中小河流综合治理建设进展顺利,至年末完成投资2.34亿元。此外,实施“美丽河湖”建设项目,包括创建兰江大洋段等省级“美丽河湖”4条、航头镇等“水美乡镇”7处。至年末,全市水利项目共有浙江省级“美丽河湖”4个:建德市兰江(大洋章家—严东关)、建德市寿昌江(寿昌段)、建德市清渚溪(钦堂段)、建德市寿昌江(航头段);有杭州市级“水美乡镇”7个:新安江街道、洋溪街道、李家镇、航头镇、大同镇、三都镇、钦堂乡。有杭州市级“美丽山塘”35个:麻车垄山塘、长塘山塘、翁塘山塘、考坑山塘、里王山塘、大店口村连塘山塘、石岭村清水塘山塘、邵前坞山塘、下塘山塘、鳖头坞山塘、马目岭山塘、大坞山塘、六坞山塘、王家大塘山塘、章家山塘、石板坑山塘、东坎坞山塘、东塘山塘、江东屋后山塘、邵底山塘、石木岭村庄塘山塘、龙桥村新塘山塘、檀村直坞山塘、大里塘山塘、拐脚塘山塘、河南里村姜山山塘、小坑口山塘、外连塘山塘、林家篷山塘、前进山塘、天山源山塘、荞麦坞山塘、大金竹坞山塘、冷水山塘、久山湖山塘。

【水利数字化改革】2022年,“新安·17”智水列入省水利厅“九龙联动”治水重点应用项目。至年末,总驾驶舱、预警协同中心洪水、供水预警上线,项目上线试运行中。完成治水数据管理制度成果2项。市水利局争取到全省水域监管一件事改革试点应用项目,并牵头组织多部门一起推进多跨应用。

【水旱灾害防御】2022年,建德市完成水旱灾害风险普查,修编流域性洪水防御方案,完善防洪减灾平台和洪水风险图平台建设,组织各乡镇(街道)开展汛前培训,完成防汛抢险应急演练、小水电等水利设施、在建工程度汛风险隐患排查治理等。持续开展小流域山洪、病险水库、屋顶山塘隐患排查等。入梅后加强值班值守力量,密切监视水情雨情工情,通过电话、短信等发布预警(提醒)6000余人次。成功防御6月19—21日强降雨导致的洪水袭击。

(周晓雷)

责任编辑:黄建生

工 业

Industry

综 述

【概况】2022年，面对严峻的国内国际经济形势和疫情冲击，全市深入贯彻落实习近平总书记关于“疫情要防住、经济要稳住、发展要安全”的重要指示精神，顶住经济下行压力，明确目标，精准施策，有效实现工业经济稳进提质。全年实现规模以上工业总产值688亿元，比上年增长5.1%；实现规模以上工业增加值159亿元，增长3.3%，增幅位居杭州市第四；数字经济核心产业（制造业）增加值16.1亿元，比上年增长18.2%，增速位居杭州市第三。数字经济赋能高质量发展、低效工业用地处置工作获杭州市副市长孙旭东批示肯定。

至年末，全市共有工业企业约1500家，其中规模以上工业企业399家，产值亿元以上企业107家，其中，50亿元以上企业2家、20亿~50亿元企业4家、10亿~20亿元企业7家、5亿~10亿元企业12家。

【产业结构不断优化】2022年，建德化工新材料、绿色建材、橡塑轻工3个产业规模以上产值超百亿元。农夫山泉（建德）基地五期加快推进，水产业不断扩容提速。相继落地浙江英联锂能新能源科技有限公司、建德市宋都储能科技有限公司、杭州建德盛开新材料有限公司等项目，新能源产业初具规模。开发区平台整合顺利完成，并通过省级化工园区杭州复评。节能装备技术产品、省级首批次新材料、首台（套）装备等6个产品获评国家级单项冠军或认定，新安集团本地营收首次突破100亿元，东方雨虹等6家企业获得杭州市“鲲鹏计划”奖励，生物医药产业加快培育，杭州华先医药有限公司、时森海（杭州）生物制药有限公司建德生产基地、浙江格宜医疗器械有限公司等重大项目签约落地。数字经济产业发展迅速，落地谨正电子、现代数字影视城等项目，规模以上数字经济制造业增加值增长18.2%。奥立达等4家企业获工信部专精特新“小巨人”企业称号，新增杭州玺匠文化创意股份有限公司、杭州卡洛实业有限公司等5亿元以上企业5家。

【重大工业项目全力推进】全年完成工业投资47.25亿元，实施重大工业项目66个。朝美医疗产业园等26个亿元以上项目竣工投产，两年内立项项目开工率居全省前列。新安化工、新化化工、杭州屹通新材料股份有限公司等一批本地龙头企业相继签约回建德投资重大项目，全年本地投资或建商回归项目达15个，推动产业链延伸。建立工业项目全生命周期协调机制，全年破解重大项目堵点问题30余项，浙江英联锂能新能源科技有限公司、杭州屹通新材料股份有限公司二期、浙江中能变压器有限公司等15个项目建设周期平均缩短1个月以上。中策橡胶集团股份有限公司杭州永固分公司、杭州翠沁斋建德生产基地等一批“腾笼换鸟”项目先后落地，浙江麦子妈食品科技有限公司一期、杭州星宇炭素环保科技有限公司等项目竣工投产，碳酸钙行业整治提升持续深化。签约启源新材料等亿元以上项目53个，总投资231.9亿元，其中10亿元以上项目5个。

【中策橡胶老厂区正式启动搬迁】2010年8月，根据建德市城市发展要求和中策橡胶企业自身发展需要，建德市政府与中策橡胶签订洋溪厂区搬迁协议。中策橡胶洋溪厂区共占地面积 8.03 公顷,包括生产区和生活区两部分。2022 年 4 月底,中策橡胶洋溪厂区停产,正式启动整体迁往下涯春秋厂区。老厂区员工分流至春秋厂区及杭州市内其他分公司。11 月,中策橡胶与市政府签订中策橡胶洋溪厂区搬迁补偿框架协议和补充协议。至 2022 年底,中策橡胶洋溪厂区搬迁工作在有序进行中。

【朝美医疗产业园项目竣工投产】6 月,位于经济开发区杨村桥板块的朝美医疗产业园竣工并投入使用。该产业园由建德市朝美日化有限公司投资建设,占地 5.07 公顷,建筑面积 9.5 万平方米,包括检测中心、研发中心、10 万级净化标准医用车间等,总投资 3.5 亿元,预计投产后产值 8 亿元。产业园主要生产防护用口罩、医用辅料及其上下游产品。园区充分运用物联网、云平台等新一代信息技术,融合日化产业现状及朝美日化产品特点,建设结合生产、管理、服务等生产环节要素,融合建设生产、运营一体化的业务平台。

【助企纾困要素保障】2022 年,建德市深化“书记市长有约”“百名干部助百企”等活动,开展“畅循环稳工业”“稳企业强主体”两大攻坚行动,协调解决企业各类问题 154 个。全面落实助企纾困各项举措,全年为市场主体减负 20.6 亿元,减免各类租金 3688 万元。刚性落实“浙江 38 条”“杭州 52 条”稳经济政策,先后出台新一轮工业经济政策、稳经济 56 条、生物医药产业发展、数字经济扶持激励等相关政策,以超常规举措推动经济企稳回升。全年争取省、杭州市工信专项资金 1.96 亿元,兑付政府补助资金 6.7 亿元。为企业招引国家级人才计划人选 3 人,创历史新高。入选“浙江省级海外人才计划”1 人,实现建德自 2016 年以来“零”的突破。

◎ 格林生物厂区全景(市经信局提供)

工业行业

【概况】2022 年,全市十大工业行业有规模以上企业 399 家,完成工业总产值 688 亿元,比上年增长 5.1%;实现销售产值 683 亿元,增长 6.2%;自营出口交货值 87.60 亿元,增长 1.3%。

【纺织服务行业】规模以上企业 53 家,完成工业总产值 27.15 亿元,比上年下降 1.9%;实现销售产值 26.24 亿元,下降 2.5%;实现自营出口交货值 11.60 亿元,下降 13.5%。

【电子电器行业】规模以上企业 42 家,其中低压电器企业 33 家,其他企业 9 家。完成工业总产值 60.63 亿元,比上年增长 47.9%;实现销售产值 60.69 亿元,增长 49.9%;实现自营出口交货值 8.72 亿元,下降 19.5%。

【生物科技行业】2022 年,全市生物科技行业(以下九大行业表述相同,故略)规模以上企业 29 家,完成工业总产值 161.89 亿元,比上年增长 7.2%;

实现销售产值159.0亿元，增长7.3%；实现自营出口交货值49.64亿元，增长13.8%。

【建材水泥行业】规模以上企业49家，其中水泥企业7家，其他企业42家。完成工业总产值102.60亿元，比上年下降7.4%；实现销售产值104.55亿元，比上年下降5.8%。

【金属加工行业】规模以上企业31家，其中五金工具企业16家、冶金加工企业7家、其他企业8家。完成工业总产值26.84亿元，比上年增长2.7%；实现销售产值26.82亿元，增长5.5%；实现自营出口交货值5.62亿元，下降0.9%。

【日用轻工行业】规模以上企业71家，其中车业企业7家、工艺品企业1家、竹木板材企业11家、其他企业52家。完成工业总产值104.97亿元，比上年下降3.2%；实现销售产值103.50亿元，下降3.2%；实现自营出口交货值6.09亿元，下降18.2%。

【机械制造行业】规模以上企业42家，其中输送设备企业9家、节能环保企业11家、其他企业22家。完成工业总产值38.47亿元，比上年增长1%；实现销售产值38.18亿元，增长5.9%；实现自营出口交货值5.62亿元，增长6.5%。

【食品饮料行业】规模以上企业17家，其中酒业企业2家、农产品企业10家、饮用水企业4家、制茶企业1家。完成工业总产值57.82亿元，比上年增长7.1%；实现销售产值57.05亿元，增长6.4%；实现自营出口交货值59万元，下降35.2%。

【新材料行业】规模以上企业54家，其中有机硅企业7家、碳酸钙企业24家、碳酸钙制造品企业18家、粉末冶金企业3家、其他企业2家。完成工业总产值73.84亿元，比上年增长8.3%；实现销售产值73.17亿元，增长7.7%；实现自营出口交货值0.33亿元，增长42.2%。

【其他行业】规模以上企业11家，完成工业总产值33.56亿元，比上年增长14.6%；实现销售产值33.54亿元，增长26.7%。

数字经济（信息和智慧经济）

【概况】2022年，全市深入实施数字经济“一号工程”升级版，深化以“产业大脑+未来工厂”为核心的数字经济系统建设，紧扣“数字产业化和产业数字化”两条主线，积极推进数字经济产业引进培育，加快培育建设“未来工厂”。实现数字经济核心产业经营收入60.5亿元，比上年增长34.3%，增速居杭州地区第二位。新入围杭州市“未来工厂”培育库企业38家。建德市入选浙江省首批企业数据管理国家标准贯标工作区域试点。数字经济发展工作获杭州市副市长孙旭东批示肯定。

【数字产业化】2022年，建德市积极做好开展重点企业常态化走访服务和运行监测，规模以上数字经济企业数达40家，全年实现数字经济核心产业增加值16.1亿元，比上年增长18.2%，增速列杭州地区第三位。数字经济核心产业增加值占地区生产总值比重为3.7%，比上年提高0.6个百分点。电子专用材料产业集群不断壮大，全市电子专用材料行业产值规模24.5亿元，比上年增长89.9%。浙江东翼新材料有限公司列入杭州市数字经济百强企业名单。新引进浙江谨正电子有限公司、浙江英联锂能新能源科技有限公司、杭州富凌智能制造有限公司等一批数字经济项目。

【产业数字化】2022年，建德市积极开展“未来工厂”培育企业动态跟踪服务，邀请专家赴部分企业现场指导，组织流程型行业数字赋能对接会活动。24家企业被列入省“智能工厂（数字化车间）”培育名单，其中新化化工通过认定。海螺水泥建德公司通过杭州市级“智能工厂”认定，中策橡胶集团股份有限公司杭州永固分公司、浙江斐凌工具有限公司通过数字化车间认定。新化化工工业互联网平台和建德市碳酸钙行业互联网平台列入2022年省级工业互联网平台创建名单。杭州奥立达电梯有限公司等6家企业(项目)入选第六批浙江省服务型制造示范企业(平台、项目)名单。

【数字化改革】2022年,建德市以“实战、实效”为导向,逐步推进“智慧化化工园区平台”“新安跨境通”等场景迭代升级。建德经济开发区作为全省化工园区代表在中国国际石油化工大会上做“数字赋能园区管理”的经验交流。《激活变量“跨境集货仓”助力降本增效》一文在《浙江日报》专版刊发。以构建涉矿产业全流程闭环监管和赋能涉矿产业高质量发展为目标,启动“新安智矿”场景建设,并推进V1.0上线运行。以“高效贯通”为导向,扎实推进省级重大应用贯通落地。梳理数字经济系统重大应用贯通工作任务清单,召集责任单位专题推进重大应用贯通,开展定期自查和督导,逐个逐项推动贯通落地,实现上线的18个应用全部贯通。

企业培育和管理

【概况】2022年由市委组织部与市经信局共同牵头开展“百名干部助百企”精准服务活动。全市33家涉企经济部门与乡镇、街道、经济开发区派出288名干部覆盖全市399家规模以上工业企业,助企服务专班下发“助企服务”月度晾晒比拼考核方案,以“精准助企服务”为导向开展企业服务工作。各单位派出助企服务员,通过上门服务、专题协调、现场办公等形式积极开展企业服务工作,加快推进企业问题协调与解决。活动从6月开始,至年末,全市完成规模以上工业企业走访4492人次,通过“助企破难”工作机制收集问题154个,已解决销号146个,剩余8个继续协调推进中。活动坚持抓闭环,提实效,切实把问题解决作为助企服务的重要落脚点。深化“书记市长有约”活动,组团听取重点企业困难及建议,主要领导领衔难题办理,职能部门现场答、马上办,收集难题36个,解决32个。推出“政企恳谈会”活动,全年共举办“亲清直通车 政企恳谈会”3场,36家企业负责人参加,收集问题16个,现场解答14个,转交反馈2个。

【企业管理人才培训】2022年,建德市企业服务中心安排各类专业技术培训10场,惠及人数1000余人。市经信局与市委人才办联合开办“建商学堂”,致力打造“家门口的高端商学院”。8月,“建商学堂”第二期产业数字化转型高管研修班顺利开班并结业,通过集中授课和标杆企业参观考察,拓宽企业经营者视野,提升企业经营者队伍管理水平。11月,最后一期培训班顺利开班并结业,完成2021年“建商学堂”全部授课。

【“亩均论英雄”改革】2022年,建德市继续推进“亩均论英雄”改革,优化评价机制,强化优质企业用地、用能、排污权保障,落实水价、税费、财政扶持差别化政策,实施政策正向激励和反向倒逼,提高资源要素配置精准性,体现高质量发展导向。打赢低效用地盘活攻坚战,开展2022年度亩均绩效评价,出清销号低效工业用地158宗229.5公顷,规模以上工业亩均税收24.05万元,比上年增长27.3%。新增规模以上企业37家,中策永固、翠沁斋等一批“腾笼换鸟”项目先后落地。

【“专精特新”培育】2022年,市经信局引导全市企业向“专精特新”方向发展,组织大洋生物、深蓝新材料等14家企业申报第四批国家级“专精特新小巨人”企业。经工信部认定,浙江大洋生物科技集团股份有限公司、浙江深蓝新材料科技有限公司、奥立达、天石纳米等4家企业获评第四批国家级“专精特新小巨人”企业,超额完成杭州市下达的任务。组织全市47家企业申报省级“专精特新”中小企业,杭州福斯特药业有限公司、杭州奥赛诺生物科技有限公司等10家获评该类企业。组织全市56家企业申报省级“创新型”中小企业,浙江宏都寝具有限公司、建德市宏兴钙业有限责任公司等48家企业通过认定公示。

工业品牌建设

【概况】2022年,杭州奥立达电梯有限公司等4家企业获评工信部第四批“专精特新小巨人”企业,浙江新安化工集团股份有限公司甲基乙烯基硅橡胶混炼胶获评国家级单项冠军产品，杭州澳赛诺生物科技有限公司等10家企业获评省级“专精特新”中小企业，浙江建业微电子材料有限公司7N超纯氨获省重点首批次新材料认定，杭州三耐环保科技股份有限公司380安培每平方米电流密度电解铜成套装备、杭州新安江工业泵有限公司自冷却耐温型双转子罗茨真空泵获评省首台(套)装备认定企业，建德华明科技有限公司、浙江新化化工股份有限公司列入省级工业互联网平台创建名单，杭州奥立达电梯有限公司获评省服务型制造示范企业，中策橡胶(建德)有限公司获评省大数据应用示范企业，浙江新化化工股份有限公司获评省级数字化车间企业。

2022年，市经信局引导全市企业积极参与国家标准、“浙江制造”标准和行业标准的起草工作，不断提升建德工业品牌影响力。浙江深蓝新材料科技有限公司作为第一起草单位发布(GB/T 41793—2022)《人造革合成革试验方法潜在酚黄变的测定》国家标准；浙江久晟茶油科技有限公司、建德市五星车业有限公司、建德市远丰和斐凌2家工具有限公司及浙江新安化工集团股份有限公司等5家单位参与起草7个国家标准；杭州沈氏节能科技股份有限公司作为“浙江制造”标准制定第一起草单位，发布T/ZZB 2803—2022《热泵热水机用同轴套管式冷凝器浙江制造标准》(参与该标准起草的还有浙江宏都寝具有限公司)；浙江新安化工集团股份有限公司参与4个行业标准的制定。另外，浙江振元安防科技有限公司、杭州东方雨虹建筑材料有限公司等6家单位获得“绿色产品认证”；浙江普林艾尔电器工业有限公司等12家企业获得“浙江制造”品牌认证，产品生产能力达到国际先进、国内一流。

【经济发展特别贡献奖】依据“2022年企业对地方的经济发展贡献1亿元以上”评比标准，建德市委、市政府授予6家企业“2022年度经济发展特别贡献奖”，分别为农夫山泉(建德)新安江饮料有限公司、浙江新安化工集团股份有限公司、建德海螺水泥有限责任公司、浙江建业化工股份有限公司、浙江大洋生物科技集团股份有限公司、杭州东方雨虹建筑材料有限公司。

【经济发展突出贡献企业】依据2022年企业对地方的经济发展贡献度，评定9家企业为建德市2022年度经济发展突出贡献企业。分别为浙江新化化工股份有限公司、建德红狮水泥有限公司、浙江建德农村商业银行股份有限公司、浙江安联矿业有限公司、国际香料香精(杭州)有限公司、国网新源集团有限公司新安江水力发电厂、浙江钜元建设集团有限公司、建德南方水泥有限公司、浙江钦堂钙业有限公司。

【“亩均绩效”优质制造业企业】根据企业亩均税收、产业发展导向，评定15家企业为建德市2022年度“亩均绩效”优质制造业企业。包括建德市朝美日化有限公司、建德海螺水泥有限责任公司、浙江远力健药业有限责任公司、农夫山泉建德基地、建德红狮水泥有限公司、杭州屹通新材料股份有限公司、建德南方水泥有限公司、杭州龙驹合成材料有限公司、国际香料香精(杭州)有限公司、杭州玺匠文化创意股份有限公司、杭州奥立达电梯有限公司、建德市五星车业有限公司、杭州新桐建材有限公司、浙江钦堂钙业有限公司、浙江建业化工股份有限公司。

【工信部第四批“专精特新小巨人”企业】根据“2022年度企业营业收入在1亿元~4亿元之间，近两年主营业务收入或净利润的平均增长率达10%以上，细分市场占有率在全国名列前茅或全省前三位”标准，工业和信息化部授予杭州奥立达电梯有限公司等4家企业“专精特新小巨人”的称号。另3家为浙江大洋生物科技集团股份有限公司、浙江深蓝新材料科技有限公司、浙江天石纳米科技股份有限公司。

【市级重点制造业企业】根据企业2022年主营业务收入、利润、入库税收、专利数等指标进行评定，确定浙江新安化工集团股份有限公司等50家企业为2023年建德市级重点制造业企业。具体为:

浙江新安化工集团股份有限公司、农夫山泉（建德）新安江饮用水有限公司、中策橡胶(建德)有限公司、建德海螺水泥有限责任公司、浙江建业化工股份有限公司、浙江新化化工股份有限公司、建德红狮水泥有限公司、杭州东方雨虹建筑材料有限公司、建德南方水泥有限公司、杭州玺匠文化创意股份有限公司、国际香料香精(杭州)有限公司、格林生物科技股份有限公司、杭州奥立达电梯有限公司、浙江大洋生物科技集团股份有限公司、杭州屹通新材料股份有限公司、浙江钦堂钙业有限公司、杭州朗索医用消毒剂有限公司、建德市五星车业有限公司、浙江远力健药业有限责任公司、德爱威(中国)有限公司、杭州卡洛实业有限公司、杭州龙驹合成材料有限公司、杭州澳赛诺生物科技有限公司、浙江东翼新材料有限公司、青岛啤酒(杭州)有限公司、浙江天石纳米科技股份有限公司、建德市朝美日化有限公司、杭州沈氏节能科技股份有限公司、杭州新安江工业泵有限公司、浙江久晟油茶科技股份有限公司、杭州三耐环保科技股份有限公司、杭州新马电梯有限公司、杭州高能时代新材料科技有限公司、浙江铁凝汽车用品有限公司、杭州振兴铜业有限公司、建德市万家电器电缆有限公司、浙江深蓝新材料科技有限公司、杭州正和纳米科技有限公司、浙江斐凌工具有限公司、建德市勇华电器有限公司、杭州福斯特药业有限公司、杭州萧宏荣品铝业有限公司、浙江布石新材料有限公司、立邦新型材料(浙江)有限公司、杭州宏鑫钙业有限公司、建德市白沙化工有限公司、杭州西子卫生消毒药械有限公司、浙江振元安防科技有限公司、建德市华宇纳米科技有限公司、建德鑫鼎纤维材料有限公司。

【市级培育制造业企业】根据企业 2022 年企业产值、税收、成长性等因素，确定杭州金迎新材料有限责任公司等 40 家企业为 2023 年建德市级培育制造业企业。分别为杭州金迎新材料有限责任公司、浙江宏都寝具有限公司、杭州福洋茶业有限公司、建德市维佳科技有限公司、建德市鼎新电容器有限公司、建德市美尔泰纺织有限公司、杭州中策橡胶循环科技有限公司 、浙江安伴汽车安全急救技术股份有限公司、浙江省斯肯迪科技有限公司、杭州嘉和材料科技有限公司、建德市飞龙电器有限公司、建德市春雷五金电器有限公司、杭州益群家纺有限公司、建德市聚合新材料有限公司、杭州德派门业有限公司、建德市旭阳新型墙材有限公司、杭州冠南耐磨材料有限公司、杭州派美宠物用品有限公司、杭州建德天堂食品有限公司、杭州瑞沃德机电工业有限公司、杭州刚信科技有限公司、浙江立度织造有限公司、浙江金凯化纤有限公司、浙江罡罡机械有限公司、浙江全众实业有限公司、建德市健丰钙业有限公司、建德市双超钙业有限公司、杭州心普生物科技有限公司、杭州双马生物科技股份有限公司、浙江麦子妈食品科技有限公司、浙江坤孚智创科技有限公司、杭州赛肯新材料技术有限公司、建德华明高纳新材料有限公司、杭州贝兴新型环保材料有限公司、杭州旦洋无纺科技股份有限公司、杭州星宇炭素环保科技有限公司、杭州斯洛玛格磁电技术有限公司、浙江亿洲源新材料科技有限公司、浙江雄盛科技有限公司、浙江神耀石化科技有限公司。

重点工业企业简介

【新安集团】浙江新安化工集团股份有限公司(以下简称新安集团）建于 1965 年，2001 年 9 月上市，为中国制造业 500 强企业、中国化工 500 强企业、全球农化销售 20 强企业和中国氟硅行业领军企业。2022 年，该企业通过绿色化、智能化、高端化、平台化、全球化的战略，实施向“制造+平台+服务”的现代企业转型。

新安集团主营作物保护、有机硅材料 2 个产业。作物保护开发形成以草甘膦原药及剂型产品为主导，杀虫剂、杀菌剂等多品种同步发展的产品群；有机硅材料围绕单体合成，搭建从硅矿冶炼、硅粉加工、单体合成、下游制品加工的完整产业链，形成硅橡胶、硅油、硅树脂、硅烷偶联剂四大系列产品，广泛应用于生物科技、航空航天、医疗卫生、新能源等领域，拥有全产业链优势，畅销 100 多个国家和地区。

新安集团建有完善的创新体系，是国家创新型企业、国家高新技术企业、全国知识产权示范企业。该集团拥有“以国家认定的企业技术中心为核心、涵盖3个子公司的省级技术中心、多个事业部专业研发中心”的创新组织体系，同时拥有国家级博士后科研工作站、省级企业研究院和全国模范院士工作站等科研平台。2022年末，拥有高级职称技术人员83人，其中正高级经济师1人、正高级工程师9人，有享受国务院特殊津贴专家4人。2022年，新安集团所辖5家公司(新安化工、新安迈图、崇耀科技、励德有机硅、新安包装)实现产值78.5亿元，比上年增长7.5%；完成税收3亿元。

【农夫山泉建德基地】1996年，农夫山泉股份有限公司在建德市新安江街道朱家埠建立首个生产基地。2022年，建德生产基地分4个厂区：浙江农夫山泉饮用水有限公司、农夫山泉(建德)新安江饮料有限公司、农夫山泉(建德)新安江饮用水有限公司、农夫山泉(建德)新安江饮品有限公司。2022年，该基地实施第五期项目，该项目占地8.4公顷，总投资5亿元。至年末新增3条生产线，主体厂房基本完工，设备开始安装。该基地累计投资(第一至第五期)35亿元，占地43.5公顷，拥有生产线35条，年生产能力446万吨，带动当地就业1500余人。

“我们不生产水，我们只是大自然的搬运工”为农夫山泉建德基地营销口号。该基地从单一水产品向多元饮料产业拓展，从传统人工作业向数字化升级，从二产向三产融合发展转型跨越。主打产品有天然水、农夫果园、水溶C100、尖叫、东方树叶、茶π、植物酸奶、炭炙咖啡、苏打水等。饮用水市场占有率位居国内第一、国际第三。2022年，该基地产值44.27亿元，比上年增长5%；完成税收7.5亿元，亩均税收110万元。

【中策橡胶(建德)有限公司】该公司是隶属于中策橡胶集团股份有限公司(以下简称中策集团)的全资子公司(其前身为杭州橡胶厂洋溪轮胎分厂，于1970年杭州橡胶厂轮胎车间迁建到建德洋溪后成立)，注册资本3.4亿元。主要生产厂区位于下涯镇春秋村，2022年末有员工4100余人，其中技术人员约100人。

该公司是中策集团重要的全钢轮胎生产基地，生产的各种品牌规格轮胎均通过国家和国际认证，产品畅销国内市场，远销欧、美、亚、澳、非等地70多个国家和地区。

该公司轮胎产品设计开发采用PSCT预应变轮廓设计理论技术，理论深度达到世界先进水平。积极推进智能炼胶、智能压出、智能压延、智能硫化及外观X光检验、在线智能检测应用，积极推进节能设备、智能物流系统、生产执行系统(MES系统)等数字化技术应用，以提升品质，降低消耗、提高劳动效率和控制水平。

该公司遵循“创新求精、稳健发展”经营理念，坚持“符合要求、一次做对、根源在我、协同作战、价值引领、共赢共享”的质量政策和“争创世界一流品牌，树立行业卓越标杆”的质量目标，坚定不移地坚持抓TOC生产管理，重视提升有效产出和质量文化变革、降低错误成本两大主线工作，实现公司良好发展。

2022年，该公司旗下3家子公司(中策公司、中策科技公司、循环科技公司)完成工业总产值58.5亿元，比上年增长0.2%；完成固定资产投资5.38亿元；完成税收1.0亿元，亩均税收11.1万元。

【建德海螺公司】建德海螺水泥有限责任公司(以下简称建德海螺公司)成立于2001年11月，是杭州市、建德市重点招商引资项目，是安徽海螺集团有限责任公司(简称海螺集团)第一家省外大型综合生产基地。海螺集团是全球最大的水泥建材企业集团之一，2022年蝉联《财富》世界500强，名列第353位；连续18年进入中国企业500强，名列第104位；2022年，位居中国制造业企业500强第41名。

该公司拥有2条5000吨/日熟料生产线、2套9000千瓦纯低温余热发电系统、2台CK490水泥节能立磨系统，1套300万吨轻钙石生产系统，主导产品为“海螺牌”普通硅酸盐水泥、高标号商品熟料及轻钙石，具有年产360万吨熟料、200万吨水泥、300万吨轻钙石产能规模。

该公司在建德市政府及海螺集团的大力支持下，坚决贯彻新发展理念，坚持创新驱动、数字赋能、绿色转型，加快转变发展方式、优化产业结构、全力开创企业高质量发展新局面，实现从传统水泥工厂到"新时代绿色数字化工厂"转型，成为建德市建材行业龙头企业。该公司连续十多年被评为建德市纳税大户，先后获得全国建材行业先进集体、国家级绿色矿山试点单位、浙江省绿色企业等荣誉。

2022年，建德海螺实现产值16.33亿元，比上年下降8%；完成税收3.59亿元，亩均税收71.73万元。

【建业化工公司】浙江建业化工股份有限公司(简称建业化工公司)始创于1958年，占地面积23.9公顷，2020年3月2日在上海证券交易所正式挂牌上市，为中国化工500强、中国精细化工100强企业。公司专注精细化工产品——低碳脂肪胺、增塑剂、醋酸酯、电子化学品等系列产品的研发、制造和销售。产品广泛应用于农药、医药、涂料、染料、催化剂、固化剂、新能源材料、食品添加剂、化肥缓释剂、保鲜剂、太阳能、LED、集成电路等行业。客户遍及全国各地以及欧美、日本、韩国、东南亚等各国或地区。建业商标被国家工商总局商标局认定为中国驰名商标。

建业化工公司是低碳脂肪胺行业发展方向引领单位，是国家重点扶持高新技术企业、国家知识产权示范企业，建有浙江省低碳脂肪胺工程技术研究中心、省级有机胺高新技术研究开发中心、省企业技术中心、省建业化工研究院和省博士后工作站，与浙江大学等多所高等院校和中国科学院大连化学物理研究所等院所有深度合作，是全国化标委有机分委会低碳脂肪胺工作组组长单位，主持起草低碳脂肪胺6项国家标准、7项行业标准和2项浙江制造标准。

2022年，该公司所辖四家子公司(建业化工、建业微电子、建业热电、建业资源)实现产值30.5亿元，比上年增长20%；完成税收1.6亿元，亩均税收28.7万元。

【东方雨虹公司】杭州东方雨虹建筑材料有限公司(以下简称东方雨虹公司)为北京东方雨虹防水技术股份有限公司全额独资子公司，2015年9月成立，位于建德市经济开发区马目区块，总占地23.9公顷，注册资金1亿元，规划总建筑面积13.8万平方米。2019年，该公司公司获批高新技术企业；2020年，通过省级制造业与互联网融合发展试点示范建设项目验收。至2022年末，公司拥有员工190人，其中自行拥有专设的技术质量中心技术人员占比12%。

2016年12月开始正式施工建设，至2022年，拥有年产沥青卷材2400万平米、高分子防水卷材4000万平方米、沥青涂料2万吨、防水涂料4万吨、砂浆类产品的水性涂料15万吨产能，年产12万吨腻子粉和抹灰石膏车间在建。主要经营范围是各类防水材料、防腐材料、保温材料、湖沥青材料、砂浆材料及其他相关建筑材料和建筑成

◎ 杭州东方雨虹建筑材料有限公司厂区(市经信局提供)

套设备的技术开发、制造、销售、技术服务。系列防水产品在浙江省内市场占比约15%。

2022年，该公司实现产值19.7亿元，比上年增长2.6%；完成税收7923万元，亩均税收22.4万元。

【杭州玺匠文化创意股份有限公司】该公司为全球知名铜工艺品企业，创办于2014年，总部基地设在建德市，占地11.3公顷，建筑面积16万平方米。2022年，有研发人员300多人，生产员工1000多人。公司旗下主要有铜师傅、太铜、唯檀(奢木)、阅银(银器)、欢喜小将(潮玩艺术品)等品牌，主要产品为铜艺术品，深受消费者欢迎。

2017年至2021年，该公司通过三轮融资，实现融资6.1亿元，领投单位主要有小米集团、顺为资本、海泉基金、凯辉基金、光信资本、国家中小企业发展基金直投子基金等。

2022年，该公司实现产值5.6亿元，比上年增长12.6%。完成税收4263万元，亩均税收46.85万元。

【朝美日化公司】建德市朝美日化有限公司(以下简称朝美日化公司）创建于1990年，占地面积55770平方米。前身为中科院朝美实业公司，是一家具有一流规模的专业生产职业防尘口罩的中国PPE先进企业。公司拥有120余种型号和规格的工业职业防护口罩系列、医用防护口罩系列、民用$PM_{2.5}$防护口罩系列及日化洗涤用品等生产线，各类口罩年产能达到6亿多只，是国家应急物资储备单位。获得全国抗击新冠疫情民营企业先进集体、杭州市五一劳动奖章、杭州市社会责任B级单位等荣誉称号。

该公司具备特种劳动防护用品安全标志，医疗器械生产许可证、医疗器械产品注册证，同时通过ISO—9001质量管理体系、ISO—14001环境管理体系、ISO—45001职业健康安全管理体系、欧洲CE EN149:2001+A1:2009个人防护口罩和欧洲CE EN14683-2019+AC:2019医用口罩、美国FDA医用口罩标准等认证。同时，该公司配备国际一流的检测中心、研发中心和电子商务中心，科技创新人才占公司人数20%以上。拥有自主产权3项发明和36项实用新型专利，可满足不同人群需要，其产品市场占有率和影响力均居国内同行前列，成为业内公认的龙头企业之一，“朝美”获评杭州市著名商标。

2022年，该公司实现产值2.86亿元，比上年增长23.34%；完成税收1182.68万元，亩均税收14.138万元。

【奥立达电梯公司】杭州奥立达电梯有限公司(简称奥利达电梯公司)是一家集电梯设计、研发、制造、销售、安装及售后服务为一体的现代化综合型电梯制造服务商，总部位于建德市，1993年创办，2000年由集体企业转制为民营。该公司注册资本金4.08亿元，占地总面积11万平方米，建筑面积9万平方米。2022年末，有正式员工700余人，其中有

◎ 朝美医疗产业园(市经信局提供)

大专以上学历188人(其中硕士及以上学历3人)，拥有高级职称人员6人、杭州E类人才6人、建德市282人才培养计划入选9人。

公司建有省级高新技术产品研发中心、杭州市企业技术中心,获国家CNAS实验室认证,2022年新建省级博士后工作站1个，拥有国家专利100多项。该公司“无机房客梯”“浅底坑技术”“碟式马达”“超大载重货梯40T”“8米/秒超高速电梯”等产品享有行业美誉。拥有行业最高等级的A1级特种设备制造(含安装、改造、维保)许可资质。电梯研发设计、生产管理经验丰富,是中国电梯设计、研发实力最雄厚的基地之一,为30余个国家或地区客户提供产品与服务,其中上市企业客户200多家、房地产开发客户3000多家。

◎ 杭州奥立达电梯有限公司(市经信局提供)

该公司是得国家级高新技术企业、第四批国家级专精特新小巨人企业、浙江省知识产权示范企业、浙江省“专精特新”中小企业、第六批浙江省服务型制造示范企业、杭州市绿色工厂;“奥立达”是杭州市著名商标，企业多次活动建德市政府质量奖等,连续多年被评为建德市年度纳税大户、建德市重点工业企业、建德市年度十大行业龙头、建德市年度十大亩产效益企业。

2022年,该公司实现产值9.75亿元,比上年增长1.99%；完成税收5603.88万元，亩均税收32.39万元。

【远力健药业公司】浙江远力健药业有限责任公司(简称远力健药业公司)是建德市医药制剂制造重点企业。公司经营范围包括片剂、硬胶囊剂、丸剂、颗粒剂、原料药的生产。主营产品瑞巴派特片、清开灵片、二氟尼柳胶囊、左旋多巴片、利巴韦林泡腾颗粒、银黄颗粒及2021年11月上市的新产品布洛芬泡腾片。

该公司与A股上市企业——南京华威医药科技集团有限公司签订战略合作协议,共同投资医药新品开发和产业链项目;与五星生物科技签约实施将化工制造转型为原料药(化学、生物原料药和医药中间体)制造合作项目，计划建设投入2亿元。2022年，该公司实现产值4.14亿元，比上年增长13%;完成税收7000余万元,亩均税收80万元。

（胡雅琪）

节能降耗

【概况】2022年，建德市将节能降耗作为促进产业转型升级、调整优化能源结构的重要抓手,加快建立清洁低碳、安全高效的现代能源体系,落实国家碳达峰碳中和重大决策部署,大力推进新能源项目建设,加快实现能源供应高质量发展。对新项目能源评估从严把关,逐步优化全市产业结构。根据杭州市考核指标任务要求,市政府下发《关于印发建德市2022年度节能降耗目标责任评价考核办法的通知》,对乡镇(街道)及重点用能企业开展综合能耗、单位增加值能耗的考核,并将考核结果纳入年度综合考评负面清单。对未完成目标的乡镇(街道)领导个人考评实行评优一票否决制,未完成目标的重点用能企业取消享受工业领域扶持政策。

【光伏试点建设整市推进】根据省能源局要求,建德市全面建设整市光伏试点。2022 年,市发改局会同市规划资源局、市林业局、市供电公司等摸底排查全市集中式电站可用资源,通过图斑筛选、属地确认、部门现场审查等方式明确地块情况,通过公开招投标方式确定投资主体,共落地集中式项目 3 个,分别为大洋镇 150 兆瓦项目、三都镇 70 兆瓦项目、大同镇 20 兆瓦项目。引导工商业产权单位积极开展屋顶分布式光伏建设,全年完成工商业屋顶光伏项目并网 64.7 兆瓦,超额完成并网 50 兆瓦的任务。

【浙西储能中心打造】2022 年,市发改局编制《建德市打造浙西储能中心规划方案》,推进各类储能项目建设。浙江建德抽水蓄能电站项目取得突破性进展,制约因素基本消除,9 月,该项目附属工程正式开工建设;建德压缩空气储能电站项目完成勘探,项目前期工作有序展开;建德晶科光伏发电有限公司 50 兆瓦电网侧储能项目完成备案,建德海螺水泥公司光储一体化二期项目前期工程顺利开展。通过重大储能项目带动,用户侧储能项目布点,全面打造浙西储能中心。

【投资项目节能审查】2022 年,建德市积极宣贯上级用能相关政策,做好企业用能保障服务。全年完成新建项目节能审查 21 个,总用能量 6.58 万吨标煤;上报杭州市发改委节能审查项目 13 个,其中 12 个完成批复,总用能量 22.08 万吨标煤。严控高耗能项目上马,对单位工业增加值能耗高于 0.49 吨标煤/万元的项目严格准入并做好用能置换,3 个工业增加值能耗高于 0.49 吨标煤/万元的项目单位,至年底完成用能减量置换。

【全社会节能宣传】6 月 13—19 日第 32 个全国节能宣传周期间,市发改局结合低碳生活等主题宣传,向全市各单位各部门发出《2022 年节能宣传周倡议书》,倡议广大干部职工从我做起,争当节能领跑先锋,树立绿色发展理念,践行绿色生活方式。在此期间,市发改局联合市委宣传部等 10 个部门在新安江文化广场、梅城镇正大街、明镜小学等组织集中宣传场景,开展以“绿色低碳,节能先行”为主题的宣传活动,发放节能宣传折页、节能小常识、环保袋、印有节能标语的一次性口罩以及含有建德元素的节能钥匙扣等宣传资料 5000 余册(件),社会效应良好。

【公共机构节能机关创建】2022 年,通过现场检查、发放节能倡议书、媒体节能宣传等形式,提高全市公共机构工作人员节能意识,着力降低公共机构办公能耗,配合供电部门做好有序用电工作。组织机关单位开展节约型单位创建,通过申报备案、自评上报、专家评审、评价核查等环节,确认市委办等 51 家单位达到节约型机关创建标准,决定授予“节约型机关”称号。至此,全市节约型机关创建率达到 83%。

【能源数字化管理】根据上级要求,督促省重点用能单位继续做好能源在线监测工作,做好省能源监测中心数字化管理平台和杭州能源数字化管理平台能源报表填报工作,并对相关单位下发专项补助。完善和拓展建德市智慧能源管理系统,促进尽快上线,在节能监管基础上体现环保、应急、经营等方面应用。配合改革办、经信局做好省级智慧化园区试点工作。核对企业上报杭州能源数字化管理平台报表,提高数据准确性,增补名单外的重点用能企业,做到应统尽统。 (马子琛)

建德经济开发区

【概况】建德经济开发区(寿昌镇)于 2002 年 6 月经浙江省人民政府批准设立。2009 年,开发区进行首次整合提升,提升后面积扩至 53.6 平方公里。2013 年,杭黄高铁建德站建设启动,开发区迎来第二次整合提升,总面积拓展到 95.88 平方千米，并在当年挂牌成立杭州市建德高新技术产业园管委会。2017 年，经建德市委、市政府研究决定，分别成立了高铁新区管委会与建德经济开发区(航空小镇)管委会。2022 年，建德经济开发区成立 20 周年之际，根据《建德市人民政府关于印发建德市开发区(园区)整合提升方案的通知》，建德经济开发区的高铁新区(高新园)和开发区(航空小镇)"两个平台"整合提升并为一体，统称建德经济开发区。7 月 5 日，建德经济开发区管委会正式挂牌成立，加挂建德市航空小镇管理委员会、建德功能性新材料高新技术产业园区管理委员会牌子，下设建德经济开发区(航空)产业促进中心。

【开发区产业项目建设】2022 年，建德经济开发区坚持打造万亩千亿战略高能级平台目标不动摇，坚持招商引资"一号工程"不动摇，签约现代数字影视制作产业园、深圳谨汇智能集团终端中段组件组装项目、浙江启源新能源材料有限公司高端锂离子电池负极材料等亿元以上项目 12 个，总投资 145 亿元，其中 10 亿元以上项目 4 个，扎实推动开发区经济平台建设再上新台阶。至年末有规模以上企业 198 家，其中国家高新技术企业 75 个；有浙江新安化工集团股份有限公司、浙江新化化工股份有限公司、浙江大洋生物科技集团股份有限公司等上市公司 5 个。形成以新材料、生物医药、通用航空为特色的主导产业集群。全年规模以上工业总产值 470 亿元，比上年增长 8%；固定资产投资 46 亿元，制造业投资 33 亿元。

【建德航空小镇获评省级特色小镇考核优秀】12 月，浙江省公布 2021 年度命名和创建特色小镇考核结果，建德航空小镇位列优秀等次，获得新增建设用地计划指标 1.57 公顷奖励。此为该小镇连续第五年获评省级特色小镇考核优秀。建德航空小镇是浙江省第三批特色小镇，也是全省首家正式命名的通航类特色小镇。该小镇围绕通航制造、通航服务、通航文旅"三大板块"，引入省机场集团通航总部、AG60 野马飞机生产制造、华奕无人直升机制造等重点项目 30 余个，并建成全省首家航空产学研基地，引入首个省级通航重点实验室，成功入选省通航产业创新服务综合体，评审认定航空高层次人才 70 余名。其通用航空产业于 8 月入选浙江省交通与旅游融合发展试点名单。

【企业发展难题破解】2022 年，建德经济开发区实现新安化工大洋基地 500 米防护距离征迁"清零"，完成化工园区规划环评报批，制约该园区发展 6 年之久的重大因素得以排除。依据《建德市"三线一单"生态环境分区管控方案》要求，执行规划制定和项目准入的管控，完成《浙江建德经济开发区(高新区块)转型提升规划环境影响报告书》编制，并于 6 月通过规划环评会议审批、8 月取得省生态环境厅审查意见。

【省级合规化工园区通过复评】9 月 9 日，杭州市经信局及建德市生态环境局、市应急管理局、市规资局、市交通局、市建委联合开展对建德高新技术产业园的化工园区复评工作现场评审，并予以通过。在完成化工园区风险评估等级调整后，经应急管理厅复核同意，该园区风险等级从原 B 级(较高风险)调整至 C 级(较低风险)。

【人才工作取得历史性突破】2022 年，建德经济开发区紧盯人才招引和人才资源集聚，努力实现海外高层次人才储备数量和质量"双提升"。全年签约并落地人才项目 7 个，申报国家级人才 9 人(其中启明计划申报 7 人、火炬计划 2 人)，3 人申报成功，超额完成海外高层次人才申报任务，实现建德自主培育国家级人才"零"的突破；在此基础上，建立博士创新站 4 家、院士工作站 1 家(建德市唯一一家)，并举办 2022 中国新安硅谷有机硅创新发展峰会等活动。

(童 燕)

新安江水力发电厂

【概况】新安江水力发电厂，隶属国网新源集团有限公司，以发电为主，兼有防洪、灌溉、渔业、航运、旅游、抗咸顶潮等综合功能，在电网内担负调频、调峰、事故备用和黑启动重要职能，是华东电网第一调频厂。至2022年底，新安江水库来水总量86.97亿立方米，年发电量14.54亿千瓦时。机组发电启动次数1711台次，启动成功率100%，等效可用系数91.81%。实现连续安全生产7483天，全面完成年度安全目标。该厂充分发挥综合效益，配合“千岛湖配水工程”引水9.49亿立方米，占总来水量的10.9%，100%满足下游生态流量要求。响应应急供水40余次，累计调水2.26亿立方米。作为全国水电科普教育基地，该厂全年接待游客15万人次。

近年来，该厂在流域生态保护、城市供水、帮困扶贫、爱国主义教育等方面承担的社会责任日益增强，为地方经济社会发展作出了巨大的贡献。2022年获得水利部“人民治水·百年功绩”治水工程项目、浙江省首批科学家精神教育基地、杭州亚运人文体验点、杭州市人民防空训练先进集体等荣誉称号，2021—2022年连续两年被评为“全国大型水电厂青年工作先进集体”。对该厂在钱塘江流域防洪减灾和抗旱保供水工作中的重要贡献，水利部太湖流域管理局和浙江省水利厅专门来信致谢。

【列入首批浙江省科学家精神教育基地】新安江水电站是“一五”计划工程，潘家铮等众多老一辈科学家扎根荒滩，在电站工程勘测、设计、施工中呕心沥血，自力更生，为“三自”(自己设计、自制设备、自行施工)电站建设发挥了巨大科技作用，他们的精神也被代代传颂。5月27日，在西湖大学举行2022年全国科技工作者日浙江省主场活动，新安江水电站列入首批“浙江省科学家精神教育基地”。8月18日，在2022年“科创中国”浙江行暨国情考察活动中，院士专家到新安江电厂调研绿色低碳发展、环境保护工作，同时举行新安江水电站入选浙江省首批“科学家精神教育基地”揭牌仪式。12位院士、3位浙江省特级专家对新安江电厂60多年来在清洁能源供应、水库安全运行、生态环境保护等综合社会效益上发挥的作用给予充分肯定。

【《新安江水电站建设档案》入选中国档案文献遗产名录】《新安江水电站建设档案》集中收集了新安江水电站筹划和建设期间(1956—1965年)的档案文献，内容涉及新安江水电站工程建设期间重大事件决议、工程图纸、建设者们的奉献与智慧以及中央领导考察等方面，包括1500多卷文件档案、7000多张照片档案、1900多卷工程图档案，弥足珍贵。档案文献全面记录新中国成立后第一座“三自”大型水电站的建设过程和共和国电力工业起步的艰难足迹，展现水电站建设者们开创新中国水电建设新纪元的英雄气概，反映中国共产党领导人民集中力量办大事，历时三年时间基本建成新安江水电站的光辉历程。2022年，该厂向国家档案局申报第五批中国档案文献遗产名录。2023年1月12日国家档案局公布第五批中国档案文献遗产名录评选结果：共计198件(组)珍贵档案文献入选，《新安江水电站建设档案》名列其中。

【获全国大型水电厂青年工作先进集体称号】11月30日，在全国大型水电厂青年工作学组第三十五届年会上，新安江电厂荣获2021—2022年度全国大型水电厂青年工作先进集体称号，该厂1名青年团员获优秀个人称号。2022年，该厂团委坚持以习近平新时代中国特色社会主义思想为指导，积极贯彻落实上级团组织各项工作部署；全心全意服务青年成长，开展团青思想动态调研，组织座谈交流，倾听青年声音，解决青年诉求，提高团组织凝聚力向心力；扎实开展青年精神素养提升工程，围绕设备检修、防洪度汛、电力保供等重点任务，持续深化“号手岗队”创建活动；开展青春光明行志愿服务，到帮扶村看望慰问独居老人、排查用电隐患、宣传安全用电知识，为建设美丽乡村、助力乡村振兴作出青年贡献。

(诸葛争怡)

责任编辑：唐国强

商贸与招商引资

Trad and Investment Promotion

商贸

【概况】2022 年，建德市积极应对复杂多变的国际商贸形势，按照“疫情要防住、经济要稳住、发展要安全”总体要求，高效落实省、杭州市有关经济稳定政策，出台配套措施，深化商贸文旅融合，开展“美好生活·宜品建德”消费季系列活动，打造省级高品质步行街——严州古城步行街等商业品牌，强化地方特色商业平台建设，推动省级夜间经济特色城市、县域商业体系建设示范县建设。同时，加大旅游产品供给，成功举办第二十届新安江文化旅游节、马拉松赛事等活动，全面、有效激活市场，确保全市商贸经济得以较快复苏。在新型冠状病毒感染疫情防控严峻形势下，全年实现社会消费品零售总额 129 亿元，比上年增长 2.3%。其中通过公共网络实现的商品零售额增长 55.7%。限额以上社会消费品零售总额 23 亿元，下降 3.8%。限额以上批发零售单位商品零售额中，粮油、食品类零售额增长 18.0%，中西药品类增长 25.1%，日用品类增长 21.7%，服装、鞋帽、针纺织品类增长 14.7%，石油及制品类增长 9.0%(其中石油成品油销售量增长 0.7%)，汽车类下降 17.7%。

积极拓展出口市场，丰富和完善出口产品结构。全年实现外贸出口 89.66 亿元，创历史新高。强化电商平台建设，全年实现网络零售额 194.88 亿元(比上年下降 21.2%)，总额位居杭州市第九。实现跨境电商出口 4.28 亿美元（折合人民币 27.82 亿元)，增长 14.2%。

【县域商业体系建设】建德市成功入选 2023 年度浙江省县域商业体系建设示范县(市、区)，获得专项扶持资金 1500 万元，并入选省级夜间经济试点城市。八佰伴、严州时代广场等商业综合体顺利开业。严州古城步行街列入省级高品质步行街。

【落实消费鼓励措施】2022 年，全市新增限上商贸企业 35 家，新增限上商贸行业个体工商户 45 家。修订出台新一轮商贸扶持政策《建德市促进商贸服务业发展实施意见》，调整奖励最低门槛、提高奖励比例，组织申报 2021 年度建德市商贸服务业扶持资金兑现工作。对 2021 年符合申报条件的 33 家企业、单位政策兑现总金额 148.27 万元。其中，鼓励企业做大做强 91.62 万元，鼓励个体工商户做大做强 51.0 万元，鼓励行业协会开展活动 5.64 万元。承办第四届“双品网购节”浙江专场暨“美好生活、宜品建德”消费季启动仪式，发布“宜品建德”区域公用品牌，推动“宜品建德”销售体验中心建设。联动美团、饿了么、抖音等平台及钱江合伙人社区团购平台，开展线上线下联动促消费活动 10 余场，带动本地农特产品上行数百万元。发放各类消费券 1700 余万元，激发居民购买热情，增强企业发展信心，促进市场回暖复苏。

【商贸安全生产管理】2022 年，市安全生产委员会牵头市商贸安全生产专委会，组织各类巡查检查 350 余次，出动检查人员 850 余人次。完成全市 72 家加油站点 2022 年年检工作，开展日常抽查巡查工作。开展对 2 家大型商业综合体商贸超市、8 家限额以上餐饮、报废汽车等重点商贸企业专项检查。组织开展春节、“五一”“十一”等节假日及中共二十大期间安全生产和消防安全检查专项检查。

针对商场超市等人员密集企业进行检查，指导企业统筹疫情防控、安全生产与市场供应工作，查看安全生产（消防）以及市场供应情况、维护现场购物秩序，确保防疫工作落实到位，保证建德市生活必需品供应充足、消费场所安全卫生、人员购物有序。同时对疫情防控期间易出现的群体性问题做好相应预案。接“110”应急联动出警19次。共接收到“12345”市长电话投诉交办件298件，其中涉及预付式消费投诉125件；办结298件，办结率100%。

【汽车销售】2022年，受新型冠状病毒感染疫情防控影响，导致市民对经济收入预期降低，作为大宗消费品的汽车销售市场，仍显疲态。全年全市汽车类实现零售额4.51亿元，比上年下降17.7%。为缓解疫情影响，建德市积极出台汽车消费鼓励政策，对新设立的品牌汽车4S店项目按实际投资额6%（最高不超过100万元）给予补助。同时，发放汽车消费券，规定不限上牌地区，先买先得，根据裸车成交价分7万~15万元、15万（含）~20万元、20万元（含）以上三档，分别给予消费者每人每车补贴3000元、4000元、5000元。3月、9月、10月发放三轮汽车购置补贴活动，19家限上车企累计销售各类车辆约1400台，拉动销售额1.85亿元，总计兑现购车补贴500万元。同时，根据杭州市商务局政策，开展6—12月新能源汽车消费补助，对购买符合条件新能源汽车按照购车价（不包括相关税费）分为20万元以下、20万（含）~30万元、30万元（含）以上三档，给予消费者购车补贴2000元、6000元、10000元，总计补贴车辆762辆、补助金额152.8万元。（陈 超）

【石油成品油销售】2022年，全市共有成品油网点72个，其中加油站41个（中石化建德支公司25个，中石油杭州销售分公司建德加油站3个，浙江能源集团建德支公司4个，建德市属国有企业3个、民营企业6个），加油点31个。全年共销售成品油16.66万吨，比上年增长0.7%（销售汽油9.14万吨、柴油7.52万吨）。全年成品油共调价25次，全市成品油市场稳定。

全年中国石化建德支公司完成油品销售量15.19万吨，比上年增长4.8%。其中零售量11.83万吨（汽油6.87万吨、柴油4.96万吨），下降4.4%（汽油零售量下降5.62%、柴油零售量下降2.7%）；直分销量3.35万吨，增长49.5%。加油卡累计发卡4.06万张，年度充值额1.0亿元，累计充值额4.3亿元；综合持卡比例83.4%（其中汽油75.5%、柴油95.5%）。

中国石油浙江杭州销售分公司建德溪头、更楼、大同加油站3处成品油供应、销售网点，全年共销售成品油1.46万吨（销售汽油1.19万吨、柴油0.27万吨），比上年下降3%（汽油销售量下降2%、柴油销售量下降7%）。全年IC卡充值额为3272万元，下降2.1%。

11月，市商务局开展对全市加油站点的年检和巡查、加油点三合一场所自查工作，排查并整改隐患22处。各职能部门针对无照从事成品油经营活动、违规改装车辆、流动销售柴油、销售伪劣柴油、违法占地经营等多种问题进行分类处置。

（徐淑莲）

【再生资源回收】2022年，全市再生资源回收体系东、西部两个分拣中心正常运作，市商务局积极开展月度巡查与督导，督促企业根据问题清单，及时落实专人负责，并加以整改。累计出动45人次，发现问题清单65条，均予以整改。全市再生资源回收总量8.54万吨。

【供销合作】2022年，建德市供销合作总社完成建德市农民合作经济组织联合会市镇两级换届工作，召开建德市供销合作总社第九次代表大会。新建建德市粮油产业农合联，新增村级综合服务社10家，新吸纳21家市级农合联会员，完成杭州市社农合联扩容提质任务。恢复莲花基层社，实现建德供销新型基层组织“零”的突破。争取省供销总社“1+X体系建设”财政扶持资金100万元。持续推进省数字产业农合联试点建设，“数智苞茶”平台投入试运行。市供销总社以300万元参股莲花镇戴农富农业发展公司，与莲花镇及其6个村联动，搭建“社—镇—村”共富共建体系。“戴农富”、数智苞茶、航头镇农合联“点型”等3个共富案例入选杭州市社共同富裕典型案例汇编。妥善处置原基层供销社改制房产问题，持续做好代偿款追偿工作，全年追回代偿款本息114.52万元。

围绕保障粮食安全，全市供销社系统保质保量完成年度农资淡季储备、应急储备任务。开展春耕支农促生产送肥下乡活动，向全市50家农业经营主体赠送共计价值25万元的实物农资（复合肥）。出台新一轮《关于持续推进基层农合联规范化建设及深化“三位一体”综合改革工作的实施意见》，制定建德市农事服务中心管理办法，向杭州申报航头镇农合联示范性建设、中药材产业农合联四星级评定，引导香榧产业农合联与浙江农林大学实现产学研合作。举办“八亩丘大樱桃采摘节”活动，有效推动建德农产品展销对接，拓宽销售渠道。推动“农产品上行”，在电商平台开设“宜品建德”公共店铺，规范直播营销活动，累计推出100余种建德名特优农产品；落实东西部协作，通过“宜品建德”线上销售四川甘孜乡城农产品，助力共同富裕。优化省农信担保建德办事处、杭州农信担保建德分公司服务优势，全年政策性农信担保在保余额达1.05亿元。

落实市供销总社集体资产委托管理协议，实现总社集体资产保值增值和公司收益稳定，全年共收缴总社房屋租费53.78万元（不含减免）。贯彻防疫政策，通过落实减免服务业小微企业和个体工商户房屋租金工作，助企纾困，全年共计减免房屋租金28.49万元。探索与涉农国有资本平台对接农资、农机社会化服务平台共建、农产品冷链物流基地、名优特农产品展示交易中心综合体、禽蛋分拣中心等项目建设；与杭州物资信托公司开展鸡饲料贸易合作。（韩　凌）

【烟草专卖】2022年，建德市烟草专卖系统实现销量2.27万箱，比上年增长1.8%；销售额11.94亿元，增长2.2%；单箱销售额5.26万元，增长0.4%，24家在销企业中22家销量和销售额实现双增长。全市烟草专卖市场状态平稳发展。

强化业务营销，全年行业共育品规销售8324.3箱，增长4.9%，占比36.7%；云端系列64.38箱；中支乌镇之恋20.28箱，增长24.3%；玉溪（创客）179.7箱，增长28.4%；国产手工雪茄销量2.53万支，增长323.4%，机制雪茄烟销量25.92万支，增长19.0%，累计建成雪茄特色终端25户。累计建成加盟终端48户、三星终端78户、二星终端245户、一星终端293户，合计664户，现代终端占比22.5%；完成32户农网终端建设目标，同时设置助农专柜。

严格专卖管理，全年共查获各类违法案件279起，增长9.4%；查获违法卷烟12.91万条，增长290.6%。其中，假私烟案件161起，增长22.9%；假私烟11.98万条，增长409.5%。查获真烟案件118起，涉案卷烟9300条，分别增长25.5%、51.1%。开展跨地线索传递，与周边县市局开展协作，查获真烟案件3起，涉案卷烟1108条。查获专车案件33起，其中烟丝案3起（6985千克，折算成卷烟数为1.21万条）、超1000万元运输走私假烟案1起（4.43万条）、真烟案6起（1980条）、假烟案24起（10.77万条），查扣折合卷烟总计12.18万条，传递外单位专车运假案件13起（4.67万条）。

开展许可证治理，基本实现全市烟草专卖许可证治理缓增量、减存量、提质量、降数量目标。全年建德局许可证比上年减少28本，至年末全市有效许可证共计3976本，比上年下降0.9%，降幅居杭州区县公司前列。强化对违规销售电子烟行为监管力度，校园周围电子烟销售点数量、电子烟自动售卖机数量、卷烟持证户经营电子烟数量、市场主体违规新增数量均为零，成功查获建德专卖历史首起向未成年人销售电子烟案。

继续落实“烟草惠民工程”，市烟草专卖局通过市慈善总会、市红十字会捐赠22.5万元，用于全市“春风行动”、社区共建、乡村振兴帮扶、社会困难救助、爱心助学等社会公益事业。（叶温馨）

电子商务

【概况】2022年，以国家电子商务进农村综合示范创建项目及数字化改革为契机，优化电商发展环境，深化电商平台和园区建设，培育壮大电商企业队伍，全市电子商务产业发展实现新突破，内外双循环实现新进展。全年全市实现网络零售额194.9亿元，总额位居杭州市第九；实现跨境电商出口4.28亿美元（折合人民币27.82亿元），比上年增长14.2%；实现跨境电商进口0.24亿美元（折合人民币1.56亿元）。

【国内电商】2022年，在全市开展国家电子商务进农村综合示范试点建设，累计开展培训20余场，培训1000人次，建成省级电商专业村11个、电商镇6个，新增电商示范村5个、示范站点10个。新培育申报浙江省和杭州市级新零售示范企业2家（“麦子妈”“铜师傅”）；获得省级数字生活新服务特色镇1个（寿昌镇）、省级电商直播基地1个（建德市农村电商服务中心）、上报省级电商直播式共富工坊培育类18个、示范类6个，“宜品建德”“农创”两家直播“共富工坊”上榜全省首批百家电商直播式“共富工坊”典型案例。建德市电子商务公共服务中心连续3年获评全省考核优秀单位。

围绕数字生活新服务、促消费等主题，鼓励乡镇街道开展夜宵美食、“后备箱经济”、小集市等特色活动，点亮“夜经济”，推动大润发、联华超市开展线上线下促消费活动，对接“抖音”帮助盛德国际广场开展线上线下互动的数字生活消费新模式，加快建德消费数智化升级、商圈智慧化融合。联动建行等金融机构发放数字人民币开展“数字人民币”金融促消费活动等，发放消费券超500万元，打造数字化消费场景，助产业转型。围绕数字生活新服务特色镇（街区）、浙江省第二批高品质步行街建设工作，紧抓商贸数字化升级，推动梅城镇、寿昌镇业态线上线下双向融合，激发消费活力，并双双入选浙江省首批数字商贸特色镇及浙江省第二批数字生活新服务特色镇（街道），梅城镇入选浙江省第二批高品质步行街建设试点。推进和培育传统商贸企业和老字号品牌转型电商直播新零售，持续开展豆腐包产业的直播、短视频培训，指导开展线上推广，全年累计开展豆腐包项目培训10余场。建设发布“宜品建德”区域公用品牌，品牌应用企业达到30余家。举办“宜品建德”网上年货节、年货节进社区等惠民活动。联动微博中国天气、微店官方等平台，“宜品建德”品牌推广系列活动，助推建德鸡蛋等商品电商销售。

【跨境电商】2022年，建德市获评杭州跨境电商品牌出口示范基地1个（浙西跨境电商产业园）、省级跨境电商产业园1个（浙西跨境电商产业园）。杭州文通工艺家具制造有限公司、建德市佳锦进出口有限公司2家企业品牌2022年度被评为省级跨境电商出口知名品牌，全市省级跨境电商出口知名品牌累计7家。全年新增跨境电商企业店铺40家。至年底，全市有跨境电商实绩企业167家261个网店。跨境电商进出口总额4.52亿美元，增长11.4%，其中跨境电商出口额4.28亿美元，增长14.2%；进口额0.24亿美元，下降22.1%。

◎ 9月23日，建德市举办互联网营销师技能竞赛（童雪龙/摄）

完成跨境电商国内集货仓建设并上线推广，项目充分发挥“降本增效”作用，助力中小跨境电商企业节约物流仓储综合成本43%以上。跨境电商集货仓纳入省“对外贸易应用”的地方特色应用模块，作为省商务厅“海外仓智慧物流平台应用”项目地方特色应用获得省委改革突破铜奖。省委办公厅编发建德电商经验做法予以推介。

对接阿里国际推进企业 B2B 线上拓展市场和接订单;继续推进亚马逊孵化培训;与“魔星人”合作推进“品牌+生产+运营”资源对接,推荐新企业进行合作，建德市美尔泰纺织有限公司跨境电商交易突破 1500 万美元,杭州文通工艺家具制造有限公司突破 800 万美元;组织开展 2022 全球速卖通 AEMALL 新商私享会等活动,推进独立站建设,组织开展谷歌走近建德产业带、电商协会企业赴深圳学习交流独立站建设等活动，推进企业多渠道开展跨境电商。

招商引资

【概况】2022 年,建德市通过开展以“星火荟萃、共富三江”为主题的双招双引会议、以“同创共富、遇建未来”为主题的“农创日”活动,以及举办新安硅谷有机硅创新发展、杭州商会建德行、广州浙江商会推介、宁波商会建德行、驻杭国际商务机构专场推介、浙大校友会企业家建德行等活动,拓展招商引资平台和招商引资方式,强化招商引资工作。全市共引进重点项目 51 个(制造业项目 25 个),总投资达 345.62 亿元。实际利用外资 1.4 亿美元，其中制造业外资利用 6437 万美元,占比 46.1%。

【内资招引项目】2022 年,全市共签约落地 51 个,其中 1 亿~10 亿元项目 31 个,10 亿(含)~20 亿元 7 个,20 亿元（含）以上项目 3 个，总投资额为 225.3 亿元。引进年产 1.5 亿组高精密智能终端中段模组生产建设、杭州建德现代数字影视城、半导体光学设备研发生产基地、一站式小分子创新药 CDMO 研发生产平台等项目,涉及高端装备制造、文旅、电子设备制造、医药制造等多个产业领域。

【外资招引项目】2022 年,全市外资招商引资实际利用外资 1.4 亿美元,比上年增长 7.6%,其中制造业外资利用 6437 万美元。

2022 年建德市重点招商项目(内资)情况表

表 12　　　　单位:亿元

项目名称	新注册公司名称	产业类别	投资方	总投资
民宿、农产品开发销售、教育基地	建德市丰产朴宿呆住旅游发展有限公司	绿色低碳产业	李格格	1.0
浙江新经合实业集团有限公司总部大楼	浙江新经合实业集团有限公司	绿色低碳产业	建德市新安江股份经济合作社	4.3077
“新安里”夜市	杭州欣安里餐饮管理有限公司	服务业	郑飞	1.0
浙江新农都建德农产品批发市场（城南农贸城）	杭州建德新农都实业有限公司	服务业	浙江新农都实业有限公司、浙江童氏物流有限公司	3.5
建德市公路养护生产基地迁建	杭州路建智能材料有限公司	制造业	建德市路通公路工程有限公司、建德市城南城建开发有限公司	1.18
华屹高分子合成材料生产	杭州华屹新材料有限公司	新材料产业	黄成效、周海峰	1.1
大参林（浙江）医药有限公司总部	大参林（浙江）医药有限公司	生物医药产业	大参林医药集团股份有限公司	1.2
浙江泛联置业总部	浙江泛联置业有限公司	绿色低碳产业	杭州晶核新材料科技有限公司	1.08
建燃液化气总部	建德市建燃液化气有限公司	绿色低碳产业	杭州美亚液化石油气有限公司等	1.0
漫珊瑚文旅综合体	杭州橙悦酒店管理有限公司	绿色低碳产业	张家口君越煌建筑工程有限公司、许婕	1.2

续表 12

项目名称	新注册公司名称	产业类别	投资方	总投资
花间堂酒店	建德市君来酒店管理有限公司	绿色低碳产业	周宇宏、沈子恒	1.6
钢结构防火涂料产业基地	浙江金戈材料科技有限公司	新材料产业	浙江金戈材料科技有限公司	1.1
拓鑫医美产品及医疗器械生产研发基地建设	浙江渼好拓鑫生物科技有限公司	生物医药产业	杭州渼好拓鑫企业管理有限公司、丁龙英	1.1
年产装配式 3.0 万立方米预制构件及 1 万吨钢结构装配式构件生产项目	浙江环业建筑科技有限公司	其他	蔡建友、金宁宁	1.0
年产 1.2 万吨精密铸件机械加工	杭州罡罡智能科技有限公司	其他	来春程、赵荷凤	1.1
浙江凯森环保新材料生产	浙江凯森环保有限公司	新材料产业	杭州懒猫环保新材料有限公司	1.4
晶科电力建德大同镇 20MWp 农光互补光伏发电	建德市晶辉光伏发电有限公司	绿色低碳产业	横峰县光武电力有限公司	1.04
年产 2 万吨改性塑料系列产品	杭州凯杰改性塑料有限公司	新材料产业	上海哲华化工材料有限公司、建德华明科技有限公司、杭州凯杰塑料科技有限公司	1.05
新建年产 10 万套高校公寓家具及吹塑配件生产线	杭州伯瑞华创家具有限公司	新材料产业	浙江程瑞家具有限公司、王志娟、张天伟	1.17
建德市乾潭镇数字花卉植物工厂	建德市盛燕农业科技发展有限公司	绿色低碳产业	盛利恩、盛玲燕	1.2
中策永固橡胶（建德）有限公司年产 100 万条履带	中策永固橡胶（建德）有限公司	制造业	中策橡胶（天津）有限公司	10.0
乾潭镇安仁联合体王岩共富产业园建设	杭州建富园林有限公司	服务业	严军、方火良、许志刚	1.5
浙江华电建德大洋镇 75 兆瓦农光互补光伏发电	杭州建德华电福新能源有限公司	绿色低碳产业	华电新能源集团股份有限公司、华电福新国际投资有限公司	3.2
建政工出〔2022〕26 号日科小微创业园	杭州日科商业管理有限公司	绿色低碳产业	徐美英、洪献忠	1.021
建政工出〔2022〕13 号浙江大洋生物科技集团股份有限公司 800 吨/年盐酸氨丙啉和 2500 吨/年含氟芳香烃系列产品搬迁改造项目	浙江大洋生物科技集团股份有限公司	绿色低碳产业	陈阳贵等 10 人	3.2122
三都镇 70MWp 农光互补光伏发电	建德市晶旺光伏发电有限公司	绿色低碳产业	建德晶能电力有限公司	2.88
“翠沁斋”预制菜生产建设	杭州华昇食品有限公司	绿色低碳产业	曹鹏飞	1.5
隅田川总部及仓储建设	隅田川（建德）食品科技有限公司	绿色低碳产业	杭州羽嬉贸易有限公司	2.5
年产 3 亿兆瓦储能生产线建设	建德市宋都储能科技有限公司	制造业	浙江宋都储能科技有限公司	6.0
节能型、智能型电力设备制造	浙江中能变压器有限公司	高端装备制造产业	蔡杨、蒋顺斌、高芬芳、钟金女	2.5
杭州鹏权商贸电商产业	杭州鹏权商贸有限公司	绿色低碳产业	胡淋梓	1.0

续表 12

项 目 名 称	新注册公司名称	产业类别	投资方	总投资
杭州金亿新材料有限公司年产5.5万吨聚酯切片建设	杭州金亿新材料有限公司	新材料产业	俞民通、谢建平	1.05
凝灰岩综合开发利用产业	建德市建伟新材料科技有限公司	新材料产业	建德市建伟矿业有限公司	1.1
航头镇现代农业产业园	杭州序田农业发展有限公司	服务业	孙建龙	1.1
年产1万吨食品添加辅料建设	浙江杰盈食品科技有限公司	其他	罗杰、黄锡刚	1.045
年产17.5万吨全预制装配式桥梁构件工业化	杭州卓泰构件有限公司	其他	陈美珍	1.0
杭州·建德现代数字影视产业基地文旅	杭州建德现代数字影视城集团控股有限公司	文旅项目	宁波新丰大通投资控股有限公司	21.0
移民航空产业园	建德移民航空产业股份有限公司	其他	建德千岛湖通用机场有限公司、建德市大同镇丰畈村股份经济合作社等	1.5329
食品安全快速检测试剂产业园	浙江挚康生物技术有限公司	生物医药产业	张少恩、阳海燕	1
现代数字影视产业基地建设	杭州建德现代数字影视城集团控股有限公司	绿色低碳产业	宁波新丰大通投资控股有限公司	25
年产1.5亿组高精密智能终端中段模组生产建设	浙江谨正电子有限公司	高端装备制造产业	深圳市谨汇投资控股集团有限责任公司、史海兵	52
新材料产业基地	浙江新化化工股份有限公司	新材料	胡健、交通银行、工商银行、海通证券、兴业银行、建设银行、宋凌、王卫明、包江峰等	21.2
建德市50兆瓦时/100兆瓦时电网侧储能示范	建德市晶网储能技术开发有限公司	绿色低碳产业	江西省横峰县伏载电力有限公司	2
2万辆/年报废汽车回收拆解建设	杭州励旭再生资源有限公司	绿色低碳产业	李颖、李海、徐元、何建国、吴斌、徐惠文	1.03
年产2万吨电池级氢氧化锂/碳酸锂电子材料	浙江英联锂能新能源科技有限公司	新材料产业	广州广联科技创新投资有限公司	4
多功能色素新材料及省级研发中心建设	浙江璟华新材料科技有限公司	新材料产业	杭州璟江瑞华科技有限公司、和邦企业集团有限公司	1.8
建德市双江欢乐世界游乐园	杭州悦济旅游发展有限公司	绿色低碳产业	陈秋华、李安杰、陆熙东	1.13
建德航空小镇新路跳伞基地	杭州新路体育文化有限责任公司	其他	无锡天时爱飞体育文化有限公司	1.0
“建德草莓”共同富裕示范	建德市红莓农业有限公司	其他	杭州两山建设开发有限公司	2.2366
严州故事文旅综合体	建德市严州故事酒店管理有限公司	绿色低碳产业	叶兴强	1.21
浙江建德抽水蓄能电站	浙江建德协鑫抽水蓄能有限公司	绿色低碳产业	协鑫智慧能源（苏州）有限公司、江苏协鑫电力有限公司	140.548

2022 年建德市港资及外资招商总投资 1000 万美元及以上项目情况表

表 13 单位：万美元

项目（企业）名称	中方投资者	外方投资者	注册资金	实到资金
数字影棚项目	—	香港新丰国际有限公司	5000	0
浙江谨正电子有限公司	深圳市谨汇投资控股集团有限责任公司	谨汇投资控股集团有限公司	3000	0

对外经贸及对港投资

【概况】2022 年,全市共有进出口企业 1941 家,新增进出口企业 152 家，其中有自营进出口实绩企业 373 家。全市货物进出口总额 95.91 亿元,比上年下降 3.4%。其中,进口 6.24 亿元,下降 51.0%;出口 89.66 亿元,增长 3.6%,出口份额占全国的 0.37‰。四大块状行业中,化工、五金工具外贸出口额比上年分别增长 9.19%、11.79%。同时,受全球性疫情防控形势及外贸经济摩擦加剧双重影响,家纺、低压电器行业外贸出口订单大幅减少,出口大幅下降，降幅分别为 10.76%、12.14%。此外，全年服务贸易出口额 1.07 亿美元，下降 23.6%。

在中美贸易争端中,持续做好涉美信息、应对对策等的收集并及时反馈给本地企业，督促企业做好贸易风险规避。组织涉美出口相关企业观看上级主管部门召开的关于中美贸易摩擦应对的相关网络直播培训,了解征税清单产品的评议、产品排除等相关应对要点。建德市建立市领导联系重点涉美企业制度,出台应对中美贸易战专项政策,帮助企业开展征税清单豁免排查，保障了对美贸易的总体稳定。

【出口市场情况】2022 年,建德市外贸出口 156 个国家和地区,出口总额 89.66 亿元。其中,北美市场 24.25 亿元,占 27.04%;亚洲市场 19.8 亿元,占 22.08%;欧洲市场 20.89 亿元,占 23.3%;拉丁美洲市场 15.71 亿元,占 17.52%;大洋洲市场 5.1 亿元,占 5.69%;非洲市场 3.91 亿元,占 4.36%。出口规模前三位对象国是美国、巴西、澳大利亚。

【自主品牌建设】2022 年，建德市有浙江省出口名牌 5 个(浙江斐凌工具有限公司、格林生物科技股份有限公司、浙江新化化工股份有限公司、浙江建业化工股份有限公司、浙江新安化工集团股份有限公司)、杭州市出口名牌 14 个包括 5 个省级名牌(建德市勇华电器有限公司、杭州宏都纺织工业有限公司、杭州特斯林网业有限公司、建德市耀欣针纺有限公司、建德市恒力电器有限公司、杭州科龙电器工具有限公司、建德市万家电器电缆有限公司、建德市远丰工具有限公司、建德市朝美日化有限公司)。进一步完善出口名牌和境外商标培育企业名录,优化全市自主出口品牌梯度培育机制,浙江建业化工股份有限公司通过浙江省出口名牌企业复核。

【国际市场开拓】2022 年,建德市商务局深化与浙江远大、米奥兰特、杭州联亚等 4 家国际会展公司合作内容,鼓励企业通过网上参展、代参展等新模式拓展市场,组织 68 家企业参加 132 届广交会线上展,40 余家企业参加拉斯维加斯五金、印度建材等代参展展会及网上展会,将“代参展”相关展会纳入建德市重点境外展会目录并鼓励企业参展,并积极落实商务包机政策鼓励企业“走出去”参展拓市场。继续推广普及 RCEP(《区域全面经济伙伴关系协定》)，帮助企业抓住 RCEP 机遇开拓市场。

【“订单+清单”工作】2022 年,建德市全面落实浙江省“订单+清单”系统建设相关工作,全年上线填报企业 243 家,填报率 100%;建立乡镇(街道)联络员工作制度,指导企业填报订单信息,“订单+清单”系统填报率始终保持在 90%左右，响应率 100%,排名杭州市前列。运用浙江省智慧物流平台发布商务包机信息、收集企业商务活动出入境需求、开展海外仓合作对接等，组织211家建德企业完成上线，上线率超过100%。

【样本企业监测】2022年，建德市商务运行调查监测点共有省级重点联系企业100家，自营出口额占全市的90%以上，涵盖化工、家纺、五金工具、低压电器等主要块状行业的龙头企业和重点企业。全年开展样本企业填报月度常规调查问卷12份、临时问卷6期，上报率100%；监测点填报月度预测问卷12份。确保在落实"稳外贸、防风险、促发展"策略时，为研判国际贸易形势、科学决策提供及时可靠的基础数据支撑。

【公平贸易工作】2022年，建德市27家化工类进出口企业、200余家贸促会会员企业以及70余家跨境电商企业被列为预警点服务对象。其中，重点关注化工龙头企业8家，主要监测产品有草甘膦、香料香精、有机胺和医药中间体等。预警点从外贸预警、案件排查与指导、行业自律等方面服务企业，为建德市外贸发展保驾护航，获评杭州市良好外贸出口预警点、省级合格预警点。全年根据省、市商务主管部门要求，进行案件排查19起。

【出口信保工作】2022年，建德市出口信保投保企业206家，为企业挽回损失合计144.93万美元，开展资信调查749件，比上年增长28.5%，保单融资增信支持354.50万美元。

【商事认证服务】2022年，全市办理原产地证1574件。为避免疫情扩散，让企业少跑路、不跑路，提升办事效率，市商务局持续推广企业"自主打印"服务。企业自主打印1025份，占原产地证总量的65%。RCEP协定生效后，第一时间为企业提供办理指南和签发服务。　　　　（童　露）

【海关事务】2022年，建德市进出口总值96.1亿元，比上年下降3.1%。其中，出口89.8亿元，增长3.8%（因各自统计口径不一，该数据与市商务局

2022年建德市境外及中国香港特别行政区投资情况表

表14

项目名称	境内主体	投资国家/地区
浙江新安化工集团(阿根廷)分公司	浙江新安化工集团股份有限公司	阿根廷
阳光（加纳）农资有限公司	浙江新安化工集团股份有限公司	加纳
新安国际控股有限公司	浙江新安化工集团股份有限公司	美国
新安集团（香港）有限公司	浙江新安化工集团股份有限公司	中国香港特区
朱氏兄弟国际公司	建德市勇华电器有限公司	美国
凯特电器越南有限公司	建德市凯特电器有限公司	越南
杭州沈氏节能美国内华达州公司	杭州沈氏节能科技股份有限公司	美国
建投国际（香港）有限公司	建德市国有资产经营有限公司	中国香港特区
星联电动自行车配件有限公司	建德市五星车业有限公司	德国
光明电器制造有限公司	浙江耀恒光电股份有限公司	埃塞俄比亚
朗索医用消毒剂（欧洲）有限公司	杭州朗索医用消毒剂有限公司	德国
斐凌工具泰国有限公司	浙江斐凌工具有限公司	泰国
安伴技术印尼公司	浙江安伴汽车安全急救技术股份有限公司	印度尼西亚

数据略有出入);进口 6.3 亿元,下降 50.2%;进出口、出口和进口规模占杭州市份额分别为 1.3%、1.8%和 0.3%。钱江海关驻建德办事处全年共受理报关报检业务 7691 批,检验检疫进出口货物 7613 批、货值 17.6 亿元;完成税款征收 434 万元;签发各类检验检疫证书 3744 份,原产地证书 3781 份,签证金额 1.8 亿美元;新增海关备案企业 81 家。

全年鉴定进出口危险货物包装 3453 批,强化粮食、种苗等高风险动植物及产品检疫监管,确保全市无疫情疫病传入传出和外来物种入侵。全面加强风险监测,强化重点敏感商品检验监管,健全进出口食品化妆品安全风险监测预警机制,第一时间开展出口非洲茶叶专项检查。首次检查发现出口食品企业生产橘子罐头"多菌灵"超标事件,查出并处置某进口粮食企业厂区附近加拿大一枝黄花案例 1 起。全年共检出进出口不合格货物 12 批,其中涉及出口 11 批。与建德市商务部门签订合作备忘录,配合推动建德保税物流中心(B 型)、十里埠港等重大平台建设,积极推广跨境电商 B2B 出口,跨境"9710"出口取得较快发展。联合调研辖区外贸企业,提升统计监测预警质量。帮扶德爱威中国有限公司"一带一路"中印尼重点合作项目采购物资顺利通关、杭州凯特电器有限公司提高产品质量应对欧盟技术壁垒,精准助推辖区种苗、山茶油等特色产品出口。

落实"不到场查验""7×24 小时预约通关"等便利化措施,探索出口危化品数智监管等执法新路径,创新危化品合格评定模式,出口危化品的查验通关时间从原 3 天缩至 1 天。开辟农产品通关"绿色通道",快速完成现场查验,实现"即报即检即放"。全面推广原产地证书自助打印、"信用签证",引导企业利用 RCEP 优惠贸易协定原产地规则享受国外关税减免,帮助企业在进口国家享受关税减免约 860 万美元。积极推动以企业集团为单位的新型加工贸易监管模式,制定加工贸易监管告知书,指导企业设立加工贸易电子手册(账册),开展内销、深加工结转等延伸业务,免除内销缓税利息征收,为加工贸易企业不断减单证、优流程、提时效、降成本。全年,新办理加工贸易手册 56 本,比上年增长 86.7%。 (储 超)

粮食购销及储备

【概况】2022 年,建德市围绕保障粮食安全,促进农民增产增收两大主线,以"粮食安全县(市)长责任制"考核为抓手,切实抓好粮食订单、新增储备、应急物资管理等相关工作,较好地完成各项工作任务;同时,全力提升建德市粮食安全保障水平和物资调配保障能力,连续 9 年获得杭州市粮食安全县(市)长责任制考核"优秀"。

【粮食收购】2022 年,建德市地方储备粮油管理账物相符、账表相符、账账相符,库存粮油全部安全、宜存,按要求完成省政府下达的地方储备粮规模任务。出台《2022 年建德市订单粮食政策及实施办法》,2022 年登场小麦、早籼稻谷、中晚籼稻谷最低收购价每 50 千克分别为 115 元、128 元、133 元,确定"甬优 15""嘉丰优 2 号"为 2022 年优质粮食订单品种,订单收购价格为每 50 千克 142 元。实行早籼稻谷订单全覆盖,每 50 千克奖励 30 元;小麦订单每 50 千克奖励 30 元;交售订单中晚籼稻谷每 50 千克奖励 20 元,烘干费用按实际订单收购数量给予每 50 千克补贴 4 元。全年与 232 户种粮大户、家庭农场和合作社签订"订单粮食"合同。

【"放心粮油示范县"创建】2022 年,建德市继续开展"放心粮油示范县"创建工作。至年底,创建杭州市"放心粮油"示范店 1 家,浙江久晟茶油科技有限公司生产的千岛源纯正茶油入选"2022 年浙江好粮油"产品。累计创建放心粮油示范加工企业 2 家、示范配送中心 1 家、示范店 21 家。

【粮食轮换】2022 年,对 2020 年产储备原粮进行轮换出库;储备成品粮按季进行轮换。储备小包装菜籽油于 2021 年 8 月开始实行为期两年的包进包出动态轮换。储备粮补库粮源,由本市收购的符合国家中等质量标准的"订单粮食"轮换补库,不足部分通过浙江粮油交易网公开招标采购。

【物资储备】2022年,建德市商务局(粮食与物资储备局)应急物资储备仓库在库物资涉及帐篷、照明设备、取暖设备、生活用品等共计44个品种,非医疗类防疫物资共计18个品种,全年出库物资36次,共计17000余件。 (马 力)

集市贸易

【概况】2022年,全市3家农贸市场创建为省级放心农贸市场,全市2020—2022年累计建成省"放心农贸市场"9家、四星级文明规范农贸市场1家、三星级文明规范农贸市场8家、二星级文明规范农贸市场1家。全市有证农贸市场实现星级文明规范创建全覆盖,大幅提升消费体验。

【农贸市场国有化】2022年,继续推进农贸市场国有化工作,建德市大洋镇秀昌农贸市场、建德市大同商贸市场、建德市翁村新街农贸市场由属地镇政府从企业返租,经过属地政府升级改造,通过省放心农贸市场和省星级文明规范市场实地考核验收。至年底,全市累计实现5家非国有企业举办的农贸市场转为国有企业实际运营管理,13家农贸市场(全市共16家)实际运用管理者为国有企业,国有企业运营管理覆盖率达到81.3%。

【省放心农贸市场纵深推进】2022年,建德市新安江城西集贸市场、建德市大洋镇秀昌农贸市场、建德市洋溪街道洋溪农贸市场被评为省"放心农贸市场示范单位"。全市2020—2022年共创建省"放心农贸市场"9家。对其余6家农贸市场,严格按照"消费环境放心、食品安全放心、管理服务放心、价格计量放心、诚信经营放心"的高标准开展对标创建,持续全方位升级硬件设施、标准化提升管理水平,全市市场面貌显著改善。

(胡依佳)

责任编辑:黄建生

交通运输

Transportation

综 述

2022年,建德市围绕“建成人民满意、保障有力、走在前列的现代化综合交通运输体系”目标,不断加大交通基础设施建设,完善公、铁、水、航“四位一体”的立体化综合交通网络,浙西综合交通枢纽地位逐步夯实。数字化改革工作获评省委、省政府改革创新成绩突出集体;“新安护航”数字化应用场景提升货运综合“治理”与“服务”效能,是浙江省首批数字化改革“最佳应用”——“浙运安”最佳运用协同场景,承接全省重载普货监管“一地创新、全省共享”试点,获评杭州市改革创新最佳实践案例“优秀奖”,成功入围交通强国数字化试点县(全省仅3家,杭州地区唯一)。城乡公交一体化率从2021年30.19%提升到2022年90.4%,线路、班次、基础设施等全面优化,市民出行便捷度和幸福感提升;“城乡公交一体化特色服务”“客货邮融合发展”项目、航空特色小镇入围杭州交通服务共同富裕标志性成果。常态化开展交通治堵与公交优先发展工作,有效缓解市民出行难问题,该工作获杭州市嘉奖;首创交通领域KPI(关键绩效指标)考核体系,获杭州市交通运输行政执法“十佳工作法”、杭州交通“清廉交通”十大专项整治最佳成果奖等。

全年市域交通安全形势总体平稳,道路运输发生亡人事故1起,水上交通发生亡人事故1起,工程建设未发生亡人事故。全年公路货运总量3021.05吨,增长26.1%;货运周转量39.75亿吨,增长25.9%,公路旅客运输总量1270.0万人次,下降9.4%。公路旅客周转量4.73亿人千米,下降23%。

深化放管服,营商环境进一步优化。“最多跑一次”改革向纵深发展,推出“灵活办”“网络+快递”“开业筹备指导”“容缺受理”等多项服务措施,稳步推进跨省通办和电子证照等高频事项,全年办理交通运输审批及服务事项10152件,群众满意率100%,惠及全市近800家行业企业,从业人员3000余人。

深化国有企业改革,推进客货邮融合发展,重新组建建德邮政管理局,并于8月24日挂牌运行。

基础设施建设

【概况】2022年,全市公路总里程2159.58千米,比上年增加66.8千米,公路密度91.35千米/百平方千米。其中,国道250.72千米(含高速公路135.39千米)、省道45.93千米、县道454.15千米、乡道197.01千米、村道1211.77千米。按技术等级分,高速公路135.39千米、一级公路109.89千米、二级公路155.94千米、三级公路206.06千米、四级公路1552.36千米。公路桥梁680座、49559.39延米(其中高速公路221座、31533.72延米);公路隧道54座、35515.15延米(其中高速公路42座、30955延米)。

全年完成320国道建德市杨村桥镇至龙游县会泽里段改建工程、临安至建德段高速公路省高网建德段工程、桐溪大桥工程、建德紫金大桥重建工程等重点项目年度建设任务。

开展国道351线兰溪马涧—建德大慈岩段工程(建德段)、国道330线大慈岩段改建工程、建德至武义高速公路(建德段)、国道330线建德莲花—洋溪段改建工程、汪(家)黄(泥墩)—于合公路建设工程前期规划、设计、工程可行性论证等工作。

◎ 国道 320 线过境段中修(市交通运输局提供)

【国道 320 线建德市杨村桥镇至龙游县会泽里段改建工程】项目近期起点位于建德市杨村桥镇杨梅公路与国道 320 线交叉口,经杨村桥镇、梅城镇、下涯镇、更楼街道、寿昌镇、航头镇,终点位于建德与龙游县交界处,与在建设中的国道 320 线龙游段顺接。主线里程共计 58.28 千米,项目概算总投资 77.65 亿元,主线采用 80 千米/小时双向四/六车道一级公路标准(五马洲特大桥采用六车道标准建设),连接线采用 60 千米/小时双向两车道二级公路标准建设。2022 年完成前期各专项工作审批,土建施工招标,土地报批工作;11 月 30 日,各施工单位进场开工建设。至年底,完成投资 15 亿元。

【临安至建德段高速公路工程】项目起于浙皖交界处的千秋关隧道,与宁宣杭高速公路顺接,路线向南经临安、桐庐、建德三个区县(市),终于杭新景高速公路安仁段,路线全长 85.52 千米,概算总投资 206.48 亿元,双向四车道高速公路标准,设计速度 100 千米/小时,路基宽度 26 米,建设工期 3.5 年。建德段项目起于建德市与桐庐县交界处的钦堂乡毛竹湾隧道,终于杭新景高速公路安仁互通。双向四车道,设计速度 100 千米/小时,全长 4.21 千米,路基宽度为 26 米,建德段估算总投资 16.34 亿元。至 2022 年末,项目主体工程完成,绿化、交安等附属工程扫尾中。年度完成投资 4.224 亿元。

【紫金大桥重建工程】项目位于新安江大坝下游约 1.5 千米,建德市城区上游约 4.5 千米,原桥址处。新紫金大桥为独塔斜拉桥,主塔高度 65 米,项目全长约 498 米,其中主桥长 230 米,宽 14 米(不含拉索锚固区)。设计洪水位 34.33 米,设计梁底最低高程 35.27 米。道路设计标准为双向两车道三级公路兼顾城市道路功能,设计速度 40 千米/小时。桥头两侧设置引道落地。项目概算总投资 1.4 亿元,2021 年 7 月 23 日完成施工招投标,由中交路桥华南工程有限公司中标,中标价 1.0087 亿元,工期 24 个月。至 2022 年末,完成 A0# 桥台支护基桩 440 米,路基填筑土方及台背回填,边沟及排水沟施工。年度完成投资 4562 万元。

【建德市桐溪大桥工程】项目起点位于规划省道 311 线奉(化)—江(山)公路建德段梓(洲)—马(目)段改建工程 K24+800,与三(建德市三都)—将(兰溪市将军岩)路线顺接,路线往西约 460 米后,设置 745 米长桐溪大桥跨越兰江后往西北方向与小大(大洋镇小洋自然村至大洋集镇)线顺接,桩号 K26+700,路线长 1.9 千米。项目连接线起点位于主线桩号 K25+241.711,主要沿三将线老路进行改造,全长 0.4 千米。概算总投资 3.72 亿元,合同总造价为 2.1879 亿元,合同工期 30 个月。至 2022 年末,完成桥梁下部施工,主桥除主跨外,梁板架设全部完成,总体形象进度完成 82%,年度完成投资 6000 万元。

◎ 建设中的桐溪大桥(市交通运输局提供)

【"四好农村路"建设工程】2022 年，建德市完成"四好农村路"新改建项目 55 个共 87.8 千米，改造病危桥 18 座，实施路面大中修 63 千米、生命安全防护工程 15.6 千米，建设农村公路服务站 1 个、港湾式停靠站 30 个。项目按四级公路标准设计建设，估算总投资 2.24 亿元。 **(毛丽晓)**

行业管理

【概况】2022 年，建德市继续深化交通运输行业管理各项改革和规划工作，积极开展行业调研，形成《"十四五"综合交通规划》《城南新区交通调研报告》《交通堵点治理的调研报告》《多式联运调研报告》等调研材料，系统完善综合立体交通网建设规划。推动金千铁路外迁、建武高速、320 国道改建、351 国道、330 国道改造提升、311 省道优化、城南区块交通规划(龙门上隧道、农夫山泉五期货车专用隧道、城西货运通道)、紫金大桥、桐溪大桥、"四好农村路"等重大工程的前期工作和后续建设。形成《建设市级物流中心的报告》《城乡公交配套基础设施问题及对策》《机动车维修行业调研报告》《危货运输行业情况调研报告》《关于推动全市城乡公交一体化发展的建议》等调研材料，进一步清晰交通运输产业链，为全市交通运输事业的高质量发展做好前瞻性基础工作。

2022 年，全市有道路交通建设监督中介 102 家、工程设计 28 家、公路安评 25 家、工程监理 39 家、试验检测 10 家。

年末，全市机动车保有量 14.16 万辆，比上年末增加 1.48 万辆。民用汽车保有量 10.65 万辆，增加 1.23 万辆，其中私人汽车保有量 9.59 万辆，增加 1.19 万辆。民用轿车保有量(小型、微型载客汽车)9.44 万辆，增加 1.21 万辆，其中私家车(个人小型、微型载客汽车)8.97 万辆，增加 1.17 万辆。全年公路货物运输总量 3021.05 万吨，比上年增长 26.1%；公路货物周转量 39.75 亿吨千米，增长 25.9%。

有道路客运企业 3 家、客车 563 辆，出租车公司 3 家、出租车 100 辆(其中国有 1 家 50 辆)。其中，非城区公路旅客运输总量 1270.0 万人次，下降 9.4%；公路旅客周转量 4.73 亿人千米，下降 23.0%；市区公共交通运营线路 19 条，营运公交车辆 143 辆，公交客运总量 1345.13 万人次，比上年下降 15.6%。

年末，全市有货运运输业户 395 家、车辆 4024 辆(含挂车 1809 辆)，其中包括道路危险货物运输企业 19 家、车辆 618 辆(含挂 296 辆)，普货运输业户 (含货运代理)376 家、车辆 3406 辆(含挂 1513 辆)、从业人员 2100 余人。有车辆综合性能检测站 4 家，维修备案企业 348 家，其中一类 11 家、二类 60 家、三类 205 家；汽车快修 53 家、摩托车维修 19 家。有机动车驾培机构 9 家，其中二级驾培机构 1 家、三级驾培机构 8 家、摩托车驾培机构 2 家，教练员 240 人。租赁备案企业 16 家、备案租赁车辆 19 辆。有活跃网约车平台 6 家，活跃车辆 500 余辆，网约车从业人员 680 余人，新核发客运出租汽车驾驶员证 144 本。

【城乡公交一体化】2022 年，建德市继续推进城乡交通一体化工作，通过新增、合并重复、加密班次、延长等方式，累计优化调整线路 59 条，摸排城乡停靠站点 1718 个，完成全市所有建制村共 229 个公交站牌设置，新改建港湾式停靠站 34 个、智能站牌 30 个；在大同镇试点完成客货融合工作，由 5 家民营快递公司组成联合体，分 5 条线路对 33 个村进行配送，对客流量小的村使用公交车带货。调整优化涉旅公交线路，设新叶、卧龙峡(里诸村)、航空小镇等旅游专线城乡公交，开通梅城千鹤旅游专线，串联古城与鹤彩乐园、千鹤妇女教育基地、乌龙山、玉泉寺等景点。至年底全市城乡公交一体化率提升至 90%。同时，作为省厅农村客运数智化监管与服务试点县，完成全市 239 辆城乡公交 ADAS 智能视频辅助系统设备安装并接入“新安护航”平台，开发“掌上交通”运营端和治理端。

【维修行业整治】开展全市维修行业专项整治，全年共检查机动车维修企业 472 家，包括一类企业 10 家、二类企业 63 家、三类企业 232 家、快修企业 56 家、摩托车维修企业 28 家、未备案登记企业 83 家(其中配件未备案企业 7 家)，共排查各类违章、违规 488 处。对制度未上墙、危险废物不按规范收集处置、计量检测设备不规范、使用假冒配件和电焊消防隐患等问题现场提出整治要求并予事后落实督查，同时启动维修企业“红黑榜”运行机制。

【道路运输民生实事】2022 年，全市完成杭州市民生实事工程新辟城乡线路 2 条（寿昌—李家、钦堂—乾潭)；完成建德市政府工作报告中关于优化城乡线路 20 条工作；市交通运输局联合大洋镇、大同镇、大慈岩镇和寿昌镇，开展学生接送车线路和新增校车停靠点勘察工作并设定方案。

【春运工作】2022 年春运时间为 1 月 7 日至 2 月 15 日，共计 40 天。全市共投放客运车辆 557 辆，座位 2 万余个，672 名驾驶员参加春运工作，其中长途车 39 辆，1256 个座位；城乡、城区公交 254 辆，11203 个座位；旅游包车 123 辆，5419 个座位。检查营运车辆 1000 余辆，道路旅客运输量达 336 万余人次，累计发 4.32 万班次，旅客周转量共 509.63 万人千米，其中公交客运量约 25.09 万人次。水路运输共投入客旅船舶 22 艘，客旅船舶 1853 客位，完成旅客运输量 6317 人次，3 个渡口总共渡运 2852 人次。未发生有人员死亡交通事故。

(沈新诚)

邮政管理

【概况】2022 年，建德市快递业务量 1520.20 万件，业务收入 1.19 亿元。至年末，全市共有邮政、申通、顺丰、极兔等快递品牌 14 个，营业网点 111 个(其中新安江 35 个、洋溪 13 个、杨村桥 7 个、下涯 7 个、寿昌 8 个、更楼 4 个、大同 7 个、梅城 7 个、乾潭 10 个、大洋 4 个、三都 2 个、莲花 3 个、大慈岩 2 个、李家 1 个、航头 1 个)，配送车 200 余辆，从业人员 800 余人。快递公司分拣点主要集中在乾潭、下涯、洋溪、杨村桥。全市 20 家报刊等普通服务营业网点完成乡镇(街道)全覆盖，报纸投递频次为每周 5 次以上。

8 月 24 日，成立建德邮政管理局，设行政编制 2 名，局长、副局长均由交通局班成员兼任，邮政业安全服务中心配备事业编制工作人员 2 名。主要职责为：贯彻执行国家邮政法律法规、方针政策和邮政服务标准；研究拟定本地区邮政发展规划，监督管理本辖区邮政市场及邮政普遍服务和机要通信等特殊服务的实施；负责行业安全生产监管等工作；保障邮政通信与信息安全；承办上级邮政管理部门和地方人民政府交办的其他事项。

【客货邮试点】为促进快递进村，2022 年，建德市交通运输局、商务局、财政局联合出台《关于促进建德市新电商高质量发展的实施意见》，对于客货邮运营主体给予相应补助的政策支撑。完成大同镇客货邮综合服务站和33个村级服务点建设。7月,开通试运行5条客运班线带货(大同—江头、大同—葛岭、大同—朝阳、大同—镇源、大同—竹源),至年末,共计公交车带件9.58万件,进村快递30万件。

【举办首届快递员职业技能竞赛】9月24日,建德市交通运输局、市人社局、市总工会、市快递行业协会联合在更楼街道举办2022年建德市首届快递员职业技能竞赛。本次竞赛以快递员国家职业标准高级工(四级)为基础,分理论知识和技能实操两部分内容,来自全市快递企业6支代表队28名快递从业人员参赛。市邮政快递3名参赛选手获"建德市技术能手"称号,8名选手分获一、二、三等奖和优胜奖。建德市职业技能鉴定中心向本次竞赛理论知识和操作技能均合格的选手颁发相应职业技能等级证书。

【邮政安全工作】全年在迎亚运、"护航二十大"、快递业务旺季、重要传统节日前等重要节点开展规范操作、隐患排查等安全生产系列专项活动,将疫情防控专项检查与安全生产检查相结合。同时,按上级要求开展月度"双随机"检查、安全生产宣传月系列活动,其中邮政、顺丰、丹鸟、申通等快递企业开展突发事件应急演练,各快递企业定期开展安全生产宣传教育培训。至12月底,共检查企业130家次,督促整改问题112处。　(**应梦斐**)

公路养护

【建德市公路养护生产基地迁建项目】2022年,实施建德市公路养护生产基地迁建项目。该项目旨在扩大生产规模经营,服务建德地方公路行业和拓展周边市场,助力建德地方经济发展,为打造"宜居建德"添砖加瓦。工程概算总投资1.18亿元。至年末,完成更楼街道甘溪村2022-1号、2022-2号地块规划选址论证报告并经建德市规划委员会论证批复,完成增补2022年政府投资重点实施类项目并经建德市人大常委会通过,完成土地拍卖及土地出让各项手续,办理建设用地规划许可证,主要生产设备进入公开招标阶段。

【农村公路灾毁保险工作】2022年,建德市在杭州地区率先试行农村公路灾毁保险,开辟农村公路灾毁修复资金筹措新渠道,纾解全市山区公路水毁灾毁修复资金缺口大难题,农村公路抗灾抢修能力得到提升。全年全市农村公路保险共出险36起,共赔付204.94万元,全市所有乡镇(街道)"四好农村路"建设成果得以巩固和深化。

【国道、省道大中修工程】该工程包含国道320线折合双幅长9.88千米,省道210线7.08千米,省道305线折合双幅长4.03千米。施工合同价3260.32万元。至2022年末,项目全部完成。

【县道大中修工程】该工程包含县道杨(村桥)梓(洲)线、三(都)将(兰溪市将军岩)线、大(畈)罗(村)线、徐(桐庐县徐家埠)七(桐庐县七里泷)线、下(涯)施(家)线、麻(乾潭镇麻车)早(午岭)线、寿(昌)李(家)线、溪(口)石(郭源)线、更(楼)邓(家)线、黄(泥墩))张(家)线、檀(村)新(叶)线、麻(车)岗(麻车岗)线、杨(村桥)长(宁)线、三(都)下(二都)线、溪(口)胡(店)线、杨(村桥)梅(城)线等16条线路,实施路面修复共计52.33千米。施工合同价4918.35万元。至2022年末,由于杨村桥镇政府需对杨长线道路进行拓宽变更,待变更完成后方能施工。其余项目完成93.5%,完成投资额4622万元。

【国道、省道危桥加固工程】该工程包含330国道K384+748东横庙立交桥、320国道K342+200下涯一号立交桥2座危桥加固,施工合同价193.72万元。至2022年末,项目全部完成。

【高品质"四好农村路"示范线建设工程】该工程包含16条"四好农村路"示范线的沿线整治、绿化提升,包括土路肩硬化、护栏维护、标线增设、绿化补植、挡墙美化、路面修复、杂物清理、边沟整治、节点打造等。施工合同价1560.94万元。至年末,项目全部完成。

◎ 农村“四好公路”建德航头镇—淳安石林镇段(市交通运输局提供)

【公路日常养护】2022年，共出动作业人员45978人次，机械设备9032台次，清理垃圾2040吨；完成道路巡检2602次,路面清扫6.8万千米,路面洒水10.63万千米，中央分隔带清理123.5千米，上下边坡清理393.2千米,边沟清理1487千米;桥梁锥(护)坡清理734座,隧道清洗5.19万平方米,隧道内排水沟清理10.35千米；护栏清洗1779千米,绿化灌木补植1889平方米，花草籽复种3.87万平方米。全面完成乡村道“迎省路检”养护应急提升工作。5月,完成2022年度164条279.59千米的农村公路检测修复，密封胶封闭路面裂缝18.21万米,修复路面破损10507.7平方米。

【公路应急抢险演练】6月20日，建德市公路与运输发展中心在县道溪湖线K5+800路段开展公路保畅应急演练活动。出动37名抢险人员及铲车、挖机、道路清洗车等机械设备9台。通过演练,提高抢险队伍面对公路突发事件的快速反应能力和抢险保通的处置能力,为应急抢险工作积累经验。 （姜瑞宇）

交通执法

【概况】2022年,建德市交通运输行政执法队办结各类交通违法案件4048件，比上年增长80.8%,行政处罚1301万元。其中,超限案件2218起、超限重大案件127起（查处超限率100%以上车辆58辆)。现场执法案件数位居杭州区(县)第一,在杭州交通运输执法比武中，建德代表队获团体第三名,在“以案释法”微课堂比赛中获“优秀奖”。发生行政诉讼1起,未发生行政复议。

【交通行政执法改革】按照“大综合一体化”行政执法改革要求,落实执法队伍下沉,采取“派驻+联络”的方式，将资源力量进一步下沉到乡镇（街道),充实6支基层中队,达到16个乡镇(街道)全覆盖，执法人员下沉比例68%。加强行业指导监督,15项执法事项纳入“大综合一体化”执法监管数字应用平台统一管理,建立与乡镇(街道)、部门层级间的常态化联合执法,应急配合、信息共享、证据互认、案件移送等协作配合机制,形成监管合力,并对15个事项强化业务指导,严格落实审批监管、备案被查等机制,为综合执法部门开展业务指导提供技术支撑。

【执法成效提升】以开展“除险保安”专项工作为着力点,市交通运输行政执法队成立工作专班,整合执法力量,通过开展旅游包车专项检查、夜间联合执法突击行动、驾培行业集中整治等行动,严厉打击违法违规行为。创新模式多措并举，采取线上“云”治超加线下流动查双重形式,分析非现场抓拍数据，对超限运输车辆进行轨迹分析，提早研判,形成线上线下联合整治,有效遏制超限现象高发态势。同时,开展市域内国省道、主要县道常态化环境问题排查整治，共排查9470个点位，整改率达90%以上。运用"空地结合"巡查模式，将空中巡视与路面执勤相结合，打击运输车辆抛洒滴漏、污染公路等违法行为，及时消除公路污染，形成闭环管理，提升路域环境，确保交通运输生产安全。

【基层站所执法规范化建设】至2022年末，全市建成10个基层站所并投入使用。其中，寿昌中队将党建与交通基层站所综合执法规范化建设相融合，在队伍建设、清廉建设、文化建设、数字执法建设等方面显现"一队一特色"，被评为杭州市交通运输基层站所综合执法规范化建设示范单位。 （徐 芸）

公路交通信息化建设

【创建交通强国数字化试点县】2022年，建德市入围首批浙江省交通强国数字化方向试点县（浙江省3家，杭州地区唯一），市委、市政府成立工作专班，市长王新锋为组长，全力支持试点创建，并构建"1+3+N"总体创建体系，建设内容为：集公路基础设施、行业治理、运输服务、交通执法等于一体的一个交通综合指挥平台，推进基础设施和载运装备数字化、行业治理数字化、运输服务数字化。针对行业治理和运输服务的难点、堵点，建设一批符合建德市特色的交通数字化项目，提升全市交通数字化水平，为全省做示范引领。

全市各类数字交通应用平台处理危货异常线索724条，客运异常线索693条，派发并完结工单64条；处置110联动、数字城管案件以及电话投诉等共计350件；完成14个乡镇（街道）在建工地、矿场共36个源头视频安装工作，总进度达100%；持续推进路面环境大整治工作，发现、处置道路污染案件951起。

【"新安护航" 迭代升级3.0版】重点优化新安护航浙里办小程序驾驶员端、企业端，实现驾驶员领码、在线学习加分功能；开发电子运单服务功能，帮助运输企业排班分解运输任务；承接全省普货监管"一地创新、全省共享"试点工作后，重点建设"一码一分三场景"，在做好全省安全码、安全分开发工作基础上，根据省平台推送给建德市级平台的不同类型结果数据，抓好本地"三场景"落地（闭环监管、正向激励和通行证办理），确保全市重载普货亡人事故"零增长"。该应用获杭州市改革创新最佳实践案例"优秀奖"，作为"浙运安"协同单位入选全省最佳应用。

【"掌上交通"持续完善】2022年，全市新增248辆农村班线车载主动防御设备及其他配套硬件设施，新增运营端和治理端，建成智能排班、客流统计分析、班次监测功能、治理端建设安全管理、服务质量监管和车辆运行趋势监督等模块，实现248辆农村班线信息手机服务端实时可查，治理端与新安护航平台实现贯通。市民可提前预览出行线路，实现线点静态信息"任意查"、车辆动态位置"随时知"。 （沈月伟）

水上交通运输

【概况】2022年，建德航区过闸船舶4.11万艘次，载重2313.7万吨，比上年分别增长23.1%和16.7%。全年杭州市交通运输行政执法大队建德港航执法大队（以下简称建德港航执法大队）共开展现场巡查557次，出动巡查人员1853人次，巡查里程1.82万千米，现场检查各类船舶4667艘次，检查港口码头709座次，检查水运企业115家次，施行应急救援9次。非现场检查232起，处罚金额13.0万元，分别比上年增长32.6%、30.5%。实施行政处罚356起，处罚金额42.16万元，分别增长8.5%、47.3%。全年辖区共发生水上交通安全事故6起，其中小事故5起、一般事故1起，事故直接经济损失23.63万元，航区水上交通安全形势总体稳定。

【港航安全监管】2022年，建德港航执法大队持续深化"平安交通建设年"，先后开展船舶AIS（船舶自动识别系统)专项整治、夏季安全风险大排查大整治、除险保安百日攻坚整治、渔商船碰撞集中整治和无证船只整治等各类专项整治行动，共计出动执法人员467人次，检查船舶751艘次，核查水运企业16家次、港口企业55家次，发现整改安全隐患134处。与建德市农业农村局、市公安局及涉水乡镇(街道)等联合开展整治12次，出动交通执法艇、渔业执法艇、水警艇89艘次，执法人员173人次，整治农林船、无证涉渔及其他无证船舶46艘次，劝离碍航渔船9艘次，上岸处理或就地拆解15艘次，进一步优化通航环境秩序。同时全面落实“三防”应急管理，全年共发布预警信息363次、GPS 10.61万条、短信6.46万条，检查涉水工程、码头、船舶、航道等重点防汛处所89处，消除各类隐患28处，打捞沉船4艘。确保辖区水上安全形势总体稳定。

【船舶污染防治】2022年，建德港航执法大队对杭州、金华、衢州航区重点跟踪船舶开展全面排查摸底，做好燃油复查，重点加强燃油检测不合格船舶处置闭环，提前完成省委环保督察问题整改。开展杭州市长江经济带船舶污染问题“举一反三”大排查大整治专项行动，共出动425人次，检查船舶242艘次，检查码头84家次，发现整改问题88处。完善多部门长效联合监管机制，定期联合建德市交通运输局、市生态环保局、市综合执法局、市经信局及涉水乡镇(街道)开展水污染联合执法，推进日常监管常态化。全年回收船舶生活垃圾1.26万艘次，共计29.17吨；回收船舶生活污水4904艘次，共计1182.28吨；回收船舶油污水334艘次，共计8.91吨。港区未发生大面积水体船舶污染事故。

【行政执法精准度提升】强化船舶进出港秩序管理，实施辖区船舶全覆盖检查。2022年共开展现场巡查557次，检查各类船舶4667艘次，开展电子动态监管检查船舶2.2万艘次，其中视频监控检查船舶2.04万艘次、GPS动态检查1559艘次，处置红色问题船舶2640艘次、黄色问题船舶447艘次，处置率达100%。共实施非现场行政处罚232起，占行政处罚的65.2%，非现场执法占比较上年增长22.2%，行政执法精准度不断提升。

(刘　静)

铁路交通运输

【金千铁路建德段】金(华)千(岛湖南)铁路支线建德境内K45+800(与兰溪市分界)—K78-500(与淳安县分界)，全长32.7千米，分别设有排塘、寿昌、新安江南、新安江、朱家埠、千岛湖南六个车站，2018年8月1日千岛湖站更名为千岛湖南站。六个车站均隶属金华车务段管理，按技术性质分，6个车站均属中间站，按业务性质新安江南、朱家埠、千岛湖南站为货运站，排塘、寿昌、新安江站为非营业站，新安江南站核定为三等站，其他站均为四等站。2013年5月30日根据上级货运体制改革方案，成立新安江经营部，隶属金华货运中心管理，承担各车站的货物运输业务。各车站设有货运列车股道2~4条，受理全国各货运营业站的货物到发业务，其中新安江南站设有龙门吊3台，办理罐车(化工原材料及燃油)接卸业务专用线2条(未启用)。

2022年，继续推进货运增量行动，全年三个货运站货物装车6.09万吨，发送312.50万吨，卸车3.57万吨，运输收入2.12亿元，比上年下降10.2%。

(叶　芳)

【杭黄高铁建德站】2022年，杭黄高铁建德站旅客发送量45.67万人次，日均发客量1251人次，比上年下降35.9%。旅客到站量42.93万人次。

(叶定生)

【杭衢铁路建德境内段建设】杭衢铁路(杭黄高铁建德站至江山站）项目是长三角城际快速交通网重要组成部分，承担沿线城际客流和分流沪昆通道杭州以远及衢州以远旅客交流，同时承担九江—景德镇—衢州铁路和杭黄铁路之间联络线功能。可缓解沪昆铁路衢州至杭州段运输压力，完善长三角城际铁路路网布局、增强路网灵活性。该铁路建德境内段正线长 49.94 千米(途经航头镇、寿昌镇、更楼街道、新安江街道、洋溪街道、下涯镇、杨村桥镇等 7 个乡镇街道),新建客站 1 个(建德南站),设计时速 350 千米/小时。2019 年 3 月 28 日，在衢州市举行开工仪式,2020 年建德段开始施工。2021 年全线 130.77 千米(含建德段)全面开工建设。

杭衢铁路建德境内共有隧道 36 座，共 26.2 千米,桥梁 61 座,共 20.11 千米。建德南站位于新安江街道新蓬村与更楼街道湖岑畈村交界,总建筑面积 6000 平方米,车场规模为 2 台 6 线,设置 450 米×12 米×1.25 米岛式站台 2 座，站内设置候车大厅、商务候车、旅客服务中心、售票办公等设施。

至 2022 年末，建德境内段桥梁工程完成 85%、路基工程完成 88%、隧道工程完成 90%。1 月,中铁五局首榀箱梁成功架设,标志杭衢铁路进入全线架梁施工阶段;7 月 5 日,中铁十一局承建的全线最长隧道天池山隧道顺利贯通（全长 4.15 千米，横跨建德及龙游，为全线控制性工程);11 月,中铁建大桥局承建的新安江特大桥顺利合龙。至年末,建德南站管理用房基础施工进展顺利。

【金建铁路建德境内段建设】金黄铁路金华至建德段(金建铁路)总投资约 116 亿元,南起金华市,北至建德市杭黄铁路建德站,途经金华市婺城区、兰溪市、建德市,线路南接沪昆客专金华站,北接杭黄高铁建德站。正线全长 65.06 千米,其中建德市境内 31.58 千米。设计时速 250 千米,与杭黄铁路一致。全线共分布车站 4 处,其中新建 2 处，分别为兰溪东站及建德东站（大洋)。2021 年 3 月建德段全线开工建设，预计 2025 年底建成通车,建德至兰溪只需 15 分钟,至金华只需 25 分钟。

金建铁路建德段涉隧道 20.5 座(毕家隧道进口有近 300 米在兰溪境内)，总长度 19 千米有余，另有中桥、大桥、特大桥共 28 座，总长约 10.94 千米。至 2022 年底,建德境内段桥梁工程完成 35%、路基工程完成 45%、隧道工程完成 48%。8 月,金建铁路新安江特大桥栈桥工程全面完成;11 月，金建铁路首座隧道——梓溪坞 1 号隧道顺利贯通。

金建铁路建德段征迁工作用时 60 天,全面完成 3 个乡镇 18 个村共 83 户农户、7 家企业、70.67 公顷土地征收工作,跑出高铁征迁“加速度”,为后续铁路进场施工建设奠定坚实基础。　（刘　寅）

航空交通运输

【首架“建德制造”飞机成功试飞交付】2 月 24 日，华东地区制造的新款飞机——“野马 AG60—1016”架机在建德千岛湖通用机场完成生产验收试飞和客户验收试飞。“野马 AG60—1016”飞机为轻型运动类飞机,全金属、并排双座、上单翼、前置单发、前三点式起落架,机身总长为 6.9 米,机翼翼展为 8.6 米，升限 3600 米，最大平飞速度 218 千米/小时,航程 1100 千米,可用于飞行培训、农林作业、飞行娱乐等。该机型于 2020 年 10 月完成国内首飞,2021 年 6 月、9 月，取得民航华东局颁发的轻型运动飞机型号合格证、生产许可证,获准进入国内民用飞机市场,开始批量生产。此次执行首飞任务的飞机为浙江通飞野马飞机制造有限公司在建德启动批量生产后,完成整机生产、生产验收试飞、客户验收试飞和国内交付的首架飞机。

【“建德—芜湖”短途运输航班开通】12 月 20 日，浙皖两地第二条省际短途航班——“建德—芜湖”短途运输航班(B9807 航班)完成试飞。该航班由河北中航通用航空有限公司“塞斯纳 208”执飞,从芜宣机场起飞,全程耗时 90 分钟,飞行高度全程保持在 3000 米左右。至此,建德通用机场共开辟短途航线 7 条,另 6 条航线分别飞往浙江舟山、温州、宁波,安徽黄山,江苏镇江,上海。

（童　燕）

责任编辑:黄建生

城乡建设与管理

Urban Construction and Management

综 述

2022年，建德市继续围绕“美丽城市”“宜居城市”建设目标，完善各类建设规划，开展“省级风貌样板区”等专项建设，推进城乡深度融合。加大投资力度，实施供(排)水、供电、供气各类公共基础设施建设项目。继续完善住房保障制度，推进住房公积金扩面增量。加强行业监管，确保全市建筑业生产安全。克服新型冠状病毒感染疫情防控带来的各类不利因素，出台鼓励和扶持政策，推动本市房地产市场复苏。强化综合执法力度，常态长效开展“美丽杭州迎亚运”城市环境品质提升专项整治。新时代浙西次中心城市“乡村风景如画，城区繁荣有序”新风貌全面展现，全市居民生活便利感、获得感、幸福感日趋提升。

城乡建设

【城乡风貌建设】2022年，建德市住房和建设局开展“杆线乱”整治、整理、整合“三整”模式探索工作，出台实施《建德市通信杆塔(线)迁建补偿标准》，形成建德典型经验。重点加强对沿新安江天际线、建筑物立面、农房风貌导控，形成《建德市农村建房风貌管控技术指引和负面清单》。完善城乡风貌数字管控体系，11个乡镇(街道)接入子平台“乡村小脑”六大公版（风貌智汇通乡镇级子平台)。编制并实施2个城乡风貌样板区的整治提升项目清单33个。创新出台单项合同估算价在400万元以下非依法必须招标小型项目的应急程序，确保有关项目推进。推动建(德)金(华)高速、国道320线建德境内段改建、桐溪大桥等重大交通项目建设，完成48千米“三江两岸建德绿道”全线贯通，串联环三江口12个特色景点。至年底，建德三江汇流县域风貌样板区创成省级“新时代富春山居图样板区”和省级风貌样板区，建德数智山水城市风貌样板区创成杭州市风貌样板区，建德市获得2022年度浙江省及杭州市城乡风貌整治提升工作考核优秀等次。

【“三改一拆”整治】2022年，全市拆除违法建筑10.01万平方米，完成杭州市年度任务的233%，年度拆后利用率87%。旧住宅区改造13.01万平方米，完成杭州市下达年度任务的100%。完成省、杭州市下发交办本市级“四边三化”问题点位2400余个，围绕“拆违塑美”，新建惠民利民的拆后利用小品40余处。投资300万元提升洋安体育健身中心，建成各类球场18个及配套生态停车位92个，洋安新城人均体育设施面积增加0.92平方米。严州古城拆改示范项目被评为全省十佳拆改示范项目第一名，主城区新电路区块、翠薇路区块等获得杭州市老旧小区改造“典型案例”。

【村镇管理服务】2022年度，全市229个建制村全部纳入农房“浙建事”全生命周期综合管理服务系统。完成莲花镇莲花村、航头镇珏塘村、大洋镇高垣村、寿昌镇石泉村“美丽宜居示范村”建设，杨村桥镇岭源村获评2021年度省级美丽宜居示范村验收优秀村庄。梅城镇和大慈岩镇有序推进中国人居环境(范例)奖申报工作。35户农村困难家庭危房完成改造。实施“农村建筑工匠培训”工程，全年164人参加培训，合格率98%，1名工匠获2022年度省

◎ 三江口风貌(市住房建设局提供)

级建筑工匠比武钢筋工类三等奖；组织“建德市2022年环三江口片区美丽城镇集群农村建筑工匠培训暨大洋镇第一届优秀工匠评选活动”，对获奖优秀工匠一等奖2名、二等奖3名、三等奖5名予以表彰并颁给证书。完成历史建筑安装“智慧用电”系统20处，维护修缮3处，应急抢修6处。

【设计(消防)管理】2022年，全市受理消防设计审查项目189件，其中消防验收备案120件、消防设计审查36件、消防验收33件。完成既有住宅电梯加装47台。

【招投标管理】2022年，持续落实“互联网+”电子招标投标工作。全年共完成建设工程招投标项目299个，其中通过杭州招标平台完成70个依法必须招标项目，总计造价18.06亿元；通过建德市公共资源交易中心平台完成229个小型工程建设项目，总计造价1.96亿元。

【审批事项服务】2022年度，建德市出台联合验收改革政策，全年完成联合验收工业项目6个、房地产项目3个、商业综合体1个。率先在杭州市开展简易低风险建设项目质量潜在缺陷保险试点项目，3个新建企业投资简易低风险工程建设项目实现“零图审、马上办、即开工”。全年执行施工图事后审查制度项目35个，取消施工图图审项目3个，实现政府购买图审服务项目136个。制定《建德市老旧小区改造“一件事”集成改革实施方案》，老旧小区改造从立项到验收，审批时长缩短71.8%，材料精简58.0%，并列入第一批“杭州市城镇老旧小区改造可复制经验做法清单”。

【美丽城镇建设】2022年，投资100万元，在主城区实施新中后巷、严州大道西入口等节点公园改造，推进主题花园和环境建设，开展虹桥公园等5个城市小公园新建、改建。完成凤凰山公园、江滨公园等4处立体花坛和环境小品制作，其中江滨公园“活力生境”“江清月近人”2个环境小品立体花坛获杭州市一等奖。“美丽杭州”环境整治园林绿化专项全年排名杭州市B组第二。三都镇、杨村桥镇获评“省级园林镇”，建德市政府机关大院、江和城和风苑、观澜府被评为浙江省园林式单位(居住区)。

2月，建德市环三江口片区美丽城镇集群入选浙江省2022年美丽城镇集群化典型培育案例名单，梅城镇、三都镇、乾潭镇等镇共12个村纳入培育范围。全年完成乡镇(街道)工程类项目101个，项目进度100%，新增城镇道路73.8千米、绿道151.3千米，改造老旧小区22个，新增停车位3915个，拨付建德市级保障及样板奖补资金2.15亿元(不含省、杭州市上级奖补)，创建国道320线建德境内段、“四好农村公路”下(涯)岱(头)线等省级精品道路3条和"三江诗路"等美丽乡村精品廊线10条。至年底，下涯镇之江村、三都镇松口村创成浙江省未来乡村，寿昌镇山峰村、梅城镇千鹤村创成杭州市未来乡村；洋溪街道洋安社区创成浙江省未来社区；三都镇、大慈岩镇、下涯镇获评美丽城镇省级样板，更楼街道、下涯镇、杨村桥镇、莲花镇、航头镇获评美丽城镇杭州市市级样板。建德市获2022年度浙江省及杭州市美丽城镇建设工作考核优秀等次。

◎ 钦堂乡葛塘村民居（市农业农村局提供）

【市政设施管理】2022年，全市城市道路平路整治工程合计摊铺修复沥青道路约10万平方米，检查井整治提升279只，人行道整治3592平方米，道路侧平石新建及维修3169米，新建雨水口149座，雨水管道埋设1408米，树池处理183座。投入200万元实施并完成新中后巷、程周坞等道路整治。投入240万元实施严州大道西入口、洋安大桥桥头、中医院路段交通治堵项目。投入280万元推进洋安江滨公园八佰伴段、城区江滨公园水韵天成段等4处公园无障碍设施建设。完成93个重点区域和10处公共服务场所无障碍设施提升改造，绘制"礼让盲道"标志400余处。添置充电桩19个点位共252枪，新增城区地下停车位863个。

（江　婷）

供水和排水

【概况】2022年，建德市城乡实现供水总量20800万吨。其中城市供水由新安江第一自来水厂和第二自来水厂主供，8家乡镇水厂为补充，实现生活和工业污水环保处置1712.07万吨。乡村生活用水供水以8家乡镇水厂为主，新安江第一自来水厂和第二自来水厂为辅，全年供水4819万吨。

继续强化供排水管理和保障，建立"平战结合"运营机制，在做好日常安全运营的同时，严格按照相关要求和标准，完成建德马拉松大赛等赛事期间以及疫情、低温冰冻、高温干旱等特殊时期供排水保障工作。

正式启动全市水务一体化工作，至年底，三都、杨村桥、航头等3个镇完成管网和智能水表摸底排查，李家、大同、大慈岩等3个镇完成水厂摸底排查。

【供水及重点工程】新安江第一自来水厂和第二自来水厂归属于建德自来水有限公司，主要负责主城区及部分乡镇供水，2022年共取水（地表淡水）4956万吨、供水4819万吨，最高日供水量达到16.75万吨。年售水总量4242万吨，实现售水工业总产值7045万元、销售产值6199万元。

西线供水二期工程，总投资3.4亿元，建设期为2022—2024年。该工程内容为新建新安江第二自来水厂至寿昌、航头、大同、李家、大慈岩镇供水管网70千米，新建5座加压泵站及高位水池，实施南线泵站清水池扩建、7座乡镇水厂提升改造、供水管网GIS系统建设等。2022年7月开工建设，至年底完成寿昌集镇至大同集镇段管网铺设15千米，累计完成投资额2500万元。

建德市高层住宅二次供水设施改造项目，总投资额4298万元，建设期为2022年至2024年，建设内容为新安江、洋溪、更楼、寿昌、梅城、乾潭、下涯、杨村桥8个镇(街道)共计89个在役高层住宅及高地势小区的二供泵站改造，包括生产、消毒流程物理分隔、水泵及管路系统、电气及自控系统、安全系统、在线监测系统、相关配套工程以及建设智慧管控平台等内容。2022年8月启动，至年底，完成恒水大楼、清江星辰、月亮湾等共9个高层住宅小区及1个高地势小区(金谷小区)二次供水设施改造，完成投资640万元。

新安江第二自来水厂二期工程，2022年6月竣工试运营，同年8月正式并网运营。项目运营后，第二自来水厂制水能力由6万吨/日提升至12万吨/日，制水能力增长1倍。

【污水处理及重点工程】2022年，全市城市污水集中处理率97.54%，比上年提高0.49个百分点。主城区主要由杭州建德污水处理有限公司城东污水处理厂负责，全年完成污水处理量1662万吨，日均处理量4.55万吨，运行负荷率为92.9%，出水水质达标率100%。另有寿昌污水处理厂等建德市水务有限公司下辖的8家乡镇污水处理厂作为补充。全年完成污水处置50.07万吨，达标率100%。

实施桥东至洋安及桥南区块雨污管网提升工程，该工程总投资4.08亿元，建设期为2022年至2024年，按照“零直排”长效管理要求建设，涉及桥东至洋安区块、桥南区块，主要内容为提升各类雨污主支管网约75千米，完成56.51千米立管改造、6601座配套检查井及2937座化粪池修复及配套路面绿化恢复。项目于2022年8月开工，至年底，完成工程量的30%，包括提质8个污水零直排小区扩面改造、污水管网建设7千米、雨污管网提升15千米、雨水管网新建4千米、雨污分流管网新建9千米、雨水管网提标7.5千米。累计完成投资额1.0亿元。 **(温晓财)**

2022年建德市城市供水到户价格一览表

表15 单位：元/米^3

用水类别			供水价格	污水处理费		到户价格	
				主城区街道	乡镇	主城区街道	乡镇
居民生活用水	户年用水量（立方米）	0~300（含）	1.22	0.95	0.4	2.17	1.62
居民生活用水	户年用水量（立方米）	300~420（含）	1.83	0.95	0.4	2.78	2.23
居民生活用水	户年用水量（立方米）	420以上	3.66	0.95	0.4	4.61	4.06
居民生活用水	非“一户一表”抄表到户的居民用户、居民合表用户和执行居民生活用水价格的非居民用户		1.25	0.95	0.4	2.2	1.65
非居民生活用水	工业用水		2	1.8		3.8	
非居民生活用水	非工业用水		2	1.6		3.6	
特种行业用水			3.5	2		5.5	

说明：居民生活用水供水价格执行建政函〔2015〕11号文件，非居民生活用水供水价格执行建价综〔2017〕17号文件，污水处理费执行建政函〔2022〕46号文件

【农村饮用水安全建设】2022年末，全市有农业人口37.9万人，占全市总人口的74.3%。建德市农村饮用水达标提标行动自2019年开展以来，至2022年末，累计投资4.41亿元，完成城市管网21处，乡镇级水厂扩网15处，单村供水站新建、提升改造125处，形成“城市管网为主、乡镇水厂管网延伸为辅、单村供水站为补充”的三级供水格局。

2022年，全市完成除险加固病险水库5座、山塘31座；完成农村饮水安全工程54处，实施农村供水管网改造30千米，包括水源地改造、管网更新等工程。各级投入工程资金2100万元，新增解决饮用水问题人数6700人。其中列入省政府民生实事改造农村供水管网项目5处（大同镇2处农村供水管网12千米、杨村桥镇1处农村供水管网8千米、三都镇2处农村供水管网10千米）。在7月、8月高温持续干旱天气期间，统筹全市做好分时限时供水，加强供水水源管理；加大农村饮水安全提升、农业灌溉设施建设等。层层压实除险保安责任，做好旱情监测和供水管理调度，完善应急预案，确保抗旱应急措施落实到位。 **(周晓雷)**

供 电

【概况】2022年，建德市全社会用电量44.00亿千瓦时，比上年增长3.1%。其中，第一产业用电0.59亿千瓦时，增长53.3%；第二产业用电32.13亿千瓦时，下降2.1%；第三产业用电5.69亿千瓦时，增长14.2%；城乡居民生活用电5.59亿千瓦时，增长25.1%。工业用电量31.39亿千瓦时，下降2.3%。全市规模以上工业能耗总量增长4.8%，单位工业增加值能耗增长1.5%。建德电网最高负荷73.7万千瓦，增长4.0%，创历史新高。全年投产10千伏及以上线路13回，线路里程345.71千米。

持续开展提质增效，全年建德市供电公司增效5000万元，新增有效资产2.11亿元。建立三级物资仓库体系，供电所智慧仓库建设覆盖率达100%。线损管控工作第5次入选国网“百强县”，更楼所获评月度全国供电所百强、年度浙江省“三十强”。

【落实特殊时期企业服务措施】2022年，全市出现夏季罕见持续高温、用电最大负荷持续最长时间现象，建德市供电公司成立电力负荷管理中心，科学合理调配资源，帮助企业调整生产时间，压降负荷超过最大负荷20%，8月售电量实现正增长，实现电网安全与经济提升双赢。全力支撑地方经济发展，12个地块签订电力接入工程费用分担建设协议，为63户工商业用户办理欠费不停供业务，“电e金服”助力10家中小微企业低息融资3724.2万元。开展直流融冰演练，省内首次实现融冰可观可控。

【用电安全建设】2022年，平稳实施220千伏浪川变全站设备首检等1.1万项主配网生产作业，“三跨”改造全面完成，彻底消除建德区域四级电网风险。推进数智强安工程，标准化运作安管中心，全面推广应用“数字工作票”，全面运用4G+量子加密、合闸速断等数字化手段，投运全自动FA线路108条，配网故障自愈能力得到多次实战化检验，用户平均停电时间较上年压降64%，降幅全杭州市第一，全域供电可靠性100.0%，排名全省第四。修编“1+32”预案体系，完成应急能力建设复查评价，开展大楼消防等综合演练，应急水平得到进一步提升。

【电网建设】2022年，取得《建德市“十四五”电力设施布局规划》批复。220千伏睦州变、110千伏五马洲变纳入杭州市电网“十五五”规划，110千伏洋安变取得选址意见。开工建设500千伏建德输变电工程、110千伏大洋输变电工程，完成建德变配套及建德南牵引站外线工程前期工作。完成杭州首座户外AIS变电站(排岭变)一键顺控实用化改造。全年投资1.80亿元，新建10千伏线路13条，新建及改造配变374台、环网箱(室)27座，安装智能开关221台，全面优化城乡网架结构，提升设备运行可靠性。

【民用充电桩扩面】2022年，开展老旧小区充电桩整体加装，完成2处高速服务区充电站扩建、4处城区老旧充电站改造升级，充电网络覆盖全市13个乡镇(街道)和全部AAAA级旅游景区。

(朱存远)

供 气

【概况】2022年，建德市有供气企业2家(管道燃气企业建德市天然气有限公司、瓶装燃气企业建德市建燃液化气有限公司)，全年管道燃气用户总数5.8万户、年供气量5850.93万立方米，瓶装燃气用户供气量达9000吨 。全年管道燃气完成高压管线建设10.8千米，中压管线12千米，完成管道燃气新开户4781户。

全年开展企业安全制度、场站、经营站点、管线等各类检查650站次，排查发现安全隐患172条次，下发整改通知书15份、停业通知书2份、隐患单位处理通报1份，移交综合执法部门案件10余起，处罚金额25.8万元。完成全市1069家餐饮场所可燃气体报警装置安装，完成6家燃气企业安全在线平台建设、企业安全评估工作，接受住建部、省住建厅实地调研2次，杭州市燃气安全检查6次。

【建德市天然气有限公司成立】2022年11月28日正式挂牌成立，浙江省能源集团浙江浙能燃气股份有限公司(以下简称浙能燃气公司)、杭州市城市建设投资集团杭州市燃气集团有限公司（以下简称杭燃公司）在建德组建国有控股公司完成一体化改革。至年末用气总户数达5.87万户，燃气管道总长约650千米。其中浙能燃气公司建德市经营范围为新安江主城区(新安江街道)、洋溪街道、更楼街道(更楼工业园区除外)、下涯镇(不含马目片))和莲花镇行政区域。2022年，完成投资372万元，新开户2420户，至年底总用气户数47521户，年度燃气管道建设约311千米，年供气量2571万立方米。

杭燃公司建德市经营范围为除3个街道之外的其他13个乡镇，其中更楼街道的更楼工业园区、下涯镇的马目片也在其经营范围之内。2022年，完成投资1739万元，新建中低压管网20.9千米，新开户2361户。至年底总用气户数11197户、燃气管道建设约248千米，年供气量3500万立方米。

【建德市建燃液化气有限公司成立】2022年，瓶装液化气企业通过整合，关停建达、众源液化气储配站，保留美亚、鹏兴2家负责市域内液化气充装，新成立建德市建燃液化气有限公司，负责市域内液化气销售配送工作，年销量达9000吨，相当于14.5千克标准液化气钢瓶63万瓶，其中新安江街道8.5万瓶、大同镇4.8万瓶。有液化气供应点瓶库37座，其中乾潭镇、梅城镇各5座，更楼街道4座，寿昌镇、下涯镇、航头镇、杨村桥镇各3座，新安江街道、大洋镇各2座，洋溪街道、大同镇、李家镇、三都镇、莲花镇、大慈岩镇、钦堂乡各1座。

【高中压管道建设】按照杭州市城乡一体化相关工作部署，杭州市天然气高压管网建设主体为杭州天然气有限公司，该公司由杭州市燃气集团有限公司(以下简称杭燃集团)、壳牌(中国)有限公司和壳牌中国私有有限公司，以及香港中华煤气(杭州)有限公司出资组建。在规划中结合浙江省天然气管网规划以及杭州市域天然气利用形势，规划期内建德市管输气气源主要来自杭州市域高压管网“桐庐—建德段(S18)”在建德境内设置的安仁、乾潭、杨村桥、下涯、更楼、航头6座高中压调压站。2018年8月30日，杭州市域高压S18-1建德(下垄口—安仁阀室)安仁段天然气高压管道完工，建德由此正式进入管输天然气时代。乾潭阀室于2020年7月23日开工至2021年11月30日通气，同步实施杨村桥段工程建设，至2022年底杨村桥阀室基本建成。

【天然气价格】按照《关于调整市区供暖季非居民民用天然气销售价格和居民生活用气阶梯气量的通知》《关于调整非居民天然气销售价格的通知》执行。居民用户销售价格按照用气阶梯价格制度。第一阶梯用气量为276立方米(含)以下，销售价格为每立方米3.10元(含税，下同)；第二阶梯用气量在276~1280立方米(含)，销售价格为每立方米3.72元；第三阶梯用气量为1280立方米以上，销售价格为每立方米4.65元。学校、社会福利场所、宗教场所、城乡社区(居委会)公益性服务场所等非居民气价3.41元/立方米。公建、工商(含工业用户食堂部分）用液化天然气的用户气价为4.65元/立方米（上述收费价格为杭燃的收费标准，浙能公司统一按照4.65元/立方米)。工业(不含食堂部分）用液化天然气的用户气价格根据用户年累计用气量大小，执行市场联动定价模式。高压管输气非居民用户气价参照浙江省、杭州市或建德市改革局物价部门出台相关非居民管道天然气销售价格文件执行。若因上游气源紧张限供，需代购额外气量，则按上游采购价格执行。

【安装费用标准】2022年，全市住宅小区管道燃气设施预埋和改造收费标准参照《关于住宅小区管道燃气设施预埋和改造收费标准的通知》文件，住宅小区管道燃气设施预埋费：普通住宅(含多层、小高层、高层)2000元/套(户)，排屋2600元/套(户)，别墅3600元/幢(户)。商业的配套费按照工程预算收费，包含设计、施工、材料、报警切断装置等。

（季文良）

建筑业和房地产管理

【建筑业管理】2022 年度，全市建筑业总产值（按纳入统计库内口径的 52 家企业）为 65.2 亿元，比上年增长 0.7%，其中省内产值 60.6 亿元，比上年下降 2.1%。全年建筑业增加值 34.9 亿元，比上年下降 4.8%，占地区生产总值的比重为 8.0%。

全市所有建筑业企业税收占全市税收比重为 8.0%。新增一级总承包资质企业 2 家、一级专业承包资质企业 1 家。全年核发施工许可证 114 份，建筑面积 196.15 万平方米，下降 29%，施工合同金额为 39 亿元，下降 20%。

全年开展常规性检查 347 次，累计检查工地 733 个（次）；共出具“责令整改通知书”593 份、“责令停工通知书”45 份，落实整改质量、安全、文明施工隐患问题 2100 余处；全年共立案处罚 65 起，其中一般行政处罚 13 起、简易处罚 52 起，同时给予施工企业和监理企业不良行为信用扣分 47 分。

2022 年度，全市累计获评创杯评优工程 73 个次，其中浙江省建筑施工安全生产标准化管理优良工地 4 个、杭州市建筑施工安全生产标准化管理优良工地 10 个、建德市“双标化”工地 25 个、杭州市建设工程结构优质奖 11 个、杭州市“西湖杯”4 个、建德市“新安杯”19 个。（江　婷）

【房地产业管理】2022 年，全市房地产完成投资 34.6 亿元，比上年下降 9.6%，其中住宅投资下降 4.6%。年度房屋施工面积 232.85 万平方米，下降 16.2%。其中新开工面积 6.48 万平方米，下降 89.1%；竣工面积 16.64 万平方米，下降 72.8%。

全年二手房网签量 2979 件、面积 29.06 万平方米、金额 28.96 亿元，其中住宅 2711 件、面积 27.92 万平方米、金额 28.13 亿元。

全市商品房销售面积 19.27 万平方米，下降 58.4%，其中住宅销售 17.27 万平方米，下降 59.4%；商品房销售额 21.37 亿元，下降 64.1%。年末商品房待售面积 8.67 万平方米，比上年末减少 0.59 万平方米，其中商品住宅待售面积 2.92 万平方米，比上年末减少 0.98 万平方米。

9 月 8 日，市政府发布《关于促进我市房地产市场平稳健康发展的通知》（该通知共 7 条，简称“建七条”），分别从安居补助、企业购房补助、完善金融支持政策等方面，促进建德市房地产市场平稳健康发展。其中，购房补贴和契税补贴为先到先得。通知规定个人在建德市购买新建商品住房（以网上签订《浙江省商品房买卖合同》时间为准），并在所购商品住房具备办理产权证条件之日起 1 年内，提交购房消费补助申请，给予购房款 1%的补助。单套最高补助不超过 5 万元。除此之外，提交购房契税补贴申请，给予购房者已缴纳契税额的 80%补贴。补助金额以实际缴纳的契税地方留存部分为上限，单套补助最高不超过 3 万元。以上两项补助可累计享受。购买二手住房的，比照购买新建商品住房的标准，享受 40%的补助。补助资金由市财政保障，额度为 3000 万元。2022 年 9 月 8 日至 12 月 31 日，3000 万元额度满即止。至年末，共网签商品住宅 271 套，二手房网签 908 套，补助金额约 2000 万元。（江　婷）

住房制度改革和住房保障

【住房制度改革】2022 年，全市公共租赁住房（廉）在保家庭共 137 户，其中实物配租 63 户，租金补贴 74 户；共审批房改房维修基金申请 104 个单位、9218 户，维修面积 2.88 万平方米，支付维修基金利息 81.8 万元；共核批职工住房补贴 65 户，补贴面积 3343 平方米，补贴金额 64.77 万元；完成 10 户高层次人才购房补贴审批工作，发放购房补贴 280.5 万元；通过“亲清在线”平台共发放大学生租房补贴 240 万元。

全年房产测绘成果入库 176 个，电子档对外查询 4188 次，房地产项目备案 6 个，商品房合同变更 124 个，商品房合同撤销 39 个。通过政务 2.0系统受理办结装修备案 693 件，房屋租赁备案 32 件。

【房产和住房保障管理】2022年度，全市共完成10个项目1293户回迁安置。全年安置房竣工面积21.5万平方米，交付面积19.4万平方米，交付率90.2%。

继续开展全市自建房排查工作，全年共排查27.04万幢，初步判定隐患自建房1357处，经鉴定确认危房280处(C级44处、D级236处)，均录入"农房浙建事"系统。全市完成对困难农户危房改造35户。

继续开展居民生活小区各项评比活动，梅城镇紫薇苑安置房小区被评为杭州市"最美安置房"小区。新安江主城区城中花苑、江和城和风苑、金色阳光、金山湾公寓、致中和花园、依城苑6个小区被评为杭州市2022年杭州市"美好家园"住宅示范小区，林溪郡、近溪家园、月亮湾等7个小区开展杭州市级垃圾分类示范小区创建并获得验收通过。完成对杭州大明化工有限公司征收补偿工作，补偿金额2644.67万元。全年全市共收缴维修基金2548.65万元，收缴项目14个。（江　婷）

住房公积金管理

【概况】2022年底，杭州住房公积金管理中心建德分中心(以下简称建德分中心)资产总额29.69亿元，负债总额27.43亿元，净资产总额1.46亿元，比上年增长0.7%。

年末实缴公积金职工人数4.84万人，比上年增长4.7%。全年归集11.66亿元，比上年增加5626.63万元，增长5.1%。全年累计提取9.32亿元，比上年增加2396.5万元，增长2.6%。历年累计提取住房公积金78.95亿元。

全年发放贷款445户、2.09亿元，分别比上年下降45.2%、45.7%。历年累计发放贷款2.14万户、65.8亿元。全年收回33.85亿元，比上年下降2.9%。

年末贷款余额30.08亿元，存量公转商后贷款余额24.97亿元，比年初下降6.0%。;年末存量贷款户数9000户，比年初减少100户。住房公积金逾期贷款1.32万元，逾期率为0.002‰。个人住房公积金贷款比率99.5%。住房公积金运行平稳，风险可控。

全年实现增值收益3080.56万元，比上年增长16.1%，完成全年增值计划的123.2%。上缴市财政2022年度城市廉租住房建设补充资金2315万元，增长26.8%。累计上缴市财政城市廉租住房建设补充资金2.07亿元。

【落实公积金贷款新政策】2022年，建德分中心继续贯彻落实"房住不炒""租购并举"总体要求，支持刚需群体购房，助力解决中低收入人群住房问题。调整公积金使用政策，提高租房提取额度和首房首贷最高贷款额度。落实首套房公积金贷款利率下调政策及《关于提高无房职工家庭住房公积金贷款额度的通知》《关于实施三孩家庭住房公积金优惠政策的通知》精神，全市三孩家庭首房首贷和无房职工家庭住房公积金贷款额度限额标准上浮20%。全市享受首次购房无房职工家庭贷款政策71笔，累计金额约3776万元，占全年发放贷款总额的16.2%；享受高层次人才政策1笔，金额75万元。

【开展助企纾困行动】2022年，建德分中心贯彻落实杭州住房公积金管委会《关于实施住房公积金阶段性支持政策的通知》精神，对受疫情影响的缴存企业，许可申请下降住房公积金缴存比例或缓缴到期后补缴；对职工因受疫情影响而不能正常偿还贷款，不作逾期处理。成立领导小组，坚持"一企一策"，与企业负责人积极沟通，实地了解企业生产经营情况和存在困难，设立"绿色通道"，减轻企业负担。阶段性提高职工公积金租赁提取限额标准，无房租赁职工可按月提取本人住房公积金账户余额(原政策为每年提取一次)，提取限额按现有标准上浮25%，三孩家庭无房租赁提取限额按规定额度标准上浮50%。全年共受理3家企业公积金缓缴和35笔职工贷款不作逾期申请，涉及金额157.6万元。

【住房公积金缴存覆盖扩面】2022年，建德分中心按照加快"扩中、提低"重要部署，扩大住房公积金缴存覆盖面,确保公积金制度普惠性落实。与市人社局、市总工会加强协作,在住房公积金列入个人劳动合同的基础上,推动公积金内容列入集体劳动合同。重点对新注册企业、拟上市企业、高新技术企业、本地领军企业进行上门走访和政策宣传。安排专人对接“企业开办一件事”,掌握公积金新开户单位信息,及时跟进企业建缴进度。定期走访企业进行排查摸底,全年对200余家公积金结算失败单位进行催缴,金额50万元;对23家欠缴6个月以上单位发送催缴函;对15家未建制企业发送催建告知书。全年新增建缴企业289家,新增建制缴存职工1.04万人(为年计划的2.3倍),实缴职工人数比年初增加0.22万人,实现在经济下行大环境下增长4.7%。

【推进公积金事项“一网通办”】2022年,建德分中心公积金跨省通办业务实现再升级,个人住房公积金缴存贷款等信息查询、出具贷款职工住房公积金缴存使用证明、正常退休提取住房公积金、住房公积金单位开户登记、住房公积金单位及个人缴存信息变更、购房提取住房公积金、开具住房公积金个人住房贷款全部还清证明和提前还清住房公积金贷款缴存八大办理事项均可在网上办结。同时,职工办理公积金异地转移接续业务可通过微信、支付宝小程序“全国住房公积金”App,实现住房公积金账户、资金的异地转移接续。全年单位开通网厅业务办理1.34万笔,公积金提取件办理18.05万笔,其中线上提取16.1万笔,“零次跑”网上办理比例达到89%。

【协助维护房地产市场稳定】2022年,受疫情冲击影响,建德房地产市场起伏变化较大,建德分中心组织全市房企、房产中介机构代表和专家召开座谈会,研判调整住房公积金贷款政策和二手房贷款指导价格,以政策导向稳定建德房地产市场。针对职工投诉案件,建德分中心派员走访企业开展调解,做到早介入、抓源头,先沟通、后执法,处理各类职工投诉案件10起,切实保障职工权益。贯彻落实《关于开展治理违规提取住房公积金工作的通知》精神,建立全省购房提取住房公积金信息协查机制,线上线下双重机制严格审核住房消费行为的真实性,严厉打击住房公积金骗提骗贷行为,保障全体缴存职工切身利益。 (潘　迎)

市容管理

【概况】2022年,建德市综合行政执法局(城市管理局)围绕“城市管理让生活更美好”宗旨,以“增强城市管理功能,提高城市治理能力”为目标,以“亚运攻坚年”“改革提质年”为契机,开展队伍正规化、执法规范化、管理精细化、信息智慧化、服务优质化等各项工作,推进市容管理取得新的成就。全年共办理各类案件2.51万件,其中一般程序案件2033件、简易程序案件5351件,处罚款296.85万元;违停车辆抄告1.59万件,受理各类举报投诉1833件;数字城管立案交办问题11.83万件,问题解决率100%,及时解决率97.8%;办理各类行政审批事项3367件,办结率100%;办理“两代表一委员”提案建议19件;办理“大综合一体化”行政执法改革划转事项首案24件,位列杭州地区第一。

【市容环境治理整治】2022年,以“宜居建德”建设为目标,在全市范围内常态长效开展“美丽杭州迎亚运”城市环境品质提升专项整治,重点是在全市16个乡镇(街道)高标准开展一条街、一条路、一条河、一个市场、一个企业等“十个一”示范点创建,以及“乱倒垃圾、工程渣土运输、住宅小区环境”三大整治,组织全市域“扮靓家园 蓝剑行动”,以优质环境服务保障亚运盛会,打造具有建德特色的最美“示范带”。全年累计排查垃圾偷倒214处,检查工地1197次、渣土消纳场所40次、运输企业162次、车辆3813辆;共立案128起,处罚金额21.82万元。对部分轻微违法行为,现场教育立整立改80辆次,推动整治行动向精细化、常态化和全域化发展。建德市“美丽杭州”环境大整治工作继上年度后再次位列杭州市B组第一。

【生活垃圾分类工作】2022年,建德市继续推进垃圾分类示范机关和省级高标准分类示范小区

(村)等创建工作,创新打造“精准分类 自主投放”小区试点行动,落实垃圾分类监管小区主体责任制,对25个生活小区的投放时间适当延长。全年全市处置生活垃圾11.29万吨,比上年下降6.6%;处置易腐垃圾2.86万吨,处置其他垃圾8.43万吨,易腐垃圾收集清运量占比为25.3%,分类效能提升显著。至年末,全市共创建省级高标准分类示范小区26个、省级示范村4个、省级示范片区1个、示范预备小区30个。建德市连续三年获评“浙江省农村生活垃圾分类处理工作优胜县(市、区)”称号。

【打造亚运观赛空间】按照“办好一个会、提升一座城”理念,坚持“精细、精准、精致、精彩、经典”和“高标准、高安全、高质量、高效率、高效益”,在主城区新安江广场、美好广场、双江步行街和寿昌、梅城、大同、乾潭等中心镇设立多点共享空间,共同打造具有宜居建德特色的“一核多点”多元化、差异化观赛空间。建德市工地围挡设置亚运宣传牌1189块,增设迎亚运景观小品10处,张贴海报1.12万张,以优质环境服务保障杭州亚运会。

【生活垃圾末端处置设施建设】以“无废城市”创建为目标,建成金丰分拣中心和大樟树分拣中心2座标准化运营的分拣中心,场地面积2.35万平方米,2022年共回收各类可回收物8.78万吨。完成71个生活垃圾投放收集设施和5座中转站的提升改造,新增分类运输车辆6辆,进一步提升“镇转运”能力。完成农村回收网点建设提升任务,至年末,全市共设置回收网点293个。

【开展“道路见底色”专项行动】3月,为进一步提升环境卫生水平,持续改善主城区空气质量,洁净“着装”迎亚运,在新安江主城区开启“道路见底色”专项行动。本次专项行动以高标准保洁区域(道路)——新安路、新安东路、严州大道、紫薯绿道、新安江广场为重点,以“道路无尘、路见本色”为标准,采取“磨+冲+刷+洗+扫”五步作业法,对高标准保洁区域(道路)进行全方位、地毯式、多频次的洗扫、冲洗作业,清除道路积尘和残留污渍,致力达到“横向到墙角、纵向到路边、标线清晰、路见本色”的保洁效果,着力改善市民出行环境。

【“大综合一体化”行政执法改革】5月10日,建德市召开“大综合一体化”行政执法改革工作推进会,通报建德市“大综合一体化”行政执法改革整体方案和进展情况,部署下一步具体工作。8月3日,召开进一步落实推进综合行政执法改革工作推进会,通报衢州市常山县“大综合一体化”行政执法改革工作经验。8月25日,建德市综合行政执法指导办公室和建德市司法局共同牵头,组织开展建德市行政执法人员全员轮训。共200余人参加此次培训。

同时,紧扣“大综合一体化”行政执法改革目标任务,加快基层执法标准化、法治化、智慧化、网格化建设,在全省率先完成一体化办公场所建设,实现一体化办公全覆盖,实现基层综合执法有人员、有阵地、有权责。至年底,全市16个乡镇(街道)综合行政执法队全部挂牌运行,形成涵盖综合行政执法和交通运输、市场监管等8支专业行政执法队伍的“1+8”行政执法队伍模式,通过集中办公、集中培训、集中行动等方式,使执法功能从割裂碎片化转变为融合一体化。全市下沉行政执法编制411名、执法人员359人,下沉比例为67%;全年共办结新划转事项案件655件,杭州市首案办结数位居各区县(市)第一。

【第五届“城管开放日”活动】11月10日,建德市综合行政执法局邀请部分建德市人大代表、政协委员和民主党派代表及社区代表、市民代表共计40余人,开展以“共商、共治、共管、共享”为主题的第五届“城管开放日”活动。代表们通过现场参观洋安江滨公园、市环境能源、数字化改革(新安·17清废“装修清废”一件事)等涉城管工作项目,了解全市市容环境整治成效和桥下空间利用实效、生活垃圾末端处置情况以及装修(大件)垃圾处置流程。（方银海）

责任编辑:黄建生

生态环保和自然资源

Ecologiy and Environment Protection and Natural Resources

环境保护

【概况】2022年，杭州市生态环境局建德市分局(以下简称建德分局)深入贯彻习近平生态文明思想，坚持稳中求进、稳进提质，全力改善提升市域生态环境，以打好污染防治攻坚战为重点，突出抓好环保督察反馈问题整改，完成各项既定目标任务。建立健全生态监测体系，完善生态监测装备，运用卫星遥感监测、无人机巡查等手段，定期开展自然保护地内生态遥感监测，做好问题图斑核查与整改。全市2021年度全省跨行政区域河流交接断面水质保护管理考核优秀，获评2021年度"五水共治""大禹鼎"银鼎优秀县、2021年度"五水共治"(河长制)工作考核先进区、县(市)，建德分局被评为2021年度大气污染防治考核优胜单位。

【执法机构更名】5月12日，中共杭州市机构编制委员会办公室印发《中共杭州市委机构编制委员会办公室关于区县（市）生态环境保护综合行政执法队更名的函》，明确"建德市生态环境保护综合行政执法队"更名为"建德市生态环境保护行政执法队"，执法队更名后的管理体制和设置模式不变，仍在主管部门挂牌，实行"局队合一"体制。

【环境质量】水环境：县级集中式新安江水厂水源地和备用白岭坑水库水源地水质达标率100%。全年跨行政区域河流交接断面水质考核优秀，7个县控以上地表水水质监测断面达标率100%，优于Ⅲ类比例100%，其中Ⅱ类水质断面占比87.5%，Ⅲ类水质断面占比12.5%。2021年度全省跨行政区域河流交接断面水质保护管理考核优秀，2022年建德市兰江(大洋章家—严东关)、建德市寿昌江(寿昌段)、建德市清渚溪(钦堂段)、建德市寿昌江(航头段)被评为浙江省2022年美丽河湖。

大气环境：主城区环境空气质量达到国家环境空气质量二级标准，细颗粒物($PM_{2.5}$)浓度持续下降。全年环境空气质量指数(AQI)范围为23~142，年均值为23.0微克/米^3，空气质量优良天数349天，优良率95.6%。二氧化硫(SO_2)、二氧化氮(NO_2)、细颗粒物($PM_{2.5}$)、可吸入颗粒物(PM_{10})四项主要污染物年均浓度分别为6微克/米^3、25微克/米^3、23微克/米^3、39微克/米^3，一氧化碳(CO)日均浓度第95百分位数0.7毫克/米^3，臭氧(O_3)日最大8小时平均浓度第90百分位数136微克/米^3。酸雨率15.6%，pH值范围为4.4~6.3，年均值为5.8，根据酸雨污染程度分级标准评价，建德市属于非酸雨区。全年主城区降尘量1.2吨/(平方千米×30天)，比上年度下降0.5吨/(平方千米×30天)。

声环境：全年主城区各类声环境功能区噪声均符合低于相应功能区标准要求，城市区域环境噪声昼间等效声级57.2分贝，城市道路交通噪声均值64.3分贝。主要影响声源为交通噪声和生活噪声。

【固体废物排放】2022年，全市城镇生活垃圾收集量11.29万吨，比上年度减少0.95万吨，处置量11.29万吨。工业固体废物产生量31.13万吨，比上年度减少3.25万吨。固废综合利用量31.09万吨（其中综合利用往年贮存量400吨），贮存量200吨，处置量600吨（其中处置往年贮存量10吨）。工业企业危险废物产生量4.67万吨，利用处置量 4.64 万吨（其中利用处置往年贮存量 1100 吨），贮存量 1400 吨。

【环境法治建设】全年查处立案环境违法案件 90 件，罚款 341.69 万元，其中轻微违法行为不予处罚案件共 20 件，未发生行政复议和行政诉讼。依申请公开政府信息件 6 件，依法披露企业环境信息 63 家，签订环境重点管理单位环境责任保险 11 家。

【环评审批服务】2022 年，建德分局深化“放管服”和“最多跑一次”改革，继续做好“区域环评+环境标准”改革的扩面工作，保障完成建德经济开发区（高新区块）转型提升规划环评。同步推进李家工业区块、乾潭工业区块等省级以下园区的规划环评，在全市经济开发区产业园区内推行“规划环评+项目环评”改革，通过实施“一免、四减、四保障”（一免：豁免环评编制；四减：降低环评等级、开展多评集成、简化环评编制、实行打捆审批；四保障：加强统筹监督、生态环境部门强化监督管理、改革区域管理机构抓好改革落实、建设单位落实主体责任）改革措施，优化环评审批服务，提升环评审批效能，提升办事企业的便利度和满意度。聚焦重点项目，完成屹通新材料股份有限公司 2 万件清洁能源装备关键零部件项目，5 家涉上审批化工项目，其中浙江深蓝新材料科技有限公司 6000 吨医用高分子新材料项目委托杭州审批，该项目为国内第一家可生产医用级聚酚树脂的企业，是建德化工产业转型升级的典范。浙江英联锂能新能源科技有限公司年产 2 万吨电池级电子材料项目环评通过专家评审，该项目总投资 4 亿元，成为新能源技术特别是锂电池行业技术在建德落户的第一家企业。全年建设项目环评审批 110 件，“区域环评+环境标准”备案 10 件，环境影响后评价备案 2 件，登记表备案 130 件，排污许可证审核发证 99 件。

【环境信访和执法监管】2022 年，建德分局受理环境信访 376 件，办结率 100%，回复率 100%，满意率 95%以上。办理各类环境提案议案 17 件，满意率 100%。同时，加大环境执法力度，严厉打击违法行为，开展“危险废物三年行动”“夏季监督帮扶”等各类环境执法专项工作。全年现场检查企业 1360 家次，发现各类环境风险隐患问题 419 个，出具监察意见书 22 份。开展 23 个典型行业排污许可证质量检查，共完成 121 家排污许可持证单位质量审核。完成 58 家许可证执行报告内容规范性审核。污染源日常监管“双随机”抽查 531 个，跨部门随机抽查 10 个，完成率 100%。全力做好长江经济带大保护和“绿盾 2021”自然保护地强化监督工作，完成生态环境损害赔偿案例磋商 7 起。

【环境监测】2022 年，建德分局全年获取水、气、噪声等常规数据 8 万余个，区域大气环境数据管理应用系统数据 55 万个，省控地表水交接断面监测系统数据 5.2 万个，饮用水水源地水质监测系统数据 3.2 万个。定期发布环境空气质量日报和预报 365 份、污染源及饮用水信息公开简报 4 期。完成省控空气站设备更新和电子围栏建设，新安江水厂水质自动监测设备更新、噪声自动站建设项目通过验收。

【环境管理体系认证】2022 年，建德分局完成企业清洁生产审核 20 家，ISO 14001 环境体系认证 63 家，低碳产品认证 1 家，绿色产品认证 5 家。

生态建设

【概况】2022 年，建德市坚定践行习近平生态文明思想，以推动高质量发展为主题，以“全力推动共同富裕、全面建设‘宜居建德’”为总目标，坚持方向不变、力度不减，聚力保持环境质量高位优势，切实履行生态环境保护工作职责，主打绿色牌，做实生态底，环境质量稳中向好，生态优势持续呈现，全国“首个气候宜居城市”品牌效应不断扩大：获评 2021 年度美丽浙江建设考核优秀县（市、区）、2021 年度生态文明（“美丽杭州”）建设考核优秀区（县）；获评 2022 年度浙江省农村污水治理工作考核优秀县市；中国社会经济系统分析研究和城乡发展规划研究专业委员会授予建德"全国农创客标杆地"奖牌;《农污治理工作全生命周期"指导员制"研究和试点工作》课题研究被评为2022年度杭州市村镇建设工作"揭榜挂帅"优秀项目;下涯镇(之江村未来乡村建设)成功入选全国"2022绿水青山就是金山银山实践"典型、"2022绿水青山就是金山银山实践"优秀镇。

【生态文明目标责任制】依据"美丽杭州"考核要求,制定完善生态文明"美丽建德"建设目标任务及考评规则,动员各方力量,全面完成目标考核(包括大气、水、土壤污染防治、法治建设等)三百多项任务。着力提升公众生态环境满意度,2022年度建德市生态环境满意度年度综合得分94.5分,位列杭州市第二、全省第三十二。

【生态文明示范市创建】2022年,建德分局对照国家生态文明建设示范区建设指标要求,开展规划修改和发布实施工作,梳理存在的薄弱环节,完成《建德市生态文明建设示范区规划(2022—2030年)(修编)》并通过省厅评审,制定《建德市生态文明建设示范区建设总体目标和重点任务》。持续推进国家生态文明建设示范区创建工作,建立健全体制机制,召开创建工作推进会,开展疑难和新增指标分析研判,并将各指标、任务落实到相关责任单位。组织编制《2022年度创建国家生态文明建设示范区评选材料》,开展国家级生态文明建设示范区申报工作。

◎ 湿地保护典范项目——岱头湿地(市农业农村局提供)

【共同富裕生态文明专班】建立和完善共同富裕生态文明专班运行机制,以道路工地扬尘、河道和饮用水水源地水质保护等工作为重点,专班集中针对的省共富考核四项指标(包括生活垃圾覆盖面、$PM_{2.5}$平均浓度、地表水达到或好于Ⅲ类水体比例、城市公园绿地服务半径覆盖率等)开展工作,各项考核目标高标准完成。持续推进12项重点工作,其中《大力发展有机农业,探索两山转化新路径》获评杭州市第一批争当浙江高质量发展建设共同富裕示范区城市范例最佳实践,《农污治理工作全生命周期"指导员制"研究和试点工作》课题获评杭州市优秀项目,《"三式"引育农创客,打造"两个先行"乡村示范》获评浙江省高质量发展共同富裕示范区最佳实践(第二批)城乡协调发展先行示范。

【污染防治攻坚战】大气污染防治:深化环境空气质量协同管控机制,强化督查巡查和通报排名,累计发现交办问题3387处。持续深化源头治理,检查服务企业312家，完成工业废气治理项目33个,“扬尘灰气”治理项目6个,“燃煤烟气”治理项目18个,“城乡排气” 治理项目230个,VOCs治理突出问题整改76个。其中建德海螺水泥公司在全省范围内率先完成二阶段超低排放改造，并通过省级专家验收;莲花镇列入全省第二批低(零)碳乡镇(街道)试点创建单位名单。同时,全力做好重污染天气应急减排重点行业绩效评级，完成企业自评资料复核上报95家，其中A级企业8家、B级企业6家,引领性企业1家。

水污染防治：完成县级水源地勘界定标工作和电子围栏建设,完成8个“千吨万人”水源地现状调查和问题排查整改，不断提升水源地监管水平。推进水环境治理,强化断面水质管控,开展省控断面走航工作。完成兰江口、三都大桥走航报告和“一点一策”编制,完成洋溪渡断面水质波动原因排查和整改。开展已创建“零直排”工业园区“回头看”,高新技术产业园成功入围全省首批“零直排”标园区建设试点。开展零直排区建设,完成5个镇街污水零直排提质扩面。完成农污零直排村建设7个,完成2021年提升改造项目竣工35个,完成农村生活污水处理设施的标准化运维全覆盖,提升改造设施26个,全年长效运维管理工作有序开展。建德高新技术产业园区列入2022年度省级标杆工业园区 “污水零直排区”培育名单。

土壤污染防治:强化耕地土壤安全管理,建德分局完成受污染耕地“源解析工作”。结合本土污染现状和调查监测结果，完成解析方案编制并开展协同监测。完成杭新固体废物处置有限公司刚性填埋场、星宇炭素废活性炭再生等补缺口项目落地投产。全面深化物联监督监管,开展“浙固码”赋码、视频监控模块实时预警联网26家,严格落实建设土地用途变更前污染状况调查工作,2022年累计开展用途变更土壤评审14块，审查通过14块,实现“浙里净土”平台调查评估信息共享。探索数字治土试点建设,完成两个在产农药厂VR可视化全厂区还原,实现整体修复可追溯可还原。结合疫情防控工作，完成涉疫垃圾包装物资应急采购与末端设施应急处置启动，全年配送53080套,协调处置涉疫垃圾576.58吨。

【环保督察整改】2022年,建德分局根据浙江“七张问题清单”(指重大巡视问题、重大审计问题、重大督察问题、重大生态环保督察问题、重大安全生产问题、重大网络舆情问题和重大信访问题等)，强化组织保障，成立建德市生态环境保护督察迎检工作机构，全面做好迎检和整改工作的组织领导、统筹协调。开展重大安全风险隐患排查,全面摸排重点行业重大风险,加强监管和执法检查,及时总结存在的安全隐患。

狠抓整改落实,建立“五+X”(即由杭州市生态环境局建德分局牵头,市纪委、市委组织部、市督查考评办、市信访局为主要成员,其他信访件主协办单位组成的专项督察组）部门联合督察工作制,落实纪检看责任、组织看干部、考评看进度、信访看程序、环保看质量为职责分工的分批次分阶段督察行动。

制定整改方案,明确整改目标、措施、时限和责任分工,保证整改工作稳步推进。2022年,全市累计被省级采纳面上管控问题683条，省级清单问题1条、杭州市级清单问题20条,获得杭州市示范榜案例2个。2021年省委生态环境保护专项督察交办信访件4件，按期整改销号率100%。2022年省委生态环境保护专项督察期间,建德市采取上下联动、配合协作、全面排查、及时沟通、闭环处置等举措,实现重点办件、重大舆情、责任追究“三个零”,省委督察组交办建德市信访件1个,全市信访交办件数量仅占杭州市1.2%。

【生态文明宣传】2022年,建德分局围绕世界环境日主题,在生态文明的宣传工作中,突出生态文明示范市创建、无废城市创建、污染防治攻坚战等各项工作,在全市范围内开展广场联动咨询宣传、环保公众设施开放、环保业务专家讲座、社区宣传等活动40余场次,营造全市生态环境保护工作良好舆论氛围。设立新闻专题专栏,开展“共建清洁美丽世界”联动宣传咨询、“保护生物多样性 ”小朋友有“画”说、环保公众设施“云”参观、“共建清洁美丽世界 ”环保宣传进社区、“环境保护法”共享法庭等10余个专项宣传。深入推进生态文明多绿系列创建工作。2022年,建德梅城初级中学、建德市洋安幼儿园两所学校创建为杭州市级绿色学校，建德市妇幼保健院、建德市中西医结合医院两所医院创建为建德市级绿色医院。

【生物多样性调查和保护】2022年，建德分局启动全市生物多样性基础信息调查，摸清家底，完善生物多样性数据库，开展水生生物多样性基础调查，推动生物多样性保护工作有序开展。全面开展全域网格化生物多样性调查评估，完成第三季度调查评估报告。创新开展有机食品生产赋能生态环境保护及“两山转化”探索实践，推动钦堂乡葛塘村有机村建设。

【生态领域数字化建设】2022年，建德分局结合矿山和碳酸钙行业整治、水泥行业超低排放改造工作，推进矿山企业安装视频监控、空气微站和工况监控。在杭州地区首个试点道路雾化喷淋降尘，完成4.5千米共70套喷淋设备建设。全面完成省市试点，省“无废城市”数字化改革项目通过省级专家评估验收。“碧水提质”饮用水水源地管理子场景建设试点完成建设，并投入试运行。“数字治气”纳入省生态环境厅《全省生态环境系统重点应用“一本账S0”》，“数字治气”相关做法在省政府专报、《美丽浙江》刊登，并获得副省长卢山、杭州市副市长胡伟批示肯定。 （叶黎青）

国土规划和自然资源管理

【概况】2022年，建德市存量土地处置新增建设用地奖励计划指标78.6公顷，创五年来新高，总量居杭州地区三县市（桐庐县、淳安县、建德市）第一，差额奖励位居全省县市（不含区）第二。全年土地出让、矿业权出让和指标调剂收入超40亿元；构建“人防”+“技防”耕地保护新格局，实现对全市60%以上耕地面积进行24小时全程监控，为建德全市经济社会的稳定发展提供强有力的规划资源保障。大同镇全域土地综合整治与生态修复工程获评省级精品工程，争取奖励资金1000万元；市国土规划和自然资源管理局（以下简称市规资局）2022年度在杭州市规划资源系统中综合考评为优秀单位。

【国土空间规划】9月30日，国土空间规划“三区三线”划定成果通过自然资源部审核批复，成为建德市后续用地组件报批的重要依据。市规划和自然资源管理局（以下简称市规资局）组织开展2022年度第一期至第九期规委会，审议通过《建德市更楼单元控规》《建德市更楼水产业单元控规》《建德市桥南单元控规》《建德市叶家寿昌江两岸单元控规》《建德市桥南—更楼区块城市设计》和《城东商务大厦新建工程方案设计》《新安江街道江村埠棚户区改造安置房工程建筑设计方案》《建德市“十四五”电力设施布局专项规划》等共52个项目。

结合国土空间规划编制工作，完成2021年编制规划收尾工作，继续开展主城区重点区块规划编制、相关专项规划编制工作和杭州市局交办编制工作。《建德市桥南—更楼区块城市设计》《建德市桥南单元控规》《建德市更楼单元控规》《建德市更楼水产业单元控规》《建德市叶家寿昌江两岸单元控规》等城镇控规于9月取得市政府批复，完成《城南新区规划》编制；《寿昌镇西华单元乡村规划》编制通过市规委会审议；有序推进《建德市消防专项规划（2021—2035）》《城南新区综合管线专项规划》《城南新区竖向及道路专项规划》等编制；完成《建德市村庄规划评估》《建德市农村居住空间（含公共服务设施）专项规划研究》并取得成果，编制《农村产业空间（含农业设施等）专项研究》。开展城市有机更新前期工作，深化城市重点区块规划研究。完成新安江街道江村埠区块、洋溪街道洋安恒明环保区块、大慈岩镇工业区块等区块规划研究，启动《洋溪街道莲花溪两侧区域规划研究》，同时做好驻镇规划师日常指导督促工作，以及乡镇、平台规划编制指导、成果审查工作。

【规划管理】2022年，市规资局在规划管理过程中积极组织专家和部门论证会，广泛听取各种意见和建议，力求各个建设工程项目做到最合理、最优化，既能与国土空间规划相符合，也能满足相关专项规划和技术标准规范的要求。现场踏勘、指导服务，推进潜水酒店、江村埠安置房、国网电力医院、新安江村总部大楼、洋溪 N-1-3 地块、洋安幼儿园、农产品批发市场等一批重点项目方案的审查。现场踏勘建设工程“竣工规划核实和土地复核验收”联合验收项目,综合统筹规划资源管控要素,完成市重大项目——喜来登酒店、龙大江景府、新安明月、江上云起、玉上府等 10 余个建设工程的联合验收工作,使项目办理的环节、材料、时限大为缩减。

【农转用报批】根据“保重点、保平台、保民生”的原则,建德市编制完成《2022 年度用地保障计划》。全年完成农转用报批 12 个批次,争取农转用指标 114.8 公顷。重点保障乌龙山抽水蓄能电站、国道 320 线建德段改建等省级以上重点项目用地需求。其中国道 320 线建德段改建工程,实行专人对接全程跟进,较往年类似报批项目缩短半年周期。

【土地出让】2022 年,全市工业用地出让 43 宗(含协议出让 5 宗)、面积 105.7 公顷,重点保障中策杭橡公司、屹通新材科技公司、大洋生物科技公司等一批产业用地需求,成交量和工业占比均居杭州各县(市、区)前列,完成杭州市下达年度任务(52 公顷)的 203%。

【地质灾害防治】2022 年,市规资局完成 1:50000 全市域地质灾害风险普查工作,完成 11 个乡镇(街道)地质灾害风险调查评价,并推动成果转化应用。完成 10 处监测预警实验点(含无线简易雨量报警点)建设,全年累计建成 39 处地质灾害专业监测预警试验点,进一步完善地质灾害专群结合专业监测网,提升监测能力。持续加强地质灾害风险隐患综合治理,全面落实“即查即治”制度,全年查明灾险情隐患 23 处,其中交工验收 2 处、避让搬迁 1 处、正在施工 8 处、完成方案编制 11 处。全年完成 3 处隐患点核销,新增 1 处地质灾害隐患点,至年末有 5 处隐患点在库,其中交工验收待竣工验收 2 处、正在施工 1 处、完成设计方案 1 处、需重新设计治理方案 1 处。

全面贯通“地灾智治”应用,发挥“地灾智治”应用实战实效作用。启用杭州市配发的移动单兵设备 193 台,全面开展地质灾害风险隐患汛前大排查、地质灾害风险隐患再排查再整治。汛前排查风险防范区 213 处,排查隐患和灾险情数 7 处、切坡建房点数 158 处、处于施工阶段的地质灾害治理工程 2 处、维护期地质灾害治理工程 91 处。通过排查,调整风险防范区 1 处,核减风险防范区 20 处。汛前再排查点数共 342 处,其中旅游景区 21 处、在建重大工程 30 处、农村切坡建房 160 处、岩溶地面塌陷 2 处、其他风险隐患 129 处。在台风期,发布地质灾害险情预报 80 次、短信 3087 条;地质队员驻县进乡 6 人,检查隐患点和风险防范区 171 次,累计检查隐患点和风险防范区 442 处。

【矿政管理】2022 年,市规资局完成 8 处绿色矿山建设,其中安联矿业和红狮水泥作为省级第二批智能化绿色矿山建设试点,按照“164”体系(《浙江省自然资源厅关于开展智能化绿色矿山建设试点工作的通知》:建立 1 个模型,开发 6 个系统,构建 4 大平台)基本完成智能化建设,安联矿业通过省厅验收。全年排查风险防范区 193 处、持证矿山 15 个,均未发现安全隐患;排查废弃矿山 64 个,发现问题 11 处。完成“绿矿智用应用场景”中建设管理、复核管理、动态提升和出库管理等四个模块建设,参与完成《绿色矿山管理办法》和《入库指南》的起草发布,为浙江省 4 个试点地区(建德、长兴、仙居、兰溪)中首个上线地区。

【生态修复】建立耕地保护田长制,构建“人防+技防”的耕地保护新防线。2022 年,建德市政府出台《建德市耕地保护“田长制”实施办法》,建立“县、乡、村”三级田长责任体系,全市初步确定各级田长 239 名、村级巡查员 353 名。应用耕地智保数字化场景,通过 269 个铁塔视频探头实现对全市 50%以上的耕地面积 24 小时全程监控。启动《建德市耕地保护利用规划》编制工作,明确 2023—2027 年的耕地保护目标和重点工作任务。完成 5 个镇街(更楼街道、乾潭镇、下涯镇、大洋镇、大慈岩)的省级全域土地综合整治与生态修复工程县级验收工作。大同镇全域土地综合整治与生态修复工程获评省级精品工程,争取奖励资金1000万元。完成梅城镇、大同镇、航头镇全域土地综合整治与生态修复工程涉及永农布局调整省级复核工作,确保梅城棚改安置地等一批民生工程及时落地。在全省率先启动钱塘江源头区域“山、水、林、田、湖、草”生态保护修复工程行业验收工作,自然资源、林业、水利、住建等4个行业验收工作按期完成。

【自然资源确权】2022年,市规资局根据上级部署,开展自然资源统一确权登记项目实施清单动态增补,新增罗村水库、寿昌江干流等纳入全省三年实施清单;组织实施新安江省级森林公园、钱塘江干流(建德段)等项目确权登记工作,完成登记单元预划定、地籍内外业调查、数据审核入库等登簿前期工作。组织开展2021年度国土变更调查和2022年度国土日常变更工作,完成国家下发更新图斑2871个、省市下发图斑827个、自提图斑4713个及2020年变更复核图斑85个,其中外业调查图斑6549个,变更总面积6.62万公顷。完成日常变更图斑204个,变更总面积137.5公顷。组织开展城市国土空间监测工作,完成教育、医疗、民政、电力以及全域路网、水网等指标监测更新,完成与桐庐、淳安等数据成果接边。配合林业部门开展“林、草、湿”专项调查监测,并对其调查监测成果与“三调”“三区三线”“后备耕地储备库”等数据进行比对分析,保障调查成果一致性。组织实施城市地下市政基础设施普查,完成地下人行通道、公共停车场、人防工程等9处地下空间普查及三维数据建模工作,完成1203千米的水电气及通信等地下管线普查及数据建库工作。组织实施全市域地形图及框架数据更新工作,完成城镇开发边界范围1:500地形图更新35.16平方千米,完成全域范围1:2000地形图更新150平方千米,完成全域天地图数据融合更新和框架数据生产300平方千米,获取全域0.2米、0.75米及2米数字正射影像累计17次。

【“绿矿智用”等场景在全省试点上线】2022年,市规资局全面推进省域空间治理数字化平台2.0贯通应用,实现多规合一等七大场景三级贯通,完成“绿矿智用”省级试点上线运行。新争取省级试点2个(第二批智能化绿色矿山建设试点和基层治理“一件事”场景化应用试点)。绿矿智用、耕地智保、新安智矿等场景先后在全省改革试点推广会、现场会作典型推介,分别被“i自然全媒体”、浙江新闻客户端、《杭州日报》、杭州电视台综合频道等多家媒体宣传报道。“耕地智保”场景获杭州市“空间智治”数字化改革大比武第三名;完成杭州市“一核九星”涉及建德市行政区域实景三维更新20平方千米。

【推出不动产登记告知承诺制】6月,建德市不动产登记中心推出不动产登记告知承诺制,制定符合建德工作实际的《建德市不动产登记领域证明事项告知承诺制工作规范(试行)》。通过定期安排人员提供上门服务、电话沟通、短信回访、问卷调查、组织座谈等方式,全面了解企业群众对登记服务的实际需求。全年涉企办件411件,涉企咨询1276件。办理上门服务10件,电话沟通44件,短信回访411件,满意率100%。

依托“浙政钉”“执行一件事”平台,建立不动产延伸服务机制,将信息查询、查解封登记、抵押注销登记等从“线下”搬到“线上”,“多件事”并为“一件事”,全年完成业务547件。查解封登记通过不动产登记系统平台,由法院扫描上传资料,中心线上受理审核,通过数据共享,提高部门联动效率,全年完成业务524件。实现新建商品房登记、交易和缴纳税费“一网通办”,新房交易实现“跑零次”。实现抵押登记“一张身份证办证”“零次跑办证”,极大压缩了办理时间和工作环节。现代数字影视产业基地建设项目建设用地规划许可证、建设工程规划许可证、不动产初始证“三证”齐发。深化“放、管、服”,投资项目“一站式”中心建设、“不动产+公证”一件事、一体化在线服务链等,在项目审批上实现新速度、新成效。全年办理各类不动产登记业务45341件,其中线下窗口办理28718件、全程网办9572件、查档7051件。 (王 莹)

编辑:唐国强

安全生产与应急管理

Safety Production and Emergency Management

综 述

2022年,市应急管理局以习近平新时代中国特色社会主义思想为指导,以“平安护航二十大”为工作主线,对照浙江省“七张清单”中“重大安全生产问题”有关事项,聚焦应急管理体系和能力现代化,压实责任、落实举措,不断加强责任体系、基层基础、隐患整治、能力提升和应急文化建设,坚决防范化解重大安全风险。全市未发生较大以上安全生产事故,全年共发生各类安全生产事故9起,死亡7人,伤1人,事故起数和死亡人数实现“双下降”。科学应对处置梅汛期系统性降雨、短历时强降雨、小流域山洪、超强台风“梅花”等灾害和应急事件。据统计,因梅汛期“6·20”洪涝灾害全市受灾人口1093人,紧急转移安置人员162人,造成直接经济损失2188.5万元(其中农业损失706.5万元,基础设施损失1199万元,其他损失283万元);因干旱灾害全市受灾人口为7352人,受旱面积为4700.92公顷,农作物受灾面积为3300.52公顷,成灾面积795.52公顷,绝收面积260.82公顷,直接经济损失1010万元。全年共接警森林火灾火情23起,总过火面积17.33公顷,受害面积6.71公顷。其中森林火灾3起,过火面积13.33公顷,受害面积6.11公顷。

安全生产

【概况】围绕“除险保安”“七张问题清单之重大安全生产问题清单”等工作要求,充分发挥市安委办统筹协调作用,打好安全生产三年行动收官战,市应急管理局牵头开展岁末年初安全生产大检查、十大安全风险隐患整治专项行动、危险化学品安全风险集中治理等专项行动,统筹开展重点领域安全隐患集中治理。同时,强化直接监管领域安全管理,着力加快危化矿山三年整治、工贸25项重点任务清零等工作进度,实现危险化学品、矿山等直接监管领域安全生产亡人事故“零发生”。在“七张问题清单之重大安全生产问题清单”考核中,建德市列全省90个区县(市)第十四名、杭州第四名。

【责任体系建设全覆盖】全覆盖责任体系建设是贯彻落实国务院安委会15条工作举措、省委省政府安全生产25条实施意见核心工作,是推动落实“党政同责、一岗双责”“三管三必须”的重要举措。按照“分工协作、分级推进”原则,市安委办统筹10个专委会,17个乡镇(街道)、管委会逐步建立“属地领导、行业监管、企业主体”责任清单、履职清单和履职情况“一本账”,市应急局共梳理全市2000余条责任清单、4000余条重点工作,并将全市2731家企业共计14053个风险点设置风险标签进行管理。全市738名责任人每月均完成在线登录使用,责任人月均在线使用率达到100%。

【十大安全风险隐患整治】根据市政府要求,市安委办统筹协调各乡镇(街道)、管委会和部门单位,按照“风险最高、隐患最大”的要求,细致排查属地内隐患,梳理辨识行业内风险。通过逐条筛选分析,将371条重点隐患纳入“10大隐患”清单库,涉及消防(含森林消防)、危化矿山(含一般工贸企业)、交通、建设施工、自然灾害等领域。其中,51条隐患受工程招投标、工期和资金等因素影响,为重大、疑难、多跨隐患。市安委办预排隐患整改任务，联合专委会、相关部门，开展会商15次，明确包案责任人、整治措施、整改期限，提高后期整改效率。各整改责任单位早行动、快整改、高标准，做深做细做实隐患整治工作；专委办全面核查、安委办抽查验收开展隐患整治验收工作。该专项整治行动，累计完成隐患整治368条，整改完成率达99%。其余3条制定整改方案，继续落实应急管控措施。

【安全生产行政执法规范化建设】2022年，市应急管理局贯彻落实浙江省应急管理执法能力建设三年行动实施方案，聚焦执法办案场所、装备配备、人员素质三方面，强化应急管理行政执法规范化保障，增强监管执法效能。全年开展内部案卷评查工作2次，共评查6个科室15个行政处罚案卷，案卷评查覆盖率10%。落实企业安全生产主体责任，规范安全生产行政执法行为，共检查危化、矿山、一般工贸领域企业472家，检查发现并完成整改相关企业隐患2320条，行政处罚152起，检查处罚率32%；责令停产停业整顿31家。

【危化领域安全监管】2022年，市应急管理局创新危化企业管理办法，制定下发《建德市危化企业"红黑榜"管理办法(试行)》，按照生产工艺及危险性大小，将危化企业划分为A类和B类，并结合危化三年行动、"遏重大"专项整治等重点工作，对企业进行分类考核。重点开展高危细分领域安全专项治理、气瓶充装专项整治、危险废物安全监管等专项整治，共计开展检查行动500余次，发现并整改安全隐患46处。同时，督促企业安全主要负责人、分管负责人、安全管理人员等符合学历和专业要求，提升企业本质安全水平。推进化工园区数字化建设。建立物流一体化服务平台，设置危险化学品车辆专用停车场，占地13497平方米，设计总车位87个，统一管理危化品车辆，减少园区道路上无序停放风险。按照《化工园区安全风险评估实施细则(试行)》，从设立、选址及规划、园区内布局、准入和退出、配套功能设施、一体化安全管理及应急救援等方面对化工园区进行整治提升。建德高新技术产业园化工园区已通过浙江省级化工园区认定及复评工作，园区等级评定为C级。

【矿山领域安全监管】根据《矿山安全生产大检查工作方案》《浙江省矿山安全技术工作指南》等文件要求，市应急管理局督促矿山企业、外包工程落实隐患自查自纠、专业人员配备、安全生产施工。各矿山企业安全生产责任制、双重预防工作机制、标准化达标体系健全，"三项岗位人员"100%持证上岗，严格按照安全设施设计进行规范开采。针对不同类别的矿山实行分类监管，强化科学监管，重点监管2家高陡边坡矿山企业，实时在线监测边坡位移情况。开展非煤地下矿山顶板管理专项工作、地下矿山隐蔽致灾普查治理工作、露天矿山边坡安全专项检查等多项专项执法检查，共发现并整改隐患217条，确保矿山安全管控工作到位。积极推进尾矿库闭库，要求八家坞尾矿库严格落实安全风险管控措施。高频次深入库区检查，并组织专家对闭库施工工程质量开展高标准检查。至年末，尾矿库闭库主体工程建设完成。

【工贸领域安全监管】2022年，市应急管理局加强工贸企业专项整治。针对高温熔融金属、粉尘企业、有限空间、汽修行业安全作业，以及企业自建燃气、重点行业火灾防范等重点管控内容，开展工贸重点领域安全专项整治，共计检查相关企业247家次，发现并整改隐患问题1153处。深化安全生产标准化和风险管控体系建设，依托"工业企业安全在线"平台，积极探索安全生产标准化、安全风险分级管控和隐患排查治理双重预防机制相融合的新型标准化体系建设，至年末，278家企业完成安全生产标准化达标，450家企业完成风险分级管控体系建设。

【安全生产社会化服务】2022年，市应急管理局通过公开招投标，确定由浙江泰鸽安全科技有限公司对28家危化生产使用取证企业、医药化工企业及危化带储存经营企业开展社会化服务，发现并整改安全隐患462项。由浙江泰达安全技术有限公司对全市14家矿山企业（12家露天矿山、1家地下矿山、1家尾矿库）开展两轮社会化服务工作，发现并整改安全生产隐患问题137项；由浙江道宇安环科技有限公司重点对“三场所三企业”和重点危化品使用单位开展社会化服务工作，两轮诊断服务共检查企业127家次，发现各类隐患467项。

【百万员工大培训基本完成】2022年，市应急管理局持续深入实施全民安全素养提升计划，开展第三年百万员工大培训工作，切实推进该项工作。根据实际，开展小微企业、危险性较高企业、高危企业的安全培训，提高员工安全风险意识，提升企业安全管理水平。全年完成培训7327人，完成年度下达任务计划的133.22%。基本完成全市企业一轮业务培训。

【安全生产“五进”宣传】2022年，市应急管理局坚持“安全第一，预防为主”的方针，开展安全生产“五进”(指安全宣传进企业、进农村、进社区、进学校、进家庭)宣传活动。安全生产月期间，利用视频直播、电子屏、华数数字电视、广场集中宣传、各类宣传栏、横幅标语、宣讲团等方式宣传安全生产、防灾减灾、应急逃生等相关知识；通过讲座、培训会、座谈会、事故演练等形式对企业职工、机关部门人员、乡镇应急干部和网格员等开展教育培训。充分发挥党建引领作用，该局26名党员成立“婆婆嘴”宣讲团，以“婆婆嘴、碎碎念，话应急、保平安”为服务宗旨，为企业宣讲自救互救常识、安全生产举措等，并将有关内容编成快板歌曲，自导自演进企业传唱，普及安全常识。至年末，宣讲团共开展宣讲27场次，受益群众1200余人。

【行政许可事项办理】2022年，市应急管理局办理行政许可各类事项329件，其中危险化学品经营许可54件、生产经营单位应急预案备案150件、危险化学品建设项目安全条件审查7件、建设项目安全设施设计审查4件、非煤矿山安全设施设计审查2件，烟花爆竹经营(零售)许可84件、季节性2件，危险化学品生产、储存、使用企业安全评价报告备案10件、重大危险源8件、第三类非药品类易制毒经营备案7件、剧毒化学品以及储存数量构成重大危险源的其他危险化学品的储存单位备案事项2件，共27件。

应急管理

【概况】2022年，市应急管理局紧抓基层基础、标准规范和能力提升，以“不死人，少伤人”为底线，落实基层应急力量调整、应急救援队伍建设、应急预案修编及应急演练、汛前隐患排查、抗旱物资设备调度、森林消防宣传、野外火源整治等工作。全年共启动防汛防台Ⅳ级应急响应2次、Ⅲ级应急响应2次；分流域防汛防台Ⅳ级响应1次、Ⅱ级响应2次。

【基层应急管理体系建设】按照“分工协作、分级推进”原则，2022年，市应急管理局建立健全安委会牵头抓总、专委会分线推行、乡镇(街道)具体落实的工作模式，逐步理顺全市应急管理体系和工作机制，推进应急(消防)基层站所建设。至年底，乡镇(街道)建立16支50人的应急突击队、村社建立256支30人的应急突击队，镇村设立应急消防管理领导小组全覆盖，基本完成全市基层应急消防管理站规范化建设。其中梅城、大同、经济开发区应急消防管理站通过杭州市星级评定验收。现代社区应急体系建设全面完成，其中乾潭安仁村列入杭州市级现代社区应急体系建设示范点。

【启用分流域应急响应机制】运用数“智”防汛应用场景，根据水雨情数据和未来降水预报，通过防汛风险等级五色图，直观呈现各乡镇街道风险等级。2022年梅汛期，市防指根据数“智”防汛自动风险研判，发现全市面雨量不多，但寿昌江、兰江等重要江河水位上涨速度快的非典型情况，首次采用分流域启动应急响应，集中人力物力做好寿昌江、兰江流域内防汛工作，实现科学精准有效防汛。

【基层防汛体系标准化建设】2022年，市应急管理局围绕组织责任、风险防控、抢险救援、灾后恢复、运行保障、数字化应用等六大建设重点，统筹全市汛前隐患排查，共排查点位 1678 处，发现并整改隐患 62 处；落实镇、村抢险救援队伍共 8300 余人，全市面上储备防汛防台“三大件”1076 件；组织培训全市基层防汛防台责任人 4000 人次；紧盯建设进度、建设质量、功能优化三大重点，保质保量完成 2022 年 34 处避灾安置场所规范化建设任务；新增建德市委党校避灾安置中心和建德市新安江广场临时避灾安置场所。基层防汛体系标准化建设于 9 月初通过杭州市级验收，11 月底通过省级验收。

◎ 7 月 14 日，举行应急救援人员水上救援培训(国网浙西培训中心提供)

【野外火源专项整治】3 月 7 日，建德市森林防灭火指挥部办公室下发《关于印发全市野外火源整治专项行动方案的通知》，开展打击野外火源专项行动，在森林防火重点地段、重点时节对全市森林野外火源开展“大排查、大围剿”专项治理行动。全市 472 名护林网格员全部到岗到位，对所在管辖区域开展巡查，重点对农事用火、祭祀用火、生产性用火进行整治，在禁火期内严禁一切野外用火，对森林防灭火知识及相关法律法规进行宣讲，提高群众森林防火意识和能力。在专项治理行动中，开展森林防火空中巡查，常态化备勤点出动飞机 42 架次，组织检查组次 1176 个，出动专项治理行动检查 8535 人次，查出农事用火、林区作业等火灾隐患 782 起，并及时完成整改。

【森林防火“小铜锣”典型案例】为防范化解森林火灾风险，建德市应急管理局紧盯“人”这个第一要素，在进行拉横幅、贴禁令及新媒体宣传等常规宣传的同时，推广森林防火“小铜锣”典型案例说教。2022 年，为全市每个自然村配备一面铜锣，创新开展森林防火“小铜锣”现身说教活动：对森林防火期内违规野外用火的行为人和森林火灾的肇事人，除了进行批评教育和行政处罚外，按情节轻重在本村(社区)开展 1~7 天的森林防火“小铜锣”现身说教，强化群众森林防火安全意识，织密织牢森林草原防灭火宣传网。通过该活动有 16 名违规野外用火行为人接受警示教育，并责令其在 14 个村(社区)开展“小铜锣”现身说教。

【建立航空应急物资投放机制】为优化航空应急资源要素调度，建德市应急管理局积极推动航空应急“一支队伍、一个仓库、一张图”建设。实施人员力量前置，优选 140 名队员组成“17”航空应急救援队，加强人机协同训练，总结出机上队员随机装备清单、地面队员随身装备清单“两份清单”。实施救援物资前置，建立航空应急物资投放机制，可将备勤点物资前置仓库内配备的 98 件紧急救援物资，快速空投至全省救援点。积极谋划“航空森林消防取水导航一张图”，根据直升机取水所需的水位条件和净空条件，科学设置取水点飞行路线，快速帮助直升机找到水源。

【建立“移动充水宝”应急救困制度】2022 年，市应急管理局经过对本年度夏季旱情严重、偏远山区生产生活供水及森林防灭火用水需求预判，加强政企联动，摸排各乡镇(街道)矿山、建材企业洒水车共计23辆，将其统一纳入调度范围，充分发挥社会洒水车“移动充水宝”作用，分片科学调度形成“串联微水库”。在夏季高温期间，企业洒水车完成送水210辆次、950吨，惠及困难群众710余名。同时，开展每季森林防火集中拉练，以训带战，确保社会洒水车车队快速拉得出、器械使用熟练、火情灭得了，生产、生活和消防用水关系得到较好处理。

【应急预案编制及演练】2022年，市应急管理局积极推进应急演练、预案编制工作，新修编建德市事故总体预案1次、部门专项预案4次，完成亚运会简易操作手册36份。全年共组织危化企业应急技能竞赛、“迎亚运保安全”防汛防空综合演练暨罗村水库防汛抢险应急演练等大型演习4次。收集各机关单位、乡镇(街道)计划102次，所有部门单位均完成本年度应急计划；村(社区)综合应急演练256次，参与人数8456人，应急演练覆盖率达到100%，所有部门单位均完成本年度应急计划。通过演练，全市应急能力得到提升，并针对演练中暴露的问题和薄弱环节，及时完善预案。

(胡曼菁)

公共消防

【概况】2022年，建德市消防救援大队(以下简称建德消防大队)深入践行习近平总书记授旗训词精神，在建德市委、市政府的坚强领导下，以防火、灭火和应急救援为中心，忠实履行职责，狠抓火灾隐患整治，全面提升执法服务水平，为构建“和谐建德”创造良好的消防安全环境。

全年火灾形势稳定，未发生较大(含)以上或有较大社会影响的火灾事故，火灾数较上年下降23.3%，下降幅度在杭州市名列前茅。队伍内部高度安全稳定，圆满实现“零责任事故、零犯罪案件、零重大违纪、零负面舆情”的既定目标。

建德消防大队被建德市委、市政府授予2022年平安创建先进奖，新安江救援站获评2022年度杭州市工人先锋号，康安路救援站获评市级青年文明号，区域微型消防站建设在浙江省消防救援总队防火例会上作经验介绍。陈灵云获评浙江省消防救援总队“优秀党务工作者”，黄晋获评浙江省消防救援总队“优秀共产党员”。

【险情处置】2022年，建德消防大队共接警出动562次，出动车辆1118辆次，出动警力7364人次，成功处置“7·9”建德市钦堂乡迪旺家纺火灾、“6·8”乾潭镇爱博家具厂火灾、“10·13”万奇太宝(杭州)钨业有限公司火灾，较好地完成救援任务。

【消防队伍建设】建德大队聚焦打赢制胜、构建现代化、专业化的应急救援体系。坚持战训耦合，精准提升岗位练兵质效。分岗位、分职能建强专业队、战斗班，建立和实行每月最后一周“全员岗位练兵比武考核周”制度，横向比拼业务技能水平，纵向比拼基础体能素质。3月，杭州支队举办“火焰蓝”春季运动会，新安江站和康安路站分别取得中心站组第三名和混编站组第二名。在实战中锻打队伍，每周开展实战化训练、操法训练和想定作业，高强度、满负荷锤炼消防救援人员在复杂条件下的快速反应能力和攻坚打赢能力。严格落实每周三“熟悉演练日”制度，组织开展熟悉演练近600家次，联合多部门开展综合演练3次。联合民间救援组织开展水域救援技术交流，并邀请红十字会开展应急救护培训，不断提升队伍专业化水平。

针对高层建筑、化工厂房、交通隧道等火灾事故扑救难题，召开战评会、研讨会、微课堂30余次，全面提升救援人员的综合业务素质和灭火救援作战指挥能力。加强对6支专职消防队、10支区域性微型消防救援站队伍、256支村(社区)级和重点单位微型消防站的管控和调度，每周至少对30家微型消防站进行电话、视频或实地拉动，每月实地组织村志愿消防队和微型消防站模拟演练，每季度召开专职消防队队长会议，每半年组织专职消防队队员赴大队集中跟班轮训，有效提升消防救援队伍战斗力。发挥“两站”(应急消防管理站、区域性微型消防站)作用,大队指挥中心利用第三方个人移动终端和网络指挥平台,通过监控“云眼”、集群对讲、定位轨迹、力量地图等功能精准分析微站人员力量分布并进行防灭火扁平化实时指挥。

【消防安全综合治理】2022年,建德消防大队强化隐患专项治理,突出抓好经营性自建房、高层建筑、大型商业综合体等专项治理行动,共检查1818家单位,督促整改火灾隐患1471处,下发责令整改通知书937份、行政处罚决定书188份,临时查封单位20家,责令“三停”单位35家,罚款230.77万元。联合应急、市场监督、住建、教育、卫健、文广、商务、民政等部门暗访督导20余次,发现并督促整改隐患127处,下发工作督办函、提醒函61份。办理开业检查51份,其他联合检查30余次。开展2022年省、市、县政府重大火灾隐患整治行动,整改销号重大火灾隐患单位5家,推动丽锦大厦等12处整改有困难的高层建筑列入民生实事项目且完成整改。落实“双随机、一公开”抽查,事项覆盖率和完成率达均到100%,持续加大对违法行为的查处力度,对发生火灾的生产经营单位,在进行火灾调查的同时,倒查企业消防安全主体责任落实情况,对违法行为依法进行处罚、警示教育。针对“12345”举报投诉案件,及时落实专人逐一开展实地检查,并做好解释工作,群众满意度达100%。

继续将部分消防行政处罚事项委托给乡镇(街道)执法处置,在新安江街道试点基础上,2022年实现建德市全覆盖,有效缓解基层消防监管力量不足与消防隐患存续量大的深层矛盾,打通消防安全环境“最后一公里”。纳入建德市2022年民生实事项目的10处区域性微型消防救援站全部建成并投入使用,有效填补镇街消防力量空白。

【消防宣传】2022年,建德消防大队联合建德市融媒体拍摄《平安过冬,对这些行为say no》《高温天,车内勿放这几样物品》《高温下怎样用火、用电、用气安全》等系列消防安全宣传片,依托建德电视台、《今日建德》等主流媒体进行高频次播放,并协调辖区204家重点单位利用户外LED显示屏滚动播出消防公益广告、视频短片;结合防疫工作,精心设计“消防一米线”科普地贴,内容包含电动车安全充电和停放、安全疏散、厨房安全等22条消防安全常识,张贴于全市各涉疫场所;结合地域特色,采用“宣教、体验、互动”为一体的模式开展消防夜市宣传活动,为市民讲解消防宣传常识,发放消防宣传手册;组织各乡镇(街道)创作并录制建德各地方言版消防安全提示,充分利用广播站、小喇叭、村社微型消防车流动宣传,为村民全天候传播消防安全知识,全年组织开展流动宣传活动600余场次。 **(许 怡)**

森林消防

【概况】2022年,建德市坚持“以人为本,预防为主,积极扑救、有效消灭”的森林消防工作方针,严格责任落实到位、宣传工作到位、管理职责到位、监督检查到位、应急处置到位的工作要求。全年接“110”森林火警22起,处理行政案件6起,未发生重特大森林火灾和人员伤亡事故。充分发挥“林长制”考核指挥棒作用,督促乡镇(街道)压实属地林长责任,实施森林防火分片指导和巡查制度,建立健全防火网格化管理体系。在春节、清明节、中元节、冬至等防火敏感期、火险高发期,实行“2+2”(定点加巡查、应急加预案)管理模式,市林业局、市公安局、市综合行政执法局等部门联合开展野外用火巡查,严禁一切火源上山。各乡镇(街道)网格员在重点点位守山设卡,倡导以鲜花代替香烛、纸钱等,增强林区群众的防灾减灾意识。

建德市林业局参加2022年杭州市林水局组织的森林消防演练,首次被纳入杭州市林水系统防火防汛防台无人机联盟会员单位。

【“引水上山”工程与防火巡护道建设】2022年,市林业局持续开展“引水上山”工程。以山地抗旱项目为平台,推动森林消防水池建设,实现就地取水、快速灭火。在重点区域新建森林消防水池55座、维修水塘1座,采购森林消防水泵10台、消防水桶10只、水带11200米等。至年末,全市数据上图水池统计共有存量水池442座,“水网”灭火系统筑起森林防火墙。同时,建德林业部门重视森林防火巡护道建设,新建森林防火巡护道5条,长度约6000米,森林资源监测水平和森林火灾发生后的扑救效率均有提高,实现巡护和扑救一体化建设。

【森林消防宣传】2022年,市林业局动员和指导乡镇(街道)开展形式多样的常态化森林消防宣传,在重点地段、路口张贴防火标语、配备语音播报系统,提醒市民注意野外用火,保护森林生态资源。在重点防火时段,颁布林长令、禁火令,利用“建德发布”微信公众号发布《致广大建德市市民倡议书》《森林火灾典型案例》等内容进行典型案例警示教育。同时通过电视、广播、墙报、宣传车、鸣锣警示等多种方式扩大宣传面,责令违法用火人员开展“小铜锣”走村宣传,现场以案说法,杜绝市民野外用火行为。

市林业局以“3·19”森林消防宣传日活动为契机,组织开展“3·19”森林防火进校园、进广场活动,组织学生观看森林防火警示教育片,使其了解森林草原防火意义,掌握森林火灾应对措施以及如何预防森林火灾和迷山自救知识,并现场赠送森林消防宣传册5300本。在重点时节和防火期,利用无人机开展空中宣传。依托无人机机载高音喇叭,在全市范围内开展巡飞喊话。全年开展无人机巡飞宣传320架次,飞行时间340小时。

【森林护林、消防队伍知识技能培训】2022年,建德市共组建森林早期处置队伍21支,其中市级机降队伍2支,乡镇、林场19支,网格护林员556人。根据浙江省林业局森林防火“五大能力提升”行动要求,建德市林业局组织护林和消防队伍专业知识培训,全年组织网格护林员进行护林和森林消防知识培训556人次,组织消防队员开展森林消防基础知识、森林火灾扑救技能与安全、森林灭火器具使用、航空护林知识培训808人次,有效提升林业森林火灾早期处置队伍的综合能力,实现森林火灾“打早、打小、打了”目标。

2022年,建德国有林场建有防灭火半专业化队伍3支、112人。市林业局采购森林消防水泵2台、发电机组5台、照明设备3台、卫星电话3台、对讲机34部,实现野外通话巡查,打破夜间救火的照明难题,国有林场森林火灾早期处置队伍建设得到加强,林场消防队伍装备进一步完善,林场森林防火预防水平和扑火队员的安全防护等级提高,确保扑火过程中不发生伤亡事故。

【数字林业“森灵护卫”系统】2022年,市林业局大力推进“森灵护卫”系统建设,利用林区铁塔布设高位视频监控设备,实时采集林区环境状态信息,提高森林火情早期预警能力并提供火情现场视频监控。全年配备高位球机2只、路口巡查监控60只、无人机6台、巡护员566人,通过“人防+技防”的双重模式,实现天地空一体巡逻。利用浙江省林业局“林火智治”平台,搭建建德“森灵护卫”指挥中心,实现林区可视化,更有效地发现潜在隐患。

【首次全市范围内森林防火普查】2022年,市林业局成立专业普查小组,开展全市森林火灾风险普查工作,并首次将普查成果上图建模,实现全市森林防火“一张图”,生成建德市森林火灾危险性指数图和风险等级图、建德市森林火灾风险指数图和风险等级图、建德市森林火灾经济风险等级图、建德市森林火灾减灾能力等级分布图、建德市森林火灾防治区划图等。根据普查情况图,开展查漏补缺、摸清隐患底数、查明抗灾能力、客观认识风险水平,将普查成果与森林防灭火工作相结合,提高全面掌握建德市森林火灾风险水平和森林火灾抗灾能力,进一步提高建德森林火灾防治能力。

(曾小翠)

责任编辑:唐国强

金　融

Finance

人民银行建德支行

【概况】2022 年，建德社会融资规模余额 998.53 亿元，较上年末增加 147.14 亿元，增长 17.28%。其中，本外币贷款余额 816.95 亿元，增加 132.61 亿元，多增 12.81 亿元，增长 19.4%，高于杭州市 8.66 个百分点。传统表外业务余额 101.79 亿元，增加 20.52 亿元，多增 9.02 亿元。其中，委托贷款余额 40.29 亿元、信托贷款余额 5.46 亿元、银行承兑汇票余额 47.31 亿元、保函及信用证余额 8.72 亿元。债务融资工具余额 66.48 亿元。

【信贷政策落实】2022 年，人民银行建德支行为辖区内法人金融机构申请办理支小、支农再贷款 19.66 亿元，直达小微企业、个体工商户 1800 余户。利用普惠小微贷款支持工具，向辖内地方法人金融机构提供激励资金 6346.28 万元，支持其增加普惠小微贷款 34.93 亿元，惠及小微市场主体 3950 户。利用其他阶段性创新政策工具，落地科创再贷款 61 笔 4.56 亿元、交通物流再贷款 10 笔 6341 万元、设备更新改造再贷款 2 笔 4013 万元、碳减排支持工具 1 笔 450 万元，完成杭州市辖首笔普惠养老专项再贷款的发放。为建德水务公司污水管道项目办理政策性开发性工具 4083 万元，政策性开发性金融工具落地见效。

【信用体系建设】2022 年，人民银行建德支行持续开展省级“信用村、信用镇”创建，至 12 月底，建德市累计创建大洋镇、洋溪街道等 6 个省级信用乡（镇、街道），创建洋溪街道朱池社区、大同镇黄家村等 13 个省级信用村（社），创建数居杭州七区县（市）第一。会同发改局牵头召开全国社会信用体系建设示范区创建动员大会，部署建德市全国社会信用体系建设示范区创建推进工作。促进应收账款融资服务平台线上融资 10 亿元，完成 110 笔动产融资登记，为辖区内小微企业发放贷款 10.1 亿元。

【金融风险防控】2022 年，人民银行建德支行在反洗钱工作中，协助公安破获 1 起“帮助信息网络犯罪活动罪”案件，排查 30 余家涉众型风险企业。配合公安打击电信网络诈骗。全年建德电信网络诈骗万人发案数 7.9 起（杭州地区平均数 11.6 起）、万人案损金额 72.54 元（杭州地区平均数 101.1 元），成效均位列杭州地区第二。年末，建德市不良贷款余额 3.27 亿元，比上年末增加 0.68 亿元；不良贷款率 0.4%，较年初回升 0.03 个百分点，低于全省 0.23 个百分点。建德市关注类贷款余额 6.15 亿元，增加 1.56 亿元，占全市贷款比为 0.75%，增加 0.08 个百分点。

【金融治理和服务】2022 年，全市各金融机构推进数币钱包开立，受理商户数、交易量扩面增量，提升数币应用覆盖面，开通对私数币钱包 23.35 万个，其中对公钱包 7400 个，6456 户线下商户支持数字人民币。及时处理国库退税业务，办理个人所得税退税 3.76 万笔、金额 2951.98 万元，“六税两费”退税 2839 户、金额 655.09 万元，增值税留抵退税 2162 户、金额约 7.77 亿元。严格管理发行库，提升三地现金服务水平，建德发行库共投放发行基金 41.79 亿元，回笼 24.31 亿元，净投放 17.48 亿元。将“贷款码”推广和“首贷户拓展”专项行动

◎ 人民银行建德支行在乾潭镇开展反假币宣传活动(人民银行建德支行办公室提供)

有机融合,新拓展“首贷户”1463 户、发放首贷金额 24.31 亿元。累计扫码企业 18359 户,通过扫码获得融资 73.39 亿元。

【外汇管理和服务】2022 年,人民银行建德支行继续落地汇率避险新政,持续开展暖心助企活动。全年通过电话沟通、现场走访外贸企业共计 60 余家,新增汇率避险“首办户”企业 48 家,汇率避险签约金额合计 5.14 亿美元,套保比率约 40%。联合市商务局召开“建德市 2022 年外贸综合业务培训会”,宣传惠及辖内 100 余家外贸企业及乡镇。跨境人民币“首办户”拓展 25 户,跨境人民币结算额 5.46 亿元。（朱永鹏）

银行保险业监管

【概况】2022 年,根据杭州银行保险监督管理办公室统一部署,建德监管组实行保留原有建制、人员集中至杭州办公,做到继续强化监管工作的政治性和人民性,实现对辖内银行保险业监管职责履行到位。

【服务实体经济】2022 年,建德监管组开展稳经济一揽子政策措施落实情况监管督导,强化监管引领作用,促进国务院、省政府和银保监会有关稳经济一揽子政策措施落实到位,稳定预期,支持经济持续恢复和高质量发展。继续深化融资畅通工程,精准“滴灌”,加强首贷户培育,深化无还本续贷,信用贷款、制造业中长期贷款增量扩面。督促各银行机构强化责任担当,健全“连续贷+灵活贷”机制,落实延长普惠小微企业贷款延期还本付息政策和信用贷款支持政策,进一步加强个体工商户金融服务。突出强化对民营企业、科技型企业、制造业企业、“三农”、外贸企业等“短板”予以弥补,推进普惠金融。

【法人银行机构监管】2022 年,建德监管组与 3 家法人机构开展审慎监管会谈,传导监管政策,审慎提出监管意见;指导做好外部审计,有效利用外审发现和披露法人银行机构日常经营和风险管理中的问题,督促整改问题,推进公司治理和内控机制的不断完善;列席建德农商行、建德湖商村镇银行董事会,加大日常走访、工作督导力度,切实推进监管政策和监管意见落到实处,发挥质效。不断提高常规监管工作质效,做好法人机构月度、季度非现场信息系统数据的审核上报,及时发现和纠正机构数据错误;撰写季度非现场监管报告、风险评估报告及年度监管意见书,指导做好机构信息披露。持续督促建德市大同桑盈农村资金互助社彻底整改风险管理及内控有效性现场检查发现的问题,督促加强内控制度建设,完善内控机制,提高风险防控能力,确保稳健经营。

【消费者权益保护】2022 年,建德监管组会同相关部门开展“金融知识普及月”“3·15”消费者权益保护、普及金融知识万里行等金融宣教活动,加强对辖区内银行保险机构宣教活动督导,增进市民金融知识和风险防范意识。会同公安部门指导银行业保险业做好反诈宣防,落实防范电信网络诈骗措施,不断织密“防诈反诈网”。同时,做好引导工作,妥善处置市民涉银行、保险业务投诉、信访。

【保险监管】2022 年,建德监管组积极落实各级地方政府和省局有关做好防台防汛工作要求,引领辖内各银行业保险业金融机构全力投入,完善风险应急处置预案,全过程做好金融服务保障工作。继续助力推动杭州市商业补充医疗保险(西湖益联保)扩大覆盖面,使之保持较高的参保率。拓宽农业保险服务领域,推动政策性特色农业主体综合保险基本覆盖全市种养业主要品种,涵盖自然灾害等基本保险责任,为农业增产、农民增收做好金融服务保障工作。推动辖内保险机构主动参与社会治理,助力经济提质增效和共同富裕示范区建设,全方位参与经济社会建设。 **(童小芳)**

银 行

【工行建德支行】2022 年,中国工商银行股份有限公司建德支行(简称工行建德支行)内设 3 个市场部门和综合管理部、风险管理部,外设 6 个营业网点(新安江城区 4 个,寿昌、梅城各 1 个)。年末本外币各项存款余额 71.97 亿元,较年初新增 0.38 亿元;本外币各项贷款时点余额 66.48 亿元,较年初新增 19.22 亿元;全年实现安全经营,未发生重大差错事故和声誉风险。

该行在党建引领下持续强化“三比三看三提高”,以“争第一·比贡献”定位方向,挖掘代发市场潜力,提升代发客户存款贡献,全年新增个人代发客户数 7453 户,实现代发金额 23.9 亿元;关注土地招拍信息,争揽卖地指标款资金、涉矿工程资金,加强客户拓面,新开机构客户 96 户;积极营销政府建设项目和企业重点项目,实现投放信贷项目 2 个,投放信贷 11.77 亿元;全面落实普惠金融政策,成立普惠柔性团队,扎实推进 e 抵快贷、e 企快贷、兴农贷、商户贷等工作,全年完成普惠贷款 3.1 亿元;稳步推进个人贷款业务发展,强化获客管理,加强存量房地产开发商与新开发商的服务对接和合作,加大融 e 借营销,全年个人贷款较年初新增 2.02 亿元。同时全力销售重点产品,其中全年累计销售趸交保险 3916 万元,期交保险 2522 万元,销售重点基金 8916 万元。 **(孙文强)**

【农行建德市支行】2022 年,中国农业银行股份有限公司建德市支行(简称农行建德市支行)内设综合管理部、风险管理部、个人金融部、公司业务部等 4 部,外设营业网点 8 个(新安江主城区 4 个、乡镇 4 个)。年末在册员工 153 人,年末本外币各项存款余额 79.95 亿元,比年初上升 12.53 亿元。根据人行交换数据,四行中份额占比 29.1%,比年初上升 3.1%。各项贷款总量 97.93 亿元,比年初上升 18.09 亿元。在上年贷款总量排名四行第一的高起点上,持续保持总量和增量第一。2022 年不良余额 959.14 万元,不良率 0.096%。全年实现安全经营,未发生案件、重大差错事故、重大声誉风险。

2022 年,该行持续深化总行“浓清暖域”服务品牌,重视客户日常服务,打造“环境美、服务优、效率高”的服务环境,通过“有心意、有温度、有特色”的便民、优质服务增强客户认同感。向建德城投水务一体化项目累计发放贷款 2 亿元,成为市分行首笔农发行基金重点项目配套融资业务,同时该项目也是浙江省农行系统首笔乡村人居环境贷款;助力三都镇松口村未来乡村建设,通过“美好账本积分兑换”融入农行数字人民币支付功能,成为全省金融系统首个数字人民币乡村治理运用场景;向更楼街道石岭村股份经济合作社成功发放全市首笔村集体普惠信用贷款 700 万元,打开了村级经济合作的新局面。同时,该行在持续深入开展整村推进工作的基础上,通过与市农业农村局对接草莓标准地种植、与苞茶协会对接成员单位等活动,为全市农户新增发放 3.06 亿元农户贷款。

2022 年,该行注重服务实体经济,积极参与政府重大战略项目,全力支持当地基础设施建设。新增贷款投放 19.57 亿元,法人贷款投放 17.27 万元,其中项目贷款投放 12.71 亿元,保持良好增速。

(罗 婷)

【中行建德支行】2022 年,中国银行股份有限公司建德支行(简称中行建德支行)内设综合管理部、业务发展部、营业部 3 个部门，外设新安、新广场、城东、梅城、寿昌 5 家营业网点。年末在职员工 105 人。年末本外币各项存款日均余额 77.03 亿元，较年初新增 3.16 亿元，在四大行中，占市场份额 28.4%，排名第二；本外币各项贷款日均余额 69.54 亿元，较年初新增 4.17 亿元。

2022 年，该行贯彻上级行“强行”建设理念，围绕建德市全面推进共同富裕总目标，大力推广“乡村振兴共富贷”产品，助力地方乡村振兴。至年末，该产品项下贷款余额为 2.66 亿元，较年初新增 1.63 亿元。另外，普惠金融贷款余额突破 10 亿元；绿色信贷余额 19.64 亿元，较上年末新增 3.05 亿元，增幅 18.4%。

针对国际环境日趋复杂、汇率市场波动变大背景，该行高频率走访外贸企业，了解企业各种难题，积极与市行省行沟通联系，发挥外贸专业银行优势，邀请上级行专家为建德外贸企业提供现场全球金融市场培训、座谈。累计为 20 户新外汇业务客户叙做行内汇率避险产品，200%完成人行下达的确保目标，以优势位居建德市同业第一。 （刘玮琦）

【建设银行建德支行】2022 年，中国建设银行股份有限公司建德支行（简称建设银行建德支行）设综合管理部（党务工作部、安全保卫部）、业务管理部、个人金融部（消费者权益保护部）、公司客户经营中心、普惠金融经营中心，下辖营业部、新安江、新广场、寿昌、梅城、乾潭、大同 7 个网点型支行。年末在册员工 128 人。年末一般性存款时点余额 53.73 亿元，其中对公时点存款余额 28.48 亿元，个人时点存款余额 25.26 元；中间业务净收入 4163.52 万元。同时，积极支持、服务建德市重点项目，联合建信理财子公司在北金所为建德市国有资产经营有限公司发行债权融资计划 20 亿元，办理表外融资 12 亿元；为 10 户专精特新、小巨人等重点工业企业授信，累计金额 4.19 亿元；完成全省首笔林权抵押大中型授信。积极构建推进“智慧政务”，与农业农村局签订智慧村务综合平台合作协议，为杭州辖区第一家达成区域化智慧村务战略合作的支行。积极协同相关单位开展打击治理电信网络诈骗活动，被建德市人民银行评为 2022 年辖内金融机构反洗钱工作先进单位第二名。

2022 年，该行积极助力乡村振兴，创新推出村集体贷款，投放全国首笔村集体乡村农担贷、全国首笔首户快贷和全国首笔三年期乡村农担贷等。该行认真研究建德市产业结构特点，自主创新具有建德特色的“建德莓好贷”和“建德鸡蛋贷”，进一步丰富乡村振兴产品体系，增强了助农惠农信贷产品种类。

◎ 7 月，建行工作人员开展反诈骗宣传工作（建设银行建德支行提供）

全年，该行普惠经营性贷款余额 14.5 亿元，较年初新增 3.6 亿元，普惠贷款客户 1705 户，较年初新增 385 户。“惠懂你”授信客户 730 户，新增 139 户。5 月，该行与大同镇整镇合作签约，并举行大同支行乡村振兴特色支行挂牌仪式。向 10 个“裕农通”党群服务点颁发裕农通铜牌、向大同镇给予整镇授信5亿元、向富塘村授予“裕农学堂”牌、向5个重点村整村授信各300万元、向农创客协会专项授信1亿元。

2022年，该行联合建德市商务局开展“建行生活·悦享建德”百万消费券派发活动，开展数字人民币推进工作，以新金融力量促进群众消费和企业销售，活动吸引600余户商户参与数字人民币，其中130余户入驻建行生活。建行生活入驻商户已达164户，建行生活个人注册用户数33865户。成功发放第三代社保卡（市民卡）5980张，当年新增市民卡发卡量位列四行第二，为助力“最多跑一次”改革，实现线上或柜面办理社保代扣代缴业务，提供第三代市民卡一站式服务。

（俞 潇）

【交行建德支行】2022年，交通银行股份有限公司杭州建德支行（简称交行建德支行）有业务发展部、个人金融部、综合部、普惠金融事业部，下辖二级支行1个（新安支行）。年末在册员工人数40人。年末各项存款31.21亿元，其中对公存款时点余额20.21亿元，人民币对私存款时点余额10.99亿元；各项贷款余额23.54亿元，较上年增加1.38亿元。全年监管两增口径贷款余额6.03亿元，较上年增加1.79亿元，户数427户，较上年增加108户。年末不良贷款22万元，不良贷款率0.001%。本年度该行被建德人民银行综合评价为A类行。

2022年，该行建立支行客户基金微信交流群，针对年初市场降至“冰点”的不利情况，组织线下沙龙7场，通过专业基金经理人引导和化解客户的困惑与意见。成功举行中型保险网上沙龙6场、小型网上沙龙5场。同时加强重点领域的治理，对基层信贷类问题、员工异常行为、异常账户和客户信息保护排查等方面开展自查及整改；开展贷款抵押物目前状态核查；开展干部监督和员工行为管理专项排查；组织全体员工进行护照、港澳台通行证情况、经商办企业等行业自查，防范风险。

（周崇华）

【建德农商银行】2022年，浙江建德农村商业银行股份有限公司（简称建德农商银行）内设营业网点40家，其中总行1家、支行18家、分理处21家。年末在册员工468人。年末存款余额268.33亿元，比年初新增47.47亿元，增长21.5%；各项贷款余额224.64亿元，比年初新增40.08亿元，增长21.7%；存贷款新增额、增幅均位居历史高位，存贷款规模继续保持全市首位。全年纳税1.5亿元，连续五年突破亿元，纳税额稳居全市前列。荣获省级“巾帼文明岗”、浙江农商银行系统“考核一级单位”、市级“经济发展特别贡献奖”“货币信贷综合评价一等奖”等荣誉。

2022年，该行全面贯彻落实稳经济一揽子政策措施，设立“普惠金融·共同富裕”专项信贷资金50亿元、小微企业主专项授信10亿元、个体工商户专项授信10亿元，开展“百万市场主体大走访”活动，为企业复产复工提供资金保障。推出富新快贷、共富新企贷系列产品，投放1亿元纾困抵息券，全年累计发放小微企业贷款3060户、74.29亿元，其中“首贷户”1045户、13.52亿元，支持比例排名全市银行首位。完善“方便贷+连续贷+灵活贷”机制，积极用好支农支小再贷款、延期还本付息、阶段性减息系列政策，全年为辖内5782户小微市场主体减免利息8926.55万元。

2022年该行被纳入建德市金融助力扩中项目试点合作单位，研发上线农户家庭资产负债融资系统，试点发放信用贷款11户、101万元；加大扶持力度，累计新增“扩中”家庭授信1.2万户、13.64亿元。规范绿色贷款标识录入，创新碳排放权抵押贷款系列产品，绿色贷款余额较年初新增12.99亿元。推出海创贷系列产品，引导农创、文创人才回归，累计发放农创客企业贷款68户、1.66亿元。以专项资金助力村共裕公司、标准地等共富项目的建设，推动农文旅产业的融合发展。

2022年，该行搭建“数币支付”“智慧大院”“智慧食堂”“智慧校园3.0”等金融服务平台项目。融入“新安·弘德汇”子场景，成功上线已故人员小微银行存款的在线捐赠功能。构建“四个办”服务体系（掌上办、就近办、自助办、上门办），实现14大类328项高频政务服务在乡镇的100%触达。自行研发推出银准系统的反诈模型，成功协助公安破获“4·14”电信网络诈骗团伙案件。上线线上人

工准入、利息体验券及打折券等功能，推出共富分期贷、共富质押贷系列产品，年末个人线上贷款占比达 82.4%。 （叶许婷）

【浙商银行建德支行】浙商银行股份有限公司杭州建德支行（简称浙商银行建德支行）于 2017 年 12 月成立。2022 年，该支行内设综合管理部、公司业务部、小企业业务部、零售业务部、营业部。年末有在册员工 22 人。年末各项存款余额 12.11 亿元，较年初新增 3.90 亿元，增长 47.6%，各项贷款余额 18.53 亿元，较年初增加 6.50 亿元，增长 54.1%。其中小微企业客户新增 49 户，贷款余额 4.52 亿元，比上年增加 0.51 亿元，增长 12.7%。

2022 年，该行充分利用人才支持贷、政采贷、省农担、省担保抵押提额等创新金融产品，进一步支持初创型、成长型科技企业发展，加大人才创业创新金融。至年底，人才支持贷客户 6 户、授信金额 2600 万元，省农担 5 户、授信金额 210 万元，省担保抵押提额 17 户、授信金额 1204 万元。

有效落实《浙江省小微企业和个体工商户“首贷户拓展三年行动”方案（2020—2022 年）》，主动对接“无贷户”名单，优先向信用良好、经营正常、有融资需求的小微企业和个体工商户无贷户提供融资支持，提升首贷户比例。全年新增首贷户客户 10 户，授信金额 2150 万元，占小微企业新增贷款比重的 42%。支持民营企业发展的各项优惠政策，持续开展减费让利专项活动。

2022 年，该行强化服务实体经济，以专业化、差异化服务为抓手，主动对接房地产企业融资需求，新增房地产开发贷款 4.02 亿元；强化国家级、省级专精特新企业、国家高新技术企业客户走访频率，其中专精特新企业开户 6 户，已授信 4 户，授信余额 1.20 亿元；提升上市、拟上市公司业务合作广度和深度，充分运用优势产品，一户一策，与建德市 6 家上市公司中 4 家达成合作。 （方 晟）

【建德湖商村镇银行】浙江建德湖商村镇银行股份有限公司（简称建德湖商村镇银行）成立于 2009 年 11 月，由浙江南浔农村商业银行第一家对外主发起设立，主要为建德“三农”经济发展提供金融服务的永久存续的股份制地方性银行，注册资本 1.5 亿元。2022 年，该行内设综合管理部、业务管理部、风险管理部等 7 个职能部室，下设营业部、梅城、乾潭、寿昌、大同等 13 家支行，年末有在册员工 146 人。年末各项存款余额 14.73 亿元，比年初增加 1.09 亿元，各项贷款余额 15.69 亿元，比年初增加 0.85 亿元。

2022 年，该行运用金融科技手段推广“惠农卡”自助循环类小额信贷产品，采取“线上+线下”服务模式，借助移动服务设备平台上门为符合条件的客户办理无担保、无抵押的信用贷款，线上审批，一次核定、随用随贷、余额控制、周转使用、动态调整，为农户“零上门”一揽子金融服务。至年末，“惠农卡”授信户数达到 11338 户，授信金额 19.53 亿元；用信户数 4890 户，用信金额 8.35 亿元。

2022 年，该行紧跟“乡村振兴”战略部署，积极为“三农”服务，以“小额、流动、分散”为信贷原则，将大部分信贷资金用于支持当地小微企业以及农户的生产经营，至年末，完成农户贷款 6880 户 15.0 亿元，比上年增加 9466 万元，增幅 6.7%，户均贷款余额 21.8 万元。同时支持新型农业经营主体，年末该项贷款余额 1369 万元。

该行根据上级监管部门的工作部署，贯彻落实稳经济一揽子政策，开展助企纾困工作，全面实施“连续贷+灵活贷”金融服务机制和延期还本付息政策，从而满足普惠小微企业的资金需求，降低融资成本。共计实施延期还本 97 户、涉贷金额 7282 万元，“连续贷+灵活贷”机制贷款 4226 户、涉贷金额 9.41 亿元。

全年该行积极开展各类普惠金融活动，履行金融机构社会责任，通过拓客座谈会、摆摊宣传、进村入企宣传等多种方式开展金融知识宣传，同时结合“3·15”消费者权益保护日、“征信宣传日”“金融普及月”等各类专题宣传日，向市民宣传反诈骗、反假币、反洗钱等各类金融知识，提高其防范意识和水平。 （张丽丽）

【杭州银行建德支行】该行成立于 2006 年 8 月，是建德市除国有银行外第一家入驻的商业银行。2022 年末有分支机构 2 家，在册员工 67 人。年末存款余额 24.74 亿元；表内外贷款余额 72.67 亿元，其中美元债投资 1.64 亿美元；全年缴纳增值税及其他税收 1275.84 万元。

2022 年，该行全力支持建德市基础设施建设，加大贷款投放，推动重大产业项目、重大民生项目建设，同时完善优惠扶持政策，积极对接小微企业、个体工商户，扶持更多客户做大做强。新增投放表内外融资合计 13.58 亿元，其中债券投资 5.89 亿元，理财直融 8000 万元。

该行重点面向“三农”，深耕农村市场，持续深入开展“三农”服务。与建德市杨村桥镇上山村、长宁村以及航头镇曹源村、彭家村等 4 个村结对，在结对村走访困难村民 40 户，重点支持结对村消薄增收、完善公益设施、帮扶困难农户，扎实推进“百社百企结百村”帮促活动。持续推进云小贷整村授信，对接共上报整村项目 33 个，发放农户贷款 676 户、金额 1.04 亿元。 （邵 璐）

【农发行建德市支行】2022 年，中国农业发展银行建德市支行（简称农发行建德市支行）内设综合部、客户部。年末在册员工 11 人。年末贷款余额 23.42 亿元，比年初增加 10.58 亿元；日均存款余额 5.48 亿元，比年初增加 1.16 亿元。

2022 年，该行立足基本职能，做好县级储备粮油轮换，共发放储备粮油贷款 1.0 亿元。同时加强库存监管，做到账实相符。成功破解营销难题，全年审批投放项目 5 个，授信金额 51.19 亿元，当年投放 13.8 亿元。贷款审批投放均实现历年突破，在建德市各金融机构中贷款增幅第一，净增额第四，市场占有率 5.4%。融资项目包含低效用地改造、安置房建设、生态流域治理、公交一体提升建设、大塘坞农贸市场建设等内容。响应国家小微企业扶持政策，成功新投放小微企业贷款 900 万元。

（苏 川）

【浦发银行建德支行】2022 年，上海浦东发展银行杭州建德支行（简称浦发银行建德支行）共有支行本级、建德新安社区支行 2 个网点，年末有在册员工 25 人。该行坚持以服务建德地方经济促进自身各项业务共同发展的经营理念，在实体经济、政府建设项目、个人投融资需求等各邻域拓展业务。年末各项存款余额 18.7 亿元，其中对公存款余额 14.93 亿元、储蓄存款余额 3.77 亿元。各项贷款余额 41 亿元，其中对公贷款余额 21.55 亿元、个人贷款余额 15.64 亿元、票据贴现 3.81 亿元。

该行积极履行社会责任，全年重点发展普惠贷款和绿色信贷，绿色贷款余额占比达到近 50%。推出科技快速贷、双保贷、银税贷、房抵快贷等全系列小微专营产品，有效降低企业的融资成本。为信贷客户提供多样化、个性化的还款方案。

（邓舒阳）

【中信银行建德支行】中信银行股份有限公司杭州建德支行（简称中信银行建德支行）于 2016 年 6 月 27 日正式开业。2022 年，该行内设公司银行部、零售业务部、营业部及综合管理部 4 个部门，年末有在册员工 24 人。

该行充分发挥中信集团金融“全牌照”的综合优势，继续以成为“有担当、有温度、有特色、有尊严的最佳综合金融服务企业”为战略目标，综合运用债权融资计划、国内证加固贷“1+N”模式等多元化产品，通过理财直接融资工具、理财子公司等渠道支持实体经济，助力地方经济发展。年末各项存款余额 20.02 亿元，各项贷款余额 31.3 亿元，普惠性贷款投放 2.32 亿元，投放市重点项目贷款 8.15 亿元。 （胡 俊）

【宁波银行杭州建德支行】该行于 2019 年 11 月落户建德。2022 年，该行内设行长室、办公室、业务管理部、公司业务一部、零售业务一部、个人财富部、运营部等 11 个部门。至年末，该行有在册员工 28 人。年末存款规模 8.84 亿元，贷款规模突破 20 亿元，达到 26.64 亿元。

该行成立三年来，坚持“以融合创新为手段、注重业务特色、立足稳健发展、走品牌建设之路”发展理念，携手地方开创发展新机遇，拓展新空间。以“了解的市场、熟悉的客户”为准入原则，坚持“门当户对”经营策略，为大中型企业提供全方位、一站式的综合金融服务，持续丰富业务渠道和场景联动,充分满足个人客户的金融需求。同时,秉持为客户创造价值的理念,为客户提供专业、高效、差异化的财务管理服务。 (徐姣姣)

【台州银行建德支行】台州银行股份有限公司杭州建德支行(简称台州银行建德支行)成立于2017年2月,性质为城市商业银行。2022年该行在新安江街道、梅城镇共设有网点2家,年末有在册员工33人。年末各项存款2.47亿元,较年初增长0.28亿元;各项贷款3.28亿元,较年初增长0.72亿元;不良贷款174.47万元,不良贷款率0.53%,信贷资产质量优质。

2022年,该支行通过创新产品、下沉服务,为“三农”群体提供优质金融服务。通过扫码贷、兴农卡、兴居卡等产品,送金融服务入村居,助推乡村产业高质量发展;推广低息专享贷以及无还本续贷等产品,支持小微企业复工复产;开发“生活圈”平台,组织助农助企直播,协助生活圈商户提高市场占有率;推广移动工作站、移动营业厅等工具应用,为客户提供更加方便、快捷的金融服务。至年末,该支行涉农贷款总计2.75亿元,户均32.25万元;投放信用贷款1.33亿元,较上年增长3878.63万元,增长41.0%。 (王文钰)

【民泰银行建德支行】浙江民泰商业银行杭州建德支行(简称民泰银行建德支行)于2011年12月成立,为从事小微金融服务的专营银行。2022年,内设行长室、综合部、营业部和3个业务部,有市本级和乾潭小微专营支行2个营业网点。年末有在册职员41人。年末各项存款余额14.58亿元、贷款余额6.09亿元、贷款资产转让及核销1.12亿元。

2022年,该行构建“上级为下级、二线为一线、后台为前台、员工为客户”的大服务格局;抓程序合规,重风控能力,保稳健经营。至年末建成AAAA级标杆网点。围绕落实国家及有关政策,积极服务乡村振兴。担好助企纾困社会责任,用好“连续贷+灵活贷”工具箱,对疫情前经营正常的困难企业“应延尽延”“应续尽续”“应贷尽贷”“降本减负”;做好疫情帮扶工作,在深入摸底排查基础上精准定位小微企业,用好央行“支小”再贷款专项资金,通过“百地千名行长助企业复工复产”和“百行进万企”走访相结合,积极对接受疫情影响的清单客户,助企渡难关;继续深化乡村振兴示范网点的创建,加大对涉农领域的支持力度,提供简化审批流程、利率优惠、适度提额等一系列优惠政策,使服务农村市场质和量同步提高。该行助力乡村振兴的多个案例被《杭州日报》、中国经济网等多个媒体平台报道。 (朱玉琪)

【民生建德支行】中国民生银行杭州建德支行(简称民生建德支行)于2014年1月成立,2019年7月迁至建德市新安江街道严州大道1303号。2022年末,有在职员工17人。年末各项存款余额7.84亿元,较上年末增长0.95亿元;各项贷款余额10.8亿元,增长3.92亿元,全年发放普惠小微贷款户数96户,发放小微企业贷款1.12亿元。

2022年,该行强化普惠金融发展,支持和服务地方经济发展,担起社会责任。深入开展金融知识“送下乡”“反诈骗宣传”活动,全年开展金融知识、反诈骗宣传40余次。同时注重“风险管控”与“管理提升”两大主线,狠抓合规经营,规范内控建设,全年运行总体平稳,资产状况良好,无重大安全事故发生,实现全年安全经营。 (章珉希)

【泰隆建德支行】泰隆银行股份有限公司杭州建德支行(简称泰隆建德支行)成立于2014年1月。2022年,该行内设3个普惠部和综合部、小企业部、营业部各1个,下辖梅城、大同等经营型支行2家,至年末,建德区域在册员工67人。除传统的存贷款业务外,该行支持办理银行卡、信用卡、电子银行、理财、保险、贵金属、个人存款证明等业务。年末各项存款余额8.19亿元,比上年增加1.67亿元;贷款余额16.36亿元,增加3.59亿元。

该行开展社区客户需求调研,提炼出便民、特色、陪伴、专业金融等社区需求内容,新增休闲区、读书角、童趣中心、网红拍照墙、休息驿站。同时开展便民服务日、商户联盟、防诈宣传、沃土计划、微影计划、行长直播、云团购等“政银合作”新模式活动,向客户提供差异化便民服务、特色主题服务,助力乡村振兴、共同富裕。被授予2022年反洗钱

工作先进单位等荣誉称号。 （蒋洁心）

【邮储银行建德市支行】2022年，中国邮政储蓄银行股份有限公司建德市支行（简称邮储银行建德市支行）内设综合业务部、综合管理部、风险合规部，下辖支行营业部、新安江支行、梅城镇支行3家自营网点和17家代理网点。年末有在职员工48人（不含代理网点）。年末各项存款余额61.65亿元，较年初增长7.10亿元；各项贷款余额24.95亿元，较年初增长1.46亿元。全年信贷资产质量保持良好，不良率为0.23%。

该行坚守服务"三农"、城乡居民和中小企业的定位，全年走访小企业客户128户，走访小额客户1000余户，全面精准推进"稳经济"政策直达各类经营主体。至年末，"两小"贷款余额10.07亿元，较上年净增1.06亿元；聚焦农民需求，扎根农业产业，涉农贷款余额15.66亿元，较上年净增0.59亿元；持续加大对"专精特新"中小企业金融支持，全年累计向科技型企业发放贷款15户、贷款金额1.5亿元。同时，结合建德当地特色产业，发放专项"种粮大户专业贷款""草莓贷"，累计发放"种粮大户专业贷款"2000万元，"草莓贷"1.0亿元，满足乡村振兴多样化、多层次的金融需求。

积极推进农村信用体系建设，通过开展信用户、信用村信用采集和主动评级授信，实现线上信息采集、系统自动评分、分组和预授信等功能，构建邮储银行农户信息大数据平台。至年末建成信用村136个，评定信用户1800余户。同时，不断推动金融服务优化，全力配合退役军人优待证、个人养老金业务推进工作。 （方 敏）

保险

【人保财险建德支公司】2022年，中国人民财产保险股份有限公司杭州市建德支公司（简称人保财险建德支公司）除市本级网点外，设寿昌、梅城、大同、乾潭、大洋和桥南等营业网点6个，从业人员120余人。公司业务保持稳定健康发展，全年支付赔款近1.2亿元，在保障地方经济发展方面作出重大贡献，被评为省级先进单位，续聘建德市企业家协会副会长单位。

2022年，该公司积极践行"乡村振兴"发展战略，扎实推进农民农村共同富裕，在健康医疗、养老保障、防灾减损、支农惠农等领域，兜底保障民生难题。通过"加强网点建设、优化人员配置、强化政企互动、实施温暖服务"持续推进农网服务发展提档升级，与全市16个乡镇（街道）签署战略合作协议，深入推进保险服务，推出建德市首单农产品地理标志保险，保护地方农产品品牌，大力推行杭州市政策性特色农业主体综合保险、乡村振兴保险以及地方特色草莓保险、民宿保险，全年累计赔付2000余万元，为农户提供强有力的风险保障。

同时，该公司积极发挥国有保险企业在服务经济社会发展大局中的责任担当。成立"警保联动"交通事故快速处理中心，万元以下交通事故处理效率大幅提高；设立电动车车牌上牌点，开展非标电动车置换活动，保障民众安全出行；积极推广"西湖益联保"，为构筑民生保障防线贡献力量；在新冠疫情特殊时期，为提高客户服务体验，该公司开通绿色理赔服务通道，减免理赔单证、简化理赔流程，提高理赔时效，开展"线上定损"，高效理赔，为企纾困。 （胡 艺）

【人寿建德支公司】2022年，中国人寿保险股份有限公司建德市支公司（简称人寿建德支公司）。内设综合部、团体业务部、银行保险部、营销发展部、收展发展部、培训部和客户服务中心7个部门。年末有员工36人、业务员875人。全年实现总保费收入5.56亿元，比上年增长5.7%。其中新单保费1.72亿元、首年期交保费1.21亿元、短期险保费5005万元，均基本与上年持平。处理理赔案件1.29万件，给（赔）付2.23亿元，比上年增长142.4%。

2022年，该公司独家承保建德市60岁以上老人意外伤害保险，共处赔案2335件，赔付金额305.75万元，充分体现保险的功能。继续推进"西湖益联保"项目，公司积极引导社会以家庭、企业为单位投保，通过"五进"（进学校、进企业、进医院、进乡镇社区、进银行)宣传“西湖益联保”,开展“红马甲”活动,选定新安江广场、文化广场、博物馆前广场等人流密集区域为集中宣传服务点,助推建德市“西湖益联保”推广,最终参保率达到52.73%,在杭州市位列第三,所有乡镇(街道)参保率均超50%,该项目全年理赔5062人次,赔付3380万元,分别比上年增长56.4%、14.1%。

(陈荣统)

【平安财险建德支公司】2022年,中国平安财产保险股份有限公司建德支公司(简称平安财险建德支公司)年末有在册员工12人。全年业务保持稳定健康发展,市场份额继续提升,成本持续优化,全年保费实收1.72亿元,比上年增长27.1%;车船税缴纳金额为2746.8万元。

2022年,该公司积极参与西湖益联保项目,打造“低保费、高保障”健康保险模式,凸显保险普惠性,筑牢共同富裕民生保障防线。注重吸纳建筑业、交通运输业、居民服务业等新市民人口较多的行业,通过产品和服务等创新,满足新市民保险需求,全方位提供便捷的保险服务,保障新市民就业。

(陈　甜)

【太平洋财险建德支公司】2022年,中国太平洋财产保险股份有限公司建德支公司(简称太平洋产险建德支公司)在建德市域除公司本级外,设乾潭镇营销服务网点1个。该公司内设综合管理部、业务管理部、车商业务部、代理业务部、个代业务部、交叉业务部、商用车业务部、非车险业务部、理赔服务中心等9个部门。非车险业务部,主要负责拓展公司业务、政保业务、银保业务和农险业务等非车险相关业务,其余各业务部主要负责拓展公司、个人等车险业务。

2022年末,公司在册员工38人。全年完成保费2.59亿元,比上年增长34.2%;总赔付支出1.31亿元,增长19.1%。

(苏　彬)

【中华财险建德支公司】2022年,中华联合财产保险股份有限公司建德支公司(简称中华财险建德支公司)内设办公室、理赔部、车商科、综合业务科、电销部5个部门。因人员调整及业务结构变化,原乾潭营销服务部撤销,新设立新安江白沙营销服务部。年末有在册员工18人。

2022年,该公司完成保费收入7426万元,比上年增长80%,其中完成农业保险保费423万元,完成考核利润277万元,保费占建德保费市场从上年的5%上升至近10%。公司积极组织理赔定损人员清理未决赔款,全年共支付赔款4050万元,增长65.6%。

该公司持续开展并做好客户的创新增值服务,继续做好公司“车驾管”服务、代驾服务、非道路事故救援服务、代办年检服务等,积极贯彻落实上级公司各项文件精神要求,努力转型,充分学好用好总公司车险一体化系统,新系统一体化使用率、新系统各项考核指标和车险的续保率三项均得到明显提高。积极拓展非车险业务。及时抓住国务院要求九大高危行业及建筑行业开展安全生产责任险的契机,充分利用2022年财险行业共保体激励份额制度,主动展业,大力发展安责险业务。全年安全生产责任险业务,比上年增长近70%。工程险业务尤其是工程履约农民工工资类保函业务,在2021年的基础上继续得到新发展。

(雷建祥)

【国寿财险建德支公司】2022年,中国人寿财产保险股份有限公司建德市支公司(简称国寿财险建德支公司)设有互动专营部、车行业务部、银保业务部、重客/政保业务部、数字渠道部、农村业务部、理赔服务站、综合部8个部门。年末有在册员工33人。

该公司坚决贯彻执行党和国家及地方政府关于保险改革发展的决策部署,服务实体经济、服务乡村振兴,积极开展反洗钱、防范非法集资等宣传工作。全年实现保费收入8730万元,比上年下降8.2%;占建德财险市场份额占比为8.6%,比上年下降3.37个百分点。全年出具保单5.32万件,支付赔款7957万元,下降11.0%。

2022年,独立运营建德市民政局养老机构责任保险,279家养老机构参保,服务满意度达到100%。同时,将农业生产经营主体综合保险、叶菜价格指数保险纳入市级特色农险推广险种,满足多元化保险服务需求，促进杭州市“菜篮子”基地稳产保供。参与杭州市安全生产责任保险共保，与寿险公联合开展“西湖益联保”健康险的惠民项目。开展科技企业专项金融保险服务，重点推动企业员工福利保险、科技类保证保险、知识产权保险相关保险项目，产生了很好的社会效应。

（全伟超）

证 券

【银河证券建德新安路营业部】中国银河证券股份有限公司建德新安路证券营业部（简称银河证券建德新安路营业部）前身为中国银河证券有限责任公司杭州中河中路证券营业部建德证券服务部，2001年8月成立，2009年2月，经中国证监会浙江证监局批准设立为营业部并使用现名。其业务主要代理开立沪、深股东账户卡；电话委托、网上交易提供集合竞价隔夜委托以及24小时账户查询；依托银河基金超市，代销所有开放式基金产品；取得代办股份转让主办券商资格，提供三板股份确权、交易和过户等。

2022年末，该营业部有正式员工10人、客户经理4人、劳务派遣（含保安、保洁）用工5人，共19人。全年营业收入2339.9万元，比上年下降2.4%；税前利润1102.49万元，与上年持平；股票交易量为597.76亿元，下降3.7%。新开户数为3771户，年末有效客户数1.3万户，客户总资产为45.67亿元。

2022年，该营业部克服因国际国内因素综合影响、中国股市三大指数全线下跌等不利情况，从传统的通道服务转型，积极开拓多元化收入，稳步推广现金理财产品，增加客户的闲置资金使用率和收益率；适时有效地推广公司固收类产品及“雪球”类结构化产品，把握市场节奏，精耕细作融资融券业务。持续开展“了解你的客户”活动，向客户针对性推荐金融产品，积极推广银河牛人选股，证券投顾产品“财富星”、闲置现金产品“财富星—配置”、公募基金投顾产品“财富星—基金管家”等金融产品。

（吴文涛）

【财通建德营业部】财通证券建德江滨中路证券营业部，简称财通建德营业部，其经营业务范围包证券经纪、证券投资咨询、证券承销与保荐、融资融券、证券投资基金代销、代销金融产品等。2022年末，该营业部客户编号存量总户数1.17万户，实现营业收入904.75万元，利润528万元，分别增长6.4%、10.9%、21.9%。全年无合规负面清单。

2022年，该营业部通过各项精准营销活动，构建营业部产品生态圈，做好资产配置，做大做强财通品牌。与浙江天石纳米有限公司等签署“金服宝盘股+”综合金融服务协议，与杭州新安江工业泵有限公司、杭州朗索医用消毒剂有限公司、杭州奥立达电梯有限公司等成功签署“千人千企”服务计划。走访上市公司、新三板挂牌企业、“专精特新”中小企业6家，了解和挖掘企业需求，制订服务计划。联合建德农商行、人寿建德分公司，举办助企交流会2场，解读宏观经济，提升品牌效应。

（郑 倩）

小额贷款企业

【新安小额贷款公司】建德市新安小额贷款股份有限公司（以下简称新安小额贷款公司）于2009年1月经省政府批准成立，注册资本2.0亿元。该公司由“新安股份”（浙江新安集团股份有限公司）为主发起人（2022年12月，公司大股东变更为传化集团有限公司），联合建德市6家民营企业和8名自然人共同投资组建，系杭州市小额贷款协会会长单位。2022年，公司内设小微金融部、渠道金融部、财务部、综合管理部4个部门，办公营业场所在洋溪街道洋安社区金塘小区。至年末，该公司完成对杭州贝兜信息科技有限公司的全资收购。

该公司继续坚持“支农支小、服务小微”发展主旨，年末拥有存量客户1285户，与上年持平；公司各项盈利性资产余额3.94亿元，比上年增长2.9%。全年发放贷款5591笔、金额10.76亿元，分别比上年下降20.9%、22.1%。全年实现利润总额4054.34万元，增长14.9%。公司自成立以来累计发放贷款 162.9 亿元，增加 8.9 亿元；服务客户数 6.83 万户，累计纳税额 1.78 亿元，连续 12 年被建德市人民政府、建德市国税局评为“重点纳税大户”“纳税大户”，监管评级为 A(含)级以上。 （章 恒）

【白沙小额贷款公司】建德市白沙小额贷款有限公司(简称白沙小额贷款公司)成立于 2013 年 7 月，由建德市白沙化工有限公司为主发起人，注册资金 1.0 亿元，在建德市范围内依法办理各项小额贷款、办理小企业发展、管理、财务等咨询业务及经政府批准的其他业务。2022 年末在册员工 8 人，经营地址位于新安江街道水韵天城 108 幢 202 室。

2022 年末，该公司时点贷款余额 2.41 亿元，共 267 户、330 笔，比年初增加 882.90 万元。按贷款担保方式计，其中质押贷款余额 27.7 万元、抵押贷款余额 4214.90 万元、保证贷款余额 1.99 亿元。按贷款服务对象计，小微企业贷款 1.12 亿元、农户及个体户贷款 1.29 亿元。全年贷款利息收入 3574.55 万元，缴纳各项税款 765.89 万元，分别比上年增长 10.5%、7.0%。

自 2013 年至 2022 年 12 月 31 日，累计发放贷款 43.98 亿元，累计缴纳税款 5648.35 万元。

该公司秉承“小机构、小客户、小贷款”的市场定位，发挥“支农支小”“小、快、活”的经营优势，对接建德市经济建设，拓展城乡市场，普惠金融服务“三农”，为全市金融机构拾遗补阙。2022 年，全年累计发放涉农贷款 572 笔、322 户共计 5.26 亿元，其中对草莓、铁皮石斛、莲子、茶园及农产品加工等农业企业贷款 271 笔 1.91 亿元。特别服务残疾人、退伍军人、大学生、下岗工人等弱势群体，全年累计发放贷款 295.50 万元。自开业以来，此类贷款累计发放 2687.13 万元。 （吴 娟）

【建业小额贷款公司】建德市建业小额贷款股份有限公司(简称建业小额贷款公司)成立于 2012 年 7 月 10 日，注册资本 1.3 亿元。该公司市场定位为：服务“三农”、支持中小企业发展；经营地址位于建德市新安江街道严州大道秀水华庭 35 号。2022 年末有在册员工 8 人。

2022 年，该公司总资产 1.79 亿元、净资产 1.64 亿元；全年发放贷款 328 笔、贷款金额 4.13 亿元；年末贷款余额 1.57 亿元，全年贷款业务收入 2140.89 万元，比上年下降 6.3%；年纳税总额 823.33 万元，增长 0.6%；净利润 1372.57 万元，下降 3.5%；净资产收益率 8.42%；不良贷款余额 652.7 万元、不良贷款率 34.17%；拨备覆盖率 101.77%。自公司成立至 2022 年 12 月 31 日，累计放贷客户 1114 户、4960 笔，发放贷款金额 43.06 亿元；累计实现营业收入 2.49 亿元；累计缴纳各项税款 7645.57 万元。公司连续 10 年被浙江省地方金融监管局考核评为省 A 级优秀小贷公司。

（胡 芳）

【大同桑盈互助社】建德市大同镇桑盈农村资金互助社(简称大同桑盈互助社)于 2011 年 1 月正式成立。依托大同蚕桑专业合作社组建，由该合作社理事会牵头、社员及家庭成员自愿入股。2022 年末，该互助社总社员人数 1000 人，在册员工 8 人，其中理、监事长和总经理各 1 人，职工 5 人(信贷员 1 人、综合管理员 1 人、会计 1、临柜 2 人)。

年末各项存款余额为 1.11 亿元，比年初增加 1207.1 万元；各项贷款户数 166 户、310 笔，贷款余额 7141.96 万元，较年初减少 1172.78 万元；不良贷款户数 4 户、金额 82.96 万元；表内挂账利息 4.35 万元。年度实现净利润 76.17 万元。

该互助社开业至 2022 年 12 月 31 日，累计业务借方 12.98 万笔，累计发放贷款额 9.01 亿元；贷方 11.89 万笔(其中支持社员 435 户、放贷款笔数 3937 笔)，总发生额 56.32 亿元；总开户笔数 2.94 万笔，总销户笔数 2.37 万笔；累计实现未分配利润 1198.48 万元；累计提取盈余公积金 169.95 万元、一般准备金 254.92 万元。 （黄 斌）

责任编辑：唐国强

财政·税务

Finance & Taxation

财 政

【概况】2022年，建德市财政总收入80.53亿元，比上年增长20.9%，其中一般公共预算收入52.02亿元，增长35.1%（剔除矿业权收益一次性因素后，一般公共预算收入41.17亿元，增长6.9%），占地区生产总值的12.0%，占财政总收入的64.6%。其中税收收入33.34亿元，占一般公共预算收入的64.1%。全市一般公共预算支出78.55亿元，增长23.4%。全年财政收支平衡。

市财政局建立健全组织收入监测机制，把握好收入规模和进度，全面推进开源增收，共计实现收入122.82亿元，其中向上争取资金30.08亿元。强化非税执收，推进线上退付和非税收入电子化缴库改革。全市征收非税收入87.65亿元，增长31.9%，其中纳入一般公共预算管理的非税收入18.68亿元，增长355.7%。

市财政局荣获2021年度省政府督查激励事项，获评2021年省财政厅企业职工基本养老保险工作考核优秀单位，获评2022年度全省财政管理绩效考评优秀单位、全省清廉财政建设成效突出单位。

【国有资产管理服务中心揭牌成立】7月16日，建德市国有资产管理服务中心正式挂牌成立。升格市国有资产管理服务中心是提升经济发展后劲、理顺体制机制、抓住国资国企改革政策的需要。该中心的成立及实体化运作，推动建德国有企业更有效承担政府职能，促进全市国有资产更保值增值，激发国有资本经营预算更大力度“反哺”政府财政动能。市财政局全力支持国资服务中心充分履行指导、管理、服务、监管国有企业等职责，理顺市财政局与国资服务中心之间的职责边界，财政部门加强对资产、债务、项目、产业基金等方面的统筹，国资服务中心进一步发挥对国有企业的管理和指导作用。

【落实支持经济发展新政】2022年，全市上线资金兑付类政策198条，落实各类减（退、缓）税降费20.63亿元，兑现财政补助资金6.79亿元，兑付进度100%。发挥转贷专项资金和政策性担保作用，办理企业转贷4.01亿元，为153户市场主体担保2.86亿元，为企业节约成本2500万元，缓解中小企业资金压力。落实全市国企及行政事业单位租金减免3688万元，惠及商户1633户。加大政府采购支持中小企业力度，在2022年营商环境无感监测中，中小企业中标（成交）项目数和项目金额指标位列杭州市第一。浙江农商银行首笔线上“政采·合同贷”落地建德，授信共计1147.2万元。

【民生保障加强】2022年，全市民生支出60.99亿元，增长26.8%，占一般公共预算支出的77.6%。其中，教育支出12.41亿元，保障新型教学空间建设、“阳光晴天”工程、智能灯光改造和“阳光厨房”等护校安园建设，保障“三岁以下幼托”“课后服务”等公共服务开展，助力营造良好教育生态。社会保障和就业支出12.13亿元，落实城乡居民“三免三惠”健康行动，实施适老化改造工程，提高城乡困难群体和优抚对象保障水平，推动养老事业发展，实现城乡居民基础养老金杭州市域同标。卫生健康支出9.11亿元，保障核酸检测、定点医院建设及集中隔离点经费等疫情防控经费2.46亿元，推进慢性病用药惠民服务、扩大适龄妇女免费“两癌”筛查人群范围，推进医共体和公共卫生保障体系建设。城乡社区支出6.20亿元，支持改造老旧小区5个，新增电梯加装30台，完成8个高层住宅小区二次供水改造，新改建农村公路45千米。农林水支出9.13亿元，出台规模种粮补贴实施方案，规模种粮补贴标准提高至640元/亩，高标农补贴标准提高至4500元/亩。建德市入围中央级水系连通及水美乡村试点建设县(市)，获评“2021—2022年幸福河湖建设试点优秀单位”。

【“1+X+Y”财政改革】2022年，建德市继续推进“1+X+Y”(即实施新一轮乡镇财政体制改革，新增或修订X个增收政策、Y个减支政策)改革体系落地，至年末共完善或新增涉矿工程处置收益资金管理办法等政策9项。通过提高超收分成比例等措施，激发乡镇(街道)发展实体经济内生动力。全年乡镇级地方财政收入完成15.04亿元，比上年增长23%。推进“浙里报”、政府采购、集中财力办大事等省厅数字化改革试点项目建设，完成基于共同富裕9类大事的归类以及预算管理一体化系统内标签。制定国库集中支付动态监控规则33条，处理监控预警7300余条，整改问题68个，涉及金额822万元。实现单位会计核算覆盖率和会计核算偏离度达标率100%。

【财政监管新举措】2022年，市财政局在财政监管方面主要从构建监督机制、加强绩效、国资和项目管理以及防范债务风险上入手。构建人大+“巡财审”财会大监督机制，对109家单位实施非税收入、会计信息质量检查等六大类财政监督检查，收回(扣拨)财政资金4046万元；首次将所有评价项目集中打包，形成“财政评价+第三方机构同时评价”新模式，完成单位自评项目1929个，重点绩效评价项目10个；修订出台《建德市行政事业单位通用办公设备和家具配置标准》《建德市行政事业单位国有资产处置管理暂行办法》。启动新一轮行政事业单位资产清查，在“资产云”系统中开发“数字公物仓”模块，对闲置及报废资产进行分类处置；将监管触角延伸至镇村项目，首次将2000万元以下投资额项目纳入监管。推进《全过程中介委托服务管理办法》出台并试行，明确外聘审计费用相关标准，开展造价咨询机构联合检查；实施债务全口径统计监督，采取限额管理、预算管理、推进隐性债务化解等措施，不断压降债务风险等级，确保法定债务率和综合债务率稳定在合理区间。争取到新增地方政府债券3.75亿元，其中一般债券3亿元用于国道320线境内段改建工程建设。

【“2+4”共富小切口改革探索】2022年，建德市继续积极探索家庭型财税政策改革。聚焦“扩中”“提低”改革主线，开展数智联建，探索“扩中”家庭经济画像，形成可复制推广的“家庭单元”数字化模型。开展大病保险共济、学生资助、个税附加扣除等政策研究和模拟测算，谋划家庭财金政策落地。争取到“构建基本公共服务保障标准体系改革试点、‘扩中家庭财税政策体系综合试点’+‘学生资助、大病保险、个税模拟’、家庭财金助力扩中项目”等“2+4”项共同富裕小切口试点。“扩中家庭画像助力家庭型财税政策改革探索”案例入选全省财政系统高质量发展建设共同富裕示范区“小切口”改革最佳实践案例，在全省财政工作会议上作典型发言。同时，争取到2023年“一事一议”财政奖补支持打造共富乡村试点项目。

【全省首批幸福河湖试点县建设】建德市向上争取幸福河湖建设项目，并于2020年10月在全省县级市中第一个完成全域幸福河湖建设规划。该规划项目160个，总投资542.08亿元。该局为此争取上级水利补助资金累计6.5亿元，统筹整合各级财政资金23.9亿元。规划实施以新安江、兰江和富春江等河网水系为核心，支持构建“一轴十带百脉千塘”全域幸福河湖体系。至2022年，建成省级“美丽河湖”10条、水美乡镇11个。同时，加强幸福河湖建设与乡村旅游、农业发展的融合，激活三江口文旅产业发展、高新区康养休闲旅游，推动梅城古镇文旅产业、杨村桥草莓小镇产业、下涯湿地摄影小镇产业等流域乡镇特色产业转型升级。至2022年末，全域“幸福河湖”建设成效显著，全市95个村集体收入增收2800万元；农村居民人均可支配收入超过4.2万元，比上年增长10%；7个乡镇(街道)8.5万人受益，增收4.2亿元。建德市获评全省“2021—2022年幸福河湖建设试点优秀单位”。 (丁璐瑶)

国有资产经营

【建德市城投公司】建德市城市建设发展投资有限公司(简称建德市城投公司)主要从事保障房建设、土地开发整理、市政公建设施建设、公用事业运营及贸易等业务。2022年末，建德城投公司资产总规模为206.52亿元，下辖全资子公司11家、控股子公司9家、参股子公司1家。其经营运作正常、效益良好。

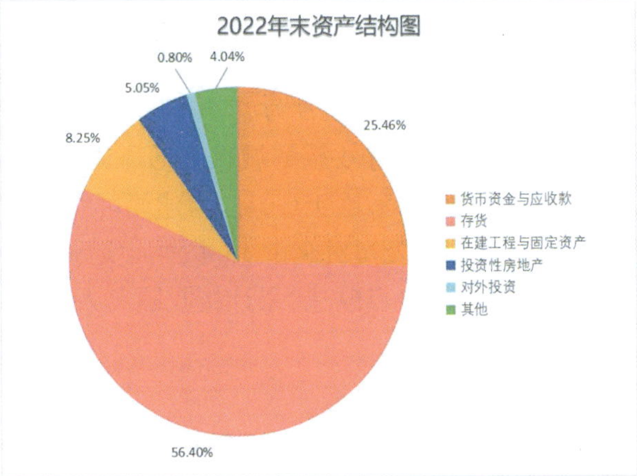

图10　　2022年末资产结构图

企业营业收入：全年实现营业收入约25.46亿元。其中，贸易与零售收入21.58亿元、项目建设及相关服务1.80亿元、供水服务2800万元、危废处置相关服务4300元、其他收入1.37亿元。

国有资产盘活：全年销售住宅、商铺等存量房产销售24处，实现销售收入1733.16万元；经营性房产出租率达95%，全年实现租金收入1656.15万元；落实疫情减租政策，全年减免租金288.7万元。

融资保障：全年争取融资授信额度52.74亿元，实际融资到账47.26亿元，年综合融资成本4.05%。多渠道争取低息政策性资金，其中农发行政策性开发行金融工具贷款4083万元，年利率3.09%；中行设备更新专项贷款1953.5万元，年利率2.5%，并享受中国人民银行贴息2.5%。

项目建设：全年承担政府投资建设项目29个，其中重点投资项目25个，完成固定资产投资8.97亿元。其中保障房建设投资3.82亿元、医疗卫生事业基础设施投资1.08亿元、教育文化设施投资4100万元、供排水基础设施投资1.53亿元、其他基础设施投资2.13亿元。

业务发展：建德城投公司及其下属子公司保理与新能源充电桩业务板块正式运营并实现营收；新增承插型盘扣式脚手架租赁业务，计划2023年正式投运。子公司杭州杭新固体废物处置有限公司成功创建为高新技术企业，成为全市首家获认证国有企业；同时，完成杭州地区首个刚性填埋场建设并投入运营。 (翁晓财)

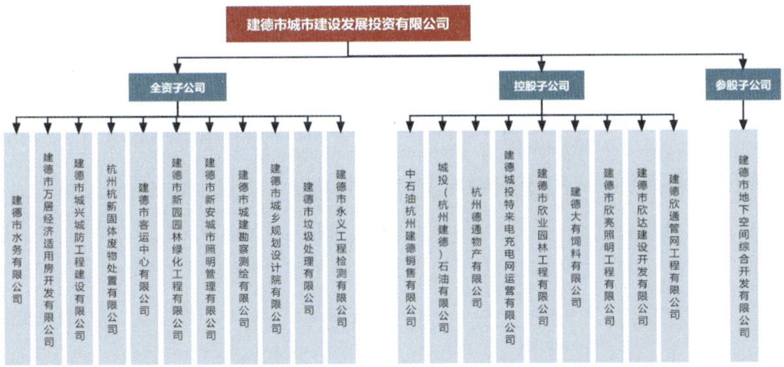

图11　　建德市城市建设发展投资有限公司组成图

【建德交投公司】2022年，市委、市政府下达建德市交通发展投资有限公司(简称建德交投公司)项目任务16个，其中实施类项目8个、预备类项目5个、前期类项目3个，全年完成投资24.12亿元，为年度计划的110.6%。完成融资授信40.03亿元，融资放款25.49亿元；完成固定资产投资2.76亿元、招企引税216万元、开源增收8150.36万元。子公司建德市三江河道清淤采砂有限公司完成营业收入 7912.97 万元、营业利润 6569.44 万元；建德市大众客运有限公司完成营业收入 584 万元，比上年增长 8.6%。

10 月 20 日，子公司建德市通达机动车综合检测有限公司新站开业。该项目于 2021 年 7 月开工建设，项目总用地 3.45 公顷，总投资 1.13 亿元。建外观线 6 条(4 条汽油、2 条柴油)、安检线 3 条、环保线 8 条(4 条汽油、2 条轻柴、2 条重柴)、摩托车线 1 条，新建生产用房（检测车间四栋）计 6985.62 平方米、变配电房 95.96 平方米、气泵房 101.34 平方米、地下消防水池与泵房 103.68 平方米、综合服务办公楼 5 层 4081 平方米，2# 办公楼 3 层 668.87 平方米、传达室 75.66 平方米，停车位 279 个。至年末完成营业收入 173 万元。

12 月，国道 320 线境内段改建工程全线开工建设。该项目主线 58.28 千米、更楼连接线 4.23 千米，合计 62.51 千米。主线采用 80 千米/小时双向四/六车道一级公路标准，连接线采用 60 千米/小时双向两车道二级公路标准。项目概算总投资 77.28 亿元。

杭衢铁路建德段完成征迁工作，包括全线土地、房屋征收及三电迁改等基础性工作。（翁　姗）

【建德资投公司】2022 年，建德市资产经营投资有限公司(以下简称建德资投公司)系统完成营业收入 9.3 亿元，比上年增长 13.5%。完成固定资产投资 1.6 亿元，超额完成招企引税 683 万元。发行公司债券 5 亿元，完成银行授信 53.89 亿元，放款 23 亿元。新安江第二小学新建工程(总投 1.3 亿元)、元明珠综合商务楼工程(总投 1.4 亿)竣工交付使用；完成共计 9.53 公顷土地收储(更楼农产品批发市场地块 4.9 公顷、乾潭弘泰橡胶地块 4.6 公顷)；完成招引航空小镇新路跳伞基地项目，总投资 1 亿元。

该公司负责用地收购、镇街奖励资金保障及收购后二次开发和复垦项目实施等工作，为建德市低效工业用地提供资金保障 38 亿元。2022 年拟收购地块共 23 宗 55.43 公顷，至年末完成签约 5 宗 28.29 公顷，收购价 2.92 亿元；完成洽谈、待签约 2 宗 6 公顷。根据国有企业房屋租金减免相关文件精神，建德字头公司系统共减免租金 1908 万元，惠及小微企业 84 家、个体工商户 908 户。

2022 年，该公司完成自行开发资产经营管理系统，并经终验后并上线，实现资产智能化管理。对公司名下 1565 处小区商铺、住宅单元、户室进行标准数字门牌安装，实现 7 个乡镇二维码门牌安装全覆盖，5000 余户住户、商户的地理位置和上牌图片信息全部上线，确保“公房亮身份、公房必有址、有址必准确”，有效推进资产平台建设和公房数字化管理。

2022 年，所属子公司保安公司业务范围向保洁、物业和装饰装修项目延伸，全年营业收入 1.6 亿元，首次超过 1 亿元，比上年增长 105%；成立杭州新安物业公司，承接相关物业服务业务；民爆公司在行业垄断经营的模式被打破、客户流失的情况下，拓宽思路、优化服务，实现逆势增长；公共资源公司完成城市停车综合管理服务平台建设，将全市 1670 个路侧停车泊位纳入差别化停车收费管理体系，首次实现扭亏为盈，同时引入投放小遛电单车 1000 辆，有效缓解城区交通压力；建杭公司招商面积出租率超 95%，成为建德对外展示新窗口；酒店管理公司对全市 15 家酒店实施新冠疫情防控临时隔离点改造，累计接收隔离人员 2800 余人。（宁慧婷）

【建德旅投公司】2022 年，建德市新安旅游投资有限公司(简称建德旅投公司)深化机制改革，激活国企内生动力，全力推进国有企业高质量发展。公司梳理归纳“简政放权”12 条，将下属子公司人员招聘、固定资产管理、经营费用签字审批等权力下放至二级子公司。打破国企原有“大锅饭”思维，推出“揭榜挂帅”改革试点活动，将 7 个景点热门二消项目逐个“竞拍”，引入“多劳多得，优绩优酬”新机制，设置超额奖励，项目超额完成部分奖励按 10%~40%的比例计提，超额数越高提成比例越高。全年累计营业收入 7668 万元，接待游客 40.55 万人次。其中，公司所辖酒店 7 月、8 月入住率达 83.52%，实现营收 1408.35 万元，比上年增长 54.7%。

5 月，建德旅投公司党委联合市纪委、市交通局等相关部门推出建德首条公交清廉专线“小莲清风廉运”，将2辆212路公交车改造成廉政专车，将红色文化和廉洁教育深度融合，寓廉于乘、寓教于行。工作信息“国企来了兼职纪检监察联络员”被浙江省纪委监委网站录用。

2022年，该公司投资3000余万元升级原有景区索道、飞天魔毯、极速滑道等二次消费项目，提升游客消费转化率，助力景区(大慈岩、新安江、灵栖洞、严州古城)获评2022年“浙江首批醉美景区”称号。推出"钱塘江丝路潇洒游"线路参加杭州“三江两岸”水上黄金旅游线路(产品)设计大赛，在569条参赛线路中脱颖而出，获得三等奖。

10月1日，由该公司招引第三方公司投资5000万元、在双江街原免费开放式公园中建设的双江欢乐世界游乐项目对外营业，仅国庆节7天，营业收入即达134万元，吸引客流约7万人次，比上年增长6倍，有效带动了周边餐饮、旅游行业发展。同月，该公司以3000万元受让建设浙江建德抽水蓄能电站项目15%股权，根据受让协议，建德旅投公司注资3.9亿元，协助项目控股公司做好浙江建德抽水蓄能电站项目建设工作。**(谢文卿)**

【建德经开集团】12月，经建德市委机构编制委员会批准，在原杭州高铁新区投资发展有限公司和建德经济开发区(航空小镇)国资板块的基础上，组建成立建德经开集团控股有限公司(简称建德经开集团)。

2022年，该集团完成建设项目固定资产投资5.88亿元，占年度目标任务的106.9%；实现营业收入1.46亿元，完成年度目标任务的145.7%；实现营业利润9361.46万元，完成年度目标任务的222.9%；全年完成融资授信17.43亿元，融资放款15.95亿元，分别为年度目标任务的134.1%、113.9%。

2022年，该集团有建设项目19项(其中新增重点实施类11项)。至年末，完成土地农转用报批54.47公顷、土地收储43.83公顷、土地出让19.8公顷。首例创新盘活出让低效用地建德市顺发化工助剂项目土地3.41公顷；完成南峰小微园项目建设；顺利推进马目园区丰和大道东侧基础设施工程、五马洲园区姜家合基础设施一期和二期工程、洋溪沿口科创片区浙江格宜医疗器械有限公司项目、中策橡胶建德仓储中心基础设施工程等场地平整项目；完成下涯和美家园三期、黄东坞安置房项目建设共计795套安置房建设；完成三江治理提升改造工程先行段(洋溪大桥至严州大桥段、大洋镇三河段)并移交大洋镇投入使用；实施完成马目园区丰和大道路面维修工程、杭州赛肯新材料技术有限公司连接线提升改造工程、南峰园区锦峰路路面整修改造工程；大洋镇新化化工卫生防护距离拆迁安置房工程、下涯之江山边区块安置房工程基本完工；有序推进三江治理提升改造工程前期工作，可行性研究报告获省发改委批复并列入省重点项目。

全年建德经开集团盘活各类闲置房产8处(约2.03万平方米)，新增租金收入147.5万元；收取各类租金780.9万元，比上年增长15%。子公司建德市三江生态管理有限公司收集处理污水347.8万吨，增长35%，其中生活污水纳管148.34万吨，增长255%；该公司营业收入2144.35万元，营业利润208.99万元。**(吴延丰)**

【杭州“两山”建设开发有限公司】简称“两山”公司。2022年，该公司继续推进建德市垦造耕地、旱地改水田及建设用地复垦等土地整治项目实施及后续管护工作。拓宽山、水、林、田、矿自然资源生态价值转化路径，发展壮大子公司，培育国资国企新动能。4月，成立子公司——建德市青筑建设有限公司(以下简称青筑建设)，将主营业务延伸至施工领域。全年完成开源增收8.8亿元，固定资产投资6.06亿元。实现营业收入1.69亿元、营业利润2031.94万元。2022年度获杭州市全域土地综合整治与自然资源要素保障工作集体嘉奖。

2022年，建德市委、市政府下达“两山”公司新增水田200公顷土地整治任务。至年末，完成垦造耕地(水田)项目21个、新增水田238.17公顷，完成旱地改水田项目11个、新增水田29.05公顷。建设用地复垦项目26个、新增旱地19.53公顷，新增林地0.47公顷(7.3亩)，实施垦造旱地项目2个，新增旱地8.13公顷。

2022年，该公司出资2.5亿元，参与“建德草莓”共同富裕示范项目种土地平整、施工监督、大棚搭建、资金筹集支付等工作。注册运营建德市红莓农业有限公司、建德市强村农业股份有限公司，探索现代化企业制度，打造共富平台。

子公司青润农业公司流转垦造耕地项目、旱地改水田项目共计287公顷，进行统一管护，种植水稻、油菜等农作物。取得“建德市青润现代农业发展有限公司建德市更楼街道桥岭村稻谷基地”等5个基地的有机转换认证。持续推进建德市新垦造耕地数字生态管护与固碳能力提升项目，建立数字化生态管护平台。建德市新垦造耕地被纳入浙江省自然资源厅省财政专项“浙江省耕地土壤碳源碳汇变化及其影响因素研究”课题的试点，并通过专家评审。

6月，子公司青丰矿业参与搭建涉矿工程项目资源处置平台，承接全市范围内涉矿工程项目资源处置工作，对各工程项目多余土石方进行地质勘查、资源评估和资源拍卖。至年末完成涉矿资源处置项目8个，其中涉及市重点工程项目2个，共计拍卖成交款1.07亿元。破解建德重大项目建设堵点，促进涉矿工程项目资源处置规范化、高效化，推动国有资产保值增值。

8月，子公司青筑建设承接2022年度浙江省民生实事及水利部、浙江省政府“十四五”规划重点治理的建德市寿昌江流域综合治理工程一期建设任务。10月，完成山峰溪及翠坑溪标段工程建设，实现产值1480万元，成为率先完成本年度省民生实事考核任务的工区之一。 **（郑佳敏）**

税 务

【概况】2022年，国家税务总局建德市税务局（以下简称市税务局）面对复杂多变的宏观环境和深度承压的经济形势，牢固树立“税费皆重”理念，组织收入实现稳中有进。全年组织税费收入119.4亿元，比上年增长17.8%，其中税收收入65.3亿元，增长0.7%；还原留抵退税后完成73.2亿元，增长9.0%；社会保险费收入32.0亿元，增长10.0%。非税收入22.1亿元，增长197.3%，其中国有土地使用权收入20.1亿元。全年办理出口退税6.2亿元，增长1.8%。

乾潭税务所办税服务厅被评为浙江省青年文明号，第一税务所（办税服务厅）被评为杭州市模范集体。

【落实新的组合式税费支持政策】2022年，市税务局全力落实新的组合式税费支持政策，全年实现各项退税减税政策11.7亿元，其中办理增值税留抵退税7.9亿元、“六税两费”减免6713万元、阶段性缓缴养老金等3项社保费缓缴金额2575万元、医保缓缴1.009亿元，延续实施失业保险降费率政策减免5777万元。精准落实缓缴政策，办理制造业中小微企业缓缴税费5.0亿元。加强留抵退税风险防控，缴回留抵退税247户，共计金额1.17亿元。

【推进开源增收项目】2022年，市税务局重点关联交易及上市企业税收管理项目实现税收22.0亿元。建筑业税收6.0亿元，完成项目进度的120%。非税收入（含社会保险费，不含土地出让金）入库34.0亿元，完成项目进度109.7%。限售股解禁个税1.01亿元。土地出让金收入20.11亿元。

【征管质效提升工作】2022年，市税务局完善纳税人分析机制，构建“税源管理+业务部门”两级联动分析及团队骨干点对点分析的“2+1”监管模式。科学优化基层岗责，全面梳理业务部门及派出机构工作事项，形成“综合管理29+税费业务129”常态化事项清单。全年完成申报125.97万户次，总体申报率97.5%，比上年增长0.1%。一般纳税人累计增值税税负率（剔除出口和免税企业）2.5%，增长0.2%。一般纳税人平均零申报率27.3%，下降8.8%。

【税推进费改革】2022年，市税务局持续落实中办、国办《关于进一步深化税收征管改革的意见》和实施方案。开展全面数字化的电子发票受票扩围试点工作，受票首日全市预约企业全部成功接收全面数字化电子发票。多方联动落实全市统一社会保险费征收模式工作,建立“五部门联动”工作协调机制,召开工作联席会议,联合印发实施方案,平稳实现城乡居民缴费人“无感”改革。扎实推进“十一税合一”申报、“多报合一”等改革工作。

【优化提升税收营商环境】2022年,市税务局推广“非接触式”办税缴费,全年进办税服务大厅人数比上年下降33.5%,持续推进“掌上办”“预约办”,实现网上办税率98.1%。迭代升级二级集中处理机制,日均受理业务209笔,后台受理人均处理效率比上年提高10%。完成办税服务厅窗口数量撤减30%目标任务,其中梅城办税服务厅实现窗口全部撤减(仅保留自助办税区)。构建“智能语音前置+人工坐席兜底”“税小蜜智能交互+坐席直连补偿”双协同咨询服务格局,智能语音解决率提高至25%,人工坐席接通率达83.5%,后台受理人均处理效率提高10%。加强服务品质常态化监测,满意度测评工单“非常满意”率提升至98.4%。“好差评”的好评率达到99.9%。开办“小德说税”纳税人线上学堂,获评杭州市优秀税宣品牌提名奖。持续开展“银税互动”,共发放小微企业银税合作贷款6.97亿元。推行“助企专员”服务,选派助企服务员16人,形成助企服务优秀案例32个。

【法治税务建设】作为欠税管理之非强制性执法试点单位,2022年,市税务局参与拟订《欠税风险提醒和约谈警示工作规范和操作指南》,全年对65户企业下发《欠税风险提醒告知书》,清欠入库税款531.04万元、滞纳金53.15万元。推进税收普法,建立流动税宣站,开展税法宣传上公交、进校园等活动。强化税收协同共治,加强与法院等地方部门的交流协作,申报企业破产欠缴税费债权25家,申报税费及滞纳金1651.15万元,有序推进“枫桥式”税务分局(所)建设,相关做法得到杭州市税务局局长张惠卿的批示肯定。

【税费种管理工作】2022年,市税务局完成2021年度企业所得税汇算清缴工作,汇算清缴面达99.3%,实现税收收入18.73亿元,比上年增长8.85%。稳步推进个税汇算清缴,完成申报3.05万人,退税办结率与补税办结率达到100%。加强耕地占用税管理,全年入库税收6615万元,比上年增长158.1%。推进土地增值税清算工作,完成清算项目51个,补税金额2500.43万元。平稳有序推进城乡两费集中征缴工作,完成全市城乡居民养老保险缴费对象1.95万余人、城乡居民医疗保险缴费对象23.65万余人征缴任务。

【重点税收项目管控】2022年,市税务局持续巩固平台经济专项治理成效,实现分级分类管控。强化建筑业税源征管,制定建筑业风险防范指引及成本核算管理规范,调整未确认收入1.6亿元、多列支成本费用1.19亿元。推行“企业+个体”风险专项服务,调增应纳税所得额3796.3万元,补缴税款660.08万元、滞纳金20.85万元。优化个人股权转让管理,加强对股东政策辅导,争取限售股解禁税收1.01亿元。加强研发费用加计扣除审核管理,施行“业务股室+管理单位”联合下户核查机制,补缴企业所得税523万元。稳妥推进总部经济税收发展,规范跨区域总部企业转让定价与转移税负行为,减少本地分公司亏损8076万元。

(沈俊廷)

编辑:唐国强

经济管理

Econom Management

综 述

2022年，国内外经济形势极为复杂，“三重压力”(需求收缩、供给冲击、预期转弱)叠加“两大变量”(疫情反复、俄乌冲突)，不稳定、不确定因素明显增多。建德市纳入国民经济和社会发展年度计划的16项经济社会发展目标，完成预期目标的有6项，未能完成预期目标的有10项，分别为:地区生产总值、规模以上工业增加值、第三产业增加值、社会消费品零售总额、固定资产投资、制造业投资、高新技术产业投资、民间项目投资、城镇居民人均可支配收入、农村居民人均可支配收入。

2022年，根据2021年全市经济发展和社会发展执行情况，市发改局编制并实施2022年度各项规划，努力实现从宏观布局到微观具体管理并并重。对全市200余家中小企业的经济运行开展监测，按季对企业运行情况进行分析汇总，形成监测分析报告，为市委、市政府决策提供依据。完成建德航空小镇与高铁新区的经济开发区机构整合，平台支撑力不断加强，推动全市经济稳进提质。继续推进经济体制改革，探索新时期共同富裕新路子、新模式；强化与四川乡城县等地的区域合作，不断丰富合作内容，推动合作地区社会、经济等各方面发展。

不断强化、丰富和完善审计、统计等经济管理行政手段，对违反国家法律法规的经济行为，予以严肃查处，确保经济发展稳定局面，严肃在经济活动中对人的影响因素的管理和制约，对经济加强市场监管，优化营商环境；强化知识产权保护力度，维护市场公平竞争秩序。同时，继续深入开展社会信用体系建设，推进全国信用示范区创建，在全杭州地区率先实现省市县一体化。全面开展信用镇街监测，推进守信激励创新试点工作，布局信易贷、信易租、信易行、信易游、信易批等“信易+”应用场景26个，不断拓宽信易+应用范围，为9万余人次、近2000家企业释放信用红利3000余万元。依托“杭州e融”平台推出信易贷产品，搭建杭州金融综合服务平台“建德专区”。至2022年底，城市信用年底排名位列全国县级市第二位、300亿~500亿元GDP城市暨浙江省县级市首位。在青年信用体系建设、乡村治理体系建设等领域和关键环节，形成“美好账本”“农安信用”等可复制、可推广的经验做法，建德农安信用数智监管机制获省委宣传部、省发改委颁布的全省十大优秀案例，为杭州市唯一。

发展规划

【概况】2022年，市发展改革局梳理形成《建德市2022年规划编制计划》，报市人民政府办公室以建政办函(2022)56号文件正式印发实施。列入编制计划的项目共计30个，其中2021年结转17个、2022年新增13个。市级财政共安排规划编制经费400万元，年内完成支付399.08万元。根据相关规划，三都压缩空气储能项目开展前期工程，晶科电化学储能项目开工建设，建德海螺水泥有限责任公司计划在光储一体化项目一期的基础上再新建二期项目；培育上市后备企业10家，印发新一轮资本市场扶持奖励政策，提高奖励力度，拓展奖励宽度，企业上市全流程最高可享受750万元奖励。同时，完成《浙西储能中心规划》编制，确保9月乌龙山抽水蓄能电站附属工程顺利开工。

至 2023 年 1 月，又全面梳理总结 2022 年全市国民经济和社会发展执行情况，形成《建德市 2022 年国民经济和社会发展计划执行情况与 2023 年国民经济和社会发展计划草案》，经市第十七届人民代表大会第二次会议审议通过。着手梳理建德市县域经济发展、“四个重大”总体情况，为 2023 年的“十四五”规划中期评估夯实基础。

【重点项目建设】2022 年，建德市列入省重点实施类项目 4 个，总投资 105.1 亿元，年度计划投资 24 亿元，年内全部开工建设，共完成投资 24.6 亿元，为年度计划投资的 102.5%。列入杭州市重点实施类项目 29 个，总投资 380.2 亿元，年度计划投资 42.3 亿元，年内全部开工建设，完成投资 52.6 亿元，为年度计划投资的 124.4%，其中年产 16 万吨高强高导铜合金项目、朝美医护用品产业园等 5 个年度投资 5000 万元以上项目完成建设。建德市政府投资重点实施项目 81 个（其中新增项目 32 个、续建项目 49 个），总投资 290.5 亿元，年计划投资 65.8 亿元，至年末，81 个重点项目开工 78 个，开工率 96.3%；完成年度投资 70 亿元，为年度计划的 106.3%。

【全域光伏建设】2022 年，建德市完成屋顶分布式光伏项目并网 64.7 兆瓦，完成省能源局下达任务。集中式光伏电站项目落地 3 个，分别为大洋镇 150 兆瓦项目、大同镇 20 兆瓦项目、三都镇 70 兆瓦项目，项目数量和规模位居杭州市第一位。

【能源要素保障】2022 年，建德市新审批用能项目 21 个，总用能量 6.58 万吨标煤。上报杭州市审批用能项目 12 个，完成批复 12 个，总用能 22.08 万吨标煤。 （刘 旻 柳泽伟 郑伊琳 马子琛）

经济体制改革

【概况】2022 年，建德市着力优化营商环境，创新改革试点，以评促改，以评促优，持续推进全市经济体制改革，推进小城市培育和千年古城复兴试点建设，以及企业债发行和监管等工作。

【推进经济体制改革】2022 年，继续推进市领导领衔信访积案工作，接待处理改制企业遗留问题，做好车改遗留工作。按月审核改制企业离退休人员遗属供养资格，参与长运公司、建铜集团、化工设备厂、林场等信访协调处置。建德市列入全国第二批涉税房地产价格认定数字化转型试点，为全省唯一、全国唯一县级单位。共享法庭“价调委服务站”列入杭州市示范机构，为建德唯一列入机构、杭州市唯一的价格争议纠纷调解机构。完成“农安信用+”新型综合监管机制纳入杭州国家营商环境试点城市特色改革事项。8 月 24 日，建德市学徒定单工作在全省工会数字化改革推进会上做典型发言。11 月 15 日，建德市“数字赋能监管 助力园区高质量发展” 做法在中国国际石油化工大会上做典型发言。

【探索共同富裕模式】建立《试点项目评选和培育机制》，开展试点“赛马”活动，“链组党建”“建德师傅带农富”等 12 个项目被列为建德共同富裕试点培育库项目，其中“建德师傅带农富”被列为杭州市第二批共同富裕试点，经验做法被《杭向共富》刊发。《大同镇以“一老一小”整体方案 托起“善育颐养”美好乡村生活》获评第四批全国农村公共服务最佳案例。《让“文艺村长”用艺术推动乡村发展》被列为杭州市共同富裕第一批最佳实践。争取 2022 年省诗路文化带建设资金 920 万元，为杭州市最高。乾潭镇安仁共富联合体经验做法先后被《浙里共富》《杭向共富》刊发。开展“同谱共富曲，献礼二十大”活动，通过 16 个乡镇(街道)、7 个部门的案例展播及十佳案例评选，进一步总结提炼和宣传推广建德共同富裕典型经验，不断提升群众对共富工作的认知度。

【丰富完善转型金融工具】2022 年，建德市继续开展专项债券申报工作，全市新增地方政府专项债券 0.75 亿元，支出进度 100%。用足用好政策性金融性工具，发放贷款 4100 万元，建德抽水蓄能项目争取贷款额度 13.8 亿元。开展部分领域设备购置及技术改造贷款贴息申报，审核通过4个项目，共获贷款额度4.65亿元。

【优化营商环境】拟订《营商环境专项考核办法》，组织各部门单位参加杭州营商环境培训，召开营商环境创新试点事项落实反馈会，下发营商环境交办单16份，督促27个部门加强与条线领导对接，争取部门排名争先进位。完成全市营商环境评价分析专报，牵头完成各项涉及营商环境的自查自纠工作。召开迎评动员会，发动各个部门审核汇总佐证材料。收集上报并推广建德营商经验、典型案例26篇，谋划申报下年度创新改革项目4个。

【省级城镇化试点】2022年，根据《浙江省千年古城复兴试点工作方案》，建德市建立协同工作机制，组建“千年古城”复兴试点创建工作领导小组。市政府发文出台《建德市千年古城复兴试点工作方案》，强化组织保障、要素保障，有序推进古城复兴工作。寿昌和梅城2个古城复兴综合规划通过省发改委评审。寿昌镇被列入全省第二批千年古城复兴试点建设名单。2021年度梅城古城试点考核成绩为良好，2021年度乾潭省级小城市培育试点考核成绩为合格。

【企业债发行和日常监管】2022年，市发改局完成仍在存续期的两家企业债券存续期管理，以及本息兑付风险排查报告、资金使用情况调查。其债券均进入还本周期，每年需兑付本金5亿元。召开全市企业债券培训会，摸排企业债储备情况。协调各部门帮助拟发债公司梳理补充申报材料，新增发行安置房企业债15亿元，完成杭州市下达任务。完成国有公司融资问卷调研6家，完成政府出资产业投资基金绩效评价2家，以及每季度25家以上中小微企业融资问卷监测。 （厉莹 金洵）

区域合作

【概况】2022年，建德市持续推进东西部协作，全力做好与四川省甘孜州乡城县对口帮扶工作，继续深化与重庆市涪陵区江东街道对口支援工作。

杭州市统筹安排全年援建资金4080万元，其中建德市援建1558万元。实施援建项目6个，其中“苹果+藏猪种养循环现代农业基地”“沙贡洞松藏猪养殖扩繁基地二期”“乡村振兴先行示范村建设”为3个重大项目，新增建设用地面积7900余平方米。打造集“一个基础、一个云库、一个平台”为一体的数字农业系统，建成数字果园2个、数字猪场3家，用数字化手段助力现代农业发展。落实财政计划外资金30万元，提升乡城教学设施配置。

争取社会捐赠资金和物资折合款344.35万元，重点关心乡城青少年儿童的培育和成长，开展助学类社会组织和个人捐赠活动7次，惠及师生2900余人次。开设“四川乡城高原农产品建德展示展销中心”和“圣洁甘孜”杭州体验馆，组织参加系列展销活动，累计消费帮扶金额达3405万元。

建德市落实对口支援三峡库区援助资金51.8万元，实施移民小区综合帮扶项目——涪陵区白涛新街农贸市场隐患整治及提升改造工程。共计改造大棚1800平方米，升级改造摊位18间及配备供水、供电、排水排污设施，提升乡镇(街道)公共服务能力，为市政管理规范化夯实基础，增强了居民获得感、幸福感。

【开创多个“首次”项目】2022年，建德市乡城县紧密协作，落实两地6所学校、3家医院结对共建，擦亮“组团式”支援金名片，开创了多个甘孜州首个和乡城县首次：开展甘孜州首个高原定向运动校本选修课、首个水上项目选修课、首个学生运动性功能测试、首个小篮球运动项目，组建首支校园足球队和首支“建乡情”鼓号队。首次利用CT机开发齿科专项曲面和三维重建，首次使用无创呼吸机正压通气法治疗高原肺水肿患者，首次使用尿激酶原溶栓治疗急性脑梗死、心肌梗死患者，首次使用“同步电复律”治疗室性心动过速患者，多项手术开创了乡城医疗新技术应用新历史。

【西红花落地乡城试种成功】依托建德“中国西红花之乡”的产业优势，由建德市提供600千克价值

5万元的种子及技术指导员支持，于乡城县水洼乡俄扎村开辟3亩田地试种。俄扎村采取“合作社+村‘两委’+农户模式”运营管理，由合作社统筹运行，以村“两委”为依托，通过建德专业技术人员全过程带动村民投劳务工方式，促成西红花种植成功落地乡城县。

【两地民族交往交流交融】2022年，共开展两地民族“交往交流交融”活动29批、513人次，其中乡城县到建德市21批、建德市到乡城县8批。签订医院、学校、卫健、教育、公安、人社、文旅、商务等合作协议14份。开展互送文化交流演出3场，累计观看210人次。

开展“万企兴万村”活动，促成建德市20家企业和6家社会组织与乡城县21个村结对。选派2名党政干部及12名专业技术人才组成“智援乡城”团队，举办“智援乡城”专题培训17期，培训人员1102人次。招引23家浙江企业到乡城考察，引导浙江籍企业家至四川投资1.44亿元，实施产业项目1个。

举办“春风行动 助力农民工返岗复工”线上专场招聘活动，建德市提供1318个就业岗位。联合助推公益性岗位开发，帮助322人在乡城县就近就业。开展劳务协作(促进就业)培训班2期，培训134人次，认定就业帮扶基地3个。设立扶贫车间1个，实现22人就近就业。 **(许茜楠)**

公共资源交易

【概况】2022年，建德市公共资源交易中心完成各类交易项目66579个，成交金额44.05亿元，节约(增收)资金6.29亿元。其中分中心平台项目722个，成交金额6.52亿元，节约(增收)资金0.96亿元。

【优化全流程电子化交易系统】2022年，市公共资源交易中心依托杭州市统一交易平台，先后上线房建市政、交通、水利、园林等工程施工项目全流程电子化交易，实现网上发布交易公告及招标文件、场地预约、抽取专家评委、缴退保证金、网上开评标等业务，方便交易主体，降低交易成本。完成全省首个成功运行水利类“1+N”项目和杭州市首个采用远程异地评标+在线实时语音方式陈述答辩的项目。政府采购项目实现全过程电子化开评标。优化投标保证金退付手续，实现中标通知书发出35天后中标单位保证金自动退付。

【公共资源交易规范化运行】2022年，建德市出台《建德市公共资源交易中心开标评标及现场管理工作指引》《建德市公共资源交易投标保证金代收代退管理办法》《建德市工程建设相关项目评标与定标分离实施细则（试行)》《建德市限额以下公共资源交易项目择优比选办法》等(政策)文件，进一步规范工程建设项目招标投标监管。推出招标代理“蓝马甲”机制，营造责任到人、规范有序的开评标环境。搭建开评标信息采集平台，全面及时掌握进场交易的各类项目信息，为上级部门和行业监管部门决策提供数据支撑。 **(伍 楠)**

审 计

【概况】2022年，建德市审计工作贯彻落实新审计法要求，立足经济监督、人民至上的发展理念，围绕“共同富裕”主题以及全市中心工作、重点部署和重大决策，依法履行审计监督职责，扎实开展常态化“经济体检”，主动服务改革发展大局，各项工作取得明显成效。

全年完成审计项目15个，查出各类问题金额28.88亿元、非金额计量问题71个，促进结余金收回1.47亿元；移送案件线索11条(根据线索，最终被判处刑罚3人、党纪政务处分4人)，效能问责2人，约谈12人和15家单位。提交信息、专报95篇次，促进建立健全规章制度55余项。

以新修订《中华人民共和国审计法》以及省新出台的内审规定的学习宣传为契机，推动审计工作更全面地纳入市委、市政府综合考评，全方位扩大审计影响，增强依法审计工作氛围。市审计局连续五年获评杭州市优秀审计机关。

【深化管理条线】对经济责任审计、跟踪审计、自然资源资产审计等专业条线进行梳理,深化管理。经济责任审计围绕“五审五评”,构建“六维一体”的乡镇领导干部经济责任审计评价指标体系,并在全市经责审工作会议上进行交流。明确会商研判的对象、方式、内容,相关工作经验被省厅引用,并获《人民日报》转发。2022年,推动出台《建德市重要岗位人员离任经济事项交接办法》,离任移交接对象扩大至副职市管领导、中层干部、财务人员、资产管理人员等重要岗位,为防范风险、保持工作的连续性发挥重要作用。出台《建德市跟踪审计实施办法》,对部分“十大”攻坚项目开展跟踪,及时发现问题,提供建设性意见。

【推进审计变革重塑】2022年,市审计局推动数智赋能,优化“智治”供给侧服务,积极争试点、促应用、拓思路、提质效,“金审三期”使用经验获全省推广,大数据案例获得省级二等奖;储备粮年底库存真实性审查、储备粮轮换拍卖合同履约情况等2个审计方法获省级优秀奖,相关经验在省厅计算机审计中级培训班上获推荐交流。实行统一计划、统一实施、整合力量、提升成效的“巡财审”联动机制,2022年度经责审计均与巡察监督、财政监督同步,在减少基层负担的基础上用好巡察监督和财政监督优势,拓宽审计发现问题途径,推进问题查处和整改成效。以“书记项目”为载体推进内审指导工作。强化党建与业务融合,依据“一个实施方案贯彻到底,一套指导服务汇编到位,一次部署全体动员到人,一队内审小组以审代训到点”的方法开展内审同步项目,助力构建村级审计监督体系,规范“三资”管理,推动建立健全基层内审机构。

【财政审计】2022年,市审计局分别实施建德市本级预算执行和其他财政收支情况审计,对寿昌镇、大同镇、杨村桥镇3个镇财政决算进行审计,对部分行政事业单位财政资金收支管理情况专项进行审计调查。以同级审促进15家部门单位将其超过2年以上项目结余资金748.62万元清理上缴财政。财政决算审计对相关乡镇(街道)在财务报告编制、财政预决算管理、财政财务收支管理、公务支出公款消费、国有资产管理、内部控制管理等方面欠规范进行揭示,推动决算编制、支出管理、内控机制等流程健全规范。部分行政事业单位财政资金收支管理情况专项审计调查发现7家部门单位3444.11万元采购资产未及时入固定资产账等问题,推动市财政部门开展全市乡镇(街道)及行政事业单位资产清查等工作。

◎ 审计人员现场勘查杭黄高铁站前广场项目施工质量(市审计局提供)

【经济责任审计】2022年,共完成寿昌镇、大同镇、杨村桥镇3个镇及市发改局、市民政局、市商务局3个部门7名离任领导的经济责任审计,对领导干部制定实施的重大决策情况,以及在财政、政府性债务、国有资产、政府投资项目等方面存在的重大管理漏洞和风险隐患予以揭示。审计查出管理不规范金额7578.33万元、违规金额29.4万元。移送问题线索6起，推动出台完善制度17个，提交信息专报7篇，获领导批示7篇次。实施廉政联审工作270人次，指导领导干部离任移交接工作4人次。

在经责审计中，对落实重大决策部署、“三重一大”制度，执行中央八项规定精神等经济责任履行事项进行重点关注，对特种车监管和油卡管理不规范等问题进行揭露，推动全市开展不相容岗位情况自查自纠，移送相关案件线索3起，促进权力规范运行。

【自然资源资产审计】2022年，对寿昌镇、大同镇、杨村桥镇3个镇共4名领导干部任职期间自然资源资产管理和生态环境保护责任履行情况进行审计，摸清乡镇(街道)主要自然资源资产实物量(包括数量和质量)，对资源环境领域存在的违法违纪违规问题予以揭示，促进领导干部认真履行自然资源资产管理和生态环境保护责任。推动9个乡镇、1家国有公司共20个涉矿工程项目资源处置收益5029.54万元及时上缴财政，促进领导干部履行好自然资源资产管理和生态环保监督责任。

【政府投资审计】2—5月，开展新安江大城区慢行系统三期工程预算执行审计，推动超批复概算466万元上报审批，加快绿道景观工程项目建设进度。3—5月，开展市储备粮管理情况专项审计调查，发现涉嫌挪用粮款及租金公款、骗取财政补贴等问题，移送3起案件线索，市纪委立案查处2人。7—12月，开展寿昌江流域综合治理工程跟踪审计，推动水域保护规划的制定出台，促进143.5万元水资源费及时收回、145.5万元修复补偿结余资金按规定上缴财政。

【政策跟踪审计】3—5月，开展市教育均衡化建设情况专项审计调查，推动教师团队建设更优更强。8—12月，开展部分村集体经济组织财务收支情况专项审计调查，共查出管理不规范金额8.99亿元、违规金额7238.57万元。移送问题线索7起，提交信息专报7篇。

【国有公司专项审计】2—8月，开展市级国有公司运营情况专项审计调查，审计发现8家国有公司盈利能力偏弱、融资依赖偏高等问题，推动完善国有公司监管体系，加大国有公司整合力度，做强做大国有公司经营业务。 (赵晨阳)

统 计

【概况】2022年，建德市统计工作围绕强化监测预警分析、发挥监督职能作用、夯实基层基础建设，抓实数据质量，努力发挥参谋助手作用，为推动“两个先行”提供统计支撑。

开展“统计联心、数为民用”主题服务行动，常态化开展重点企业、重大项目、关键样本的面对面指导服务。全年走访企业(项目)、样本户200余家；制作规模以上工业企业档案卡500份，服务企业精准画像；制作16个乡镇(街道)个性化发展报表，助力基层找准优势及短板。

专题开展“统计基层基础提升年”行动，推动出台《建德市人民政府办公室关于加强和规范统计基层基础建设的若干意见》，提出做好新时期建德统计工作明确要求；制定《关于深入推进统计规范化建设夯实统计基层基础的实施意见》，明确新时期统计四大工程建设。

通过统计普法“进机关、进企业、进党校、进社区、进乡村”等载体，利用“9·20”中国统计开放日、《中华人民共和国统计法》颁布纪念日等时间节点，开展“大家来学统计法”主题活动，同时结合日常走访调研、学习培训、知识竞答、媒体投放等多种形式开展“渗透式”普法宣传，不断引导社会公众充分了解统计法精神，提升统计公信力和权威性。

【常规统计和民意调查】全面准确及时做好1000余家“四上”(规模以上工业、限额以上贸易业、规模以上服务业、资质以上建筑业)单位、项目全面报表，以及600余家(户)抽样调查工作。完成新建投产企业(项目)月度入库及小升规企业的年度入库工作，提高“四下”单位和样本户的代表性，及时更新完善基本单位名录库。全年完成规(限)上企

◎ 市统计局开展入户统计调查工作(市统计局提供)

业入库53家,其中新建投产"四上"企业30家、年度入库小升规企业23家,5000万元以上固定资产投资项目42个。高质量完成规模以下工业、劳动工资、两项收入、粮食产量、低收入等专业统计调查。完成助企纾困政策落地情况、共同富裕示范区建设浙江民众感受度、生育意愿与生育行为等10余项民情民意调查。

【编制经济运行"晴雨表"】围绕"稳"和"进"的要求,实时监测GDP、工业、投资、社会消费品零售额、"两项收入" 等重点指标以及高质量发展、共同富裕、科技创新、"双控""双碳"等重点领域,当好经济运行"晴雨表"。紧扣时间节点,优化指标设置,编制"四报"(《统计预报》《统计快报》《统计月报》《统计专报》) 为市委、市政府提供信息支撑。全年印发预报、上报、快报、月报共50余期,编印发布《2021年建德市国民经济和社会发展统计公报》《数说建德 (2021)》《2021年建德统计快年报》《建德统计年鉴(2021)》,向社会客观真实呈现全市经济社会发展情况。

【城乡住户和粮食监测大样本轮换】按照 "严标准、清底数、强代表"的要求,谋划城乡住户和粮食监测大样本轮换工作。全年完成3876户城乡住户摸底清查工作、300户城乡住户开户工作,完成新一轮20个村60个粮食监测样本轮换工作,为未来五年科学评估全市粮食生产奠定基础。

【构建三级基层统计网格】2022年,市统计局在全市划分38个网格,配备网格长、副网格长和网格指导员,明确责任制度和管理机制,强化基层统计工作精细化管理。举办全市基层统计业务培训班,面向全市乡镇(街道)、开发区分管统计工作领导、专业统计员、市级相关部门统计员开展侧重方法制度、工作流程的业务培训。以提升总体业务能力为目标,优化日常培训模式,开展"小班制""菜单式"授课培训。组织开展全市"最美统计人""优秀统计员""优秀网格长"选树活动。承接好"统计大脑"10项重点应用推广普及,重点做好"统计e家"、浙企"最多报一次"等应用覆盖面、活跃度,加快统计数字化改革。

【统计调研与分析】及时收集GDP核算相关指标数据,强化GDP核算涉及的相关指标的横向、纵向比较分析。做好数字经济、文化创意等产业的分析、核算。全面落实"严、细、深、实、快"要求,设置"月度会商""双月例会"等载体,实施"调研课题大比武""统计信息大竞赛" 等活动,围绕高质量发展、民生福祉等热点形成一批高质量统计调研分析文章,为全市经济社会高质量发展提供统计智力支撑。全年共撰写50多篇统计调研分析,被"两办"《领导参阅》和《政务参阅》编发13篇,获市领导批示24篇次。调研文章获2022年度建德市优秀调研成果一等奖、杭州市统计局系统优秀分析报告一等奖、浙江省"统计当参谋、分析助决策"统计分析评选优秀奖。

【统计执法检查】2022年，全市召开乡镇(街道)统计工作会议3次、专题业务培训会议20余次，传达学习统计法治相关要求。强化职能部门、乡镇(街道)和平台层面的统计法治意识和数据质量责任意识，压实防范和惩治统计造假、弄虚作假责任。按照“专业核查、双随机执法检查、专项抽查”等方式，强化统计监督检查工作。全年接受省、杭州市统计部门专业核查企业73家，常态化开展工业、投资、贸易、服务业等统计专业数据核查227家。组织开展“双随机”执法检查51家，予以行政处罚10家、警告并罚款5.43万元。完成国家统计督察反馈问题整改落实，推进“统计造假不收手、不收敛”专项整治活动开展。修复2021年度统计行政处罚不良信息5件。 (陈丽云)

市场监督与管理

【概况】2022年，建德市市场监管工作以“五新月赛、五星月晒”竞赛为载体，聚焦“疫情防控、服务大局、助企纾困、除险保安、创新驱动”等关键点，充分发挥市场监管“保障民生安全、服务经济发展”的积极作用，各项重点工作取得显著成效，市市场监管局获评“杭州市质量强市推进工作成绩突出集体”“杭州创建国家食品安全示范城市集体嘉奖”、全省市场监管系统“双五”竞赛二等奖，全年无重大食品药品特种设备安全事故发生。

【深化商事制度改革】2022年，建德市继续夯实商事制度改革基础，深度融合统一地址库应用，持续拓宽“智能审批”改造适用场景，制订《商事登记全过程的标准化规范》，推进“零干预”企业注册登记，逐步构建以依法确认为原则的便捷高效的商事登记服务体系，全年通过“智能审批”办理新设企业224家。充分释放住所资源红利，结合建德实际出台《市场主体住所登记申报承诺制实施办法》，放宽住所资源，允许从事电子商务等现代服务产业按照“一址多照”登记，提高市场主体登记便利化水平。全新设市场主体11722户，其中采用“一址多照”登记5297家，年末全市共有在册市场主体59893户，比上年增长11.97%。

【商业秘密保护】建好商业秘密“保护屏障”，建德经济开发区成功创建省级商业秘密保护示范区。全年创成省级商业秘密保护示范点2家、杭州市级3家，以点带面提升全域商业秘密保护整体水平。

【净化市场环境】2022年，建德市市场监管部门以“铁拳”“亮剑”专项行动为统领，聚焦重点民生领域深入开展专项执法整治行动。全年查办案件786件，罚没款740万元，其中大要案73件、涉刑移送案件4件。紧盯妇女、儿童、老年人等特殊消费群体，围绕医疗美容机构、婴幼儿保健护理场所，共查办各类虚假宣传、食品化妆品安全等违法案件54件，罚没款58.02万元。密切部门联动配合，查办恶意串通拍卖案件2件，罚没款总额210万元，有力打破行业潜规则，实现拍卖领域案件

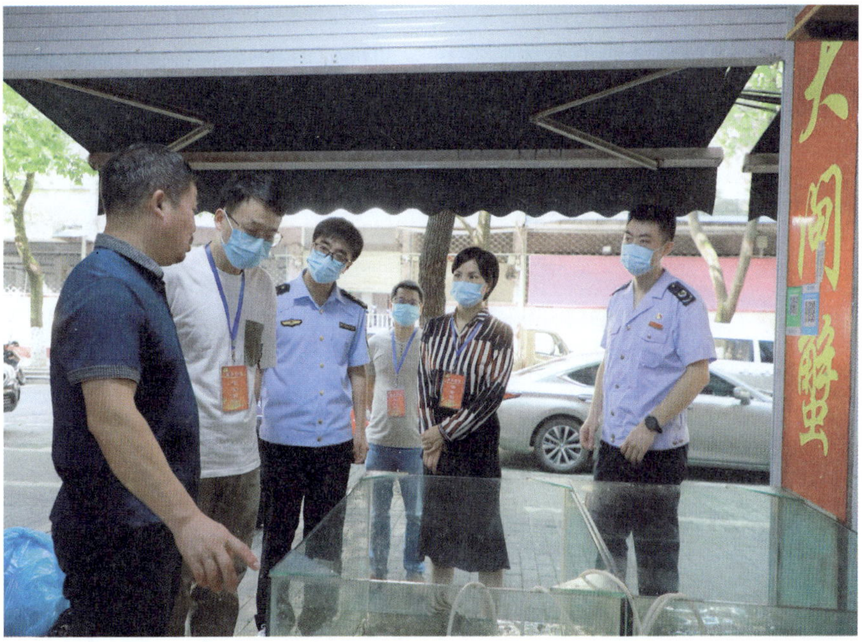

◎ 7月，市纪委监委党风室开展市场监管行风专项监督(市纪委监委提供)

"零的突破"。护航平台经济发展,推进网络直播营销专项治理,依托"浙江公平在线"建立经营主体库3084家,对网络交易行为进行线上巡检、自动监测,累计接收处置违法线索182条,立案64件。

【公平竞争审查】健全全市公平竞争审查联席会议制度,落实审查主体责任,加强审查队伍建设。持续去存量、防增量,开展全市政策措施文件的审理与清理,2022年共审查新增文件65件,存量清理240件,其中废止与修订10件。

【深化"放心消费"创建】2022年,全市建成并运行基层消费维权联络(服务)站(点)44个,推进村级消费维权便捷化,畅通基层消费维权"最后一米"。健全消费维权工作机制,市市场监管局与法院合作开展ODR(在线纠纷解决机制)在线调解、诉调对接、诉转案等纠纷处理机制。充分发挥企业和第三方调解机构作用,拓宽消费纠纷多元化解决渠道,促进投诉和解、强化投诉调解、降低维权成本、提高维权效率、最大限度保护消费者权益。巩固"放心消费创建"质量,深化放心消费"五进"活动,宣传推广"消费宝",有力提振消费活力,营造放心消费良好氛围,全年培育放心消费单位1664家。挖掘乾潭镇幸福村、大同稻香小镇、千鹤妇女精神教育基地等地域的人文特点,重点打造精品"放心消费美丽乡村",助推放心消费融入美丽乡村,持续擦亮建德市"放心消费重点县(市、区)"招牌。

【持续提升"建德质量"】2022年,市市场监管局以"三服务"为载体,组建一站式服务平台服务专班,送服务上门。全年先后开展产品质量"巡回问诊""千企创牌"计划、"浙江制造"培育工程、政府质量奖申报等重点工作,推动企业导入卓越绩效等先进质量管理方法。至年末,共有12家企业通过浙江制造认证、5家企业获得建德市政府质量奖、23人获得首席质量官证书。

【坚持标准强市】2022年,建德市继续鼓励企业积极参与行业标准的起草与制定,以示范培育带动企业领跑争先和区域经济高质量发展。起草发布《"建德豆腐包"制作工艺技术规范》《"建德豆腐包"店铺建设与服务规范》2项团体标准,推动"建德豆腐包"产业发展。至年末,全市累计发布"浙江制造"标准24个,共有主起草国家标准36个、行业标准70个,参与起草国家标准46个、团体标准55个。朝美日化、欧感机械制造、天石纳米等企业均处于行业领先地位。

【推进诚信计量建设】2022年,建德市开展"推进诚信计量、建设和谐城乡"行动,对65家加油站432枪加油机、10家农贸市场417台件、31家眼镜店、26家医疗机构、15家超市、4家液化气储灌站等单位进行计量监督检查,与80余家单位签订《诚信计量自我承诺书》,推进诚信计量服务体系建设,有效规范市场计量秩序。推进计量强检免费工作,完成建德市级计量强制检定5268台(件),减免收费63.71万元。健全计量支撑快速响应机制,开辟计量检定校准绿色通道,入企计量帮扶230余家次。

【筑牢疫情防控防线】2022年,建德市依托"17防物防模块""浙冷链""浙食链""专业市场在线"等数字化应用,构建"大物防"数智闭环。加强防疫药械质量监管和药店管理,全年线上线下检查医疗器械生产企业、疫苗接种使用单位、零售药店480余次,整改16家次,约谈停业3家次。建立部门、医院、药店三方信息互通机制,做好新冠紧缺药品供应保障。全力以赴保障新冠疫情集中隔离医学观察点供餐安全,共计保障14家隔离酒店、15160人次的三餐供应,未发生食品安全突发事件。严查防疫领域违法,以冷链食品、进口水果、涉疫药品和医疗用品为重点,进一步加大违反防疫规定、哄抬物价等违法行为打击力度,全年查办涉疫情防控类案件100余件。

【全省首个远程智控方舱计量实验室在建德成立】8月11日,全省首个远程智控方舱计量实验室在建德正式揭牌成立。该实验室由浙江省计量科学研究院与浙江欧感机械制造有限公司合作成立。

◎ 8月11日，全省首个远程智控方舱计量实验室成立(市市场监管局提供)

浙江欧感机械制造有限公司是专精特新企业，在荷载箱设备生产技术上全国领先。该方舱计量实验室可实现不同高度不同型号荷载箱鉴定的远程操作与自动上传，极大提升检测技术精度与检测效率。该实验室的入驻便利了建德本地企业，并为周边地区企业提供出厂检验服务，大幅节省企业为送检产品而产生的物流费用，降低企业的时间、金钱成本，对于提升中国的桩基础专用检测设备——荷载箱校准及时性与数据准确度，具有重大的应用意义。

【信用监管基础建设】高标准推进精细化年报，通过靠前部署、分类施策，多渠道宣传、点对点提醒、面对面指导多措并举提升年报率，全市企业、农村经济专业合作社、个体户年报率分别达93.35%、92.61%和93.05%，大幅高于上年同期。深化“互联网+监管”，牵头全市“双随机”工作，全年开展执法检查1237户次、掌上执法7138次，完成特种设备使用单位监督检查等部门计划68个，掌上执法率、事件处置率、告知承诺率均达100%。强化信用赋能，清理、吊销长期未经营企业309家、农村经济专业合作社15家，94家企业上榜省级年度“守合同重信用”榜单，强化对违法失信主体的信用约束和协同监管，健全守信激励与失信惩戒机制。

【食品安全监管】2022年，市市场监管局深入推进“食安智治”，完成101家食品生产企业“阳光工厂”建设，实现100%覆盖；实施“阳光工厂2.0”，对13家企业升级“CCP智控”上链改造；707家网络餐饮实现“阳光厨房”100%覆盖，在线率突破90%。对全市持证养老机构食堂和老年食堂开展全覆盖专项检查，实现助餐机构餐饮从业人员全覆盖业务培训，指导各村老年食堂规范化改造提升；全年检查学校食堂271家次，责令整改39家次，立案查处2家次，并通过红黑榜通报检查结果，督促食堂落实主体责任。做实做细“抽检分离”改革，累计完成1600余批次食品安全监督检测和9.4万批次市场食品快速检测，不合格批次闭环处置率100%。构筑食安共治格局，推进基层食安办(食品安全办公室)“提档上星”，梅城镇创成五星级食安办，更楼、洋溪街道和寿昌镇创成四星级食安办。完成建德市“两会”、冬泳节、“7017”新安江青岛啤酒节等8项重大活动餐饮环节保障监督工作，确保重大活动餐饮食品安全“零事故”。

【特种设备安全监管】深化全周期“一码管理”，严厉打击无证上岗、人证不匹配、远程维保等行业乱象，实现全市锅炉98%扫码作业率、叉车95%扫码作业率、电梯99%扫码维保率。深化“数治瓶安”应用，督促引导辖区内4家液化石油气瓶充装单位实际应用，逐步实现气瓶安全全流程追溯。突出重点区域、重点单位、重点设备、重点场所，开展锅炉节能安全、快开门式压力容器、压力管道、叉车使用安全等专项整治行动，持续深化特种设备安全风险管控和隐患排查治理，全年检查使用单位165家次,排查隐患102项,发出安全监察指令书21份,立案7起,罚没款到位23万元。至年末,全市共有实际在用特种设备使用单位1773家,在册特种设备共计1.16万台(套),其中在用1.08万台。全市整体特种设备安全形势持续稳定,未发生重特大安全事故。

【药品药械安全监管】2022年,市市场监管局对全市3家在产药品生产、13家在产医疗器械生产企业全覆盖检查,督促质量规范管理,组织药品经营GSP(产品供应规范)飞行检查,全年检查药械经营单位78家次,排查整改隐患19家次,约谈2家次,立案查处7起,防止非法流弊。以查促管规范药械使用质量管理,全年检查市级医疗机构9家次、乡镇卫生院及医院类医疗机构14家次、其他医疗机构12家次,立案查处2家次。多维度提升药械质量,集中开展以药品安全整治、医疗器械隐患排查整治为重点的药械专项检查行动,强化药械质量安全监测,加强不良反应监测报告管理,全年共上报药品不良反应监测报告413例、医疗器械不良事件报告183例,维护公众用药用械安全。通过走访企业,宣传发动具备条件主体先行先试,促成4家药品连锁公司82家门店接入药店“黑匣子”、浙里药店应用系统,1家药品生产企业启动“黑匣子”建设,全市药店实现“浙里药店”应用100%贯通,数字化赋能药械监管,建设目标基本实现。

【重点民生领域价格监管】2022年,市市场监管局常规开展春节、中秋、国庆期间价格检查工作,强化中共二十大召开期间重要民生商品价格监管工作,以粮油等居民生活必需品、旅游景区景点、各类商超的价格监管为要点,重点检查哄抬价格、虚构原价、虚假优惠等违法行为。开展民生领域收费整治,组织开展转供电违规加价以及教育、水电气、医疗机构等公共事业领域收费情况执法检查,查办相关领域价格违法案件31件,罚没款88.11万元。 (胡依佳)

知识产权保护

【概况】2022年,建德市强化知识产权全链条保护,从创造、运用、保护、管理和服务全方位优化知识产权生态,提高全社会知识产权创造和保护意识。全年专利授权1702件,其中发明专利授权136件。至年末,全市有效发明专利934件,比上年增长21.9%;高价值发明专利拥有量321件,增长36%。

【地域商标品牌培训】实施地标品牌提振行动,强化农产品区域公用品牌培育、保护,推动乡镇、协会地标与区域农产品特色产业有机融合,指导“航头果蔬玉米”“红耕大洋”“大同阿姐”等区域公共品牌申报,助力乡村振兴。指导“建德兰花”“建德草莓”“建德苞茶”“宜品建德”等商标申报,全年商标注册申请量2314件,注册量2310件。

【知识产权服务】通过邀请专利事务所专家授课、赴企上门指导答疑解惑、多部门协同配合等形式,提升知识产权运用和保护的社会环境。全年新增国家级知识产权优势企业1家(浙江大洋生物科技集团股份有限公司)、省级知识产权示范企业6家。推进知识产权金融服务,搭建政银企三方沟通平台,指导10多家企业通过专利权、商标权质押金额超2亿元,拓宽企业融资渠道,有效缓解企业融资需求困难。

【知识产权保护行动】2022年,市市场监管局先后开展“西湖龙井”地理标志保护、电商平台和珠宝市场知识产权保护,以及奥运、亚运会标志知识产权保护等专项行动,全年共查处知识产权案件20起,罚没款46.68万元。 (胡依佳)

责任编辑:杨忠平

人力资源管理和社会保障

Human Resouvces & Social Security

人力资源管理

【概况】2022年,建德市人力资源管理工作以数字化改革为牵引、以共同富裕为抓手,推动实现更加充分更高质量就业、更加公平更可持续的社会保障、更加充裕更高层次的技能人才供给、更加和谐更稳定的劳动关系,着力夯实共同富裕示范区建设的民生根基。8月,出台《关于进一步促进大学生来建德就业创业的若干意见的操作细则》;9月,出台《建德市大学生招引专项行动实施方案》《建德市青年人才驿站操作细则》。

2022年,全市新增大学生创业企业136家,新引进高校毕业生4128人,其中青年博士8人。为高校毕业生兑现杭州、建德生活补贴689人共计826.5万元,其中杭州应届毕业生生活补贴555万元。审核发放高层次人才建德购房补贴4人共37.5万元,办理人才居住证101人,发放大学生“青荷礼包”336人。

公开招考招聘工作实现“零投诉”。启动建德市首次高层次急需紧缺人才招引工作。全年开展党政储备人才、事业人员、编外人员、国企人员等各类招聘35场次,1.17万人参加考试,招录671人。完成7600余人次事业人员工资正常晋升工作,完成1842人次各类岗位变动工资调整工作,办理工作调动、机构改革人员转隶及新录用人员工资关系接转工作249人。

【人社数字化改革】2022年,建德市人力社保局开发“人社码”,集成“幸福就业”“智慧企退”“技时享”等数字化改革项目,迭代升级场景应用。通过核酸检测数据比对完成退休人员无感认证8.9万人,开展“智慧慰问”实现慰问走访16个乡镇(街道)全覆盖。2022年,全省人社数字化改革劳动合同浙里签推广应用现场会、杭州社保系统数字化改革暨“社保易窗”推广应用现场会在建德召开,“社保易窗”零距离智办参加省级路演。

【青年人才驿站建设】2022年,建德市人力社保局以全市优质酒店和特色民宿为平台,经市人力社保局联合市委人才办等部门审核、认定和授牌,成功创建第一批星空驿站,选取具有代表性的6家酒店作为青年人才驿站建设点,为大学生到建德面试求职免费提供过渡性住宿。该驿站项目建设是细化人才服务工作的重点项目之一,持续优化人才服务,提升到建德求职、面试大学生的获得感。

【人才培养】2022年,全市新增博士后工作站3家,累计达到16家(其中国家级2家、省级14家),实现一、二、三产业全覆盖。新引进博士后13人,累计达到44名。新增专业技术人才1379名、高技能人才1300余人。持续开展柔性引人,新引育、认定杭州市高层次人才176人,其中D类以上人才9人。新落地高层次人才项目8个。新入选享受杭州市政府特殊津贴专家3名、享受建德市政府特殊津贴(首届)10人。

【技能培训】2022年,建德市人力社保局聚焦建德特色产业发展需求,打造“建德豆腐包师傅”“建德草莓师傅”“建德阿姐”等具有建德特色的培训品牌。2022年开展各类技能培训、认定等260余期,组织1.3万人次参与技能提升,其中“建德市豆腐包制作”培训90余期,参训人员5000余人;发放各类职业技能培训补贴540.3万元。认定建德市首席技师7人，选拔推荐5名享受建德市政府特殊津贴,其中高技能人才3名、实用型人才2人；推选2人为浙江杰出工匠,培育浙江工匠4名、浙江青年工匠6名；成功创建杭州市技能大师工作室2家、建德市技能大师工作室13家。

【事业人员公开招聘】2022年，建德市共计招聘事业编制265名,其中事业单位招聘事业人员30名、党政储备人才18名、教育系统招聘教师75名、卫健系统142名。委培生定向培养分配工作正常进行,教育系统拟分配委培生20名,卫健系统拟分配临床专业委培生22名,合计拟分配委培生42名。

【“建德师傅带农富”工作】2022年,建德市人力社保局以“建德师傅带农富”为引领,编制《“建德师傅”三年行动方案》,整合农村、文旅、社保、金融等政策资源,用于“建德师傅”创业的标准地、品牌推广、初创扶持和技术支撑, 举办各类技能培训200余期,累计培育“建德师傅”1.1万人,带动就业1.7万人,人均收入10万元以上。建德特色的“豆腐包制作”和“草莓种植”两项省级专项职业能力规范获人社部备案批复。“建德师傅”列入杭州市第二批共同富裕试点,并在杭州市共同富裕培训班、国家发改委就业司调研杭州共富工作会议作经验交流。“建德草莓师傅”获2022年中国创翼创业创新大赛浙江省二等奖。《建德市推进“建德师傅”培育工程探索“扩中提低”技能致富新路径》被省政府、省人社厅政务信息刊登,获副省长高兴夫批示。

【党政储备人才招引】2021年11月,建德市启动第五批面向“双一流”高校(学科)引进党政储备人才工作。创新采用“校园招聘+社会招聘”的方式,2022年择优从3221名考生中筛选出93名硕博研究生入围现场考试，最终确定18名考生为聘用对象,其中男性5名、女性13名,中共党员14名。

【就业创业服务】2022年,建德市人力社保局开展“新春纳才 遇建未来”、春风行动等线上线下招聘会110余场,1920家次企业提供岗位6万余个,城镇新增就业11513人。实施“归雁行动”,吸引建德人回建德就业创业3640人,其中建德籍高校毕业生597人。

开发“幸福就业”特色项目,加强与市市场监管局、市公安局、市教育局等10余家部门单位数据共享,完善“就业岗位”和“求职人员”两个信息数据库,实现精准推送、“画像式”匹配,提供移动端投递简历、咨询、面试、签约等一站式服务。年末有注册企业2424家，共发布招聘岗位信息12.6万个，注册求职者1.15万名，匹配并推送岗位信息7500余条，达成就业3600余人次。

加强与四川江油、乡城,贵州岑巩、安徽亳州等10余个省外劳务协作基地合作，实行建德摸排岗位、基地进行代招的沟通模式,推进招聘工作顺利进行。各劳务基地全年推送建德210余家次企业岗位信息7200余个。

◎ 2月,建德首趟复工返岗专车接河南籍务工人员返回建德复工(市人社局提供)

劳动保障

【概况】2022 年，建德市城镇新增就业人数 11513 人。举办招聘会 110 余场，参与企业 1920 家次，提供就业岗位 6 万余个，初步达成意向 6000 余人。发放各类就业创业补贴 1172 万元。

参加基本养老保险 35.42 万人，参保率达 99.27%。职工基本养老新增 1397 人，工伤保险参保 14.52 万人，比上年减少 9376 人。办理各类退休 8329 人，为全市 207 万人次发放各类养老金 45.75 亿元，向上争取资金 1.54 亿元。受理工伤认定申请 907 件、职工劳动能力鉴定 824 人次，作出工伤认定结论 829 件，结案率 91.40%。工伤职工劳动能力鉴定 714 人次，因病劳动能力鉴定 110 人次。

全年参加失业保险 9.49 万人，落实社保费返还及失业保险费（稳岗补贴）返还制度，全年向 4781 家企业返还 3601.8 万元，涉及职工 7.36 万人。开展“展翅行动”，全年发放技能提升补贴 1311 笔、217.65 万元。“点对点”包车接回贵州、云南、河南等省外员工 1356 人。

完成特殊工时审批业务 75 宗，涉岗员工 5781 人。完成劳务派遣许可审批 14 件。完成全市中小微企业用工体检 248 家以及 111 家样本企业的薪酬调查工作。处置化解欠薪等各类劳资纠纷案件 3377 件(其中劳动监察处置 2999 件、劳动仲裁处置 378 件)，为 9721 名劳动者挽回损失 1.67 亿元。处理各类来信来访 1912 件。

构建劳动保障督导员、劳动保障专员、劳动关系协调员三支队伍，形成“市—镇—企”阶梯式一体化管理体系，全市企业共设立 49 个网格。全年共培训劳动关系协调员 180 人，其中取得相关资质证 152 人。

【“社保易窗”就近办服务站建设】2022 年，建德市人力社保局以规范化、标准化的要求打造“社保易窗 最后一公里”专属服务站 200 个，培育红色代办员千余名。出台《“社保易窗”就近办服务站(点)建设与服务规范》建德市地方标准，构筑城区步行 15 分钟、乡村辐射 5 千米的社保服务圈。

【“固本强基”专项追缴行动】2022 年，建德市召开社会保险基金监督委员会工作会议，成立“强基政法联盟”，通过“五进小分队”“亮榜晒绩”等形式，开展“固本强基”专项追缴行动，追缴多领待遇。全年追回死亡冒领、异地重复领取等养老类待遇 101 件，共计 79.9 万元。

【劳动关系源头治理】2022 年，建德市人力社保局利用“共享法庭”资源，在乡镇(街道)设立“劳动纠纷调解室”，配备劳动纠纷专职调解员，推出便捷仲裁、在线调解的劳动纠纷“17 调”机制，同时成立企业内部劳资纠纷协同机构。全年通过“安薪帽”扫码处理劳动纠纷 289 件，通过“17 调”调处劳动纠纷 50 余件，涉及金额 200 余万元，将纠纷化解在当地。

【欠薪案件处置】2022 年，建德市开展专项行动 4 次，通过日常巡查、专项检查共监察用人单位 900 家次，线上书面审查 5219 家。落实“无欠薪六项制度”，推广“实名实薪”管理模式，实现欠薪纠纷事前预防和事中监管。

【养老保险审核】2022 年，全市审核符合退休条件的档案 1018 份（其中审核通过新申请特殊工种 206 人次），无档人员办退 2585 人，失地人员办退 15 人，保留渠道人员企业办退 154 人。合并计算工龄审批、各项工龄证明及农村籍退伍军人军龄视同 87 人，供养直系亲属生活补助费审核联合办公认定 55 人，退休人员信息修改认定 31 人，特殊待遇审核 81 人，女职工、高级专家延期退休审核 13 人。

（钱　敏）

【建德市工业技术学校】该校创建于 1979 年 4 月，隶属建德市人力资源和社会保障局，是建德市第一所职业教育学校。学校集学历教育、社会培训、技能等级认定为一体，是培养中高级技能人才的综合性技工学校。学校占地 8 公顷，建筑面积

5.1 万平方米。2011 年被评为国家重点技工学校，2012 年被评为浙江省中等职业教育改革发展示范学校，2021 年通过省人社厅评估同意设立“建德高级技工学校”。

2022 年，学校有专任教师 97 人，其中硕士研究生 6 人、高级职称技术人员 32 人，在校学生 1851 人。学校开设有电气自动化设备安装与维修、数控加工、化工分析与检验、机械设备维修、护理、无人机操控及维修、电工电子、电子商务等 8 个专业，其中电气自动化设备安装与维修、数控加工、化工分析与检验 3 个专业被评为浙江省技工院校品牌专业，办学层次包括普通三年制中级工班、大专学历五年制高级工班、高职高考升学班三个层次。

2022 年，学校在技能竞赛杭州市级比赛中，教师获奖 7 人次(含指导教师)、学生获奖 5 人次；两个课题被确定为省级立项课题。2019 级单考单招考试中，学生上线率和录取率达 99%，考上本科院校 1 人。积极开展培训，提升社会服务能力，完成各类培训共计 4399 人次。优选校企合作企业，181 名实习生全部推荐上岗，实习就业率达 100%。2022 年完成招生总人数 460 人，为近五年招生人数新高。 (钱 敏)

医疗保障

【概况】2022 年，建德市医疗保障工作围绕全体市民最关心、最直接、最现实的利益问题，着力解决好其“急、难、愁、盼”问题，完善制度建设、升级医保管理，按照“筹好、用好、管好医保基金，服务好参保人”工作目标，全面推进医疗保障事业高质量发展。

2022 年，全市基本医疗保险参保共 43.35 万人，其中职工医保 18.40 万人、城乡医保 24.60 万人。职工医保基金预算收入 10.27 亿元，支出 8.71 亿元，当年收支结余 1.58 亿元。其中，统筹基金调整后收入 6.96 亿元，支出 5.96 亿元，收支结余 1.00 亿元，累计赤字 0.26 亿元。城乡医保基金预算收入 5.65 亿元，支出 5.43 亿元，当年收支结余 0.22 亿元，累计结余 0.67 亿元。

【杭州市级医保统筹顺利实施】2022 年 1 月 1 日起，建德市全面实施医保杭州市级统筹与杭州市区执行统一的医保政策。少儿医保个人缴费标准下调 300 元，门诊报销比例上调 5~15 个百分点；取消门诊报销 2 万元封顶线；完善重大疾病保障机制，对持有《最低生活保障边缘家庭证》的人员，其个人缴纳的城乡居民医保费由政府半额补贴调整为全额补贴。

杭州市级统筹后，医保业务经办实现全杭州办件无差别受理、同标准办理，真正实现医保业务跨县域“一窗受理”。全年共受理经办杭州市其他区县(市)业务 161 笔，其中医疗费零星报销业务 64 笔、参保登记类 97 笔。借助“智慧医保”系统，浙江省内医保关系转移接续实现无感办理，办结 1080 人次。

【医疗惠民事项落实】2022 年，建德市将少儿医保政策和全科医生签约医保优惠政策实施纳入建德市十大民生实事项目，引导参保市民到基层就诊。少儿医保政策惠及建德市参保人员约 5.8 万人，减轻市民参保负担 1740 万元。全科医生常住人口签约 19.79 万人，签约覆盖率 44.7%。签约人群中，10 类重点人群(老年人、孕产妇、儿童、残疾人、计划生育特殊家庭、困难人群，高血压、糖尿病、结核病等慢性疾病和严重精神障碍患者)为 12.33 万人，覆盖率 94.9%，签约占比为 62.3%。

【医保公共服务一体化建设】2022 年，建德市建成 2 个中心(医保中心和行政审批中心)、4 个乡镇便民服务中心、N 个银行代办点的“2+4+N”服务体系。推进全省“经办服务示范年”建设，打造经办服务窗口示范点及基层服务示范点，全面推行“综合柜员制”政务服务；完善“网上办”“掌上办”服务大厅，建立健全覆盖全市 16 个乡镇(街道)的医保经办网点，推进医保业务下沉。深化医银合作，全市 53 家银行网点开通办理医保高频事项，实现医保服务马上办、就近办。

【推进商业补充医疗保险】2022年，建德市医疗保障局统筹发挥基本医保、大病保险、医疗救助、“西湖益联保”四重保障制度综合梯次减负功能，有效发挥商业医疗保险的兜底减贫作用。2022年，“西湖益联保”建德市参保为24.42万人，参保率54.95%，杭州市排名第一。全年总赔付5062人，赔付金额3379.61万元，其中持证人员赔付368人，赔付金额241.09万元。

【提升医保管理服务能力】2022年，建德市医药机构定点协议准入工作由一年一次调整为每季度一次，全年共受理医药机构准入申报53家，新增定点19家。建德一院开通5个慢特病门诊跨省直接结算资格，5家二级医疗机构申请开通直接结算资格，241家定点医疗机构开通规定病种门诊服务资格，4家定点零售药店纳入国家医保谈判药品“双通道”管理，更大范围为参保人员提供优质、高效、安全、便捷的医疗保障服务。

【探索医保医疗联合查房机制】5月，市医疗保障局促进医保监督管理与临床诊疗服务深度融合，建立医保医疗联合查房机制，在二级及以上和部分社会办定点医疗机构设置医院驻点岗，选派人员入驻定点医疗机构，承担对外伤病人情况核查、重点门诊科室、住院病区巡查等职能，并主动向患者宣传医保政策。全年完成门诊巡查2.33万人次、住院巡查9439人次、外伤核查3301人次，排查出不符合医保支付范围就医情况210人次，涉及金额215.92万元。

【药品招标采购改革提速增效】2022年，建德市完成4个批次国家药品带量采购，7个批次国家和省药品带量采购在实施中。全市7家规模居前的医疗机构全部带量采购使用国家谈判药品，有国家和省级带量采购262个品种落地，包括糖尿病、高血压、抗肿瘤、精神类等慢性病用药。其中，糖尿病患者使用的二甲双胍缓释片的用药费用，由168元下降到21.9元，降幅达87%，有效降低慢性病患者的医疗费支出。

【支付方式改革】2022年，建德市医疗保障局完善总额预算管理，对建德市纳入总额预算考核的46家定点医疗机构进行考核，其中10家奖励152.08万元、26家扣款226.63万元。同时将23家定点医疗机构纳入住院费用DRGs(疾病诊断相关分类)点数付费考核，对20家奖励3753.91万元、3家扣款6.65万元，引导医药机构主动控制成本，提高服务效率，促进医疗资源合理配置。

【打击欺诈骗保专项治理】2022年，市医疗保障局联合公安部门查办犯罪团伙3人，配合市纪委、监委开展医用耗材智慧监管工作，深化“清廉医院”建设，对部分定点医疗机构耗材违规收费进行核查。联合市卫健局开展“双随机、一公开”检查，全年共追回违规资金500.18万元，其中行政处罚4家、罚款7.08万元。开展“织密基金监管网 共筑医保防护线”为主题的医保基金监管集中宣传月活动，集中宣传医保基金监管政策，与“两定”机构(定点医疗机构和定点医药机构)签订信用承诺书，曝光典型案例40例。

【保障医保基金安全】2022年，市医疗保障局与市疾病预防控制中心实现数据共享，及时办理建德户籍死亡人员停保业务及医保账户清算，全年累计办理停保业务611人次。与市人民法院数据共享，及时暂停建德市判刑人员医保待遇，全年处理177人次，切实维护医保基金安全。

【提升线上政务服务效率】2022年，建德市网上办理医保事项10.60万件，线上办理比例96.0%。配合相关部门做好“一件事”平台事项，全年办理“出生一件事”1360件、“身后一件事”3779件、“公民信息变更一件事”70件。探索“适老化”服务项目，在“容缺受理”平台的基础上，与市第一人民医院合作试点开发“医医联动”信息共享平台，实现就诊病历等资料中心端获取，提升经办效率，全年减少办事人员申请材料477份。

(许 源)

责任编辑:杨忠平

教　育

Education

综　述

2022年，全市教育系统紧紧围绕立德树人根本任务，高质量实施建德教育“十四五”规划，大力推进教育改革创新，着力营造优良教育环境，积极引导青少年健康成长，不断提升教育优质公共服务水平。2022年，建德市基础教育生态监测平均得分为85.31分，高于省平均分5.82分，在全省90个县(市、区)中位列第13名，处于A等。教育工作总满意度为8.594分，连续5年高于省平均分。2022年，新增省现代化学校5所，累计11所。

全市共有学校97所，其中教育局所属学校96所，在职在编教师3743人，学生56529人。包括普通高中5所(含民办高中1所)、职业学校1所、初中18所(含九年一贯制学校2所、民办初中1所)、小学30所、幼儿园40所(含民办16所)、浙江开放大学建德学院1所、特殊教育学校1所。另有市人力资源和社会保障局所属职业高中1所(建德市工业技术学校)。

2022年，全市教育总投入15.89亿元，其中预算内教育经费拨款（含预算内其他经费拨款）15.03亿元，包括教育事业费12.41亿元、其他一般公共预算安排的教育经费1.19亿元、政府性基金预算安排的教育经费1.43亿元。各项事业收入8667万元。人员经费支出12.18亿元(含社保经费支出从个人家庭补助调整到人员经费)，公用经费支出3.18亿元。

全市中小学校电脑总拥有量1.60万台(服役期超过7年以上的有0.71万台)，生机比2.83:1；多媒体2768套，其中交互型多媒体数(交互式电子白板、交互式一体机型、智慧黑板)1554套，普通教室交互型多媒体数覆盖率达到100%。全市普通中小学校拥有各类实验室和学科教室520个，其中创新实验室新增62个，理科教学仪器达到教育技术装备标准配备要求的学校占比100%，全市普通中小学教学仪器配备全部达到配备标准。建有主录播(微格)教室的学校52所，公办学校占比100%。中小学建有图书馆(室)的学校53所，拥有率100%，中小学馆藏纸质图书213.60万册(不含电子图书，其中工具书、参考书种类1.80万册)，生均图书51.62册，当年生均添置纸质图书0.70册。

2022年，全市采用学前教育免保育费、义务教育阶段学生营养餐、寄宿生生活补助、非寄宿生生活补助、普通高中免学费、国家助学金、在园幼儿教育补助、职业高中免学费、职业高中国家奖学金等多种形式资助学生8416人次，资助金额703.6万元。充分利用“全国学生资助管理信息系统”，运用“数据找人”“一键直达”等数字技术，落实数字化精准资助，实现零次跑、零距离、零压力的数字化精准资助。

8月19日，建德市教育工作委员会设立，为中共建德市委派出机关，与市教育局合署办公。主要职责是：全面加强党对教育工作的领导，落实党的建设方针政策，指导全市各类学校加强党建工作，指导全市教育系统宣传思想工作。开展“四学五讲六赛”活动，深入推进学习贯彻中共二十大精神。实施“红色种子”计划，推动习近平新时代中国特色社会主义思想进教材、进课堂、进头脑活动。实施“基层党建品牌建设年”行动，推进“清廉学校”建设三年行动计划，创杭州市两新组织六星级党建示范点1个、杭州市清廉学校示范点3所，获评杭州市党建工作优秀案例3个、清廉杭州建设优秀实践案例 1 个。

(李晓通 姚芳芳 金黎明)

办学与管理

【概况】2022 年，建德市继续推进涉教育领域重大项目建设，先后建成和投入使用一批教学设施。继续推进名校集团化办学机制，密切与市外知名学校(教育集团)的合作，进一步提高本市教学质量。继续开展对各类校外办学机构的监督检查和治理整改，巩固“双减”成果，实现课后服务“两个全覆盖”。落实和强化各类校园安保措施，在校园疫情防控、校车安全运行等方面，加大力度，确保学生人身安全和教学秩序安全。在此基础上，开展对结对地区的帮扶、助力本市“全国文明城市”建设等活动，使学校教育与社会实践有机融为一体。

【教育项目建设】2022 年，全市在建续建教育项目 21 个。其中，重点项目 6 个，总投资 5.22 亿元；一般性项目 15 个，总投资 0.93 万元。完成新安江第二小学二期、三都中心幼儿园建设，并投入使用；寿昌中学教学楼、洋安幼儿园二期、梅城南峰小学改建、大同第一小学综合楼、大同中心幼儿园上马分园等项目主体结顶。投入 2580 万元对 43 所中小学(幼儿园)进行校舍维修改造，59 个中小学校区实施“安澜工程”。 (张 锋)

【名校合作办学】优化和完善共同富裕背景下的名校集团化办学机制，继续加强严州中学新安江校区与学军中学、新安江中学与杭十四中、寿昌中学与浙大附中、严州中学梅城校区与杭州师范大学附属中学教育集团的合作，全面推进学校管理层平台互通、教科研联动。严州中学新安江校区 2022 年高考“985”高校录取 64 人，“双一流”高校录取 143 人，省重点高校录取 183 人。新安江中学基于核心素养构建“学课堂”教学模式取得阶段性成果，提高教育教学精准性和作业针对性，进一步减轻学生负担。严州中学梅城校区和寿昌中学着力打造崇德美术和音乐传媒特色，2022 年被中国美院、浙江传媒等优质院校录取 6 人。 (蒋小明)

【推进省市县三级民生实事】三都中心幼儿园新建工程(省级和杭州市级)和新安江老年大学(杭州市级)投入使用。建设美好教育提升工程(建德市级)，对全市义务教育阶段学校相关软硬件设施进行现代化改造，营造良好的校园环境，完成智能阳光厨房改造 34 家、建设新型教学空间 25 个，改造灯光智能化控制教室 1000 个，实施阳光晴天行动为中小学配备除颤仪 57 套、放松椅和宣泄沙袋 57 套，培养熟练掌握急救技能的教师 283 名。 (张 锋)

【推进“新安护学”建设】以校车数字化管理为切入口，为 57 辆专用校车安装智能监控终端，对接“新安护航”系统，保障 16 个乡镇(街道)27 所学校(含分校)3809 名学生乘坐校车安全。2022 年，“新安护学”在“浙里办”App 上线，为家长提供学生上放学信息，实现精准接送。该项目获建德市数字化改革竞演三等奖。出台《建德市校园及周边安全防控“一件事”工作方案》，进一步优化协作机制。 (李 斌)

【持续巩固“双减”成果】2022 年，市教育局和公安、市场监管、文广旅体等多部门坚持“内优化、外治理”，重点突出专班联动、教学变革、课后服务和校外机构整治，实现课后服务“两个全覆盖”，义务教育阶段在校学生总数 33205 人（不含民办寄宿制学校)，参加课后服务 30783 人，参与率 92.7%；全市教师 2610 人，参与课后服务 2446 人，参与率 93.7%。开展校外培训机构治理工作，共检查培训机构 587 家次，核查教培人员 389 人次。累计压减义务教育段学科类校外培训机构 49 家，开展“双减”(减轻义务教育阶段学生作业负担、减轻校外培训负担)回头看 5 次。 (潘李美)

【完善校园安防机制】依托护校安园“520”安全体系，以“五化”(管理长效化、发展数字化、队伍专业化、经验品牌化和督查网格化)为抓手，形成部门会商和联防联控管理机制，进一步增强学生安全感。115所学校、幼儿园（含分园）建成智安校园安防系统，为长效化管理校园安全奠定基础。推进“除险保安”工作，强化风险隐患排查整治，采取“双随机、一公开”“四不、两直”等方式开展常态化督导检查，发现并整改隐患258处。积累工作经验不断优化措施，形成“1314”消防工作法（围绕“1”个校园平安创建的总目标，始终坚持人防、物防、技防“3”防同步，以“1”个消防安全项目化为抓手，并做到消防责任、微型消防站、人员培训、隐患排查“4”项工作全覆盖）、“12358，校园拒邪教”工作法等一系列安全举措。“防溺水”安全经验做法和创新护校安园“520”治理体系分别被市委书记富永伟和市委副书记、市政协主席俞伟批示。

【“无疫学校”建设】成立“无疫学校”推进工作组，从严标准抓好学校疫情防控体系，把全市134个校园划分为7个片区，保证责任覆盖无盲区。不定时不定期督查548人次，发现问题116个，均及时整改到位。严守校园“外防输入”，“门、物、人”防控三管齐下，全时段同标准管理，对6.2万名师生进行排查摸底，做到“情况清、底数明”，保证人员排查无漏洞。获评浙江省健康促进（银牌）学校5所、（铜牌）学校11所。（蓝志炎）

【助力全国文明城市建设】继续实施“最美礼仪1m²”“最美书香1m²”“最美健康1m²”“最美生活1m²”“最美公益1m²”五大行动，培育和践行社会主义核心价值观，着力提升建德教育“最美1m²”特色品牌，培育“爱在文明、美在礼仪”新品牌，深入推进未成年人思想道德建设工作。开展文明校园创建活动，累计评选建德市文明校园54所，创建省级文明校园1所（新安江第一小学）、杭州市文明校园21所。（储建伟）

【帮扶支教行动】6月，市教育局赴四川省乡城县开展2022年教育结对帮扶工作，促进两地在教育理念、师资培训、校园文化等领域开展交流合作。新学年，新派出2名教师援川支教。两地结对学校5家。推进新型体育项目进校园，创新开展甘孜州首个高原定向运动校本选修课、首个水上项目选修课、首个学生运动性功能测试、首个小篮球运动项目，组建首支校园足球队和首支“建乡情”鼓号队。开展走进课堂活动30余次，“互联网+”教学交流活动5次。12月，2名援疆教师、3名援川教师圆满完成支教任务返回建德。（郑 杆）

【体育教育获佳绩】2022年，寿昌第二小学代表建德参加杭州市“市长杯”校园足球精英联赛获甲级队冠军，省赛第四名。实验小学和新安江第三初级中学在2022年浙江省青少年阳光体育（体育传统项目学校）排球比赛中获2个冠军（初中男子组、小学女子组）、1个亚军（小学男子组）。新安江第二初级中学在浙江省青少年无线电测向锦标赛波段测向比赛中获团体第一名。新安江第一初级中学和明珠小学分获浙江省青少年阳光体育跆拳道比赛初中组、小学乙组团体总分第一名，个人赛夺得10金4银5铜。至年末，共创成全国青少年校园足球特色学校（幼儿园）10所。

学前教育

【概况】2022年，全市40所幼儿园（法人单位40所，园区共有73个），其中教育部门主办幼儿园24所、社会力量举办幼儿园16所。在园幼儿总人数13546人，其中公办幼儿园在园幼儿人数11072人，占全市的82.1%。全市普惠性幼儿园在园幼儿人数13406人，普惠率98.2%。省等级幼儿园覆盖率达到100%。名园集团化覆盖率82.1%，城乡幼儿园互助共同体覆盖率达到100%。3~5周岁幼儿入园率97.2%，毛入园率104.6%。

全市幼儿园教师持有资格证比率98.6%，园长持有上岗证比率100%；全市幼儿园教师学历合格率100%，其中大专及以上学历98.1%。全市非编有证教师补助标准为人均8.9万元/年，全年拨付民办园奖补资金578.46万元，用于民办园非编教师工资补助、安保设置、教学仪器用具添置、校舍维修改造等。

【幼儿园“转撤增”工作】 2022年，完成部门办幼儿园（新安江幼儿园、新安江第一幼儿园）转属公办工作，完成新安江中心幼儿园岭后园区、三都中心幼儿园马宅教学点撤并。新增10所公办园15个班级，新增建设300个托位，幼儿园入托2~3周岁儿童341人，入托率8.5%，实现幼儿园“托育一体化”扩面。

◎ 新投入使用的建德市三都中心幼儿园（市教育局提供）

【幼儿园优质资源扩容】 2022年，建德市以创省等级幼儿园为抓手，全面助推学前教育优质资源扩容。全年新创省一级幼儿园(园区)3所、省二级幼儿园(园区)3所，复评通过省二级幼儿园2所、省二级幼儿园16所。年末，全市75个园区有省一级园区5个、省二级园区54个、省三级园区16个，省等级幼儿园比率达到100%，其中优质资源(省一级、省二级)覆盖率达到90.46%。

【学前赛事活动组织与展示】 2022年，市教育系统深入贯彻《幼儿园保育教育评估指南》，组织全市幼儿园1200余名园长、教师开展学习研讨活动，获杭州市“最佳组织奖”。参加“杭州市幼儿园‘阳光教师’系列活动之幼儿园教师综合素养展示”大赛，获“最佳团队奖”。参加杭州市“七彩童年 阳光宝宝”大赛，获“优秀组织县(市)”组织奖，单项奖21个。与市人社局共同筹划组织全市幼儿园保育人员技能竞赛活动，评比产生高级工技能等级保育师3人，并推荐38人参加杭州市区域赛获奖18人，高级工合格率42%。 （刘显芳）

义务教育

【概况】 2022年，全市初中学校18所(含民办初中1所、九年一贯制学校2所)，在校学生10329人，比上年减少63人。小学学校30所，在校学生23765人，比上年增加630人。全市初中、小学适龄儿童入学率及巩固率均达100%，初升高比例99.7%。全市义务教育阶段省标准化学校达100%。

【举办中小学生文化艺术节】 3—6月，开展建德市2022年中小学生文化艺术节，举办声乐、器乐、合唱、合奏、舞蹈、戏剧、曲艺、绘画、书法、篆刻、工艺等专项比赛。全市54所中小学校3000余名学生参加市级现场比赛。6—12月，组织参加杭州市、浙江省2022年中小学生文化艺术节，杭州市级获奖80项，浙江省级获奖6项，其中一等奖2项。

【近视防控工作】 落实浙江省、杭州市儿童青少年近视防控会议精神，对全市学生近视情况每年进行4次筛查，为77所中小学校(幼儿园)配置屈光仪，并开展工作人员培训。2022年，全市学生常见病项目儿童青少年近视率为53.3%，比上年下降1.0%。

【劳动教育】 开展首届小学生劳动生活技能大赛，全市32所学校230余人参加，17所学校参加劳动教育优秀成果展示。评选出建德市劳动教育“课程建设特色学校”10所、建德市劳动教育“示范学校”20所，获评浙江省级校内实践活动及课程建设试点学校5所。建德立杨中小学生劳动实践基地获评浙江省第三批中小学劳动实践基地。

◎ 4月17日，举行中小学生艺术节视觉创作类现场比赛（市教育局提供）

【研学旅行项目申报】积极申报杭州市中小学生研学旅行相关项目，共认定4个市级优秀基地（营地）、3门市级研学旅行活动课程。至年末，全市共有研学旅行基地（营地）36家，其中省级基地（营地）2家、杭州市级基地（营地）9家。全年共有学生2.7万人次参加研学旅行活动。

【组织传统文化和德育实践活动】开展“喜迎二十大”系列活动，组织全市3.5万名学生参加主题学习和先烈祭扫等红色活动。举办全市2022年中小学生中华经典诵读大赛，参与学生7500余人，明镜小学作品《哦，香雪》《胡适的白话电报》获全国决赛小学组一等奖。举办全市中小学师生大书写赛，推荐作品1357份，220名师生参加现场决赛。全市4万余名中小学全员参加“宪法卫士”普及活动。开展“婺剧进校园”活动11场。三都中心小学等16所学校开展“武术进校园”活动。

【义务教育均衡化发展行动】推进城乡教育共同体建设，成立义务段城乡教育共同体9个，参与学校48所。聚焦课堂主阵地，推荐杭州市公办初中提质强校试点学校2所，建设精准教学试点学校8所（初中7所、小学1所），初步形成分段、分科、分类的题库体系。实施薄弱学校“诊断”“帮扶”工程，组建“教研员乡村工作室”，定点、定期、定专题进行学科指导，扶持和提升薄弱学校学科教学能力。

【初中提质强校行动】推进新安江第三初级中学、梅城初级中学为杭州市公办初中提质强校行动，推荐新安江第一初级中学、新安江第二初级中学为第二批杭州市试点学校。强化教育教学常规管理，提升教育教学水平，蹲点调研初中学校16所，开展教育教学各类交流活动170余场，受益人数880余人次。

（储建伟）

高中段教育

【概况】2022年，全市共有普通高中5所（含民办普通高中1所）、职业学校1所。普通高中在校学生7209人，比上年减少40人；职业高中在校学生1603人，比上年增加102人。全市初中毕业生升入高中段学生3451人，初升高比例99.7%，其中升入普通高中的人数2307人、升入职高（含工业技校）的人数1133人。

【2022年高考成绩】2022年，全市普通高中高考特殊一段及体育艺术上线人数646人，上线比例31.05%，比上年增长0.4%。其中25人被C9高校录取（浙江大学录取23人，复旦大学、哈尔滨工业大学录取各1人）、中国人民大学录取2人、西湖大学录取1人，“双一流”高校录取156人，省重点建设高校录取253人。其中，特殊一段及体育艺术上线人数，严州中学新安江校区351人（上线率

2022 年建德市参加普通高中竞赛活动获奖情况表

表 16

年级	姓名	学科竞赛名称	奖次
高一	毛韬博	中国东南地区数学联赛	二等奖
高一	吴奕贤	中国东南地区数学联赛	三等奖
高一	唐鸣泽威	中国东南地区数学联赛	三等奖
高二	许呈睿	2022 年浙江省物理竞赛	二等奖
高二	蒋乐阳	2022 年浙江省物理竞赛	三等奖
高一	陆　桀	2022 年高中化学奥林匹克竞赛浙江省预赛	一等奖
高一	杨宇淏	2022 年高中化学奥林匹克竞赛浙江省预赛	三等奖
高二	王培源	2022 年高中化学奥林匹克竞赛浙江省预赛	二等奖
高二	姚靖阳	2022 年高中化学奥林匹克竞赛浙江省预赛	三等奖

61.6%)、新安江中学 117 人、寿昌中学 90 人、严州中学梅城校区 63 人,育才中学 25 人。

【开展邀请院士、专家进校园活动】3 月 31 日,杭州市“2022 年院士进校园”首场活动在严州中学新安江校区举行。中国科学院院士徐世烺为学校师生带来了一堂汇集思想、智慧和精神的科学课堂。11 月 21 日,新安江中学特邀教育部基础教育司原司长、副总督学王文湛作《学习贯彻二十大报告关于教育的新理念新战略新任务新举措》主题宣讲,深入学习贯彻中共二十大精神,深刻领会党在新的历史时期对教育重要论述,提高全体教师的历史使命感。

【高职高考与师生职业技能大赛】2022 年,新安江职业学校在杭州市中等职业学校师生职业能力大赛上,获得 4 枚金牌 6 枚银牌 26 枚铜牌,获杭州市中职学校信息化教学设计与说课大赛三等奖 2 人,杭州市职成教论文评审三等奖 1 项,杭州市职业教育典型案例评选三等奖 1 项。2022 年参加浙江省高职考上线率达 100%,其中本科线 11 人、专科线 330 人。

【探索校企共同育人新模式】深入推进产教融合,积极探索校企共同育人新模式。新安江职业学校开设幼儿保育、旅游服务与管理、高星级饭店运营与管理、中餐烹饪、西餐烹饪、园林技术、电子商务、会计事务、数控技术应用等 9 个专业,与 30 家企业、行业协会、幼儿园等单位对接,采用校外实训、引企入校等方式开展现代学徒制活动,占学校

◎ 11 月,新安江职校学生参加 2022 年杭州市中等职业学校师生职业能力大赛,获幼儿保育理论赛项一等奖(市教育局提供)

总专业数的90%。全年共安排2020级学生92人在各合作企业实习。 (李国承)

成人(社区)教育和民办教育

【概况】2022年,全市有省标准化乡镇成人文化技术学校16所、社区学院1所、社区教育中心6所、社区教育教学点10个,新增浙江省现代化成校2所。推进"双证制"教育、老年教育、学分银行等工作,全年开展社会培训11.5万人次。完成新安江老年学校建设并投入使用。许潮林被评为杭州市"百姓学习之星"、杭州超启教育研学基地入选杭州市"终身学习品牌项目",获评杭州市示范社区共同体3个。

严格民办学校(培训机构)准入审核和年检管理,全年完成35所民办学校(培训机构)的年检、换证工作。至年末,全市有民办幼儿园16所、民办初中和高中各1所、学科类校外培训机构10所。全年拨付民办幼儿园、初高中教育发展专项资金1134万元。

【"培你共富" 成教品牌建设】2022年,市教育局着眼共同富裕,以居民、企业、院校、部门为主体,聚焦"扩中""提低"重点人群,打造"培你共富"成教品牌。利用"1+6+N"共建共享平台(1个社区学院、6个社区学校、N个教学点),开展中共二十大、省第十五次党代会精神学习宣讲,组织"建德师傅"系列培训,提升民众素质涵养和就业创业能力。全年进行各类宣讲活动120场,完成莓农培训3000人,颁发"草莓师傅"证书2600余本;"建德阿姐" 队伍达1000余人;5240人通过培训获得"豆腐包师傅"证书。围绕"学历+技能"人才培养,全市16个乡镇(街道)均开设成人"双证制"培训课程,777人完成学历提升和技能培训。

【完善终身学习体系】以学习型组织创建和共同富裕工作为抓手,形成"人人皆学、时时能学、处处可学"的终身学习体系。关注青少年、老年人等重点群体,推进助力"双减"的家庭教育培训和"享学银龄 数智365"系列活动,开展家风家训、家庭教育指导师、老年人智能技术运用等培训活动65场次。结合数字化改革,开发"建德17学""建德微学堂"小程序,编写《草莓种植栽培技术》《建德豆腐包》《建德人舒心就医之网上挂号》等课程,数字资源不断丰富完善。 (潘李美)

师资队伍

【概况】2022年,全市有在编专任教师3682人,其中幼儿园462人、小学1446人、初中980人、高中615人、职高121人、特殊教育学校18人、开放大学22人、成人教育学校18人。幼儿园、小学、初中、普通高中专任教师学历合格率均达100%。小学专任教师专科及以上学历和初中专任教师本科及以上学历比例分别达到99.8%和96.3%。完成学年度在编教职工的考核工作,其中优秀531名,占教职工比例14.0%;合格3145人,占85.5%。

全年招聘新教师76人(校招14人、社招42人、学前教育定向委培生20人),其中招引研究生学历教师8人。不断拓宽教师招聘渠道,通过进高校直接招聘和委托培养等方式进行招录,2022年继续定向培养招生小学全科教师10人(杭州师范大学、温州大学各培养5人),录取分数在高考特殊控制分数线以上。

2022年,建德市教师进修学校全面完成主体培训项目,教师总选课4457人次,90学时及以上集中培训完成总人数978人次,教师培训总学分20.52万分。教师自主选课实际参训率99.5%,教学评完成率100%,学评教满意率99.32%。完成126名2021年新入职教师岗位培训,启动2022年新入职教师岗前封闭式培训和岗位模块化培训,组织127名近三年(2019—2021)新入职非师范类青年教师参加暑期研修。24所学校完成第一期"浙江省中小学信息技术提升工程2.0"培训任务,马目中心学校获评全省中小学教师信息技术应用能力提升工程2.0第二期示范校。

制定下发《建德市教育局关于开展中小学(幼儿园)教师侵害学生身心健康问题专项整治

2022年建德市教育系统选树典型情况一览表

表17

姓名	单位	荣誉
程 斌	建德市新安江街道办事处	浙江省绿叶奖
汪卫通	建德市新安江中学	浙江省春蚕奖
李愉鸿	建德市乾潭初级中学	浙江省春蚕奖
黄良生	建德市李家初级中学	浙江省春蚕奖
徐 鸿	建德市寿昌第一小学	浙江省春蚕奖
邵登科	浙江省严州中学梅城校区	杭州市优秀教师
方建康	浙江省严州中学新安江校区	杭州市优秀教师
葛莉娜	建德市新安江第三初级中学	杭州市优秀教师
周 丽	建德市寿昌初级中学	杭州市优秀教师
胡坚波	建德市新世纪实验学校	杭州市优秀教师
钱瑞芳	建德市洋安中心学校	杭州市优秀教师
王 璐	建德市月亮湾小学	杭州市优秀教师
邹巧艳	建德市明镜小学	杭州市优秀教师
童卫明	建德市乾潭第一小学	杭州市优秀教师
何樟豹	建德市三都中心小学	杭州市优秀教师
刘正鸿	建德市明珠幼儿园	杭州市优秀教师
黄 芳	建德市杨村桥中心幼儿园	杭州市优秀教师
郑勇江	建德市钦堂中心幼儿园	杭州市优秀教师
郑卫荣	建德市新安江第一小学	杭州市优秀校长
童 波	建德市新安江第一初级中学	杭州市优秀校长
章林海	浙江省严州中学新安江校区	杭州市优秀班主任
李纯英	建德市新安江职业学校	杭州市优秀班主任
张慧芳	建德市新安江第二初级中学	杭州市优秀班主任
方桂琴	建德市安仁中心学校	杭州市优秀班主任
张晓素	建德市明珠小学	杭州市优秀班主任
何美娟	建德市新安江第三小学	杭州市优秀班主任
侯振环	浙江省建德市新安江中学	杭州市优秀教育工作者
杨常华	建德市梅城初级中学	杭州市优秀教育工作者
洪彩娟	建德市航头初级中学	杭州市优秀教育工作者
李瑞江	建德市更楼小学	杭州市优秀教育工作者
聂虹波	建德市大慈岩中心小学	杭州市优秀教育工作者
张 艳	建德市人民政府机关幼儿园	杭州市优秀教育工作者
方昱红	浙江省建德市寿昌中学	杭州市农村教师突出贡献者
廖才兴	建德市大同初级中学	杭州市农村教师突出贡献者
官克彬	建德市梅城中心小学	杭州市农村教师突出贡献者
严关娟	建德市寿昌幼儿园	杭州市农村教师突出贡献者
鲍有林	建德市大同初级中学	最美杭州人——感动杭城十佳教师

工作的通知》。5—8月，开展教师侵害学生身心健康问题的专项整治工作，完成《师德师风案例汇编》。6—8月，开展全市中小学教师有偿补课专项治理工作。8月，各校开展以“师德铸魂 匠心筑梦”为主题的暑期师德培训活动，推动师德师风建设工作。

2022年，建德市教育科研课题立项436项，杭州市教育科研立项课题52项。寿昌第二小学《三训·四赛·三合：高质量视野下小学足球运动的乡村样态建构研究》获得2022年浙江省教育科学体卫艺专项课题立项。在杭州市2022年教育科研优秀成果评审中，建德市共有35项科研成果获奖，其中一等奖3项、二等奖17项、三等奖15项。全市共有11个课题获得杭州市基教教研课题立项，其中教研中心《幼儿“红色·劳动教育”5+1行动新样态区域探索》获2022年浙江省教研课题立项。共有58篇教学研究成果(论文)在2022年杭州市中小学和幼儿园(基教)教学研究评比中获奖。

【教师专业技术职务评审和资格认定注册】对照教师岗位设置管理办法及评聘结合原则，继续实行教师职称结构比例、中高级职称评审指标控制，确保中高级职称人员全部得到聘任。2022年认定二级教师108人、三级教师3人，取得一级教师职称77人、助理研究员2人、讲师4人、实验员1人、高级教师职称46人、高级讲师4人。完成教师资格认定224人、教师资格注册3025人，补(换)发教师资格证31人，完成教师信息变更180人。

【人才认定与骨干教师培养】开展杭州市高层次人才分类认定工作，2022年，建德市自主培育、新增认定教育系统C类人才2人、D类人才1人、E类人才68人，至年末，全市累计C类人才6人、D类人才25人、E类人才858人。坚持“强本提质、双线并推”的教师培养工作模式，健全教师培养培训体系，全年开设各类培训班45个，培训教师5644人次。所有项目均实现分层分类，“教评学” 完成率100%，各校开设校本研修申报项目89个。

【“杭派新安名师”培育】2022年，市教育局和杭州师范大学合作，开展为期三年“杭派新安名师”培养项目。根据合作协议依托杭州师范大学优质教育资源及省内外知名专家力量，以培养省特级教师或正高级教师为目标的“新安名师”12名；以培养理念先进、科学施策的主要学科骨干教师为目标的新安强校学科培养对象60名。新增“新安名校长提升班”培养项目，对全市年轻校长进行面试选拔，录取学员15名，以成长为名校长为目标进行专题培养。

◎ 9月23日，市教育局开展“新安课堂节”名师公开课活动(市教育局提供)

【选树优秀教师典型】推进“四名工程”(名教师、名班主任、名校长、名学校)建设，获评浙江省“春蚕奖”4名、杭州市优秀教师13名、杭州市优秀班主任6名、杭州市优秀校长2名、优秀教育工作者6名、杭州市农村教师突出贡献奖4名、建德市优秀教师121名、建德市优秀班主任81名，建德市优秀校长10

名、“最美杭州人——感动杭城十佳教师”1名。同时加大师德先进典型宣传力度，弘扬正能量，形成重德养德的良好风尚。

【名师工作室建设】持续推进建德市名师工作室建设，设有建德市名师工作室37个，招收学员教师320人；引进杭州市乡村名师工作室30个，招收学员教师350人，实现名师培养学科全覆盖目标。继续推进“新安课堂节”，围绕“学为中心、聚焦素养”主题，开展学科专场、“两课一论坛”和“百校千课”三大活动，积极推广“名师公开课”“智慧课堂”等教学形式，促进名师对全市乡村教师的引领与培养。（郑　杆）

高等教育

【概况】2022年，建德市有浙江开放大学建德学院、杭州科技职业技术学院严州校区、国网浙江省电力有限公司培训中心浙西分中心等3所高等教育院校。其中，浙江开放大学建德学院（原浙江广播电视大学建德分校）是建德市唯一一所公办成人高校，另两所学校分别承担学前教育专业、电力技能培训等教育工作，分属杭州市、浙江省电力公司管辖。

【浙江开放大学建德学院】该学院属成人高等学历继续教育学校，始建于1979年7月，1998年与建德市教师进修学校合并挂牌。校园面积5909平方米，房屋建筑面积5051平方米。2022年，有教职工22人，其中研究生学历1人、高级职称13人，外聘教师12人；在校生593人，其中开放教育432人、奥鹏教育161人。

学院坚持“强本”“提质”双线并推，以上率下引领教师进德修业，扩面建设“学校生活有温度、理论素养有厚度、工作形态有高度，基础支撑有力度”的“3+1有”工作团队，以“大学形态”的工作为重点，综合实施全员业务能力提升、异地校本研修和岗位练兵等举措，加快推进中青年教师专业发展。（黎和琼）

【杭州科技职业技术学院严州校区】2022年，杭科院严州校区（学前教育学院）下设综合办公室、后勤办公室等科室，在职工作人员40人。校区承担学前教育、早期教育和婴幼儿托育服务与管理3个专业一年级学生的教育培养工作，上半年有2021级学生251人，下半年有2022级学生556人。

2022年，学校投资重建校区操场塑胶跑道，修缮体育馆和艺术楼美术教室、音乐教室，改善学生专业学习设施条件。开展校园文化建设和课外文体活动，根据专业特点举办“绽放青春活出真我”女生节、“5·25”大学生心理健康日系列活动、校园“十佳歌手”大赛、“12·9”合唱比赛、“育才杯”诗词大赛，组织学生参加“校唯才杯辩论赛”“安全寝室，幸福科院”寝室安全知识竞赛、校大学生职业生涯规划大赛和“阳光·成长”心理文化节宣传设计大赛。

全年协助组织原严州师范校友同学会10余次，落实活动场地，做好接待服务、宣传推介等工作。落实校史陈列展日常管理和开放工作，接待校友及社会人士近300人次。（钱志翔）

【国网浙江省电力有限公司培训中心浙西分中心】该中心是国网浙江省电力有限公司直属的教育培训单位，由杭州本部和浙西、富春江、湖州3个分中心组成，承担国网浙江电力党校办学职能，承担系统内经营管理人员、中高级管理人员、技术技能人员和高技能人员培训，以及相关专业技能等级评价、上级单位竞赛调考等工作。

该中心位于建德市新安江街道，由东、西两个校区组成，其中东区位于新安路241号，西区位于朱家东路99号，总占地面积7.7公顷。有教室23个、微机房5个，有大型报告厅2个，总座位1810个。2022年底，有教职员工94人，其中硕士研究生及以上学历19人、大学本科以及上68人、“双师”型人才36人、专职培训师28人。

该中心主要承担针对电力蓝领队伍的岗位技术技能培训、安全管理和安全技能培训，并开展变配电运行值班员等21个电力行业特有工种的技能等级认证和国家电网公司技能等级评价。2022年，建有输电线路运维与检修、变电运维与检修、安全作业与抗灾抢修、新能源技术和配电运行与检修五大类实训基地，下设实训场(室)50 个，总工位数约 1000 个。具有输电运检、变电运检、安全技术、供用电技术等优势专业培训资源，重点打造输电线路带电作业、无人机巡检、电力电缆、变电运检一体化、应急救援等特色培训项目。依托华东唯一一家国家电网公司级输电带电作业基地和电力行业电缆附件安装人员评价基地(中压、高压)，承担国家电网公司输电带电作业、电力电缆作业两大类的部分培训任务。

2022 年，该中心培训支撑能力持续提升。累计办班 275 期，参培人数 1.47 万人次，培训总量折合 15.35 万人天。完成省公司系统内 3020 人次技师及以上的统一理论考试、2371 人次高级技师及以下技能等级考评，以及省外 11 人次的高级技师考评工作。支撑省公司完成准入 18.82 万人，实现安全准入全覆盖，确保“四个管住”(管住计划、管住队伍、管住人员、管住现场)要求切实落地。首次开展基建安全质量数字化培训，为省公司基于“云上查、线下核”数字化安全稽查模式和基建安全质量管控中心实际运作提供保障。创新采用“委托省公司基地组织培训+委派师资上门考核服务”和“委托省公司基地组织培训+远程直播或录播”的形式，履行国家电网公司级基地职责，承办浙江省总工会电力变压器检修检测技能竞赛等上级竞赛调考 3 项。全年培训总量、技能等级评价量均创十年新高。

2022 年，该中心创新驱动发展成效显著。聚焦新型电力系统省级示范区等核心领域开展数字化转型和全业务核心技能培训，推动省公司变电设备主人实训基地建设，成功申报全国电力行业无人机巡检作业人员评价基地。完成教育培训二类项目 12 项、群创项目 4 项，输配电线路专业入选国网浙江培训中心首批“2022—2025 年度优势专业”，科技成果“无人机多模态快速定位搜救技术与装备”首次成功应用，“面向电网作业失联人员的无人机多模态快速定位搜救技术与装备研究”获中国能源化学地质工会优秀职工技术创新成果二等奖，“高空电力作业人员受困越障施救装备研究”获中电联职工技术创新成果二等奖，“单导线多滑轮高空施救装置的研究”获得浙江省电力行业 QC 小组活动优秀成果二等奖和亚洲质量改进案例大赛一等奖。与南京工程学院签订共建研究生培养基地合作协议，为校企联合开展技术创新、应用研究和人才培养搭建新平台。

2022 年，该中心聚焦实训现场、工程施工、食品卫生等重点领域及设施设备薄弱区域，以各类安全检查为抓手，坚持日常运维与专项检查结合、自查与督查同步，做实问题整改闭环及“回头看”工作，防范化解重大安全风险，有效维护安全稳定良好形势。联合建德市消防救援大队开展春夏季应急演练、秋冬季消防疏散演练等活动，完善突发事件现场处置方案，强化全员应急技能，不断提升综合应急保障能力。

2022 年，该中心 1 人获评省公司劳动模范、1 人入选“浙江青年工匠”培养项目。继续完善并丰富以安全警示教育培训基地为基础的中小学生电力安全体验中心，申报并通过浙江省电力学会电力科普教育基地核验，被命名为“建德电力安全体验中心”。

(王 磊)

责任编辑:杨忠平

文化·旅游·体育

Cultural , Tourism and Sports

文化事业

【概况】2022年,建德市围绕"文化建德"建设,整合文化领域优势资源,加快文化产业项目成果落地,积极打造"新时代县域文化高地",推动建德文化产业高质量发展。深入实施文化惠民工程,加强文艺精品创作,持续做好文物保护工作,净化文化市场。

建成"15分钟品质文化生活圈"70个、"17℃书房"2个以及少儿图书馆文化驿站,建立市乡村博物馆联盟,浙江大学西迁建德办学旧址成为全省首批乡村博物馆。"两馆两中心"获首届浙江省最美基层文化空间。钱塘江诗路(富春山水、钱塘潮涌)文化传承生态保护区列入省级生态区名单。《聚焦诗路文化主线 加快打造文化旅游深度融合新名片》案例报告获副省长成岳冲批示。

【实施文化惠民工程】2022年,建德市开展送戏、送演出、送培训讲座等各类文化惠民活动282场,送书下乡3.7万册。开展"两馆公益行"系列文化惠民活动109场,举办"绿水青山迎亚运——杭州两湖三江书画名家作品展"、"幸福宜居共富裕 三十而立再出发"建德撤县设市30周年主题展等临展7场次。开展戏曲周、乡村文化节等系列活动。

(程 慧)

【艺术工作】2022年,建德市举办第九届建德市乡村文化节开幕式、建德市第十届戏曲周、第九届建德市乡村文化节闭幕式暨第十四届农村文艺调演等乡村文化节系列活动,完成17℃音乐汇活动25场,组织文化走亲17场(10场走进、7场走出)。原创婺剧《千鹤女人》入选杭州市第十五届精神文明建设"五个一工程"评选公示名单,原创婺剧《草莓谣》获杭州市文艺精品工程项目扶持。婺剧小戏《未来酒乡》获"喜迎二十大 同走共富路"浙江省第十一届群众戏曲小戏大赛金奖,《新安浣沙女》获第十一届杭州市"风雅颂"民间舞蹈展演银奖,群舞《泱泱风骨》获浙江省第三十二届群众舞蹈大赛银奖。

【非物质文化遗产保护】2022年,建德市非物质文化遗产(简称"非遗")保护工作重点围绕钱塘江诗路(富春山水、钱塘潮涌)文化传承生态保护区的创建工作开展。举办钱塘江(富春山水、钱塘潮涌)文化传承生态保护区创建主题晚会暨第二届三江渔火节,发布三地的"风雅钱塘、璀璨非遗"富春山水非遗体验之旅旅游线路,探索三地文化共富、产业共富的发展之路,举办2022年建德市"文化和自然遗产日"活动暨第九届建德市乡村文化节系列活动开幕式,举办诗路钱塘"喜迎二十大·同走共富路"2022建德音乐会、建德市"爱在17过大年非遗民俗节"活动、第五届"少年非遗说"浙江传说故事讲述大赛暨第三届建德市少年非遗故事大赛。

结合钱塘江诗路(富春山水)文化传承生态保护区创建工作实际,开展第二批钱塘江诗路(富春山水)文化传承生态保护区创建相关项目申报工作,公布"非遗"传承中心2个、"非遗"传习点4个、"非遗"微展馆3个、"非遗"主题广场3个、"非遗"主题公园14个、"非遗"景观街道、特色街区2个。

2022年,建德市确定伍子胥传说代表性传承

◎ 建德市第十三届“戏曲进校园”展演活动(市文广旅体局提供)

人方敏华、铜制技艺代表性传承人刘华、严东关五加皮酿酒技艺代表性传承人汤艳、旗袍制作技艺代表性传承人陆永平、糕点制作技艺代表性传承人叶卫华、草编技艺代表性传承人卢进元、木雕技艺代表性传承人洪根贤、吴式太极拳代表性传承人王桂芬等8人,为第五批建德市“非遗”代表性项目代表性传承人。

加大文化遗产保护力度,完成“国遗”丛书文本的编撰整理和照片拍摄等工作。伍子胥传说入选第六批浙江省非遗代表性项目。“严东关五加皮”“倒笃菜”“铜制技艺”3家工坊入选省级非遗工坊(创建)名单。梅城镇城西村被列入首批浙江省美育村(社区)名单。严州虾灯项目参加2022“非遗薪传”传统舞蹈(灯舞)项目展演展评,获优秀展演奖。建德市下梓硬板龙、吴式太极拳、建德豆腐包制作技艺、铜制技艺等被列入第七批杭州市“非遗”代表性项目名录。建德市罗桐花园大酒店获评首批杭州市“非遗”特色酒店。修订《建德市市级非物质文化遗产代表性项目管理办法》,加强对代表性项目和传承人的评估、动态管理。

承办杭州市非遗中心举办的2022年农民画非遗传承人研培班,举办“2022年钱塘江诗路(富春山水)文化传承生态保护区传承人群研培班。将“非遗”融入学校教育,助力“双减”工作。新安江第三小学开展课后服务课程“婺韵课堂”,成立婺韵社团,构建江南婺韵课程群,开办江南戏苑;大慈岩中心小学入选第三批全国中小学中华优秀传统文化传承学校。 (朱建霞)

【文物保护与修缮】2022年,制定下发《建德市文物安全大整治大提升攻坚行动实施方案(2022—2024年)》,确保文物安全。开展文物安全大整治大提升攻坚行动,推进大慈岩镇上吴方村火灾隐患挂牌督办事项整改。完成省重点项目建德抽水蓄能电站考古调查工作、洋溪杭千高速综合站地块考古调查工作、320国道新建线路许乐村古墓群考古发掘工作、严州府衙遗址50平方米考古勘探工作、严州共富邻里中心地块考古发掘工作等5个重点项目的考古前置工作。完成130余宗地块考古调查、勘探、清理工作,面积500余万平方米,出土文物100余件,发现六朝青瓷器、唐宋遗存、坛装宋代金器等重要文物。

修订《建德市文化遗产保护和文化传承生态保护区专项资金管理办法》,提高文保单位修缮及巡查补助资金。68名文物安全巡查员对全市91处文保单位共开展网格巡查1200余人次,市级文物主管部门开展日常巡查500余人次,排查文物建筑220多处,对排查出有较大安全隐患的6处省保民居建筑,按照省保修缮的程序要求,通过省文物局立项。10处文物建筑完成抢修,11处文物建筑整体维修进场施工。文物检查中发放检查整改单19份,涉及文保单位21个,完成隐患整改15处。2022年,经统计“三普”后未定级不可移动文物提升保护级别的279处(包括提升为国保、省保、市保及历史建筑)、开展修缮保养的456处、消失的共计256处(以私人产权民居为主)。

(潘建月)

【文化市场行业管理】2022年，开展文化市场志愿宣传12场次，开展行业安全培训会议2场次、急救培训1场次，参训人员350余人次。开展“扫黄打非”等各类专项整治行动，出动日常检查4219人次，检查网吧、娱乐场所、景区等场所1895家次。一般程序立案14件，办结13件。全年没收非法所得362.60元，没收违法物品392件。窗口受理行政许可(审批)办件157件，处理各类举报投诉373起，处理率达100%。

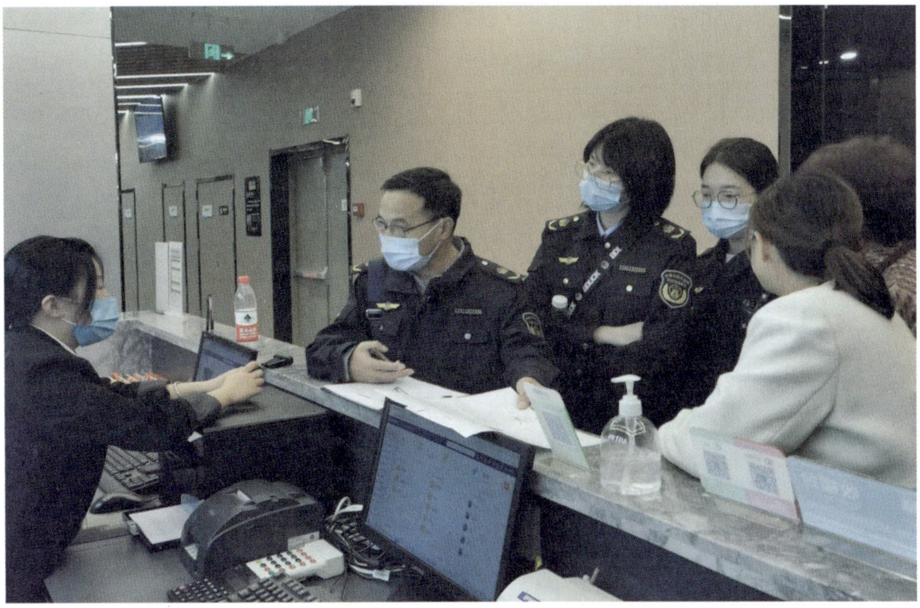
◎ 市文化执法大队现场处理投诉事宜(市文广旅体局提供)

开展非学科类(艺术类)校外培训机构工作培训会，全市共有非学科类培训机构137家，其中艺术类机构107家(位于新安江街道62家，位于乡镇、街道45家)、体育类机构30家(7家机构场地在学校、23家培训场地在校外)，从业教师290余名。

(徐菁华)

【严州文化研究】2022年，建德市严州文化研究会以传承和弘扬地方优秀历史文化为己任，团结建德及古严州地区的文化研究人员，在严州文化研究上持续发力，推进地方历史文化保护，擦亮严州地域文化品牌，为建设宜居建德贡献力量。

积极开展严州地方文化研究，如期出版《严州历代文献辑成》的《淳安县志》《桐庐县志》《分水县志》。建德市会员公开出版的研究成果主要有《寿昌文化丛书》1种8册(经济日报出版社出版)，包括《寿昌古诗文选注》(方韦编著)、《寿昌老字号》(汪国云编著)、《寿昌人物》(朱睦卿编著)、《寿昌风物》《寿昌村坊记》(沈伟富编著)、《寿昌山水》(罗嘉许编著)、《寿昌坊巷》(李新富编著)、《寿昌古迹》(胡建斌编著)，旧志点校成果1种——《民国〈建德县志〉点校本》(周建兵点校，方志出版社出版)，严州(建德)地情文献专著3种——《严州逸事》(朱睦卿编著)、《建德水文化》《巍巍乌龙山》(沈伟富编著)，综合文史类文献1种——《浙江文史记忆丛书·建德卷》(王娟、黄建生等编著，浙江文史出版社出版)。此外，编纂出版《王少辰音乐作品集》(《严州古今文丛》第五辑)，并举办首发仪式。会员们在各级刊物发表各类严州文化研究论文，其中，陈利群《龙山书院重建碑记》在《中国文化报》发表、《问道雷公庵》在《浙江散文》发表，沈伟富《西乡风俗撷谈》收入《古城史话》一书。

积极发挥地方文史专家作用，以严州古城建设为载体，为推动全市文旅深度融合提供文化支撑。结合全省开展的“宋韵文化建设”工作，全年多次召集专家学者参加严州文化挖掘、古城建设等各项活动，在建筑如何展示宋代神韵风采方面提出专业意见。致力文物保护，为恢复建成“清朝耳目坊”提供智力支撑，发现并推动宋代“苏迟诗碑”的收藏；协助考古发掘，发现宋代建筑遗迹并开展研究。在古城文旅活动中，研究会帮助提供古城历史建筑风貌、历史故事传说等各类材料。同时，积极撰写关于推进严州宋韵古城建设的建议案，供各级领导决策参考。

积极开展文化交流传播，擦亮严州品牌。研究会密切与市内外、省内外专家学者之间的联络，为市政府与外地专家搭建联系桥梁，多次邀请高层次专家学者为建德市文化发展出谋划策。2022年,研究会共接待同济大学、南京大学、北京大学的专家学者,以及辽宁、山西、陕西、山东、河南、四川、江苏等地的学术团体40余次。研究会会员积极参加各类讲学活动,到市委党校为中青年干部班、市管干部班等学员授课,传播和普及严州文化相关知识;在建德市博物馆、大同书院、"寿昌市民日"活动中开展严州宋韵讲座,讲授传统文化知识;参加严州文化相关电视访谈,扩大严州文化品牌影响力。 **(蒋秀英)**

【建德市文化馆】2022年,建德市文化馆结合"文化四季行"品牌创建,组织文艺活动163次,服务人数5.30万人次;举办展览84场,参观人数4.99万人次。开展民生实事文化下乡活动105场,对外走亲交流19场。组织文艺团队创作精品参加省市各类比赛,举办训练班436场,服务1.84万人次;组织公益性讲座61场,受众6620人次。

市文化馆获"喜迎二十大 同走共富路"浙江省第十一届群众戏曲小戏大赛金奖、浙江省第十六届新故事作品征文大赛优秀组织奖。**(傅庆玲)**

【建德市博物馆】2022年,建德市博物馆全年围绕宋韵、亚运主题,推出"传世匠心·雅韵严州——建德宋韵主题展""清风隽永——明清江南扇面精品展""绿水青山迎亚运——杭州两湖三江书画名家作品展"等7个临时展览,以及云展览项目——"云上忆江南——杭州2022年亚运会科技看点大揭秘",引进杭州博物馆"发靥的宋潮"展览。开展各类活动106场次,其中美学美育类活动15场、科普启蒙类活动12场,活动参与人数超1.3万人次,其中未成年人超0.8万人次。全年接待游客近10万人次。

在"5·18"国际博物馆日成立"建德市乡村博物馆联盟",通过凝聚博物馆力量,进一步激活乡村博物馆,促使其在承载乡愁、服务共富方面更好地满足广大群众的精神文化需求。 **(应露芳)**

【建德市图书馆】2022年,建德市图书馆总购书经费170万元,新增图书6.64万册,送书下乡3.95万册,总藏量94.86万册。全年接待到馆读者人数61.24万人次。全市各级图书馆(室)外借图书60.5万册次,外借书刊借阅10.18万人次。组织开展线上线下讲座、培训、展览、书展、阅读推广等各类读者活动511场,参加人数13.34万人次。新增集体借阅点25家,集体借阅图书2.26万册。12月,建德博物馆—图书馆景区通过国家AAA级旅游景区评定验收。建德市图书馆获"第一批杭州市残疾人文体示范点"和"杭州市无障碍文化旅游服务示范单位"称号。 **(黄 晖)**

【建德新华书店】2022年,建德新华书店围绕省店集团"强基固本、建构提升、务求实效"的工作主基调,牢固树立市场意识和竞争意识,圆满完成各项工作任务。实现营业收入4999万元,比上年增长4.2%。其中,主营业务收入4628万元,增长6.4%;其他业务收入371万元,下降16.7%。实现利润466.44万元,含疫情减租部分66.17万元,增长4.7%。

以高度的政治责任感,抓好政治读物的发行工作。《习近平在浙江》征订39176册,党员覆盖率107%;《干在实处勇立潮头》征订42455册,党员覆盖率113%;《习近平谈治国理政》第四卷征订28526册,党员覆盖率80%;《百年大党面对面》484册,中共二十大党政读物销售8600多册。

抓好中小学教材、文教配套率和满足率等基础性工作,克服"双减"影响,加强与教育、财政等部门的联系和沟通,确保教材征订和义务教育阶段文教用书政府采购工作的开展。面对"人教版教材风波"及教材修订改版的影响,制定教材发行应急预案,确保教材"课前到书,人手一册"发行任务的顺利完成。争取成人"双证制"教育培训相关教材的发行,与16所成人技术学校对接,征订成人培训教材3875册。在全年主营业务中,中小学教材、文教、职高教材营业收入共计2132.55万元,减少39.89万元;幼儿教材销售151.39万元。

开展校园阅读推广专项营销活动,第十七届全市中小学生"暑期读好书活动"线下流动供应51所学校,线上采用"云台购"下单配送模式,销售13060册。开展"初高中新生报到日"专项营销活动，共有 14 所学校参与。组织策划第八届“书香校园，智慧园丁”教师读书征文活动，销售 13283 册，销售实洋 71.10 万元，比上年增长 9.3%。

组织邀请 5 所图书馆参加集团春秋两季的“云馆配”图书订货会，完成实洋销售 33.30 万元，完成全部配送工作。注重店外图书招投标及“政采云”业务，中标教育装备图书采购项目实洋 100 万元，协议采购市图书馆借阅项目 20 万元、市委宣传部 25.8 万的图书采购项目，通过“政采云”业务平台全年共计销售 278 万元。拓展创新业务，促进多元、可持续发展，通过公开招标，中标建德市新安江二小创客、机器人、创意工坊等专用教室设施设备采购项目。

积极争取政府购买服务，为外来务工人员留在建德过年的子女（在校学生）每人发放价值 100 元的消费券，全市共有 2143 名学生享受此项惠民政策，满足率近 100%。

开展浙江省第三届“我是小小书香大使”公益短视频征集评选活动，上传作品 192 个，3 名学生获得省级“小小书香大使”荣誉称号。参与省店集团开展四季展陈的评比活动，新安书城获得春季、夏季和冬季展陈杭州地区第三名。与市教育局联合举办以“共读教育经典 畅聊育儿经验”为主题的智慧家长读书沙龙活动 12 期。新安书城“萌萌乐园”绘本馆举办活动 44 场，服务读者 1100 多人次。 （方 艳）

文化创意产业

【概况】2022 年，建德市深入实施“文化兴盛”行动，加快推动文化产业高质量发展，通过完善现代文化产业发展体系，全市规模以上文化企业数达到 23 家，比上年增加 9 家，全年实现主营业务收入 14.93 亿元。

第二届“三江渔火节”“合作起来更有味”创意社区建设等 4 个项目获杭州市级文创资金扶持，共争取经费 90 万元。开展 2021 年度文化创意产业专项资金项目申报扶持工作，全年拨付文创扶持资金 300 余万元。

【文化产业发展体系建设】2022 年，建德市制定出台《关于加快促进建德市影视产业发展的扶持实施办法（试行）》，修订出台《关于加快推进建德市文化产业发展的扶持实施办法》。召开全市文化工作会议，强化财政性资金产业引导扶持导向，提高资金使用管理绩效，同时开拓文化产业阵地。联合市统计局、税务局、市场监管局和乡镇（街道），定期召开文化产业分析会，形成文化产业监测工作合力，建立数据跨部门流畅协作机制，及时进行增补入库与统计认定。完善文化人才库建设，开通文创人才协会微信公众号，新增杭州市高层次人才 D 类 1 人、国家级文艺家协会会员 4 人。

【产业平台建设】推动之江文化产业带重点项目建设，完成之江未来乡村建设一期项目、梅城镇南宋瓦子街区一期项目。下涯镇之江村入选省 50 个网红村名单，草莓小镇、严州古城入选省 100 个网红打卡点名单，玺匠文创入选杭州市重点文化企业名单，雨歌动漫和匠铜实业入选杭州市成长型文化企业名单。组织文化企业参展第十六届杭州文博会、2022 首届浙西（千岛湖）创意生活周、第十八届中国国际动漫节踩车巡游节目，举办 2022“宜居建德·莓好生活”草莓主题文创设计大赛，通过文创设计赋能乡村振兴，提升乡农品附加值。

【培育做强影视文化产业】引进投资 46 亿元的杭州建德现代数字影视城项目，完成“1717”影视服务平台注册，招商引进注册影视公司 20 余家。积极导入影视作品来建德拍摄，与杭州华策影视公司合作拍摄中共二十大献礼剧——《我们这十年》之《心之所向》并实现热播，浙江卫视热门综艺节目《奔跑吧特别季》在建德首站多地取景录制。与浙文影业对接，筹备展现当代青年归乡创业电视剧《看得见风景的窗》；与电影频道洽谈具体合作方式，推进《爱在 17 度》电影项目落地。

【提升宋韵文化品牌影响力】解码严州宋韵文化元素，全力推进府衙街区综合复建改造、西水门遗址公园建设工程，在严州古城核心景区建成德文

◎ 建德宋韵主题展开幕式(市文广旅体局提供)

化实践中心、清芬阁、魁星阁、六合堂、陆游与严州展陈馆等历史文化建筑,复建龙山书院。依托严州文化研究会,开展宋韵文化专项研究课题5项,编纂出版《严州文化全书》《严州历代书画精选》等书籍,抢救整理《严州图经》《严州方言》等历史文化遗存。开展开城大典、诗词大会、艺说严州等文化活动,创设传统"非遗"主题街区,加强乌龙神庙、太平桥、宋朝街面、宋朝牌坊等系统性保护,导入曲艺剧院、庙宇祠堂等沉浸式文化体验场馆,实现"非遗"展演、民俗表演等沉浸式体验项目常态化,打造"没有围墙的博物馆"。 **(倪慧芬)**

旅 游

【概况】2022年,建德市旅游领域牢牢把握"疫情要防住、经济要稳住、发展要安全"要求,深入实施"文旅活市"战略,坚持融合化、全域化、品牌化、数智化"四化"并举,统筹推进文旅产业发展。全市有国家级AAAA级旅游景区5个。全年接待游客336.5万人次,比上年增长27.8%,增幅在杭州市各区县(市)中排名第五,实现旅游总收入52.0亿元,增长6.9%,乡村旅游收入7.23亿元,下降11.2%。建德市获得"2022年全国县域旅游发展潜力百佳县"称号。

举办第二十届中国·17℃建德新安江文化旅游节,以"宜居建德 共同富裕"为主题,按照"文化兴、旅游乐、体育火、乡野趣、消费旺"五大板块,确定建德"撤县设市"30周年主题展、2022建德宋韵国风文化节、钱江诗画游(新安江—严子陵)首航仪式活动、建德17℃新安江夏日冬泳国际挑战赛、2022建德17℃新安江马拉松赛事、第七届"稻舞田间"稻香节、第十届建德"7017"新安江青岛啤酒节、寿昌"909"好吃节等17项特色活动。

开展文旅促销活动,赴客源城市开展市场走访,举办全省重启跨市旅游后首场宁波市场疗休养推介会、全省教育工会系统建德旅游疗休养产品推介会、读城杭州"五色行""趣游建德17(一起)野"建德乡村精致露营季、"三江两岸"万人休闲游(建德站)等活动,全年引进职工疗休养客源2795批次、8.53万人,带动消费近6000万元。

联合旅游协会、导游协会等,全年举办行业培训28场。开展景区(点)导游词编写培训会。组队参加杭州市金牌导游大赛,祝应梅获得2022年杭州市优秀导游称号,夏柱霞取得2022年全国高级导游证书。

2022年,农夫山泉建德生产基地被评为国家级工业旅游示范基地,"十里寿昌江"共富联合体升级版列入第三批省文化和旅游促进共同富裕最佳实践案例名单,建德博物馆—图书馆景区被评为国家AAA级景区。下涯镇、更楼街道被评为AAA级景区镇,李家镇新桥村、航头镇石屏村、航头镇航川村、乾潭镇邵家村被评为AAA级景区村庄。宿建德江团扇、"品味浙李"系列农产品伴手礼、"一'建'钟情"系列文创产品获评"浙西文旅特色伴手礼",建德豆腐包、寿昌"909"夜街入选"浙西文旅赋能示范项目”，航空小镇被授予“浙西文旅特色消费示范点”。

【文旅项目招引建设】2022 年，建德市推进重点文旅项目 78 个，完成投资 12.68 亿元。健全“吃住行游购娱”产业链条，加大旅游产品供给，文澜、全季、开元颐居等酒店建成开业，双江街儿童乐园对外开放。

成立文旅招商工作小组，组建专班专人统筹负责招商引资前期谋划、组织推进、后勤保障等工作。系统梳理全市文旅资源，编制《建德市文旅招商手册》。开展文旅资源普查，摸排资源单体 314 处，以及新安江岭后区块、洋溪街道、三都工业园区等 10 块项目备选用地。

2022 年，建德市以打造“三江两岸”水上黄金旅游线重要节点为契机，推动重大项目招引，全年接待客商 37 批次，开展招商推介会 3 场；先后 10 余次赴山东、宁波、杭州等地招商。与杭商旅宏逸集团对接洽谈严州古城提升、富春俱舍盘活等项目，争取大项目、好项目落地“三江两岸”。

（胡思琦）

【马岭天观运动度假体验区完成建设】2022 年，马岭天观运动度假体验区完成建设。马岭天观位于建德市乾潭镇，依托一峰九崖、船冲石、棺（官）财岩等优质奇石资源，建设刺激惊险类体验项目，营造充满冒险精神的惊叫体验氛围，有天观佛手桥、天观飞毯、四季旱滑、天空之镜、高空溜索等配套项目。其中佛手桥位于海拔约 1000 米的山顶，高度 22 米，气势宏伟，与另一景点“美女峰”（一拳石）遥遥相望。

【宋韵文化助力精神共富】宋韵文化是具有中国气派和浙江辨识度的重要文化标识，2022 年建德市深挖宋韵文章，打造“宋韵严州”品牌，推出“风雅宋韵·古今对话”宋韵系列活动，让千年宋韵文化“流动”起来。

对市域内的宋代名人、宋代古迹、宋代馆藏进行全面梳理，共梳理出宋代馆藏文物 120 件、宋代遗迹 11 处，并开展文物特色分析研究，为宋韵内涵宣传打好基础。通过微信公众号推出“宋韵迹忆”主题宣传专栏，设置“说宋”“品宋”“寻宋”“传宋”4 个板块，用短视频及图文等形式，全面展示宋代文化遗存，解码宋韵文化基因，传递宋韵文化内涵，4 个板块共计推出资讯 62 期。打造“宋韵严州”品牌，举办具有建德特色、严州历史的宋韵文化主题临时展览，并根据新媒体特点做好宣传工作，线上线下联动，“传世匠心 雅韵严州”展览开展 3 个月，参观游客达 3 万余人次。以“宋人的春节” 作为全年宋韵文化主题活动的开篇，利用博物馆第二课堂、非遗拓展空间等平台，开展“宋词品鉴”“宋趣运动”“宋人雅事”等体验活动；以宋代各类文物和文化传承为内容，邀请浙大考古与艺术学院、浙江省博物馆专家开展宋代书法绘画鉴赏、宋瓷解读等专题讲座活动，增强青少年对宋韵文化的认知和热爱，开展宋韵相关活动 52 场，参与人数近 2 万人次。推出“宋韵严州”建德宋韵精品研学线路，依托研学机构开展“宋韵研学游”。深入挖掘分析建德宋代文化资源和馆藏宋代文物，设计开发“宋韵食刻”“宋韵盲盒”“宋韵手账本”等一批宋韵文创产品，展示建德宋韵文化资源，打造一批既有“内涵”又有“颜值”的宋韵文化传承实物载体。

【优化全域旅游线路】强化景区联动，优化一批以梅城、寿昌、大慈岩等为核心的全域旅游精品线路，推出宋韵严州文化体验游、运动休闲潮玩度假游、舌尖美食人间烟火游、亚运人文体验游等精品游线。其中，17℃建德唯美自驾线路入选浙江共享共富十佳自驾旅行精品线路，农夫山泉建德工业旅游区入选首批浙江省中小学生研学实践教育基地，“宋韵严州”精品线路获评杭州市 20 条“宋韵精品研学线路”之一。

【打响“17℃建德新安江”旅游品牌】做精旅游品牌宣传推介文章，举办 2022 建德原创山水音乐季、夏日冬泳挑战赛、马拉松、水上运动嘉年华、宋韵杭州奇妙夜建德分会场、金秋建德帐篷露营季等 17℃建德新安江特色文旅活动，发布《建德旅游自驾游露营手册》。《江清月近人》演艺全年接待游客4.35万人次，实现营业收入452.24万元，比上年增长43.71%。“宜居建德，17℃新安江”文旅宣传片首次登上中央电视台。

【旅游美食品牌打造】2022年，建德市加大“建德十大碗”推广力度，创建“诗画浙江·百县千碗”省级体验店1家（“7017”味道工厂餐厅），杭州市级特色美食旗舰店1家（景澜·新安江宿度假酒店）、示范店4家、体验店5家。全年新注册建德豆腐包示范店建设94家，在全国12省份开设示范店362家。举办建德豆腐包师傅专项技能培训班，培训6000余人次。完成建德豆腐包团体标准、统一商标的注册工作。推进建德豆腐包入驻浙江大学、杭师院、浙工大等省内8所重点高校。

【假日旅游产品供给】2022年，建德市“五一”小长假接待游客45.36万人次，国庆黄金周接待游客101.35万人次。其中，国庆期间梅城游客21.53万人次，旅游收入3095万元；寿昌游客16.29万人次，旅游收入2262万元，成为建德假日旅游消费新热点。

“十一”国庆长假首日，建德首个大型儿童主题乐园——双江街欢乐世界正式开园，包括海盗船、摩天轮、科幻VR馆项目等。大慈岩景区以“宋韵、国潮”为主题，举办青白二蛇“前世今生”快闪表演、唐诗宋词擂台赛、“遗风古韵”古典乐表演、飞天舞表演等活动。新叶古村举办“李村抬阁”和“上吴方舞狮”非遗展演活动。严州古城推出“梦华‘风雅宋’严州不夜城”主题活动，开展入城仪式、知府巡街、严州虾灯、水浒快闪、玉带河演艺等活动。 （方 娟）

【推动民宿经济高质量发展】2022年，建德市着力拓展民宿经济，四家民宿伴手礼作品入围全省第三届乡村民宿伴手礼大赛。9月26日，“最忆杭州·一宿一品”——2022年度杭州市民宿伴手礼评审暨参加全省第三届乡村民宿伴手礼大赛杭州市入围作品评比活动中，建德市共有6家乡村民宿伴手礼参评，其中三江渔火扇形灯获得设计奖，三生谷红茶、建德麻糍、“好运连莲”手串珠获得综合奖。建德市小镇民宿、目山壹号获评浙江省银宿荣誉称号。“朴宿·所在”被评为五花民宿，林栖翁宅大院、聆雲山舍被评为四花民宿。至年底，全市拥有白金级民宿1家（云漫松间）、金宿级民宿1家（梅莊）、银宿级民宿7家。 （胡思琦）

【建德市旅游协会成立】8月19日，召开建德市旅游协会成立大会，有86家旅游企业、7名旅游界资深人士递交了会员申请书。大会选举产生第一届理事会，建德市新安旅游投资有限公司董事长郑希平当选会长。会上，市旅游协会与梅城镇、寿昌镇、乾潭镇、大同镇、大慈岩镇、三都镇签署战略合作协议。 （徐菁华）

体 育

【概况】2022年，建德市体育工作以抢抓亚运机遇为契机，落实《建德市全民健身实施计划（2021—2025）》，着力提升体育公共服务水平，增强竞技体育综合实力，加快体育产业发展，助力共同富裕示范市建设和全市经济社会平稳发展。

全年建成体育健身公园、全民健身广场、百姓健身房等基层体育设施项目27处，利用桥下空间及闲置的边角地块建成嵌入式体育场地面积2.55万平方米。“洋安开放式健身共享空间”在“美丽杭州迎亚运”城市环境品质提升第二期“赛马”活动中被评为优秀项目。

7月17日，“迎亚运”2022中国·建德17℃新安江“夏日冬泳”国际挑战赛开赛，分为“耐寒勇士横渡新安江团体挑战赛”和“耐寒勇士畅游新安江”两个项目。有14个省（市、自治区）共110支代表队近3000名冬泳爱好者参加。11月6日，举办以“17℃润肺跑、爱上宜居建德”为主题的2022建德17℃新安江马拉松，赛事设置马拉松、半程马拉松和欢乐跑三个项目。来自全国32个省、自治区、直辖市、港澳台地区共302个城市的专业跑者，以及市民群众，近万名选手参加。

举办“我为亚运绘幅画”、第四届“迎亚运 巾帼杯”气排球比赛、“爱在17亚运有我”主题歌词征集大赛、绿水青山迎亚运——杭州两湖三江书画名家作品展等活动。承办“华为手机杯”中国围棋甲级联赛(建德专场)、浙江省青少年阳光体育(体育传统项目学校)快乐体操比赛、武术套路比赛等国家、省、市级比赛。

通过浙江省运动休闲优秀项目——杭州勇峰自行车公园自主举办“勇峰自行车速降积分赛”,新联文旅公司协办“浙江省阳光体育(体育传统项目学校)航模比赛”,推广体育产业。

【全民健身活动】2022 年,举办建德市第十七届体育运动会、建德市第八届老年人健身运动会、“喜迎二十大·2022 杭州市全民健身日全市大联动”(建德赛区)主题活动、2022 年全国百城千村健身气功交流展示(杭州站)系列活动暨“迎亚运”建德市第七届健身气功站点联赛、“迎亚运”2022 年建德水上运动嘉年华活动、“喜迎二十大 同心迎亚运”建德市第七届广场舞大赛、职工乒乓球比赛、气排球比赛等全民健身赛事近百场,参与人数 1.2 万人次。

推动“全民健身迎亚运”万场体育赛事活动和科学健身指导进社区(村)工作,全年开展活动 785 场,完成率 107.2%;完成万堂课 547 场,完成率 103.2%。

【建德市第十七届体育运动会】5—7 月,在新安江体育馆及各有关乡镇(街道)、单位举行。运动会组团形式及参加单位有成年部机关企事业单位组、成年部乡镇组。运动会设 8 项:篮球、拔河、乒乓球、羽毛球、广播体操、太极拳、排舞、气排球;经角逐,机关企事业组团体总分获奖前三名分别为教育系统、新安集团、金融系统,乡镇组前三名分别为新安江街道、乾潭镇、寿昌镇;青少年部团体小学 A 组、小学 B 组、初中 A 组、初中 B 组、高中组第一名分别为实验小学、寿昌第二小学、新安江第二初级中学、航头初级中学、新安江中学。

【公共体育设施建设】2022 年,组织实施全民健身设施补短板工程,完成洋安亚运体育公园 1 个、村级全民健身广场 4 个、体育健身公园 3 个、5 人制足球场 1 个、社区多功能运动场 1 个、农村百姓健身房 12 个、体育小康村升级工程 5 个。围绕群众多元化需求,统筹规划,盘活城市空闲土地,推进嵌入式体育场地设施建设,完成各类嵌入式体育场地设施建设 37 处、3.2 万平方米。其中,市嵌入式体育场地标志性项目——洋安体育健身中心,成为建德市城区最大的室外健身场所,占地面积 1.1 万平方米,盘活“桥下空间”“闲置空地”“全民亚运”等要素,建设内容涵盖三大球、三小球及门球活动场地。

◎ 8 月,建德市实验小学参加 2022 年浙江省青少年阳光体育排球比赛(市教育局提供)

【青少年竞技体育】依托全市中小学校,采用联合办学形式,加大“体教结合”力度,向上输送运动员。全年向杭州市陈经伦体育运动学校输送建德籍自行车正式运动员 7 名、排球运动员 3 名以及摔跤运动员、散打运动员、柔道运动员各 1 名。年末,建德市拥有全国学校体育工作示范校 1 所(市实验小学)、浙江省阳光体育后备人才基地 2 所(市实验小学、市明珠小学)。

2022 年,建德市组队参加省杭州市锦标赛、阳光赛,共获得第一名 29 个、第二名 18 个、第三名 22 个。在浙江省青少年射击锦标赛中获得 2 个团体第一名、2 个个人项目第三名。获得 2022 年浙江省青少年阳光体育(体育传统项目学校)排球比赛中小学组 2 个冠军、1 个亚军。获得 2022 年浙江省青少年阳光体育(体育传统项目学校)跆拳道比赛 10 枚金牌 4 枚银牌 5 枚铜牌。3 名运动员在浙江省第十七届运动会中夺得 3 枚金牌。 **(冯梅玲)**

责任编辑:杨忠平

科学技术与气象服务

Science, Technology and Meteorological Services

科学技术

【概况】2022年，建德市深入实施“创新兴市”战略，聚焦“高质量”“绿色低碳”“产业重塑”发展主线，全力构建“产学研用”协同创新体系。深入企业开展“百名干部助百企”活动，组建专班下沉企业，开展精准服务。新增国家高新技术企业43家、省科技型中小企业82家，全市R&D经费支出9.11亿元；获省级科学技术奖4项，创历史新高；3家企业研发攻关项目获中央引导资金支持，新增杭州市级以上企业研发中心13家；2个项目入选省级“尖兵”“领雁”研发攻关计划；全市完成高新技术产业投资额13.62亿元，比上年增长2.6%。实现高新增加值72.9亿元，增长1.6%，占规模以上工业增加值的45.8%，较上年提升1.7个百分点。主办浙江—静冈先进制造海外技术“云对接”活动等大型活动11场，全国首个“双碳工业科技基地”落户建德；全市科技投入指数进步位居全省第三。不断引导企业加大科技投入，为民营企业提供良好的科技研发环境。

大力实施“人才强基”工程，围绕产业需求完善人才引育服务机制，迭代修订候鸟行动政策。推进人才落地高层次人才项目16个，新入选国家级人才计划3人、省级人才计划3人，高层次人才计划数创历史新高。实施产学研合作项目17项，有效申报杭州市“115”引智项目37项，其中高端年薪项目6个。立足飞地高端人才项目引进，谋划制定《建德市上峰产业园招商引才企业准入办法》，引进“候鸟计划”人才23人，累计对接高端人才领衔项目25个，其中塑然雅生物医药、浦展新能源材料、华驱机电项目均落地产业化。向杭州市D类人才蔡雪松领衔的“新能源锂电池材料”项目兑现研发经费补助、固定资产投入补助等130余万元。

坚持科技活动在搭建平台、成果转化、营造氛围等方面的关键作用，全年主办活动11场。举办科创中国·智汇新安活动，中国工程院院士、浙江大学能源工程学院院长高翔等5名院士受聘“新安智库”专家。举办第七届中国创新挑战赛，杭州庄塔与中国计量大学现场签约，合作金额410万元。举办浙江省科技成果竞价(拍卖)会建德专场，总成交金额1740.13万元。举办未来农业畅想荟暨国际农业科技创新成果发布会等大型活动，聚焦传统产业优势重塑，分行业、分批次举办3期科创菁英TALK活动，邀请知名行业专家现场解题，促进传统产业加速升级。

【技术难题“揭榜挂帅”】2022年，全市征集新材料、生物医药等领域技术难题69项，张榜技术难题56项，张榜金额9828万元，其中400万元以上19项；揭榜技术难题17个，揭榜金额1900万元，其中200万以上5项，完成率212%。远力健药业、新安化工作为企业代表赴杭州国际人才与项目交流大会“揭榜挂帅”环节，与揭榜方签约。坚持市场为导向，全年发布网上技术市场技术需求135项，发布科技成果233项，完成技术交易额指标9亿元，比上年增长127.8%。

【举行浙江科技成果竞价(拍卖)会建德专场】4月8日，浙江科技成果竞价(拍卖)会建德专场在新安江举行，活动采取线上竞价(拍卖)与线下操作相结合的方式进行，共吸引高校、转让方企业11家、竞拍方企业22家参加。拍卖会共有11项科技成果参与竞拍，涉及生命健康、先进制造、新材料、生态环境治理、智能制造、数字农业、无人机行业应用研究、软件开发8个产业领域，总起拍价1568万元，总成交价2356.13万元，溢价率50.26%。拍卖会上，建德市企业塑然雅（浙江）生物技术有限公司以现场最高价380万元，成功拍下纽湃腾（北京）医药科技有限公司的“改善调节胃食管反流的海藻酸盐组合物及应用”项目。浙江远力健药业有限责任公司、浙江华奕航空科技有限公司、浙江新化化工股份有限公司分别竞拍获得“利福昔明原料合成技术”“直升机机身蒙皮、T型尾翼加工工艺技术”“多级孔功能新材料精准制备技术”3项科技成果，成交价680.13万元。此次拍卖会促进了高校院所与转让方企业高端技术成果精准匹配，对推动关键技术落地转化、实现新旧动能转换具有重要意义。

【全国首个“双碳工业科技基地”落户建德】5月24日，2022“科创中国·智汇新安”活动在建德市举行，来自国内外的20余位院士专家齐聚建德，探讨“双碳”目标下的产业发展趋势和企业发展战略，更好地推动落实“碳达峰、碳中和”的“时间表”“路线图”。活动现场，中国生物多样性保护与绿色发展基金会等5家单位联合授予建德全国首个“双碳工业科技基地”。建德市与西湖大学工学院签署战略合作协议，中国工程院院士、浙江大学能源工程学院院长高翔等多名院士专家受聘“新安智库”，为建德产业低碳转型献计献策。

【3家企业获中央引导资金支持】2022年，新安化工、屹通新材、沈氏节能3家企业科技创新基地建设项目被列入中央引导地方科技发展资金项目，获中央引导资金支持。其中，“新安化工国家级企业技术中心建设”项目对研发大楼加大投入，搭建硅基、磷基和新能源材料研发平台，新购一批研发仪器、设备，上线PLM科研信息管理系统，提升科创软、硬件能力；“杭州屹通新材料股份有限公司省级企业研究院创新能力建设”项目通过与高校联合，共建高能级研究院平台，自主开发可替代进口的高饱和磁通密度低损耗非晶软磁粉体产品，提高科研创新能力；“沈氏科技LNG海洋油气领域用换热部件省级企业研究院建设”项目，开发出用于LNG（液化天然气）、海洋油气领域用高效紧凑式换热器产品，成果达到国际并列及以上水平，实现进口替代，并实现产业化。

【重大关键技术攻关】2022年，建德市提高校地务实合作，邀请高校专家对接企业技术需求，实施产学研合作17项。浙江大学与朝美日化开展口罩研发攻坚，成功攻关“两亲聚季铵盐灭活病原微生物口罩研制”开发技术。

支持企业在新材料、人工智能等重点领域实施技术攻关，通过牵线搭桥解决企业“卡脖子”难题。屹通新材、新安化工、沈氏节能3家企业研发攻关项目获中央引导资金支持，实现历史新突破。新化化工、奥立达分别入选2022年、2023年省级“尖兵”“领雁”研发攻关计划项目。奥立达“基于数字孪生的多智体协同控制智慧物流关键技术研

◎ 5月24日，全国首家“双碳工业科技基地”授牌（市科技局提供）

2021 年度浙江省科学技术奖建德市获奖情况表

表 18

企业名称	成果名称	奖项类别	完成单位顺序
浙江新安化工集团股份有限公司	高抗撕挤出硅橡胶关键技术开发及产业化应用	科技进步奖二等奖	第一完成单位
格林生物科技股份有限公司	高档香料格林酮的产业化	科技进步奖三等奖	第一完成单位
杭州福斯特药业有限公司	抗流感药物奥司他韦中间体合成及其关键催化技术开发	技术发明奖三等奖	第二完成单位
浙江久晟油茶科技有限公司	山茶油提质增效关键技术创新与高值化应用	科技进步奖二等奖	第三完成单位

发”项目列入杭州市 2022 年人工智能重大科技创新项目，实现建德市人工智能领域“零”的突破。新安集团、久晟油茶分获全省科技进步二等奖，格林生物获全省科技进步三等奖，福斯特药业获全省技术发明三等奖，获奖数创历史新高。

【奥立达电梯列入省级“领雁”研发项目】奥立达电梯“复杂场景下移动机器人集群调度研发及应用”项目入选浙江省科学技术厅 2023 年度“领雁”研发攻关计划项目名单。该项目致力开发多智能体协同物料自动输送调度平台开发，构建 AGV 集群价值函数模型、多智能体集群协同调度模型，设计针对未来工厂大规模物流任务的集成控制平台，最终完成一个基于未来工厂的多智能体协同物料自动输送系统。

【科技创新主体培育】2022 年，建德市围绕产业布局，聚焦新材料、智能制造等重点优势产业和新兴产业，着力完善科技型企业全周期梯次培育机制，建立科税联动培育机制，精心辅导国家高新技术企业申报，新认定杭州杭新固体废物处置有限公司、杭州庄塔溶射科技有限公司、德爱威(中国)有限公司、建德市飞龙电器有限公司、建德市帝华饰品有限公司等国家高新技术企业 43 家，每千家企业中高新技术企业数达 20.48 家，比上年增长 32.7%，增速居全省第三。新认定建德金通新材料有限公司、杭州果谷生物科技有限公司、杭州斯敏格车业有限公司等省科技型中小企业 82 家，每千家企业中科技型中小企业数达 74.45 家，增长 17.73%，增速居全省第十四、杭州第三。全市规模以上工业企业研发费用归集 20 亿元，增长 21%。

【科技创新平台建设】2022 年，建德市发挥超细粉末国家工程中心、新安硅谷研究院等创新平台作用，为碳酸钙、有机硅等产业解决技术难题 10 余项。建德华明科技有限公司承建的“杭州市超细粉末及复合材料概念验证中心”，纳入杭州市首批 15 家概念验证中心创建名单并正式授牌，为西部区、县(市)唯一。通航产业省级重点实验室正式通过省级创建验收。新安硅谷研究院与省化工院签署战略合作协议，建德环保科创中心与美国辛辛那提大学专家开展全方位项目合作。

【推进研发机构“全覆盖”】2022 年，建德市健全研发机构梯队培育机制，推进研发机构“全覆盖”，全年新增东翼高导新材料市企业高新技术研究开发中心、浙江绿荫环境检测科技有限公司技术研发中心、杭州市睿道医药超氧化物歧化酶研发企业高新技术研究开发中心等杭州市级企业研发中心 10 家，浙江省龙驹高性能功能化胶乳高新技术企业研究开发中心、浙江省双超纳米碳酸钙高新技术企业研究开发中心、浙江省普林艾尔湿度管理高新技术企业研究开发中心等省级企业研发中心 3 家，数量创历史新高。全市人均科研机构仪器设备原值达 61.77 万元，位居全省第七，增速位居全省第一。

【科技服务】2022年，建德市科技局聚焦制度服务供给，形成创新发展支撑，高质量出台建德市“科技新政19条”，首次提出科技小巨人认定补助，提高企业项目攻关的投入补助标准。全年兑现科技创新政策补助7116万元，较上年翻一番，其中兑现研发费用后补助政策162万元，增长39.4%。结合“百名干部助百企”活动，打造科技“三服务”2.0版，通过“一企一人、一企一策”等制度，充分发挥科技小分队作战优势，提高服务精准度，为企业提供专属暖心服务。全年收集、解决企业问题和困难42个，办结率100%。

落实加计扣除政策，服务指导全市253家企业开展研发费用加计扣除，实现全市高新技术企业《关于加大支持科技创新税前扣除力度的公告》解读全覆盖。2021年累计加计扣除额14.26亿元，增长100%，为企业减免所得税3.56亿元，其中高新技术企业所得税减免1.86亿元。

立足建德特色农业产业，积极打造资源集聚平台，草莓小镇省级农业科技园区创建成功，大同农创客成功认定为杭州市级孵化器。围绕草莓、茶叶技术提升，实施2022年杭州市农业与社会发展科研项目6项、建德市级农业与社会发展项目52项。实施第九批科技特派员项目，新选派特派员14人，进一步提升特派员覆盖密度。

突出“科技治水”，组织建德环保科创中心、宏羽家庭农场等单位，实施“臭氧催化剂再生及在水回用节水中的应用研究”和“规模蛋鸡养殖场鸡粪资源化利用研究”资源环境项目2项，推进水环境治理工程。 （王文娇　朱晓卿　雷国刚　邵启行）

气象服务

【概况】2022年，建德市出现8次较大范围强降雨天气过程。全年启动暴雨、强对流、寒潮、台风、气象干旱、雨雪冰冻应急响应14次，发布各类专题气象服务材料132期、各类预警信号158次，其中暴雨预警信号25次、大风预警信号30次、大雾预警信号27次、雷电预警信号18次、冰雹预警信号2次、高温预警信号50次、寒潮预警信号2次、霜冻预警信号3次、低温预警信号1次，累计发送灾害性天气预警短信420余条、240万人次。顺利完成全国两会、中高考、春运、新安江旅游节、17°新安江马拉松等重大活动及台风“梅花”气象保障服务工作。全年天气预报准确率89.54%。

印发《建德市气象局“梯次化”预报预警服务业务规则》，分级、分时、分众向建德市党委、政府和有关部门、基层责任人提供预报预警服务，推进和提升政府应对处置和部门联动效率。市防指办、气防办联合印发《建德市灾害性天气公众防御指引的通知》，在台风、暴雨、强对流天气灾害防御方面有了明确可行的操作指引，进一步增强公众防汛防台风险防范意识，提升自救互救能力。

2022年，气象窗口受理办结行政许可事项22件，其中“升放无人驾驶自由气球、系留气球作业许可”事项1件、“防雷装置设计审核与竣工验收”事项21件（设计审核11件、竣工验收10件）、气象灾害证明办理501件。

【气象现代化建设】2022年，建德市气象局完成气象监测预警能力提升工程，建成二要素温雨站129个，区域自动站总站数248个，站点间隔密度达到3.1千米。在建德国家气象站、移动信号弱或高风险区共布设北斗卫星通信终端5套，确保极端情况下全市观测数据完整性与稳定性。完成杭州亚运会建德市气象服务保障工程建设，在梅城镇乌龙山顶征用林地0.5公顷，建设建德首部X波段天气雷达，搭配建设风帆造型钢结构雷达塔一座，塔高27.5米，10月28日进入试运行状态。雷达资料对建德市中小尺度风暴、冰雹、强风切变、大风、短时强降雨等灾害天气具有实时监测和预警能力。

【“乡村振兴”气象服务】2022年，市气象局面向全市1312家新型农业主体，发送春播春耕、草莓、柑橘和茶叶等关键农时专题材料29期，农业气象灾害（暴雨、强对流、台风等）专题材料7期，农作物病虫害防控病虫害情报2期。联合建德融媒体中心、市农业农村局开展农情调查2次，依托浙江草莓气象服务联盟参与制定《大棚草莓低温冻害与

◎ 灵栖洞景区被授予"浙江省避暑气候胜地"称号(市气象局提供)

寡照灾害等级》省级标准。与融媒体中心合作创办《农事气象站》节目,每周一期在建德电视台播出,全年累计52期。联合市应急管理局通过"钉钉视频直播"平台开展乡镇村协理员、信息员"线上培训",利用"建村钉—建德云端气象"平台建立"暴雨、大风、雷电、冰雹"四种预警机制。

在杨村桥镇绪塘村、下涯镇之江村、大慈岩镇里叶村、乾潭镇安仁村开展乡村振兴分类气象服务工作,根据各村实际情况,按照农业生产型、生态文旅型和经济富裕型等不同分类,开展草莓农气服务、生态气象监测与旅游服务、江雾监测预报以及重点单位气象服务等具有针对性的气象服务工作。

【气象防灾减灾工作】2022年,市气象局更新气象灾害应急预案,落实对极端天气"五停五断"(停止户外集体活动、停课、停工、停业、停运,断水、断电、断网、断路、断气)工作指引,明确以预警信号对应各部门以及社会组织、公众的应急处置措施。与市委政法委、市应急局等部门联合推进气象信息员队伍与基层综合防灾减灾体系、应急管理体系融合,实现气象信息员、基层网格员队伍共建共享共用,同时依托"基层治理四平台",实现预警信息靶向发布和"一键直达"基层网格员。全年新增民宿气象保险64份,完成67个村气象防灾减灾标准化提标升级工作。联合市住建局、市商务局等部门开展安全生产联合检查,实现全市99家易燃易爆场所防雷安全检查全覆盖,将中小学校防雷定期两年一检调整为一年一检。

【人工影响天气工作】2022年,建德市高温日异常偏多,旱情导致6个乡镇多地河道水位低、水库蓄容不足,农业受灾严重。建德市人工影响天气办公室围绕农业生产、供水安全和省运会人影保障,在下涯、杨村桥、三都、更楼、大同等作业点开展人工增雨作业10次,发射火箭弹63枚,作业面积2085平方千米,增水量270万吨,有效缓解饮用水库容缺乏和森林防火压力。 (赵建光)

责任编辑:杨忠平

通信与新兴媒体

Communications and Emerging Media

综 述

2022 年，建德市有中国电信股份有限公司、中国移动通信集团浙江有限公司、中国联合网络通信有限公司三大电子通信公司建德分公司 3 家，有为提供基础设施服务的中国铁塔股份有限公司杭州市分公司建德办事处 1 家，有综合性新型媒体——建德市融媒体中心 1 家、数字电视网络——建德华数数字电视有限公司 1 家，有传统通信平台——中国邮政集团有限公司浙江省建德市分公司 1 家。全年完成电信业务总量 6.25 亿元，比上年增长 7.4%。年末电话用户总数 60.67 万户，其中移动电话用户数 53.23 万户，固定电话用户数 7.44 万户。互联网用户 76.16 万户，比上年末增加 2.89 万户，其中移动互联网用户数 52.92 万户，增加 0.60 万户。有有线电视用户终端 10.1 万个，华数宽带终端突破 4 万个。全年完成邮政业务总量 1.26 亿元，比上年增长 6.0%。邮政特快专递业务 34.08 万件。

通 信

【电信建德分公司】2022 年，中国电信股份有限公司建德分公司(简称电信建德分公司)有从业人员 296 人，其中合同制员工 108 人、外包员工 91 人、代理人员 97 人。下设 4 部(综合部、市场部、网络部、政企部)、11 个支局(新安江支局、城东支局、政务支局、大企业支局、城郊支局、寿昌支局、梅城支局、乾潭支局、大同支局、高铁新区支局、洋溪支局)、2 个中心(智云护航中心、DICT 中心)。全年宽带用户年度新增 1.33 万户，宽带出账用户累计达 8.67 万户，500M 宽带及以上占比 27.3%；移动电话年度新增 3.28 万户，移动电话出账用户总数达 15.73 万户，比上年下降 8.9%；5G 出账用户 5.67 万户；IPTV 注册用户净减 100 户，IPTV 注册用户合计 7.12 万户，比上年下降 0.14%。全年完成业务收入 1.48 亿元，增长 9.7%；完成净利润 2269 万元，增长率 77.0%。

2022 年，该公司继续参与政府数字化改革、建德市政府“17 治理”项目；继续对接市场监督管理局实施“阳光系列”工程，接入 500 户餐饮商家、9 家隔离酒店厨房、4 家特种设备工厂；继续参与公安机关“雪亮工程”建设，承接公安和乡镇等治安监控建设；呼叫中心推动传统通信模式转型，承接市政府政务“12345”热线；开展“5G+”工业互联网研究，利用云、5G、物联网等新一代信息技术推进和应用落地，在工信部组织的“5G 绽放杯”比赛中，安联矿业 5G 智慧矿山在全国工业专题赛道获得商业性优胜奖，联合新安化工 5G 智慧工业互联项目获得浙江省工业赛道三等奖。

2022 年，该公司以融合套餐、宽带发展、客户服务为主线，全力促进主量业务规模发展。公司全年开展营销活动 100 余场，新增移动用户 8954 户，新增宽带用户 1081 户，新增融合套餐发展 2673 户，5G 净增用户 13522 户。坚持推动 5G 基站建设深入农村，与中国联通达成共建共享战略，承建建德区域范围除梅城、乾潭、三都以外的基站，全年新增 5G 基站 260 个，5G 信号覆盖率达到 88%，4G 网络覆盖率达到 98.9%，基本实现城区、高速公路、320 国道、乡镇一级人口活动密集区域信号覆盖。在高速光网建设中，Xgpon 建设完成数量 3000+，利用率约 66%，加快了 Xgpon 接口建设。完成宽带承载网络的 IPv6 改造，建德城区实现宽带千兆入户接入全覆盖，229 个建制村全部具备宽带千兆接入能力。 （朱宇欢）

【建德移动公司】2022 年，中国移动通信集团浙江有限公司建德分公司（以下简称建德移动公司）市本级设 4 部（市场部、政企部、网络部、综合部），下设新安江、梅城、寿昌、大同、乾潭、高铁新区 6 个网格。年末在册员工 96 人。全年实现通信服务收入 3.03 亿元，比上年增长 8.7%；移动通话用户总数 34.3 万户，增长 1.0%，其中 5G 用户 14.9 万户，增长 46.2%；宽带用户 10 万余户，增长 13.5%。

建德移动致力“发展数字经济，推动社会数智化转型”，持续推进数字化能力体系建设，优化产品组合，推出阳光厨房产品包、药店监控产品包、办公企业产品包以及 CHB 融合包等，为餐饮、医疗等行业提供数字化、智能化服务。同时，联动 ICT 项目，打造智慧园区、监管平台项目，提供“平台服务+移动融合产品”的解决方式，促进数字化转型高速发展。

2022 年，该公司开通 5G 站点 319 个，网络投资 2858 万元，完成建德主城区、乡镇街道以及主要工业园、高铁站等区块的 5G 信号覆盖补盲以及 700M 5G 项目的叠加，积极开展千兆网络建设，实现建德全域千兆接入全覆盖。响应市政府疫情防控应急通信保障相关要求，在春节、“五一”“十一”等假期前对重要道路、景区、乡镇进行优化扩容升级，实现“视联网、无线、专线”三保障。高质量完成新安江文化旅游节、喜迎二十大文艺会演、17℃新安江马拉松等大型活动的网络保障。配合政府优化线路，重点整治驻地网光缆、小区皮线以及分纤箱资源，包括 50 多部电梯和 4000 余户用户线缆整治以及 1000 多个老旧分纤箱替换工作，助力美丽乡镇建设。

该公司秉持“创无限通信世界，做信息社会栋梁”宗旨，持续提供各具特色的服务。针对特殊人群推出快递员骑手套餐、老年人套餐、军人专属套餐、关爱套餐等；聚焦中老年人身体健康关怀，推出血压宝和健步宝，提供电话问诊、监测血氧和心率、异常提醒等服务；推出 FTTR 智能组网，将超千兆的 Wi-Fi 网络覆盖到家庭每个房间，提供低时延、多联接、无缝漫游的上网体验；积极做好防诈警示教育、信息安全培训、日常监督，利用智慧工具精准识别强化源头管控，联合派出所、乡镇街道开展反诈宣传服务 90 多场，提升用户的防诈骗意识。 （叶　敏）

【联通建德分公司】2022 年，中国联合网络通信有限公司建德市分公司（简称联通建德分公司）有员工 58 人，下设办公室（包含网络部）、政企客户部、市场部（市场部包含乡镇支局、新安东路营业厅、寿昌营业厅、大同营业厅、乾潭营业厅、梅城营业厅）。该公司始终坚持“强网络之基、固服务之本、拓数字化、智能化之新”，以“为客户创造价值”为企业文化核心理念，致力打造“全联通”的高品质服务，建设精品网络，创新服务产品，快速响应客户需求，全力推动数字生产、数字生活、数字治理新发展。

2022 年，该公司持续深入推进与电信网络共建共享，共计网络投资 2200 万元。网络覆盖规划充分结合市场需求，固网打造高品质“千兆网络”，建德大同镇、乾潭镇、洋溪主街道均完成全覆盖；寿昌镇、梅城镇以联通营业厅为中心向周边覆盖工作进行有序。包括新安江街道等总共完成小区类建设 106 个，共覆盖 2529 幢单元楼，建设端口 1.4 万个。完成建设大厦、之江大厦、新安大厦等 57 个楼宇“千兆网络”布局建设。全年开通移网 5G 基站 451 个，实现高铁线路和高速公路全覆盖。新建 4G 基站 174 个，其中与电信基站共建共享新建 31 个；完成 970 个 4G 基站和室分的开通。

2022 年，该公司主动加快建德市产业数字化、高端化、集群化、融合化推进和政府及企业数字化转型。重点围绕制造业规模以上企业，利用 5G 赋能企业，完成普林艾尔、广鑫塑业数字化车间改造。助力教育局标准化考场升级，完成标准化考场身份识别等项目。中标航头镇溪沿村数字乡村项目，助力政府数字乡村建设，推进共同富裕。助力市环保局，完成危险废物产生和经营单位建设数字化管理系统，实现危险废物产生、存储、处置全链条可视化、精准化监管，保障危险废物监管安全。同时完成居家养老服务中心智能服务终端配置，以数字化能力抓实做好民生实事。全年发布"三网"防疫短信175万条。 （饶剑霞）

【铁塔建德办事处】2022年，中国铁塔股份有限公司杭州市分公司建德办事处（以下简称铁塔建德办事处）管理建德市域内基站总数1293个，其中塔类基站1243个、室分35个。通过资源共享，移动建德公司、联通建德公司、电信建德公司3家运营商基站共享率达95%以上。

铁塔建德办事处继续配合市委、市政府及通信运营商开展5G通信基础设施建设。全年完成5G基站新建及改造建设406个，进一步增强5G信号覆盖厚度。此外，发挥铁塔站址资源及塔体高位优势，助力建德市规划和自然资源局完成耕地智保项目，全市区域内共享基站高位摄像头，完成对全市86.8%的耕地进行监控保护。 （何 俊）

邮 政

【概况】2022年，中国邮政集团有限公司浙江省建德市分公司（以下简称邮政建德分公司）有代理金融网点17家、寄递营业部7家，支局2家。该公司共有投递道段总条数84条，总长度3203千米。其中城市投递道段33条（汽车投递道段12条，摩托车投递道段12条，电动三轮车投递道段9条）。农村投递道段51条（汽车投递道段36条，摩托车投递道段3条，电动自行车投递道段1条，电动三轮车投递道段9条；油耗三轮车投递道段2条）。全市20家报刊等普通服务营业网点完成乡镇（街道）全覆盖，229个建制村全部通邮。城区每日平均投递1.61次，农村每周投递6.92次。

2022年，该公司完成总体业务收入1.58亿元，比上年增长15.27%。其中金融收入8595万元，增长10.65%；寄递收入4585万元；集传收入完成816万元；电商分销收入1548万元。2022年度KPI得分列杭州地区第一。

【金融业务】2022年，该公司实现金融业务总资产规模达71.77亿元，全年总资产新增7.89亿元，比上年增长12.5%，杭州市各区县（市）排名第一；年末存款余额54.58亿元，年增7.23亿元，增长22.7%。全年实现保费收入1.63亿元。

【农村电商平台推动"乡村振兴"】该公司进一步夯实邮政农村电商基础，通过邮乐站点、邮乐建德馆、社区团购、邮乐直播等平台加大对当地农产品的推广。2022年，对建德当地的航头水果玉米、马目蓝莓、大同红心火龙果、里叶白莲、三都麻糍等都进行了全方位的推广与销售，并提供寄递一条龙服务，全年共助销农产品1471万元。10月11日，"航头水果玉米"区域公共品牌发布，该公司作为唯一一家电商品牌与来自企业、大户、农户群体等集体签约加入水果玉米共富联盟，为推动农产品进城发挥作用。

【共富驿站、邮快合作建设】2022年，该公司在各级邮管局及相关部门的支持和指导下，积极开展共富驿站建设，并建成莲花镇郭村、杨村桥镇长宁村、大洋镇三河村等3家驿站。在邮快合作方面，积极推进与民营快递公司的合作，分别与圆通、韵达等签定合作协议，对偏远行政村有需要投递的邮件进行代投，代投量月均1000余件。同时，成立乾潭片、大同片共配中心，进行代投合作。全年共建中邮驿站27个。 （刘小飞）

融媒体

【概况】2022年，市融媒体工作以习近平新时代中国特色社会主义思想为统领，紧扣市委、市政府中心工作，全面聚焦舆论宣传、媒体融合发展、党的建设，以电视、广播、报纸、客户端、微信公众号、抖音短视频为一体，形成全方位、多层次、多声部县级融媒体传播体系，不断提高新闻信息生产、传播、服务能力，为全力推动共同富裕、全面建设"宜居建德"提供坚实的思想和舆论支撑。

2022年，投入500万元，完成高清化播出系统建设项目，并于9月15日正式上线播出，建德电视台播出系统正式进入高清化时代，扭转其在杭州地区一直处于落后的局面。积极争取承办全市上下各类活动，发挥活动策划、专题制作、数字媒体、广播节目、技术开发等方面的优势，全年先后完成首届乾潭胥岭花朝节、建德市全民饮茶日暨新安江街道民俗旅游文化节、大洋镇第二届农旅文化节、寿昌中山路步行街“五一”开街、撤县设市30周年主题展、三都渔火节、第十届建德“7017”新安江青岛啤酒节、大同稻香节等各类活动共计22场。同时，积极拓展培育新的经营项目，如小主持人培训、新媒体运营（直播）、专题片制作、乡镇微融站建设等，服务能力得到提升。

【主题宣传创新】2022年，建德市融媒体中心（以下简称中心）始终把握正确舆论导向，紧扣中共二十大、高质量发展建设共同富裕示范区、省第十五次党代会、杭州亚运会、建德撤县设市三十周年等重大主题进行报道，开设《坚持人民至上 办好民生实事》《数智建德我先行》《走向共同富裕》《奋进新征程 建功新时代》《与亚运同行》《一起走过30年 喜看建德焕新颜》等各类栏目50余个，累计刊播相关报道6000多篇，刊发专版90余个，系统展示建德的发展变化和改革硕果。其中《走向共同富裕》专栏紧紧围绕“全力推动共同富裕、全面建设‘宜居建德’”主题，全年推出报道200余篇，从小切口入手，以小见大反映建德的改革发展成效，为提振经济增信心。

【中共二十大专题宣传】2022年，该中心精心做好中共二十大宣传，在《建德新闻网》《今日建德》报纸等平台重要位置开设《学习贯彻党的二十大精神》《同谱共富曲 献礼二十大》专栏，先后刊播稿件900余条，为迎接和宣传二十大营造浓厚氛围；开设《奋楫新征程 决胜全年红》专栏，结合各乡镇（街道）、部门的重点工作、特色亮点，开展一把手访谈，改进演播室访谈方式，创新运用实景化、现场化访谈方式，扎实推动中共二十大精神在基层落地生根、开花结果；发挥新媒体优势，举办“喜迎二十大乡音宣讲达人秀”启动仪式暨“三江微语”宣传活动，举行“喜迎二十大，同心奔共富”建德市统一战线文艺汇演等直播活动，展现建德同心协力谋发展、凝心聚力奔共富精神风貌。

【撤县设市30周年宣传策划】2022年是建德撤县设市30周年，该中心精心策划《一起走过30年 喜看建德焕新颜——纪念建德撤县设市三十周年》系列报道，依托报纸、广播、电视、新媒体等平台集中报道，连续刊播《砥砺奋进30年 建德工业稳向前》《“砥砺30年 齐奔共富路”诗书画印联展开幕》《撤县设市30年 建德旅游迎春天》《建德撤县设市30年视频图文征集启事》《建德撤县设市30周年主题展开展》《“建德市迎接二十大、纪念撤县设市30周年”征文活动获奖作品出炉》等系列文章，全方位展示建德撤县设市30周年来在经济发展、城乡建设、社会事业、民生福祉等方面所取得的丰硕成果。

其中，6月6日建德市委、市政府主办的《“幸福宜居共富裕，三十而立再出发”——建德撤县设市30周年主题展》在市博物馆展出。主题展展区总面积超1000平方米，包含图片展区、时光隧道、时光照相馆、旧闻重温区、大事记、荣誉墙、百姓群众老照片等。入口处的全息投影展示着建德从绿皮火车时代到高铁时代、从浙西农业大县到全国首个气候宜居城市的发展史。

【外宣工作】2022年，该中心在杭州市级以上媒体累计刊播报道1177篇，其中中央级媒体313篇（其中央视《新闻联播》8条、央视其他频道新闻栏目30余条、《人民日报》4篇），省级媒体400余篇。同时，主动参与配合市委宣传部以及部门乡镇做好外宣选题策划、稿件采制、对上通联等工作。其中“下涯之江花海”“乾潭杭派民居”2则报道登上全国两会特别报道。“学习强国”学习平台全年录用稿件3060篇，其中全国平台408篇、浙江平台762篇，录用篇数位居杭州区县（市）供稿单位前列。年末，该中心获评“学习强国”浙江学习平台优秀供稿单位。

【舆论监督】2022年，该中心开设《重点关注》《看现场 问担当》栏目，聚焦市委市政府工作重点、百姓关心热点、民生问题难点等主题，积极跟进疫情防控、重点项目进度、环境脏乱差、河道污水直排等 24 个问题进行曝光、监督整改。根据市委、市政府“聚光灯下闭卷考,刀刃向内治顽疾”要求,升级改版“电视问政零距离”进,推出《看现场、问担当》电视问政节目。8 月 18 日首期节目播出后,引起强烈反响和一致好评。该节目被新华社、人民网、《浙江日报》《杭州日报》等多家主流媒体报道,刊发相关报道 20 余篇,新华社客户端阅读量超 20 余万人次,新浪、网易、搜狐等多家社会类顶级媒体也予以转发。

【新媒体平台】2022 年,该中心新媒体平台《建德发布》建德市覆盖面 60%,《今日建德》覆盖面 40%,共发布推文 8000 余篇,总阅读 4500 万次;发布短视频 1227 条,月均播放量超过 1200 万次,52 条单条播放量超过 100 万次;完成“乾潭胥岭花朝节”“探秘十里寿昌江共富区”等云直播 23 场次,观看量 30 余万人次,点赞量 10.9 万人次,评论量 5981 人次;与天目云合作,按照融媒要求将“我的建德”App 提升升级为“宜居建德”App,于 10 月 25 日正式启用,至年末新增用户量 5.3 万人。建德新媒体平台获“浙江省县级融媒体中心优秀天目号”。 (许 萍)

数字电视网络

【概况】2022 年,建德华数数字电视有限公司(以下简称建德华数公司)认真落实建德市委、市政府和华数集团的决策部署,积极应对内外部环境变化,推进数字化改革,推进 5G 新业务落地,实现营销收入 1.06 亿元,比上年增长 5.0%。年末拥有有线电视用户终端 10.1 万个,华数宽带终端突破 4 万个,固定资产原值达 2.42 亿元余元。获评有线广播电视运营服务省级优秀单位、浙江省广播电视安全播出先进集体。

【政治任务保障】2022 年,该公司履行党媒政网责任,广播电视安全播出坚持做到检查、培训、演练、预案、人员、保障“六个全覆盖”,重要保障期注重加强人防、技防、物防,做到全流程、全岗位、全覆盖,确保在中共二十大和北京冬奥会、冬残奥会等重要保障期建德市域广播电视的安全播出;应急发布平台实现全市农村全覆盖,在疫情防控和防洪防汛关键期,保证各类预警信息及时发布。

【大数据惠民服务】2022 年,该公司打造“一老一小”数字服务样本,2022 年推出“5G+终端”敬老项目,服务 70 周岁以上市民用户 200 余个;结合智慧养老需求,实施乡村智慧养老项目,实现实时位置、电子围栏、健康检测、睡眠检测、紧急呼叫功能;推出“心安护学”学生上下车服务项目,并对接交通部门“心安护航”平台,服务教育部门、家庭、学生。履行广电惠民职责,落实城乡低保家庭有线电视初装费、视听维护费全减免、重点优抚对象有线电视视听费减半收费政策。24 小时开通“96371”客户服务热线,接受市民业务咨询。实施“承诺责任制”和网格员上门受理、安装、维护、收费“一站式”服务。

【基础建设】2022 年,该公司加速光纤改造工作,提高用户体验感,完成 82 个建制村光纤入户改造工程,覆盖用户 6.8 万余户。完成全市农村机房升级改造以及 13 个村应急广播提升工程。

【数字化改革】2022 年,建德华数公司积极参与建德市数字化改革项目,入驻“数智建德”改革创新实验室,与建德市各级政府、企业、团体共同推进数字化改革,打造高质量数字化应用场景,完成整体智治、数字政府、数字经济、数字社会、数字文化、数字法治等 6 个领域项重点项目 28 个,为“数智建德”发展提供解决方案,形成数字化改革“华数经验”。 (翁文忠)

责任编辑:唐国强

卫生健康

Health and Hygiene

综 述

2022 年，全市共有医疗卫生机构 406 家。其中，二级及以上医疗机构 7 家(包括妇幼保健院 1 家)，一级医疗机构 4 家，眼科医院 2 家，护理院 1 家，社区卫生服务中心 3 家，乡镇卫生院 18 家(其中民营 3 家)，乡镇卫生院分院 2 家，社区卫生服务站 17 家，门诊部、诊所 97 家(经备案的中医诊所 1 家)，村卫生室 211 家，医务室、卫生站 45 家，急救中心 1 家，疾病预防控制中心 1 家，采供血机构 1 家，卫生健康行政执法队 1 家。医疗卫生单位共核定事业编制 3060 个，年末在岗在编 2325 人、在岗不在编 1134 人。每千人口床位 6.76 张，每千人口执业(助理)医师 4.07 人，每千人口注册护士 4.41 人，医护比 0.92，结构比例基本合理。

全年卫生事业经费投入 6.45 亿元，比上年增长 45.8%，卫生支出占全市财政支出比 8.21%。全年基本公共卫生人均经费为 76.61 元。全年医疗机构诊疗总数 390.10 万人次，其中门诊患者 369.09 万人次、急诊 14.85 万人次，入院 7.31 万人次，出院 7.13 万人次，住院病人手术 2.66 万人次。医疗机构总收入 21.11 亿元(其中医疗收入 17.62 亿元)，总支出 19.97 亿元。

2022 年，建德市综合医改稳步提升，持续加强控费管理，5 家公立医院全年医疗总费用增长 5.73%，门诊均费增幅为-0.03%，住院均费增幅为-1.6%，低于省控目标增幅 5%；医疗服务收入占比 38.69%，持续上升；百元医疗收入的医疗支出 110.94 元，低于省平均标准，药占比、检查化验收入占比、资产负债率持续下降，公立医院总收支均略有盈余。市级公立医院综合改革指标完成情况较好，所有考核指标均达到考核要求。

以“健康建德”微信小程序为入口，打造“患者在线”服务功能，提供智能导诊、分时段预约挂号、先就医后付费等 18 项全流程就诊服务，通过流程梳理再造，免去排队取号、诊前和诊后付费等环节，就诊环节由 9 个缩到 4 个，平均就诊等候时间大幅度缩短。内置“小导医”服务，提供就诊信息提醒、就医路线导航，帮助患者合理安排等候时间、清晰顺畅就医。

打造“医生在线”服务功能，提供就诊历史查看、检查检验结果互认、重点指标关注等 16 项医疗业务服务，让医生快速全面掌握患者的健康信息，避免重复检验检查，有效杜绝医疗资源浪费。全年共开展检查检验互认 2.01 万项次、引用 1.21 万项次，累计互认金额 108.12 万元。同时推出以钉钉为入口的“小护士”应用，提供手机查房、危急值提醒等服务，使医生随时掌握住院患者情况。

打造“管理在线”服务功能，设置医疗费用管理、诊疗管理、满意度管理等 25 项管理应用，全面掌握医院的各项诊疗费用、就诊峰值、床位使用率等医疗数据和群众的评价建议。通过智能“小秘书”实现满意度闭环管理 248 次，根据满意度评价有针对性地开展医疗服务优化提升，促使医院管理能力、满意度更上一台阶。

主要医疗机构

【概况】2022 年，建德市以医共体建设为主体，引领全市医疗生物机构，不断开展各项医疗体系软硬件项目建设,进一步丰富和完善全市医疗体系内容和层次。全市共有医共体牵头医院3家、医共体成员单位16家（其中乡镇卫生院13家、社区卫生服务中心3家)、村卫生室（服务站)211家。3家牵头医院全年开展模块化业务培训75次，成员单位参加模块化培训6224人次；有12个乡镇卫生院开展住院病区服务，14家提供夜间门急诊服务,2家开展择期手术，年手术量860例,服务指标处于杭州地区前列;3家医共体成员单位建立全专科联合门诊42个，开设特色门诊科室18个。全市医防融合的整合型医疗服务体系逐步健全,“一本账、一盘棋、一家人”的格局有效建立。

【建德市第一人民医院】该院始建于1968年11月,位于新安江街道严州大道599号,是一所集医疗、急救、科研、教学、预防于一体的三级乙等综合性医院。

该院是浙江大学医学院附属第二医院建德分院、台湾中山医学大学附属医院协作医院。2015年杭州地区首家通过JCI认证,同年成为国家首批中国卒中中心;2016年成为国家首批、浙江省首家通过中国基层胸痛中心;2017年全国首家通过国际HIMSS6级认证的县市医院。2017年全省首家通过国家电子病历应用水平5级认证。2018年省内第三家通过JCI第六版复评的县医院。2019年通过国家房颤中心认证,2020年通过全国文明单位评审,同年获批浙江省级博士后科研工作站建站。2021年国家医疗服务信息化互联互通四级甲等认证,2022年被国家卫生健康委纳入首批“千县工程”县医院综合能力提升单位。

医院核定床位600张,实际开放床位670张,二期工程在建,可增设床位500张。2022年末医院在职职工1120人,其中编内814人、编外306人,高级职称256人,硕士以上学历110余人。

【建德市第二人民医院】该院前身为浙江省第三康复医院,始建于1938年,位于梅城镇梅城大道120号。1992年命名为建德市第二人民医院,是集医疗、预防、保健、科研于一体的二级乙等综合性医院,同时是建德市肿瘤防治中心、建德市传染病定点医院。2019年8月与杭州市第一人民医院签约开启第二轮紧密合作。

2022年12月20日,建德市第二人民医院新院区投入使用。按二级甲等综合性医院标准进行规划,设置床位300张。由门诊楼(3层)、住院楼(11层)、行政楼(4层)组成。新院区立足高起点,投资8000多万元购置美国GE 62排螺旋CT、1.5T磁共振、锐珂悬吊式DR、锐珂立柱DR、普兰梅卡口腔CT、西门子DSA、脑外科动力系统、彩色超声多普勒、电子输尿管镜、胃镜、肠镜、支气管镜、腹腔镜等先进设备。

医院定位为“综合强、专科精、服务优”的现代化综合医院。开设急诊科、内科、外科、重症医学科、骨科、肿瘤科、感染科、妇科、儿科、耳鼻咽喉科等17个一级专科。

2022年末,全院职工375人,其中卫生专业技术人员321人(高级职称64人、中级职称115人、初级职称107人)。

◎ 12月,新迁建的建德市第二人民医院投入运行(市卫生健康局提供)

◎ 建德市中西医结合医院(市卫生健康局提供)

【建德市中西医结合医院】该院前身为建德市第三人民医院,始建于1932年,位于寿昌镇溪边路200号。2013年5月更名为“建德市中西医结合医院”，同年10月与杭州市中医院建立紧密型合作关系,成为“杭州市中医院建德分院”,为二级甲等医院。

医院拥有1.5T全身核磁共振、西门子62排螺旋CT和GE螺旋CT各1台、全数字C臂机、奥林巴斯CV-290电子胃肠镜、各类高清腹腔镜与关节镜等内镜、各类高端彩超、双定位体外碎石机、钬激光碎石系统及各类智能上下肢训练仪器等,配备基因扩增实验室、全自动进口生化分析仪等各种先进的仪器和设备。

该院设立“中医肾病”“中医肿瘤”“中医推拿”3个浙江省名中医工作室，有血透中心和监护中心,有骨科、外科(普外、脑外、泌尿外科、胸外、血管、乳腺等)、肛肠科、内科、肿瘤、康复、妇科等病区。

该院重视特色专科建设和人才培养,针灸、推拿科被纳入浙江省“十三五”中医药重点专科培育项目。康复科、护理学为杭州市首批基层医疗机构中医特色专科。内分泌科被评为杭州市医学区域共建学科。有杭州市专家工作站一个。

该院核定床位250张,2022年末有省级基层名中医1名、杭州市名中医1名、杭州市基层名中医1名、杭州市D类人才3人、杭州市E类人才7人、建德市名中医2名,高级职称52人、硕士研究生14人、享受国务院政府特殊津贴1人。

【建德市第四人民医院】该院创建于1985年5月,位于寿昌镇二桥路1号。是建德市唯一一家集临床、科研、精神卫生防治、心理健康服务于一体的精神病专科医院，为二级乙等医院。

2015年12月1日,与杭州七院签订紧密型医疗合作协议，挂牌杭州市第七人民医院（简称杭州市七院)建德分院。2016年8月,建德市与杭州市七院正式签订合作协议后,杭州市七院浙西院区建设项目落户建德。2016年10月,经签约,杭州市七院托管建德四院。2018年12月，杭州七院浙西院区奠基动工建设，开设床位800张,按照三级甲等精神专科医院建设。

该院开设普通精神科、情感障碍科、老年精神科、心身障碍科4个病区,精神病学、老年精神康复医学为建德市重点学科。

该院核定床位200张,实际开放床位400张。开设精神科、康复科、老年心身科等临床专科,设有药剂科、放射科、特检科(包括B超室、心电图室、脑电图室)、检验科、院感科、信息科等辅助科室。2022年末有职工127人，其中卫技人员110名,包括高级职称31人、中级职称46人。

【建德市妇幼保健院】该院前身为建德县妇幼保健站,成立于1953年,位于洋溪街道洋安路368号。2001年撤站建院,2018年被授予建德市红十字医院,是一所集临床、保健、教学于一体的二级乙等妇幼专科医院。

该院以打造妇幼特色鲜明的医疗服务中心为目标,积极探索大部制改革,拓展妇幼健康服务内涵,促进临床与保健相结合,开展“产后康复中心”“盆底康复中心”“妇孺国医堂”“婴幼儿沐浴中心”“更年期规范化门诊”“宫颈疾病诊治门诊”等一系列集医疗与保健于一体的大专科小综合服务。

医院引进“全进毅名医工作室”“翟洪波名医工作室”“詹强省名中医工作室”等，与多家省市级医院建立共建合作，形成中西并举、多点学科发展新格局。拥有腹腔镜、宫腔镜、三维彩超、乳腺钼靶、骨密度仪、放舱CT等先进诊疗设备。

医院核定床位150张，实际开放床位90张。2022年末有职工206人，其中专业技术人员189人、中高级职称39人(其中医学硕士4人、建德市名中医1人)。

◎ 建德市妇幼保健院(市妇幼保健医院提供)

【国家电网公司职业病防治院】该院创建于1965年，位于新安江街道保健北路26号，是一所集职业病防治、综合门诊、工伤康复、健康管理、健康体检于一体的专科医疗机构，参照二级甲等综合性医院管理，是浙江省、杭州市及建德市基本医疗保险和工伤医疗保险定点医疗机构。

该院落实特色专科发展规划，加快培育临床重点(特色)专科职业病科、名医工作室耳鼻喉科项目。夯实与浙江省人民医院康复医学科、杭州市第一人民医院心内科的专科合作。坚持“三个服务”(服务国家、服务社会、服务企业)宗旨，增设门诊专科为社会人群和电力职工提供优质服务，分设综合内科满足地方群众就医需求。

核准设立一级学科19个、二级学科34个，其中职业病科、康复医学科、综合内科(呼吸内科)、健康管理为重点发展特色专科。核定床位300张。2022年末全口径用工171人，其中中高级以上卫生专业技术人才87人、杭州市高层次人才15人。

公共卫生

【概况】2022年，全市公共卫生组织体系包括：公共卫生专业机构5家、医共体牵头医院3家、医共体成员单位16家(其中乡镇卫生院13家、社区卫生服务中心3家)、村卫生室(服务站)211家。每千名城市常住人口公共卫生人员数1.13。以城市常住人口为基数，全年基本公共卫生人均经费为81.13元。在杭州市基本公共卫生年度考核中以951.4分位列各区县(市)第七名。

全年居民电子健康档案建档率90.9%，使用率75.4%；新生儿访视率98.8%，0~6岁儿童健康管理率98.9%，0~6岁儿童系统管理率97.0%；早孕建册率97.8%，产后访视率98.0%，孕产妇系统管理率97.7%。65岁及以上老年人城乡社区规范健康管理服务率61.0%，高血压患者基层规范管理服务率65.0%，管理人群血压控制率70.0%，Ⅱ型糖尿病患者基层规范管理服务率62.8%，管理人群血糖控制率60.3%。老年人中医药健康管理率73.1%，0~36个月儿童中医药健康管理服务率86.1%。社区在册居家严重精神障碍患者健康管理率100%，严重精神障碍患者稳定率100%。肺结核患者管理率100%，规范服药率95.9%；传染病疫情报告率100%，卫生监督协管信息报告率100%。

全年开展医疗机构专项检查，监督检查医疗机构400余家次。开展校园卫生健康行动，监督检查中小学校16家次、幼托机构78家次、校外培训机构6家次。开展环境卫生、饮用水监督监测，对辖区7家集中式供水单位和11家二次供水单位进行监督检测，共采集水样43份，其中水源水8

份、出厂水9份、末梢水26份，均符合国家卫生标准；采集二次供水11份，合格10份，对检测不合格单位予以立案查处。

全市16个乡镇（街道）229个文化礼堂均开展卫生健康活动，覆盖率100%；开展健康讲座、健康指导、健康服务、急救技能培训、中医药活动共计1513场所次，总受益人数3.76万人次。

全年有5所学校申报健康促进学校银牌建设、11所学校申报铜牌建设，建德中医院通过健康促进医院评估。建德市第一人民医院开展国家戒烟门诊建设。5家银行、5家乡镇卫生院、5个社区、3家企业申报创建健康单位。开展4个乡镇（街道）640人的居民健康素养监测调查，汇总分析健康素养水平，按2010年普查人口标化后为34.1%。全年开展健康讲座114场、卫生宣传日活动10次。

【健康体检与死亡原因报告】2022年，全市参加城乡居民保险人数25.76万人，其中65周岁及以上参保居民7.77万人，完成体检5.52万人，体检完成率71.0%；中小学生参保4.48万人，体检4.30万人，体检完成率98.3%。65周岁以上老年人、0~6岁儿童、在校中小学生体检工作均超额完成。共检出异常人员7.17万人次，其中高血压1.78万人次、糖尿病6129人次、高脂血症9803人次、肝功能异常3544人次、肾功能异常5568人次、恶性肿瘤及良性肿瘤608人次、胆囊炎（胆石症）3688人次、泌尿生殖系统疾病1.15万人次、慢性阻塞性肺疾病1769人次、精神疾病1304人次、肺结核55人次、其他疾病9985人次。

全年全市报告死亡4248例，粗死亡率8.39‰。前五位死因依次为恶性肿瘤（2.12‰）、脑血管病（1.58‰）、心脏病（1.40‰）、损伤与中毒（0.96‰）、呼吸系统疾病（0.92‰）。全市脑卒中报告年发病率583.82/10万、冠心病急性事件报告年发病率89.44/10万、糖尿病报告年发病率411.26/10万、肿瘤报告年发病率469.11/10万。

【疾病预防控制】2022年，全市无甲类传染病报告。乙类传染病报告12种863例，发病率为194.94/10万，发病数比上年上升8.28%；死亡13例（肺结核11例、艾滋病2例），死亡率2.94/10万。丙类传染病6种3447例，发病率为778.62/10万，发病数比上年上升103.72%。

全年共处理自动预警信号316起，上报疑似诺如聚集性疫情4起、疑似流感样聚集性疫情3起、疑似手足口病聚集性疫情1起，应急事件调查率100%，及时处置率100%。

◎ 家庭医生入村（社区）登门随访（市卫生健康局提供）

【家庭医生签约】2022年，建德市进一步推进家庭医生签约服务工作，全年常住人口签约达到19.9万人，常住人口签约覆盖率44.9%。其中，10类重点人群签约18.08万人，签约覆盖率95.1%；65岁以上老年人签约8.1万人，签约覆盖率89.6%。

【免疫规划】2022年，全市预防接种门诊上报各类疫苗基础接种率分别为：卡介苗99.9%、脊灰99.9%、麻苗100%、百白破99.8%、乙肝疫苗 99.8%、流脑 99.8%、乙脑 99.9%、甲肝 99.9%。上报疑似接种不良反应 134 例,调查处置 134 例,及时调查处置率 100%。完成 70 周岁老年人免费接种流感疫苗 1.67 万针次。

【重大传染病防治】登革热防治:4 月,启动蚊媒监测,调查 3200 户,BI 指数为 7.22,容器指数(CI)14.92,房屋指数(HI)5.9,双层叠帐法帐诱指数 0.34。5—6 月,对 4 家市级医院发热门诊开展督导检查,以及健康人群登革热抗体水平调查与监测工作,采集血清标本 100 份送检,结果均为阴性。

艾滋病防治:2022 年,全市医疗机构确证并报告 HIV 阳性 12 例,均为性接触途径传播。年末,全市存活 HIV/AIDS 217 例,在治 203 人,治疗率 93.55%;新增治疗管理 20 例,均启动治疗。为 143 例生活困难的艾滋病感染者向建德市慈善总会申请发放生活补助 2.02 万元。

结核病防治:全年报告肺结核病例 311 例,均按国家有关政策予以免费诊治。完成 24 所学校新生筛查,共计 9705 人,其中 PPD 筛查人数 9530 人,查出强阳性 63 人;X 线筛查 185 人,均无异常。肺结核病人治疗成功率、转诊率、转诊总体到位率、病人追踪到位率、病原学阳性肺结核病人密切接触者筛查率分别为 90.4%、100%、98.5%、97.1%、100%。

全市犬伤门诊接诊 5488 人,接种狂犬疫苗 2.75 万剂次。

【公共卫生监督】2022 年,对全市 1027 家公共场所(其中住宿场所 337 家、游泳场所 13 家、沐浴场所 71 家、美容美发 416 家、不发证单位 190 家)、7 家集中式供水单位、11 家二次供水单位、2 家涉水产品生产企业、59 家学校、9 家病媒生物防治服务公司开展公共卫生监督 1069 次,共立案 113 家,其中一般程序案件 106 件、简易程序案件 7 件,轻微违法不予处罚 3 家,处罚金额 9.24 万元。

【地方病防治】2022 年,市疾病预防控制中心开展"四热病人"血检,全年血检 601 人,未发现建德本地病例。在隔离点发现境外输入病例 1 例,经规范治疗痊愈。全市春季查螺总面积 76.57 万平方米,完成调查历史有螺环境条块 3625 个,未发现活钉螺。全年在各历史血防乡镇完成流动人口查病 825 人,均为阴性。

【卫生监测】病媒生物监测:成蚊密度为 1.96 只/小时、蝇平均密度为 0.65 只/笼、室外鼠平均密度为 0.6 只/夹/夜、蟑螂平均密度为指数 0.28 只/张、蜱指数为 0.28。

消毒质量监测。对全市 6 家市级医疗单位、16 家乡镇(街道)社区卫生服务中心、5 家幼托机构开展消毒质量监测,合格率分别为 98.8%、97.5%、100%。

水质监测。完成枯、丰水期水质监测,监测点覆盖人口 26.25 万人,共采集水样 128 件,其中城市生活饮用水合格率 100%,农村生活饮用水合格率 97.7%。

食品安全风险监测。完成食品中化学污染物及其有害因素和微生物及其致病因子监测采样 494 件;共报告食源性疾病病例 519 例,填报率 100%;上报就诊腹泻病例 8446 例,对 302 例就诊腹泻病例开展病原性检测,检出沙门氏菌阳性 21 例、副溶血性弧菌 2 例,阳性率 7.62%。

职业卫生。全市 3 家职业健康检查机构上报职业健康档案卡共 1.24 万张。全市责任报告单位共上报各类报告卡 658 张。完成尘肺病调查 243 人,其中死亡 8 人、存活 234 人、失访 1 人。对 47 家企业开展工作场所职业病危害因素监测工作,完成其中 15 家企业的自主检测、6 家企业的职业危害风险评估工作。

【学生口腔窝沟封闭】2021—2022 学年,建德口腔窝沟封闭医疗队对 6720 名学生开展口腔检查,接受窝沟封闭的学生 4412 人。受检学生窝沟封闭率 99.9%。杭州市级 6 月抽查结果完好率为 73%,10 月抽查结果完好率 90%。

【精神卫生】2022 年,全市严重精神障碍患者(包括精神分裂症、情感性精神障碍、偏执性精神病、分裂情感性精神障碍、癫痫所致精神障碍、精神发育迟滞）在册 2601 人，在管 2601 人，规范管理率 100%，规律服药率 83.3%。继续加大精神障碍患者救治救助力度，将“严重精神障碍”纳入基本医疗保险门诊特殊病种保障范围，全年新增门诊免费 70 人，累计 1260 人纳入保障范围。给予困难严重精神障碍患者住院补助 21 人，共计 1.98 万元；“三无”人员在院 11 人，共计补助费用 18.11 万元。对在册、长期不服药、有肇事肇祸倾向的患者，全年开展专项排查 5 次 2601 人次。全年复核诊断疑似患者 10 人、确诊 4 人，全部纳入社区个案管理。

（王惠明）

妇幼保健

【概况】2022 年，全市孕产妇系统管理率 98.0%，住院分娩率 100%，高危孕产妇住院分娩率 100%，产后访视率 98.1%，孕产妇死亡率 0/10 万。7 岁以下儿童保健覆盖率 98.9%，0~3 岁儿童当年系统管理率 97.1%，新生儿疾病筛查率 99.7%，出生缺陷发生率 27.85‰；婴儿死亡率 1.92‰，5 岁以下儿童死亡率 2.68‰。新生儿破伤风发生率为 0。婚登婚检实行“一站式”服务，婚检率 86.8%。全年发出婴儿出生医学证明 2288 份，办理补证 112 份。全面开展出生医学证明多证联办，全市助产机构共办理出生医学证明多证联办业务 1594 份，其中办理邮寄 897 例。

【孕产妇管理】全面开展高危孕产妇筛查工作，全年县级水平筛查率为 99.4%。2577 名建德籍产妇参加产前筛查 2559 人，筛查率 99.3%。建立危重孕产妇抢救视频系统，实现与省、杭州市专家的现场视频实时对接。全年未发生孕产妇死亡。

【优生优育】2022 年，全市孕前优生检查 3400 人，确诊高危人群 552 例，孕前优生检查率 116%，追踪随访指导 1400 余次，随访率 100%。发放孕前优生宣传资料 1700 份，优生指导 3554 人次。

【“两癌”筛查】2022 年，继续开展“两癌“筛查工作，严格执行高质量的检查、质控标准，完善追踪管理流程，完成三都镇、梅城镇、乾潭镇、大慈岩镇、更楼街道、寿昌镇、莲花镇、洋溪街道、下涯镇等 9 个乡镇 20~64 周岁参保适龄女性 3.33 万人的宫颈癌初筛、3.35 万人的乳腺癌初筛，共查出宫颈癌 6 人、乳腺癌 16 人、宫颈高度癌前病变 63 人、低度宫颈病变 340 人，均予以临床治疗。

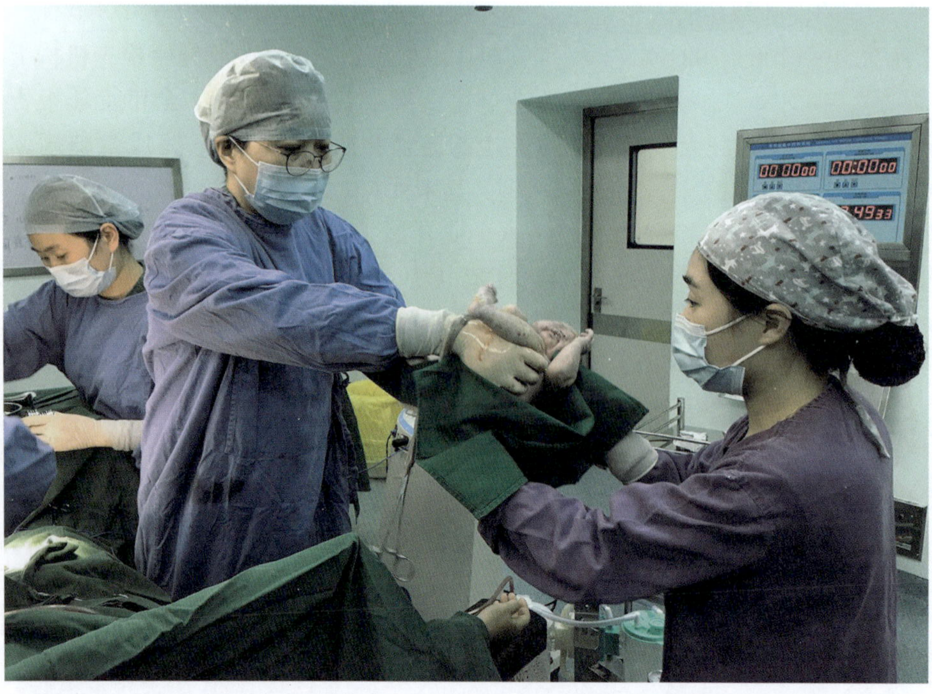
◎ 市妇幼保健医护人员施行分娩术（市妇幼保健医院提供）

【“艾梅乙”母婴消除】加强预防艾滋病母婴传播宣传和管理，全年开展艾滋病检测 4157 人（含婚检），检出 2 例阳性女性患者（含婚检 1 例），1 例艾滋阳性孕分娩产妇。梅毒检测 2439 人，检出阳性 21 例，均进行孕期用药；在建德市内助产机构住院分娩的有 11 例梅毒阳性孕产妇。乙肝检测 2439 人，在建德市内助产机构住院分娩的有 72 例乙肝阳性孕妇，分娩的 75 例新生儿均免费注射乙肝免疫球蛋白针，乙肝母婴阻断率 100%。

【新生儿先天性心脏病筛查】2022 年，共实施新生儿先天性心脏病筛查 2162 人，筛查率 99.4%，筛出阳性儿童 445 人，阳性率 20.6%。阳性儿童心脏超声检查 436 人，检查率 98.0%，检出异常率 78.7%。阳性儿童均予建档随访，管理率 100%，做到早发现、早诊断、早治疗。

【婴幼儿照护服务】2022 年，全市托幼机构保教人员体检 1897 人，合格率 100%。46 所托幼机构卫生保健消毒监测合格率 99.5%。全年新增 4 家社会办婴幼儿照护服务机构、12 家托幼一体化幼儿园，5 家原有机构增加托位，合计新增托位 620 个，其中普惠托位 520 个；新建示范型婴幼儿成长驿站 8 家。48 名保健教师取得杭州市妇幼保健院颁发的上岗资格证。在各驿站及照护服务中心开展公益课堂 103 场次，普及养育和儿童潜能开发知识，受益家长 1512 人次。 (廖爱军)

爱国卫生

【概况】2022 年，全市爱国卫生工作围绕各类卫生单位创建，提升病媒生物防制水平，推进全民健康促进行动。继续做好大同镇、李家镇、航头镇、杨村桥镇、三都镇、莲花镇 6 个“国家卫生镇”的培育，组织乡镇(街道)对辖区内的省级卫生村创建达标村进行初审和上报，全年新创建 25 个省级卫生村，全市省卫生村覆盖率达到 100%。

16 个乡镇（街道）完成 13.29 万户的户厕核查，无害化卫生厕所普及率达 100%。完成三都镇寿峰村西塘、上彭坑、杨梅垄脚、十八歪饮水工程管网改造提升。大洋镇麻车村单村水站改造提升、管网接水，以及莲花镇莲花村单村供水管网提升工程均通过验收。

【病媒生物防治】组织冬春、夏秋季灭鼠工作，确保辖区内灭鼠工作全面达标。组织多部门对全市各乡镇(街道)病媒生物防制情况进行摸排督查，梅城镇、乾潭镇、下涯镇、莲花镇、寿昌镇、大洋镇、大慈岩镇、钦堂乡等 8 个乡镇通过杭州市病媒生物控制水平评估认可，全市病媒生物密度水平控制 C 级以上。开展三都镇新和村、镇头村，下涯镇丰和村除“四害”样板村建设。

【健康细胞培育】以“健康建德”建设为载体，积极培育、建设健康村镇及健康单位，更楼街道、乾潭镇、下涯镇、梅城镇、大慈岩镇、大洋镇、钦堂乡、寿昌镇 8 个省健康乡镇及 101 个省健康村获得命名，同时，年度新申报 128 个省健康村；完成建德中医院健康促进医院建设；新申报 5 家健康社区、7 家健康企业、11 家健康促进铜牌学校、5 家健康促进银牌学校；新培育健康家庭 1.53 万户。至年末，全市共完成创建健康社区 22 个，覆盖率 81.5%；健康促进学校建设 54 家，计划覆盖率完成 100%；健康促进医院 7 家，覆盖率完成计划 100%。(汪思涵)

中医中药

【概况】2022 年，在常态化新冠疫情防控大背景下，市卫生健康局坚持中西医结合理念，坚守中医医疗质量和安全底线，中医药各项事业稳步发展。

建德市中西医结合医院内分泌与代谢病学(中西医结合)获评杭州市区域共建学科，建德中医院肾内科获评杭州市首批基层医疗机构中医特色专科(专病)。建德中医院、建德市中西医结合医院全年成功申报涉中药建德市农业与社会发展项目 10 项，发表论文 12 篇。

在疫情防控中，面向防疫工作人员、密接、次密接等重点人群，累计发放中药预防汤剂、中药颗粒等 4300 余份，发放防疫茶饮 3800 包、中药香囊 500 余只，向隔离人员介绍中医八段锦 70 余次。

【中医药促进健康行动】广泛宣传中医药文化，全年开展中医药文化进校园、进文化礼堂、进军营等活动 10 余次。利用视频号、浙江在线、“学习强国”

等平台进行中医药养生保健宣传80余次。整合全市中医资源，开设沧滩中医夜门诊，集中中医药专业特色为群众服务。

【开展“联盟”合作】2022年，建德市妇幼保健院与浙江省中西医结合医院（杭州市红十字会医院）签订“浙江省中西医结合医院发展联盟”协议，并举行揭牌仪式。市妇幼保健院依托“联盟”平台，利用上级医院“优质资源下沉”，将中西医结合融入各项医疗服务中，打造一批中西医结合特色鲜明的医疗品牌活动，推动中西医结合医疗合作样板建设。（徐　野）

职业安全

【概况】2022年，全市纳入职业卫生监管对象738家，申报职业病危害项目用人单位680余家，开展职业健康检查用人单位548家，开展工作场所职业病危害因素检测、评价用人单位295家。职业卫生行政处罚立案34件，其中一般程序11件、简易程序17件、初次轻微不处罚6件，完结32件，罚款59.5万元。

【职业病重点行业治理】联合市住建局抽取14家建筑工程项目，开展前期培训、督查，出具卫生监督意见书14份，要求各相关单位重点落实工作场所职业病危害因素检测、劳动者职业健康检查以及劳动者个人防护用品的发放等方面的整改工作。依托杭州市卫生健康行政执法队建筑行业专项治理督查，对部分重点治理对象开展现场督查，共督查7家单位，立案8件，结案6件，罚款30万元。

【职业卫生分类管理】2022年，全市378家用人单位开展职业卫生分类工作，完成自查341家，自查率90.21%。完成3家省试点用人单位粉尘、噪声在线监测监控专家验收，并正式投入使用。（王惠明）

【职防院健康保障服务】2022年，国家电网公司职业病防治院(简称职防院)秉承“服务国家、服务社会、服务企业”发展宗旨，努力为电力系统员工及周边群众做好健康保障服务。坚持“三个服务”宗旨，增设门诊专科为社会人群和电力职工提供优质服务，全年接诊门诊患者8.38万人次。落实职防院特色专科发展规划，加快培育临床重点（特色）专科职业病科、名医工作室耳鼻喉科项目，持续夯实与浙江省人民医院康复医学科、杭州市第一人民医院心内科的专科合作。全年实现总收入9466万元，无安全生产、重大医疗差错、纠纷和医疗事故发生。

助力境外央企员工职业健康管理，受国资委国际局邀请作专题授课，并承担《中央企业境外机构职业病防控指导意见稿(试行)》编写任务。合作完成《电网企业职业危害突发事件应急处置及保障策略研究项目》。通过2022年度职业病诊断机构年度考核。全年完成属地1.16万人次的职业健康检查，累计收治行业43家单位共计243人次的职业病人。

“电力+医生”志愿服务赴建德市福利院、企业、学校、社区、农村等地常态化开展现场义诊、用电宣传及入户健康检查、安全用电指导等组合打包式服务6次。完成属地5所高中高校招生体检工作，全年累计体检2.59万人次。与国网浙江公司及下属7家单位签订医疗保障服务协议或达成健康管理托管业务，实施电力企业健康驿站保障服务。完成2家“小通诊所”挂牌。完成乌镇世界互联网大会保供电等医疗保障61批次，服务覆盖1.01万人次。（施敏凡）

责任编辑:杨忠平

社会生活

Social Life

民政工作

【概况】2022年，建德市高质量筑牢民生底线，高水平增进民生福祉，积极发展全周期社会服务，加强“一老一小”保障，全力推进全类型社会救助，兜住兜牢基本民生底线，深化全要素基层治理，推动共建共治共享，积极优化全方位公共服务，提升为民服务品质，为民造福事业推向前进。

建德市获评全省水库移民工作评估优秀县(市、区)、全省第一批婚俗改革实验优秀县(市、区)。市民政局获评全省民政工作先进单位，“数智殡”应用场景获省民政数字化改革第二批优秀应用(案例)、杭州市民政系统数字化改革建设项目应用场景建设一等奖。殡葬改革、水库移民扶持相关经验做法得到浙江省副省长王文序批示肯定。大慈岩“新时代·邻里睦”微治理获评浙江省第三批社区治理与服务创新实验区结项验收优秀等次。寿昌镇桂花村党委书记、村委会主任蒋益民入选全国优秀城乡社区工作者。

【大慈岩邻里睦省级试点验收优秀】2020年，大慈岩镇开展“新时代·邻里睦”微治理工作试点。打造“邻里舍”议事空间，重构邻里自治载体。将村庄划分为多个自治单元“邻里舍”，通过邻里议事、围炉夜谈邀请村民直接参与村庄重大事项决策讨论，共开展政策宣传以及村级重大事项协商150余次，参与村民5000余人次。延伸“邻里助”服务触角，形成邻里互助格局。打造邻里志愿者、邻里食堂、邻里书堂等互助服务模式，引入专业社会组织整合共享社会资源，共为该镇困难老人开展助餐1.2万人次，开展志愿服务1000余场次。活用“邻里办”调解纠纷，营造邻里共融氛围。依托邻里和事佬、网格员、舆情瞭望哨等组建“镇—村—舍”三级矛盾纠纷调解队伍，建立“每周一走访，半月一梳理，每月一会商”调解体系，组建调解队伍12支106人，化解各类矛盾纠纷127起。

2022年12月，大慈岩镇通过第三批省级社区治理与服务创新实验区评估验收，并获得优秀等次。

【社会救助】2022年末，全市在册享受低保人员8201户9867人，特困人员462户464人，低保边缘家庭781户1206人，散居孤儿16人，事实无人抚养儿童81人，留守儿童966人。全年发放困难群众救助金1.55亿元。自10月1日起，低保、特困、社会散居孤儿和事实无人抚养儿童标准分别提高至1216元/月、2027元/月和2270元/月，实现杭州市域标准统一。

推进社会救助动态管理，通过发挥线下核查和主动发现机制，新增低保对象731人、低保边缘对象342人、事实无人抚养儿童17人，退出低保1133人、低保边缘209人。积极开展幸福清单送达和探访关爱服务，共计送达清单3.77万次，探访10.4万次。市社会救助服务综合体获评杭州市首批星级助联体。

【市未成年人救助保护中心成立】8月30日，经市委编办批准，在建德市社会福利院加挂牌子，成立建德市未成年人救助保护中心，社会福利院向未保中心衔接转变。该中心主要为未成年人提供保护性救助；负责未成年人保护相关的临时监护、信息摸排、登记建档和动态更新等工作；开展业务指导、人员培训、巡查评估、政策研究和宣传等服务，推进未成年人福利制度完善和落实等。

2022年,16个乡镇(街道)成立未成年人保护站,256个村(社区)落实未成年人保护专岗,进一步优化完善基层未成年人保护工作体系和力量。以第72个国际儿童节和《未成年人保护法》颁布实施一周年为契机,市未成年人保护中心会同相关部门指导乡镇街道深入开展“点亮六一 共护未来”宣传活动,进一步营造全面促进形成全社会关心关爱、支持参与未成年人保护工作的浓厚氛围。指导建成省级示范型儿童之家2家、杭州市级示范型儿童之家9家、建德市级示范型儿童之家28家。会同相关单位以未成年人保护站、儿童之家为依托,根据实际为儿童和家长开展线上线下服务,常态化开展家庭教育指导、儿童社会实践等活动,为未成年人健康成长创造良好的环境。开展《未成年人保护法》宣传和关爱帮扶活动,建成省级示范型儿童之家2家、杭州市级9家。16个乡镇(街道)启动示范型未成年人保护站建设,实施“理想小屋”100户,常态化开展家庭教育指导、儿童社会实践等活动。

【基层社会治理】全面推进“五社联动”(五社:社区与社会组织、社会工作者、社区志愿者、社会慈善资源),助推现代社区建设。新安江街道罗桐社区被确定为杭州市第一批“五社联动”试点单位,建德市“社区一证通”入选杭州市民政系统2022年数字化改革应用场景建设试点和杭州市第三批“社区智治”试点。持续推进寿昌镇桂花村全国议事协商试点工作。加大城乡社区人才培养力度,新安江街道府东社区书记、居委会主任吴敏入选2022年省级社区工作领军人才;培育新增杭州市社工督导人才3人,新增社会工作职业水平证书持证人员160人;招聘专职社区工作者100名。

【社会组织管理】2022年,全市新登记成立社会组织28家,其中社会团体2家、民办非企业单位12家、基金会14家。共有15家社会组织通过等级评估,其中AAAAA等级2家、AAAA等级3家、AAA等级10家。建德市健康志愿者协会获评杭州市级公益品牌组织。全年办理社会组织年检520家,社会组织年检率85.05%,党建入章率达98.6%。市民政局配合开展校外培训机构清理整治工作,参与检查3次,年末全市有义务教育学科类机构2家。

全年组织培训13场,培训705人次。指导成立社会组织党支部2个,全市社会组织单独建立党组织33个。建德市社会组织综合党委下属汇泉支部获评建德市级六星支部。举办社会组织党史知识学习会、“践行初心使命 追寻红色印迹”走访等活动13场,参与人数705人次。争取5个杭州市公益创投项目落地建德,合计资金82万元。

◎ 建德市民政局婚姻登记服务中心邀请金婚老人为新人颁证(市民政局提供)

【婚姻登记】2022年,全市婚姻登记总量35359件,其中结婚登记2345对、离婚登记785对、补发结婚登记证2.21万件、补发离婚登记证129件,办件总量比上年增加7806件。开展婚姻登记证巡回补证工作,全年巡回服务10个乡镇(街道)143个村(社区),服务群众3.73万人次。全年共办理“婚育户一件事”1958件,婚育户联办率92.7%。

【获评省AAAAA级婚姻登记机关】2022年,建德市民政局婚姻登记处新建现代颁证厅和户外颁证场所,扩大中式颁证厅和候登大厅,并配备相应的礼服,为新人提供庄重神圣、温馨浪漫的颁证服务,不断强化提升婚姻登记的合法性和仪式感。

先后邀请第六届建德市道德模范、浙江好人、浙江省文明家庭、浙江省最美家庭、市领导等代表,为新人颁发结婚证,分享婚姻家庭相处真谛。设置婚前家庭辅导室和离婚关系调解辅导室,通过政府购买服务,引入社会工作者、法律工作者、心理咨询师等专业社会力量进驻婚姻登记服务中心,为婚姻当事人提供法律咨询、情感辅导、心理疏导、矛盾劝解、离婚劝和等服务。邀请国家二级心理咨询师叶显桢老师为新人们开展新婚团体辅导,全年开展婚前辅导1725件,离婚调适辅导810件,满意率100%。获评省AAAAA级婚姻登记机关。

【殡葬改革】2022年,建德市迭代升级殡葬数字化改革应用“建德数智殡”,上线子场景“新安·弘德汇”,实现逝者100元以下小微存款一键捐赠功能。共办理群众身后事7215例7215件,丧事办理时长下降为3~4天,丧事开支场均节约2.3万元,反馈资产查询5.61万批次8956万元,群众发起小微存款捐赠219例,入选省民政数字化改革第二批优秀案例、建德市数字化改革竞演二等奖。

推进全省殡葬综合改革试点暖心服务标杆区试点建设,10月出台《建德市殡葬惠民实施办法》,构建“6+N”惠民服务体系(实现遗体接运、封闭式冷藏冰柜遗体存放、遗体火化、骨灰入葬寄存、遗体守灵、骨灰盒等6项基本服务,水晶棺冷藏费、尸体消毒费、遗体罩使用费、骨灰包扎处理费、尸体解剖室使用及场地清理费、封闭式冷藏冰柜尸体探视费、临时告别厅使用费、千秋堂固定告别床使用费、过夜停尸保管费、骨灰安放费、墓穴使用证工本费等11项延伸服务全流程免费),提前三年完成省定目标,群众殡葬基本服务实现“零”支出。

新安江街道丰产村、寿昌镇西华片区骨灰堂建成并投入使用,成功创建生态殡葬设施省级示范点;完成大洋镇、三都镇、李家镇、杨村桥镇、下涯镇骨灰堂主体建设,争取省市建设补助资金680万元。

【慈善事业】发挥第三次分配作用,全年接受社会捐款968.09万元,其中春风行动筹款765.94万元;支出977.26万元,其中春风行动慰问困难群体593.45万元。开展助学助医688人223.75万元,实施对口(四川乡城)帮扶项目36个、共96.2万元,启动100户困境儿童家庭“理想小屋”建设,新培育慈善机构1家,筹建镇街社区发展(共富)基金14家,完成慈善信托备案合同5单、共119.66万元。

9月5日,举办第七个“中华慈善日”服务活动,活动主题为“汇聚慈善力量,助力共同富裕”,把发展慈善事业作为完善保障体系、促进共同富裕的重要举措,广泛开展助学、助医、助困、助残、助老、赈灾、抗疫、助力乡村振兴等一系列慈善活动,发挥慈善事业在社会救助保障体系中的重要补充作用。

【移民扶持】2022年,建德市共向上级争取各类移民资金1.42亿元,用于全市农村移民人口直补资金发放及移民村项目扶持。全市登记在册享受直补人员2.29万人,全年发放直补资金1388.28万元。全年实施水库移民后期扶持项目121个。建成移民航空产业园,推进移民“共富”相关做法被新华社报道。之江村“未来乡村”数字化建设项目被列入省水库移民共同富裕示范项目,“幸福库区”建设项目(乾潭镇安仁联合体共同富裕草莓园二期工程)被列入省移民改革创新试点项目。174个移民村设置卫生保洁、护林员等公益性岗位,兜底安置1236人。举办家政服务、种养殖技术等技能培训36期,受训人员1.4万人次。发展农贸市场、村级物流中心等物业经济，移民村集体经营性收入最高达2000万元。

【连续十年蝉联全省移民工作优秀县】建德市为全省第二大移民县(市)。2022年,出台《水库移民专项资金项目扶持管理实施细则》等政策,制定水库移民管理培训计划,积极探索现代农业、乡村旅游、物业经济等多元化发展。140个集体经济薄弱移民村实现全面"消薄",农村移民人均可支配收入达到32454元,连续第10年获评省水库移民工作优秀县(市、区)。

高标准编制库区和移民安置区建设规划,重点改善居住环境,丰富精神文化生活,提升乡村治理水平。至2022年末,共实施基础设施建设类、村庄环境整治提升类项目243个，总投入1.87亿元。累计建成移民安置房600余套,修建道路145千米,配套公共设施3.2万平方米;扶持建设移民村文化礼堂、村史文化展馆150余处;建成省级美丽移民村185个、省级善治(示范)村83个。

【水库移民后期扶持典型案例】首创移民村资金入股产业园"抱团增收",该做法入选水利部水库移民后期扶持典型案例。通过打造家庭农场、专业大户等新型农业主体,强化"试点示范"效应,共组织80个移民村1.01亿元入股移民小微企业园,累计获得分红1350万元。打造草莓小镇草莓苗培育中心、稻香小镇农创客服务中心等综合平台,为移民村集体年增收超30万元。安仁共富联合体草莓园二期项目、之江村未来乡村数字化建设项目被列入省移民创新项目。

【地名公共管理与服务】2022年,共命名大型建筑物和住宅区7处,更名住宅区1处、道路2条,设置住宅区地名标志2000余块，办理门牌证1400余本。处理数字城管案卷347件,解决率和及时解决率均达100%。与金华市开展边界联检;推进县级地名数据库建设，修正完善地名信息6000余条;完成23万条地名地址信息数据整理,归集率、上图率均达100%。编纂完成《寿昌古迹》《宋韵文化》等涉传统古村落、古文化书籍。 (郑 翠)

老龄工作

【概况】按户籍人口统计,2022年末全市总人口50.55万人,其中,60岁(含)以上老年人口13.99万人,占年末总人口的28%,比上年增加6920人;65岁(含)以上10.22万人,占20%,比上年增加5472人;70岁(含)以上6.47万人,占13%;80岁(含)以上2.02万人,占4%;90岁(含)以上2588人,占1%;100岁(含)以上22人,比上年增加5人，老龄化程度高于全国、全省和杭州市平均水平。全年为13.14万名老年人支付保险费用394.33万元。

全市建有市级老年教育办学点1个（老年大学)、乡镇(街道)级办学点16个、村社区级245个,老年人参加学习9.91万人次,老年电大注册学员1万余人。组织开展重阳节慰老、"老年宣传周"等慰老志愿服务活动235场次，服务老年人1.74万人次；慰问老人1.46万人，慰问金共计125.35万元、慰问品2800余件。组织征集64幅书画摄影作品参加杭州市老年人书画摄影比赛,共获得奖项5个。

新安江街道明珠社区成功创建为2022年度全国示范性老年友好型社区。在最美敬老爱老助老系列评选中,获得杭州市"最美敬老爱老助老"集体荣誉2个、个人荣誉8个。新安江街道白沙社区教学点获省级示范教学点称号,1人获得"省最美辅导员"称号。全市共有6家市级医疗机构、2家医养结合机构和15家乡镇卫生院(街道社区卫生服务中心)成功创建老年友善医疗机构,创建率达95.8%。

【养老机构提升改造】2022年,全市新增智慧养老院1家、认知症照护专区床位120张、新增持证养老护理员98人、新建成康养联合体1家,示范性居家养老服务中心完成无感终端设备全覆盖21家、完成适老化改造150户。开展低小散养老机构整治专项提升行动,关停15家、停业整治2家,推进7家敬老院改造提升，年末养老机构达到17

家，拥有总床位 2926 张，其中护理型床位 1626 张，占比 55.6%。全市 4 家机构完成 120 张认知症照护专区建设。

至 2022 年末，全市共建成医养结合养老服务机构 5 家，其中 4 家为养老机构内设医疗机构、1 家为医疗机构新增养老服务功能。累计建成康养联合体 5 家，与市级医共体签署转诊协议和康复指导协议。当年完成转诊康复需求 80 余人次，为 150 余名老年人提供居家上门康复服务。开展认知症筛查宣传 12 场，600 余名老年人参加活动。

◎ 汇泉馨安养老院开展丰富多彩的文体活动(市民政局提供)

【养老护理员培育】2022 年，建德市强化技能培训，将家庭照护者纳入建德市项目制培训清单，同等享受市职业技能培训补贴、技能人才相关政策，累计发放养老护理工种培育补贴 110 余万元。建成 3 家养老护理员培训基地、2 家家庭照护者培训基地。在建德工业技校开设养老护理专业，共招收该专业学生 364 人，毕业 110 人。常态开展“以赛促学”，承办杭州市区域性养老护理员职业技能大赛，累计 498 人参赛。至年末，全市共有 100 余名养老护理员持有高级证书。

【智慧养老】2022 年，建德市推进“亲情直通车”数字化养老服务关爱平台建设，在 17 家养老机构全覆盖安装“亲情直通车”视讯系统，有 600 余名老人与亲友“云上会面”2000 余次。推进安居守护一件事，为 150 户“空巢”老年人家庭安装“安居守护”硬件设备，通过搭载子女、网格员、服务中心三级预警提醒机制，为老年人在家安全建立防线。打造“千里眼”视频监控、阳光厨房智能监控、智慧用电、消防等系统，对电器火灾隐患、管理人员规范工作、在院老人人身安全等实时监管，协助处理矛盾纠纷 137 件，为 12 起养老机构综合责任保险提供电子影像数据 32 份，累计为在院老人争取保险理赔金额 110 余万元。

【居家养老服务】2022 年，建德市积极推动助餐服务社会力量参与，构建老年食堂、养老服务机构、社会化配送、邻里助餐等困难老人助餐四大模式，累计为 1400 名困难老人送餐上门 20 余万人次。推进家门口养老服务，建成住宅小区划定服务圈 26 个，配建居家养老服务用房面积 4480 平方米。落实居家养老服务电子津贴政策，为老年人发放“重阳分”政府买单服务。至年末，全市享受电子津贴政策的老年人 2 万余人，累计发放 1200 余万“重阳分”，共开展居家养老上门服务 2.1 万人次。

(郑　翠)

人口与计划生育

【概况】2022 年，建德市全面落实《中共中央 国务院关于优化生育政策促进人口长期均衡发展的决定》，实施一对夫妻可以生育三个子女政策，取消社会抚养费等制约措施、清理和废止相关处罚规定。通过网站、微信、宣传册、国际家庭日等活动提升群众对生育政策及优生优育知识获取率，强化政策宣传。全市公共场所母婴设施配备标准化母婴室达到 28 家。

全年出生人口 3043 人、死亡人口 4149 人，出生人口比上年减少450人，出生人口连续2年负增长，出生人口男女性别比值(女=100)为101.2，处于正常范围。

【生育服务】全面推进生育登记网上办理和“浙里办”App自主办理，24小时内办结。2022年，全市共办理生育登记2729件，其中一孩生育登记1752件、二孩生育登记909件、三孩生育登记68人。生育登记中“浙里办”App自主办理2354件、婚育联办367件，线上办理率99.8%，比上年增长1.8%。

【落实法定奖励扶助政策】2022年，全市年新增奖扶对象4953例、特扶对象70例、农村独生子女父母养老保险补贴1523例，发放计划生育公益金40人次、各类扶助金4.58万人次，合计2536.65万元。落实计划生育特殊家庭三项制度(计划生育特殊家庭双岗联系人、全科医生签约服务和计生特殊家庭就医绿色通道制度)，为全市计划生育特殊家庭建立电子信息档案，并配备镇村联系人和家庭医生。以市第四人民医院专家为骨干，成立特殊家庭心理援助团队，全年为计划生育特殊家庭提供心理疏导服务50余次。 (周春梅)

【计划生育依法行政】2022年，建德市严格落实《中华人民共和国人口与计划生育法》及《浙江省人口与计划生育条例》，清理、废止相关处罚规定，将入户、入学、入职等与个人生育情况全面脱钩。依法依规妥善处理历史遗留问题，撤回法院强制执行申请457件，历史积案实现“清零”。市人口与计划生育局定期对与人口发展形势不相适应的各项法规、政策、措施进行全面评估和清理，根据评估清理结果，对拟宣布失效和废止的法规、政策、措施，通过局机关网站“行政规范性文件”栏目进行公示。

【省级优生优育进万家行动】2022年，市计生协会选取洋溪街道洋安社区和新安江街道蓝丝带母婴护理有限公司作为项目试点，申报“向日葵亲子小屋”项目，探索“政府主导、协会牵头、多元共建”服务模式，开展与热心公益的企业合作共建参与亲子服务。两个项目点全年开展各类活动51场次，发放宣传资料1000余份，受益人数400余人次。 (叶 昕)

民族 宗教

【概况】2022年，建德市民族宗教工作围绕全面贯彻落实中央、省委、杭州市委民族工作会议和全国、全省、杭州市宗教工作会议的部署要求，以“共同团结奋斗 共同繁荣发展”为主题、铸牢中华民族共同体意识为主线，在强化思想政治引领，促进各民族交往交流交融，推进宗教中国化和提升宗教事务治理水平等各个方面取得新成效、新进展，助力全市平安建设工作。

【“全域民族团结进步”工作】把民族团结教育纳入国民教育、干部教育、社会教育全过程，开展“中华民族一家亲·同心共筑中国梦”走村入户宣传手册发放、“民族团结大联欢·同心喜迎二十大”民族团结宣传教育进校园、“喜迎二十大·笃行强国志”等民族团结进步宣传教育活动30余次，参加人数2000余人次，发放宣传册2000余册。

【助推民族乡村共同富裕】2022年，市民族宗教工作部门年争取各级民族团结进步事业发展专项资金54万元，其中省级扶持资金14万元，用于2个乡镇3个民族项目，涉及基础设施建设、民族文化氛围提升等。牵头召开多部门“助力民族村高质量发展推动共同富裕座谈会”，协调各部门政策、资金、项目向民族村倾斜，形成促进民族村发展的工作合力。充分发挥统一战线人才荟萃、智力密集的资源优势，制定《建德市统一战线开展“同心共富结对行动”助力民族乡村振兴发展的实施方案》，助力民族村共富发展，实现民主党派、统战团体联系结对5个民族村，开展长期“一对一”帮扶，其中民进建德市委会与大同镇小溪源村结对，开展“课间小食堂”捐赠资金和物品近40万元。实施乡贤回归人才政策，5个民族村聘请高学历新乡贤人才担任乡村振兴指导员，参与所在村乡村规划、项目设计等工作。

【民族团结进步阵地品牌建设】打造“之江同心·石榴红”民族工作品牌，充分挖掘特色民族文化资源，积极建设特色鲜明的民族团结进步示范单位。大同镇“之江同心·稻香石榴红家园”创建为杭州市“之江同心石榴红”引领单位，大同第一小学创成第五批省级民族团结进步创建重点培育单位，大同镇高桥村创成省级民族乡村共同富裕点。同时，提升民族事务治理现代化水平，建设大慈岩双泉村“荷美·石榴籽驿站”矛盾纠纷处理调解社会治理中心，为各族群众提供法律援助和政策咨询服务，切实保障各族公民合法权益。指导5个民族乡村用好“共富石榴红”杭州市民族村共同富裕数智应用平台，形成“一村一品”的特色产品，打造文旅产品线上销售品牌。

【宗教界人士教育培训】2022年，市委统战部开展“五教同行·奋进新征程”教育实践活动，强化思想引领。全年组织宗教团体和宗教界人士开展中共二十大精神学习，全国、省市宗教工作会议精神和省、杭州市党代会精神学习10余次，参加人数800余人次，倡导宗教界崇俭戒奢、从严治教。引导全市涉宗场所举行“庆国庆·喜迎党的二十大”升国旗仪式，约1500名宗教教职人员和信教群众参与，用实际行动践行社会主义核心价值观。在乌龙山玉泉寺举办为期5天的“之江问道”宗教教职人员培训班，积极培养宗教“双通”人才。

【宗教领域平安建设】2022年，建德市夯实平安宗教活动场所“1+9”平安创建基础，开展全市宗教活动场所危旧房安全整治、消防安全大排查和场所疫情防控等专项工作，全年检查场所798处，发现和处理相关问题81个，及时消除风险隐患。更新“三人驻堂”信息900多条，推进宗教场所财务上线工作。坚持宗教场所疫情防控不松懈，坚决守牢宗教场所疫情防控安全关。依法严厉打击涉宗领域非法宗教出版物和宣传品，发现并处置非法宗教出版物和宣传品共计30余本(件)。

【民宗系统行政执法改革】2022年，围绕建设宗教中国化和宗教事务治理现代化先行省的目标，通过“掌上宗教”App和“浙政钉掌上执法”，市民族宗教局联合公安、城管、住建、消防等多部门开展联合执法检查，全面推进民宗系统“大综合一体化”行政执法改革工作。全年开展联合行政执法检查5次，成功办结建德宗教领域首例行政处罚案件，有效破解基层宗教治理难题，增强宗教界人士和信教群众法治意识，提升宗教事务治理水平。

（周　宇）

关心下一代工作

【概况】2022年，全市各级关工委共开展宣讲和实践活动125场次，受教育人数5.8万人次。创办“假日学校”61所，3304名中小学生参加学习和实践体验活动。共发放助学金517万元，资助学生2360余人次。市级“五老三团”成员全年编写宣讲稿25篇。持续推进各乡镇(街道)组建红领巾宣讲团，并进行专题培训。建立企业关工委组织6家。全年在建德市及以上媒体发布宣传信息231篇，其中中国火炬官方网站4篇。

市关工委获全国青少年普法教育先进集体、《中国火炬》杂志宣传工作先进集体称号，建德市博物馆被授予“杭州市关心下一代教育基地”，建德市关工委、更楼街道关工委等6家单位获杭州市关心下一代工作先进集体。市关工委“五老”关爱团团长李建中被评为“全国青少年普法教育优秀辅导员”。

【教育与宣讲】5月27日，在航头小学承办省关工委联合浙江之声“六一”特别企划——《追光计划》启动仪式，邀请世界青年锦标赛乒乓球冠军宋时超等4名“爱心追光大使”，为孩子们带去富有趣味性的“大师课堂”。7月，在更楼社区假日学校举行建德市“红船领航 喜迎二十大”青少年党史学习月暨德道·五老课堂走进假日学校启动仪式，推动“四史”教育深入青少年、深入基层、深入人心。8月18日，邀请党龄65年离休干部姜岩郮参加新安江街道健安社区关工委开展的“德道·五老课堂”之“听战斗故事 弘扬爱国情怀”活动，为健安社区假日学校学生讲述抗美援朝的亲身经历。积极组织全市“五老”和青少年参与各种主题宣传展览活动并选送优秀作品参展，有10幅书画作品在浙江省关工委、杭州市关工委联合主办的“喜迎二十大·同心筑亚运”老少书画作品系列展览活动中进行展示。

【开展关爱与帮教活动】1月11日，在建德市寿昌第一小学举行浙江省“爱心圆梦”助学活动暨“关心下一代·温暖来敲门”发放仪式，对困难家庭学生实施精准帮助，浙江省关工委主任徐宏俊、中国狮子联会浙江代表处第一副主任金炜等出席活动并讲话，建德市委常委、组织部部长、市关工委主任方飞燕致欢迎辞。1月，市关工委赴大慈岩中心小学、乾潭初级中学等5所学校，开展困难儿童新春慰问。5月31日，省关工委联合旭辉集团东南区域集团在大洋镇麻车小学举办“让友爱更有爱”助力音乐微梦想”公益活动及捐赠仪式，200余名贫困学生受助。8月26日，在市博物馆举行“奋飞助学 点亮梦想”爱心助学金发放仪式，向27名品学兼优学生发放助学金9万元。依托建德市新雨关心下一代基金会，筹集10万元，资助100名困难学生，12月全部发放到位。9月，市关工委联合司法局、乡镇(街道)，开展“心向阳光”社区矫正、吸毒青少年关爱帮教工作，组织“五老”成员对全市265名社区失足、失范人员进行分片区集中结对帮教。

发挥心安驿站心理健康服务团队作用，开展“种太阳 暖童心”活动，为家庭困境儿童置办全新桌椅、床上用品等，使孩子们拥有独立的学习空间和温暖的生活空间。“卫蓝”检察工作室平台对涉罪未成年人或不起诉的未成年人进行关爱教育帮扶，设立未成年人观护帮教基地，与社会心理健康组织机构的协作，推行社工志愿者帮教、“五老”结对帮教、校园预警等机制，共同助力青少年健康成长。

【教育基地与组织建设】不断挖掘和扶持建设新的关心下一代教育基地，至2022年末达到65个，涵盖红色教育、法治教育、禁毒教育、科普教育等。6月，市关工委举办第一期理论培训班，贯彻落实中办国办《关于加强新时代关心下一代工作委员会工作的意见》，提升关工委干部和“五老”履职能力、服务水平，加强“五老”队伍建设，近70人参加培训。10月10日，在新安江第一小学举行“红领巾宣讲团”专题培训会。11月，举办全市关工委系统中共二十大精神专题学习会，深入学习贯彻中共二十大精神，提升关工委干部和“五老”履职能力、服务水平，不断加强“五老”队伍建设。（张小平）

◎ 8月，市关工委组织困境留守儿童参加夏令营活动(市关工委提供)

责任编辑:杨忠平

乡镇(街道)

Township(Street)

新安江街道

【概况】新安江街道是建德市政治、经济、文化中心。2022年,街道行政区域面积110.84平方千米,辖11个社区、4个村,年末户籍人口84327人。全年出生513人,死亡486人,人口自然增长率0.32‰。全年实现限额以上社会消费品零售总额12.07亿元,比上年下降12.9%。财政总收入14.52亿元,其中地方财政收入4.11亿元,分别增长57.7%和38.1%。(注:从2020年起,建德市不再分乡镇统计城乡居民人均可支配收入,采用全市统一数据,城镇居民、农村居民人均可支配收入分别为62049元、35869元)。

有规模以上工业企业(本类目以下简称"规上企业")总数24家[2022年新增规上企业1家,农夫山泉(建德)新安江饮品有限公司],其总产值、销售产值分别为61.18亿元、61.06亿元,比上年分别增长2.5%、2.1%;其工业增加值21.5亿元,下降0.5%。全年自营出口1.40亿元,下降20.4%。全社会固定资产投资13.78亿元,其中工业投资2.58亿元,分别增长1.5%、37.8%。(注:所有乡镇、街道的规模以上工业总产值、销售产值、增加值、投资额、出口额数据均为绝对值)完成低效用地出清盘活14宗22公顷,为优化资源配置、拓展发展空间奠定基础。全年新增规上服务业12家,新增浙江盈翔包装有限公司、建德市俊杰塑料材料有限公司2家国家高新技术企业。全年招商引资引进并签约建德口腔医院、新经合总部大楼、"新安里"夜经济街区等3个亿元项目签约,农夫山泉五期年产88.3万吨饮用天然水生产线建设项目实现主体建成投产,完成投资1.5亿元。

有耕地207.41公顷。农业总产值2.1386亿元,比上年增长4.9%。经济作物播种总面积784.2公顷,下降1.8%。油菜籽等油料作物播种面积40.07公顷,总产量118.1吨,面积和产量分别下降1.6%、1.3%。特色经济作物甘蔗种植面积5.2公顷,总产量275.7吨。蔬菜(含菜用瓜)面积591公顷、总产量17473.3吨,分别下降1.5%、1.8%。瓜果类面积107.53公顷、总产量3387.2吨,分别下降3.5%、6.7%。中草药材面积8.2公顷,总产量28吨,分别下降2.4%、2.8%。花卉草木种植面积19.47公顷,盆栽类园艺36.9万盆。村庄美化零星植树200株,种植有浙江樟、浙江楠、金钱松等珍贵彩色树种,迹地更新造林面积4公顷(含新安江林场),森林抚育面积111公顷(含新安江林场)。

全年共有低保、残保、困境儿童等各类救助人员458户,新增城镇就业2534人,其中返回建德就业586人,办理灵活就业社保补贴申领1172人次。完善社区建设,明珠社区获评全国老年友好型社区,白沙社区创建成为省级无障碍社区。全年城乡基本医疗保险参保率达99.5%;临时救助5人,发放金额6400元。新增低保、残保家庭7户,发放金额30856元。

完成黄泥墩、新蓬、白沙等安置房项目建设并移交,实施艾溪路、横路等3处地质灾害点治理,新安路71幢A危房实现有序回迁。江村埠征地、新蓬安置地征迁等项目完成土地征收20.53公顷、房屋99户,东站区块征收工作历时五年实现全部签约。新成立"新富育"基金会,创新开展"兴农FU"村企共富链组建设,完成梅坪村企共富中心等平台打造。"消薄"增收再创佳绩,"8050"完成6个村社,丰产村经营性收入首次突破百万元大关。

招才引智工作取得突破，培养高技能人才291人，引进大学生548人，上报F类人才1489人，完成高价值发明专利15件，留学生创业园建设全面启动。

有街道所属九年制义务教育阶段学校5所(小学3所、初中2所)，职业教育机构1所，幼儿园14所(其中民办6所)，有学生人数16692人，专任教师442人(小学190人、初中194人、职业教育机构11人、幼儿园47人)。大塘坞幼儿园(彩虹幼儿园)建设有序推进完成新安江中心幼儿园岭后园区撤并和新一幼民转公工作。街道所属社区卫生服务中心1个、社区卫生服务站9个、村级卫生室4个，有卫生技术人员105人。

【城市有机更新】2022年，新安江街道推进城市有机更新，总投资5843万元，惠及87幢楼栋、1482户居民的老旧小区改造项目全面完工。开工建设明珠省级未来社区场景项目，概算总投资1300万元。继续巩固提升"创文"成果，开展无物业小区"清零"行动，加快推进小区自治组织全覆盖，新成立小区业委会15家、物管会50家。碧江花苑、红枫花园等小区实现提档升级，金山湾、城中花苑等5个小区成功创建杭州市"美好家园"住宅小区。

【明珠社区创建成为全国示范性老年友好型社区】2022年末，新安江街道明珠社区有住户4595户、12635人，其中60岁及以上老人1995人，占总人数的15.8%。辖区内有养老院、幼儿园、小学、新华书店、建德华数、民生银行、社会组织等共建单位20余家。先后获得杭州市最美敬老爱老助老示范社区、杭州市老年友好型社区、杭州市示范文明社区等多项荣誉称号。2022年，明珠社区以硬件建设为基础，以软件服务为依托，以队伍建设为抓手，全面构筑"居家—社区—机构"为环线的社区式居家养老健康服务模式。社区内建有600平方米的社区居家养老照料中心，为社区老人提供办事、就医、康复、助餐、娱乐、交流等服务的同时，引入"阳光公益之家"社会组织，提供24小时喘息、日托、临时性托管及必要的上门为老服务，全面打造10分钟综合养老服务圈。同时，在适老化改造、示范小区提升改造、无障碍社区等项目建设带动下，明珠社区银龄食堂、老年人心理疏导室、助洗服务区、助浴服务区、托养照料室及康复治疗室适老化配套建设不断完善和提升，社区内老小区居住、出行、就医、养老等环境不断优化。2022年10月，成功创建为全国示范性老年友好型社区。 (施敏凡)

【老旧小区"污水零直排"改造提升】2022年，新安江街道实施并完成涉及主城区罗桐社区、沧滩社区、府东社区、府西社区、健安社区、新安社区等6个社区的老旧小区污水零直排改造提升项目，内容包括老旧小区污水老旧管网的改造，管网与化粪池等设施破损、渗漏的改造修复、阳台废水合流的改造以及餐饮等小行业的隔油池、沉淀池一类预处理设施的建设改造，涉及各类雨污管网改造近70千米，各类检查井1万余座，阳台水立管5万余米及相应的路面恢复、绿化恢复，总投资1.6亿元。有效改善了主城区尤其是老城区的排水系统现状，极大程度地减少生活污水对新安江的影响，减少水生态破坏，提升水质，美化市容环境。

【白沙社区"共享法庭"启用】10月，市人民法院白沙社区"共享法庭"正式启用。该社区范围广、人口多，常住人口有1.5万多人，加上流动人口在内有2万多人。人口结构复杂，矛盾较多。白沙社区对2020年成立的社区微法庭实施提升改造，建成"共享法庭"，积极发挥其在线诉讼、普法调解、在线立案等功能，有效化解群众日常生活中遇到的矛盾纠纷，为居民提供便捷高效的司法服务，大幅提高矛盾化解成功率。

【新社工岗前入职集训】11月，新安江街道组织开展新社工岗前入职集训。集训围绕党建统领之下的和谐社区建设、基层治理、服务拓展及社工规划等课题进行。通过先锋课堂、清廉讲堂、社工治理分享等环节促共学，提高新社工对基层社区工作与服务直观认知水平，为下一步尽快融入社区新岗位奠定良好基础。50名新社工参加集训。在前期笔试、面试、体检、政审、公示、集训等流程基础上，新安江街道综合其各自所长、社区所需、个人履历等情况,将其分配到相关社区工作岗位。

【大塘坞农贸市场建设项目开工】该项目位于新安江街道明珠路与焦山路交叉口西北侧区域,根据设计,该农贸市场地下一层为停车库,一层是农贸市场,二层和三层是配套用房,四层和五层是办公室,六层为社区用房。总建筑面积为1.9万余平方米,总投资1.8亿元。2022年5月开工,计划2023年12前完成竣工验收。(方 璐)

更楼街道

【概况】2022年,更楼街道行政区域面积81.35平方千米,辖14个村、2个社区(更楼、更化社区),年末户籍总人口22905人,常住人口19966人。全年出生141人,死亡202人,人口自然增长率-0.27‰。全年实现限额以上社会消费品零售总额0.89亿元,比上年增长23.7%。实现财政总收入2.22亿元,比上年增长14.1%,其中地方财政收入6962万元,增长6.3%。

有规模以上工业企业14家(年度增加2家)。实现规模以上工业总产值16.84亿元,比上年增长5.9%,规模以上工业增加值6.05亿元,增速20.5%;销售产值16.68亿元,增长6.4%。自营出口2149万元,增长36.2%。固定资产总投资2.78亿元,其中制造业投资0.59亿元,分别比上年降低70.9%、88.4%;新兴产业增加值2345万元,增速21.0%;完成研发费用支出5521万元,增长68.7%。引进城南农贸城(概算总投资2.6亿元)、建德汽车城项目(概算总投资6亿元),农夫山泉世界级水产业基地项目建设进展顺利。

耕地面积716.07公顷(2021年数据964.4公顷,有误),林地面积6099.5公顷。农业总产值2.4亿元,增长6.1%。全年粮食作物播种面积706.7公顷、总产量3970吨;其中水稻播种面积406.7公顷,旱杂粮播种面积366.7公顷。油菜种植面积400.07公顷,油菜籽产量1142吨。经济作物播种面积1662.97公顷,其中蔬菜991.6公顷、产量2.86万吨,西瓜115公顷、产量3398.6吨,草莓55.3公顷、产量1590.4吨,果用甘蔗1.07公顷、产量59.1吨。年末生猪存栏2137头、家禽存栏1.25万羽。

全年开展特殊家庭帮扶活动4次,慰问救助特殊家庭11户,开展各类志愿服务12次,新增低保家庭22户,办理困难救助证26人,发放各类慰问和救助款76.4万元。完成省级残疾人之家四星级提升,新增更楼街道便民服务中心和建德浙农农副产品综合批发市场无障碍通道各1个,改善残疾人通行环境。开展困难退役士兵等军人慰问活动,发放慰问金共计7.65万元。推进社区矫正规范化建设,未发生有关管理对象脱管漏管现象。实现村社微型消防站全覆盖,建成智慧安防小区5个。8月,完成第一批600套安置房分房工作,推进城市化进程。更楼社区成功入选浙江省首批共同富裕现代化基本单元“一老一小”养老服务场景,获副省长王文序肯定和表扬。

年末,有街道所属初中、小学各1所,在校学生1100人;幼儿园2所,在园幼儿670人。有卫生院1所、村卫生室(站)12个,卫生技术人员39人。投资300余万元,完成更楼中心学校校舍维修,新增更楼街道党群服务中心示范型婴幼儿成长驿站1个,新增幼儿园普惠型托位20个。

2月,更化社区获评浙江省旅游业“微改造、精提升”示范点。12月,更楼街道获评浙江省AAA级景区街道;同月,后塘村获评2022年浙江省“电商专业村”;同月,更楼商会获评全国四好商会。

【城市工程建设】2022年,更楼街道加大投资力度,继续推进城市工程建设,获评杭州市第二批美丽城镇商贸特色型样板城镇,更化社区建成省级基层多功能运动场地,更楼社区申报入列第六批省级未来社区。全面完成黄岙大桥至城西路连接线(一期)工程、仁汇路提升改造、仁丰桥改建工程并投入使用,总投资3000万元。新建集镇停车场3处、城镇客厅1座并开放运营,总投资240万元。完成集镇及后塘工业园区雨污管网提升改造工程,埋设雨污水管网26千米,通过杭州市“污水零直排区”创建验收,获评“斩污攻坚”大比拼杭州市级红榜。

【人居环境建设】1月、6月,更楼街道两次获评环境整治"杭州市优胜街道"。8月,在全市"迎亚运、建未来·村美景靓"农村人居环境提升行动中评比获一等奖。9月,成功举办杭州市城市环境品质提升"赛马"活动,农贸市场、更楼街道、阳光星辰小区、喜洋洋小区4个单位垃圾分类工作获评杭州市红榜。投资1700万元,建成黄畬村至于合村6.6千米最美生态绿道。开展寿昌江流域综合治理,完成石岭溪、甘溪等60千米河道治理,年度完成投资4000万元,位列全市第二。

【"合作共富学院"建成】2022年,更楼街道深入挖掘毛泽东主席批示的"合作化模范邓家乡"精神,在更化社区建成"合作共富学院",并被认定为省委党校马克思主义研究院教研基地、建德市委党校现场教学基地。至年底,吸引全省各地27批次420余人次交流学习。

【国道320线建德段改建工程开工】1月24日,国道320线建德市杨村桥至龙游县会泽里段改建工程涉铁先行段开工仪式在更楼街道骆村村举行。项目路线全长300米,设5040米简支变连续小箱梁桥1座,投资概算5600万元。工期10个月。

【"更有味"农业打造】2022年,更楼街道充分发挥区位优势,打造"千亩"近郊农业"标准地"。总投资2200余万元,建成于合村、张家村"合作共富"草莓标准地22公顷,引进农业企业和种植大户6家。扩建湖岑畈村大棚蔬菜基地5.07公顷,新建洪宅村高山蔬菜基地6.7公顷,打造"更有味桥岭地瓜共富工坊""更有味合作共富草莓苑",相关做法获杭州市领导批示肯定。

【"更有味"消费券发放】9月,更楼街道开展"更有味"消费券发放活动。消费券分为两种类型,餐饮消费券于9月13日至10月30日发放,更楼街道各村(社区)村(居)民凭身份证领取2张满50元减10元的餐饮消费券。家居消费券于9月15—30日发放,商户凭订货单及客户身份证领取,在国大阳光家居市场内任意一家店铺单笔消费满3000元,付款时领取消费券可减300元(每笔订单最多使用两张)。11家餐饮店及国大阳光家居市场所有商铺参加该活动,共发放3000张餐饮消费券和300张家居消费券,总价值12万元。

【甘溪村女红馆创造致富新途径】2022年,甘溪村建成集刺绣、手织、植染、制作、手绘等传统女红于一体的文化类企业——甘溪村女红馆(该馆涉及植物染色、刺绣、服饰制作、编织四大类技艺,涵盖中国传统文化,包括绘画艺术、工匠精神里的女红技术等)。该馆开发"程氏虹"旗袍、"吾家红"床品等自创品牌,一方面,传承和弘扬中国优秀传统技艺,丰富乡村文化活动,提高乡村文化平台品位,另一方面,以各类"织文化"手工艺产品,开拓村民经济增收新途径,为20余名受聘村民年均增加约4万元。

【基层治理】全面推进党建统领网格智治、"新安·17治理",优化调整网格50个、微网格178个,按照"1+3+N"模式选优配齐专兼职网格员和网格指导员,壮大网格力量,完善一村一图一表一清册,服务群众从"最后一公里"走向"最后一米"。推进"一网格一支部一阵地"建设,将党组织建在网格上,新打造网格支部阵地31个。有效化解矛盾纠纷134起,调解成功率98.7%,群众满意率100%。开展"大综合一体化"行政执法改革、"除险保安"大排查大整治工作,落实闭环管理措施,消除安全隐患46处。更楼街道获评杭州市平安创建先进集体、杭州市"党的二十大维稳安保工作突出贡献集体嘉奖"。12月,后塘村获评省级民主法治村。高标准建成区域性微型消防救援站,完成共享法庭建设,顺利承接省信访局信访信用体系建设试点工作。

(钱 姝)

洋溪街道

【概况】2022年,洋溪街道行政区域面积74.84平方千米,下辖4个社区、2个村,年末户籍总人口17384人。全年出生154人,死亡114人,人口自然增长率0.23‰。全年实现限上社会消费品零售总额3.1亿元，比上年增长8.0%。财政总收入3.09亿元，其中地方财政收入1.06亿元，比上年分别增长37.5%、35.1%。

有规模以上工业企业总数14家,其工业总产值16.71亿元，比上年增长4.4%；销售产值16.35亿元，比上年增长8.1%;规模以上工业增加值3.9亿元,增长0.5%。全年自营出口2.07亿元，增长49.5%。全社会固定资产投资21.72亿元,下降7.5%;其中制造业投资1.04亿元,下降48.4%。招引投资亿元以上项目3个。企业专利申请量22个，浙江东科新材料有限公司、杭州新马电梯有限公司被列入杭州市未来工厂数字化车间培育名单，浙江东科新材料有限公司、杭州宝生电子有限公司入选杭州市制造业数字化改造攻关项目,人工智能场景上报3个,新认定省科技型中小企业16家。友谊村获评2022年度浙江省电商村。

◎ 洋溪街道团结村畲族文化活动(市民政局提供)

全年新引进各类大学生169人，培育高技能人才67人,吸引青年人才返乡创客16人,成功创建博士创新站1个。

农业总产值9403万元,比上年增长3.7%。有耕地162.73公顷,林地5897.2公顷。全年农作物播种面积318公顷,其中粮食作物播种面积95.01公顷、总产量440吨,水稻播种面积31公顷、总产量255吨,油菜播种面积53.33公顷、总产量155.7吨,蔬菜播种面积87.87公顷、总产量2505.6吨。年内出栏生猪521头、家禽出栏3.07万羽,年末生猪存栏926头、家禽存栏6.35万羽。流转耕地107.5公顷。全年造林抚育面积100公顷,森林抚育面积50公顷,完成经济林造林10公顷。

2022年共有低(残)保户142户、低收入边缘家庭11户，发放各类救助资金20多万元，救助191人次。居家养老服务中心运行良好,老年食堂运行规范。年末,有街道所属小学2所,在校学生1913人、专任教师110人;幼儿园3所,在园幼儿983人、专任教师88人。

年末辖区内有医疗卫生机构9个，包括建德市妇幼保健院、洋溪街道社区卫生服务中心、富春骨伤科专科医院、建德市康复医院4所医院和洋安社区、朱池社区、青龙头社区、友谊村、团结村5个村社卫生服务室(站)。共有医疗卫生技术人员297人。

【环境整治】2022年,洋溪街道完成杭州市级美丽环境整治交办点位1227处、建德市点位1382处,全年获评杭州市“美丽杭州”优胜榜街道5次，蝉联杭州市“城市环境大整治、城市面貌大提升”“洁美杯”单位。扬尘管控工作在杭州市会议上作经验交流发言,洋安“数智山水城”城市新区风貌区获评杭州市级样板区。全域开展村级“迎亚运·建未来·村美景靓”农村人居环境比拼工作,友谊村在全市农村人居环境评比中被评为“最美村”。水环境治理持续推进，获评2022年度杭州市水美乡镇,考坑山塘获评杭州市美丽山塘。“万余只候鸟飞临新安江沿江湿地公园”在中央电视台《朝闻天下》栏目播出,“红色沟渠长制”在中央电视台第十三频道《新闻直播间》报道。全年完成“五水共治”问题整改594件,辖区类水质达标率100%。

【屋基畈“美丽庭院标杆带”创建】 4月,洋溪街道妇联按照“六美”标准,在友谊村屋基畈开展“美丽庭院标杆带”创建工作,对标杆带沿线32户人家共计40余个节点进行环境整治。成立“屋基嫂”志愿服务队,编制“屋基嫂”文明三字歌,建立“屋基嫂”志愿队议事地,常态化开展志愿活动;设立“五福志愿”积分制,开展星级文明户评选,提升村民积极性,实行美丽庭院长效管理。该项目建设在建德市“美丽庭院标杆带”评比中获评二等奖。浙江新闻客户端对屋基畈美丽庭院标杆带作题为《建德屋基嫂扮靓庭院风景线》《童心亭——温暖乡村孩子上学路》的报道。

【建德八佰伴购物中心开业】 4月29日,位于洋安新城核心区的建德八佰伴购物中心正式开业。该购物中心为八佰伴商业管理公司与杭州市房地产开发集团有限公司共同建设,商业建筑面积8.7万平方米,包括地上4层、地下2层,配备停车位1000余个,项目涵盖超市影城、潮流科技、时尚女性、精品餐饮等业态,通过“品牌+环境”全面升级,创新消费场景和体验。项目汇聚全国各大知名品牌(其中约有60%的品牌为首进建德),全力打造“双首层”一站式体验型的超大体量商业平台。

【沿街商铺“三合一”场所专项整治】 5月,洋溪街道综合信息指挥室联合市消防救援大队,会同属地城管中队、市场监管所等部门,对辖区朝阳路39家沿街商铺“三合一”场所开展安全隐患专项整治行动,共整治商铺34家,有效消除安全隐患,同时提升了市容市貌整体形象。

【洋安体育健身中心项目建成】 该项目地处洋溪街道洋安社区,由市城投公司实施,占地面积约1.1万平方米,本着简约的原则,项目以改造提升为主,不搞大拆大建,充分盘活“桥下空间”“闲置空地”“全民亚运”等要素,总投资约300万元。项目建成后由市文广旅体局负责日常监管。6月,亚运会和亚残运会杭州市运行保障指挥部公布“美丽杭州迎亚运”城市环境品质提升第二期“赛马”活动评议结果,通过代表委员、专家学者考察评议,市民满意度抽样调查,网络投票以及综合评定四轮筛选,建德市“洋安开放式健身共享空间”项目——洋安体育健身中心项目,在11个申报区、县(市)中获总分第一。

【莲花溪新建桥梁工程开工】 8月,莲花溪新建桥梁工程开工建设。该工程位于洋溪街道,东西向跨越莲花溪,西桥头与江滨路衔接,东桥头越过溪后,与北滨江路连接。工程投资总额为1970.68万元,主要建设内容包括道路、桥梁、绿化工程、交通设施及其他附属工程等。

【洋溪街道社区卫生服务中心建成】 该项目位于320国道青龙头段西侧,利用雅鼎路666号2号空置厂房改建,总投资538万元,占地面积1200平方米。项目于8月开工,12月底完工并投入试运行。该卫生服务中心下设办公室、医务科、中医科、公共卫生科、护理科、药剂科、检验科、医技科、慢性病管理科、总务科等10个科室,核定编制21人,至年末有职工6人。其主要职能是为洋溪街道居民提供基本公共卫生服务、家庭医生签约服务,以及常见病、多发病的诊疗、护理、康复等综合服务。并受建德市卫生健康局委托,承担辖区公共卫生管理和计划生育技术服务工作,负责对村卫生室、社区卫生服务站的综合管理、技术指导和乡村医生的培训等。协助街道办制定、实施本级突发公共卫生事件、疫情防控处置预案,实施本级基层医疗机构相关民生实施项目、惠民政策。

【洋溪街道社会治理中心建成】 2022年,按照“建设一个指挥中心,整合矛盾调解和综合执法二支队伍,发挥指挥调度、综合执法、矛盾化解三大功能,实现基层治理迭代升级”构建布局和标准,洋溪街道实施街道社会治理中心建设,该项目总投资648万元,建筑面积1345平方米。9月底,街道指挥中心、综合行政执法一体化、司法所、人武部等相关场地建成投入并使用,实现辖区社会治理“中心联动指挥,部门功能融合,一窗集成受理”。

【洋安社区“未来社区”建设】该项目总投资6070万元,实施单元规划用地面积27.7公顷。主要建设项目内容为:健康小屋、卫生服务站、健身中心(百姓健身房)、儿童之家(婴幼儿成长驿站)、幸福学堂、共享书房、文化展厅、数字驾驶舱、创客空间、文化礼堂人大联络站、托育园等室内装修工程,洋安邻里中心立面改造工程,连廊加装工程,六合路、洋安市政桥下空间、口袋公园等市政景观提升工程,洋安未来社区创意装饰、导视牌、景观小品制作、数字化建设等。2022年8月总体场景全部投入使用,进入常态化运营阶段。10月至11月,先后通过杭州市、浙江省专班验收并成为杭州市级40个未来社区之一。12月,入选浙江省第二批未来社区名单。 **(陈晓芳)**

莲花镇

【概况】2022年,莲花镇行政区域总面积86.12平方千米,下辖6个村,年末户籍总人口10230人。全年出生45人、死亡110人,人口自然增长率-6.32‰。全年实现限额以上社会消费品零售总额1982万元,比上年增长21%(注:上年数据有误,实际为1600万元,现纠正)。全年财政总收入2260万元,其中地方财政收入755万元,比上年分别增长52.5%、21.8%。

全镇有工业企业31家,其中规上工业企业3家,主要涉及家纺、母料、农产品加工等行业。规上工业总产值2.03亿元,增长2.7%;销售产值2.01亿元,增长3.2%。规上工业增加值2323万元,比上年下降9.1%。自营出口8945万元,增长10.9%。全社会固定资产投资1888万元,其中工业投资1043万元,比上年分别下降66.2%、0.6%。招商引资新增签约画栋莲花旅游农业康养整体建设项目、杭州香盛阁食品有限公司速冻冷链食品项目,其中前者为亿元以上项目。3月,建德市美尔泰纺织有限公司二期项目完成建设并投产;建德市豪丰木业有限公司疫木处理项目进场施工;杭州九仙生物科技有限公司农业接待中心项目完成主体建设;莲花镇抽水蓄能电站项目完成初步选址。

有耕地367.7公顷,林地面积7443公顷。农业总产值3.2亿元,比上年增长6.7%。全年粮食及油料作物播种面积220.8公顷,粮食总产量460.2吨。其中旱杂粮144.1公顷、水稻40公顷(总产量405.2吨)、油菜籽36.7公顷(总产量55吨)。完成抛荒复耕农田46.7公顷,完成“非粮化”整治32公顷。特色经济作物铁皮石斛种植面积30公顷、产值4300余万元。全年森林抚育120公顷,造林抚育面积30公顷,完成绿化造林40公顷,其中珍贵树种造林33公顷,补植珍贵树种10万株。山岭尖林下经济项目完成浙江真源五维生态农业发展有限公司注册及267公顷山林流转。年内生猪出栏1004头,完成1000头生猪保供任务,年末生猪存栏664头,蛋鸡存栏3050羽。

全镇新增低(残)保18户,新增残疾人两项补贴16人,发放临时救助款3.57万元。完成残疾人无障碍改造4户,老龄适老化改造6户。完成计生家庭(含二女户)计生奖扶持报117人,完成独生子女父母社保补贴初审上报41人。深入推进“最多跑一次”改革,全面落实上级权限下放事项“就近办”,持续优化村级便民中心“代跑代办”服务,不断提升服务质量和办事效率,全年办理便民事项(代办)5000余件。

年末有镇属小学1所,在校学生233人,专任教师27人;幼儿园1所,在园幼儿171人,专任教师16人。拆除小学危楼1座,投入9万余元完成小学“安澜”工程。有卫生院1所,卫生技术人员17人;规范化卫生室5个,乡村医生6人。完成镇卫生院整体提升改造,提升基层诊疗服务水平。全年镇卫生院家庭医生签约总人数4185人。全年城乡居民医保参保5661人,参保率99.8%,在全市率先完成城乡居民医保参保目标。打造枢纽型社会组织体系,莲花镇社会工作站获评AAA级社会组织。

12月,莲花镇被浙江省碳达峰碳中和工作

◎ 莲花镇"戴农富"大棚蔬菜基地场景(莲花镇党政办公室提供)

领导小组办公室列入浙江省低(零)碳乡镇(街道)试点创建单位,成为全市唯一入围的乡镇(街道)。

【深化"戴农富"模式】2022年,该镇持续深化"戴农富"模式迭代升级,创新推出"一村一项目"考赛机制,推动乡村振兴由"单兵作战"向"协同作战"转变,6个村全面完成"5030"消薄增收任务,经营性收入实现350万元,比上年增长55.8%。推进农业"标准地""标准园""标准链"建设,打造戴农富现代农业园、铁皮石斛园、苞茶产业园、循环高效产业园4大园;完成戴农富现代农业产业园南北区道路提升及2公顷标准大棚建设;与省农科院开展技术合作,水稻等粮油蔬菜实现亩产增长20%以上,发布"戴农富"菜籽油、大米、年糕等系列农产品。探索农企合作模式,与山东寿光堃丰农业公司合作打造世纪联华蔬菜直采基地,有效打通产销渠道,实现田间"菜园子"直通百姓"菜篮子";大力发展订单农业,带动60余户农户发展瓜果蔬菜种植,实现家庭增收3万元以上。积极拓展戴农富公司业务领域,全年实现营业收入600万元,净利润180万元,为村民提供家门口就业岗位100余个,常年吸纳72名低收入农户从事农业种植、保洁绿化、物业服务等工作,带动其增收3万元/年。戴农富共富项目获评浙江省首届返乡入乡合作创业大赛三等奖,为杭州市唯一。

【打造"特色农业+旅游"模式】2022年,莲花镇坚持"镇域景区化、景区全域化"发展理念,以休闲农业为重点,打造"特色农业+旅游"模式,完成戴农富农旅产品展销中心、莲戏鱼塘、向日葵花海等项目建设,推出流"莲"忘返乡村旅游精品线路。2022年全镇共接待游客20.12万人次,实现疫情下逆势增长8%。同时,建立旅游流量共享分成机制,引导九仙农业、杭州天马旅行社等为全镇引入客流7万余人。

【"美丽风貌"乡镇建设】全力推进城乡风貌整治提升,投资1亿元打造农业特色型美丽城镇,高质高效推进莲花溪游步道昴畈段提升、邻里中心等项目建设,成功创建为杭州市级美丽城镇样板镇。有序推进美丽宜居示范村创建全覆盖。完成全镇334户危旧房和6422栋自建房的安全隐患排查工作,开展危旧房专项整治行动,建立整改销号机制,完成整改243户。完成10.7千米建淳线至薛山道路大中修项目。实施"迎亚运·建未来·村美景靓"农村人居环境整治提升工作,完成集镇垃圾中转站提升改造,徐家村获评省级高标准农村生活垃圾分类示范村。投资400余万元完成集镇污水"零直排"区提质扩面及农村生活污水"零直排"村项目建设,农村生活污水治理工作获评全市考核优秀。莲花镇辖区内河道水质全年达到Ⅲ类水以上,大气$PM_{2.5}$指数(低值,空气优良天数)位列全市第二。

【人才工作】2022年,该镇深化人才"一镇一品"工作,坚持产业合作"引"才,结合"戴农富"共富产业需求，与中国农科院徐建龙专家团队合作打造首席科学家育粮基地，并成功创建杭州市专家工作站；成功引进大学生22名，完成率位列全市第一。坚持搭建平台“育”才，举办“我与科学家面对面”主题沙龙活动，成功创建许建茹铁皮石斛技能大师工作室，美尔泰纺织获评建德市企业职业技能等级认定机构，新增高技能人才37名。

【基层治理实现无信访积案】2022年，该镇开展“除风险、保平安、护航党的二十大”专项行动，抓实抓细“除险保安”各项工作措施，排查并整改风险隐患41个。优化基层网格架构，建强“1+3+N”网格治理团队，整合镇干部、志愿者力量1122名，构建精准高效的“村—网格—微网格”基层治理体系。完成莲花镇区域微型消防站建设，配备专业消防人员3名。强化源头治理，健全完善矛盾纠纷隐患滚动排查和分析预警机制，创新基层调解治理“戴农安”模式，受理各类矛盾纠纷223起，调解率100%，调解成功率达94.6%，为全市唯一无信访积案乡镇，相关做法得到市委主要领导肯定批示。

【完成镇卫生院提升改造】11月，2022年度莲花镇民生实事重点推进项目——莲花镇卫生院提升改造工程竣工，总投资200万元。该卫生院承担辖区内6个村7000余名常住人口的基本医疗和基本公共卫生服务工作，设有全科门诊、中医科、口腔科、公共卫生科、检验科、心电图等科室。提升改造内容包括：对卫生院建筑立面美化，院内通道合理化，对室内外管道及网络重新架构，消除安全隐患，改善医院环境面貌。药房收费实行开放式窗口，化验室实行血液、体液分设窗口，优化科室功能布局。

【首届民宿从业人员技能竞赛】11月25日，莲花镇立足民宿行业发展现状，聚力产业高质量发展，着力推进民宿发展集聚化、标准化、产业化，实现共同富裕。为进一步提升莲花镇戴家村民宿行业从业人员的技能水平，展现民宿特色品牌，推动民宿产业发展，助力共同富裕，莲花镇在戴家村文化礼堂举行首届民宿客房服务员技能竞赛。17名民宿从业人员参赛，选手们立足本地民宿特色，进行了综合技能展示。戴家民宿的许燕萍等6名选手分别获得一、二、三等奖。

【获列全省低(零)碳乡镇试点创建单位】莲花镇积极践行“绿水青山就是金山银山”理念，以推动高质量发展为主题，围绕“宜居建德”建设总目标，紧扣“产业强镇、生态立镇、和谐稳镇、依法治镇”工作中心，突出绿色、循环、低碳发展，推动由污染防治攻坚转向生态环境品质提升，加快推进环境治理体系和治理能力现代化，加快全镇经济社会全面发展，先后获评浙江省美丽乡村示范乡镇等荣誉称号。2022年，莲花镇全力推进低(零)碳乡镇建设，推动“两山”转化，被列入全省第二批低(零)碳乡镇试点创建单位，成为建德市唯一入列的乡镇。

【许建茹获得2项重要荣誉】6月，杭州九仙生物科技有限公司总经理许建茹(莲花镇人)家庭被全国妇联授予2022年“全国最美家庭”称号。同月，许建茹被浙江省林业和草原局聘任为第三批林草乡土专家(全省共15名)。 **(朱毅婧)**

梅城镇

【概况】2022年，梅城镇行政区域面积154.89平方千米，辖13个村、5个社区，年末户籍总人口39986人，全年出生240人、死亡378人，人口自然增长率-3.44‰。全年实现限额以上社会消费品零售总额7696万元，比上年增长8.6%。实现财政总收入4.31亿元，其中地方财政收入1.46亿元，比上年分别增长69.4%、46.7%。

全镇有工业企业325家，其中规模以上工业企业75家(新增8家，退出2家；亿元以上企业20家)。规模以上工业总产值110.57亿元，增长13.9%；销售产值107.83亿元，增长13.6%；规模以上工业增加值20.42亿元，增长5%。固定资产投资13.31亿元，其中制造业投资8.9亿元。完成外贸自营出口 15.61 亿元，比上年下降 10.8%。全年征收企业 2 家，腾出空间 2.85 公顷，通过税收提升、技改投入、上规模等方式完成低效企业整治提升 20 家。同时，实施严东关区块、乌龙山区块、南峰区块 40 公顷闲置工业用地土地评估。全年招引固定资产投资亿元以上项目 3 个(制造业 1 个、服务业 2 个)，年末实到外资 400 万美元。杭州丰誉恒环保设备有限公司、建德市万家电器电缆有限公司等 11 个产业项目开工建设，项目总投资 9.18 亿元。建德市五星车业有限公司、杭州勇华车业有限公司完成提升建设，着手搬迁工作。完成规模以上企业数字化改造攻关项目 4 个，新增省高新技术企业 12 家、省科技型中小企业 20 家，新建建德市李家大院家庭农场有限公司专家工作站、建德市山湾人家畜牧专业合作社杭博士创新站。

耕地面积 962 公顷，新增 30 公顷。林地面积 9300 公顷。完成粮食功能区"非粮化"及抛荒田清理整治 175.6 公顷。农业总产值 4.76 亿元，增长 3.7%。农作物播种面积 2076 公顷，其中粮食作物 912 公顷，粮食总产量 4282 吨。粮食作物中水稻播种面积 213 公顷，总产量 1792 吨。油菜籽播种面积 268 公顷，总产量 581 吨。高山蔬菜种植 30 公顷，茶园面积 413 公顷，渔业养殖面积 240 公顷。年末生猪存栏 3000 头、家禽 5 万羽。顾家村"山花烂漫村"建设完成"一村万树"项目 1 个，种植珍贵树种 1 万株。

全年认定和新办理低(残)保户 42 户、低收入边缘困难家庭 12 户、临时救助家庭 26 户、享受残疾人两项补贴 54 人，完成困难群众住房改造 2 户，共发放各类慰问金、救助金 103 万元。梅城镇社会组织服务中心获评杭州市 AAA 级社会组织，梅城镇居家养老服务中心成功创建三星级养老机构。完成千鹤村、龙泉村老年食堂建设，开展运营服务。

年末辖区有杭州市属大专院校 1 所（杭州科技职业技术学院），在校学前教育专业学生 556 人，教职工 35 人；市属高中 1 所，在校学生 1328 人，教师 141 人；镇属初中 1 所，学生 925 人，教师 80 人；小学 2 所（其中梅城中心小学设 2 个校区)，在校学生 1325 人，教师 140 人；公办幼儿园 1 所(设 4 个分园)，民办幼儿园 1 所，在园幼儿共 1124 人，入园率达到 98%。有市级医院 1 所，卫生技术人员 220 人；有镇属卫生院 1 所、村卫生室 11 家，共计卫生技术人员 88 人。全镇城乡基本医疗保险参保率 97.4%，城乡基本养老和职工养老参保率 99.54%。

1 月，"严州文化" 入列浙江省文化和旅游厅首批 100 项"浙江文化标识"培育项目。11 月，中国中小城市发展指数研究课题组、国信中小城市指数研究院联合发布《2022 年中国中小城市高质量发展指数报告》，梅城镇跻身"2022 年全国千强镇名单"。

【新农村建设】全面完成农村生活污水处理设施提升改造，完成三年(2020—2022 年)的农村饮用水提标改造任务。完成顾家村塘湾坞山塘除险加固及龙溪村、顾家村水系综合治理项目。全面完成梅城集镇"污水零直排"设施排查，完成"厕所革命"改造 8 座。新建、改造垃圾分类设施 120 余处，实现所有建制村"垃圾分类达标村"创建全覆盖。存量违建基本清零，通过杭州市"无违建镇"考核。继续实施"四好农村路"建设，全年新建和改造提升农村公路 23.7 千米。完成望山村、利群村农田道路提升改造。千鹤村、西湖村、葛家村获评省级"新时代美丽乡村"，杭州市精品村建设——利群村项目竣工并通过验收。发展特色农业，推进农旅融合，成立"千鹤嫂"创业联盟，引进道法自然研学项目，该项目利用闲置农业资源结合农时节气、绿色果蔬种植等开展各类亲子游、认领活动，提高农村旅游、农村发展乐趣性、连贯性及知名度。

【环三江口片区美丽城镇集群建设】3 月 5 日，在梅城镇东门瓮城内举行环三江口片区美丽城镇集群（建德市唯一入选浙江首批美丽城镇集群化典型案例培育名单项目）共富集市启动仪式。至年末，梅城镇完成《美丽城镇风貌样板区规划》论证，出台美丽城镇星级化建设方案，"三江两岸" 水上旅游特色线路完成设计，三都镇春江源、杨村桥镇岱头湿地等景观得以打通并串联成为三江水系生态廊道。共开展复建严州府衙遗址、复兴严州传统民俗、打造瓦肆街区等重点项目 14 个。创建滨江、南峰等美丽庭院示范带 12 条，贯通古镇与周边村沿江健康绿道,形成三江口绿道网络;建立"吴茱萸+黄精"种植产业示范区,建成洋尾片667公顷连片有机生态粮区;建成城西田园综合体、"千岛银珍"茶叶产区等现代产业园,打响"千鹤一线红"共富品牌。依托"一轴、一带、一环、六区",规划三江口精品景区,开展"四季人文旅游"活动,建成高山避暑、康复疗养、旅居养老等特色康养基地。共建成地标性建筑15处,打造历史街区5条,创建景区村10个,引进民宿22家。

【梅城获评国家AAAA级旅游景区】梅城镇立足山水独绝风貌,全域提升优化环境。借助国家AAAA级旅游景区创建,全线贯通玉带河,完成沿岸滨水建筑群打造,形成可经营房产12万平方米,招商引资引进肯德基、严州府等知名业态入驻,筱隐民宿、漫珊瑚温泉度假酒店等16家酒店民宿基本建成,进入试运营阶段。继续实施严州古城水系综合治理二期工程,改善包括玉带河在内的古镇水系环境、提高雨污分流处理能力,古镇水文化品质大幅提升,玉带河成为游客必游之地。完成景区街路秩序整治15条,实施各类架空网线"上改下"21千米,累计拆除集镇违建64万平方米,整治环境卫生点位2538个,古镇景区各类架空网线无序化、占道经营、违规停车摆物等乱象得到有效解决,交通拥堵、环境秩序状况明显改善。按照"修旧如旧,忠于历史"原则,复建辑睦坊、状元坊等严州古城牌坊15座,修缮老建筑70余幢,建成清邮局、德文化馆、龙山书院、陆游与严州展陈馆等沉浸式文化展馆15处,打造历史街区5个。推出"知府巡街"、开城大典、虾灯等7项民俗文化展示活动,成功举办全国州府文化论坛及两届钱塘江诗路梅城诗词大会,提升了千年古府的品牌度。整合资源,建成姚坞旅游集散中心、梅城码头游客中心、古城旅游咨询点三级旅游服务体系。完成景区1247个指引标识改造,新建AAA级公共厕所3座,新建城区公共停车位1346个。开发"云上严州",打造迭代完善千年古城游客结构在线分析、古建筑保护数字化和游览资源小程序导引等功能11个,全力构建未来景区服务体系系统。2021年12月30日,浙江省文旅厅公布,梅城入选国家AAAA级旅游景区,成为建德市第五个该等级旅游景区。

【千鹤妇女精神助推共富】实施三大工程大力弘扬新时代千鹤妇女精神,以千鹤村为中心,串联起严州古城及顾家、龙溪、龙泉3个村优势资源,全力打造"千鹤一线红"共同富裕示范线。全年上述4个村共接待游客超100万人次,村集体收入达420余万元,比上年增长174%。

实施文化铸魂工程:出台《关于传承弘扬千鹤妇女精神激励巾帼建功创业的实施意见》。2021、2022年共承办浙江省新时代传承弘扬千鹤妇女精神理论研讨会、第三届全球女性发展论坛等多层次活动70余次,开展线上线下宣讲2000余场次,受众达732万余人次,千鹤讲解团队获评"全国妇联巾帼志愿示范宣讲队"。实施"共建助飞"工程:2022年5月,梅城镇与湖南韶山毛泽东同志纪念馆、杭州"五四宪法"历史陈列馆签约,打造红色基地合作新样板;全年承接亚非发展中国家女官员、省内外妇女干部培训130余批次、8000余人次,承接青少年研学70余批次、2300余人次。实施产业提质工程:以千鹤妇女精神教育基地为圆心,布局千鹤红色研学、龙泉乡村民宿、顾家龙溪农耕体验等3大产业区块,顾家工业园区腾退"低小散"企业46家,落地20公顷草莓标准地、"鹤彩乐园"农旅综合体等项目。

【高标准打造城乡风貌样板区】依据建德市美丽城镇建设和城乡风貌整治提升资金保障政策,制订并实施梅城镇方案:按照"基础+奖补"保障方式,2022年统筹划拨1亿元资金,镇级财政收入超收部分100%返还,优先用于样板区内基础设施建设。加大历史建筑保护力度,梅城镇完成历史街区改造以及核心区30余幢历史建筑修缮,并对300余米元末明初古城墙进行保护性修复。打造"三江诗路""水润江南""凤栖圣地"等10条美丽乡村精品廊线,全域提升城乡风貌。打造"共富集市"品牌,推出4条以人文体验、休闲观光、红色文化为主的共富旅游带,积极发展生态观光、农家体验等乡村旅游业。2022年共吸引游客257万人次，实现旅游收入3.8亿元，分别比上年增长15%、18%。

【清朝耳目坊修复建成】5月，严州古城牌坊典型——清朝耳目坊复建竣工，对游客开放。“清朝耳目坊”位于梅城镇府前街三元坊北面，明万历四十四年(1616)由严州知府黄卷为广东省巡按监察御史毛一鹭所建，毁于20世纪60年代。经考古认证，按照旧貌进行复建。该牌坊除极少残件无法修补而以其他古牌坊残件予以替换之外，全部采用2018年考古发掘出土的清朝耳目坊原构件修复，使之成为严州古城又一处文化地标建筑。

【危旧房改造工程交付使用】1月1日，梅城镇危旧房改造工程完成建设并移交物业管理使用，危旧房改造户陆续迁入新居。该工程位于梅城镇入城口杨梅公路北侧，项目总投资4.6亿元，用地面积约4.56公顷，建筑面积123707平方米，建设安置房共1056套。2018年12月开工建设，2022年11月物业入驻并完成各项验收。

【严州古城步行街入选省级旅游休闲街区】5月，严州古城步行街入选浙江省省级旅游休闲街区培育名单。严州古城步行街区域内南宋州府街巷肌理存留完好，文化底蕴深厚，沿街有店面商铺320家，商业氛围浓郁，融合文化、文创、康养、旅居等功能为一体。近年来，梅城镇全面贯通玉带河，引新安江活水入城，重点打造十字街口、宋家湖区域、龙山书院范公祠等沿线节点，并以省级未来景区改革试点为载体，推进街区景区化建设及业态调整和产业导入，打造集吃、住、行、游、购、娱于一体的综合性步行街。

【吴茱萸交易市场在利群村建成】建德吴茱萸是国家地理标志农产品，以梅城镇洋尾片区所产吴茱萸为代表。2022年，该片区滨江村、洋程村、利群村、伊村村1329户种植户共种植233.8公顷。2010年起药材市场行情看好，价格见涨，吴茱萸成为当地农民增收的重要产品。为改变种植户单打独斗经营局面，助力农户快捷精准了解市场行情，掌握销售信息，同时有利于采购商批量集中收购，降低成本，高效选择优质产品，最终推动本地吴茱萸提质增效、助力村民增收致富，4个村实施抱团发展战略，筹资136.7万元在利群村文化礼堂建设吴茱萸交易市场，面积836平方米，以集中式进行销售，日交易额70万元。 **(李雨馨)**

杨村桥镇

【概况】2022年，杨村桥镇行政区域面积134.14平方千米，辖13个村，年末户籍总人口20626人，全年出生136人、死亡200人，人口自然增长率-3.09‰。全年实现限额以上社会消费品零售总额1783万元，比上年减少28.6%。财政总收入1.05亿元，其中地方财政收入3842万元，比上年分别下降4.2%、1.1%。

有规模以上工业企业15家，其工业总产值15.03亿元，比上年下降4.1%；销售产值14.56亿元，下降4.7%。规模以上工业增加值2.76亿元，下降1.3%；自营出口7446万元，下降20.2%。固定资产投资2.49亿元，下降47.9%。其中制造业投入1.28亿元，下降50.4%。新增国家高新技术企业3家(建德市金凯电器工具有限公司、杭州卓信实业有限公司、杭州瑞森椅业有限责任公司)。数字经济产值0.60亿元，增长27.6%。整治低效用地15公顷，盘活闲置用地5.0公顷，淘汰落后产业用地2.67公顷。

全年新招引3个亿元以上重点项目。隅田川咖啡总部及仓储文旅综合体建设项目计划总投资2.5亿，占地面积4.73公顷；“翠沁斋”预制菜生产建设项目计划总投资1.5亿元，用地面积2.53公顷；宋都·建德高端新型储能零碳产业园项目计划总投资6亿元，用地面积5.33公顷。朝美医疗产业园项目完成建设，新建厂房、综合楼9.5万平方米，累计完成投资2.63亿元，部分生产线投入使用。

有耕地面积832.87公顷，林地面积1.12万公顷。农业总产值5.32亿元，比上年增长3.8%。农作物播种面积1269公顷，其中粮食作物播种面积

480公顷、总产量900吨；水稻播种面积206公顷，产量775吨。油料作物播种面积235.7公顷、总产量711.14吨。完成651.96公顷耕地地力保护补贴发放，计4893户、资金83.12万元。全镇草莓种植户1565户、种植面积452.2公顷、产量1.43万吨，产值7.0亿元，其中：在杨村桥镇域内的有335户、203公顷、产量3500吨、产值2.5亿元。蜜梨种植面积219.4公顷，产值1350万元。白茶种植面积113公顷、产量3吨、产值450万元。完成迹地更新项目30公顷，珍贵树种施肥抚育项目45.33公顷，公益林抚育项目53.33公顷。

开展金建铁路建德段、高铁门户区场地平整及综合整治一、二、三期等项目征收工作，全年征收土地1.77公顷、房屋4幢。完成梓源安置房(众安公寓)分房215套87户；完成清溪家园车库分配188个、柴间分配49个，共165户。全面完成龙源水库项目建设并通过竣工验收、正式投入使用。全年完成水利工程项目建设8处，总投资1500万元；"四好农村路"建设4条、总里程3.7千米，总投资509万元。

全年新办理低保对象33户、低收入边缘户22户。共发放各类慰问金、救助金488万元，惠及417人。13个村级老年食堂持续7年常态运营，新增9个助餐点，累计送餐上门1058次，建立"亲情直通车"养老服务关爱平台。新建小儿托育中心、成长驿站各1家，"莓美与共"妇女儿童驿站被认定为杭州市二星妇儿驿站。

有幼儿园、小学、初中、成人学校各1所，在校师生人数1174人。有卫生院1所，村卫生室12个，卫生技术人员36人。农村居民城乡居民基本医疗保险参保率99.74%。继续实施"美丽城镇"建设项目，总投资约1280万元，组织实施基础必备类项目2个、产业提升类项目2个、民生实事项目5个，成功创建为杭州市美丽城镇样板镇。打造杨村桥村、长宁村、岭源村、十里埠村15分钟文化圈。龙溪桥村完成浙江省小康体育升级村建设，绪塘村、龙源村完成杭州市"百姓健身房"项目。

【草莓产业实现新突破】扩面新增梓源、上山等村草莓标准地50.67公顷，实现村集体增收260万元、莓农增收3800万元。建成空中草莓智慧农业展厅，占地面积900平方米。与杭州四维生态科技有限公司合作，投资1500万元，完成占地面积2500平方米的数智草莓植物工厂建设。投资1500万元，实施草莓科创大楼建设项目，至年底完成大楼主体工程。推进草莓科创大楼组培育苗基地建设，占地1000平方米；建成村级育苗基地10公顷。与叶氏兄弟果业集团合作，引进种植新品种"日辉白"5亩，最高售价达99元/颗。杨村桥镇草莓观光休闲种植园选送的草莓新品种"建德白露"在2022年浙江精品草莓评选中荣获金奖。开展"党建联建"，围绕草莓育苗、种植、销售、农旅"3+1"环节，将5个大类41个主体吸收为联建单位，打造"莓美与共"共富链组。

【首家乡镇社会治理综合服务中心启用】2022年，杨村桥镇投入80万元，整合公共服务、综合治理平台，建成并启用建德市首家镇级社会治理综合

◎ 杨村桥草莓小镇(杨村桥镇党政办公室提供)

服务中心。中心设有便民服务大厅、“大脚板”巡调展示厅、综治指挥中心、区域微型消防站，为辖区内的百姓提供民政服务、信访受理、矛盾调解、法律咨询援助等服务。通过建德市基层智治综合应用系统，协调管理辖区内的网格治理、城管等力量，推进基层治理体系建设，形成“17·治理”的镇域有效实践。

【朝美口罩共富工坊建成】朝美口罩·共富工坊位于建德市杨村桥镇朝美医疗产业园，主要从事口罩配件生产，年产量1500余万只，年产值1400余万元。朝美日化有限公司党支部与上山村、十里埠村、杨村桥村等党组织结对共建，积极探索“党组织+企业+共富车间”带富模式，通过“定向招工、定岗使用”，推动企业招录农村剩余劳动力、低收入农户，累计带动70余名村民就近就业，其中低收入农户7名、残疾人5名，为村集体增收12万元/年，人均增收5万元/年。朝美口罩·共富工坊入选省委组织部“党建引领共富工坊建设案例集”。

【绪塘村“数字乡村”“未来乡村”建设】2022年，绪塘村围绕“数字强农、数字富农”目标，搭建具有特色辨识度的数字农业、数字便民应用场景，建设草莓产业园科技种植展示区及全国种植技术领先的草莓示范园。“数字乡村”投入300万元，建成智能停车场、水肥一体机、阳光玫瑰基地数字化显示屏，购置旅游观光车等；“未来乡村”一期项目投入140万元，开展核心区外立面提升改造、绿化节点打造等。12月，该村承办杭州市深化“千万工程”建设新时代美丽乡村现场会，并获评2022年度浙江省美丽乡村示范镇。

【“互助长宁”文化先行示范村建设】在“整顿互助组”经验诞生地长宁片延续“互助”精神，开展以“互助长宁”为文化内核的共同富裕文化先行示范村建设。建立“长宁互助圈”以邻里之间5~8户村民组建“互助小圈”、街坊之间15~20户村民组建“互助中圈”、片区里60~80户村民组建“互助大圈”模式，分别开展生活互助、精神互助和生产互助。建设互助故事馆、实事求是工作站、互助菜园、互助洗衣坊、解忧课堂等一批互助场景。成功举办“浙江有礼·德润建德”市域文明新实践启动仪式。“互助长宁——新时代乡村共富志愿服务项目”获杭州市志愿服务大赛银奖，长宁村新时代文明实践站被命名为杭州市最美新时代文明实践志愿服务基层站。

【文旅节庆活动】8月，成功举办十里埠黄金水岸国际滨水公园“水上嘉年华”，并作为第二十届中国·17℃建德新安江文化旅游节活动重要组成部分，成为“杭州市全民健身最佳打卡地”。9月，综艺节目《奔跑吧·共同富裕篇》在十里埠黄金水岸、草莓小镇拍摄。12月16日，在绪塘村举行全面升级农业标准地建设大会暨第15届建德新安江（中国）草莓节开幕式，正式宣布《关于支持农业标准地建设的十条意见》，打通草莓产业园观光采摘游线路。杨村桥镇“草莓小镇”获评首批“浙江省网红打卡点”；德扬乐活岛、十里埠精品民宿、互助长宁乡村等景点串点成线，成为共富精品旅游线。

（王　赛）

下涯镇

【概况】2022年，下涯镇行政区域面积161.78平方千米，下辖11个村，年末户籍总人口27158人。全年出生218人、死亡208人，人口自然增长率0.04‰。全年实现限额以上社会消费品零售总额6827万元，比上年增长11.3%。财政总收入5.68亿元，增长71.9%，地方财政收入1.8亿元，比上年增长78.6%，增幅均位列全市第一。

有规模以上工业企业35家（新增1家，杭州赛肯新材料技术有限公司），其总产值166.88亿元，销售产值167.42亿元，比上年分别增长9.6%、10.4%；规上企业工业增加值30.18亿元，绝对值全市排名第一。自营出口14.74亿元，增长5.4%。固定资产投资额14.44亿元，其中制造业投资13.5亿元，分别增长11.3%、7.8%；高新技术产业投资额3.89亿元。数字经济核心产业增速

90.4%。新增醉之江主题酒店(杭州)有限公司、建德市硕真禽蛋专业合作社2家规上服务业;新增建德市中源家纺有限公司、德爱威(中国)有限公司、杭州壹凌贰四互联网科技有限公司等高新技术企业3家。新增省科技型中小企业10家。中策橡胶春秋厂区改扩建及仓储配套项目钢四车间、浙江金喜鹊建筑装饰设计有限公司年产2万套家具生产线建成投入试生产，杭州新安江工业泵新建年产600台新型钢衬防腐设备生产线项目开工建设。

有耕地面积1107.76公顷，林地面积12901公顷,园地428.8公顷。全年造林面积20公顷,幼林抚育186.6公顷,审批林木蓄积采伐量3192.19立方米。农业总产值6.68亿元，比上年增长3.6%。全年水稻播种面积204.33公顷，总产量1414.5吨。油菜籽播种面积376.53公顷,总产量1000吨。年末生猪存栏2500余头，蛋鸡存栏27万羽。全镇11个村实现经营性收入897.34万元,增长23.86%。实现经营性收入30万元以上全覆盖,其中6个村达50万元以上，4个村(春秋、之江、乌驹市、丰和)达100万元以上。

全年新增最低生活保障农户22户。基本医疗保险参保率达99.7%。推进家庭医生签约、适龄妇女“两癌”筛查、妇幼“两免”、计生特殊家庭“暖心行动”等普惠性政策落地落实,累计发放各类保障金300余万元。完成城乡居民健康体检7314人次;办理医疗救助等临时救助14户、残疾人两项补贴8813人次,补助金总额300万元。对全镇在册农村四类困难人员进行危旧房评估和鉴定,拆除和改造困难群众危旧房7户；慰问特殊家庭241余次,临时救助21户,累计发放5.5万元。完成春秋二期27套联建房和黄东坞里仁嘉苑第一批、和美家园三期共296套安置房分配工作。深入实施“平安下涯”建设计划,金洲村、丰和村创建为浙江省乡村善治示范村。

全年完成国道320线建德市杨村桥至龙游县会泽里段改建工程、新安化工防护距离工程、马目园区胡家畈基础设施等项目征迁房屋113户、征收土地78.73公顷,为交通建设、园区扩容、企业落地腾出空间。

年末,有镇属义务教育阶段学校2所,其中,镇中心小学学生567人、教师40人,马目中心学校(内设小学和初中)学生183人、教师40人。幼儿园4所,其中,镇中心幼儿园、马目分园、大洲分园共有在园幼儿350人、教职工57人,民办幼儿园1所,有在园幼儿82人、教职工14人。

有镇卫生院1所,村卫生室10个(一体化9个、非一体化1个),有卫生技术人员49人。

【共富链组推进】2022年，下涯镇推行以之江联动下涯、江湾等村,发展乡村旅游产业的“未来之镜”之江湾共富体,以施家联动乌驹市、丰和、马目、联和等村,发展以劳服公司为载体、多企带多村的“企农智创”链组共富体,以春秋、大洲、金洲为主体,一企带多村的“企农智富”链组共富体,3个共富体实现镇域各村全覆盖。成立3个强村公司,迭代升级“132”运行模式,兼顾“农户+强村公司+运营企业”三方利益,形成“保底收益+超收分成”二元分配机制。11个村全部完成村级集体经济巩固提升目标年度任务,其中“5030”“8050”和经营性收入100万元三项目标任务完成率均位居建德市乡镇(街道)第一;《升级“家门口”幸福绘就“未来乡村”新图景》项目入选建德首批十佳共富案例。

【美丽城镇建设获评浙江省样板】2022年,下涯镇继续实施“美丽城镇”建设各类项目,完成镇公共交通、邻里中心、下涯村寺坞沿线重要节点等美丽城镇项目8个,优化“15分钟生活圈”;坚持数字赋能,围绕“1+5+X”整体架构打造智慧平台,即一个园区总揽,涵盖安全、环保、应急、能源、封闭五大功能模块,融合预警和企业服务两项特色模块,形成具有下涯辨识度的数字化改革成果；深挖城镇资源,以工业为特色,串联沿江自然风貌及园区工业产业,形成“自然+工业”旅游线路;10月、12月,下涯镇先后获评2022年度杭州市第二批美丽城镇市级样板、美丽城镇省级样板。

【之江村获评省级未来乡村】2022年，下涯镇持续推进之江村未来乡村项目,以人本化、生态化、

◎ 9月25日,“奔跑吧·兄弟 共同富裕篇”在之江村录制(陈鑫/摄)

数字化为建设导向,面向未来统筹推进“9+N”场景建设,投资700万元在之江村试点实施数智治理,打造建德特色的“数字乡村”标杆村。坚持病有良医,完成之江、施家2个村未来卫生室建设,为村民提供云诊间智慧化诊疗、健康体检一体机检查等“云村医”功能体验,之江村未来村卫生室获评浙江省四星级智慧健康站,为建德市唯一、杭州地区村级唯一。5月,之江村获评浙江省首批、建德市首个未来乡村,12月获评2022年度浙江省未来乡村创建成效优秀村。11月30日,该村承办杭州市深化“千万工程”建设新时代美丽乡村现场会。

【下涯镇获评浙江省AAA级旅游景区】探索推出集四季采摘+摄影休闲+民俗餐饮于一体的精品旅游线路;之江七彩开心田园、花舍民宿二期建成并投入使用,鼓励农户参与乡村旅游,引导发展新增民宿7家,新增家庭农场14家;协办“2022年度建德17℃新安江马拉松”,“奔跑吧·兄弟 共同富裕篇”在之江村拍摄录制,引发新一波网红打卡热潮。4月,下涯镇被命名为首批省级“摄影之乡”;11月,之江村被命名为浙江省生态文化基地;12月,获评浙江省AAA级景区镇。全年全镇共接待游客66.8万人次,增长11%;旅游收入4820万元,增长13%。

【之江村卫生室获评省级四星智慧健康站】10月,下涯镇之江村卫生室入选全省第一批、第二批星级智慧化社区卫生服务站名单,获评四星级智慧健康站。该卫生室采取家庭医生签约团队为主体的服务模式,村民可以享受到基本医疗服务、国家基本公共卫生服务及其他个性化的家庭医生签约服务。卫生室拥有智能自助管理一体机、智能药柜、智能检测仪等新的智能医疗设备,同时自助微诊室可实现在线问诊、在线结算、健康体检以及智能药柜自动发药,整个自助就诊流程仅需10分钟左右,方便偏远乡村慢性病患者看病,村民基本实现“小病不出村”的目标,解决了村民“看病难”“开药远”的难题。

【“一老一小”关爱服务】按照国家二级敬老院标准要求,投入300余万元完成下涯镇农村五保供养服务中心提升改造;举办各类健康知识宣传讲座,发放健康知识宣传册1536册,惠及856人。积极谋划下涯中心小学改扩建项目,投入300余万元资金用于校舍维修、奖教金优化、平安校园建设等,打造平安、健康、幸福成长的良好环境。下涯中心小学、下涯中心幼儿园、马目中心学校3所学校同时获评建德市一类学校。10月,之江村获评浙江省首批共同富裕基本单元“一老一小”示范场景。 (刘学琛)

大洋镇

【概况】2022年,大洋镇行政区域面积223.92平方千米,辖19个村,年末户籍总人口数33032人。全年出生212人,死亡328人,人口自然增长率-3.50‰。实现限额以上社会消费品零售额6214万元,比上年增长45.3%。财政总收入1.26亿元,其中地方财政收入4472万元,分别增长32.6%、32.8%。

有工业企业38家和三产服务业企业50家。

实现规上工业总产值39.35亿元，比上年增长5.9%;销售产值39.48亿元,增长9.2%。规上工业增加值7.35亿元,增长1.1%。完成固定资产投资3.77亿元，下降38.9%，其中制造业投资3.06亿元。实现自营出口4.66亿元,下降24.2%。招商引资落地亿元以上制造业项目1个（浙江大洋生物科技集团股份有限公司800吨/年盐酸氨丙啉和2500吨/年含氟芳香烃系列产品搬迁改造项目），亿元以上服务业2个（杭州建德华电福新能源有限公司浙江华电建德大洋镇150兆瓦农光互补光伏发电项目、杭州目科商业管理有限公司目科小微创业园）。年末外资招商实到外资368万美元。浙江大洋生物科技集团股份有限公司年产2.5万吨碳酸钾和1.5万吨碳酸氢钾项目建成投产,累计完成投资1.7亿元。年产5万套工程木门暨整木家居建设项目、大洋生物科技有限科创实验信息中心项目土建竣工,浙江新化化工股份有限公司(简称新化化工)新材料研究院一期(中试项目)及生产保障中心顺利开工。新化化工数字化车间获评2022年度第一批智能工厂，新材料产业基地项目入选省引领性重大产业项目储备库。大洋生物获评工信部专精特新“小巨人”称号。新增建德市大洋实业有限公司、建德市旭阳新型墙材有限公司2家国家高新技术企业。

有耕地面积2381.28公顷,林地面积18189.8公顷,农业总产值5.51亿元,减少2.1%。全年粮食作物播种面积1312.4公顷、粮食总产量7275吨,其中水稻播种面积350公顷、总产量2920吨。油菜籽等油料作物播种573.5公顷，比上年下降0.3%;总产量1678吨,增加7.4%。茶园面积768.7公顷,增长1.6%;总产量498.06吨,下降1.0%。橘园面积257.3公顷、总产量1.5万吨,分别比上年增长43.6%、7.1%。特色水果枇杷园面积452.7公顷,下降4.9%;总产量2374.1吨,增长11.1%。杨梅园面积595.6公顷、总产量1813.91吨,面积、产量与上年基本持平。年末生猪存栏7.38万头,家禽存栏66.5万羽。

全年实施垦造水田项目1个（建德市大洋镇新源村庄头旱改水项目),合计面积约2.07公顷。完成倪家、建南等两个村永久基本农田集中连片整治60.8公顷；胡店等村72公顷永久基本农田集中连片整治项目完成立项工作。

全年投资1.1亿元，完成三江治理提升改造工程主体建设;投资600余万元,完成直坞水库、黄山水库2座水库除险加固,完成八亩垄上山塘、上下坦田垄里塘、里王山塘等3座山塘综合整治，完成江东村江东溪河道综合整治1处，大洋镇大溪流域、新联溪流域、江东溪流域水环境得到有效改善，防洪防台及抗旱能力得到有效提升。投资200余万元,完成对刘坞水厂供水设备提升改造;开展全镇自来水管网全面排查整改，利用290万元抗旱资金，完成小洋自然村自来水管网延伸工程、15处单村供水点应急机井及部分管网改造增压建设。

年末,全镇低保在册总数730户872人。新增低保75户。全年对各类困难户51户发放临时救助3.34万元。实施危房改造2户。城乡医保参保率99.73%。特困人员城乡基本医疗保险参保率100%。

年末,有义务教育阶段学校4所。其中,初中1所，在校学生386人、专任教师44人；小学3所,在校学生792人、专任教师62人。中心幼儿园1所、分园2所,在园幼儿477人、教职工47人。大洋中心小学在浙江省中小学生艺术节中获声乐类二等奖和立体造型类二等奖。大洋幼儿园被评为省二级幼儿园、一类学校、文明平安学校。

全镇有卫生院1所,下属麻车、三河2家服务站,有村卫生室14个。卫技人员48人,其中高级职称2人、中级职称9人。

3月,大洋镇入选浙江省革命老区乡镇。4月,获评浙江省农村土地承包经营权确权登记颁证成绩突出集体,为建德市唯一;12月,大洋镇庆丰村被命名为浙江省2022年度省级民主法治村，建德市兰江(大洋章家—严东关)获评“浙江省美丽河湖”。

【农村道路提升改造】2022年,大洋镇投资1200余万元，完成白章线—新联村、何家坞—杨宅后、小洋—大洋、白章线—下徐村等农村道路大中修公路6.6千米。完成外樟桥、东坞垄桥等危桥改造。完成胡店村—塘坞、新源村—西坞、新源村—姜山、建南村—五百源等农村道路改造提升建设 5.5 千米。

【“新安·17 治理”试点改革】大洋镇在“新安·17 治理”改革中，引领基层智治，以较高水平的基层治理能力和治理水平提升，有力推动了基层网格智治系统性改造和升级，在全市率先完成 2022 年第一批（4 件）信访积案“清零”任务，受到中共建德市委、市政府的高度评价。

9 月 7 日，建德市“新安·17 治理”改革现场会在大洋镇举办。大洋镇做典型经验发言，并代表建德市通过杭州市基层智治综合应用场景验收。

【浙江华电 150 兆瓦农光互补光伏发电项目开工】9 月 24 日，浙江华电（杭州建德华电福新能源有限公司）150 兆瓦农光互补光伏发电项目举行开工仪式。该项目位于大洋镇建南村，是 2022 年全省首个 100 兆瓦以上的集中式地面光伏站项目，也是建德首个大型山地光伏电站，占地面积 93.33 公顷。项目总投资 7.15 亿元。

【大洋镇获评“五水共治”省级优秀乡镇】2 月，大洋镇获评浙江省“五水共治”优秀乡镇。该镇坚持问题导向和目标导向，对照问题补短板，精准发力重落实，确保“碧水”成效。对河道持续开展“地毯式”“拉网式”检查，建立健全问题河道“曝光”机制，对存在的问题全面整改，落实一问一销号机制。全力攻坚治水项目，深化河湖水岸治理，推行“幸福河湖”引领治河。继续落实河长制工作责任，要求各级河长全面完成“管、治”目标，明确职责，通过集中开展河长秋冬巡河行动，及时发现和解决河道管理中遇到的问题，为实现全市“高质量夺金鼎，高标准打造碧水样板地”年度治水总目标贡献力量。

【举办第二届大洋镇农旅文化节】4 月 21—27 日，大洋镇举办第二届农旅文化节。本次农旅文化节以“红耕大洋埠 共富兰江畔”为主题。在开幕式上，大洋镇发布“红耕大洋”农产品区域公用品牌 IP——“洋小枇”形象，为共富党建联盟授牌，并为建德市众联农业发展有限公司和建德市伍村农业发展有限公司两家强村公司揭牌，两家公司现场进行项目签约，实现品牌化运营。

【党建品牌打造】2022 年，大洋镇高质量推进“争星晋位”“双强六好·两新创优”“链组党建”“共富工坊”等工作，培育五星级党组织 4 家。深化“三争三比”“每天劳动一小时”等经验做法，组建共富链组 2 个，打造市级示范性共富工坊 2 家（三合富针纺工坊，庆丰日化用品加工工坊），获评“链组党建”优胜单位 1 个（三合富共富链组）、三星级工坊 1 家（三合富针纺工坊），做法成效获《中国组织人事报》《光明日报》等国家级媒体点赞。

◎ 大洋镇青云桥（大洋镇党政办公室提供）

【大洋镇婴幼儿成长驿站建成】8 月，根据大洋镇人大代表“2022 年增加农村幼托班”建议而投资建设的镇婴幼儿成长驿站建成投入使用。该驿站位于大洋镇大洋村党群服务中心内，建筑面积 100 余平方米，内设幼儿阅读区、儿童游乐区、亲子互动区、家长学习区、母婴室等功能区块。以明亮的黄色为主色调，活动区设施以原木色系为主，母婴室配备功能齐全，还免费向婴幼儿家庭提供育儿技能指导、亲子游戏陪伴、辅食知识讲解、儿童健康管理等社会服务,硬件设施和"软"服务一应俱全。

【"双童"烈士纪念馆重新开放】7月1日,大洋镇举行"双童"(童祖恺、童润蕉)烈士纪念馆重启仪式,恢复对外开放。该纪念馆成立于2012年,十年间,先后获评杭州市爱国主义教育基地、红色博物馆联盟成员单位,是建德市党史学习教育和党性锻炼的重要基地。2022年大洋镇投资50余万元,对该纪念馆进行提升改造,丰富展陈内容。2022年4月,该纪念馆被认定为浙江省第二批青少年红色基因传承基地;9月,烈士生前活动过的童家祠堂荣获浙江省第二批乡村博物馆。

【首届大洋镇江鲜节】9月8日晚,"红耕大洋埠共富兰江畔"大洋镇首届江鲜节开幕,一大批具有大洋镇地方特色的小吃和农产品参与活动,吸引数千名居民来"尝鲜"。同时举行大洋镇红耕公益基金会成立仪式,颁发"味道大洋"网络短视频大赛各类奖项。在同步进行的环三江口片区美丽城镇集群共富集市上,一批大洋镇本地企业共同成立共富基金。此次活动,旨在通过看大洋新变化、大洋新美景、大洋新美食、大洋新青年,推动大洋镇农文旅项目融合发展。 (鄢 妮)

寿昌镇

【概况】2022年,寿昌镇行政区域面积155.07平方千米,辖23个村、4个社区,年末户籍人口44559人。全年出生253人、死亡368人,人口自然增长率-2.57‰。实现限额以上社会消费品零售总额1.45亿元,比上年增长43.9%。财政总收入3.35亿元,其中地方财政收入1.08亿元,比上年分别增长5.4%、3.1%。

全镇(含建德市经济开发区)有规上工业企业28家(镇16家、开发区12家)。规上企业总产值39.71亿元,比上年增长1.1%,销售产值38.78亿元,比上年下降0.6%。规上企业增加值11.97亿元,下降8.9%。自营出口1.17亿元,增长35.15%。固定资产投资额12.31亿元,下降13.8%,其中制造业投资4.46亿元,增长60.3%。有规上数字经济企业2家,培育建德市级智能工厂项目库1个(建德红狮水泥有限公司)、数字化车间项目库2个、数字化攻关项目库3个,年末实到外资368.39万美元。

有耕地1638.82公顷,林地1.06万公顷。农业总产值4.355亿元,增长3.9%。粮食播种面积1211公顷,总产量6715吨;油菜播种面积601.3公顷,总产量1957.5吨;果用瓜种植面积130.87公顷,总产量3574.42吨;蔬菜种植面积703.07公顷,总产量20362.53吨。年内生猪出栏3555头、家禽出栏10.55万羽;年末生猪存栏2454头、家禽存栏11.06万羽。

新建高标准农田64.2公顷,完成"非粮化"整治19.98公顷;成功创建杭州市级示范性农民专业合作社1家(建德市寿昌镇利祥粮油专业合作社);省级水产健康养殖示范场1家(杭州千岛渔业有限公司)、省级示范性家庭农场3家、杭州市级示范性家庭农场4家、建德市级示范性家庭农场9家;培育省级林业乡土专家1名、杭州市级乡土产业技能大师1名、农创客43名、农村实用人才540名。

完成红路村、余洪村、童家村等"美丽乡村"达标村认定工作,西华村、十八桥村等"美丽乡村"精品村认定工作,实现寿昌镇新时代美丽乡村全覆盖;创成杭州市数字乡村样板镇村(寿昌镇、山峰村、桂花村)、未来乡村(山峰村)。寿昌江(寿昌段)入选浙江省、杭州市"美丽河湖"名单。投资1478万元提升改造农村生活污水处理设施,推进农村饮水和生活污水长效管护全覆盖。完成寿昌江综合治理工程翠坑溪段、山峰溪段建设,建成绿道9千米、修缮挡墙1.3千米。投资495万元完成连乡结村帮扶项目9个。成功争取上级"一事一议""区市协作"等各类项目补助1715万元,补齐农村公共基础设施短板。

全年完成低(残)保、低收入边缘人员、特困人员859户1014人信息核查,对1500余人发放残疾人重度护理、困难生活等各类救助金514.37万元。申报并基本完成困境儿童"理想小屋"改造20

◎ 寿昌镇桂花村田园卡丁车运动场(寿昌镇党政办公室提供)

户。成功创建杭州市示范型未成年人保护站。全年参加城乡居民基本医疗保险 20952 人，参保率达 99.7%。

年末有镇属中小学校 3 所，中心幼儿园 2 所，分园 5 所，民办幼儿园 1 所，在校学生 3992 人，教师 325 人。寿昌二小蝉联杭州市“市长杯”足球联赛男子甲组冠军，并获浙江省第十三届中小学生校园足球联赛第四名，被评为浙江省健康促进银牌学校。有卫生院 1 所、社区卫生服务站 2 所、一体化村卫生室 13 所、非一体化村卫生室 4 所，养老院 2 所。

2022 年，寿昌镇获评浙江省数字生活新服务特色镇、第三批浙江省文化和旅游促进共同富裕最佳实践案例、2022 年度杭州市数字生活新服务特色镇（街）、2022 年省级宗教法治宣传教育基地、建德市“同谱共富曲 献礼二十大”活动十佳案例、2023 年全国示范性老年友好型社区浙江省创建培育名单、首批杭州市“文旅赋能·乡村共富”乡村旅游产业集聚区等 10 个创建荣誉。

【杭州市夜间经济集聚示范区打造】夜经济集聚区位于集镇中心地带，以横纵双轴为总体架构，全长 1500 米，连接东昌路、解放路、西昌路等，总占地面积 5 万余平方米。横轴以中山路步行街为主，西至后邵巷段长 700 米，以“寿昌 909”夜宵经济为主。寿昌镇结合数字化改革，打造“909”数智街区项目，开发智由消费系统，提升政府管理效能、商家运营效益、消费者服务体验。2022 年 10 月底系统上线，完成政府端培训 1 次、商户端培训 3 次。

【“十里寿昌江”农文旅融合】聚焦“十里寿昌江”区域，通过流转闲置房屋、空地等资源，引进“慢时光·乡村咖啡馆”“奇思妙想研学基地”“乡村‘909’露营基地”等项目，推进杭州书房、数字游客中心、中国结体验工坊等新业态。结合圣女果、草莓等产业，引入社会资本，形成四季果蔬园，开发赏花、采摘等乡村旅游活动。借助寿昌区域公共品牌打造契机，将“十里寿昌江”范围内农特产品、旅游产品、商业业态、研学项目整合进大体系、集体换新颜、统一运营输出，延伸产业链、人才链，实现流量共享、发展共富。2022 年，区域内引进涉旅业态 12 家，接待游客 56.2 万人次，实现旅游收入 3689.4 万元。

【寿昌镇千年古城复兴试点建设】1 月，寿昌镇被浙江省发改委列入浙江省第二批千年古城复兴试点建设名单。

寿昌古城历史源远流长，距今已有 1700 年置县历史。古城内古迹留存众多，有青龙头古人类活动遗址、寿昌古城墙及南浦桥等省级文物保护单位，有传承至今并常态展示的省级非物质文化遗产项目——天罡拳，“寿昌味道”饮食文化独具特色。自 2020 年实施千年古城复兴计划以来，寿昌镇瞄定高标准打造千年古城复兴标杆的总目标，第一时间成立领导小组和工作专班，聚焦文化复兴、特色产业、百姓宜居三大领域，加强规划引领，统筹要素保障，高位谋划寿昌千年古城复兴，取得美丽城镇省级样板、省 AAAAA 级景区镇、省千年古镇地名文化遗产、省历史文化名镇等多项荣誉。2022 年强化在旅游配套设施建设提升，先后新建旅游公厕8处、绿道驿站3处、游客接待中心2处，集镇融入宋韵元素，打造宋韵花灯墙等点位19处，将西湖茶室提升改造为宋韵活动体验馆。编撰寿昌文化系列丛书8本，出版发行《寿昌风物》《寿昌古诗文选注》等5本图书2000册。

【启动“走村不漏户 户户见干部”2.0版】3月10日，在寿昌镇举行建德市“走村不漏户 户户见干部”2.0版启动仪式。杭州市委组织部、建德市相关领导参加启动仪式。活动现场播放纪实片《共富路上走村记》；对“走村不漏户 户户见干部”2.0版进行解读，明确2022年度各项走访活动计划；向16个乡镇街道“走访服务队”代表授旗；创客代表、乡贤代表、致富带头人代表和网格员代表共同上台发表“走村共富宣言”。

【寿昌污水处理厂一期扩建项目完工】该项目是千岛湖世行贷款子项目之一。工程投资总概算1.2亿元，设计规模为1.5万吨/日，主要建设内容为新建A/A/O生化池2座、二沉池2座、重力浓缩池1座、沉淀池1座及变配电间等；新建DN500污水管网约4千米。设计建成后污水排放试行《城镇污水处理厂污染物排放标准》(GB 18918—2002)一级A标。该项目于2021年8月8日开工，2022年4月完工并投入运行。主要服务范围为岭后区块、更楼区块及寿昌区块的生产和生活污水。

【浙江理工大学寿昌实习基地成立】7月，寿昌镇团委与浙江理工大学建筑工程学院签订《社会实践教学基地协议书》，正式建立浙江理工大学寿昌镇实践基地，同时该校18名硕士研究生开始在寿昌镇进行暑期社会实践。基地成立后，双方本着“双向互动、优势互补、资源共享、合作共建”的原则，加快人才培养，服务地方建设，强化交流合作。

【第二届寿昌百姓日系列活动】5月5日，在寿昌镇南门广场启动以“共富寿昌江 幸福百姓日”为主题的第二届寿昌百姓日系列活动。启动仪式上，市领导为寿昌镇最美志愿者、最美乡贤、最美家庭等10个“最美系列”获奖者颁奖，寿昌镇有关负责人对该镇6项民生实事项目进行具体细致的介绍；《寿昌历史文化丛书》编撰代表对丛书编撰情况做介绍。现场锣鼓表演、舞狮表演，观看“最美寿昌”视频，感受寿昌人民的激情活力，了解寿昌的发展腾飞和美丽蝶变；共享数米长的百姓日蛋糕。当天还举行“十里寿昌江”毅行活动，进一步浓厚亚运氛围。

【周村村乡村游联合体成立】10月，围绕“共筑同心梦，同行共富路”主题，本着平台共建、资源共享、品牌共塑、服务共举、携手共富的宗旨，经周村村乡贤会召集，由江南春堂、杭州寿农农业开发有限公司、杭州富航农业产业有限公司3家联合发起组建寿昌镇周村村乡村游联合体，发展和壮大本地乡村旅游产业。 (王晓羽)

大慈岩镇

【概况】2022年，大慈岩镇行政区域面积86.58平方千米，辖12个村，年末户籍总人口20273人。全年出生116人，死亡207人，人口自然增长率-4.49‰。全年实现限额以上社会消费品零售总额1710万元，比上年下降33.9%。财政总收入7352万元，其中地方财政收入2385万元，比上年分别增长21.9%、3.8%。

全镇有规模以上工业企业14家(年度净增1家，新增2家(杭州依玲织造有限公司、杭州新宏凯管业科技有限公司)。规上企业总产值12.22亿元，比上年下降6.7%，销售产值13.07亿元，比上年增长1.5%；规上工业增加值3.23亿元，下降6%。完成固定资产投资2.25亿元，其中制造业投资1.87亿元，比上年分别增长83.5%、133.7%。自营出口1240万元，增长1.9%。全年赴杭州、金华等地开展招商23次，接待客商30余次，招引、签约亿元以上制造业项目、林业综合体项目各1个，总投资2.2亿元。年末实到外资5.0万美元。

屹通新材料产业园一期主体项目基本完工；二期项目开工并完成科研楼等建筑主体建设，项目累计完成投资1.35亿元；三期项目14.81公顷土地完成中标摘牌流程。杭州申邦净化设备有限公司被认定为数字经济企业。至年末,该企业工业增加值达到 600 万元,大慈岩镇数字经济实现“零”的突破。

有耕地面积 991.5 公顷,林地面积 5524 公顷。农业总产值 2.62 亿元。全年粮食作物播种面积 580 公顷、粮食总产量 4218 吨。其中谷物播种面积 370.6 公顷、总产量 3057 吨;豆类播种面积 93.8 公顷、总产量 374 吨;薯类种植面积 98.9 公顷、总产量 756 吨;油料作物(油菜籽为主)种植 366.8 公顷,总产量 880.3 吨。主要经济作物有白莲、西瓜、香瓜、柑橘、茶叶、蚕桑等,其中白莲种植 512.6 公顷(“十里荷 1 号”种植面积 267.3 公顷),莲子产量 523 吨,产值 7030 余万元。

全年帮扶困难群众 600 余人次,发放困难残疾人生活补贴 343 人、150.15 万元;享受发放重度残疾人护理补贴 440 人共计 104.55 万元。慈善助学 50 余人共计 12 万元;临时救助 35 人次共计 4.1 万元。困难户住房改造共上报 13 户,其中 C 级 12 户、D 级 1 户,至年底全部完成改造并通过上级部门验收。

完成“四好农村路”道路提升改造项目 3 个并通过竣工验收,项目被市交通局评为优良工程。启动国道 351 线过境段项目,完成 20 公顷土地征用、3 户房屋征迁。

坚持三地共同富裕,聚力全旅游事业发展。举办“上吴方正月廿”“新叶三月三”“第十四届建德荷花节”等活动,被新华社、《人民日报》《光明日报》等省内外 30 多家知名媒体和平台先后报道,“荷美大慈岩”旅游品牌美誉度显著提升。全年累计共接待游客 54.84 万人次,实现旅游收入 2000 余万元。完成大慈岩镇文体中心项目主体建设、里叶村省历史文化村落重点村项目等。通过抖音直播、网上农博、盒马鲜生、大润发等线上线下渠道,开展直播带货活动,进一步扩大“浙硒莲盟”品牌影响力,实现线上销售额 20 余万元。丰富新叶古村旅游业态,集中引流五十余批次研学团队。开放新叶书画室、玲珑堂密室逃脱、一木一叶树皮画、穿越照相馆、探秘奶茶吧、茶憩昆曲茶馆等一批新业态。实施并完成“新叶亲子乐园”改造提升,打造古村新业态。

继续丰富和完善民主法治建设平台,推进平安大慈岩建设,“新时代·邻里睦乡村善治”通过第三批省级社区治理和服务创新实验区验收,里叶村创建成为省级民主法治村,该村还被认定为杭州市第一批共富村之一。深入推进垃圾分类处理工作全覆盖,大慈岩印象新城小区创建为“2022 年度浙江省高标准生活垃圾分类示范小区”。

年末,有镇属义务教育阶段学校 2 所,初中、小学各 1 所,在校学生 565 人、教师 57 人;镇中心幼儿园 1 所,在园幼儿 265 人,教职工 50 人,其中教师 29 人。大慈岩中心幼儿园获浙江省一级幼儿园、全国足球特色学校。大慈岩中心小学获建德市中小学生文化艺术节曲艺类一等奖。有镇卫生院 1 所,一体化村卫生室 10 所,卫生技术人员 33 人。

【大慈岩镇获评浙江省园林城镇】 2019 年以来,大慈岩镇立足古建筑、民宿、莲子等文旅优势,将省级园林城镇建设与当地特色产业优势进行互补,利用本土荷花扮靓园林城镇。至 2021 年末,大慈岩集镇街道两侧道路绿化面积达 1.1 万平方米,建成区绿化覆盖率达 47.7%,绿地率 40%,人均公园绿地面积达 10.8 平方米。2022 年 1 月,省住建厅发布 2021 年浙江省园林城镇评审结果,大慈岩镇跻身浙江省园林城镇行列。

【大慈岩镇获评美丽城镇省级样板】 大慈岩镇紧紧围绕“建设新时代美丽城镇,打造杭州南部精彩窗口”总目标,建成“四好农村路”18 千米、美丽公路 6 千米、荷田绿道 18 千米。遵循功能互补、整体联动的建设规律,市内和寿昌等乡镇,市外和兰溪诸葛镇、龙游横山镇形成集群发展圈,在美镇集群发展基础上,打造全省唯一跨域联动的杭金衢“明清古韵 浙硒莲盟”县域风貌区。12 月,浙江省城乡环境整治工作领导小组发布 2022 年度全省美丽城镇建设工作考核结果,大慈岩跻身文旅特色型省级样板行列,被省建设厅推荐为 2022 年度中国人居环境奖。争得建德寿昌—大慈岩“历史遗韵”和全省唯一的杭金衢“明清古韵 浙硒莲盟”县域风貌两个省级样板区创建项目。

【持续推进三地共富工作】2022年,大慈岩镇继续推进与兰溪市诸葛镇、龙游县横山镇开展“同走共富路 同植共富林”活动,签订《“同心共富”联盟合作框架协议》;开展兰江流域共治合作,实施消防应急互助互救,建立走失人员共寻机制;组织“杭金衢三地非遗展演”,互邀参加当地荷花节,建立莲子价格互信,共享“浙硒莲”区域公共品牌,推出三地旅游景区联票。

【举办第十四届建德荷花节】6月29日晚,“荷美大慈岩·莲动共富梦”第十四届建德荷花节开幕式暨“活力浙江 共同富裕”短视频大赛(建德站)启动仪式在大慈岩镇里叶村举行。省委宣传部新闻处、浙江广播电视集团和建德市有关领导出席活动。活动期间,大慈岩景区与诸葛八卦村景区签署区域联动“旅游套票”景区票务合作协议、大慈岩镇与横山镇签署莲子区域品牌共建合作协议。水果莲种、荷美小镇、苗木综合体、荷莲产品电商团购等项目也进行现场推介,并共同签署党建引领链组共富合作协议。活动现场还进行共同富裕评书、荷娃舞台秀、新叶昆曲等极具当地特色的文艺表演。

【檀村村樟宅坞自然村获评省级荣誉】10月,大慈岩镇檀村村樟宅坞自然村荣获“省级传统村落风貌保护提升验收优秀村庄”称号。樟宅坞自然村历史久远,村内街巷四通八达,拥有崇义堂、敬承堂、古井、古民居等建筑,古香古色,古韵犹存。2016年樟宅坞自然村被列入中国传统古村落,之后檀村村不断加强对樟宅坞自然村风貌的管控,对临危古建筑进行抢修,安装智慧消防系统,对消防设施进行检查提升;对古街巷进行修缮,拆除道路中间与古建筑风格不符的小房子,拓宽道路,美化村庄环境;对原有水系进行修缮,改善水环境。

(韩 冰)

航头镇

【概况】2022年,航头镇行政区域面积157.76平方千米,辖18个村,年末户籍总人口34250人。全年出生202人、死亡257人,人口自然增长率-1.49‰。全年实现限额以上社会消费品零售总额1.08亿元,比上年增长4.3%。实现财政收入7863万元,比上年增长6.2%,其中地方财政收入3075万元,下降8.7%。

全镇14家规上工业企业总产值14.39亿元,销售产值14.44亿元,比上年分别下降3.8%、0.3%;规上工业增加值4.28亿元,年增长0.7%;完成固定资产投资1.47亿元,比上年下降0.7%;其中制造业投资6221万元,比上年增长42%;自营出口2.19亿元,增长15.9%。

引进杭州顺杰智能科技有限公司,新增税收24.2万元;浙江冠海科技发展有限公司成为限额以上社会消费品零售额(500万元)企业;新增13个民间投资项目入库,杭州刚信科技有限公司、杭州瑞沃德机电工业有限公司、杭州图实环保科技有限公司、建德市宏兴碳酸钙有限公司等项目竣工投产。完成建德市大健碳酸钙有限公司整治评估,建德市宏兴碳酸钙有限公司节能技术改造和布石新材料生产车间全过程节能技术改造项目投产运行。杭州沈氏节能科技股份有限公司“沈氏科技LNG海洋油气领域用换热部件省级企业研究院建设”获列中央引导地方科技发展基金项目,《扩散焊热交换器》《扩散焊接芯体制造检验技术要求》企业标准通过全国锅炉压力容器标准化技术委员会的技术评审。该公司“微连续反应节能装置”被列入第一批浙江省工业节能降碳工艺、技术、装备名单,产品获得碳中和服务认证AAAAA证书资质,公司“创新药CDMO商业化集成式微通道连续流生产设备”经浙江省经济和信息化厅鉴定,其技术处于国际先进水平。

有耕地面积1557.87公顷,林地面积1.2万公顷,农业总产值4.2亿元,增长0.7%。18个村集体经济总收入2806.93万元,增长45.3%,其中经营性收入1146.21万元,增长47.1%。实现“5030”所有村覆盖,其中13个村完成“8050”、4个村经营性收入超过100万元,石屏村在全市集体经济百万夺标比拼中获“优胜单位”荣誉。全年粮食播种面积1866.7公顷,总产量0.86万吨,粮食功能区最高亩产达到970千克。油菜种植面积

867公顷,总产量2402.8吨。茶园面积118公顷,总产量22.8吨。油茶、果园种植面积552公顷,总产量8750.7吨,其中桃园312公顷,总产量3105.7吨。年内生猪出栏6万头,禽总出栏量达86.5万羽,禽蛋年产量1.21万吨,均占全市供应量的20%左右。

在全市开展耕地“两非”(非农化、非粮化)整治工作中,全年整治苗木用地80余公顷。通过高标准农田示范区、千亩方等项目整治优化113.3公顷粮油标准地与30公顷草莓标准地,实施灵栖村100公顷连片高标准农田示范区项目建设;引进杭州序田农业发展有限公司和建德爱德帮(浙江)生态产业发展股份有限公司,注册资金总计1.3亿元;开工建设灵栖高标准农田示范区、草莓标准地、建德宏羽现代农业园、航头数字产业园、航川共同富“玉”生态园、幸福河湖六大重点农业项目,至年底累计完成投资5750万元 。

年末,辖区有初中1所,教职工66人、学生445人;小学3所,教职工89人、学生806人;幼儿园3所,教职工72人、在园幼儿440人。建成航头镇婴幼儿托育服务点,提升扩建镇五保供养服务中心,成功创建省四星级“残疾人之家”。有镇卫生院1所、石屏分院1所、村卫生室16所,卫生技术人员58人。争取杭州市区县协作与市镇两级资金1800万元,完成航头镇卫生院改扩建工程主体施工。

【美丽乡村建设】2022年,全镇共开展三次环保督察,重点指导碳酸钙、矿山行业完成65个点位环保隐患整改;扎实做好“四边三化”、全域美丽、公路两侧环境、迎亚运专项行动点位整改1200余个,完成率100%。继续实施东村、航头、石木岭、珏塘等四村“四好公路”建设,曹源至淳安县石林镇连接线道路建成通车,出行安全与便利得到有效提升。排查危旧房情况1422处,在册C、D级危房全部腾空;持续开展环境大整治专项行动,成功创成杭州市级农业特色型美丽城镇样板乡镇和基本达标型优秀乡镇;彭家村被评为省级高标准农村生活垃圾分类示范村;航川村、石屏村创建为AAA级景区村;完成石屏村杭州市特色村项目建设并通过验收,东村村获得建德市最美村,寿昌江(航头段)被评为省级美丽河湖。

【航头镇入选杭州市“水美乡镇”】航头镇境内地域平坦开阔,交通便捷、资源丰富,为省重点水土保护区,亦是国家级风景名胜区“灵栖洞天”所在地。自开展“水美乡镇”工作以来,该镇积极实施堤岸生态化改造,提升美化沿线景观,配套建设慢行道、亲水平台以及各类便民休闲设施,并设置安全护栏、导向牌、警示标牌等。通过一系列举措,实现镇内河道干净整洁,水质感官良好,满足Ⅲ类水质要求,且上下通达性、生态性和协调性好。经上级考核验收,航头镇入选杭州市2022年水美乡镇名单。

【文体惠民活动】10月,开展第九届“灵栖洞天·文化航头”农民文化节。大店口村文化礼堂获评浙江省四星级文化礼堂,航川村舞蹈队获得建德第14届农村文艺调演金奖;完成钱塘江诗路文化传承生态保护区创建、彭家村非遗主题公园、航头初级中学根雕传习所建设;群众文化获得感、幸福感进一步提升。

【特色农文旅品牌建设】10月,航头镇成立水果玉米共富联盟,来自龙头企业、能人大户、农户以及电商销售团队50余人集体签约加入,同时发布“航头水果玉米”区域公共品牌。构建“企业+农户”机制,实现玉米扩面6.7公顷。依托各自特色农旅资源,根据“分片经营、连片抱团”合作原则,培育“漫游+康养+采摘”乡村文旅模式,打造“139欢乐农家”民宿品牌,建设石屏村康养民宿群。成立“乐游航头”联合体,投资1000余万元新建江南大冰洞新型农文旅、“军中梦——重走长征路”等项目,进一步将乡村游、休闲游全域提档升级。全年共接待游客58.8万人次,旅游收入1.14亿元。

【社会基层治理】2022年,航头镇继续壮大“锋平义警”队伍,积极开展“大队伍+善治理”攻坚行动,依靠党员群众力量助力乡村治理;强化网格化基层治理,构建“1+18+48”三级网格管理体系;依托

"17治理中心"和各村"共享法庭",整合司法、信访、派出所、法庭、民政所等部门矛盾调解资源,受理调解信访件517件,化解5个国家信访积案;实施"除险保安"专项整治行动,摸清镇域平安和安全风险底数,排查整治企业隐患743项;扎实推进道路交通安全整治,实现交通安全治理站镇村两级全覆盖;开展"逢五逢十"交通安全整治工作,投入150万元整改交通隐患点位103个;老年人安全宣教率100%,机动车宣教率74.4%。

【航头镇蔬果冷链分拣中心投入运行】1月,航头镇蔬果冷链分拣中心正式投入运行。该中心总投资120万元,占地面积约500平方米,配备蔬果分拣设备流水线1条、蔬果检测室1间、恒温冷库2间以及专用控温运输车1辆,辐射航头镇8个蔬果种植基地,日均设计处理蔬果快件2000件。

【航头复合生态湿地工程竣工】1月,位于航川村南八自然村的航头复合生态湿地工程竣工。该工程为千岛湖及新安江流域水资源与生态环境保护项目的一部分。建设目标为:在打造生态景观、承载科学研究的同时,开展湿地科普教育。建设内容为:充分利用寿昌江上游南八自然村段的现有消落滩,对原有荒滩、乱挖坑及芦苇丛组成的区域进行改造,依据地理地形条件及复合生态湿地的净化效果,建立多级引配水的净化系统。通过打造湿地净化系统,构筑生态屏障,完善立体植被的保护系统,保护生物多样性。项目于2020年10月开工建设,总投资349万元。 (王彦涵)

大同镇

【概况】2022年,大同镇行政区域面积172.21平方千米,辖34个村,年末户籍总人口54341人。全年出生272人、死亡460人,人口自然增长率-3.44‰。全年完成限上社会消费品销售总额3757万元,比上年增长9.6%。财政总收入3.2亿元,其中地方财政收入1.1亿元,分别增长24.5%、9.7%。

有规模以上工业企业19家,其总产值22.87亿元,销售产值22.53亿元,分别比上年增长1.4%、3.4%;实现规上工业增加值6.16亿元,增长6.5%。全年完成社会固定资产投资2.14亿元,下降58.9%。其中制造业投资1.14亿元,增长21.2%。自营出口1.3亿元,增长0.5%。招商引资年末实到外资403万美元。

全年完成低效工业用地整治16.87公顷。年末有省级中小微科技型企业7家,新增申请专利4项。杭州卡洛实业有限公司、建德市万翔羽绒制品有限公司产值分别达到5.3亿元、1.0亿元,企业规模得到提升。浙江安联矿业有限公司、杭州稳健钙业有限公司成功获评省专精特新中小企业,在专业(行业)领域影响力得以增加。浙江久晟油茶科技有限公司创建杭州市以上人才平台,至年末,进驻各类人才2名。年末有省级中小微科技型企业5家,新增申请专利4项。

耕地面积3461.3公顷,其中水田1600公顷(根据建德市规划和自然资源局统计的数据确定2022卷年鉴数据有误,现更正为耕地面积3400公顷,其中水田1600公顷)。林地面积1.2万公顷,其中竹林面积3333公顷、油茶面积2000公顷,是全市毛竹、油茶产业最大基地。农业总产值5.26亿元,增长14.8%。粮食播种面积2230公顷,粮食总产量1.6万吨。经济作物播种面积1817.1公顷、总产量2.4万吨,其中油菜籽播种面积870公顷、总产量2492.6吨。茶园面积339.5公顷、总产量490.97吨,蔬菜和食用菌种植面积558.4公顷、总产量1.62万吨,瓜果播种面积202公顷、总产量4947.43吨。年内出栏生猪5万头、家禽76.1万羽,年末存栏生猪3.3万头、家禽78.77万羽。其中规模饲养蛋禽112.58万羽,产值1.57亿元,为建德市现存少数几个规模养殖蛋禽基地之一。

全年在建垦造项目21个,其中完成验收项目17个,新增耕地面积61.31公顷;在建建设用地复垦项目4个,完成验收4个,新增耕地面积3.99公顷。投资1.35亿元,推进水稻、草莓、茶叶标准地建设,建成稻香小镇核心区块水稻标准地333.3公顷;开展31个水稻新品种栽培实验,推广应用稻鱼、稻虾、稻鳖等共育模式及水稻—草莓、水稻—小麦、水稻—油菜等轮作模式；同步推进基础建设与茶叶种植，建设茶叶标准地667公顷。实施高标准农田建设项目115.27公顷(含部分稻香小镇核心区块水稻标准地)，新建泵房共3座，河道整治21千米，山塘除险加固5座，水库、山塘安全鉴定19座，改善基本农田水利基础设施条件。完成万兴村、黄垄村的下湖自然村的生态清洁型小流域水土流失综合治理项目。4月，大同镇政府获“浙江省土地承包经营权确权登记颁证成绩突出集体”荣誉。全年种植抚育珍贵树种约100公顷，完成联合国世界银行项目林相改造749.47公顷。开展枯死松木除治工作，累计清理枯死松木面积133公顷。

以各类“美丽乡村”项目提升大同镇农业农村与文化、旅游融合质量，实施“6·6”里稻香农创线环境提升工程（二期)项目，投资1000万元对稻香农创线沿线村进行提升。实施“两山”红色古道修复项目，完成寿龙古道、七星古道项目建设。完成原23省道道路改造二期工程项目附属工程，完成清潭—盘山、古城山—黄山头、上马—石郭源等共计11.1千米路面大中修续建工程和道路绿化改造工程，完成溪口村、高桥村、葛岭村道路硬化工程，乡村交通条件及道路景观得以改善。富塘村江家厅、潘村村民俗文化展陈馆成功创建浙江省乡村博物馆。推出网红打卡点，打造茶园星空露营基地、步步惊心桥等项目。与超启团队合作打造“水稻奇幻之旅”研学课程，传承农耕文化，优化科普体验；推出大型乡村体验式研学活动《周末小村官》，激发稻田“研学热”。全年接待游客50.8万人次，实现旅游收入5100余万元。

全年纳入最低生活保障及残疾人生活保障体系共1392户、1736人，发放补助金176.61万元；全年临时救助54人，总发放金额4.57万元。为30户困难户家庭提供建房补助、总发放50.6万元。完成城乡医疗保险参保人数3.32万人，参保率99.7%，投入城乡医保镇级配套资金695万元。大同镇示范型居家养老服务中心溪口颐养院入住养老人员82人，其中国家集中供养29人、社会自理费用人员53人。落实残疾人辅具(轮椅、护理床、助听器）配送50人，残疾人无障碍居家改造11户，建成大同镇残疾人康复站。推进殡葬规范化建设，28个村实施节地生态公墓建设项目。

年末有镇属义务教育阶段学校4所（初中1所、小学3所)，在校学生2044人、教师201人。有幼儿园5所，在园幼儿777人、教师123人。完成大同初中宿舍改造提升、中心幼儿园暑期维修、大同二小操场塑胶、上马小学清廉馆、“竹韵文化”馆建设并投入使用。

有镇卫生院1所，卫生服务站(村卫生室)31所，医疗卫生技术人员128人，另有持证乡村医生21人及卫生协管员4人。全年家庭医生签约2.24万人。各卫生机构常年开展医疗服务进校园、进企业、进家庭“三服务”活动，全年提供服务6000余人次。

【大同镇获评浙江省园林城镇】1月，建德市大同镇获评2021年浙江省园林城镇。该镇2019年开始，着力城镇基础设施、园林绿化和城镇景观建设。至2021年末，全镇共改扩建公园3个，公园绿地面积达3.52公顷，人均公园面积达8.4平方米。新增林荫路1.3千米，打造滨水绿道9.8千米，提升改造新昌路老街，重现徽商老街繁华风貌。

【大同镇入选浙江省电商镇】1月，浙江省商务局公布2021年浙江省电商专业村和电商镇名单，大同镇入选2021年浙江省电商镇，大同镇胡村源村、溪口村、徐韩村入选2021年浙江省电商专业村。该镇连续2年(2020年、2021年)出台《大同镇农创客创业创新奖励扶助政策》，从公共服务、资金扶持、资金奖励等方面对电商创业青年进行帮助扶持。受益覆盖人数千余人，入驻电商团队达百余家，吸引从业人数千余人，形成电商人才集聚发展优势。同时，该镇投资建设杭州市首个镇级“双千”直播基地，配备800平方米办公楼作为电商创业中心，利用4000余平方米闲置用房改建为电商物流基地，解决仓储短缺问题。探索“交通+农业”发展模式，推出“一公里驿站”建设，补齐农村物流运输不及时等短板，不断健全电商发展所需配套设施建设。在此基础上，该镇还打造“建德稻香小镇，农创梦工场”区域公用品牌，利用农民丰收节、稻香节等相关特色活动拓宽宣传渠道，并邀请电商人才和专家为创业青年授课，围绕“网红+直播”“直播+短视频”等热点主题开展培训，鼓励青年创业者依托新兴的自媒体、视频直播平台，发展线上线下融合模式。

【“一老一小”公共服务获评全国优秀】结合公共服务优质共享，紧扣“一老一小”群体结构变化，通过“系统谋划+微平台改造”“长效常态+微网格管理”“专业队伍+微能力提升”“公益品牌+微课堂打造”“数字赋能+微场景建设”，打造公益课堂、老年食堂、健康学堂、文化礼堂、就业厅堂和德育祠堂，推进物质富裕、精神富有。2022年，全镇公共服务体系受众2万余人次。《“一老一小”整体方案托起“善育颐养”美好乡村生活》获评第四批全国农村公共服务优秀案例。

【改善提升人居环境】2022年，大同镇高质量完成原23省道道路改造二期工程项目的附属工程，完成大同卫生院西侧道路建设工程及8个“四好农村路”项目，改善村民出行条件。投资450余万元，完成“单村供水”工程5个。投资4100万元建设“幸福河湖”，修复堤岸护岸13.1千米，提升绿道20.3千米，新建绿道9.5千米，改造堰坝6座，打造亲水节点3个，惠及禹甸村、小溪源村、江头村等25个村。大力推进农村污水治理，完成3个村的新建污水处理工程，2个村的污水零直排建设项目。推进农村“厕所革命”工程，富塘村、高桥村公厕获评浙江省星级农村公厕。完成垃圾分类投放点(收集点)规范化建设全覆盖及垃圾运输数据所有村全覆盖。劳村村入列2022年杭州市级特色村创建名单。

【农业数字科技应用】2022年，大同镇投资450万元打造数字农业未来场景，通过智能监测设备，形成水稻生产全过程信息感知、智能决策、精准作业。引进“数智草莓”工厂，应用水肥一体智能化，使用手机终端监测草莓生长情况，增强市场竞争力。投资2340万元打造全国领先的山区型农事服务中心，新建粮油加工中心、秸秆处理中心、农机服务中心，实现粮食生产机械化率95%以上，为农业增收保驾护航。

【草莓标准地建设】大同镇在实施“草莓西进”战略中，实施草莓标准地建设。在先期建设西乡草莓精品园项目中，推行村集体统一流转土地、统一平整土地、统一建设大棚、统一对外招租，企业“拎包入住”，省、杭州市级农业专家定点指导经营模式，传统莓农“自租自管”种植方式转为“政府+企业+农户”三位一体模式，产业竞争力得以提升，并为村民提供就业机会，增加村民经济收入。2022年，在丰畈村和劳村村建成全市最大的单体连片千亩西乡草莓产业园，有草莓标准地100公顷。大同镇成功列入第四批省级农村产业融合发展示范园创建名单、省标准地改革+农业“双强”。

【“大同阿姐”品牌建设】3月7日，大同镇举行“弘扬新时代千鹤妇女精神 奏响共富裕大同阿姐乐章”主题活动暨“大同阿姐”品牌发布会，“大同阿姐”品牌正式揭牌。同时发布“大同阿姐”五心评价体系，出台《大同镇“大同阿姐”产业发展扶持办法》，表彰十佳“大同阿姐”。至年末，通过开展“100天培育100人，100户增收100万”专业技能培训，带动就业300余人，增加收入2700万元。

【第三届长三角大学生“农创日”活动】6月6日，在大同镇农创客中心举办2022年第三届长三角大学生“农创日”活动，主题为“同创共富·遇建未来”。浙江省农业农村厅党组成员、副厅长唐冬寿，杭州市委组织部副部长、杭州市人力社保局党组书记、局长叶茂东和杭州市农业农村局、共青团杭州市委有关领导，建德市领导富永伟、俞伟、方飞燕、吴岳炎、方华、章学东等出席活动。会上，唐冬寿和富永伟分别致辞，希望未来能吸引更多农创客投身建德，积极打造农创新品牌，不断掀起农创新热潮，共同谱写新时代乡村人才振兴促进共同富裕的新篇章。

【长三角第四届美丽乡村稻香生活节】9月28日，在大同镇举办长三角第四届美丽乡村稻香生活节暨建德大同第六届开镰节活动。省农业农村厅、省农科院、杭州市农业农村局、杭州市农科院相关负责人,杭州市委宣传部有关领导,建德市有关领导参加。活动以“喜迎二十大,同奔共富路”为主题,旨在为农民搭建展示风采的舞台、丰富精神文化生活的同时,有效推动农文旅体融合发展,弘扬悠久深厚的大同农耕文化,全面展示大同镇乡村新变化、农业新发展和农民新风貌。大同镇分别与杭州市农科院、杭州市西湖区西湖街道签订合作协议,浙江秋梅食品有限公司与省农科院食品科学研究所签订预制加工食品科技合作协议。活动现场还推出大同“文化日”品牌,并定于每年9月28日为大同“文化日”,全年分为农耕日、农创日、丰收日、迎新日四个阶段,全面展示大同文化特色,进一步丰富群众精神文化生活。 (贾 烁)

李家镇

【概况】2022年,李家镇行政区域面积104.97平方千米。辖10个村,年末在册户籍人口19704人。全年出生124人,死亡176人,人口自然增长率为-2.63‰。财政总收入3.15亿元,其中地方财政收入0.95亿元,比上年分别下降2.4%、9.2%。

全镇有规模以上工业企业14家,其工业总产值28.54亿元,销售产值27.9亿元,比上年分别下降2.1%、3.6%。规上工业增加值11.19亿元,增长16.5%。全年完成固定资产投资2.8亿元,其中制造业投资2.4亿元,增长72.5%;自营出口656万元,下降35.5%。

建德海螺绿色建材有限公司年产300万吨熔剂灰岩综合利用等3个项目建成投产。浙江杰盈食品科技有限公司年产1万吨食品添加辅料建设项目、浙江诚盈新材料(集团)有限责任公司环保新材料生产项目、建德海螺水泥有限公司光储一体化二期等3个招商引资签约项目前期进展顺利,计划总投资共约7亿元。建德海螺水泥有限公司等4家企业新增入库杭州市“未来工厂”,建德市健丰钙业有限公司的健丰氧化钙智能制造及麦尔兹窑数字化应用系统攻关项目等5家企业项目新增入库杭州市数字化攻关项目,建德海螺水泥有限公司通过杭州市“智能工厂”项目验收。

有耕地面积726.73公顷,林地面积8149.53公顷。农业总产值2.59亿元,增长9.7%。全镇中药材种植面积约140公顷。完成李家村、长林村高标准农田提升改造33.33公顷。投资670余万元实施李家村等5个村道路大中修及病危桥改造工程,受益村民1万余人,投资160万元完成100余处交通安全隐患点位整治,实施305省道路灯建设,新增路灯120余盏,实现305省道(李家镇段)路灯全覆盖,居民夜间出行有保障。

坚持城乡融合发展,持续整治提升城乡风貌,重点开展“线拉拉”“房整整”专项行动,实施金石路东侧弱电迁改和整合项目,拆除农房突兀构筑件点位93处,实施集镇污水零直排提质扩面工程,切实改善集镇污水管网体系。

至年末,全镇有纳入最低生活保障农户482户523人、低收入边缘家庭31户64人。全年累计为困难群众发放各类救助金、补贴100余万元。完成困难农户危旧房治理1户,新增适老化改造10户,实施无障碍进家庭改造34户。

至年末,有小学2所,在校学生445人、教师35人;初中1所,在校学生198人、教师31人;幼儿园2所(中心幼儿园和长林分园),在园幼儿248人、教职工50人。有镇卫生院1所、村卫生室8所,共有卫生技术人员37人,其中副主任医师2名、主治医师3名,床位16张。

【建德市首家新乡贤共富基金成立】6月14日,李家镇在白马村文化礼堂举行“浙李共富—幸福方桌计划”暨建德市“新乡贤共富基金”启动仪式,首期筹集的“浙李共富”基金正式落地。该基金由李家镇商会与建德市红十字会共同设立,为全市第一家。基金来源为李家各界乡贤及社会各界爱心人士的定向捐赠以及其他合法收入等,共注入资金300万元。此笔公益基金主要用于李家镇产业发展、公益慈善等方面。至年末,实施以李家、白马和沙墩头村老年食堂为中心,辐射其余7个村的老年食堂全覆盖工作,为全镇400余名高龄、独居、行动不便的特殊人群提供送餐服务。

◎ 1月7日,"浙李共富"基金在李家镇发布(吕晓莲/摄)

【林业"三林"经济发展模式】2022年,李家镇确立"林上摘果、林中养蜂、林间旅游、林下采药"的林业立体复合发展新模式,打造"三林经济"共富展示中心,制定"油茶+黄精"标准地净地标准,建设林下经济标准地33.3公顷。在全市率先开展山茶油碳标签数字认证,实施碳汇交易,实现镇域企业预购碳汇150万元。实施遥岭古道提升工程,开辟麒麟山越野路线8千米,建设浙西千里岗户外徒步路线21千米。至年末,吸引游客5000余人次,带动全镇乡村旅游经济发展。

【"幸福方桌"助老行动】构建"中央厨房+助餐点+就餐点"三级养老助餐服务体系,建成中央厨房4个,助餐点9个,就餐点12个;党员干部、"两代表一委员"带头捐资捐物、送餐送服务,按照"政府补一点、村里贴一点、社会捐一点、个人掏一点、自产助一点"模式,破解食堂资金短缺难题,累计服务6万余人次,惠及全镇240余名老人。同时,以送餐为载体,每月固定时间在各村举办"浙李幸福日"活动,提供医疗康养、家政服务、休闲娱乐等"一站式"集中为老服务,探索山区养老新实践。"幸福方桌"行动入选"浙江有礼·最美杭州"市域文明新实践为民办实事项目,获得建德市主要领导批示肯定。

【社会治理】2022年,李家镇完成镇社会治理综合服务中心、"新安17治理"中心建设,完善乡镇"小脑"+"手脚"体系;首创"移动充水宝"形成"串联微水库",夯实村社应急抗旱和防火救援体系;"送餐员"化身"巡逻员",常态化开展平安宣传、隐患排查等工作,在服务中突出预防和源头治理。全年辖区内道路交通事故人员零死亡人,电信网络诈骗案件同比下降50%,其他各类治安刑事案件同比下降18%。诸家村获评省民主法治村,龙桥村、石鼓村获评杭州市民主法治村。

【美丽乡村建设】2022年,李家镇持续推进农村人居环境整治,排查清理"脏乱差"点位1200余处。白马村在全市"迎亚运、建未来·村美景靓"大比武活动中获评全市最美村,沙墩头村获评杭州市生活垃圾治理工作优胜村。完成李家村、白马村、新桥村、三溪村、石鼓村等5个村"四好农村路"建设,新桥特色村建设基本完成,获评省AAA级景区村。此外,投资4000余万元完成小源里供水工程建设,形成以"乡镇供水为主,单村供水为辅"的供水模式。6月,李家镇获评2021年度杭州市"五水共治"(河长制)工作"二十佳"乡镇(街道)。

【李家镇"残疾人之家"新址启用】8月,李家镇新"残疾人之家"在长林村党群服务中心四楼正式启用。该"残疾人之家"新址面积700余平方米,内设操作间、文体活动室、康复健身室等多个功能区,有庇护人员25人、专职管理人员4名,可为残疾群众提供康复训练、职业培训、就业指导、权益维权、文体娱乐、日间照料等一站式助残服务。

【返乡青年人才交流活动】9月1日,建德市委组织部(人才办)、市人力社保局、团市委在李家镇举办"青雁归巢 浙李有约"返乡青年人才交流活动。来自建德学子站浙江农林大学分站的大学生、乡镇优秀农创客、农村储备人才等40余人参加活动。此次活动设置青雁归巢“共富竞技场”推介、人才服务需求交流、建德市人才就业创业新政介绍、农创客经验分享等环节，为高校青年人才搭建交流平台。

【全市首个乡村化石馆开馆】10月，位于李家镇新桥村的乡村化石馆正式开馆。李家镇发现6类31处地质遗迹资源点，包括菊石、毛羽叶等动植物化石以及省内已探明唯一的砾岩石林等。化石馆展出菊石、海百合、笔石、三叶虫、蕨类植物等古生物化石，并配套石头科普馆、考古工作室等研学场景。为了增强体验性和趣味性，在新桥村文化礼堂还设置科普教学区和手作空间，游客们可以通过模具、石膏制作化石模型，模拟体验化石的发掘、加工与修复。至年末，共举办研学活动22场、科普活动10场，接待游客2000余人次。　（童美玲）

乾潭镇

【概况】2022年，乾潭镇行政区域面积368.44平方千米，辖24个村、1个社区，年末户籍总人口43899人。全年出生244人、死亡338人，人口自然增长率-2.13‰。全年实现限额以上社会消费品零售总额5173万元，比上年增长10.9%。实现财政总收入1.99亿元，地方财政收入7674万元，比上年分别下降22.4%、19.0%。

全镇共有三个工业平台，分别为城东工业园区、城中工业园区、五金工业园区，有规模以上工业企业81家，其工业总产值44.95亿元，销售产值44.51亿元，比上年分别下降6.6%、5.9%；规上工业增加值7.21亿元，下降16.7%。完成固定资产投资5.95亿元，下降32.2%；其中制造业投资完成4.01亿元。招商引资年末实到外资79万美元。完成自营出口13.68亿元，增长3.6%。完成杭州佰瑞华创家具有限公司、杭州励旭再生资源有限公司新厂房和生产线项目建设。完成十亿元制造业项目中策橡胶集团股份有限公司杭州永固分公司工程机械橡胶履带生产项目招商签约。全年清理处置低效工业用地26宗，面积36.4公顷，其中完成杭州泰弘橡胶有限公司收储等18宗用地出清，面积24.2公顷。年末，乾潭镇获评中国家纺寝具名镇。

有耕地1438公顷，林地面积26012公顷，其中公益林13292公顷。全镇有农民专业合作社58个（其中示范性专业合作社7个），家庭农场116家(其中示范性家庭农场4个)。扎实开展耕地“非农化”“非粮化”整治工作，完成整治及调整优化面积720公顷。继续实施后山、下梓等区块33.3公顷草莓标准地建设。总投资1.15亿元的“美丽牧场”建设项目、杭州市生猪保供基地——大藜脉生猪养殖项目建成投产。实施新兴产业“育种蹲苗”项目，招商引资引进王岩村四季苗木景观园(概算总投资1.45亿元)、前陵村数字花卉植物园(概算总投资1.1亿元)项目。

继续实施后源溪姚村段河道综合整治项目、下包村娘娘坞山塘综合整治工程等6处小型水利项目建设，以及全域“幸福河湖”建设项目——清渚溪流域综合治理。完成“马岭天观”运动度假体验区项目一期(概算总投资2亿元)，漫栖溪轻生活旅游度假项目(概算总投资1.8亿元)完成整体结构建设43幢。幸福山居、幸福家园项目等文旅产业项目完成签约落地。

2022年，《伍子胥传说》入选浙江省第六批非物质文化遗产代表性项目名录，马岭古道入选浙江省第二批大花园耀眼明珠名单，下梓村硬板龙以及铜制技艺分别入选第七批杭州市非物质文化遗产代表性项目名录。乾潭镇胥岭入选2022年“浙里田园”休闲农业与乡村旅游精品线路，邵家村获评浙江省AAA级景区村庄。完成“三江汇流”县域风貌样板区建设，成功创建浙江省第二批城乡风貌样板区。文化旅游事业进一步发展。

年末有学校4所(小学2所、初中1所，小学、初中九年一贯制学校1所)，共有92个班级，在校学生3216人(小学生2412人、初中生804人)，有教师269人(在编教师241人、代课教师28人)。

有幼儿园3所，在园幼儿1099人，教师86人(在编教师54人、非在编教师32人)，其中乾潭中心幼儿园（浙江省二级幼儿园，全市单体规模最大)，在园幼儿714人，教师人数62人(在编30

人,非在编教师 32 人),另有其他职工 45 人。

全镇有卫生院 1 所、村卫生室(站)22 个,有医疗卫生技术人员 141 人(乾潭镇卫生院 109 人、村卫生室 32 人)。其中,中级、高级职称以上 35 人、执业(助理)医师 41 人、村医 21 人。核定床位 82 个,实际开放 65 个。

2022 年,安仁联合体党建联盟入选杭州市首批乡村共富党建联盟示范点名单,特设共享法庭安仁联合体共享法庭获评全省示范,安仁村获评杭州市首批共富村,安仁联合体获评杭州市首批共富联合体。乾潭镇邵家村入选省第二批低(零)碳村创建试点。

◎ 乾潭镇下包天然泳池(乾潭镇党政办公室提供)

【规范工程项目管理】2022 年,乾潭镇结合基层小微权力网上运行平台,规范村级项目管理。全年共备案项目 251 个,合计投资金额 7539 万元。其中工程类 170 个,合计投资金额 6639.5 万元;采购类 36 个,合计投资金额 739.9 万元;5 万元以上工程类项目 73 个,合计投资金额 6237.1 万元。

【胥溪茶创产业联盟"共富"模式】2022 年,乾潭镇仇村以安仁联合体为模板,以点扩面成功复制打造以大罗线为主轴的胥溪茶创产业联盟,通过做深做实"种茶、做茶、卖茶、讲茶、玩茶"五篇文章,全面推动全村茶叶全产业链发展。仇村茶园分布于胥溪两岸,自然条件适宜栽培优质茶叶,所产茶叶品质优良,白茶每亩效益 2 万余元,黄金茶每亩效益 5 万余元,2022 年村级收入达 2000 万元。同时,该村开展茶文化建设,通过打造茶廉展厅、编排茶廉情景剧、开展"最美"系列评比,传承以茶养廉的村风民风家风,村民自编自导自演情景剧《茶创廉德》,参加全市清廉村居建设大比武,夺得第一名,赢得清廉村居建设配套项目资金 100 万元。

【首届胥岭花朝节】3 月 27 日,乾潭镇举办浙江省建德市首届胥岭花朝节,主题为"胥岭花开·共富未来"。花朝舞蹈、民乐演出、汉服走秀、古风茶艺等表演在海拔近千米的古道梯田油菜花海中上演。该活动经国家、省市级媒体报道达十余次,浏览传播量超过 100 万人次。在开幕式上,乾潭镇向外推介了美食美景、非遗传承研学、传统农耕文化之旅、现代休闲运动等八大网红打卡点。

同时,在胥岭村启动建德市首届胥岭花朝节暨"迎亚运 游建德 品 17℃新安江"摄影(短视频)大赛,并正式成立杭州市摄影家协会采风创作基地。本次花朝节以"胥岭花开·共富未来"为主题,以花为媒、以节会友,充分展现胥岭丰富的自然资源,以乡村旅游实现乡村振兴,助力共同富裕。浙江省广播电视局及省、杭州市摄影家协会有关领导参加活动。成立仪式上,乾潭镇与相关客商就"乾潭镇子胥谷漂流+"文旅项目、安仁联合体农旅产业园项目、乾潭幸福村幸福家园项目互换合作协议。

【马鞍岭社区服务综合体获评省级四星】3 月,乾潭镇马鞍岭社区服务综合体入选杭州市首批 13 家示范型社区服务综合体名单,为建德市唯一入选名单者。该社区服务综合体位于乾潭镇万乐路

118号,2020年11月建成,总面积3000余平方米。建有乾潭镇社会工作站、党群服务中心、婴幼儿成长驿站、邻里中心、健康驿站、退役军人服务站、老年活动室、紧急避灾室、青少年活动中心等多样化服务功能区块。以乾潭镇社会工作站为服务平台,按照"五有"标准和"一核双社N次方"模式优化站内场地建设、人员配备、服务开展等"软硬"资源,采用小组活动、个案辅导等服务方式,打造社区党群服务、社区文化整合、社区幼儿成长、公共问题介入等特色服务项目。社会工作站始终以群众需求为导向,为辖区内社会救助对象、老年人、儿童、青少年、残疾人、流动人口等困难弱势群体以及其他有需求人员提供精神慰藉、心理疏导、能力提升、关系调适、社会融入等专业化个性化服务。至年末,该综合体获浙江省四星社区服务综合体。

【乾潭胥溪清凉季活动】7月22日,生态共富·"溪"在17—2022建德漂流戏水节暨乾潭胥溪清凉季活动在乾潭镇下包村开启。此次活动是第二十届中国·17℃建德新安江文化旅游节项目之一。开幕式上,由胥溪沿线5个村成立的茶创联盟发布共富计划,沿线8个村成立"胥溪生态志愿服务联盟",乾潭镇发布夏日清凉路线并与旅行社签约。当天,下包村胥溪天然泳场正式启用,该泳场面积超过2万平方米,岸边配有观光平台、更衣室、小舞台、小卖部等,成为夏季乡村旅游的新亮点。开幕式上,戏水、露天音乐会、特色美食品尝等丰富的活动吸引了众多市民、游客前来感受山乡的清凉。该活动进一步打响"乾潭旅游"(胥岭、胥溪、胥江、胥茶等)胥系列活动品牌。

【安仁村老年食堂优惠叠加】9月,乾潭镇安仁村老年食堂率先测试使用"全城通"老年智慧助餐系统,该系统实现"全城通吃、优惠通享",60~79周岁老年人每餐享受杭州市级用餐8折优惠,80~89周岁老年人每餐享受7折优惠,90周岁及以上老年人每餐享受5折优惠。在杭州市级优惠政策基础上,乾潭镇安仁村给予本村60~79周岁老年人每餐减免3元、80~89周岁老年人每餐减免2元、90周岁以上老年人每餐减免5元的叠加优惠政策,成为杭州市首家实现市镇两级优惠叠加的老年食堂。同时,根据"全城通"老年智慧助餐系统规定,其他镇、村或者其他区(县市)老人在安仁村老年食堂就餐,凭身份证刷卡即可在该老年食堂跨区域优惠就餐。

【安置房选房工作完成】6月11日,乾潭镇集镇棚户区改造项目——泷江嘉苑一期7幢安置房392套、总建筑总面积17376.36平方米完成选房工作。至年底,完成64户、总建筑总面积26553.91平方米安置户分房。其中,大畈村区块52户、总建筑总面积24970.13平方米,马鞍岭区块12户、总建筑总面积1583.78平方米。 （王 蔚）

钦堂乡

【概况】2022年,钦堂乡行政区域面积55.47平方千米,辖7个村,年末户籍人口8574人。全年出生65人,死亡75人,人口自然增长率-1.16‰。全年实现限上社会消费品零售总额1758万元,比上年增长14.2%。财政总收入9152万元,其中地方财政收入3808万元,分别增长19.5%、21.9%。

有规模以上工业企业总数17家,总产值为13.18亿元,销售产值12.86亿元,比上年分别增长0.4%、1.3%;其工业增加值3.54亿元,增长17.8%。全年自营出口6440万元,下降33.8%。全社会固定资产投资1.68亿元,其中制造业投资1.53亿元,分别增长31%、28.1%。全年工业供地2.4公顷,盘活处置低效用地11.68公顷。

小微企业园二期全面完成,三期开工建设,完成企业注册入驻16家。引进杭州建翔装配式桥梁构件项目,浙江斯肯迪科技有限公司年产5000万套LED灯具配件、杭州万晟实业有限公司年产10万平方米防火门、杭州建德大岩山新型建材有限公司年产30万吨腻子粉和防水砂浆、浙江耀恒光电有限公司LED配套产业园改造和日产30万只LED节能灯技改项目完成投产。实现入库税收2166万元,为年度任务的7.2倍。全年各企业创新获发明专利5项，浙江耀恒光电科技有限公司3条全自动生产线投入运行，数字经济产值增长176%。杭州康晟达有限公司、建德市永银家居有限公司完成国家高新技术企业申报。

全乡有耕地面积621.6公顷，林地面积4517.75公顷。全年粮食播种面积347.66公顷，总产量2231吨，其中水稻种植面积153公顷，总产量1000吨。油料作物128公顷，总产量373.2吨。蛋鸡存栏1.59万羽，鸡蛋产量140吨。完成珍贵树种造林2.7公顷，油茶产业造林规划2.7公顷，发展林下经济20公顷。全面完成松材线虫病危害除治面积540公顷，清理枯死木640吨。葛塘村被浙江省林业局评为省级森林人家。

完成入乡口改造、谢田村地灾点治理、钦堂村和蒲田村百亩方项目、钦堂村内道路改造、葛(家)宋(家)公路新建工程。完成"零垃圾"样板乡镇建设，大溪边村获评浙江省垃圾分类示范村。持续开展"碧水亮剑"行动，完成污水"零直排"区建设、大岩山供水站建设，更新黄泥塘泵站和蒲田泵站设施。继续实施山塘整治，清渚溪钦堂段入选浙江省美丽河湖，蒲田村大坞山塘、葛塘村六坞山塘获评杭州市最美山塘。钦堂乡获得浙江省美丽城镇达标乡镇、杭州市水美乡镇等称号。

稳步提高社保覆盖面，全年净增就业人员养老保险239人。全年开展低保、残保及各类困难群众救济慰问，共计发放临时救济、慰问款项55万元。优化教育和卫生扶持政策，共兑现资金157万元。全年实施完成六坞、大坞山塘整治、乡成长驿站和谢田村分园托幼机构建设、通儒古道改造提升、钦堂乡"残疾人之家"提升和公共场所无障碍环境改造、谢田村和蒲田村"浙文惠享"建设、庄丰村应急避灾安置点建设、徐七线X506钦堂乡路段(胜利水库—大竹弄)交通环境整体提升、小学幼儿园教育教学设施提升等各类民生项目10个。

年末有义务教育阶段学校1所，在校学生102人、在任教师16人；幼儿园2所，在园幼儿159人、在任教师22人。年末有乡卫生院1所，村卫生室7个，有医疗卫生技术人员18人，其中中级职称以上7人。

【"共同富裕"案例获评浙江二十强】2022年，钦堂乡设立乡贤共富基金会，注册资金230万元。完成"粮行天下"通儒山里、维好多猕猴桃、"稻舞田间"共富工坊建设，通儒山里工坊成为全市示范型共富工坊。7个村全面完成"5030"目标，村集体经济总收入893万元，实现村级平均100万元目标，其中经营性收入405万元。该乡共同富裕工作被《浙江日报》、浙江大学共享与发展研究院评为2022年浙江省共同富裕创新案例二十强。

【基层治理新模式探索】2022年，钦堂乡继续探索基层治理新模式，至年底，实现7个村"共享法庭"全覆盖，全年成功调处各类矛盾纠纷227件，化解信访积案9件(次)。建立25个网格、140个微网格，按照"1+3+N"要求配足配强网格管理员539人，夯实基层治理基础。全面完成综合执法"一体化"改革和"新安·17治理"中心建设，实现"线上+线下"一体化办公模式；乡项目监督中心建成运行。结合全乡工矿企业实际情况，全面加强安全管理，开展应急管理全覆盖体系建设和燃气安全、交通安全、建筑施工安全等专项治理，排查治理厂矿、道路、自建房、出租房等领域安全隐患463个，对其中典型的10个重大安全隐患予以专项整治，全部消除隐患。开展重点场所禁毒反诈宣传48次。强化应急队伍、避灾安置点和避灾仓库标准化建设，完成乡区域性消防站建设和防汛应急仓库提升，建成庄丰村避灾安置点并投入使用。

【文化传承及新文明建设】2022年，钦堂乡投资120万元实施并完成通儒古道和书院提升建设，对修建于南宋时期的通儒古道和建于嘉庆年间的通儒古亭进行修复，对通儒书院进行改造提升。谢田村非物质文化遗产"跳净童"通过省级复评。召开钦堂乡文学艺术界联合会第一次大会并成立首届钦堂乡文联(6月)，举办浙江省文化礼堂农民运动会启动仪式和首站活动(8月)、第七届"稻舞田间"稻香节(9月)、完成钦堂村文化礼堂肌理化提升(12月)。其中浙江省文化礼堂农民运动会首站活动得到中央电视台《晚间新闻》、农业农村频道的报道宣传。

开展道德模范、身边好人发掘和宣传，激励和提升全民新时代道德文明水准。建德市建坤农业开发有限公司总经理王运被评为杭州市劳动模范、杭州市新时代好党员，浙江耀恒光电有限公司胡友良被评为建德市劳动模范，庄丰村吴小红被评为建德市首届最美残疾人，婆婆妈妈志愿服务队被评为建德市三八红旗集体。5月24日，钦堂乡青年农创客王运，在浙江省乡村振兴人才推进会上获评省乡村振兴青年先锋“青牛奖”20强，并代表全省农创客作交流发言。

【全市太极拳展演活动】3月5日，钦堂乡联合建德市太极拳协会在谢田村文化公园举办“展太极风采 与亚运同行”为主题的展演活动。共有来自全市12个乡镇（街道）12支队伍参加该活动，演出现场有四十二式太极拳、陈式三十六式太极刀、太极剑、太极拂尘、太极推手等传统节目，也有展示新时代乡村风采的扇子舞、跳净童、健身气功舞等节目，吸引近千名观众观赏。

【浙江省文化礼堂运动会首场活动在葛塘村启动】8月5日，浙江省文化礼堂美丽乡村运动会首场活动启动仪式在钦堂乡葛塘村举行。该活动由浙江省委宣传部、省体育局、省农业农村局、省广电集团主办，建德市委宣传部、市文广旅体局、市农业农村局、市融媒体中心与钦堂乡人民政府承办。活动集农耕、趣味、健身于一体，现场设置协力竞走、农田障碍跑以及插秧割稻、粮食大丰收等体验项目，充满农耕文化气息。由7个村组建的7支农民代表队激烈比拼角逐，谢田村获得第一名，葛塘村获得第二名，蒲田村获得第三名。

【建德“豆腐包”制作培训活动】9月，钦堂乡会同有关部门在钦堂村文化礼堂举办建德“豆腐包”制作培训活动，累计培训豆腐包师傅80名。

【第七届“稻舞田间”国际稻香节】9月23日，在钦堂乡农耕文化园举行杭州·建德第七届“稻舞田间”国际稻香节暨第二十届中国·17℃建德新安江文化旅游节系列活动。该活动由建德市政府主办。开幕式上正式发布钦堂乡“稻香节”主题曲《闲游钦堂》，签约“粮行天下”共富链组产业合作协议，展示具有钦堂特色的生态大米、菜籽油、米酒等农产品，发布旅游消费券政策。活动还举行稻田趣味运动会、亲子旅游、青年人才走进钦堂以及露营音乐节等活动。参与本次活动1000余人次，带动消费5万余元。新华通讯社、中央电视台客户端、浙江卫视“1818黄金眼”等知名媒体均予报道，浏览量超过100万次，其中新华通讯社客户端刊文报道《浙江建德：舒展大美丰收画卷 同心奔共富》浏览量达70.9万。

【“玩转‘爱情实验’暨青年人才走进钦堂”活动】9月24日，在钦堂乡葛塘村举办“玩转‘爱情实验’暨青年人才走进钦堂”活动，该活动由浙江省青少年事务所、中共建德市委组织部（人才办）、共青团建德市委、中共建德市钦堂乡委员会联合主办。来自建德市教育、医疗行业及企业的单身青年人才36人参加活动。通过座谈交流畅谈未来、野外露营同赏大自然风光等互动，提升建德对青年人才的吸引力、凝聚力和承载力。

【承办建德市第八届老年人健身运动会垂钓比赛】10月12日，在钦堂乡钦堂村溪西飞渡承办建德市第八届老年人健身运动会垂钓比赛，来自全市16个乡镇（街道）25支队伍50名选手参加了比赛。新安社区高银建、寿昌镇蒋宝金、白沙社区包爱新获得个人前三名，新安社区、寿昌镇、白沙社区获得团体前三名。

（朱 飞）

三都镇

【概况】2022年，三都镇行政区域面积186.03平方千米，辖19个村，年末户籍总人口24230人。全年出生108人，死亡242人，人口自然增长率-5.5‰。全年实现限额以上社会消费品零售总额4660亿元，比上年下降7.4%。财政总收入4539万元，其中地方财政收入1879万元，比上年分别增长39.5%、66.3%。

有规模以上工业企业14家(新增2家),其总产值7.0亿元,销售产值7.01亿元、工业增加值8186万元,比上年分别下降19.7%、19.0%、23.5%。完成自营出口值3.48亿元,下降9.7%。完成固定资产投资7569万元,下降0.7%,其中制造业投资1758万元,下降61.7%。招商引资项目——三都镇70兆瓦农光互补光伏发电项目签约落地。全年实到外资500万美元。新增国家高新技术企业1家(杭州讯创达科技有限公司)。

有耕地面积1959.89公顷,林地面积15341公顷。农业总产值8.03亿元,比上年增长6%。全年粮食播种面积1358.33公顷,总产量7530吨,分别增长128%、137%。油菜籽播种面积267.33公顷,总产量870.5吨。优势特色水果柑橘果园面积1600公顷,产量4.2万吨,产值2.1亿元。全镇橘子种类达到17种,采摘季从9月可持续至次年5月。名贵中药材西红花种植33.33公顷,产量350千克,产值750万元。珍稀干果香榧基地1622.73公顷,总产量121吨,产值3500万元。新增土地流转113.33公顷,流转总量达到982.06公顷,农村土地流转率达到82.5%,主导产业农业占比加大。

全年核发低保户保障金823.2万元,比上年增长10.4%;低收入边缘户保障金12.6万元,增长15.2%;特困户保障金60.3万元,增长54.8%;残疾人护理补贴金134.7万元,增长17.2%;残疾人生活补贴金162.6万元,增长11.5%;发放困难学生家庭补助金21.9万元,增长13.1%。三都镇博雅残疾人之家通过杭州市五星级评定。19个村实现村集体经济收入1801.3万元,经营性收入1073万元,分别增长21%、16.4%,完成“5030”全覆盖。

打造“三江微语”理论宣讲品牌,通过云上宣讲、文艺宣讲、乡音宣讲等形式,让党的创新理论“飞入寻常百姓家”。推进“文艺村长”工作走深走实,创建杭州市首家乡村音乐学校,成立乡村“草帽乐队”,积极参与举办三江渔火节等农村文化活动。全年共举办文艺骨干培训班2期40余人次,开展音乐、书法、婺剧等文艺培训47期920余人次,相关工作被《光明日报》、新华社等媒体报道。投资123万元完成乌祥村蒋治故居、东方村上姜祠堂修缮。寿峰村被录入第六批中国传统村落名单,马宅村成功通过省文化示范村复核。

有镇属初中、小学各1所,幼儿园2所,三都镇中心小学学生548人,教职工64人;初中学生280人,教职员工49人;镇中心幼儿园在园幼儿196人,教职工51人;上街幼儿园在园幼儿155人,教职工18人。累计投入教育经费300余万元。新的三都镇中心幼儿园建成投入使用,并通过省二级幼儿园复评。三都小学获“浙江省成绩突出少先队集体”、三都小学少先队获全国优秀少先队集体称号。

全镇有医疗卫生机构21家,包括1家卫生院、1个民营卫生院(梓里卫生院)、3家私人诊所、16家村卫生室,共有卫生技术人员62名,其中高级职称5人、中级职称7人。计划投资6500万元启动三都卫生院迁建工程。

2022年,三都镇成功创建省级一、二、三产业

◎ 4月24日,三都镇举办乡村职业经理人招募会(三都镇党政办公室提供)

融合发展示范园、美丽城镇建设省级样板镇、杭州市水美乡镇，并作为三江汇流县域风貌区组成单位(涵盖梅城、三都、乾潭3个镇12个村，总面积约44平方千米，其中涉及三都镇春江源村、三江口村、三都村等村)，获评三江汇流县域风貌省级样板区。三江口村成为全市首个获评污水零直排村创建和农污工作示范村，镇头村获评省级高标准农村生活垃圾示范村。

【主导产业提升】聚焦柑橘、西红花、香榧“红绿灯”三色主导产业，全面完成整乡镇推进山区农业产业发展项目、省级特色农业强镇(橘子小镇)项目，整合省市县三级资金2300余万元，建设柑橘分拣购物中心、香榧炒制加工中心、圣江粮食加工中心等基础配套设施。成立“聚农富”柑橘研究所，与浙江大学、浙江农林大学、浙江省柑橘研究所专家团队合作，开展新品种引育、新技术培训，实现品种有机更新和精细化管理水平提升。完成三都农业综合开发有限公司职业经理人招募、“醉三都”区域公共品牌发布，助推三都农旅产品系统化、品牌化、标准化运营。加快推进杭州七橘家庭农场有限公司、建德市三都镇睦州旺桔家庭农场、建德市圣火农业开发有限公司等行业龙头企业数字化转型。深化土地银行共富模式，不断补齐主导产业发展短板，提升主导产业产值，平台公司实现经营性收益55万元。

【土地整治】完成圣江村等7个村永久基本农田集中连片耕地整治123.7公顷，其中“非粮化”整治面积33.2公顷。新和村牛栏湾垦造耕地项目通过省级验收，完成镇头等11个村0.63公顷(9.5亩)建设用地复垦项目整治。探索共同富裕下山集聚新型城镇化建设，制定三都镇下山集聚相关政策，完成绿源村、凤凰村、乌祥村等8个高山偏远村637户下山集聚意愿摸底与意向确认，可复垦宅基地土地资源14.9公顷。

【实施链组党建】2022年，三都镇突出“一盘棋”规划、“一张图推进”，结合“红绿灯”三色主导产业发展实际，组建“三江荟”，成立“链组党建”工作专班，通过党建引领，强化项目人才招引、整合农文旅资源，以柑橘全产业链为主导，针对柑橘全产业链上前端研发和后端销售不足现状，新增聚农富柑橘研究所、橘子主题乐园、智慧交通、共富小火车、渔村集市等强链补链项目，展示共富新场景。建立“三江荟”共富联席机制，通过“五个一”(一颗橘子兴产业、一份宣言聚合力、一起议事解难题、一个基金递爱心、一条链组促共富)实行项目共商、组织共建制度。“‘三江荟’链组党建”做法在《浙江日报》上刊登推介，并在建德市首轮互看互学互比中荣获优胜链组单位。

【文旅市场活力提升】1月13日，三都镇在杭州举行“醉三都”区域公共品牌发布会，以此强化农旅融合、文旅融合，扩大“醉三都”区域品牌影响力。3月，举办“樱动而醉”2022建德三都樱花节，以烂漫樱花为主线，山乡开通赏樱旅游航线首次与建德航空小镇合作推出低空赏樱旅游航线，实现美丽环境向美丽经济的转变。7月，在三都渔村举办钱塘江诗路(富春山水)文化传承生态保护区创建暨第二届中国三江渔火节活动，通过打造赋美集市、诗集和“星河有调”音乐会，向游客展示渔村的历史人文和乡村富美生活。全年完成建德市三都镇积家民宿、建德市三都镇海土民宿2家民宿审批，增强旅游集聚区住宿接待能力；完成浙江省星级农家乐认定16家，其中云漫松间认定为建德市唯一一家省级五星级农家乐。三江口渔村被认定为2022“浙里田园”休闲农业与乡村旅游精品线路点位。

【基层治理“三都模式”】加强网格阵地建设，按照“1+3+N”模式配备网格力量，重塑61个网格和326个微网格。投入500余万元完成“新安·17治理”暨社会治理中心建设。三江口村、和村村、前源村获评省级善治村，三都村获评第五批省级引领型农村社区。建立信访信用体系，将失信人员列入乡村治理负面清单，4起信访积案全部清零，实现“零存量”“零回流”。实现“共享法庭”19个村全覆盖，其中3个村完成标准化共享法庭建设。成立9支民间调解队，47名“和事佬”成为一线调解“土专家”。全年共调处矛盾纠纷213起，调解成功率98.5%。

5000余人次参与平安巡防和平安宣传活动。推进松口村数字乡村、未来乡村建设,实施“美好账本”与“建村钉”一体贯通,完成门牌云端数据系统迭代升级,提高村民参与村级管理的积极性。打造乡村治理“数智小脑”,深度融合九大类应用场景,实现未来产业、未来健康、未来交通等场景动态可视。三都镇“美好账本打开乡村治理新路径”入选全省生活垃圾治理十大优秀案例”,松口村成功创建省级第二批未来乡村,三江口村被评为浙江数字乡村“金翼奖”百优村。开展全镇居民“每日劳动一小时”活动,选聘庭院长95人,动员群众参与3000余人次。全面推广完善“群众组织八动法”,线上线下建设一批村民议事厅、村情发布会、人民调委会,强化“四务”公开、“四议两公开”、码上公开。新和村获评2022年度省级民主法治村。

【“美好账本”案例入选省级垃圾治理优秀】4月,三都镇“美好账本打开乡村治理新路径”治理案例入选2021年度浙江省生活垃圾治理十大优秀案例,成为杭州市唯一入选的案例。该镇“美好账本”助力垃圾分类治理,聚焦村民日常包括垃圾分类在内的6件小事,每月通过“建村钉”上的“美好账本”,对垃圾分类等乡村治理工作在线评分进行榜单排名,实行每日一积分,每周一汇总,每旬一亮码,每月一考评,每季一公示,每年一表彰的“六个一”积分管理机制,让垃圾分类变成人人参与的新风尚。“美好账本”运行一年来,村户垃圾分类参与率和正确率均已达100%。

【福寿螺清除活动】6月,三都镇人大组织“护河清除福寿螺”专项行动,市镇两级人大代表与部分群众积极参与,巩固水环境治理成效,同心共建宜居建德。活动期间,该镇“五水共治”办工作人员现场就福寿螺及螺卵的形状、特性等内容进行简单的科普,指明其为外来物种,防治除害十分有必要,演示福寿螺及其螺卵的正确清理方式。对成螺和卵块进行清理打捞后,统一进行集中灭杀处理,避免造成再次传播繁殖。

【三都镇中心幼儿园开园】三都镇中心幼儿园总投资3990万元,按照省一级幼儿园标准打造,占地面积8460平方米,新园首批共设12个班级,可容纳450名幼儿,新增3岁以下婴幼儿照护托位数40个。该园于2021年4月开工,2022年9月建成投入使用。10月开园。自此三都镇中心幼儿园正式结束九年“校中园”历史,极大改善了三都镇学前教育办学条件,就读学生增长26.0%,学前教育呈现良好发展态势。 (沈凝初)

责任编辑:黄建生

人　物

Honored People

全国最美家庭——许建茹家庭

【许建茹】女，1967 年出生，浙江省建德市莲花镇人。中共党员，杭州九仙生物科技有限公司总经理。曾获得全国“乡村振兴领军人物”、全国杰出创业女性、全国优秀农民工、浙江省巾帼建功标兵、杭州市劳动模范等荣誉称号。她创办的铁皮石斛种植基地被全国妇联、科技部、农业部联合命名为“全国巾帼现代农业科技示范基地”，成为全国唯一由三部门共同授牌的现代农业科技示范基地。许建茹在创业创新路上不断前行，其产品走出山沟，走向全国市场，带动乡亲共同致富。在这个过程中，她的家庭，给予了她极大的支持，成为她创业和带领村民共富的坚强有力的后盾。2022 年 5 月，许建茹家庭被全国妇联授予“全国最美家庭”荣誉称号。

◎ 2022 年度全国最美家庭——许建茹家庭

许建茹夫妻俩创业从事蛋鸡饲养，到 21 世纪初试种美国薄壳山核桃，继而开始发展高附加值的铁皮石斛产业，实现了良好的经济效益。2013 年底，为了响应市委市政府“五水共治”的号召，夫妻俩率先配合政府退出长达 20 多年的蛋鸡养殖生涯，转型从事种植薄壳山核桃、铁皮石斛等，并带动周边 50 余户农户共同建立了 20 余公顷铁皮石斛生态种植基地，实现环境友好的绿色生产。2016—2021 年，实现营业收入 2 亿元，其公司所经营的铁皮石斛种植基地，每年为附近农村闲散劳动力提供 50 个就业岗位，员工实现收入 4 万元/年，带动了村民增收；通过流转和租用村集体土地，为村级集体增收 15 万元/年，为乡村振兴做出贡献。同时，延伸铁皮石斛产业链，发展乡村旅游产业，累计接待游客达 30 万人次，为发展莲花镇和全市乡村旅游做出贡献。

许建茹家庭创业成功，不忘根本，不忘家乡和社会。她对外来观摩学习取经的同行，在种植技术上倾囊相授，毫无保留，扩大了省内外铁皮石斛产业发展面，为浙江省发展特色农业产业作出了独特的贡献。多年来，她的家庭一直热心于公益事业，积极参与各类扶危济困、敬老帮贫活动。在为本地村民直播带货时，全家集体上阵，尽心尽力。新型冠状病毒感染疫情防控期间，许建茹带领全家积极参与疫情防控第一线，并先后赠送了价值 20 余万元的物资给驰援武汉的一线医护人员。许建茹一家将自己的青春和智慧献给了农业、献给了家乡，他们的创业精神已成建德人民学习的榜样。

全国关心下一代工作先进工作者

◎ 汪国云在给儿童授课

【汪国云】男，1958 年 7 月出生，浙江省建德市人，中共党员。建德市文广旅体局退休干部，建德市大同书院（儿童之家）负责人。

2011 年初，汪国云将万余册个人藏书搬到老家创办起大同书院，免费为当地的留守儿童提供传统文化讲座和阅读服务。经过 12 年的发展，2022 年大同书院面积共有 400 多平方米，藏书 3 万余册，被评为杭州市关心下一代教育基地、杭州示范儿童之家等。

十年来，汪国云和他的妻子不忘“关爱留守儿童，把爱带回家”办书院初心，常年开车往返于新安江和大同，累计行程达 10 多万千米，400 多个星期天，坚持到书院组织留守儿童开展各类读书活动，共接待读者 4 万多人次。他以书院为平台，突出“智助留守儿童”主题，以传承传统文化为主，举办国学系列讲座 189 课、“西乡诗韵”古诗词诵读会 230 期、作文点评会 268 期，点评学生作文 5000 多篇。书院内还设置本地书画艺术家作品展、竹编民俗文化展、“百种园”种子展等特色展厅，供孩子们参观学习，增长知识，“智助留守儿童”活动取得显著的成效。每年暑期，大同书院积极实施“春泥计划”开办假日学校，尽力为留守儿童开展丰富多彩的特色讲课。

在他的号召下，书院组成一个由 16 名各有专长的志愿者义工讲师队，给孩子们讲国学、历史、书画、剪纸，教授吹奏葫芦丝等。主动对接城乡学生，加强城区学生与乡下孩子联谊交流活动，使书院成为城乡儿童“同学增友谊、牵手共成长”的好平台。积极开展“代理家长——留守儿童”结对帮扶活动，对家庭条件困难的孩子进行重点帮扶，平时在学习、生活和思想成长方面给予更多关心、关爱。暑期，汪国云经常自驾车带这些孩子到新安江城里参观图书馆、书城，以及有关书画展览活动，开阔孩子们的眼界，增长知识。他还设立“流动课堂”，开车深入偏远山村文化礼堂，给村里的留守孩子宣讲优秀传统文化课 230 多场，听众达 3 万多人次。通过书院外讲课，不断向周边乡镇农村延伸，使留守儿童受益面逐年扩大，覆盖到建德市全域。

汪国云先后被授予全国农村留守儿童关爱保护和困境儿童保障工作先进个人、浙江好人、浙江省关心下一代“最美五老”、浙江省关心下一代工作先进个人、第十届“最美杭州人”、第六届建德市道德模范等荣誉。2020 年 10 月，被授予“全国关心下一代工作先进工作者”称号。

第八届（2022 年度）建德市道德模范人物

【方利洪】男，1972 年 8 月出生，中共党员，浙江省建德市人，建德市疾病预防控制中心党支部书记、主任，2022 年度建德市“敬业奉献”类道德模范。方利洪从事疾病防控工作 30 年，始终以“一切为了人民健康”为工作宗旨，他曾参与非典、甲流、禽流感、登革热等重大传染病

的处置工作，完成对建德市首例艾滋病人的血样采样，完成建德市首例“非典”疑似对象的调查，2021年成为全市第一位新冠疫苗接种者。

【孔樟良】男，1964年8月出生，中共党员，浙江省建德市人，建德市农业技术推广中心研究员，被称为“草莓教授”。2022年度“杭州好人”荣誉称号获得者，2022年度建德市“敬业奉献”类道德模范。他扎根基层36年，从事草莓技术研究和推广，是践行“一懂二爱”(懂农业，爱农村、爱农民)的典型代表，在建德市发展成为全国闻名的“中国草莓之乡”工作中，发挥了巨大的技术支撑作用。主持选育推广建德市首个自主知识产权的草莓新品种“建德红”，每千克售价200元以上，有力促进了农民增收和品牌影响力提升。

【翁志芳】男，1966年4月出生，中共党员，浙江省建德市人，建德市民政局机关第一党支部书记、市殡仪馆主任，2022年度建德市“敬业奉献”类道德模范。翁志芳始终身体力行，处处示范带头，无论是司炉，还是入殓等岗位，只要人手不够，他就自己顶上。他严于律己，清正廉洁，树起殡葬行业新风气；他勇于担当，攻坚克难，助力全市移风易俗新风尚，推动了全市丧事办理在破除迷信缩短治丧时间、减小治丧规模、降低治丧成本和美化治丧环境等方面取得明显成效。

【黎　言】男，1963年2月出生，中共党员，台湾省桃园县人，建德市机关事务服务中心保安队队长，2022年度建德市“敬业奉献”类道德模范。自2004年任市机关保安队队长以来，他以坚定的政治立

场、高度的责任心，克服各种困难，认真做好安全隐患排查、日常巡逻等工作，常年加班加点，风雨无阻，在平凡岗位上默默坚守与奉献。同时，作为一名热心的志愿者，主动参与清理道路、文明劝导等志愿活动达1440次。

【郑博文】男，1997年1月出生，共青团员，浙江省建德市人，建德市中西医结合医院医生，2022年度建德市“见义勇为”类道德模范。2021年9月5日晚上7时许，新安江体育馆篮球场内一名男子突发意识丧失、抽搐不止且自主呼吸已消失。在球场旁休息的郑博文第一时间上前诊察，并实施心肺复苏、人工呼吸等急救措施，成功挽回该男子生命。此事得到《人民日报》、新华社、央视新闻微信公众号等百家主流媒体的关注转载点赞。

【徐冬英】女，1984年2月出生，江西省上饶市人，就职于建德市乾潭镇某私营企业，2022年度“杭州好人”荣誉称号获得者，2022年度建德市“孝老爱亲”类道德模范。徐冬英嫁至建德，育有两个女儿。2012年，徐冬英丈夫因病去世时，小女儿还未满一周岁。丈夫去世后，徐冬英义无反顾地承担起照顾一家五口的重任。2019年，婆婆又因脑溢血丧失劳动能力，加重了家庭负担。十年中，徐冬英不离不弃、无怨无悔，抚养两个年幼的孩子，悉心照料公公婆婆，用善良和无私诠释了中华儿女孝老爱亲的传统美德，周边的村民、同

事都被她深深打动。

【徐 贞】女，1967年4月出生，浙江省建德市人，建德市健康志愿者协会会长，“遇见你的美”美德驿站站长，2022年度建德市“助人为乐”类道德模范。徐贞从事公益事业七年有余，参加公益志愿服务500多场次。在她的带领下，建德市健康志愿者协会从最初的10人发展到2022年的11支分队412人，积极开展帮贫扶困、助老爱幼志愿者服务，2021—2022年连续2年，整个春节假期她都在春运现场志愿坚守。她把美德驿站建设为城市爱心中转站，为市民朋友们送上冬暖夏凉的炮制茶及多种暖心的志愿服务。

【叶海林】男，1970年8月出生，浙江省杭州人，浙江普林艾尔电器工业有限公司董事长，2022年度建德市“助人为乐”类道德模范。自1999年在建德市航头镇创办企业以来，叶海林积极践行公益、勇担社会责任，先后以企业、个人的名义参与希望工程、西部助学、偏远山村道路修缮等慈善项目10余个，累计捐助善款382.4万元。此外，叶海林还积极参与公益爱心拍卖、爱心结对活动，帮助西部家庭困难学子继续学业。他还每年号召企业员工和所在商会，为香格里拉多个偏远村落的小学生捐献爱心文具等。

【邹小霞】女，1982年1月出生，湖北省孝感市人，2022年度建德市“诚实守信”类道德模范。2002年，她嫁至杨村桥镇长宁村，掌握了草莓种植技术，她与丈夫均为“建德草莓师傅”持证土专家。2017年，夫妻俩带着建德先进的草莓种植技术、优质草莓秧苗回到湖北孝感，免费为当地农民传

授技术与经验，足迹遍布湖北10余个地区，100多个种植户从中受益，解决了500余名农村劳动力的就业问题，实现了“我要传承长宁的互助精神，将建德草莓和种植技术传扬出去，帮助家乡人致富”的庄严承诺。她被孝感市政府授予巾帼创业之星、十佳新型职业农民、市人大代表等荣誉称号。

【鲍有林】男，1969年1月出生，中共党员，浙江省建德市人，建德市大同初级中学校长，2022年度“杭州好人”荣誉称号获得者，2022年度建德市“诚实守信”类道德模范。鲍有林扎根乡村初中教育工作33年，初心不改。为了便于工作，他一直在学校住宿，关心爱护学生如自己的孩子。虽然担任校长，但始终坚守在一线的数学课教学，深受学生爱戴。2017年，他因患浸润性肺癌做了手术，术后半个月就返回了教室讲台。他始终坚信“教学是心中的自觉意识、质量是生命的发展意识”，始终把学校和学生放在心里，根据学校实际进行传承与创新，带领学校教学质量稳步提升。

杭州好人

【雷国香】女，1951年1月出生，中共党员，浙江省建德市大同镇高桥村人。曾获得浙江省民族团结先进个人、浙江省民族教育先进个人、建德市最美文化礼堂人、建德市百姓学习之星、建德市关心下一代

工作先进者、建德市第七届道德模范，被授予2022年度“杭州好人”(诚实守信类)荣誉称号。2005年雷国香退休后，一直致力传承非遗畲族彩带文化。为践行承诺，她选择留在乡村，婉拒了女儿接她到城里同住的孝心。17年中，她利用参加畲族联谊活动的机会，到武义、桐庐、义乌等地的畲族村里去寻找畲族传统图案；她组织村里妇女成立畲族彩带编织队，使畲族文化在更多年轻人手中大放异彩；她利用开展“春泥计划”、辅导村里留守儿童学业的契机，向留守儿童传授“彩带文化”，培养出一批儿童编织巧手。她的事迹在光明网、《杭州日报》《今日建德》等多家媒体报道宣传。

【邹雪明】男，1960年7月出生，中共党员，浙江省建德市人，国家电网建德市供电公司离退休党总支部书记。曾获得浙江省电力公司离退休最美幸福大使、杭州供电公司2012年度感动人物、建德市道德模范。被授予2022年度“杭州好人”(孝老爱亲类)荣誉称号。邹雪明十年如一日照顾患病的父母，用实际行动证明了“久病床前有孝子”。父母过世后，他成了单位400多名离退休职工的“贴心儿子”，照顾生病老人、垫付医药费；他也是无助老人的“暖心儿子”，2014年以来，他每月必到衢州为一名困难无助老人家打扫做饭、送去温暖，用行动丰富了“孝老爱亲”内涵。古道热肠，是周围人对他的评价。面对社会高度评价，他说：“孝老敬老爱老是做人的本分，是最起码的道德和良知。”

【严诗宇】男，1992年12月出生，中共预备党员，浙江省建德市人，建德市第二人民医院骨科医师。他刻苦钻研业务，视患者如亲人，曾获得杭州市“优秀青年岗位能手”、杭州市青年医师石膏固定技能大赛二等奖、建德二院“十佳青年医生”等荣誉称号。被授予2022年度“杭州好人”(助人为乐类)荣誉称号。2022年8月，严诗宇为远在异

乡素昧平生的白血病患者捐献了造血干细胞，为该患者带去了新生的希望。他是浙江省第814例、杭州市第248例，也是建德市第12位、第13例造血干细胞捐献者。对此，严诗宇说：“能以另外一种方式，去挽救或者延长一个病患的生命，真的非常高兴。如果下次再遇到这种事情，我还会奋不顾身地挺身而出。”

孔樟良，2022年度“杭州好人”(敬业奉献类)。(事迹参见前文“第八届建德市道德模范”)

鲍有林，2022年度“杭州好人”(敬业奉献类)。(事迹参见前文“第八届建德市道德模范”)

徐冬英，2022年度“杭州好人”(孝老爱亲类)。(事迹参见前文“第八届建德市道德模范”)

叶海林，2022年度“杭州好人”(助人为乐类)。(事迹参见前文“第八届建德市道德模范”)

2022年建德市优秀共产党员名录

何　萍（女）新安江街道罗桐社区党委书记、居委会主任

吴晓娟（女）新安江街道沧滩社区党委书记、居委会主任

邵锦华　新安江街道府东社区党委委员、居委会副主任

毛雪红(女)　新安江街道健安社区程周坞一区党支部书记

陆日升　新安江街道新安社区凤凰家园党支部书记

俞　鑫　新安江街道城建管理科负责人

刘永刚　新安江街道工作人员

唐复忠　新安江街道机关退休第二党支部书记

叶　蓁(女)　农夫山泉建德基地党总支书记、

梅坪工厂行政科长、工会主席、基地关工委主任

卢庆峰　新安江街道明珠社区昌炎物贸公司党支部党员

应志良　更楼街道岩源村党总支书记、村委会主任

蔡增益　更楼街道更化社区党总支书记、居委会主任

叶　薇(女)　更楼街道办事处副主任

吴国洪　更楼街道综合信息指挥室主任

许其明　洋溪街道洋溪社区党委书记、居委会主任

吴学鹏　洋溪街道党工委委员

汪世文　杭州新马电梯有限公司总经理

李　刚　梅城镇西湖村党总支书记、村委会主任

蔡朝刚　梅城镇南峰村党委书记、村委会主任

曹振芳(女)　梅城镇伊村村村委委员、佳和苑小区业委会主任

胡斌航　梅城镇党委委员

周建宁　梅城镇事业综合服务中心副主任

刘洪法　杭州龙驹合成材料有限公司党支部书记

李国祥　建德市李家大院家庭农场有限公司总经理

刘远珍　寿昌镇童家村党委书记、村委会主任

徐利高　寿昌镇乌石村党支部书记、村委会主任

诸葛红珍(女)　寿昌镇城北村报账员

周锡生　寿昌镇党委委员

张　通　寿昌镇重点项目办公室主任

章旭君(女)　建德市红狮水泥有限公司党支部委员

李金明　杭州富航农业产业有限公司总经理

刘素珍(女)　大同镇永盛村党总支书记、村委会主任

邹益星　大同镇黄山头村党总支书记、村委会主任

徐树文　大同镇上马村网格员

廖卫忠　大同镇党委副书记、政法委员

胡　齐　大同镇综合办公室负责人

饶日辉　杭州山淳农产品有限公司总经理

仇文杰　乾潭镇仇村村党总支书记、村委会主任

张金忠　乾潭镇下包村党委书记、村委会主任

刘小燕(女)　乾潭镇王岩村党总支副书记

张晓平　乾潭镇马鞍岭社区在杭党支部书记

吴根良　乾潭镇后山村网格员

王世杭　乾潭镇综合信息指挥室主任

涂红辉　大洋镇鲁塘村党总支书记、村委会主任

陈国明　大洋镇三河村党总支书记、村委会主任

黄鹏飞　大洋镇徐店村网格员

王晓静(女)　大洋镇党委副书记、政法委员

黄俊晓　建德市耀欣针纺有限公司党支部书记、行政经理

斯　超　三都镇樟村畈村党支部书记、村委会主任

赖卫强　三都镇三都村党委书记、村委会主任

潘东良　三都镇综合办公室负责人

吴振勇　杭州德邦检测技术有限公司负责人

赖玉玮(女)　杨村桥镇十里埠村党总支书记、村委会主任

胡葆华　杨村桥镇经济发展办公室主任

卢有忠　杭州奥立达电梯有限公司喷涂装配线工人

许平新　下涯镇金洲村党委书记、村委会主任

黄少华　下涯镇下涯村党委书记、村委会主任

方　驭(女)　杭州新安江工业泵有限公司总经理

方志华　大慈岩镇上吴方村党总支书记、村委会主任

韩　冰(女)　大慈岩镇正股级宣传干事

李　朋　杭州屹通新材料股份有限公司技术研发总监

陈俊平　航头镇石屏村党总支书记、村委会主任

江志高　航头镇村镇建设和生态环境办公室主任

韩　芳(女)　航头镇航川村便民服务员

汪和祥　李家镇李家村村委会副主任

魏婷婷(女) 李家镇综合办公室(财政所)主任(所长)

杨为婷 建德海螺水泥有限责任公司制造分厂厂长

高芝娟(女) 莲花镇昴畈村党总支副书记

何梦婕(女) 莲花镇党建工作办公室主任

胡 金(女) 钦堂乡庙前村党总支委员

仇 薇(女) 钦堂乡妇联主席

王 波 市人民政府办公室党组成员、副主任

邱 榕 市纪委监委第三纪检监察室副主任

许 勇 市人民法院党组副书记、常务副院长

吴吉佳 市委宣传部办公室主任

舒凤强 市委政法委综治协调指导科科长

徐 鹏 市委编办监督检查科科长

余小途 市总工会党组书记、常务副主席

方馨卉(女) 市发展和改革局办公室主任

叶 智(女) 市经济和信息化局行政审批科科长

赖建新 市公安局城南派出所副所长

谢志新 市公安局乾潭派出所民警

郑 炜(女) 市人力社保局党组成员、正股级组织员

周 燕(女) 市规划和自然资源局妇委会主任

余红伟 市农业农村局质量和安全监管科负责人

何雪峰 杭州市生态环境局建德分局污染防治科科长

邱伟丰 市审管办审批管理科负责人

厉勇军 市公共交通运输有限公司驾驶员

周 荟(女) 国家税务总局建德市税务局梅城税务分局副局长(主持工作)

黄康佳(女) 市教育局团工委书记

邓淑珍(女) 新安江中学历史教研组长

程 波(女) 新安江第一初级中学政教主任

张根花(女) 明镜小学副校长

张国军 大洋中心小学教师

李惠琴(女) 市疾病预防控制中心健康教育科负责人

赵春波 市第一人民医院妇产科主任助理(援派西藏那曲色尼区人民医院挂职副院长)

叶胜军 市中西医结合医院医务科科长

李佩玉(女) 新安化工集团股份有限公司新媒体电商室经理

李遵陕 新安化工集团股份有限公司研发组长

许长军 中策橡胶(建德)有限公司党委委员、副总经理

——根据 2023 年 6 月 28 日市委发〔2023〕9 号《中共建德市委关于表彰建德市优秀共产党员、优秀党务工作者和先进基层党组织的通报》

责任编辑:黄建生

附　录

Appendix

2022年建德市组织机构及负责人名录

【市委和市委工作部门、直属单位】

中共建德市委员会

书　记:富永伟

副书记:王新锋　俞　伟(12月免)
　　　钟永明(12月任)

常　委:陈文岳　方飞燕(女)　徐军飞
　　　周　密　郑泽挥　蒋哲远　程星火
　　　陈信超(6月任)

中共建德市纪律检查委员会(监察委员会)

书　记:徐军飞

副书记:叶　姣(女)　吴建军

常　委:吕　坚　夏成毅　李建军　陈美华

监委主任:周萍英(女,1月免)　徐军飞(2月任)

监委副主任(代主任):徐军飞(任至2月)

监委副主任:刘国金(1月免)　叶　姣(女,1月任)
　　　　　徐建新(1月免)　吴建军(1月任)

监委委员:王光辉(12月免)　吴建军(任至1月)
　　　　李建军(1月任)　陈美华(1月任)
　　　　张仲建(12月任)　项　栋(1月任)

办公室主任:李建军(兼,12月免)
　　　　　翁蔚芳(12月任)

干部室主任:钱晓黎(女)

宣传教育室主任:陈琪芳(女)

党风政风监督室主任:张仲建

信访室主任:赖江平

案件审理室主任:黄　翔(6月免)　余　峰(12月任)

案件监督管理室主任:王文军

纪检监察一室主任:李　玲(女)

纪检监察二室主任:陈美华(12月免)
　　　　　　　　唐　辉(12月任)

纪检监察三室主任:项　栋

纪检监察四室主任:唐　辉(12月免)

派驻第一纪检监察组组长:曹剑波

派驻第一纪检监察组副组长:王志强(12月免)
　　　　　　　　　　　　叶月玲(女)
　　　　　　　　　　　　杨建红(12月任)

派驻第二纪检监察组组长:钱海山

派驻第二纪检监察组副组长:胡志斌(12月免)
　　　　　　　　　　　　徐建明
　　　　　　　　　　　　宋　莹(女,12月任)

派驻第三纪检监察组组长、市直机关纪工委书记:
孙宁春(女,12月免)　赖艳芬(女,12月任)

派驻第三纪检监察组副组长:范红杰　吴建卫

派驻第四纪检监察组组长:钟利平

派驻第四纪检监察组副组长:徐军潮
　　　　　　　　　　　　朱文献(12月免)
　　　　　　　　　　　　吴　鹏(12月任)

派驻第五纪检监察组组长:唐明杰

派驻第五纪检监察组副局级纪检员:阎洪伟

派驻第六纪检监察组组长:季建平　华爱民

派驻第七纪检监察组组长:熊卫国

派驻第八纪检监察组组长:杨红军

派驻市法院纪检监察组组长:章菊芳(女)

派驻市检察院纪检监察组组长:黄曙光(5月免)
　　　　　　　　　　　　　黄　翔(6月任)

派驻市公安局纪检监察组组长:余　峰(12月免)
　　　　　　　　　　　　　朱文献(12月任)

副局级纪检员：王毅生

市委办公室（政策研究室、保密局、台办、综合考评办）

主　任（保密局局长、档案局局长、台办主任、机要局局长）：黄朝光

副主任：李　俊（女，2月免）　吕鹏云（1月免）
方　华（2月免）　乐照明（兼）
江　涛　张　宏　周义盼

办公会议成员：曹剑波　方学勤

台办专职副主任：方学勤

组织部

部　长：方飞燕（女）

常务副部长：郑泽挥（1月免）　吕鹏云（1月任）

副部长：章　明（兼）　郑芳华（兼，1月免）
叶宏清　王路达（兼，8月任）　李　佳（女）

部务会议成员：孙宁春（女，12月免）
赖艳芬（女）　陈　迁（女）
陈泰旭（女）　邱利成

人才办主任：方飞燕（女）

人才办专职副主任（公务员局局长）：李　佳（女）

人才办副主任：邱利成（6月任）

两新工委书记：叶宏清

两新工委副书记：赖艳芬（女，12月免）

直属机关工委书记：方飞燕（女）

直属机关工委专职副书记：陈泰旭（女，5月任）

党员教育服务中心主任：陈　迁（女）

宣传部

部　长：程星火

常务副部长：胡卫明

副部长：吴元标（6月免）　陈晓峰
盛　夏（女，6月任）

部务会议成员：许珍红（女，6月免）　钟利平
郎　栋（兼）　穆亚琴（女，12月任）
钱航军　徐玲莉（女，12月免）　汪　源（6月任）

文创中心主任：许珍红（女，6月免）
穆亚琴（女，12月任）

文创中心副主任：张胜良

文明办主任：吴元标（6月免）

网信办主任（文明办副主任）：陈晓峰（11月任）

新闻办主任：吴元标（7月免）

新闻办副主任：钱航军

精神文明建设指导中心主任：
徐玲莉（女，12月免）

互联网信息指导中心主任：汪　源（6月任）

统战部

部　长：张早林（1月免）　郑泽辉（1月任）

常务副部长：陈正清

副部长：方新卫（兼）　龚志坚　郑广明（12月免）
叶　晔（女，12月任）

民族宗教事务局局长（侨办主任）：龚志坚

侨联主席：陈正清

侨联专职副主席：叶　晔（女）

老干部局

局　长：王路达（6月任）

副局长：吴　琴（女）　郑　胜

政法委（综治办、维稳办、防范和处理邪教问题领导小组办公室）

书　记：吕　平（兼，1月免）　俞　伟（兼，1月任）

副书记：俞　伟（兼，任至1月）
陈文岳（兼，2月任）
王　伟　舒志强　许柏生（6月免）
冯慧超　张成刚（6月任）

委　员：毛志军（兼，2月免）　邱生权（兼）
戴朝阳（2月任）　黄朝光　朱春福
裴　坚（2月任）　张成刚（任至6月）
叶宝炎（6月任）

政治处主任：张成刚（6月免）　叶宝炎（6月任）

市委改革办

主　任（政策研究室主任、最多跑一次改革办公室主任）：叶孝富

副主任：杨　强（12月免）　严　俊
李文波（12月任）

市委编办

主　任：马永红

副主任：余　丹（女）　黄英杰

市委巡察办（组）

主　任：吕　坚

副主任：李锡斌　李　俊

第一巡察组组长：黄园凤（女）

第一巡察组副组长：张建楠（12月免）　胡益标

第二巡察组组长:宁卫珍(女)
第二巡察组副组长:汪建平　陈宏水
第三巡察组组长:章红兵
第三巡察组副组长:曾向阳　罗志光
第四巡察组组长: 雷庆红
第四巡察组副组长:方建卫　潘丽萍(女)

信访局

局　长:乐照明
副局长:刘建成(5月免)　王　新　马艳霞(女,6月任)　曹秀婷(女,6月任)
副局级信访督查专员:高　飞

市委党史和地方志编纂研究室

主　任(党组书记):严卫华
副主任(党组成员):张永祥(6月免)　李寿根　杨忠平(6月任)

市委党校(社会主义学院)

校　长:吕　平(兼,1月免)　方飞燕(女,兼,1月任)
社会主义学院院长:钱晓华
常务副校长(社会主义学院副院长):鲁　斌
社会主义学院副院长:陈正清
副校长:王　平(12月免)　蒋秀英(女)　仇元玲(女,12月任)

融媒体中心(集团)

主　任(党委书记、董事长):章晓腾
总编辑(党委副书记、总经理):陈立刚
副总编辑(副主任):钟清鸿　吴时力　吕冰峰
党委委员:钟清鸿　吴时力　吕冰峰　周　芳(女)
副总经理:周　芳(女)

档案馆

馆　长(党组书记):刘自强
副馆长(党组成员):傅卫红　蒋富华

社会治理中心(11月新建)

主　任(党组书记):吴中华(11月任)
副主任(党组成员):徐　飞(11月任)

【市人大和人大机关】

市人大常委会

主　任:叶万生(2月免)　吕　平(2月任)
副主任:童文扬(2月免)　赵志荣(2月免)　夏喜生(2月任)　吕建月(女)　吴岳炎　徐拥军　杨福泉(2月免)　姜建生(2月任)　刘国金(2月任)

市人大常委会办公室

主　任(机关党组书记):官建强
机关党组成员:黄宣人　王　坚　仇康君　包海洋　应永江　汪建勋
副主任:唐晓东　王姚丹(女)　章　旦(7月任)

监察和法制司法工作委员会

主　任:黄宣人
副主任:黄　伟

财政经济工作委员会

主　任:包海洋
副主任:辛国红

教科文卫和民族宗教工作委员会

主　任:仇康君
副主任:邵春英(女)

城建环保工作委员会

主　任:应永江
副主任:吴红忠

代表工作委员会

主　任:汪建勋
副主任:刘爱莲(女)

农业和农村工作委员会

主　任:王　坚
副主任:张建平(12月免)

社会建设工作委员会

主　任:吴　霞(女)
副主任:余小群

【市政府和政府工作部门、直属单位】

市人民政府

市　长:王新锋(2月任)
副市长(代市长):王新锋(任至2月)
副市长:俞　伟(2月免)　陈文岳(2月任)　钱晓华(女,2月免)　郑志华(2月免)　王　伟　何瑞洪　袁思明(11月免)　李　俊(女,2月任)　方　华(2月任)　张扬军(11月任)

市政府办公室

主　任(数据资源管理局局长、外事办主任):
程星火(3月免)　龚　鑫(3月任)

党组书记:龚　鑫

副主任:蒋哲远(1月免)　龚　鑫(任至3月)
叶　姣(女,1月免)　王路达(7月免)
吴勇富　杨志瑜　王　波　徐卫军
钱　媛(女)　黎　源　羊樟金

党组成员:钱海山　王路达(6月免)　吴勇富
杨志瑜　王　波　徐卫军
钱　媛(女)　黎　源　羊樟金

副局级组织员:刘　丽(女,11月免)

行政审批服务管理办公室

党组书记:俞　伟(兼,1月免)
陈文岳(兼,1月任)

主　任(公共资源交管办主任):肖　虎(7月免)
唐正彪(7月任)

党组副书记:肖　虎(6月免)　唐正彪(6月任)

副主任:刘晓鸿　徐锡平　甘　雯(女)

党组成员:刘晓鸿　徐锡平　叶　浓

公共资源交易中心主任:叶　浓

发展和改革局

局　长(党组书记、金融办主任、对口支援和区域合作局局长):蒋建成

副局长:傅　佳(女)　胡　敏

党组成员:傅　佳(女)　胡　敏　黄杭涛(12月任)

国防动员办主任:蒋建成(12月任)

国防动员办专职副主任:黄杭涛(12月任)

社会建设委专职副主任:王素平(女,6月任)

重点项目服务中心主任:洪　源(7月任)

经济和信息化局

局　长(党组书记):林益平

副局长:张　鲲　傅胜英(女)　吴　勇

党组成员:张　鲲　傅胜英(女)　吴　勇
邵卫明　叶剑云

总工程师:叶剑云

正局级组织员:邵卫明

教育局

局　长(党委书记):胡国正

党委副书记:赖忠林(11月免)

副局长:蒋羽剑(女)　李益民　张光荣

党委委员:赖忠林(11月任)　杨红军
蒋羽剑(女)　李益民　张光荣

教育工委专职副书记:赖忠林(11月任)

科学技术局

局　长(党组书记):吴　雯(女)

副局长:吴　鹏(12月免)　朱　珊(女)
俞利海(12月任)

党组成员:吴　鹏(12月免)　朱　珊(女)

正局级组织员:赖红芳(6月免)

公安局

局　长(党委书记、督察长):王　伟

政　委(党委副书记):汪永刚

常务副局长(党委副书记):叶志平

副局长:陈建平(11月免)　吴中华(11月免)
邱伟军　饶　军(11月任)
方祥林(11月任)

党委委员:陈建平(11月免)　陆　勇
吴中华(11月免)　邱伟军
余　峰(12月免)　饶　军(11月任)
方祥林　乐军飞(11月任)
朱文献(12月任)

政治处主任:陆　勇

交警大队大队长:邱伟军(11月免)

刑侦大队大队长:阮镇江(11月免)

刑侦大队教导员:吴　昊(11月免)

巡特警大队大队长:吴　竣(11月免)

巡特警大队教导员:饶应忠(11月免)

治安大队大队长:乐军飞(11月免)

治安大队教导员:江海波(11月免)

指挥中心主任:方祥林(11月免)

正局级组织员:陈建平(11月免)

副局级组织员:钭志强　翁益明
娄卫星(11月免)

保留副局长级待遇干部:潘　弘(6月免)
阮镇江(11月任)
吴　昊(11月任)　饶应忠(11月任)
江海波(11月任)

民政局

局　长(党组书记、移民局局长):蔡爱珍(女)

副局长:胡早明　俞利海(12月免)　吴建新
　　关　诚(12月任)
党组成员:胡早明　吴建新　关　诚(12月任)
　　朱月琴(女)
副局级组织员:朱月琴(女)

司法局

党组书记:裴　坚
局　长(行政复议局局长):周伟清
党组副书记(副局长):张成仁(12月免)
副局长(党组成员):何武军
党组成员、政治处主任:樊江平

财政局

局　长(党组书记、国资办主任):陈　刚
副局长:陈　善　杨　涛(7月免)　李　鹏(7月任)
　　宋　智(12月任)
党组成员:陈　善　方明明(12月免)　李　鹏
　　华爱民　杨　涛(6月免)
　　宋　智(12月任)
总会计师:方明明(12月免)
国有资产服务中心主任:李　鹏(7月免)

人力资源和社会保障局

局　长(党组书记):章　明
副局长(党组副书记):夏金庚(12月免)
副局长:蓝建荣　程志红(12月任)　姜　雯(女)
党组成员:蓝建荣　程志红(12月任)
　　姜　雯(女)　罗　昊(12月任)
社保服务中心主任:罗　昊(12月任)

住房和城乡建设局

局　长(党组书记、人防办主任、民防局局长):
　　倪国芳
副局长(党组成员):潘向阳　邵　炯(12月免)
　　詹铁凡　邵立平(12月任)
总工程师:吕建军

交通运输局

局　长(党组书记、交通运输综合行政执法队队长):赵　斌
副局长:吕建忠　范铁锋　唐　涛
党组成员:翁献忠(兼)　徐旭飞　吕建忠
　　许来富　范铁锋　唐　涛
交通运输综合行政执法队专职副队长:许来富
公路与运输发展中心主任:徐旭飞

农业农村局

局　长(党组书记、农业综合行政执法队队长):
　　邱剑娟(女)
副局长:郑朝红　邹宗根　侯崇林
党组成员:郑朝红　邹宗根　王毅锋(12月免)
　　何建红　郑广明(12月任)
　　唐明杰　诸葛翀　侯崇林
总农艺师:何建红
畜牧兽医局局长、农业综合行政执法队专职副队长:王毅锋(12月免)
农业行政执法队专职副队长:郑广明(12月任)
农技推广中心主任:诸葛翀

林业局

局　长(党组书记):傅定辉
副局长:唐良忠　麻建强(7月任)
党组成员:唐良忠　麻建强　盛卫星(6月任)
总工程师:麻建强(7月免)　盛卫星(7月任)

水利局

局　长(党组书记):金　斌(12月免)
　　徐　净(12月任)
副局长:钱向军　赖建军
党组成员:钱向军　赖建军
总工程师:钟万余

商务局

党组书记:周　治
局　长(投资促进局局长、粮食和物资储备局局长):叶　鹃(女)
副局长:孙　健　游大川　韩　博
党组成员:孙　健　郭　敏(女,6月免)　韩　博
总经济师:郭　敏(女,7月免)

文化和广电旅游体育局

局　长(党组书记、文化市场综合行政执法队队长):谢黎琴(女)
副局长:王献萍(女)　陈为新　顾伟梁
党组成员:王献萍(女)　邵永忠　陈为新
　　顾伟梁
文化市场综合行政执法队专职副队长:邵永忠

卫生健康局

局　长(党委书记):王　田

党委副书记:黄玉琴(女)
副局长:黄玉琴(女) 周旭芳(女)
楼锦武(7月任) 邵 纯
党委委员:熊卫国 邵 纯 楼锦武(6月任)

退役军人事务局

局 长(党组书记):饶建平
副局长(党组成员):罗清武 邵志兵

应急管理局

局 长(党委书记):郑子清
副局长:余 岩 吴宽宏(10月免) 应晓农
张建华(12月任)
党委委员:余 岩 吴宽宏(10月免) 应晓农
张建华(12月任) 罗晓明
总工程师:罗晓明

审计局

局 长(党组书记):孟 洁(女)
副局长:朱 军 赖文武
党组成员:朱 军 赖文武 黄国英(女)
苏巧玲(女)
总审计师:苏巧玲(女)
经济责任审计工作联席会议办公室主任:黄国英(女)

统计局

局 长(党组书记):郑建霞(女)
副局长:张 蕾 占晓红(女)
党组成员:张 蕾 黄 寅 徐 峻 占晓红(女)
社会经济调查队队长:黄 寅
总统计师:徐 峻

医疗保障局

局 长(党组书记):黄卫平
副局长:王 珏(女) 邵亦宏
党组成员:邵亦宏

市场监督管理局

局 长(党委书记、知识产权局局长、市场监管综合行政执法队队长):叶胜平
副局长:雷国军 徐进荣 叶 萌(女)
党委委员:雷国军 徐进荣 叶 萌(女)
程晓晖 唐卫平(6月任) 胡小平
市场监管综合行政执法队专职副队长:程晓晖
总工程师:唐卫平(7月任)
副局级组织员:胡小平

城市管理局(2月撤销)

党组书记:沈小来(2月免)
局 长(综合行政执法局局长):沈小来(3月免)
副局长:吴志兵(3月免) 陈 飞(3月免)
徐晓刚(3月免)
党组成员:吴志兵(2月免) 陈 飞(2月免)
徐晓刚(2月免) 许宏斌(2月免)
正局级组织员:许宏斌(2月免)

综合行政执法局(2月新建)

党组书记:沈小来(2月任)
局 长(城市管理局局长、综合行政执法指导办公室主任):沈小来(3月任)
副局长:吴志兵(3月任) 陈 飞 (3月任)
徐晓刚(3月任) 陈秋鸿(11月任)
党组成员:吴志兵(2月任) 陈 飞(2月任)
徐晓刚(2月任) 许宏斌(2—12月)
陈秋鸿(11月任)
正局级组织员:许宏斌(2—12月)

机关事务服务中心

主 任(党组书记):徐晓路
副主任(党组成员):张 勇 张 炜(女)

数据资源服务中心

党组书记:李 刚
主 任:徐新平
副主任(党组成员):余 锋

杭州市住房公积金管理中心建德分中心

主 任:陈淦涛(7月免)
蒋智鸿(7月任)

经济开发区(航空小镇)(6月撤销)

党工委书记:陈文岳(兼,1月免)
蒋哲远(1—6月)
主 任:唐正彪(7月免)
党工委副书记:唐正彪(6月免)
副主任:王素平(女,7月免) 兰胜平(7月免)
郎贤平(7月免)
党工委委员:童志云(女,6月免)
兰胜平(6月免) 郎贤平(6月免)
厉 璟(6月免)
正局级组织员:童志云(女,6月免)

高铁新区(高新园)(6 月撤销)
党工委书记:夏喜生(兼,1 月免)
蒋哲远(1—6 月)
经济发展中心主任:张奕涛(7 月免)
党工委委员:李 炜(6 月免) 陈 赟(女,6 月免)
余昊雯(女,6 月免)
孙 巍((6 月免)
经济发展中心副主任:余昊雯(女,7 月免)
陈 赟(女,7 月免)
经济开发区(6 月新建)
党工委书记:蒋哲远(6 月任)
主 任:蒋哲远(7 月任)
党工委副书记:肖 虎(6 月任)
副主任:肖 虎(7 月任) 兰胜平(7 月任)
陈 赟(女,7 月任)
郎贤平(7 月任) 余昊雯(女,7 月任)
党工委委员:童志云(女,6 月任)
孙 巍(6 月任) 徐建明(6 月任)
兰胜平(6 月任)
陈 赟(女,6 月任)
郎贤平(6 月任)
余昊雯(女,6 月任)
厉 璟((6 月任)
产业促进中心主任:厉 璟((7 月任)
正局级组织员:童志云(女,6 月任)
严州古城管理委员会
主 任:何瑞洪(兼)
副主任:唐黎明 姚钟书
国资服务中心(6 月建)
主 任:张奕涛(7 月任)
副主任:杨 涛(7 月任) 周方豪(12 月任)
党组成员:杨 涛(6 月任) 陈 晖(12 月任)
陈舞燕(女,12 月任) 周方豪(6 月任)
国控集团有限公司副总经理:陈 晖(12 月任)
国控集团有限公司总审计师:陈舞燕(女,12 月任)

【市政协和政协机关】

市政协
主 席:吴铁民(2 月免) 俞 伟(2 月任)
副主席:汪华瑛(女) 程 旭(2 月免)
严凌云(2 月免) 钱晓华(女,2 月任)
徐亚娟(女,2 月免) 王百金(2 月免)
郑志华(2 月任) 叶 强
章学东(2 月任)
秘书长:蒋智鸿(2 月免)
副秘书长:李 静(女) 胡晓华
王素平(女,2 月免)
徐月芳(女,2 月免) 姚根伟(2 月任)
邵笑燕(女,2 月任) 倪宪红 俞利海
市政协办公室
主 任(机关党组书记):谢照昌
机关党组成员:谢伟东 方 韦 叶晓敏(女)
方 向
副主任:傅 宇(女) 李林山 祝红芳(女)
法制财金民宗港澳台侨委员会
主 任:巫海武
副主任:吕建清
城建资源环境委员会
主 任:方 向
副主任:张建华
经济科技委员会
主 任:叶晓敏(女)
副主任:邵仪鹏(12 月任)
文史和教文卫体委员会
主 任:方 韦
副主任:周建兵
提案工作委员会
主 任:陈 茜(女)
副主任:蒋华平
委员工作委员会
主 任:谢伟东

【检察、审判机关】

检察院
党组书记:邱生权
检察长:邱生权(2 月任)
副检察长(代检察长):邱生权(任至 2 月)
常务副检察长(党组副书记):胡建强
副检察长:张碧林(7 月免) 黄曙光(7 月任)
庄子珺(女) 方 艳(女,7 月任)

党组成员：张碧林(7月免) 范艳春 黄曙光
黄 翔(10月任)
庄子珺(女) 方 艳(女,5月任)
政治处主任：范艳春
检察委员会专职委员：叶建强 徐红春
方 艳(女,5月免)

法院

党组书记：戴朝阳
院 长：戴朝阳(2月任)
副院长(代院长)：戴朝阳(任至2月)
常务副院长(党组副书记)：许 勇
副院长：仇 盛 吴建辉 刘 军
党组成员：邹向东(5月免) 刘建成(5月任)
仇 盛 吴建辉 胡永红
章菊芳(女) 刘 军
政治处主任：邹向东(5月免) 刘建成(5月任)
执行局局长：胡永红
审判委员会专职委员：章荣生(5月免) 王纲强
梅城法庭庭长：俞 颖(女)
寿昌法庭庭长：刘展宏(7月免)
大同法庭庭长：张少锋(7月任)
乾潭法庭庭长：花林昌

【民主党派 工商联】

民革建德市委员会

主任委员：徐拥军
专职副主任委员：李 静(女)

民盟建德市委员会

主任委员：钱晓华(女)

民建建德市委员会

主任委员：巫海武
专职副主任委员：姚根伟

民进建德市委员会

主任委员：叶强

工商联

党组书记：方新卫
主 席：沈子恒
副主席：方新卫 倪宪红 李永祥
胡益飞(兼) 项建平(兼) 吴利钢(兼)
张 毅(兼) 傅水芳(兼) 吕益民(兼)
朱加勇(兼) 吴严明(兼) 应思斌(兼)
汪志荣(兼) 钟 平(兼)
党组成员：倪宪红 李永祥

【群众团体】

总工会

主 席：吕建月(女,兼)
党组书记(常务副主席)：余小途
副主席：汪为骏 程志红
党组成员：汪为骏 (12月免) 程志红(12月免)
杨 强(12月任) 陈 芳(女,12月任)

团市委

书 记：孙陆炜(6月任)
副书记：孙陆炜(任至6月) 顾 洋
孙陈如(女)

妇联

党组书记：许珍红(女,6月任)
主 席：许珍红(女,8月任)
副主席：盛 夏(女,8月免) 卢 萍(女)
朱旭敏(女)
党组成员：盛 夏(女,6月免) 卢 萍(女)
朱旭敏(女)

科协

主 席(党组书记)：洪树华
副主席：钟德智 李 成
党组成员：钟德智(12月免) 李 成
朱 锐(12月任)

文联

党组书记：徐国平
主 席：徐国平
副主席：唐晓晖 袁 红(女) 王献萍(女,兼)
余子龙(兼) 王拥军(兼)
党组成员：朱旭敏(女) 唐晓晖 袁 红(女)

残联

理事长(党组书记)：傅殿红
副理事长(党组成员)：王培森(12月免) 俞早荣

供销总社

主 任(党组书记)：王志平
副主任：陈根良(7月免) 陶国强
钟德智(12月任)

党组成员:陈根良(6月免) 陶国强
钟德智(12月任)

红十字会

会 长:郑志华(兼)
党组书记:郑志华(兼,2月免)
李 俊(女,兼,2月任)
常务副会长(党组副书记):郑勇军
副会长:乐照明(兼) 杨志瑜(兼) 叶宏清(兼)
蒋樟茂

社会科学界联合会

主 席:郎 栋
专职副主席:厉 璟(8月免)

【企业单位】

城市建设发展投资有限公司

董事长(党委书记):章晓行(12月任)
总经理:章晓行(12月免) 汪旭飞(12月任)
副总经理:汪旭飞(任至12月) 陈庆军
党委委员:汪旭飞 陈庆军 马艳霞(女,6月免)
叶 腾(12月任)
纪委书记:马艳霞(女,6月免) 叶 腾(12月任)

新安旅游投资有限公司

董事长(党委书记):郑希平
总经理(党委委员):饶 斌(12月任)
副总经理(党委委员):谢双明 骆燕君(女)
党委委员、纪委书记:胡志丰

资产经营投资有限公司

董事长(党委书记):项智东
总经理(党委委员):徐 强
副总经理(党委委员):王建强 潘 祺
党委委员、纪委书记:杨建红 (12月免)

交通发展投资有限公司

董事长(党委书记):游国平
总经理:唐建锋
副总经理(党委委员):陶庭震 马 兵(12月任)
党委委员、纪委书记:刘旭东

高铁新区投资发展有限公司(12月撤销)

总经理:饶 斌(12月免)
副总经理(党委委员):王新宇(12月免)
吴 峰(12月免)
李文德(12月免)
党委委员、纪委书记:陈志宏(12月免)

经开集团控股有限公司(12月新建)

总经理(党委委员):程小波(12月任)
副总经理(党委委员):王新宇(12月任)
吴 峰(12月任)
李文德(12月任)
党委委员、纪委书记:陈志宏(12月任)

两山建设开发有限公司

副总经理:甘 伟 徐京山 王良来
党委委员:甘 伟 徐京山 王良来
刘屹洋(10月免)
纪委书记:刘屹洋(10月免)

【双重和垂直管理单位】

国家税务总局建德市税务局

局 长(党委书记):方新平

建德市规划和自然资源局

局 长(党委书记):姜建生(1月免)
黄 炜(1月任)

杭州市生态环境局建德分局

局 长(党组书记):占志忠

钱江海关驻建德办事处

主 任:俞仁贤(12月免) 黄 蔚(12月任)

杭州港航建德执法大队

大队长:翁献忠

中国邮政集团建德分公司

总经理:潘羽华(4月免) 杜黎强(4月任)

建德市烟草专卖局

局 长:庄一庆

建德市气象局

局 长:丁卫华(2月免) 尹跃虎(2月任)

建德市供电公司

总经理:安晓军

中国人民银行建德市支行

行 长:沈云松

浙江银监局建德监管组(3月撤销)

主 任:童小芳(3月免)

中国工商银行建德市支行

行 长:倪 锋

中国银行建德支行

行　长：陈　星

中国农业银行建德市支行

行　长：邱振凯

中国建设银行建德市支行

行　长：叶孝丰

交通银行杭州建德支行

行　长：任冠群

建德市农村商业银行股份有限公司

董事长：王锦芳（女）

行　长：程银川

中国农业发展银行建德市支行

行　长：严　寒（女）

中国邮政储蓄银行建德市支行

行　长：林健萍

杭州银行建德支行

行　长：陈　骏

浙江建德湖商村镇银行

行　长：饶卫东

浙江民泰商业银行杭州建德支行

行　长：陈志江

中国民生银行杭州建德支行

行　长：刘　扬（11月免）　杨继锋（11月任）

泰隆商业银行建德支行

行　长：钱凯峰

上海浦发银行建德支行

行　长：叶欢庆（2月免）　江行军（2月任）

中信银行杭州分行建德支行

行　长：汪建康（5月免）　许　锋（5月任）

台州银行建德支行

行　长：金敬挺（11月免）　葛向华（11月任）

中国人民财产保险公司建德支公司

总经理：程　俊（10月免）　高　旸（10月任）

中国人寿保险公司建德支公司

总经理：郑红月（女，8月免）
　　　　徐铁锋（8月任）

中国电信股份有限公司建德分公司

副总经理（主持工作）：洪武罡

中国移动建德分公司

总经理：胡晓东

中国联通建德分公司

总经理：马其峰

建德华数数字电视有限公司

总经理：苏　卫（女）

【乡镇（街道）】

新安江街道

党工委书记：程　斌

党工委副书记：傅　欣　黄光辉（12月免）
　　　　　　　谢晓君（女）

党工委委员：严　华　王剑飞　吴海华
　　　　　　封菊珍（女）　唐治平　蒋　挺
　　　　　　詹聪颖（女）

政法委员：黄光辉（12月免）

纪工委书记（派出监察办主任）：封菊珍（女）

人大工委主任：徐　俊

人大工委副主任：刘复文

办事处主任：傅　欣

办事处副主任：严　华　何　凯
　　　　　　　汪唯佳（女，12月任）
　　　　　　　祝旭阳　李承泽

更楼街道

党工委书记：游佩芝（女）

党工委副书记：郑芳华　宋晓华

党工委委员：王　峰　谢作华　何　明　周小堂
　　　　　　吴成梁　翁仙红（女）
　　　　　　饶　军（11月免）　郎忠杰
　　　　　　许　铖（11月任）

政法委员：宋晓华

纪工委书记（派出监察办主任）：翁仙红（女）

人大工委主任：程新炉（12月免）　周明（12月任）

人大工委副主任：黄松霖

办事处主任：郑芳华

办事处副主任：王　峰　叶　薇（女）
　　　　　　　郑海娣（女）
　　　　　　　邵　帅

洋溪街道

党工委书记：叶　莲（女）

党工委副书记：吕　晶　陈　钢

党工委委员：诸可静（女）　童孝廉　邓建江

王建辉　李建伟　张建辉　吴学鹏
李文频
政法委员：陈　钢
纪工委书记（派出监察办主任）：李建伟
人大工委主任：蒋　华
人大工委副主任：李　炜
办事处主任：吕　晶
办事处副主任：诸可静（女）　刘　潇
金　玲（女）　邵　瑜（女）

梅城镇

党委书记：邹　泉
党委副书记：周向阳　程小波（12 月免）
胡风华（12 月任）　杜立恒
党委委员：邹林红（女）　陈　彬　方建标
朱　锐（12 月免）　胡庆华
徐剑飞　胡媛媛（女）　胡斌航
李赛虎（6 月任）
政法委员：程小波（12 月免）　杜立恒（12 月任）
纪委书记（派出监察办主任）：徐剑飞
人大主席：汤志文
人大副主席：孙　巍
镇　长：周向阳
副镇长：邹林红（女）　陈　彬　陈韵之（女）
张继宏　陆庆华　徐惠珠（女）

寿昌镇

党委书记：骆旭华
党委副书记：徐　斌　穆亚琴（女，12 月免）
徐峰平（12 月任）　翟二龙
党委委员：关　诚（12 月免）　邵慧婷（女）
沈冰波（12 月任）　吴　炜
汪　栋（女）　郎登峰　周锡生
钱江鹏　徐　敏
政法委员：翟二龙
纪委书记（派出监察办主任）：钱江鹏
人大主席：沈　龙
人大副主席：吴瑞华
镇　长：徐　斌
副镇长：关　诚　邵慧婷（女）
杨文超（7 月免）　沈冰波
章志琳（女）　王微雅（女）

大同镇

党委书记：杨成军
党委副书记：徐　净（12 月免）　黄光辉（12 月任）
徐峰平（12 月免）　廖卫忠
党委委员：方荣良　钟小娟（女）　汪海峰
盛　浩　郑　莹（女）　臧晓冰
方宝军（11 月任）
政法委员：徐峰平（12 月免）　廖卫忠（12 月任）
纪委书记（派出监察办主任）：钟小娟（女）
人大主席：吴　峰
人大副主席：方　鸣
镇　长：徐　净
副镇长：方荣良　杨建功　蓝　燕（女）
汪唯佳（女）　应　尉

乾潭镇

党委书记：王一叶
党委副书记：朱　言　胡风华（12 月免）　黄　辰
党委委员：王　琳（女）　吴建军　陈勇华
赖双月（女）　徐利翔　方　宇
吴飞剑
政法委员：黄　辰
纪委书记（派出监察办主任）：徐利翔
人大主席：许文权
人大副主席：沈　灵（女）
镇　长：朱　言
副镇长：王　琳（女）　陈　浩　徐定坤
赵旭伟　张　皓

大洋镇

党委书记：徐建新
党委副书记：练　超　王金郎　王晓静（女）
党委委员：陈庆鹏　邵丽娟（女）　鲁益祥
唐　潇　张晓娟（女）
陈秋鸿（11 月免）　吴　量
胡楠鑫（11 月任）
政法委员：王晓静（女）
纪委书记（派出监察办主任）：吴　量
人大主席：蒋一新
人大副主席：方　聪
镇　长：练　超
副镇长：陈庆鹏　李晓燕（女）　邵百红

张瑞华　格文广

三都镇

党委书记：方　睿

党委副书记：程　璐(女)　黄丽芳(女)

党委委员：吴　杰　王思群(女)　唐文斌　葛　伟
　　李昕昀　吴建辉　唐建飞
　　周文芳(女)

政法委员：黄丽芳(女)

纪委书记(派出监察办主任)：李昕昀

人大主席：张晓勇

镇　长：程　璐(女)

副镇长：吴　杰　李利平　余永荣　孙浩强

杨村桥镇

党委书记：苏晓明

党委副书记：诸葛杰成　郑雷骏

党委委员：余卫刚　姜勇军　胡建芳
　　楼锦武(6月免)　许　铖(11月免)
　　吴　峻(11月任)　叶　璘(女)
　　王政杰　王蓉蓉(女)
　　钱　静(女，12月任)

政法委员：郑雷骏

纪委书记(派出监察办主任)：叶　璘(女)

人大主席：赖如平

镇　长：诸葛杰成

副镇长：余卫刚　巫林怿　叶　骏　唐梁吉

下涯镇

党委书记：蔡新春

党委副书记：诸葛林　吴燕婷(女)

党委委员：刘晓鹏　王晓慧　胡正洪
　　缪佳春　方仲华　蒋宇涵(女)
　　王宇峰

政法委员：吴燕婷(女)

纪委书记(派出监察办主任)：蒋宇涵(女)

人大主席：徐利平

镇　长：诸葛林

副镇长：刘晓鹏　杨　涛　曹振瑜　李　琳(女)

大慈岩镇

党委书记：倪浩群

党委副书记：刘光星　葛博浩

党委委员：方　玮　方国东　蒋小伟
　　唐旭华　李爱萍(女)　郎　燕(女)
　　张　剑(6月任)

政法委员：葛博浩

纪委书记(派出监察办主任)：李爱萍(女)

人大主席：周　明

镇　长：刘光星

副镇长：方　玮　陈烈光　周乐元　张泓渊

航头镇

党委书记：黄伟斌

党委副书记：郑　雄(女)　邱锦平

党委委员：林黎明　胡卫勤　邵　蓁(女)
　　陈卫荣　陆新荣
　　贾丹枫(女)　汪一昕

政法委员：邱锦平

纪委书记(派出监察办主任)：陈卫荣

人大主席：李伟锋

镇　长：郑　雄(女)

副镇长：林黎明　刘海平　洪意钧(女)
　　汪奇华

李家镇

党委书记：何洪宇

党委副书记：董　风　姚　飞(女)

党委委员：王耀平　徐三凯　陈钇任
　　尚　飞　刘玉宏(女)　吴苏明

政法委员：姚　飞(女)

纪委书记(派出监察办主任)：徐三凯

人大主席：陈向阳

镇　长：董　风

副镇长：王耀平　饶英璋　张　苏　翁　洁(女)

莲花镇

党委书记：李可大

党委副书记：沈　翀　章　洁(女)

党委委员：王小波　谢跃红　蒋伟明
　　唐　勤(女)　周璐洋(女)

政法委员：章　洁(女)

纪委书记(派出监察办主任)：谢跃红

人大主席：丁能权

镇　长：沈　翀

副镇长：王小波　许华其
　　方青剑

钦堂乡

党委书记：金鹏飞
党委副书记：陈黄琴（女） 翁 玲（女）
党委委员：朱志成 曹 健 汪会良
谢新辉 郑伟林
政法委员：翁 玲（女）
纪委书记（派出监察办主任）：汪会良
人大主席：徐志强
乡 长：陈黄琴（女）
副乡长：朱志成 甘伟蓓（女） 鲍澳稳（女）

说明：1.该“名录”收录2022年各单位在任市管领导干部（未包括挂牌机构）。

2.任免职时间（月份）已经注明，凡未标明时间的，均系职务未变动。如有差错，以任免文件为准。

重要文件目录

【中共建德市委文件】

市委〔2022〕4号 关于报送2021年度建德市乡村振兴战略实绩工作实施情况的报告

市委发〔2022〕3号 中共建德市委员会 建德市人民政府关于2021年度粮食安全市县长责任制落实情况总结报告

市委发〔2022〕27号 关于印发建德市全面深化国资国企改革实施方案的通知

市委发〔2022〕31号 中共建德市委关于学习宣传贯彻党的二十大精神情况的报告

市委发〔2022〕34号 中共建德市委关于2022年度落实全面从严治党主体责任情况的报告

市委发〔2022〕39号 关于追授李玲同志为“建德市优秀共产党员”称号的决定

【市委办公室文件】

市委办发（2022）1号 关于印发《关于开展“积案清零、清单销号和源头治理攻坚年”活动的实施意见》的通知

市委办发（2022）12号 关于开展2022年度“六大亲清行动”推动构建新型政商关系的通知

市委办发（2022）18号 2022年度“克难攻坚、奋力争先”六大比拼活动实施方案

市委办发（2022）20号 关于印发《2022年度全面从严治党责任清单》的通知

市委办发（2022）22号 关于印发2022年度市领导“六个领衔”工作任务的通知

市委办发（2022）24号 关于印发《2022年建德市“看现场·问担当”问政活动方案》的通知

市委办发（2022）30号 关于印发《建德市社会治理中心（“新安·17治理”系统）建设实施方案》的通知

市委办发（2022）39号 关于印发《中共建德经济开发区工作委员会、建德经济开发区管理委员会职能配置、内设机构和人员编制规定》的通知

市委办发（2022）50号 印发《2022—2023年建德市深化拓展新时代文明实践中心建设实施方案》的通知

【市政府文件】

建政函〔2022〕8号 关于印发建德市电子劳动合同管理办法的通知

建政函〔2022〕12号 关于支持生物医药产业高质量发展的若干意见

建政函〔2022〕19号 关于印发建德市新一轮制造业“腾笼换鸟、凤凰涅槃”攻坚行动实施方案的通知

建政函〔2022〕44号 关于印发建德市国有土地使用权出让收支管理办法的通知

建政函〔2022〕46号 关于调整污水处理费收费标准的通知

建政函〔2022〕49号 关于印发建德市享受政府特殊津贴人员选拔推荐管理办法的通知

建政函〔2022〕93号 关于印发建德市殡葬惠民实施办法的通知

建政函〔2022〕111号 关于加快推进养老服务高质量发展的实施意见

建政函〔2022〕113号 关于加快推进建德市建筑业高质量发展的若干意见

【市政府办公室文件】

建政办函〔2021〕69号 关于印发建德市千

年古城复兴试点工作方案的通知

建政办函〔2021〕70 号 关于印发建德市水库移民项目资金扶持管理实施细则的通知

建政办函〔2022〕35 号 关于进一步促进 3 岁以下婴幼儿照护服务健康发展的通知

建政办函〔2022〕36 号 关于加强和规范统计基层基础建设的若干意见

建政办函〔2022〕45 号 关于公布行政规范性文件清理结果的通知

建政办函〔2022〕47 号 关于废止建政办函〔2021〕32 号行政规范性文件的通知

建政办函〔2022〕67 号 关于印发建德市老旧小区住宅加装电梯实施细则的通知

市委及市委办公室重要文件辑录

中共建德市委 建德市人民政府 关于报送 2022 年度建德市乡村振兴战略实绩工作实施情况的报告

市委〔2022〕4 号

中共杭州市委、杭州市人民政府：

2022 年，建德市坚决贯彻中央、省委和杭州市委决策部署，围绕“全力推动共同富裕、全面建设‘宜居建德’”的奋斗目标，大力推进乡村全面振兴，走出了一条“生态美、产业兴、百姓富”的强村富民之路。现将有关情况报告如下：

一、主要做法及成效

（一）强化党的领导，压实主体责任。一是不断强化理论武装。认真贯彻落实习近平总书记关于“三农”工作重要论述和重要指示批示精神，利用两级理论学习中心组学习会、新安夜学、固定主题党日等载体，推动学习贯彻习近平总书记重要指示批示精神、党的二十大精神和省市党代会精神在建德落地生根。二是健全完善体制机制。优化调整市委农村工作领导机构，调整转设中共建德市委农村工作领导小组（建德市乡村振兴领导小组），设立强村富民乡村集成改革专班，推动出台市委农村工作领导小组工作规则，健全“三农”统筹协调工作机制。三是严格落实工作职责。落实五级书记抓乡村振兴责任清单，定期召开市委农村工作会议和市委农村工作领导小组会议；出台《建德市强村富民建设三年行动计划》《建德市发展壮大新型农村集体经济三年行动计划》等政策；市委常委会、市政府常务会议多次专题研究乡村振兴有关工作，协调解决重大问题。

（二）夯实农业基底，加速现代农业。一是保障粮食生产安全。粮食播种面积 19.08 万亩、总产量 1.41 亿斤，油菜播种面积 8.87 万亩，完成上级下达生产计划任务。耕地“非农化”整治 9313.79 亩，粮食功能区“非粮化”整治 2.27 万亩，新（补）建高标准农田 2.22 万亩，获评全省高标准农田建设先进集体。二是优化重要农产品供给。能繁母猪保有量 2.1 万头，生猪出栏 27.49 万头，家禽存栏 450 万羽；发展高山蔬菜，推广新型稻渔综合种养模式，实现蔬菜产量 26.38 万吨、水产品产量 1.01 万吨。三是深化农业“双强”行动。统筹布局现代化农事服务中心和服务站点，建成农事服务中心 1 个、农机农艺融合示范基地 3 个、高品质绿色科技示范基地 5 个，推广先进农机装备 186 台（套），引进植物工厂四季种植模式，打造未来农场 2 家。四是推进现代农业发展。聚焦“一镇一业”，发展草莓、茶叶、鸡蛋等特色产业，建德草莓成功列入国家现代农业全产业链示范基地创建，建德苞茶被列入国家地理标志保护工程，累计建成休闲农业和乡村旅游示范点 263 个、精品民宿 384 家。

（三）改善农村环境，建设美丽乡村。一是强化环境整治。创新开展“迎亚运·建未来·村美景靓”比选活动 26 场，推动农村人居环境管理常态长效，获评全省农村生活垃圾分类处理优胜县、全省农村生活污水治理优秀县，今年 6 月再夺五水共治“大禹银鼎”。二是深化风貌提升。建立城乡风貌技术规范体系，发布乡村风貌负面清单，建成 341 公里的“一轴一廊五片十线”美丽乡村风景线，三江汇流风貌区创成全省城乡风貌县域样板区，下涯之江村、三都松口村入选全省未来乡村，圆满承办杭州市深化“千万工程”建设新时代美丽乡村现场会。三是优化基础设施。新改建农村公路60公里，打通断头路5条，建成70个“15分钟品质文化生活圈”，建成体育健身公园等27个基层体育设施，建成并移交运维农村生活污水处理终端884座，管网2000余公里，设施治理农户6万余户。

（四）推进善治融合，创新乡村治理。一是完美收官乡村治理试点。完成全国乡村治理体系建设试点示范总结，《创新打造老年人助餐模式 努力破解乡村治理难点问题》入编全国乡村治理动态，《建德市“建村钉”敞开乡村数字治理大门》入选第四批全国乡村治理典型案例。二是全面铺开清廉村居建设。创新开展“清廉村居看我村”比拼活动，创建省级善治村33个，探索设立村集体审账、清廉乡村智慧管家等特色应用场景，获评全省清廉村居建设示范县。三是不断完善社会治理体系。持续开展漠视群众利益专项治理，推进农村移风易俗，不断完善“共商、共建、共管、共享”的群众参与模式，特色应用“建村钉”将“治理链接”接户到人，日活跃量超10万人。

（五）深化集成改革，探索共富路径。一是创新农业标准地改革模式。明确“两山公司”作为开发建设主体，市镇村企户五级联动，推进8个区块3760亩草莓“标准地”共富示范项目，形成国资公司“开发建设”、大户“拎包入住”、村集体“股份入股”、村民“流转获租”“务工挣薪”的共赢格局。同时，配套产地冷藏保鲜设施、集中分拣中心，打造“共富工坊”。列入全省“标准地”改革+农业“双强”、数字化改革+强村富民集成“双试点”，将草莓“标准地”的模式复制推广，启动农业标准地建设“131”工程，探索打造更加丰富的“标准地”类型。二是探索“三地联动”共富路径。发挥山水相连、文化相近、人缘相亲、产业相融等地缘优势，打造杭金衢三地联动共同富裕示范区（建德市大慈岩镇、兰溪市诸葛镇、龙游县横山镇）。依托诸葛八个村景区、大慈岩景区、新叶景区合力打造长三角旅游目的地；依托国家地理标志产品里叶白莲和志棠白莲，共建“浙硒莲”区域公共品牌；联建省级城乡风貌整治示范区，谋划兰溪、建德矿地综合利用项目，加大交通互通，共同探索边缘交界乡镇跨域联动的共富新路径。

（六）坚持统筹发展，缩小城乡差距。一是加大要素保障力度。公共财政持续向“三农”倾斜，2022年“三农”支出38.50亿元，同比增长8%以上，土地出让收入用于农业农村资金占比5.6%。制定土地利用年度计划安排61亩（8%）新增建设用地指标保障乡村重点产业和项目用地；涉农贷款余额637亿元、增幅23.9%。二是加快公共服务均等。实施农村骨干教师培养工程和就医环境提升计划，农村一、二级幼儿园在园幼儿占比92.4%，村卫生室规范化率达90%，城乡公交一体化率提升至90%，组建农村文艺队伍48支，实现农村文化礼堂全覆盖，大同镇“一老一小”做法荣获全国第四批农村公共服务典型案例。三是强化乡村人才支撑。实施“师傅带农富”工程，累计培育“建德师傅”1万余人，带动农民就业1.7万人，培训农村实用人才和高素质农民3570人次、新培育农创客616名、招引新乡贤710名，圆满承办全省乡村人才振兴促进共同富裕大会。

二、下一步打算

建德市将认真对标中央一号文件、省委一号文件、五级书记抓乡村振兴责任清单有关要求，以党建为统领，持续深化强村富民乡村集成改革，推动农业增效、集体增富、农民增收。一是强化粮食等重要农产品稳产保供，加大农田的基础设施建设、土地连片流转力度，以“一粒米、一颗果、一片叶、一枚蛋、一幢房”等为重点，全面推行粮食、草莓、茶叶、蛋鸡、农房标准地建设，深化农业“双强”行动，争创全省农业“机器换人”高质量发展先行县。二是深化“两进两回”行动，高质量推进现代农业产业园、农业产业强镇等平台创建，深化“建德师傅带农富”工程，打响“建德农创客”品牌，争创全省乡村人才振兴先行县。三是培育“链组党建”“共富联合体”“强村公司”“共富工坊”等载体，开展农村闲置资源整村或连片盘活，完善“国有平台+强村公司+村集体”和企业带“大户”、“大户”

带“小户”的合作模式。四是深化“千万工程”,推行“一月一暗访,双月一晾晒,一年一考评”农村人居环境常态化管理,实施农房、管线、村道新“三大革命”,结合未来乡村、美丽乡村、和美乡村建设,培育美丽乡村共富示范带。五是突出“一老一小”,健全村级老年食堂、托幼中心、家宴中心、乡村卫生室、居家养老服务中心等公共设施配套,巩固提升“双减”成果,让文体惠民、医疗惠民等民生实事温暖“美好生活”。六是锚定护航亚运会等大事要事,加强农机、渔船、民宿、农产品质量等行业重点领域事故防控,聚焦“五清五廉”,打响“吾清吾廉吾有”的“德廉村居”地域品牌,形成“五治一体”的乡村善治新局面。

中共建德市委
建德市人民政府
2022 年 12 月 27 日

建德市政府及市政府办公室重要文件辑录

建德市人民政府关于支持生物医药产业高质量发展的若干意见

建政函〔2022〕12 号

各镇、乡人民政府,各街道办事处,市政府各部门、单位:

为促进我市生物医药产业做大做强,加快高质量发展,根据杭州市人民政府办公厅《关于加快生物医药产业高质量发展的若干意见》(杭政办函〔2021〕39 号)精神,结合我市实际,特制定以下意见:

一、全面落实杭州市各项扶持政策

对照杭州市人民政府办公厅《关于加快生物医药产业高质量发展的若干意见》(杭政办函〔2021〕39 号)各项政策条款,强化落实。各职能部门要加大宣传、指导和服务力度,及时组织市内符合条件的企业、项目开展政策申报工作,确保应享尽享。(责任单位:各相关职能部门)

二、鼓励存量企业实施技术改造

对市内现有存量企业实施生物医药类技术改造项目的,按照设备投资总额的 30%给予资助。(责任单位:市经信局)

三、鼓励现有企业转型生物医药发展

以化工行业为重点,鼓励现有企业转型发展生物医药产业。对于现有企业实行腾笼换鸟转型建设生物医药项目的,腾出的能耗和排污权自行消化,不足部分全市面上优先平衡解决,且在完成生物医药项目建设验收后,除享受设备投资总额30%的资助外,对于拆除的原设备给予评估净值30%的补助。(责任单位:市发改局、市经信局、市财政局、杭州市生态环境局建德分局)

四、鼓励企业采购、应用先进装备

鼓励生物医药企业采购、应用本市生产的经首台(套)认定的微反应装置等设备,对相关设备采购按照采购总额的 35%给予资助,最高不超过1000 万元。(责任单位:市经信局)

五、鼓励企业拓展市场做大做强

对企业做大做强形成增量贡献的,按照全市存量企业贡献增幅给予分档奖励。(责任单位:市财政局、市经信局)

六、鼓励合同研发生产模式

鼓励通过合同生产组织(CMO)或合同研发生产组织(CDMO)方式,委托开展研发生产活动。对药品或医疗器械上市许可持有人委托本市生物医药企业(委托双方须无投资关联情况)生产其所持有药械产品,且销售税收结算在本市的,按该品种实际交易合同金额(经有资质的第三方机构审计)的 5%给予资助,最高不超过 1500 万元。对承担委托生产任务的企业(委托双方须无投资关联情况)予以资助,按实际交易合同金额(经有资质的第三方机构审计)的 5%给予资助,

单个企业每年最高不超过1500万元。(责任单位:市经信局、市财政局、市市场监管局)

七、支持产业发展空间建设

新设立、新迁入的生物医药企业,自认定年度起,租用办公空间或工业厂房,前3年按实际租金予以资助,办公空间租金资助最高不超过2元/平方米·天,工业厂房租金资助最高不超过1元/平方米·天。原则上办公空间资助面积最高不超过600平方米,厂房空间资助面积最高不超过1500平方米。空间为毛坯的,在核定面积内给予400元/平方米的装修补贴。建设GMP厂房的,在核定面积内给予2000元/平方米的装修补贴。入驻我市"飞地"的生物医药企业(含自行租用办公及研发用房)同等享受。对生物医药企业在本市以外自行租用办公及研发用房的,前三年在前述核定面积内按照实际租金予以资助,最高不超过2.7元/平方米/天。空间为毛坯的,装修补贴同等享受。(责任单位:各相关单位)

支持企业建设生物医药中试平台。鼓励采取联合建设方式,支持方式根据具体项目另行研究确定。(责任单位:市经信局、市财政局、市科技局、市高铁新区经济发展中心)

八、强化金融支撑和要素保障

设立生物医药产业创新发展基金,通过股权投资方式支持生物医药创新项目研发、GMP标准厂房建设、MAH产业化落地和重大项目引进。发挥政府产业基金的投资引导作用,带动社会资本、金融资本投向生物医药产业。重点保障生物医药产业项目用地、用能和排放指标。(责任单位:市发改局、市财政局、市规划和自然资源局、杭州市生态环境局建德分局)

九、支持生物医药产业人才引育和技术创新

对产业人才引进,参照《关于高质量打造最优人才栖息高地高水平引领"宜居建德"建设的实施意见》(建人才〔2021〕2号)执行。优先推荐符合条件的企业申报杭州市级以上研发中心、研究院和高新技术企业。加强核心技术攻关,鼓励生物医药企业开展研发活动,优先推荐各级科技重大项目和省各类重大科技项目攻关。(责任单位:人才办、市科技局、市高铁新区经济发展中心)

本意见自2022年2月18日起执行。由市经信局、市财政局组织实施。

建德市人民政府

2022年1月18日

建德市人民政府
关于印发建德市殡葬惠民实施办法
的通知

建政函〔2022〕93号

各镇、乡人民政府,各街道办事处,市政府各部门、单位:

《建德市殡葬惠民实施办法》已经市政府研究同意,现印发给你们,请结合实际,认真贯彻执行。

建德市人民政府

2022年8月2日

建德市殡葬惠民实施办法

为高水平推进暖心服务标杆区殡葬改革综合试点,助推共同富裕示范区建设,扩大惠民殡葬受益的范围,进一步减轻群众殡葬负担,根据《关于进一步深化殡葬改革的意见》(浙委办发〔2014〕72号)、《关于开展惠民殡葬专项治理和提标增项扩面工作的通知》(浙民事〔2021〕88号)、《推进民政事业高质量发展建设共同富裕示范区行动方案(2021—2025)》(浙民办〔2021〕166号)等文件精神,特制定本办法。

一、免费对象

(一)浙江省户籍的城乡居民,包括在建德市境外死亡的建德户籍城乡居民;

(二)在浙江省大中专院校全日制学习的非浙江省户籍学生,驻浙江省部队现役军人;

(三)与在浙江省企业签订劳动合同并按规定

缴纳养老保险金 1 年以上的外来务工人员；

（四）在建德市内按规定缴纳工伤保险 1 年以上的新业态从业人员；

（五）在建德市境内发现并火化的无名、无主尸体。

二、免费项目

（一）殡葬基本服务项目

1.遗体接运（限建德市范围内使用建德市殡仪馆殡葬专用车辆接运遗体）；

2.封闭式冷藏冰柜遗体存放（限建德市殡仪馆、存放期限 3 天以内）；

3.遗体火化（使用普通火化炉火化遗体）；

4.骨灰入葬、寄存（骨灰入葬限桃坞公墓及树葬区；寄存存放期限 1 年以内，限在本馆火化且使用木质骨灰盒，不提供琉璃、陶瓷、玻璃等易碎容器寄存）；

5.遗体守灵（限 3 天以内的普通守灵室，含守灵室水晶棺冷藏）；

6.骨灰盒（限价值 400 元以内的指定骨灰盒、不折价抵扣、不折现）。

以上殡葬基本服务由建德市殡仪馆按照物价主管部门核定的标准，在结算殡仪服务费用时直接予以免除。

（二）殡葬延伸性服务项目

1.水晶棺冷藏费（不适合封闭式冷藏冰柜存放的特殊尸体、限 3 天以内）；

2.尸体消毒费（包括担架、殡仪车消毒）；

3.遗体罩使用费（限千秋堂使用）；

4.骨灰包扎处理费；

5.尸体解剖室使用及场地清理费；

6.封闭式冷藏冰柜尸体探视费（每次不超过 10 分钟）；

7.临时告别厅使用费；

8.千秋堂固定告别床使用费；

9.过夜停尸保管费；

10.骨灰安放费（仅限桃坞公墓）；

11.墓穴使用证工本费（仅限桃坞公墓）。

三、办理程序

属本办法规定的免费对象死亡后，经办人（指死者的直系亲属或委托人，下同）凭医疗机构或公安部门开具的死亡证明，直接向建德市殡仪馆提出申请；在建德市境外死亡的建德户籍人员，由经办人在逝者火化后 2 个月内，携火化地的火化证明和费用清单、费用发票、银行账户信息到建德市殡仪馆提出申请，可报销殡葬基本服务项目费用（应减免项目发票金额低于本市减免标准的，按照实际支付金额报销；应减免项目发票金额高于本市减免标准的，报销金额不得超过本市减免额度），并提交下列材料：

（一）经办人本人有效身份证原件及复印件各 1 份；

（二）逝者的有效身份证或户口簿原件及复印件各 1 份；

（三）逝者为在浙江大中专院校全日制学习的非建德户籍学生，需提供学校出具的证明和学生证原件及复印件各 1 份；为驻浙江部队现役军人，需提供团以上政治机关出具的证明及军官证或学员证、士兵证原件及复印件各 1 份；

（四）逝者为外来务工人员，需提供与在浙江企业签订的劳动合同及按规定连续缴纳养老保险金 1 年以上的缴费清单原件及复印件各 1 份；

（五）逝者为新业态从业人员，需提供连续缴纳工伤保险 1 年以上的缴费明细原件及复印件各 1 份；

（六）在建德市境内发现的无名、无主尸体，由公安部门提出申请。

建德市殡仪馆对上述材料核准后，按规定给予办理免费手续。

四、监督管理和组织实施

（一）建德市殡仪馆应当完善各项规章制度，严把审核关，加大资金管理力度，强化对工作人员的教育培训；

（二）市民政和财政部门应建立督查制度，加强对殡葬基本服务费用结算情况的监督检查，发现问题及时纠正。财政部门要切实保障建德市殡仪馆的正常经费支出。市公安、发改、卫健、总工会等部门按照各自职责配合实施本办法；

（三）各乡镇（街道）及村（社区）要本着“谁经

办谁负责”原则，认真做好审查核对工作；

（四）经办人必须按照建德市推行的有关生态殡葬工作要求，规范化安放骨灰，严禁乱葬乱埋。

本办法自 2022 年 10 月 10 日起施行。此前发布的相关规定与本办法不符的，以本办法为准。

建德市人民政府办公室关于印发建德市老旧小区住宅加装电梯实施细则的通知

建政办函〔2022〕67 号

各镇、乡人民政府，各街道办事处，市政府各部门、单位：

《建德市老旧小区住宅加装电梯实施细则》经市政府研究通过，现印发给你们，请认真贯彻执行。

建德市人民政府办公室

2022 年 12 月 7 日

建德市老旧小区住宅加装电梯实施细则

为规范老旧小区住宅加装电梯工作，完善老旧小区住宅使用功能，促进无障碍环境建设，适应老龄化社会需求，提升城市居民生活品质，根据《杭州市老旧小区住宅加装电梯管理办法》（以下简称《管理办法》）、《杭州市人民政府办公厅关于积极推进老旧小区住宅加装电梯工作的实施意见》（以下简称《实施意见》）等规定，结合本市实际，制定本细则。

一、适用范围

本细则适用于建德市行政区域内老旧小区住宅加装电梯管理范围。

本细则所称老旧小区住宅，是指国有土地上具有合法权属，建成年代较早、未列入房屋征收范围或者计划，并已投入使用的四层（含）以上非单一产权的无电梯住宅。

住宅小区基础设施和功能明显不足的保障性住宅、单位自管房需要加装电梯的，可以参照本细则执行。

二、实施原则

本市老旧小区住宅加装电梯工作应当遵循“业主主体、社区主导、政府引导、各方支持”的原则；实行民主协商、基层自治、高效便民、依法监管的工作机制。

老旧小区住宅加装电梯应当坚持因地制宜、安全适用、经济美观、风貌协调的原则。不得影响建筑本体安全，尽量减少对底层住宅以及相邻建筑的不利影响，尽量减少对小区公共道路和绿地绿化的占用，不得侵占城市主要道路，不得影响城市规划实施，不得增加或者变相增加与加装电梯无关的空间。

街道办事处、镇、乡人民政府可将加装电梯工作纳入老旧小区综合改造提升、未来社区创建、无障碍环境建设等工作计划统筹推进，落实“综合改一次”要求，协调推进成片、整小区加装电梯工作，并落实必要的资金支持。具备无障碍设施建设条件老旧小区住宅加装电梯项目，应增设必要的坡道、扶手、语音播报等无障碍设施，更好地满足老年人、残疾人使用需求。

鼓励和支持老年人、残疾人居住的老旧小区住宅依法加装电梯。

三、职责分工

建德市人民政府负责组织领导协调推进本辖区内老旧小区住宅加装电梯工作。市住建局（市加梯办）负责组织实施本辖区内老旧小区住宅加装电梯的联合审查、监督、管理等工作。

市财政局负责做好加装电梯专项资金保障工作。

市市场监管局负责加装电梯技术指导、电梯运行维护的安全监督管理工作。

各乡镇（街道）和社区居民委员会（村委会）负责既有住宅加装电梯的政策宣传、动员指导、矛盾协调等工作。

其他相关部门、单位应当根据职责分工，按照简便高效的原则，依法支持既有住宅加装电梯有关管理和指导工作。

老旧小区住宅加装电梯涉及的电力、水务、燃气、通信、网络等相关管线单位负责管线及其他配套设施的现场踏勘、迁移改造等工作。

四、项目实施

(一)民主协商

老旧小区住宅需要加装电梯的，应当由本单元内同意加装电梯的相关业主作为加装电梯的申请人,负责意见统一、项目报建、设备采购、项目实施、维护管理等工作,依法承担项目建设单位的相关责任和义务。公有或者单位自管的老旧小区住宅由其所有权人或者委托管理人作为申请人。

申请人可以委托业主代表、资信良好的法人或者其他组织作为加装电梯项目的实施主体,具体负责前款规定的工作。委托人应当与受托人签订委托协议,明确双方的权利与义务。

老旧小区住宅需要加装电梯的,本单元内同意加装电梯的相关业主,应当征求所在单元全体业主意见（意见征询汇总表范本参见附件 1),并就加装电梯初步方案和项目建设资金估算及分摊方案、电梯运行使用和维护保养资金分摊方案等充分进行民主协商,做好意见统一等工作。街道办事处、镇、乡人民政府和社区居民委员会(村委会)以及业主委员会、物业服务企业等应当给予协助。

鼓励业主委员会、老旧小区住宅原产权单位、施工单位、物业服务企业等积极参与加装电梯的组织、实施工作。

(二)项目表决

1.一般老旧小区住宅加梯项目表决。

由本单元申请加装电梯的相关业主提请所在地社区居民委员会(村委会)牵头,经本单元建筑物专有部分面积占比三分之二以上的业主且人数占比三分之二以上的业主参与表决，并经参与表决专有部分面积四分之三以上的业主且参与表决人数四分之三以上的业主同意后（表决票范本参见附件 2),本单元业主签订加装电梯项目协议书(授权委托书视业主需要而定，范本参见附件 3;协议书范本参见附件 4)。拟占用业主专有部分的,还应当征得该专有部分的业主同意。

2.商品房性质老旧小区住宅加梯项目表决。

商品房性质的老旧小区住宅加装电梯，应经申请加装电梯的单元相关业主表决同意。需要占用小区范围内业主共有道路、绿地等公共场所的,需经本小区业主表决同意。

由本小区申请加装电梯的相关业主提请业主委员会或者所在地社区居民委员会（村委会)牵头,征求小区范围内全体业主意见,具体按照《中华人民共和国民法典》有关业主共同决定事项的有关规定执行。

3.表决可以采用书面征求意见、电子投票等方式进行(表决票范本参见附件 5、表决统计表参见附件 6)。表决的投票期限由牵头单位确定,一般不少于十天，法律法规另有规定或业主另有约定的,按其规定或约定执行。

本细则所称商品房性质老旧小区住宅，是指符合《杭州市老旧小区加装电梯管理办法》第二条所称的老旧小区住宅情形，由房地产开发企业以出让方式取得国有土地使用权，进行开发建设并公开销售的住宅。

(三)项目公示

申请人应当在查阅资料、现场勘察基础上，编制老旧小区住宅加装电梯初步方案。加装电梯初步方案应当包括拟加装电梯的平面图、外立面效果图等,明确拟加装电梯的具体位置、电梯尺寸、梯井高度、周边环境和绿地绿化占用情况等内容。

经申请人书面提出，由所在地社区居民委员会(村委会)将老旧小区住宅加装电梯项目协议书(公示书范本参见附件 7)和初步方案在拟加装电梯住宅的单元楼道口、小区公示栏等显著位置公示十天(公示书自张贴第 2 天起算)。公示期满后,因加装电梯直接受到影响的利害关系人无实名制书面反对意见的,社区居民委员会(村委会)、街道办事处或者镇、乡人民政府应当分别在申请人递交的加装电梯项目申请表上盖章确认无实名制书面反对意见情况(范本参见附件 8)。

公示期间，因加装电梯直接受影响的利害关系人有实名制书面反对意见的，社区居民委员会

(村委会)、街道办事处或者镇人民政府应按照本细则的有关规定进行调解，同时应在加装电梯项目申请表中写明异议主要内容、调解(听证)方式及次数、调解(听证)结果，并盖章确认(调解、听证情况记录参见附件9)。

(四)异议调解

1.对加梯有实名制书面反对意见的，由相关当事人协商解决加装电梯过程中的利益平衡、权益受损等事宜，也可以委托业主委员会、人民调解组织和其他社会组织等进行协调。

2.相关当事人对老旧小区住宅加装电梯项目协商不成的，社区居民委员会应当在10个工作日内组织调解，亦可多次调解。相关当事人拒绝社区居民委员会调解或者经调解仍未达成一致意见的，所在地街道办事处或者镇人民政府应当通过协调会、听证会等方式组织调解。

3.申请本单元加装电梯的业主中如有下列情形之一的，街道办事处(镇、乡人民政府)在调解未达成一致意见的情况下应当组织召开听证会：

(1)有一名及以上年满六十周岁并经专业机构评估认定为中度或者重度失能的老年人；

(2)有两名及以上年满六十五周岁(非同一专有部分业主)或者一名及以上年满八十周岁的老年人；

(3)有一名及以上的三级以上视力或者肢体残疾人，或者二级及以上智力(精神)残疾人。

召开听证会的，街道办事处(镇人民政府)应当根据调解具体情况，确定听证会参加人。听证会参加人除听证员外，应包括加梯项目申请人、书面反对意见业主或其代理人、因加装电梯直接受到影响的利害关系人及其代理人和其他相关人员(相关当事人无正当理由不按时参加听证会的，视为放弃听证权利，听证通知参见附件10)。听证会可邀请工程技术、特种设备、法律等方面的专家参与，街道办事处(镇、乡人民政府)可结合项目实际情况自行制定听证方案。

(五)项目申请

1.老旧小区住宅加装电梯的申请人应当委托具有法定资质的设计单位在已公示的初步方案基础上，按照建筑设计、结构安全、特种设备和消防安全等相关规范标准的要求，编制加装电梯设计方案和施工图设计文件。加装电梯施工图设计文件应当经具有法定资质的第三方图审机构审核并出具书面审核意见。

2.老旧小区住宅加装电梯申请人应当委托具备法定资质的施工、监理单位负责工程施工和监理，签订书面委托施工合同和委托监理合同。

3.老旧小区住宅加装电梯的申请人应当向市住建局申请联合审查，并提交以下材料：

(1)经社区居民委员会(村委会)及街道办事处或者镇人民政府盖章确认的加装电梯项目申请表；

(2)社区居民委员会(村委会)出具的调解情况记录，街道办事处或者镇人民政府出具的调解、听证情况记录；

(3)经公示的加装电梯项目协议书、初步方案；

(4)加装电梯设计方案、施工图设计文件(含工程预算)及第三方图审机构审核意见；

(5)社区居民委员会(村委会)出具的公示情况说明(附单元楼道口、公示栏公示照片)；

(6)相关业主的身份证明、房屋权属证明；有委托代理人的，提交授权委托书、代理人身份证明；

(7)法律、法规规定的其他材料。

(六)项目审批

1.市住建局在收到申请人提交的相关申请材料后应进行预审，申请材料不齐全或者明显不符合要求的，应当当场或者在预审期限内一次告知申请人限期补正的全部内容；申请材料齐全(或经补正后齐全的)的应予受理。

2.受理申请人提交的相关申请材料后，市住建局应当在十五个工作日内组织召集规划资源、城市管理、市场监管、城市绿化等行政主管部门和所在地乡镇(街道)、社区(村)、相关管线单位召开联合审查会议，各行政主管部门应当根据各自职责，做好联合审查工作。会议可以征求建筑设计、结构安全、特种设备等相关专家的意见。

与会各行政主管部门应签署并出具书面审查意见(参见附件11)，明确是否同意该项目方案。

当场无法出具意见的，应当在联合审查会后3个工作日内向市住建局反馈书面审查意见。市住建局应当根据相关部门反馈的审查意见，在受理申请材料之日起二十个工作日内出具联合审查意见并加盖单位公章(参见附件12)。

3.加装电梯项目申请人应依法办理建设工程规划许可、建筑工程施工许可。其中，符合《杭州市城乡规划条例》第二十九条、《关于公布〈杭州市建设工程规划许可证"豁免"项目清单〉的通知》(杭规划资源发〔2021〕11号)中"免予办理建设工程规划许可证"的加装电梯项目，不再办理建设工程规划许可证；根据《中华人民共和国建筑法》《建筑工程施工许可管理办法》以及《住房和城乡建设部办公厅关于浙江省调整房屋建筑和市政基础设施工程施工许可证办理限额意见的函》(建办市函〔2020〕432号)关于"工程投资额在200万元以下或者建筑面积在1000平方米以下的房屋建筑和市政基础设施工程，可以不申请办理施工许可证"的有关规定，符合无须办理建筑工程施工许可证情形的加装电梯项目，可以不再办理建筑工程施工许可证。

开工前申请人还应依法办理管线迁移改造、绿地占用、树木迁移砍伐、电梯安装告知、特种设备监督检验、建设工程质量安全监督等手续，相关部门应当优化审批流程、提高审批效能。

电力、水务、燃气、管道、通信、网络等相关管线单位对经联合审查通过的老旧小区住宅加装电梯项目，应当开通绿色通道办理相关手续，加快实施管线迁移改造。

4.老旧小区住宅加装电梯新增面积部分不计入建筑物面积，不计入各分户业主的住宅产权面积，不办理不动产登记。法律法规另有规定的，按其规定执行。

(七)施工监管

1.老旧小区住宅加装电梯施工单位应当按照施工图设计文件施工，并对施工现场的质量安全、文明施工负总责。(电梯设备或施工方案调整需征得业主同意，施工文件调整需经第三方图审机构重新审核)。

2.建设工程质量安全监管。申请人在取得加装电梯项目通过联合审查的意见书后，加装电梯项目开工前，应按照《杭州市老旧小区住宅加装电梯管理办法》第二十条规定，向建设工程质量安全监督机构提交相关材料，接受工程质量安全监管。相关部门或机构对土建施工现场进行检查、监督时，如发现工程质量不达标、安全文明施工措施不到位或未按联合审查通过的施工图设计文件进行施工等问题，应依法予以查处。

3.特种设备安装监督。老旧小区住宅加装电梯的安装应当由电梯制造单位或者其委托的具有法定资质的单位实施，并应当符合特种设备管理法律法规及相关规范标准的规定。电梯安装单位应当在安装施工前将拟进行的电梯安装情况书面告知市市场监管局，并依法向具有法定资质的特种设备检验机构申请监督检验。

4.加装电梯施工可能对周边房屋使用安全造成影响的，申请人应当自行或者委托房屋安全鉴定机构对周边房屋进行安全影响跟踪监测，并根据监测结果采取安全防护措施。

对联合审查同意的加装电梯项目，其他单位和个人应当为加装电梯施工提供必要的便利。

(八)项目验收。

电梯的制造和安装应符合特种设备管理法律法规的规定以及相关规范标准，经监督检验合格后的加装电梯项目方可组织竣工验收；未申请监督检验或监督检验不合格的加装电梯项目，不得交付使用。

老旧小区住宅加装电梯项目完工并经特种设备检验机构监督检验合格后，申请人应当组织设计、施工、监理单位和电梯安装单位在社区参与下对加装电梯项目进行竣工验收。

项目竣工验收后，申请人应在30天内向市特种设备安全监督管理部门办理使用登记，并取得使用登记证书。

项目竣工验收后，申请人应将项目竣工资料移交市城建档案管理部门归档。

(九)后续运维

1. 老旧小区住宅加装电梯申请人为电梯使用单位，负责加装电梯的日常使用和运行管理。老旧小区住宅加装电梯申请人委托的物业服务企业、其他管理人依法履行电梯使用单位义务；未委托他人管理的，由申请人协商确定的实际负责人依法履行电梯安全使用管理义务。加装电梯的使用管理、维护保养、改造维修、检验检测、安全监督管理等，应当遵守相关法律法规的规定，保障电梯的正常运行和安全使用。原则上加装电梯申请人委托电梯厂家全托管服务和购买相关保险。

2.老旧小区住宅加装的电梯应当安装具备运行参数采集、信息网络传输、自动报警、实时通话等功能的智慧电梯系统，按照规定配备统一接口，并向市场监督管理部门开放。

3.因转让、继承或者受遗赠取得加装电梯住宅所有权的，由住宅受让人依法承继加装电梯项目协议书约定的权利和义务。

五、资金补助

(一)资金保障

老旧小区住宅加装电梯所需建设资金及运行使用、维护管理资金主要由业主承担，具体费用应根据业主所在楼层等因素协商，按一定分摊比例共同出资。加装电梯项目竣工验收合格后，相关业主可按有关规定申请提取本人及其配偶、父母、子女的住房公积金和住房补贴。

1.项目补助资金。对全市范围内四层及以上的非单一产权老旧小区住宅加装电梯，市政府给予20万元/台的补助；涉及管线迁移所需的费用由各管线单位和政府共同承担，其中政府承担5万元/台，超出部分由各管线单位承担。为保障电梯的后续正常运行，原则上在政府补助的20万元/台资金中留出部分资金用于后续运维，具体资金由所在单元业主协商后报社区，并由所在社区(村)单独建立账户成立社会组织负责电梯运维资金的监管工作或经业主同意购买期限较长的全托管服务。电梯运维经费全过程由业主自负。

2.考核补助。项目通过验收后，市财政给予属地社区居民委员会、村6000元/台的工作经费。工作经费由所在街道(镇、乡)负责统筹安排，主要用于政策宣传、专家聘请、购买第三方服务、召开听证会、社区工作人员奖励经费与加装电梯工作相关的支出。

(二)审核拨付程序。

市住建局会同市财政局拨付补助资金至各街道办事处或者乡镇人民政府管理，由乡镇(街道)拨付给加装电梯项目，专项用于加装电梯事宜。申请人提供竣工验收记录报告(原件，并经社区或村验收)、电梯使用登记证书(复印件核对原件)和电梯档案移交单(原件)三项资料，申请电梯补助资金。乡镇(街道)应将资金拨付情况及时反馈给住建局。

六、其他规定

本细则自2023年1月7日起施行。原《建德市人民政府办公室关于开展既有住宅加装电梯工作的实施意见》(建政办函〔2020〕41号)同时废止。

本细则所指的“天”为自然日。

附件(共11项；略)

责任编辑：黄建生

索 引

Indexes

说明：

一、本索引设目名索引和图表索引 2 个分目。

二、目名索引按目名第一字汉语拼音（同音字按声调）顺序排，首字相同按第二字音序排，依此类推。类目、分目分别用深蓝色、蓝色标注。标引词后的阿拉伯数字表示内容所在的页码。

三、本年鉴的“特载”及“概况”“综述”条目均未作索引。

四、图表按序号排列，所在位置标注方法同上。

目名索引

阿拉伯数字

“1+X+Y”财政改革……254
10 月……49
11 月……50
“12345”工作提升质效……88
12 月……51
1 月……39
“2+4”共富小切口改革探索……254
2022 年高考成绩……280
2022 年建德市优秀共产党员名录……364
2022 年建德市组织机构及负责人名录……367
2 月……40
3 家企业获中央引导资金支持……297
3 月……41
4 项数字化改革成果获推广……70
4 月……42
“5G 敬老智慧关爱系统”试点……87
5 月……43
6 月……44
7 月……46
8 月……47
9 月……48

A

“艾梅乙”母婴消除……312
爱国卫生……313

“爱满民进”系列活动……129
“爱在一起，缘定建德”青年人才集体婚礼……137
安全生产……234
安全生产“五进”宣传……236
安全生产社会化服务……235
安全生产行政执法规范化建设……235
安全生产与应急管理……234
安仁村老年食堂优惠叠加……354
安置房选房工作完成……354
安装费用标准……222
奥立达电梯公司……192
奥立达电梯列入省级“领雁”研发项目……298

B

“八大行动”促劳动关系和谐……132
白沙社区“共享法庭”启用……324
白沙小额贷款公司……252
“百名干部助百企”活动……72
百万员工大培训基本完成……236
办文办会管理……103
办学与管理……277
帮扶支教行动……278
保 险……249
保密工作……69
保险监管……243
保障医保基金安全……275
鲍有林……363
编制经济运行“晴雨表”……266
“标杆引领类”党校创建……85
殡葬改革……317
病媒生物防治……313

C

财 政……253
财通建德营业部……251
财政·税务……253
财政监管新举措……254
财政审计……264
财政收入……59
参与社会综合治理……152
参政议政……123，125，128，131
残疾人专门协会换届与新建……143
草莓标准地建设……349
草莓产业发展协商……118
草莓产业实现新突破……335
茶叶标准地建设……171
茶叶生产机械化发展……171
产业结构不断优化……184
产业平台建设……291
产业数字化……186
产业协作……169
“产业优势重塑工程”工作评议……94
常规统计和民意调查……265
朝美口罩共富工坊建成……336
朝美日化公司……192
朝美医疗产业园项目竣工投产……185
撤县设市 30 周年征文活动……83
撤县设市 30 周年宣传策划……304
长三角第四届美丽乡村稻香生活节……349
成立内部监督委员会……125
成人（社区）教育和民办教育……282
承办建德市第八届老年人健身运动会垂钓比赛……356
城市工程建设……325

城市环境品质提升协商……117
城市有机更新……324
城乡风貌建设……217
城乡公交一体化……211
城乡建设……217
城乡建设与管理……217
城乡住户和粮食监测大样本轮换……266
持续巩固“双减”成果……277
持续提升“建德质量”……268
持续推进三地共富工作……345
出口市场情况……204
出口信保工作……205
初中提质强校行动……280
除险保安工作……145
船舶污染防治……215
创建交通强国数字化试点县……214
创建省级民主法治村10家……157
创建省级智慧矫正中心……157
创新基层矛盾纠纷化解机制……157
创新驱动主责服务……138
创新社会治理……146
春运工作……211
慈善事业……317
促进发展成果共建共享……94
村镇管理服务……217

D

打击欺诈骗保专项治理……275
打击刑事犯罪……149
打响“17℃建德新安江”旅游品牌……293
打造“建德红·亿种红”品牌……144
打造“特色农业+旅游”模式……330
打造全省首个线上普法脱口秀平台……156
打造社会服务“一支部一特色”……124
打造亚运观赛空间……226
大慈岩邻里睦省级试点验收优秀……315
大慈岩镇……343
大慈岩镇获评美丽城镇省级样板……344
大慈岩镇获评浙江省园林城镇……344
大事记……39
大数据惠民服务……305
大塘坞农贸市场建设项目开工……325
“大同阿姐”品牌建设……349
大同桑盈互助社……252
大同镇……347
大同镇获评浙江省园林城镇……348
大同镇入选浙江省电商镇……348
大学生引进工作……76
大洋镇……338
大洋镇获评“五水共治”省级优秀乡镇……340
大洋镇婴幼儿成长驿站建成……340
“大综合一体化”行政执法改革……81，226
党风廉政宣传……121
党建品牌打造……340
党群服务中心功能优化……74
党史和地方志工作……83
党校教育……84
党政储备人才招引……272
党政机构运转保障……82
党组织规范化建设全覆盖……87
档案工作……88
档案数字化改革……89
档案文化宣传……89
道德模范评选……77
道路交通安全监管……150

道路运输民生实事……211
地方病防治……311
地方特色课程打造……85
地理位置……52
地名公共管理与服务……318
地区生产总值……59
地域商标品牌培训……270
地质灾害防治……232
低温雨雪冰冻天气……63
第八届（2022年度）建德市道德模范人物……361
第二届寿昌百姓日系列活动……343
第二十届中国·17℃建德新安江文化旅游节……33
第七届“稻舞田间”国际稻香节……356
第三届长三角大学生“农创日”活动……349
第五届“城管开放日”活动……226
第一次水产养殖种质资源普查……172
电网建设……221
电信建德分公司……301
电子电器行业……185
电子商务……199
调查研究和改革……70
“订单+清单”工作……204
东方雨虹公司……191
“兜底”服务……109
豆腐包品牌建设协商……116
督查工作……68
对接各类专家为建德各产业智力支撑服务……139
对口联系工作……130
对台工作……69
对外经贸及对港投资……204
对外贸易……60
多形式开展社会服务……129

F

发挥法院“破产重整拯救”功能……155
发挥人道优势参与民生兜底……144
发展规划……260
法　院……154
法　治……145
法人银行机构监管……242
法学会建设……146
法治税务建设……259
法治政府建设……147
返乡青年人才交流活动……351
范仲淹与《严先生祠堂记》……56
方利洪……361
防空警报建设与管理……161
房产和住房保障管理……224
房产基建管理……110
房地产业管理……223
纺织服务行业……185
“放心粮油示范县”创建……206
“非粮化”整治专题议政……115
非物质文化遗产保护……287
丰富完善转型金融工具……261
服务保障共同富裕示范区建设……152
服务实体经济……242
服务重点企业工作……151
福寿螺清除活动……359
妇女儿童综合服务驿站建设全域推进……138
妇幼保健……312
附　录……367

G

改革试点……71
改善提升人居环境……349
甘溪村女红馆创造致富新途径……326
干部队伍梯队建设……73
干部监督管理……73
干部培训……73
港航安全监管……214
高标准打造城乡风貌样板区……333
高标准农田建设……168
高层次人才引育……75
高等教育……285
高品质“四好农村路”示范线建设工程……212
高职高考与师生职业技能大赛……281
高质量发展畜牧业……173
高中段教育……280
高中压管道建设……222
革命烈士纪念工作……164
更楼街道……325
“更有味”农业打造……326
“更有味”消费券发放……326
工　业……184
工会阵地建设……134
工贸领域安全监管……235
工信部第四批“专精特新小巨人”企业……188
工行建德支行……243
工业品牌建设……187
工业行业……185
公　安……148
公安队伍建设……151
公共机构节能机关创建……194
公共体育设施建设……295
公共卫生……309
公共卫生监督……311
公共消防……238
公共资源交易……263
公共资源交易规范化运行……263
公路交通信息化建设……214
公路日常养护……213
公路养护……212
公路应急抢险演练……213
公民科学素质提升……139
公平竞争审查……268
公平贸易工作……205
公务接待……111
公务用车管理……110
公务员工作……73
公益林调整……177
公证便民服务……158
供　电……221
供　气……221
供水和排水……219
供水及重点工程……219
供销合作……198
巩固文明城市建设……77
共富链组推进……337
共富驿站、邮快合作建设……303
共富助农……111
共青团建德市委员会……134
“共同富裕”案例获评浙江二十强……355
共同富裕创新成果……132
共同富裕考核服务……101
共同富裕生态文明专班……229
构建三级基层统计网格……266
“固本强基”专项追缴行动……273

固体废物排放……227
关爱保护未成年人……153
关心下一代工作……321
光伏试点建设整市推进……194
规范工程项目管理……353
规范机构编制事项办理流程……83
规范落实国家粮油惠农政策……170
规划管理……231
规模以上工业……59
国道、省道大中修工程……212
国道、省道危桥加固工程……212
国道320线建德段改建工程开工……326
国道320线建德市杨村桥镇至龙游县
会泽里段改建工程……209
国防教育与人民武装……159
国际市场开拓……204
国家电网公司职业病防治院……309
国家工作人员首次集中宪法法律宣誓……148
国民经济和社会发展……59
国内电商……200
国寿财险建德支公司……250
国土规划和自然资源管理……231
国土空间规划……231
国网浙江省电力有限公司培训中心
浙西分中心……285
国有公司专项审计……265
国有资产管理服务中心揭牌成立……253
国有资产管理体系改革……82
国有资产经营……255

H

海关事务……205
寒潮……64
行业管理……210
杭黄高铁建德站……215
“杭派新安名师”培育……284
杭衢铁路建德境内段建设……215
杭州“两山”建设开发有限公司……257
杭州好人……363
杭州科技职业技术学院严州校区……285
杭州市级医保统筹顺利实施……274
杭州市夜间经济集聚示范区打造……342
杭州玺匠文化创意股份有限公司……192
杭州银行建德支行……246
航空交通运输……216
航头复合生态湿地工程竣工……347
航头镇……345
航头镇入选杭州市“水美乡镇”……346
航头镇蔬果冷链分拣中心投入运行……347
“合作共富学院”建成……326
红色档案资源库建设……89
红色学府建设……86
“互助长宁”文化先行示范村建设……336
环保督察整改……230
环境保护……227
环境法治建设……228
环境管理体系认证……228
环境监测……228
环境信访和执法监管……228
环境整治……327
环境质量……227
环评审批服务……228
环三江口片区美丽城镇集群建设……332
婚姻登记……316
货运安全工作专题询问……94

获列全省低（零）碳乡镇试点创建单位……331
获评省 AAAAA 级婚姻登记机关……317
获全国大型水电厂青年工作先进集体称号……196

J

机构编制工作……81
机构编制精细化管理……83
机关食堂改造……111
机关事务工作……110
机械制造行业……186
基本地情……52
基层档案管理……88
基层防汛体系标准化建设……236
基层公安派出机构建设……150
基层社会治理……316
基层统战工作……81
基层应急管理体系建设……236
基层站所执法规范化建设……214
基层治理……326
基层治理“三都模式”……358
基层治理管理体制改革……81
基层治理实现无信访积案……331
基层治理新模式探索……355
基层组织建设……75
基础建设……305
基础设施建设……208
激发党员先锋模范作用……74
急救站点建设……143
疾病预防控制……310
集市贸易……207
集体林权制度改革……177
计划生育依法行政……320
纪检监察……119
纪检监察干部队伍建设……121
技能培训……271
技术难题“揭榜挂帅”……296
绩效工作……70
家庭教育系列活动……138
家庭医生签约……310
假日旅游产品供给……294
坚持标准强市……268
检　察……151
检察、审判机关……373
建材水泥行业……186
建德“豆腐包”制作培训活动……356
建德“宣青军”做法在杭州市推广……79
建德八佰伴购物中心开业……328
建德苞茶品牌建设……172
建德草莓品牌建设……171
建德党史云展馆上线……84
建德海螺公司……190
建德航空小镇获评省级特色小镇
　考核优秀……195
建德湖商村镇银行……246
建德交投公司……255
建德经济开发区……194
建德经开集团……257
建德林场……180
建德林业总场……179
建德旅投公司……256
建德民盟艺术团成立……125
《建德年鉴（2022）》出版……84
建德农商银行……245
“建德师傅带农富”工作……272
建德市博物馆……290

建德市残疾人联合会……141
建德市城投公司……255
建德市第二人民医院……307
建德市第十七届体育运动会……295
建德市第四人民医院……308
建德市第一人民医院……307
建德市妇女联合会……136
建德市妇幼保健院……308
建德市工商业联合会（总商会）……130
建德市工业技术学校……273
建德市公路养护生产基地迁建项目……212
建德市红十字会……143
建德市建燃液化气有限公司成立……222
建德市科学技术协会……138
建德市劳动模范和模范集体表彰……133
建德市旅游协会成立……294
建德市人民代表大会……90
建德市人民政府……98
建德市人民政府办公室关于印发建德市老旧小区住宅加装电梯实施细则的通知……385
建德市人民政府关于印发建德市殡葬惠民实施办法的通知……383
建德市人民政府关于支持生物医药产业高质量发展的若干意见……382
建德市首家新乡贤共富基金成立……350
建德市天然气有限公司成立……222
建德市桐溪大桥工程……209
建德市图书馆……290
建德市文化馆……290
建德市文学艺术界联合会……140
建德市政府及市政府办公室重要文件辑录……382
建德市中西医结合医院……308
建德市总工会……132
“建德—芜湖”短途运输航班开通……216
建德武警中队……160
建德新华书店……290
《建德一村一故事》出版……84
建德移动公司……302
建德资投公司……256
建立“移动充水宝”应急救困制度……237
建立航空应急物资投放机制……237
建立建德市级宪法主题公园……158
“建商”精神宣传……130
建设银行建德支行……244
建言献策获上级肯定……80
建业化工公司……191
建业小额贷款公司……252
建置沿革……52
建筑业管理……223
建筑业和房地产管理……223
健康体检与死亡原因报告……310
健康细胞培育……313
降水和雨日……63
交流互动……169
交通行政执法改革……213
交通运输……208
交通执法……213
交行建德支行……245
教　育……276
教师专业技术职务评审和资格认定注册……284
教学资源开发……85
教育基地与组织建设……322
教育培训……85
教育培训品牌建设……130
教育事业……60
教育卫生编制保障……82

教育项目建设…………………………………277
教育与宣讲…………………………………321
节能降耗……………………………………193
结建工程维护检查…………………………161
金　融………………………………………241
金建铁路建德境内段建设…………………216
金千铁路建德段……………………………215
金融风险防控………………………………241
金融业务……………………………………303
金融治理和服务……………………………241
金属加工行业………………………………186
近视防控工作………………………………279
经济发展特别贡献奖………………………188
经济发展突出贡献企业……………………188
经济管理……………………………………260
经济体制改革………………………………261
经济责任审计………………………………264
经济作物……………………………………170
精品创作保障机制…………………………141
精神卫生……………………………………311
警示教育……………………………………120
净化市场环境………………………………267
“救在身边”专项行动实施………………143
就业创业服务………………………………272
居家养老服务………………………………319
举办第二届大洋镇农旅文化节……………340
举办第十四届建德荷花节…………………345
举办首届快递员职业技能竞赛……………212
举办中小学生文化艺术节…………………279
举行“征兵形象大使”聘任仪式…………160
举行浙江科技成果竞价（拍卖）会建德专场……296
举行助企纾困执行款集中发放仪式………156
军　事………………………………………159
军地合作……………………………………160

K

开创“文艺村长”艺术乡建工作制度………140
开创多个“首次”项目………………………262
开发区（园区）整合提升……………………81
开发区产业项目建设………………………195
开展“道路见底色”专项行动……………226
开展“联盟”合作…………………………314
开展“三个经常性工作”专题推进活动……160
开展各类科普活动…………………………139
开展关爱与帮教活动………………………322
开展邀请院士、专家进校园活动…………281
开展助企纾困行动…………………………224
开展专职人武部部长强化训练……………160
《抗战中的建德》编印完成…………………118
考评工作………………………………………69
科技创新平台建设…………………………298
科技创新主体培育…………………………298
科技服务……………………………………299
科技工作者主职服务………………………138
科技人才队伍建设协商……………………117
科技事业………………………………………62
科学技术……………………………………296
科学技术与气象服务………………………296
客货邮试点…………………………………211
孔樟良………………………………………362
跨境电商……………………………………200
矿产资源利用和保护协商…………………117
矿山领域安全监管…………………………235
矿政管理……………………………………232

"扩中提低"促共富协商……118

L

劳动保障……273
劳动关系源头治理……273
劳动教育……279
老干部工作……86
老干部活动阵地建设……87
老旧小区"污水零直排"改造提升……324
老龄工作……318
雷国香……363
黎　言……362
李家镇……350
李家镇"残疾人之家"新址启用……351
理论学习……76
历史人文……55
连续十年蝉联全省移民工作优秀县……318
莲花溪新建桥梁工程开工……328
莲花镇……329
联通建德分公司……302
"链组党建"助力共同富裕……72
粮食购销及储备……206
粮食轮换……206
粮食生产功能区"非粮化"整治优化……170
粮食收购……206
粮油生产……170
"两癌"筛查……312
两地民族交往交流交融……263
"两个健康"建设……80
列入首批浙江省科学家精神教育基地……196
林产品企业推介……178
林木采伐管理……179
林业"三林"经济发展模式……351
林业产业……177
林业生态建设……176
林业有害生物监测防治……179
林政资源管理……178
临安至建德段高速公路工程……209
领导干部学法用法……148
陆游与严州刻书业……56
落实2022年农田建设任务……168
落实残疾人救助保障政策……142
落实法定奖励扶助政策……320
落实公积金贷款新政策……224
落实特殊时期企业服务措施……221
落实消费鼓励措施……197
落实新的组合式税费支持政策……258
落实拥军优待政策……163
落实支持经济发展新政……253
旅　游……292
旅游美食品牌打造……294
履行法律监督职能……153
绿化造林……176
"绿矿智用"等场景在全省试点上线……233

M

马鞍岭社区服务综合体获评省级四星……353
马岭天观运动度假体验区完成建设……293
梅城获评国家AAAA级旅游景区……333
梅城司法所成功创建省级"枫桥式"司法所……158
梅城镇……331
梅雨天气……63
媒体宣传……77

“美好账本”案例入选省级垃圾治理优秀……359
美丽城镇建设……218
美丽城镇建设获评浙江省样板……337
“美丽风貌”乡镇建设……330
“美丽庭院”创建评比……137
美丽乡村建设……346，351
“盟员之家”建设……126
免疫规划……310
民兵训练基地改造工程完工……159
民国《建德县志》点校出版……118
民生保障加强……253
民生建德支行……248
民生实事项目服务……101
民生事项基层办理……109
民事审判工作……154
民泰银行建德支行……248
民用充电桩扩面……221
民政工作……315
民主党派 工商联……374
民主党派·工商联（总商会）……123
民主监督……124
民主监督工作……127
民主监督与政治协商……125
民主协商工作……127
民宗系统行政执法改革……321
民族 宗教……320
民族团结进步阵地品牌建设……321
民族宗教工作……80
名师工作室建设……285
名校合作办学……277
明珠社区创建成为全国示范性老年友好型
社区……324
模范人物……160
“亩均绩效”优质制造业企业……188
“亩均论英雄”改革……187
目名索引……390

N

内资招引项目……201
能源数字化管理……194
能源要素保障……261
年度征兵工作……159
年龄分布……57
宁波银行杭州建德支行……247
“农创客引育工作”入选全省共富最佳
案例……135
农创客引育数据全省前列……76
农村产权交易……166
农村道路提升改造……339
农村电商平台推动“乡村振兴”……303
农村公路灾毁保险工作……212
农村集体经济巩固提升……167
农村集体资产管理……167
农村经营管理……166
农村人居环境长效管理……165
农村文化礼堂工作……77
农村饮用水安全建设……220
农村综合配套改革……168
农发行建德市支行……247
农夫山泉建德基地……190
农林牧渔业……59
农贸市场国有化……207
农行建德市支行……243
农业·农村……165
农业产业项目……169

农业机械……174
农业机械执法检查……175
农业科技……173
农业科技及农业机械……173
农业龙头企业……169
农业数字科技应用……349
农业项目及政策性保险……169
农业行政执法……174
农转用报批……232
农作物秸秆利用……166

P

“培你共富”成教品牌建设……282
培育做强影视文化产业……291
平安财险建德支公司……250
平安创建工作……145
平安护航中共二十大……87
“平安家庭”常态化建设……138
平台向“大脑”迭代升级……104
“破难攻坚、扛旗竞跑”专项行动……73
蒲松龄《聊斋志异》首个刻本……57
浦发银行建德支行……247

Q

其他行业……186
企业单位……375
企业发展难题破解……195
企业管理人才培训……187
企业培育和管理……187
企业债发行和日常监管……262
启动“红船女儿心向党”宣讲活动……137
启动“走村不漏户 户户见干部”2.0 版……343
启动建德市儿童友好城市建设工作……138
启用分流域应急响应机制……236
气　象……62
气候……55
气温……62
气象防灾减灾工作……300
气象服务……299
气象现代化建设……299
汽车销售……198
千鹤妇女精神助推共富……333
钱塘江禁渔工作……175
乾潭胥溪清凉季活动……354
乾潭镇……352
欠薪案件处置……273
强对流天气……63
侨务工作……80
钦堂乡……354
青年人才驿站建设……271
青年人才资源导入工作……135
青少年竞技体育……295
青少年权益维护……136
“青雁归巢”学子品牌建设……134
清朝耳目坊修复建成……334
清廉村居建设……168
清廉村居示范县评分位列全省第二……121
晴热高温干旱天气……64
“请你来协商”工作……116
区域合作……262
区域协作……169
全国关心下一代工作先进工作者……361
全国首个“双碳工业科技基地”落户建德……297
全国乡村治理试点示范……167

全国最美家庭——许建茹家庭……360
全力以赴推进数字检察……153
全民健身活动……295
全社会节能宣传……194
全省首个公职律师中心成立……156
全省首个远程智控方舱计量实验室在建德成立……268
全省首批幸福河湖试点县建设……254
全市“护航党的二十大”除险保安推进会……68
全市高质量发展推动共同富裕暨工业经济大会……67
全市经济稳进提质暨深化综合考评、“六大比拼”“六个领衔” 工作推进会……67
全市首个乡村化石馆开馆……352
全市数字化项目建好一本账……104
全市太极拳展演活动……356
全域光伏建设……261
全域绿化彩化……176
“全域民族团结进步”工作……320
群众团体……132
群众团体……374

R

人　口……57
人　物……360
人保财险建德支公司……249
人才发展环境优化……75
人才工作……330
人才工作取得历史性突破……195
人才培养……271
人才认定与骨干教师培养……284
人才引育保障……82
人大基层单元建设……94
人工影响天气工作……300
人居环境建设……326
人口分布……58
人口结构……57
人口迁移……58
人口疏散体系建设……161
人口与计划生育……319
人力资源管理……271
人力资源管理和社会保障……271
人民防空……161
人民防空实战化演练……161
人民防空宣传……161
人民生活水准……59
人民银行建德支行……241
人社数字化改革……271
人事任免……96
人寿建德支公司……249
任命首批行政复议员……147
日用轻工行业……186
日照……63
融媒体……303
入选小学教材的《宿建德江》……56
弱势青少年帮扶工作……135

S

三都镇……356
三都镇中心幼儿园开园……359
“三改一拆”整治……217
“三馆共建”签约……136
“三位一体”平台建设实现乡镇全覆盖……116
“三雁兴村”做法登上《全国乡村治理

动态》…… 74
“扫黄打非”工作…… 78
森林督查工作…… 177
森林防火“小铜锣”典型案例…… 237
森林抚育经营…… 177
森林古道保护…… 177
森林和湿地管理…… 176
森林护林、消防队伍知识技能培训…… 240
森林消防…… 239
森林消防宣传…… 240
商　贸…… 197
商贸安全生产管理…… 197
商贸与招商引资…… 197
商事认证服务…… 205
商业秘密保护…… 267
设计（消防）管理…… 218
设立共富基金…… 131
“社保易窗”就近办服务站建设…… 273
社会保障…… 62
社会服务工作…… 127
社会化服务体系建设…… 170
社会基层治理…… 346
社会救助…… 315
社会生活…… 315
社会治安防控基层治理体系建设…… 150
社会治理…… 351
社会组织管理…… 316
社科基地建设…… 89
社科联工作…… 89
社科普及活动…… 89
社区建设和物业管理协商…… 117
涉林行政审批改革…… 178
涉审中介机构管理…… 110
涉诉协调工作…… 154
涉疫防控和支援周边…… 150
深化“戴农富”模式…… 330
深化“放心消费”创建…… 268
深化管理条线…… 264
深化权责清单制度…… 82
深化商事制度改革…… 267
审　计…… 263
审批事项服务…… 218
生活垃圾分类工作…… 225
生活垃圾末端处置设施建设…… 226
“生命接力”工程高质量实施…… 144
生态环保和自然资源…… 227
生态建设…… 228
生态领域数字化建设…… 231
生态文明目标责任制…… 229
生态文明示范市创建…… 229
生态文明宣传…… 230
生态修复…… 232
生物多样性调查和保护…… 231
生物科技行业…… 185
生育服务…… 320
省放心农贸市场纵深推进…… 207
省级城镇化试点…… 262
省级合规化工园区通过复评…… 195
省级优生优育进万家行动…… 320
省市领导调研建德残联工作…… 142
师资队伍…… 282
十大安全风险隐患整治…… 234
“十里寿昌江”农文旅融合…… 342
石油成品油销售…… 198
实施“最严格水资源管理”…… 182
实施链组党建…… 358

实施林业产业共富项目……178
实施少年宫提档升级工程……135
实施水稻绿色高质高效创建……170
实施文化惠民工程……287
实战化军事训练……159
食品安全监管……269
食品饮料行业……186
食用林产品安全……177
市场监督与管理……267
市第十七届人民代表大会第一次会议……90
市第十五届纪律检查委员会第二次全体会议……119
市级培育制造业企业……189
市级重点制造业企业……188
市名由来……53
市情概览……52
市人大常委会会议……91
市人大和人大机关……369
市人大重要会议……90
市容管理……225
市容环境治理整治……225
市十六届人大常委会第五十次会议人事任免事项……96
市十七届人大常委会第六次会议人事任免事项……97
市十七届人大常委会第七次会议人事任免事项……97
市十七届人大常委会第三次会议人事任免事项……97
市十七届人大常委会第五次会议人事任免事项……97
市十七届人大常委会第一次会议人事任免事项……97
市委办公室文件……379
市委常委会会议……65
市委和市委工作部门、直属单位……367
市委及市委办公室重要文件辑录……380
市委全会报告专题建言……114
市委十五届二次全体（扩大）会议……65
市委巡察……121
市委重要会议……65
市未成年人救助保护中心成立……315
市文明委全体（扩大）会议暨巩固深化文明城市建设工作推进会……68
市长办公会议……100
市政府办公室文件……379
市政府常务会议……98
市政府和政府工作部门、直属单位……369
市政府文件……379
市政府重要会议……98
市政设施管理……219
市政协常委会会议……113
市政协第十五届委员会第一次会议……112
市政协和政协机关……373
市政协重要会议……112
事业单位登记管理……83
事业单位机构编制管理……83
事业单位政事权限清单试点……82
事业人员公开招聘……272
视察检查……95
首次全市范围内森林防火普查……240
首个共同富裕最基层单元试点——互助长宁……78
首家乡镇社会治理综合服务中心启用……335
首架“建德制造”飞机成功试飞交付……216
首届大洋镇江鲜节……341

首届民宿从业人员技能竞赛……………………331
首届胥岭花朝节………………………………353
寿昌林场………………………………………181
寿昌污水处理厂一期扩建项目完工…………343
寿昌镇…………………………………………341
寿昌镇千年古城复兴试点建设………………342
数据资源开发利用……………………………104
数字产业化……………………………………186
数字电视网络…………………………………305
数字公安建设…………………………………150
数字化改革……………………………………130
数字化改革……………………………………187
数字化改革……………………………………305
数字化改革安全防线建设……………………104
数字化改革场景体验和竞演……………………71
数字化改革全省领跑…………………………119
数字经济（信息和智慧经济）………………186
数字林业“森灵护卫”系统…………………240
数字政府建设服务……………………………101
数字治理平台“建村钉”……………………167
“双童”烈士纪念馆重新开放………………341
双重和垂直管理单位…………………………375
水产品生产……………………………………172
水旱灾害防御…………………………………183
水库移民后期扶持典型案例…………………318
水利建设………………………………………182
水利数字化改革………………………………183
水上交通运输…………………………………214
水资源管理……………………………………182
水资源管理与水利建设……………………182
税 务…………………………………………258
税费种管理工作………………………………259
税推进费改革…………………………………258
司法行政………………………………………156
思想政治建设…………………………………124
“四好农村路”建设工程……………………210
四级政务服务体系建设…………………………71
“四零四单”巡察整改机制建立……………122
“四种形态”运用……………………………119
松材线虫病防控………………………………179
宋韵文化传承…………………………………140
宋韵文化助力精神共富………………………293
素质教育提升协商……………………………118
索 引………………………………………390

T

台州银行建德支行……………………………248
太平洋财险建德支公司………………………250
泰隆建德支行…………………………………248
檀村村樟宅坞自然村获评省级荣誉…………345
探索产业团工委共富路径……………………135
探索共同富裕模式……………………………261
探索校企共同育人新模式……………………281
探索医保医疗联合查房机制…………………275
唐末诗人李频……………………………………56
特色农文旅品牌建设…………………………346
特种设备安全监管……………………………269
提升宋韵文化品牌影响力……………………291
提升线上政务服务效率………………………275
提升医保管理服务能力………………………275
体 育…………………………………………294
体育教育获佳绩………………………………278
天然气价格……………………………………222
铁路交通运输…………………………………215
铁塔建德办事处………………………………303

通　信……………………………………………301
通信与新兴媒体…………………………………301
统　计……………………………………………265
统筹数字法治……………………………………146
统计调研与分析…………………………………266
统计执法检查……………………………………267
统一战线工作………………………………………79
投资项目节能审查………………………………194
投资项目审批代办………………………………110
图表索引…………………………………………412
土地承包管理……………………………………166
土地出让…………………………………………232
土地整治…………………………………………358
土肥工作…………………………………………170
推出不动产登记告知承诺制……………………233
推动民宿经济高质量发展………………………294
推进“除险保安”工作…………………………152
推进“新安护学”建设…………………………277
推进诚信计量建设………………………………268
推进公积金事项“一网通办”…………………225
推进节水工作……………………………………182
推进经济体制改革………………………………261
推进开源增收项目………………………………258
推进商业补充医疗保险…………………………275
推进审计变革重塑………………………………264
推进省市县三级民生实事………………………277
推进研发机构“全覆盖”………………………298
推行“劳动一小时”做法…………………………74
推行“文艺村长”制………………………………78
退役军人保障体系建设…………………………163
退役军人保障专题议政…………………………115
退役军人事务……………………………………161
退役军人宣传褒扬………………………………164

W

外汇管理和服务…………………………………242
外来入侵水生动物普查…………………………173
外事工作…………………………………………103
外宣工作…………………………………………304
外资招引项目……………………………………201
完成2020年高标准农田建设项目验收…………168
完成镇卫生院提升改造…………………………331
完善校园安防机制………………………………277
完善终身学习体系………………………………282
“玩转‘爱情实验’暨青年人才走进钦堂”活动……………………………………………356
汪国云 ……………………………………………361
网络宣传……………………………………………77
危化领域安全监管………………………………235
危旧房改造工程交付使用………………………334
维护社会稳定……………………………………145
维稳安保工作……………………………………149
维修行业整治……………………………………211
卫生监测…………………………………………311
卫生健康…………………………………………306
卫生事业……………………………………………60
文化·旅游·体育…………………………………287
文化产业发展体系建设…………………………291
文化传承及新文明建设…………………………355
文化创意产业……………………………………291
文化旅游体育事业…………………………………62
文化市场行业管理………………………………289
文化事业…………………………………………287
文件法规……………………………………………69
文旅节庆活动……………………………………336
文旅市场活力提升………………………………358

文旅项目招引建设……293
文史工作……118
文体惠民活动……346
文物保护与修缮……288
文艺精品创作……78
文艺人才培育……141
翁志芳……362
污染防治攻坚战……229
污水处理及重点工程……220
屋基畈“美丽庭院标杆带”创建……328
无规定马属动物疫病区建设……174
“无疫单元”创建……72
“无疫学校”建设……278
无障碍设施建设高标准完成……143
吴茱萸交易市场在利群村建成……334
物资储备……207

X

畜产品安全监管……174
西红花落地乡城试种成功……262
下涯镇……336
下涯镇获评浙江省AAA级旅游景区……338
险情处置……238
县道大中修工程……212
县域商业体系建设……197
现代社区建设……74
“乡村振兴”气象服务……299
乡镇（街道）……323
乡镇（街道）……376
乡镇（街道）妇联换届……137
乡镇（街道）文联组织全覆盖……141
畜牧业“两化”创建……173
畜牧生产……173
项目协作……169
项目验收“一件事”改革……109
消防安全综合治理……239
消防队伍建设……238
消防宣传……239
消费者权益保护……242
小额贷款企业……251
协商议政……114
协助维护房地产市场稳定……225
“新安·17治理”试点改革……340
“新安护航”迭代升级3.0版……214
新安集团……189
新安江街道……323
新安江林场……180
《新安江水电站建设档案》入选中国档案文献遗产名录……196
新安江水力发电厂……195
“新安堂前燕”理论宣讲团获评全国先进……76
新安系列数字化应用成效好……70
新安小额贷款公司……251
新材料行业……186
新媒体平台……305
新能源建设……166
新农村建设……332
新社工岗前入职集训……324
新生儿先天性心脏病筛查……313
新时代美丽乡村建设……165
新思想学习宣传……86
新乡贤回归工程……80
新型农业经营主体培育……167
信贷政策落实……241
信访工作……87

信访工作督查和培训……88
信访积案实现“清零”……88
信访举报分析……120
信息工作……69
信用监管基础建设……269
信用体系建设……241
刑事审判工作……154
行政复议工作……147
行政规范性文件清理……147
行政审判工作……154
行政审批服务管理……109
行政许可事项办理……236
行政争议调解中心……147
行政执法……179
行政执法“公述民评”……148
行政执法精准度提升……215
行政执法人员能力提升……147
“幸福方桌”助老行动……351
胥溪茶创产业联盟“共富”模式……353
徐　贞……363
徐冬英……362
许建茹……360
许建茹获得2项重要荣誉……331
绪塘村“数字乡村”“未来乡村”建设……336
宣传思想工作……76
宣传思想文化工作“创新项目”评选……79
宣传阵地和载体拓展……128
选树优秀教师典型……284
学前教育……278
学前赛事活动组织与展示……279
学生口腔窝沟封闭……311
学习贯彻中共二十大精神……126
“巡财审”联动监督……122

Y

烟草专卖……199
严诗宇……364
严州古城步行街入选省级旅游休闲街区……334
严州文化研究……289
沿街商铺“三合一”场所专项整治……328
研学旅行项目申报……280
杨村桥镇……334
洋安社区“未来社区”建设……329
洋安体育健身中心项目建成……328
洋溪街道……326
洋溪街道社会治理中心建成……328
洋溪街道社区卫生服务中心建成……328
养老保险审核……273
养老服务体系建设协商议政……115
养老护理员培育……319
养老机构提升改造……318
样本企业监测……205
药品药械安全监管……270
药品招标采购改革提速增效……275
野生动物保护与管理……179
野外火源专项整治……237
叶海林……363
“一府两院”工作报告会……91
“一老一小”公共服务获评全国优秀……349
“一老一小”关爱服务……338
“一网通办”改革……71
医保公共服务一体化建设……274
医疗保障……274
医疗惠民事项落实……274
“宜居建德”客户端上线……76
移民扶持……317

义务教育……279
义务教育均衡化发展行动……280
艺术工作……287
议事机构精简……81
议政建言工作……126
疫情防控保障……111
意识形态工作……79
银 行……243
银河证券建德新安路营业部……251
银行保险业监管……242
“银耀新安·助力共富”专项行动……86
引才平台建设……76
“引水上山”工程与防火巡护道建设……239
应急管理……236
应急预案编制及演练……238
婴幼儿照护服务……313
迎二十大主题系列活动……140
迎亚运专题活动……140
营房营区安全隐患排查……159
营商环境持续优化……71
营商环境优化……131
影视产业发展……78
影院纾困和新闻出版……78
用电安全建设……221
优化全流程电子化交易系统……263
优化全域旅游线路……293
优化提升税收营商环境……259
优化营商环境……152
优化营商环境……262
优生优育……312
邮 政……303
邮储银行建德市支行……249
邮政安全工作……212
邮政管理……211
幼儿园“转撤增”工作……279
幼儿园优质资源扩容……279
舆论监督……304
与伍子胥有关的乡土文化……56
远力健药业公司……193
孕产妇管理……312

Z

再生资源回收……198
造林和义务植树……176
责任体系建设全覆盖……234
增殖放流……173
占用林地审批……179
章燮与《唐诗三百首》……57
“掌上交通”持续完善……214
招商引资……201
招商引资工作视察议政……115
招投标管理……218
召开建德市残疾人联合会第七次代表大会……143
浙江华电150兆瓦农光互补光伏发电项目开工……340
浙江建德抽水蓄能电站筹建始末……27
浙江开放大学建德学院……285
浙江理工大学寿昌实习基地成立……343
浙江名酒严东关五加皮酒……57
浙江人类源头——建德人……55
浙江省失实检举控告澄清正名发布会在建德举行……119
浙江省首个共富联合体“共享法庭”成立……155
浙江省文化礼堂运动会首场活动在葛塘村启动……356

浙江省总工会干部学校建德教学基地挂牌……132
《浙江文史记忆丛书·建德分卷》出版…………79
“浙江有礼·德润建德”市域文明新实践
启动……………………………………………77
浙商银行建德支行………………………………246
浙西储能中心打造………………………………194
镇村联巡…………………………………………122
征管质效提升工作………………………………258
证　券……………………………………………251
郑博文……………………………………………362
政策跟踪审计……………………………………265
政策性农业保险…………………………………169
政法队伍建设……………………………………146
政法委与综治……………………………………145
政府事务合法性审查……………………………147
政府投资审计……………………………………265
政府重大投资项目全过程监督……………………93
政务督办…………………………………………103
政务服务 2.0 系统应用…………………………109
政务公开…………………………………………103
政协建德市委员会……………………………112
政治任务保障……………………………………305
政治生态净化优化………………………………120
政治协商…………………………………………124
政治协商…………………………………………128
之江村获评省级未来乡村………………………337
之江村卫生室获评省级四星智慧健康站………338
支付方式改革……………………………………275
知识产权保护……………………………………270
知识产权保护行动………………………………270
知识产权服务……………………………………270
执法成效提升……………………………………213
执法机构更名……………………………………227
执法监督…………………………………………146
执法检查……………………………………………94
职防院健康保障服务……………………………314
职工帮扶服务……………………………………134
职业安全…………………………………………314
职业病重点行业治理……………………………314
职业卫生分类管理………………………………314
植物检疫和有害生物防除工作…………………174
智慧后勤建设……………………………………110
智慧养老…………………………………………319
“智慧政务”建设………………………………109
中策橡胶（建德）有限公司……………………190
中策橡胶老厂区正式启动搬迁…………………184
中共二十大精神学习贯彻…………………………85
中共二十大精神学习培训…………………………72
中共二十大专题宣传……………………………304
中共建德市纪委·市监委……………………119
中共建德市委 建德市人民政府
关于报送 2022 年度建德市乡村振兴战略
实绩工作实施情况的报告………………………380
中共建德市委文件………………………………379
中共建德市委员会………………………………65
中国国民党革命委员会建德市委会……………123
中国民主促进会建德市委会……………………127
中国民主建国会建德市委会……………………126
中国民主同盟建德市委会………………………124
中华财险建德支公司……………………………250
中信银行建德支行………………………………247
中行建德支行……………………………………243
中药材生产………………………………………172
中医药促进健康行动……………………………313
中医中药…………………………………………313
重大传染病防治…………………………………311

重大改革推进……71
重大工业项目全力推进……184
重大关键技术攻关……297
重大交通项目建设专题议政……115
重大项目协调……101
重大巡视问题清单工作居全省前列……121
重点调研成果……70
重点工业企业简介……189
重点民生领域价格监管……270
重点税收项目管控……259
重点项目建设……261
重点项目实施……183
重要活动……93
重要文件目录……379
重要政策意见推动制定……70
周村村乡村游联合体成立……343
“烛光行动”辐射效应扩大……125
主导产业提升……358
主任会议听取专项工作汇报……92
主题教育……130
主题教育活动……126
主题教育活动……128
主题教育系列活动……123
主题宣传创新……304
主要医疗机构……306
助力全国文明城市建设……278
助力乡村振兴和共同富裕……127
助企纾困要素保障……185
助推民族乡村共同富裕……320
住房公积金管理……224
住房公积金缴存覆盖扩面……224
住房制度改革……223
住房制度改革和住房保障……223
筑牢疫情防控防线……268
专 记……27
“专精特新”培育……187
专题宣讲……86
专项治理……120
咨政科研与调研……85
资源状况……54
紫金大桥重建工程……209
自然保护地管理……179
自然环境……53
自然资源确权……233
自然资源资产审计……265
自主品牌建设……204
宗教界人士教育培训……321
宗教领域平安建设……321
综合文稿……68，100
综合协调……68，100
总人口……57
邹小霞……363
邹雪明……364
组建青年志愿服务先锋队……136
组织传统文化和德育实践活动……280
组织工作……71
组织建设……129
组织市四套班子领导“军事日”活动……160
祖国统一联谊活动……124
“最美家庭”评选……137

图表索引

图 1　2013—2022 年建德市地区生产总值及增长速度图……20
图 2　2022 年建德市各产业增加值占地区生产总值比重图……20
图 3　2013—2022 年建德市地方财政收入及其增长速图……21
图 4　2013—2022 年建德市规模以上工业增加值及其增长速度情况图……22
图 5　2013—2022 年建德市固定资产投资增长速度情况图……23
图 6　2013—2022 年建德市社会消费品零售总额及其增长速度图……24
图 7　2022 年建德市各月平均气温与 2021 年和常年的比较图……63
图 8　2022 年建德市各月雨量与 2021 年和常年的比较……63
图 9　2022 年各月日照与常年及上年的比较图……63
图 10　2022 年末资产结构图……255
图 11　建德市城市建设发展投资有限公司组成图……255
表 1　2022 年末户籍人口数及构成情况表……20
表 2　2022 年“1+6”产业增加值及增速情况表……21
表 3　2022 年规模以上工业增加值前十大行业增长情况表……22
表 4　2022 年建德市金融机构本外币存贷款余额及增速情况表……24
表 5　2022 年建德市建制村、社区一览表……58
表 6　2022 年建德市国民经济主要指标情况表……60
表 7　2022 年度“杭州市担当作为好支书”干部一览表……73
表 8　2022 年建德 10 件民生实事完成情况表……102
表 9　2022 年建德数字化改革重点场景（项目）任务清单……105
表 10　2022 年杭州市级以上劳模、工匠、工人先锋号一览表……133
表 11　2019—2022 年度荣立三等功以上军工现役军人名单……162
表 12　2022 年建德市重点招商项目（内资）情况表……201
表 13　2022 年建德市港资及外资招商总投资 1000 万美元及以上项目情况表……204
表 14　2022 年建德市境外及中国香港特别行政区投资情况表……205
表 15　2022 年建德市城市供水到户价格一览表……220
表 16　2022 年建德市参加普通高中竞赛活动获奖情况表……281
表 17　2022 年建德市教育系统选树典型一览表……283
表 18　2021 年度浙江省科学技术奖建德市获奖情况表……298